LE CABINET
DES
ESTAMPES
DE LA
BIBLIOTHÈQUE NATIONALE

GUIDE DU LECTEUR ET DU VISITEUR
CATALOGUE GÉNÉRAL ET RAISONNÉ DES COLLECTIONS
QUI Y SONT CONSERVÉES

PAR

HENRI BOUCHOT

Ancien Élève de l'École des Chartes
Bibliothécaire au Cabinet des Estampes, Lauréat de l'Institut

PARIS
E. DENTU, ÉDITEUR
3 ET 5, PLACE DE VALOIS, PALAIS-ROYAL

(Tous droits réservés)

LE CABINET

DES

ESTAMPES

DE LA

BIBLIOTHÈQUE NATIONALE

LILLE, IMP. L. DANEL.

LE CABINET
DES
ESTAMPES
BIBLIOTHÈQUE NATIONALE

GUIDE DU LECTEUR ET DU VISITEUR,
CATALOGUE GÉNÉRAL ET RAISONNÉ DES COLLECTIONS
QUI Y SONT CONSERVÉES.

par

HENRI BOUCHOT

Ancien Élève de l'École des Chartes,
Bibliothécaire au Cabinet des Estampes, Lauréat de l'Institut.

PARIS
E. DENTU Éditeur, — 3, Place de Valois (Palais-Royal).

Tous droits réservés.

INTRODUCTION

Ce livre est à la fois un guide et un catalogue.

Son but est de permettre aux lecteurs les moins familiarisés avec les classements de notre Musée national d'estampes, de s'orienter et de formuler plus sûrement leurs demandes.

L'idée ne pouvait venir de noter pièce à pièce les 2.700.000 gravures, photographies ou dessins, accumulés depuis deux siècles au Cabinet des Estampes. Il faudrait pour cela près de 50 années de travail de 20 personnes, et la publication d'un pareil inventaire emploierait plusieurs vol. in-folio. L'auteur a dû se borner à une énumération sommaire des collections, en insistant de préférence sur les artistes ou les temps les moins étudiés.

A l'origine du dépôt, les gardes royaux avaient imaginé des groupements dont les réformes postérieures n'ont pas toujours corrigé les mécomptes. L'auteur a cherché à signaler les documents égarés en des places qui ne sont pas les leurs. Il signale à la reconnaissance des chercheurs et des érudits les derniers conservateurs qui ont mis tout leur zèle à rétablir la méthode absolue, dans la mesure du possible, en évitant des bouleversements reconnus préjudiciables.

Tel qu'il est aujourd'hui, le Cabinet des Estampes est le premier du monde; il a pour lui le nombre énorme des matériaux, la diversité et le classement très clair. Toutes les acquisitions nouvelles comparées aux trésors accumulés en ce dépôt paraissent mesquines (1).

Il est donc moins utile d'acquérir de nouvelles œuvres que de préciser exactement et de mettre en lumière celles qui s'y trouvent

---

(1) Les plus précieux spécimens de la gravure en France ou à l'étranger sont encadrés et disposés dans les fenêtres du Cabinet, où les visiteurs peuvent les étudier les mardis et vendredis de chaque semaine. Or, telle fenêtre renfermant les incunables italiens de la taille-douce, telle autre contenant les plus précieuses eaux-fortes de Rembrandt, représentent des valeurs considérables. La sauvegarde de ces joyaux est leur estampille indélébile, et aussi leur qualité d'œuvres uniques et classées, qui mettrait le voleur dans l'impossibilité absolue de s'en défaire.

déjà. L'abbé Zani, en découvrant chez nous, à la fin du XVIIIᵉ siècle, une épreuve de la *Paix* célèbre, attribuée à l'orfèvre Maso Finiguerra a, pour employer le langage du commerce, fait un don marchand à l'Etat français (1). Chaque année, les fonctionnaires, attachés au Cabinet, acquittent leur dette en mettant à leur place des chefs-d'œuvres encore inconnus, et que leurs prédécesseurs avaient recueillis au temps où l'importance de ces documents n'était point établie.

* *

Il serait inutile de refaire l'histoire du Cabinet des Estampes, après la magistrale étude publiée en 1875, par M. le Comte Henri Delaborde, alors conservateur, en tête d'un catalogue raisonné des pièces exposées dans les salles (2).

L'éminent écrivain y étudie les origines du dépôt, virtuellement constitué en 1667, après l'acquisition faite par le roi à l'abbé de Marolles d'une collection de 123.000 pièces en 400 gros volumes et 120 petits. Ces livres existent encore dans leur magnifique reliure de maroquin aux armes royales. Ils furent d'abord placés près des livres imprimés, installés au XVIIᵉ siècle, dans une maison de la rue Vivienne. Puis Colbert les sépara des livres et y fit adjoindre les planches gravées commandées par le roi, lesquelles devinrent plus tard le premier noyau de la chalcographie du Louvre. Il en fut ainsi jusqu'en 1812.

Entre temps, un arrêt du Conseil de 1689, obligea les libraires ayant obtenu le privilège, à déposer au Cabinet deux exemplaires

---

(1) La valeur de cette pièce s'est accrue grâce à Zani dans la proportion de 1 à 50.000. Cette proportion serait doublée aujourd'hui en dépit des critiques fort avisées que la science iconographique moderne oppose à l'opinion de Zani et à la tradition. Cf. Dutuit, *Manuel de l'amateur d'estampes*, Introduction, T. I. p. 4 — 19. La *Paix*, de Maso Finiguerra, est exposée dans un cadre gothique à la première fenêtre de la salle principale; elle provient des collections de l'abbé de Marolles, et est entrée au dépôt en 1667, au milieu de 123.000 estampes de la plus grande rareté. On nomme *Paix*, un de ces reliquaires en métal que les prêtres donnent à embrasser aux fidèles à certaines cérémonies. (Le prétendu métal original de la Paix conservée aux Estampes est aux Offices de Florence).

(2) Le Département des Estampes à la Bibliothèque nationale. Paris Plon 1875 in-8°.

de leurs publications, à peine de 1.500 livres d'amende et de confiscation. L'arrêt portait effet rétroactif et remontait à 39 ans en arrière. L'enrichissement du dépôt en reçut une impulsion énorme et subite. Sous la Régence, les livres et les estampes, fort à l'étroit dans le local de la rue Vivienne, furent transportés à l'hôtel Mazarin où ils sont encore (1721).

Le Cabinet des Estampes allait recevoir là deux dotations nouvelles. Une de 18.000 portraits que lui avait faite son premier garde Nicolas Clément. L'autre d'une innombrable quantité de dessins originaux, d'estampes, de documents topographiques et autres cédés au roi par Roger de Gaignières. Toutefois la collection Gaignières, acquise dès 1711, ne fut versée qu'en 1740 (1).

Le Cabinet était encore fort modeste ; il occupait quelques chambres du premier étage entre le cabinet des livres et les appartements du Bibliothécaire en chef l'abbé Bignon, sur la rue Richelieu. Il venait d'être installé au rez-de-chaussée dans une salle donnant sur la cour, quand on y apporta les portefeuilles de Roger de Gaignières. Mais l'humidité commençait son œuvre En 1751, Hugues Adrien Joly, alors garde du dépôt, le fit porter en des entresols prenant jour rue Vivienne. Il y fut 103 ans, de 1751 à 1854. A cette époque les estampes reçurent la destination actuelle ; elles furent installées dans la grande galerie autrefois construite par Mansard, au rez-de-chaussée du Palais, pour y placer les statues du Cardinal Mazarin. Auparavant cette salle avait servi au Trésor royal et à la Bourse de Paris, et le préau de la bourse était le jardin qui existe encore et qui longe la rue Vivienne. L'aménagement nécessité par les estampes consista en un exhaussement des planchers afin d'éviter les infiltrations extérieures; cette disposition nuisit beaucoup à la belle proportion de la galerie, les rayonnages appliqués aux murs contribuèrent à l'assombrir (2).

---

(1) Sur les collections de Roger de Gaignières consulter : *La Bibliothèque hist.* du P. Lelong, édit. de 1768, T. IV p. 110-134, 2ᵉ partie.— L. Delisle, le *Cabinet des Manuscrits*. T. I. — G. Duplessis, *Roger de Gaignières et ses collections*. Paris. Claye, 1870, in-8° — Henri Bouchot, *Inventaire des dessins exécutés pour Roger de Gaignières*. Paris, Plon, 2 vol. in-8°, à l'Introduction.

(2) Duchesne, *Recherches sur une ancienne galerie du Palais Mazarin*..... Paris. Renouard, 1854, in-8°.

Enrichissements successifs du Cabinet des Estampes — Catalogues partiels de ses collections.

Voici, à titre de renseignements, les dons marquants faits à la Bibliothèque pour le Cabinet des Estampes, et quelques-unes des principales acquisitions.

— 1667. Don de l'abbé de Marolles ; 123.000 pièces dont quelques-unes provenaient de Claude Maugis, d'autres de Delorme, etc. Les collections de Marolles renfermaient aussi des dessins précieux. (catal. manuscrit 4 vol.) C'est de cette collection que provient la *Paix*, de Maso Finiguerra, restituée en 1797 par l'abbé Zani, épreuve unique d'un nielle florentin.

— 1712. Don de Nicolas Clément. Environ 18.000 portraits classés méthodiquement.

— 1716. Entrée à la Bibliothèque des collections formées par Roger de Gaignières et données au roi en 1711. Dessins de tombeaux, de monuments divers, pièces topographiques qui passèrent au Cabinet des Estampes en 1740.

— 1718. Entrée à la Bibliothèque de dessins de botanique légués au roi Louis XIV par son oncle Gaston d'Orléans. Dessins de fleurs de la plus grande beauté, dont on trouvera le détail ci-après, série J.

— 1731. Acquisition de la collection du Marquis de Beringhen. Près de 90.000 pièces sur toutes les questions d'iconographie et d'histoire.

— 1753. Don de la collection Lallemant de Betz. On appelle à tort cette collection la collection d'Uxelles. Environ 15.000 pièces de topographie et de portraits en 78 volumes reliés en basane.

— 1770. Don par Fevret de Fontette de plus de 20.000 pièces sur l'histoire de France, classées chronologiquement. Ces recueils de Fontette ont été augmentés depuis et ont formé le noyau de la collection générale d'histoire de France.

— 1770. Don par Bégon de 24.746 pièces représentant près de 77.000 livres.

— 1775. Acquisition de 12.504 estampes à la vente de P. J. Mariette, moyennant 20.663 livres.

— 1782. Acquisition de 12 volumes de plantes dessinées par les frères Prévost, pour M. Roussel, fermier général.

— 1784. Acquisition de 728 pièces de Rembrandt moyennant 24.000 livres, à la vente du peintre Peters.

— 1784. Acquisition diverses à la vente du duc de La Vallière. Fleurs peintes par Rabel, Histoire de Maggi, Triomphe de Maximilien, etc., moyennant 11.444 livres, 10 sous.
— 1789. Acquisition de recueils exécutés pour le maréchal de Richelieu et concernant les modes. 6 vol. renfermant des échantillons d'étoffes et de soierie du plus haut intérêt. (1680-1750).
— 1795. Entrée de 52 volumes provenant du ministre Bertin et renfermant d'inestimables pièces dessinées en Chine par des artistes indigènes.
— 1795. Collection du conseiller de Tralage, autrefois à l'abbaye de St-Victor, et versée à la Bibliothèque. 33.000 estampes de mythologie et de topographie.
— 1797. Dépôt, dit de Versailles, en germinal an V, comprenant la plupart des ouvrages d'art ayant fait partie de la Bibliothèque du roi à Versailles. Ces livres à estampes et ces recueils formaient plusieurs séries. Ils provenaient également des frères du roi, de la reine et de Mesdames Adélaïde et Victoire.
— 1798. Dépôt, dit des Capucins, fait en brumaire an VII. Livres à figures divers.
— 1805. Acquisition de pièces rares à la vente St-Yves.
— 1811. Acquisition de 2.750 pièces dessinées et de divers manuscrits provenant de Robert de Cotte, ancien architecte de la Bibliothèque royale.
— 1811. Acquisition de 2.831 estampes à la vente du sieur Silvestre.
— 1819. Acquisition de 1408 dessins, d'après les monuments byzantins recueillis par Millin en Italie.
— 1820. Acquisition de 7.470 pièces provenant de l'abbé de Tersan et de la collection Morel de Vindé.
— 1827. Acquisitions diverses à la vente de Vivant Denon, entre autres 1.574 pièces de Callot, et divers incunables de la lithographie.
— 1833. Acquisition de 3 pièces rares du cabinet Revil, moyennant 5.243 f.
— 1845. Vente par M. Laterrade de 19.914 pièces sur la Révolution française. En 1863 nouvelle cession de 14.000 p. par le même.
— 1851. Don par M. Jecker de 48 pièces gravées aux XVe et XVIe siècles qui n'étaient pas encore au département.
— 1854. Acquisition de la collection Debure. 65.000 portraits, classés alphabétiquement, qui formèrent le noyau principal alphabétique de la collection actuelle.
— 1858. Acquisition de la collection d'Achille Devéria. 113.000 pièces dont quelques-unes fort curieuses pour l'histoire de la lithographie, dessins, étoffes. etc.

— 1861. Entrée à la Bibliothèque de pièces dessinées ou gravées conservées jusque là dans d'autres bibliothèques. (Une grande partie des dessins originaux proviennent de cette entrée.)
— 1863. Donation Hennin : 14.807 pièces du plus haut intérêt pour l'histoire de France. Ces pièces ont été conservées dans leur classement d'origine et reliées.
— 1869 à 1891. Don par M. A. Raffet fils, de 3.814 dessins originaux, croquis, lithographies rares, eaux-fortes ou fumés et calques, d'après Raffet.
— 1880. Acquisition de la collection de Loynes. Catalogues d'expositions, critiques, etc., réunis et groupés en 56 volumes. En tout 2.069 pièces imprimées ou manuscrites.
— 1881. Don par M. Gatteaux de pièces gravées par Raimondi, Marco Dente, etc. Bois italiens et allemands du XVIe siècle.
— 1881. Don par M. Auguste Barbier de 1.360 lithographies depuis les origines de cet art en France.
— 1881. Acquisition, moyennant 40.000 fr., d'un album contenant 135 planches gravées sur bois en France au XVIe siècle.
— 1885. Don par M. Edouard Fleury de 11.443 pièces diverses, dessins et gravures concernant le département de l'Aisne.
— 1889. Legs par M. Auguste Armand de 19.410 photographies, dessins, etc., formant une histoire générale de l'Art.
— 1890. Acquisition, moyennant 30.000 fr., d'une collection de 1.328 dessins en six volumes in-fol. relatifs à l'histoire et à la topographie de Paris. Cette collection fut formée par M. Destailleur, architecte.
— 1893. Acquisition, moy^t 15.554 fr., de trois épreuves rares à la vente Holford. Un Bocholt, un Rembrandt et un Nanteuil.

Catalogues publiés.

— Notice des estampes exposées à la Bibl. du Roi... par J. Duchesne, aîné 1819 in-12. — Autre édition 1819. — Autre édition 1837. — Réimpression abrégée en 1841 — 4e édition 1855.
— Observation sur les catalogues de la collection des Estampes par J. Duchesne ainé 1847 in-8°.
— Le Département des Estampes à la Bibliothèque nationale, notice historique suivie d'un catalogue des estampes exposées, par le vicomte Henri Delaborde conservateur, secrétaire perpétuel de l'Académie des Beaux-Arts. Paris, Plon 1875 in-8°.
— L'Appendice à la *Bibliothèque historique*, du Père Lelong, a donné trois catalogues du cabinet des Estampes T. IV.

1° Le détail des pièces léguées en 1770, par Fevret de Fontette, sur l'histoire de France ;

2º Les tables des portraits dessinés ou gravés conservés tous à la Bibliothèque royale, ou dans le cabinet de M. de Fontette (1768) ;

3º Table générale des portraits dessinés... et des monuments qui font connaître les habillements de chaque règne (1768).

— Inventaire de la collection d'estampes relatives à l'histoire de France, léguée en 1863 à la Bibliothèque nationale par M. Michel Hennin, rédigé par Georges Duplessis 1877-1884. 5 vol. in-8º.
— Notice des objets exposés au Département des Estampes 1878 in-8º.
— Catalogue de la collection de pièces sur les beaux-arts, imprimées et manuscrites, recueillie par P. J. Mariette, Cochin et M. Deloynes... par Georges Duplessis. Paris 1881 in-8º.
— Les portraits aux crayons des XVIe et XVIIe siècles conservés à la Bibliothèque nationale et en diverses collections de France et de l'étranger (1525-1646). Notice, catalogue et appendice par Henri Bouchot. Paris 1884 in-8º.
— Inventaire des dessins et estampes relatifs au département de l'Aisne, légués par M. Ed. Fleury, rédigé par Henri Bouchot. Paris, Hachette 1885 in-8º.
— Notice sur la vie et les travaux d'Etienne Martellange, architecte des Jésuites... suivie du catalogue de ses dessins précédemment attribués à Stella, par Henri Bouchot. Paris 1886 in-8º.
— Le portrait de Louis II d'Anjou à la Bibliothèque nationale... par Henri Bouchot. Paris 1886 in-4º.
— Cent modèles d'orfèvrerie conservés au Cabinet des Estampes, par Henri Bouchot. Paris 1887 in-folio.
— Inventaire des dessins exécutés pour Roger de Gaignières, et conservés aux Départements des Estampes et des Manuscrits, par Henri Bouchot, bibliothécaire. Paris, Plon 2 vol. in-8º.
— Inventaire de la collection de dessins sur Paris formée par M. Destailleur et acquise par la Bibliothèque nationale [Rédigé par M. F. Courboin]. Paris 1891 in-8º.

En préparation.

— Inventaire de la collection Lallemant de Betz léguée en 1753, rédigé par M. Auguste Flandrin, ancien bibliothécaire.
— Inventaire de la collection de l'histoire de l'Art, léguée par M. Armand en 1889. Par M. F. Courboin, sous la direction de M. G. Duplessis.

— Catalogue général de la collection des portraits, par M. G. Duplessis, membre de l'Institut, conservateur du Département.
— Inventaire des pièces sur le théâtre acquises de M. Destailleur, et des dessins concernant le théâtre, conservés au département des Estampes, par M. Henri Bouchot, Bibliothécaire.
— Catalogue des plans des collèges des Jésuites acquis en 1769 et conservés au département des Estampes, par M. Henri Bouchot. (Recueil précieux pour l'archéologie et la topographie).

Indépendamment de ces inventaires spéciaux, le Cabinet des Estampes a donné lieu à plusieurs mémoires ou notices historiques.

— Lettre au Bibliophile Jacob... sur le Cabinet des Estampes et l'excellente administration de M. Duchesne aîné, par A. Bonnardot. Paris 1848 in-8°.
— Le département des Estampes à la Bibl. impériale, par Georges Duplessis. Paris 1860 in-4°.
— Le cabinet du roi. Collection d'Estampes commandées par Louis XIV, par Georges Duplessis. Paris 1869 in-4°.
— Le Cabinet des Estampes. Guide du lecteur et du visiteur, par Henri Bouchot. Paris, Dentu 1895 in-18.

Etat actuel du cabinet des Estampes. — Les livres et recueils. — Les classements. — Tableau des grandes Divisions.

Dans l'organisation moderne de la Bibliothèque nationale, le Cabinet des Estampes forme un des quatre départements officiels. Les autres départements sont :

1° Les Imprimés et les Cartes et plans. (A ce département est jointe l'annexe de la bibliothèque publique populaire, rue Colbert).

2° Les Manuscrits.

3° Le département des Médailles et antiques.

Financièrement et administrativement le Cabinet des Estampes, comme les autres départements de la Bibliothèque, ressort du ministère de l'Instruction publique ; il a son budget spécial. Il est dirigé par un conservateur assisté d'un conservateur adjoint, de bibliothécaires, de sous-bibliothécaires et de stagiaires. Un atelier de collage assure l'assemblage des pièces destinées à la communication. Deux gardiens sont chargés de la surveillance sous le contrôle des fonctionnaires.

Le Cabinet des Estampes est exclusivement réservé à la conservation des pièces gravées, lithographiées ou photographiées.

Exceptionnellement, il renferme des dessins originaux, mais ces dessins rentrent toujours dans une des séries spéciales : architecture, histoire, topographie, portraits ou costumes. Les dessins d'art pur sont au Musée du Louvre.

Les livres imprimés qu'on y a réunis sont doubles pour la plupart de ceux conservés au département des Imprimés ; ils forment la bibliothèque de travail nécessaire aux lecteurs et aux fonctionnaires.

Le Cabinet s'enrichit par le dépôt légal, les acquisitions ou les dons. Le dépôt légal astreint l'imprimeur de toute planche gravée et imprimée en France à un prélèvement de deux exemplaires, ces estampes sont remises au ministère de l'Intérieur chargé de la police de la librairie ; le ministère transmet ce dépôt au département des Estampes par l'entremise d'un fonctionnaire (1). Quant aux acquisitions proposées par le conservateur, elles se font sous la réserve de l'acceptation ministérielle. De même aussi les dons sont soumis à l'approbation du ministre.

Livres et recueils.

Les livres imprimés acquis par le département des Estampes reçoivent une reliure fixe, et une cote correspondant à un répertoire tenu à jour et réservé aux fonctionnaires.

Les estampes en feuilles reçoivent l'une des trois destinations suivantes :

Si elles forment une collection définitive et non susceptible d'augmentation, comme sont certaines collections entrées d'un bloc à la Bibliothèque, elles reçoivent une reliure fixe.

Si elles viennent s'ajouter à des œuvres et grossir l'album d'un artiste, si elles complètent des collections toujours ouvertes aux intercalations, on leur donne une reliure mobile.

Moins importantes, elles sont simplement enfermées dans des dossiers volants et serrées dans des cartons. On nomme ces dossiers les *suppléments non reliés.*

Les reliures mobiles dont on fait aujourd'hui usage au Cabinet des Estampes ont été introduites vers le milieu du siècle par le conservateur d'alors M. Achille Devéria. Cette reliure comporte une matrice-livre à dos de bois recouvert de maroquin. A l'intérieur

---

(1) Il faut reconnaître qu'en l'état actuel des choses, le dépôt légal, privé de sanctions efficaces, ne rend pas tous les services qu'on en pourrait attendre. Il est plus un encombrement qu'un enrichissement. Cf. Georges Picot. *Le dépôt légal et nos collections nationales.* Paris, Picard 1883, in-8°.

viennent s'appliquer deux ais, de bois également, dont un est attaché à la matrice, et l'autre se serre ou se desserre par le moyen de vis. Les feuillets de papier résistant, portant l'estampe collée dans son pourtour, sont munis d'un onglet encoché pour permettre le jeu des vis. Une fois assemblés et classés, ces feuillets sont comprimés entre les deux ais, et le volume apparaît comme un ouvrage relié. A chaque intercalation nouvelle on dévisse et on revisse les ais.

On se servait antérieurement de livres à reliure fixe portant un certain nombre de feuilles d'attente, la plupart du temps restées sans emploi, et qui encombraient les rayons d'épaisseurs inutiles.

La reliure mobile comporte 6 formats différents. L'in-folio moyen ou grand in-4° qui est dit format 1.

   Le folio.................... format 2.
   Le grand folio.............. format 3.
   Très grand in-folio......... format 4.
   Exceptionnel............... format 5.
   Grandes pièces............. format 6.

Indépendamment des œuvres assemblées en reliure mobile et classées au nom d'un artiste ou rentrant dans l'une des grandes divisions officielles, on a groupé par liste alphabétique d'auteurs, des estampes trop peu nombreuses pour mériter à elles seules l'emploi d'un volume. Ces estampes collées sur des feuillets à onglets sont réparties alphabétiquement dans une suite de volumes dits *suppléments reliés* et portant la cote uniforme AA (double A). Suivant leurs dimensions, elles sont soit à AA 1. AA 2. AA 3. et ainsi de suite jusqu'à AA 6. Des répertoires manuscrits réservés aux fonctionnaires indiquent à quel format ils doivent chercher l'estampe demandée. Cette disposition permet la conservation intacte de pièces qu'on eût du plier pour les faire entrer dans les formats ordinaires. Il va de soi par exemple, que l'hémicycle des Beaux-Arts gravé par Henriquel Dupont, eût été mal à l'aise près du portrait de Bertin l'aîné.

Actuellement, les seules pièces pliées du Cabinet des Estampes font partie d'ouvrages anciens ou de recueils précieux dont on n'a point voulu briser les reliures ; telles celles provenant de Marolles, de Beringhen, de de Cotte.

Classements.

Il se devait raisonnablement que l'œuvre des graveurs tint au Cabinet des Estampes la place prépondérante. Ces artistes sont les privilégiés de la maison, et lorsqu'une pièce entre au dépôt, encore que sa place soit aussi bien marquée ailleurs, elle va de préférence à l'œuvre de son graveur. Elle ne reçoit une autre destination que si elle y figure, et si elle ne constitue pas un *état* différent. Les exceptions à cette règle sont toujours très anciennes et justifient en quelque sorte la méthode nouvelle, par les erreurs qu'elles peuvent laisser échapper.

Toutefois on a conservé les vieux procédés de classement dans les œuvres, pour ne pas troubler les traditions. Entre elles les estampes d'un même artiste sont ainsi réparties : Hiérologie, mythologie, histoire, allégories, vignettes, portraits, ornements, etc...

Les grandes séries du Cabinet des Estampes, sont : la série A. (Musées), les séries B. C. D. (Peintres français et étrangers), la série E. (Graveurs), la série F. (Sculpteurs), la série H. (Architectes).

Les séries « à coté », si l'on peut dire, n'existent que grâce aux doubles et triples exemplaires d'estampes recueillis par le Cabinet. Telles la série N (portraits), la série O (costumes), la série Q (histoire), la série V (topographie), la série K (typographie). Il va de soi que par leur origine même, ces séries sont rarement complètes, mais elles sont un instrument de travail des plus consultés, on pourrait même dire le plus consulté.

Tableaux des séries avec leurs subdivisions.

A. — *Musées et Cabinets.* — **Aa.** De France. — **Ab.** D'Italie et du midi. — **Ac.** Du Nord et de l'Allemagne. — **Ad.** Monuments divers de l'art. — **Ae.** Sujets libres.

B. — *Dessins et Ecoles de peinture en Italie.* — **B.** Dessins de toutes les Écoles. — **Ba.** Florentins. — **Bb.** Romains. — **Bc.** Vénitiens. — **Bd.** Lombards. — **Be.** Génois, Napolitains — **Bf.** Espagnols.

C. — *Ecoles de peinture du Nord.* — **Ca.** Allemands et Nord de l'Europe. — **Cb.** Hollandais. — **Cc.** Flamands. — **Cd.** Anglais.

D. — *Ecole française de peinture.* — **Da.** Primitifs jusqu'au XVIIIe s. — **Db.** Peintres du XVIIIe s. — **Dc.** Peintres du XIXe s. jusqu'à nous.

E. — *Graveurs.* — **Ea.** Généralités de la gravure dans tous les pays, et incunables. — **Eb.** Italiens. — **Ec.** Graveurs du Nord. — **Ed.** Ecole française primitive. — **Ee.** Ecole du XVIIIe s. en France. — **Ef.** Ecole du XIXe s. en France. — **Eg.** Editeurs et imprimeurs.

F. — *Sculpteurs.* — **Fa.** Statuaires. — **Fb.** Statues. — **Fc.** Bas-reliefs. — **Fd.** Pierres gravées.

G. — *Antiquités et archéologie.* — **Ga.** Généralités. — **Gb.** Antiquités. — **Gc.** Antiquités de Rome. — **Gd.** Monuments divers. — **Ge.** Médailles.

H. — *Architectes.* — **Ha.** Français. — **Hb.** Étrangers. — **Hc.** Grands monuments. — **Hd.** Mélanges.

I. — *Sciences Physico-mathématiques.* — **Ia.** Mécanique, géométrie, perspective. — **Ib.** Physique et chimie (Ballons). — **Ic.** Hydraulique et navigation. — **Id.** Art militaire. — **Ie.** Histoire militaire.

J. — *Histoire naturelle.* — **Ja.** Généralités. — **Jb.** Zoologie. — **Jc.** Botanique. — **Jd.** Botanique partielle. — **Je.** Minéralogie — **Jf.** Anatomie.

K. — *Arts dits académiques.* — **Ka.** Education générale, livres, jeux, thèses. — **Kb.** Lecture, écriture et imprimerie. — **Kc.** Peinture et dessins. — **Kd.** Danse et musique. — **Ke.** Manège, hippiatrique, chasses. — **Kf.** Escrime et maniement des armes. — **Kg.** Courses, luttes, natation, paume, billard. — **Kh.** Jeux d'échecs, de dés, de cartes, jeux de hasard.

L. — *Industrie et arts et métiers.* — **La.** Arts et métiers de l'Académie. — **Lb.** Agriculture, économie, commerce. — **Lc.** Arts et métiers divers. — **Ld.** Arts du bois. — **Le.** Arts du métal. — **Lf.** Céramique. — **Lg.** Cuirs. — **Lh.** Tissus. — **Li.** Papiers.

M. — *Encyclopédie.* — **Ma.** Sciences encyclopédiques. — **Mb.** Sciences intellectuelles. — **Mc.** Sciences des faits. — **Md.** Sciences exactes et arts. — **Me.** Sciences naturelles.

N. — *Portraits.* — **N** 2 à **N** 6. (collection des portraits alphabétiques). — **Na.** Portraits de France. — **Nb.** Italie, Espagne, Portugal. — **Nc.** Allemagne, Pays-Bas, Suisse. — **Nd.** Angleterre, Nord, régions lointaines. — **Ne.** Collections générales de portraits. — **Nf.** Collections de portraits.

O. — *Costumes.* — **Oa.** Cost. français. — **Ob.** Cost. étrangers. — **Oc.** Cost. religieux et militaires. — **Od.** Cost. orientaux. — **Oe.** Chine. — **Of.** Afrique, Amérique, Océanie.

P. — *Sciences Chronologiques.* — **Pa.** Chronologies, généalogies, calendriers. — **Pb.** Monnaies, médailles, sceaux. — **Pc.** Blasons. — **Pd.** Tournois et carrousels. — **Pe.** Tombeaux et funérailles.

Q. — *Histoire.* — **Qa.** (nul). — **Qb.** Hist. de France. — **Qc.** Hist. d'Italie, d'Espagne et du Portugal. — **Qd.** Hist. des pays du Nord — **Qe.** Livres historiques.

R. — *Hiérologie.* — **Ra.** Bibles et livres généraux. — **Rb.** Ancien testament. — **Rc.** Nouveau testament. — **Rd.** Saints et saintes. — **Re.** Liturgie, conciles, hist. ecclésiastique.

S. — *Mythologie.* — **Sa.** Collection méthodique des personnalités mythologiques. — **Sb.** Métamorphoses et livres sur la mythologie.

T. — *Fictions.* — **Ta.** Poèmes et poètes. — **Tb.** Théâtre et romans — **Tc.** Fables et chansons. — **Td.** Iconologie, allégories. — **Te.** Emblèmes mystiques et moraux. — **Tf.** Rébus, calembours, jeux d'esprit, charges.

U. — *Voyages.* — **Ua.** Généralités. — **Ub.** Voyages spéciaux.

V. — *Topographie.* — **Va.** France. — **Vb.** Italie, Espagne, Portugal. — **Vc.** Grande Bretagne, Néerlande, Belgique, Suisse, Allemagne, etc. — **Vd.** Régions lointaines. — **Ve.** Recueils divers, France. — **Vf.** Midi de l'Europe. — **Vg.** Du Nord. — **Vh.** Des pays lointains. — **Vx.** Spécialement consacré à la collection topographique de Lallemant de Betz.

X. — *Géographie.* — **Xf.** Géographie générale. — **Xg.** Spéciale. — **Xh.** Cosmographie. Hydrographie. Astronomie.

Y. — *Bibliographie.* — **Ya.** Catalogues ou inventaires du Cabinet. — **Yb.** Histoire de l'art. — **Yc.** Biographies d'artistes. — **Yd.** Notices et catalogues de vente. — **Ye.** Inventaires du Cabinet. — **Yf.** Bibliographie. — **Yg.** Livres auxiliaires.

Z. — Collections Devéria et Gentil.

Conseils aux lecteurs en vue de recherches à faire au Cabinet des Estampes.

Les travailleurs, les amateurs ou les curieux, viennent au Cabinet des Estampes pour y consulter :

1° L'histoire de l'Art en général, ou spécialement l'œuvre d'un graveur, d'un peintre, d'un statuaire ou d'un architecte.

2° L'archéologie, la mythologie ou les religions.

3° L'histoire en général, Histoire de France ou de l'étranger.

4° Le portrait.

5° Les costumes, le théâtre ou les mœurs.

6° La topographie à laquelle se lie l'histoire des provinces, l'archéologie architecturale et l'histoire militaire.

7° Les sciences physiques, naturelles, mécaniques ou commerciales.

8° La typographie, l'anatomie, le dessin, les jeux.

Histoire de l'Art.

Pour cette classe de l'érudition, le Cabinet des Estampes est un des plus riches en matériaux de premier ordre, tant en estampes originales gravées par les maîtres eux-mêmes, ou reproductions d'après les peintres, les statuaires, les médailleurs ou les architectes. Grâce à la répartition méthodique des documents ci-après inventoriés les amateurs trouveront à la fois les principaux musées et cabinets de l'Europe (série A.), les œuvres des peintres étrangers et Français (séries B. C. D.), les œuvres des graveurs (série E.), des statuaires (série F.), des architectes (série H.). En outre de ces recueils, le Cabinet possède la plupart des livres didactiques écrits sur chacune des écoles de peinture, de gravure ou de sculpture (Série Y).

Il n'entre point dans notre cadre de citer ici tous les ouvrages traitant des musées d'Europe, des peintres, des statuaires ou des architectes. Certaines bibliographies spéciales renseignent à ce sujet, entre autres la bibliographie artistique de M. Georges Duplessis(1).

L'histoire de l'Art en général est largement représentée par ses chefs-d'œuvres, dans la collection de photographies et de gravures, léguée en 1889 par M. Armand, architecte. Citons seulement parmi les ouvrages généraux : l'*Histoire des peintres italiens*, de Vasari, le *Kunstler lexicon*, de Nagler, la *Vie des Peintres*, de Charles Blanc, les *Dictionnaires* généraux, de l'abbé Zani, de Siret etc.

En ce qui touche aux graveurs de toutes les écoles, il convient de mentionner le *Peintre graveur*, d'Adam Bartsch (XXI vol. in-8°), où sont étudiées pièce à pièce les œuvres des vieux maîtres. Depuis, un autre érudit allemand, M. Passavant, a relevé les omissions de Bartsch et a rectifié ses erreurs. (6 vol. in-8°). On peut ajouter le *Manuel de l'amateur d'estampes*, de Ch. Leblanc, récemment terminé, et imité du *Manuel du libraire de Brunet* ; le *Manuel de l'amateur d'estampes*, de M. Dutuit (en 5 vol. in-4°) ; les *Dictionnaires de monogrammes*, par Brulliot (1 vol. in-4°) et par Nagler (6 vol. in-8°), qui servent à retrouver et à identifier les estampes signées d'un chiffre ou d'un sigle, etc.

L'école française de gravure a ses répertoires spéciaux, tels le *Peintre graveur français*, de Robert-Dumesnil (13 vol. in-8°); les *Graveurs du XVIIIe siècle*, par Portalis et Beraldi (3 vol. in-8°); *les graveurs du XIXe siècle* par H. Beraldi. De plus un très grand nombre d'artistes ont des catalogues à part, tels Callot, Abraham Bosse, Israël Silvestre, Cochin, Moreau le Jeune, etc., etc.

---

(1) Bibliographie biographique, Paris 1866 in-18°.

L'architecture n'est point cantonnée seulement dans la série H. Sous cette lettre sont groupés la plupart des recueils et des ouvrages spéciaux sur la matière ; mais il existe d'autres endroits où les chercheurs auront à puiser largement. Les collections topographiques (séries U et V), renferment pour la France et pour l'étranger une quantité de plans originaux figurant des églises, des châteaux ou des palais, dont il faut tenir compte. Ces pièces se trouvent classées à leur place dans les recueils topographiques ; par exemple les dessins et projets concernant la Bibliothèque nationale (top. de Paris, Va. 239), les dessins de Bélanger pour le pavillon de Bagatelle (top. de la Seine, Va 202). Par contre, les œuvres de Jacques Androuet Du Cerceau sont placées à la série Ed (graveurs français des XVI⁰ et XVII⁰ siècles.)

Archéologie, Mythologie, Histoire des religions.

L'archéologie est comprise en grande partie dans la série G, mais elle a ses éléments éparpillés un peu en tous endroits. L'archéologie romaine et grecque est largement représentée dans les séries U et V, notamment dans les volumes Ve 2 et Ve 3. Divers monuments Gallo-romains sont à la division Va (topographie française). Quelques fragments s'en retrouvent même au vol. Pe 1m, de la collection de Roger de Gaignières et dans les recueils de costumes de la division Oa. La série N renferme les portraits de personnages Grecs ou Romains, publiés par Visconti ; la division Ad des calques exécutés par M. de Bastard, d'après les monuments antiques. La mythologie est également dispersée dans les séries G et S ; cette dernière contient les recueils factices sur les dieux. Les religions chrétiennes sont par moitié dans les séries R et G. Les mythes indous dans la série O, les mythes Egyptiens dans les séries G et U (cette dernière renferme les précieux dessins de l'expédition d'Egypte), les mythes mexicains dans la série G. (Dessins de Waldeck.)

Histoire.

Les recherches historiques s'appliquent à plusieurs séries du Cabinet des Estampes. Lorsqu'il ne s'agit que d'un fait historique proprement dit, à date certaine, on a loisir de consulter les recueils factices formés dès le XVIII⁰ siècle, et continués jusqu'à nous. Ces recueils figurent à la série Q.

L'histoire de France, très richement représentée au Cabinet des Estampes, est répartie en deux collections principales. L'une, dont la donation Fevret de Fontette forme le noyau, a été inventoriée dans l'*Appendice à la Bibliothèque historique* du P. Lelong, pour la partie antérieure à 1768. Elle a été continuée jusqu'à 1860 environ et beaucoup plus que doublée. (Beaucoup de dessins et d'estampes rarissimes).

L'autre collection a été léguée au Cabinet en 1863 par le chevalier Hennin. Elle contient une majeure partie de dessins uniques, de pièces rares gravées à l'étranger, et a été inventoriée par M. Georges Duplessis. L'inventaire de M. Duplessis, muni d'une table analytique, est aujourd'hui devenu classique. Il n'est pas un livre d'histoire paru depuis 15 ans, qui n'ait puisé à cette source ses meilleurs éléments de discussion ou d'illustration.

L'histoire d'Allemagne, d'Angleterre, d'Espagne, a aussi des recueils particuliers, mais incomparablement moins riches que ne sont ceux de la France.

Les époques récentes ne sont point reliées encore ; elles sont réunies en des cartons volants (1870-1894).

Il s'en faut toutefois que l'histoire soit cantonnée dans la série Q. Certains sièges et batailles figurent à la série I, à la série V, à la série O (recueils O a 9 — Oa 17 de Gaignières) Les charges et caricatures politiques sont à la série T; les portraits, à la série N; le blason, le cérémonial des fêtes, les funérailles, les entrées de souverains, à la série P (sciences chronologiques).

Portraits.

La collection générale des portraits, autrefois classée méthodiquement a, depuis 1854, été répartie en une seule série alphabétique. La méthode rigoureuse avait trop d'inconvénients et laissait trop d'erreurs. On y voyait Rabelais figurer aux diplomates, Michel Chevalier, l'économiste, aux criminels célèbres ; en plus, cette répartition nécessitait de la part du personnel une érudition générale des plus étendues. Le classement alphabétique a supprimé toutes les confusions.

La collection (série N), renferme aujourd'hui plus de 200.000 pièces : gravures, dessins, lithographies, photographies, même des peintures à l'huile. Suivant leurs formats, et afin d'éviter le pliage, ces estampes sont réparties dans des recueils de reliure mobile allant de N°2 (in-8°, in-4° et petit in-folio), jusqu'à N°6 (grandes pièces exceptionnelles) (1).

---

(1) Le format N° 2 renferme 1059 volumes ; le format N° 3, 60 volumes ; le format N° 4, 14 volumes ; le format N° 5, 6 volumes ; et le format N° 6, 2 volumes. En tout très exactement 178,800 pièces, sans compter les portraits groupés sur une seule estampe, qui portent à environ 200,000 le nombre des effigies.

Le classement comporte un certain nombre de particularités à signaler.

Lorsque le personnage porte un nom sans particule, on le trouve à ce nom ; si le nom roturier est suivi d'une particule (Lepelletier de St-Fargeau), il est au nom de roture ; s'il est fait mention d'un titre (Rochechouart duc de Mortemart), le portrait est à Mortemart. Cette règle appliquée rigoureusement, a bien donné lieu à quelques difficultés ; il est rare qu'on s'avise de songer au duché de Péluse pour Monge, ou à la principauté d'Albret pour le cardinal de Bouillon. Mais le lecteur est presque toujours à même de renseigner les fonctionnaires sur ce point, et ceux-ci ont d'ailleurs les moyens de retrouver très vite les titres et qualités d'un personnage célèbre. Cependant nous ne saurions trop recommander aux travailleurs de préciser leur demande pour éviter la perte de temps.

Les empereurs, rois, impératrices ou reines, sont à leur prénom. Les princes souverains, non titrés empereurs ou rois, au nom du pays qu'ils gouvernent. (Bulgarie (Ferdinand prince de).

L'Appendice à la Bibliothèque historique, du P. Lelong, renferme un catalogue général des portraits français gravés avant 1768. On aura intérêt à consulter ce catalogue. D'autres ouvrages utiles sont ci-après signalés (voir série N. du présent livre).

M. Georges Duplessis, conservateur du Département, qui s'occupe personnellement à dresser un inventaire complet de la collection, a donné un grand essor aux acquisitions, et c'est par milliers que les portraits français ou étrangers entrent chaque année dans les portefeuilles. Certains personnages occupent à eux seuls jusqu'à 15 volumes (Napoléon Ier); d'autres 5 ou 6 (Louis XIV, Louis XV), etc. Enfin des cartes de renvoi ont été imaginées pour ramener à leur place alphabétique les portraits égarés dans une estampe qui en renferme plusieurs. Ainsi le Congrès de Vienne, par Isabey, est classé à *Bénévent*, mais tous les autres personnages présents ont une carte spéciale qui renvoie à ce nom de Bénévent, et permet de les retrouver sans grande peine.

Costumes et modes.

Les costumes de tous les pays sont à la série O. Aux costumes, on a joint les mœurs et usages.

C'est ici la série la plus consultée au Cabinet des Estampes ; elle a son public spécial d'artistes du théâtre et du vêtement, et les récentes créations du syndicat des tailleurs ont pour origine les recueils classés par règne pour la France, et par siècles pour les autres pays. Les costumes militaires sont aussi réunis dans cette série : ils sont au Cabinet des Estampes des plus précieux et des plus rares. Leur clientèle s'est accrue ces derniers temps (1890-94), dans des proportions considérables, grâce à la jeune école de peintres dont Meissonier, Neuville et Detaille ont dirigé les goûts.

Toutefois, si le Cabinet des Estampes est des mieux fournis en estampes rares sur le sujet, il ne possède pas les journaux de modes, ou du moins il ne les a point complets : ceux-ci sont en plus grand nombre au Département des Imprimés.

M. Auguste Raffet, fils du regretté peintre militaire, est cnargé du classement et de la tenue au courant de cette série. Il y emploie son érudition spéciale, et par ses soins la série O est aujourd'hui au premier rang.

Dans cette série figurent divers ouvrages sur la Chine, groupés entre eux, mais dont quelques-uns pourraient tout aussi bien être reportés à l'histoire ou à l'histoire naturelle. Signalons également les miniatures persanes et indiennes, véritables chefs d'œuvre.

On trouve aussi dans cette collection, les célèbres recueils de costumes français, anciennement exécutés sous la direction de Gaignières, pour Madame de Montespan. Ces albums du plus haut intérêt historique, ont été inventoriés pièce à pièce dans l'*Inventaire* publié par H. Bouchot (Tome I). Mais le vrai fonds de la série consiste en 100 volumes, de reliure mobile, renfermant tous les spécimens de costumes de la France et de l'étranger, jusques et y comprises les peuplades des moins vêtues.

Les costumes de théâtre sont à la série T.

Topographie.

Les collections topographiques du Cabinet comprennent deux séries : les voyages (série U) et la topographie proprement dite (série V).

Après les costumes et les portraits, la topographie est une des sources les plus consultées. Classée méthodiquement, suivant les divisions politiques et administratives de chaque pays, elle renferme de tout un peu, des cartes, des plans, (gravures, dessins ou photographies), des vues pittoresques, des monuments, maisons, châteaux, églises, tombeaux, vitraux, projets de constructions. Elle vient dans une large mesure compléter la série H pour l'architecture, la série I pour les forteresses, la série Q pour les sièges ou batailles, la série O par certaines planches à costumes. Successivement enrichie de legs et d'acquisitions, ayant groupé entre elles plusieurs collections célèbres d'autrefois (celles de Gaignières, de Vincent, du maréchal de Richelieu, de Hennin, de Fouquet, de Fleury et de Destailleur), elle renferme à cette heure près de 200.000 documents, dont 50.000 au moins uniques et inédits, reliés en 1.300 volumes.

A elle seule la France occupe 451 volumes ; puis viennent l'Allemagne (classée par M. A. Flandrin), l'Autriche, l'Italie (une partie a conservé les anciennes divisions d'avant 1870 ; une partie est classée d'après les nouvelles circonscriptions) ; l'Espagne, l'Angleterre, la Hollande, la Belgique, la Suisse, la Russie, la Suède, le Danemark, la Grèce, l'Asie, l'Amérique, l'Afrique et l'Océanie y sont représentés, mais une bonne part des documents sur ces contrées sont encore dans les suppléments non reliés.

La série U est plus exclusivement réservée aux livres imprimés sur les voyages, la série X aux cartes proprement dites et aux atlas.

Lorsqu'on a quelque recherche spéciale à faire dans les cartons de la série V, on indique sur son bulletin de demande le nom de la localité, et si elle est peu importante, l'arrondissement et le canton. Ceci pour la France. Pour l'Italie, on pourra réclamer les deux séries distinctes : anciennes divisions, nouvelles divisions. L'Allemagne est classée d'après les nouveaux districts. Les autres contrées d'Europe ou des quatre autres parties du monde, ont conservé les divisions existantes lors des anciens classements.

Sciences physiques, naturelles, mécaniques ou militaires.

Les recherches dans la série J (sciences naturelles) et la série I (sciences physiques et mécaniques), n'offrent aucune difficulté. Il suffira de consulter le catalogue ci-après pour formuler sa demande Ces séries, comme la division Id (sciences militaires), abondent en documents inédits du plus haut intérêt.

Typographie, anatomie, dessin.

Ces divisions de la série K sont aussi fort commodes à consulter et ne se confondent avec rien d'autre. La série K contient la collection des ex-libris, une des passions nouvelles des collectionneurs. Celle du Cabinet est une des plus riches qui soient. Elle se forme sous la direction de M. Georges Duplessis. La série K contient aussi une réunion de titres de livres imprimés et de marques de libraires ou d'imprimeurs. L'anatomie artistique est par moitié à la série K, par moitié à la série J (division Jf.)

Dispositions générales relatives à l'admission au Cabinet des Estampes.

Le Cabinet des Estampes est ouvert au public tous les jours, (dimanches exceptés), de 10 heures du matin à 4 heures du soir, pour les travailleurs munis d'une carte délivrée par l'administration.

Les mardis et vendredis de chaque semaine, les visiteurs non munis de cartes, sont admis aux salles d'expositions.

Ces salles renferment une collection d'estampes rares encadrées, dont le catalogue a été dressé par M. le comte Henri Delaborde, ancien conservateur du Cabinet, dans son ouvrage intitulé: *Le Département des Estampes*, Paris, Plon 1875 in-8º. On y voit notamment la célèbre Paix, gravée par Maso Finiguerra à Florence au XVe siècle, et qui passe pour le plus ancien spécimen de gravure en taille-douce; des œuvres de Marc Antoine Raimondi, de Martin Schongauer, du Maître de 1466, d'Albert Dürer, de Rembrandt (de celui-ci le bourgmestre Six, et la pièce dite aux cent florins), etc.

Les visiteurs admis dans les salles d'exposition ne peuvent consulter les volumes qu'autant qu'ils sont munis d'une carte de travail. En l'absence de carte, ils doivent se contenter des pièces mises sous cadre: ils doivent en outre s'abstenir de toucher aux papiers épars sur les bureaux, et éviter les conversations à haute voix qui gênent les travailleurs.

Les personnes qui désirent avoir communication de volumes, doivent en demander l'autorisation, par lettre affranchie, adressée à l'administrateur général de la Bibliothèque, en précisant la nature de leurs travaux, et en donnant fort exactement leur adresse à Paris.

Les étrangers n'obtiennent une carte que sur une constatation d'identité établie par leur ambassade.

Les mineurs ne sont admis à la communication des ouvrages que s'ils sont accompagnés d'une personne munie de carte.

La carte étant personnelle rigoureusement, ne se peut prêter à peine de déchéance; elle ne peut davantage servir à une raison sociale; un patron ne peut la prêter à son commis, ni un maître à son élève.

Bulletin de demande.

Indépendamment de la carte dont il est muni, le lecteur est tenu de formuler sa demande sur un bulletin.

Il y inscrit son nom et son adresse; il indique si sa carte est temporaire (les cartes sont, pour un semestre 1ᵉʳ Janvier au 30 Juin

— 1ᵉʳ Juillet au 31 Décembre), ou si elle est permanente avec numéro d'ordre : en ce cas, il inscrit ce numéro.

Il ne fait qu'un bulletin pour toute la séance. Toutefois, le lecteur souhaitant consulter d'autres volumes que ceux portés sur son bulletin, en fait la demande orale. Le fonctionnaire est tenu d'ajouter sur le bulletin tous les ouvrages ainsi communiqués.

Chaque bulletin porte une lettre, correspondant à la lettre inscrite sur l'un des 5 bureaux de la salle. Le lecteur, dans ses demandes ultérieures, devra toujours s'adresser à la personne qui lui a fait la première communication.

On peut demander les volumes jusqu'à 3 heures 1/2. *Passé ce délai, les fonctionnaires sont tenus de refuser la communication.*

Sous aucun prétexte on ne prend soi-même un livre sur les rayons.

Tous les ouvrages marqués d'un * dans le présent catalogue sont en réserve. Le conservateur reste juge du jour où ils doivent être communiqués. Ces jours sont le plus ordinairement le lundi et le jeudi de chaque semaine.

La communication n'est pas limitée ; elle pourrait cependant être arrêtée par le conservateur si la personne à qui on confie des ouvrages abuse de la demande, ou maltraite les livres. Les recueils du Cabinet appartiennent à la Nation, ils sont sous la sauvegarde des fonctionnaires, qui ont le devoir d'empêcher leur détérioration et règlent de quelle façon ils doivent être maniés.

En vertu de ce principe les calques sont rigoureusement interdits. Le transparent au carreau peut être admis à condition de ne pas servir à un calque.

Sont interdits également les crayons gras, les crayons Conté, les pastels, l'aquarelle, les plumes à réservoirs, la peinture à l'huile, le dessin à l'encre.

La copie des estampes ou des dessins, les notes écrites, se prennent exclusivement à la mine de plomb.

Atelier de photographie.

Un atelier de photographie est mis à la disposition des personnes qui ont à reproduire des estampes, des dessins, des reliures, des miniatures. Toutefois, la Bibliothèque n'ayant pas de photographe attitré, ces personnes en choisissent un, et dans leur demande de photographie faite à l'administrateur général, indiquent le nom et l'adresse de l'opérateur. Celui-ci est prévenu du jour et de l'heure où il peut se présenter.

Les amateurs sont admis au même titre que les professionnels.

La demande doit en outre énumérer très exactement les pièces à reproduire. Celles qui ont moins de 50 ans de date ne sont livrées au photographe que sur une autorisation écrite émanant de l'éditeur, de l'auteur ou de ses ayant-droits.

En aucun cas, les opérateurs n'ont la libre disposition des estampes ; celles-ci sont installées par un employé dans un chassis protégé par une glace.

L'opérateur est astreint à un dépôt de deux épreuves de chaque cliché. *Il les livre non collées.*

Il ne peut occuper l'atelier pendant plus d'une semaine.

Tous les articles du règlement de la Bibliothèque, dont nous donnons ci-dessus un abrégé, ont été approuvés par le Ministre de l'Instruction publique le 31 Janvier 1894.

Liste des Conservateurs
du Cabinet des Estampes depuis l'origine.

1720-1722. La Hay.
1723-1729. L'Advenant.
1731-1735. L'abbé de Chancey.
1735-1736. Charles-Antoine Coypel, peintre.
1737-1750. Delacroix.
1750-1792. Hugues-Adrien Joly.
1792-1795. Bounieu (M. H.).
1795-1829. Jean-Adrien Joly, fils.
1829-1839. Charles Thévenin, membre de l'Institut, ancien directeur de l'Académie de France à Rome, artiste peintre.
1839-1855. Jean Duchesne, aîné.
1855-1857. Achille Devéria, artiste peintre.
1858-1886. Henri Delaborde, secrétaire perpétuel de l'Académie des Beaux-Arts, artiste peintre.
1886   Georges Duplessis, membre de l'Institut.

Fonctionnaires du Département des Estampes en 1894-1895.

Conservateur .... Georges DUPLESSIS, membre de l'Institut, membre résident de la Société nationale des Antiquaires de France.

Bibliothécaires .... Auguste RAFFET.

Henri BOUCHOT ancien élève de l'Ecole des Chartes, membre résident de la Société nationale des Antiquaires de France, lauréat de l'Institut.

Sous-bibliothécaires .... François COURBOIN.

Adrien MOUREAU, licencié en droit, chargé du dépôt légal.

Alphonse DOIRE, ancien élève de l'école des langues orientales vivantes, chargé du service photographique.

Stagiaire .... Joseph GUIBERT, ancien élève de l'école des Chartes.

Atelier de collage ...... 3 relieurs.

Surveillance. .... 2 gardiens.

Explication des signes et des notations.

Les apports successifs et les intercalations ont forcé les conservateurs du Cabinet des Estampes à accompagner les numéros d'ordre de chaque série de sous-lettres et de signes conventionnels tels que les marques + ++ +++ (croix, double croix, triple croix, etc.). Ces notations n'ont aucune valeur, et servent simplement à permettre les introductions nouvelles sans détruire les anciens numéros. Toutefois, comme nous les indiquons, le lecteur aura intérêt à les mentionner sur son bulletin de demande.

L'astérisque * mise par nous en tête des ouvrages réservés est une indication particulière à notre catalogue. C'est le moyen le plus simple de faire remarquer aux travailleurs la condition spéciale d'un ouvrage ou d'un recueil. *Ces livres ne se communiquent d'ordinaire que les lundis et jeudis, avec l'autorisation expresse du conservateur.*

La lettre de série est inscrite en capitale sur le dos des volumes et la lettre de division en minuscule. Exemple: Oa, indique à la série des costumes, la division du costume français (voir le tableau ci-dessus). Au-dessous est le chiffre d'ordre : Oa.
10

Les notations N 2, N 3, N 4, jusqu'à N 6, mises sur les volumes de portraits, sont des notations générales s'appliquant à toute une série. Les chiffres ne sont pas des numéros d'ordre, mais des constatations de format. De même pour les volumes cotés AA1, AA2 et jusqu'à AA6 (suppléments reliés).

LE CABINET

DES

ESTAMPES

DE LA

BIBLIOTHÈQUE NATIONALE

MUSÉES ET CABINETS (1).

Série **A**.

La série A comprend les ouvrages spéciaux ou les recueils factices ayant rapport aux musées, aux cabinets ou aux galeries d'Etats, de princes ou de particuliers. Elle se subdivise en cinq parties différentes.

      Aa. Cabinets, musées et galeries de France.
      Ab.   Id.   de l'Europe méridionale.
      Ac.   Id.   de l'Europe septentrionale.
      Ad.   Id.   d'amateurs, ou recueils de divers monuments de l'art.
      Ae. Sujets libres.

Division **Aa**. — **Musées et galeries de France.**

Aa 1 à 10 q. Cabinet du roi (26 vol. avec catal. des 23 premiers). — 11 et 12. Tableaux et statues du cabinet du roi,

---

(1) La plupart des ouvrages publiés dont on donne ci-après une énumération se retrouvent au Département des Imprimés de la Bibliothèque nationale. Nous nous sommes borné à les indiquer sommairement.

1677. — 13 à 16. Divers ouvrages sur le cabinet du Roi, médaillons, dessins (publiés par Caylus). — 17. Dessins du cabinet Jabach. — 18. Dessins du cabinet Saint-Morys passés au Musée Napoléon. — 19 à 25 b. Musée français de Robillard. — 25 e à 25 h. Musée français de H. Laurent. — 25 i à 25 r. Phot. du musée du Louvre exécutées par Braun et Cie, (Recueil factice comprenant 11 vol., classés par noms de peintres). — 26 à 30 +++. Musée Napoléon de Filhol. (10 vol.). — 30 a à 30 c. Antiques par Bouillon. — 30 d. Antiques par A. Legrand. — 30 e. et 30 f. Antiques du musée Napoléon par Piroli. — 30 g. Tableaux italiens du musée par Cosway (1806). — 30 h à 30 r. Manuel du musée fr. par Toulongeon (1802). — 31. Grande galerie de Versailles par Massé (1752). — 31 a à 31 o. Galeries hist. de Versailles par Gavard. — 32 à 43. Divers ouvrages sur les galeries du Louvre (gal. d'Apollon), du Luxembourg (3 vol.), de Fontainebleau (salle de bal et galerie de Diane), du Palais-Royal (galeries et cabinet d'Orléans), cabinet de la bibl. Sainte-Geneviève par Dumolinet, église Saint-Lazare, peintures par De Troy, etc., etc. — 44 à 50 +. Musée des monuments fr. d'Alex. Lenoir (8 vol.). — 50 a. Musée des monum. fr. par Réville et Lavallée. — 52 à 85 a. Cabinets de divers particuliers sur lesquels il a été publié des ouvrages d'ensemble : Duplessis-Mornay, Petau, Peiresc, Crozat, Lambert, Boyer d'Aguilles (1709 et 1744), Choiseul, d'Aumont, Lebrun (2 vol.), Lagoy, Basan, Poullain, Lucien Bonaparte, Massias, duchesse de Berry (2 vol.), Denon (4 vol.), Pourtalès (antiques), frères de Goncourt (phot.), Basan (6 vol.), Dufourny, etc. — 86 à 107. Annales du musée par Landon. — 108 à 109 o. Musée de peinture et sculpture par Duchesne (1828) (17 vol.). — 110 à 119. Annales du musée. Salons de 1808, 1810, 1812 (2 vol.), 1814, 1817, 1819 (2 vol.), 1822 (2 vol.). — 120. Annales de l'école française. — 120 a. Museum d'Angers. — 121. Galerie Durand-Ruel (1845). — 122. Martinet, l'alb. de photogr. (1860). — 122 a. Musées de France de Frœhner. — 123 à 134. Collections diverses et expositions provinciales rétrospectives : collections Louis Fould, Pourtalès, A. Moreau, Sauvageot, collections célèbres par Lièvre (divers ouvrages). Autre collection Durand-Ruel; collections Basilewski, Henderson. Expositions de Tours, Lisbonne, Limoges, Lyon. — 135 à 136. Le mobilier national par Williamson (2 vol.).

Division **Ab. — Musées et galeries de l'Europe méridionale.**

Ab 1 à 4 c. Museum capitolinum (1750). — 4 f à 4 g. Description du Capitole par Righetti. — 5 à 11. Museum Pio Clementinum (8 vol.). — 11 a à 11 a +. Musée Chiaramonti. — 11 b à 23 a. Musée du Vatican et ouvrages divers sur les Loges, etc. — 23 a et 23 b. Musée étrusque du Vatican (2 vol.). — 23 c. Peintures de l'Ara-Cæli à Rome par Pinturicchio. — 23 d et d. +. Musée de St-Jean de Latran par Garucci (1861), 2 vol. — 24. Galerie Farnèse par Cesio. — 25 à 27. Divers ouvrages sur le Palais Farnèse. — 27 a à 27 b. Sculptures de la villa Borghèse. — 27 c à 36 b. Divers ouvrages sur des galeries particulières, villa Pinciana, galeries Giustiniani, Barberini, Panfili, Aldobrandini, Verospi, Odescalchi, palais du Quirinal, Caprarola (ex. aux armes de Mme de Pompadour). — 37. Peintures de divers maîtres à Rome par Montagnani (1793). — 39. Peintures de Masaccio à San Clemente de Rome par Labruzzi. — 40. Photographies d'après divers musées par Braun. — 41. Mémoire sur la ville d'Urbin (1724). — 41 a. Peintures de Vérone. — 41 b à 41 d. Galerie royale de Turin par Azeglio (3 vol.). — 42 et 42 +. Dôme d'Orviéto, etc. — 42 ++ à 42 +++. Peintures de la Bibl. Piccolomini à Sienne (1881). — 42 a. Peintures du Palais-Royal à Milan par Appiani. — 42 b à 42 d. Pinacothèque de Milan, ouvrages divers. — 42 e. Museo Bresciano. — 42 f. Peintures de J. Romain au palais du T. — 42 g. Galerie de Parme (1809). — 42 h. Chiossone. Italia artistica. — 43 à 53. Museum fiorentinum (11 vol.). — 54 à 55. Pierres gravées du musée de Florence par David (1787). — 56 à 56 d. Divers ouvrages sur les musées de Florence, de la famille Pitti, du Petraja; dessins de la galerie, fresques du couvent de Saint-Marc. — 57 à 58 b. Galerie de Florence par Wicar (4 vol.). — 58 c à 58 o. Galerie de Florence par Lasinio (13 vol.). — 58 p à 58 x. Galeries diverses de Florence : palais Ricardi, galerie Pitti (phot. Braun), autre publ. par Bardi en 4 vol. Peintures d'A. del Sarte dans le cloître des Scalzi. — 59 à 60 e. Galerie des Médicis (2 édit. en 2 et 5 vol.). — 60 f. Galerie de l'Ac. des Beaux-Arts à Florence. — 61. Tableaux du grand duc. — 62 à 63. Dessins de la galerie de Florence par Mulinari (2 vol.). — 63 a. Terres cuites du musée de Naples. Dessins recueillis par Millin en 1811. (Les sujets obscènes ont été mis en réserve). — 63 c. Peintures de la Chartreuse de Naples par Angelini (1840). — 63 d à 63 s. Real museo Borbonico par Niccolini (16 vol.). — 64 à 71. Antiquités d'Herculanum, peintures et bronzes (8 vol. y compris le catalogue). — 72. Table manuscrite des antiquités d'Herculanum. — 73 à 79. Antiquités d'Herculanum par David (1780, 7 vol.). — 79 a à 79 e. Le antichita di Ercolano (1789-1794, 5 vol.). — 80. Peintures d'Herculanum par Nussbiegel. — 81. Tableaux de Venise par Lefèvre (1682). — 82 à 83. Statues de saint Marc (2 vol.). — 84. Peintures à fresque des principaux maîtres vénitiens (1760). — 84 +. Dessins de Raphaël à l'Académie de Venise. — 84 a à 84 c. Dessins de l'Académie publiés par Bardi en phot. Pinacothèque de Venise par Zanotto (2 vol.). — 85. Triomphe de Sigismond peint au palais du T. — 85 a à 85 c. Musée de l'Académie de Mantoue (3 vol.). — 86 à 87 a. Musées de Vérone, Cortone, Crémone. — 88 à 89 a. Peintures du musée de Bologne, Pinacothèque, palais Fava, palais Magnani. — 89 b. Dessins du cabinet Bianconi. — 89 c à 89 d. Musée Campana, dont le livre d'H. d'Escamps (1862). — 89 e. Collection Colbacchini (1877). — 90. Dactyliotheca par Zanetti (1749). — 91. Tabella Patinæ (Padoue). — 91 a à 91 d. Peintures du Campo Santo. (* Un ex. en couleur est en réserve). Lettre sur le Campo Santo par Rosini (1810). — 92 à 93. Choix de sculptures et de peintures d'après les maîtres italiens (3 vol.). — 94. Espagne. Tableaux du roi par Madrazo (1826). — 94 a à 94 j. Musée de Madrid (10 vol. de photographies). — 94 k. Musée de Séville. — 95 à 100. Choix de tableaux des musées étrangers par Landon. — 101. Collections particulières de Milan par G. Zançon (1812). — 102. Tableaux de maîtres divers par Nuti (1810).

DIVISION Ac. — **Musées et galeries de l'Europe septentrionale.**

Ac 1 à 1 d. Divers ouvrages sur les musées de Vienne et dessins du cabinet de l'empereur. — 3 à 3 a. Cabinet de l'archiduc (2 ex.). — 4 à 4 +. Galeries de l'archiduc Charles, du prince Lichteinstein, du prince d'Aremberg. — 6 à 7 a. Galerie de Dusseldorf et dessins de l'Electeur de Bavière. — 8 à 8 h. Galerie de Munich par Piloty, dessins de la galerie, Pinacothèque, etc. — 8 i à 8 l. Pinacothèque de Munich, galerie de Leuchtenberg, fresques de la chapelle royale, des arcades, du jardin, de la cour, etc. — 8 m et 8 n. Galerie de Speck à Leipzig. — 8 n +. Musée municipal de Leipzig par J. Vogel. — 8 o à 8 s. Galerie de Dresde, dont l'ouvrage de Hanfstaengl (3 vol.). — 8 t. Statues du roi de Pologne à Dresde. — 8 u à 8 w. Augusteum ou description des monuments de Dresde par Becker (3 vol.). — 9 à 9 h. Musée de Berlin. Terres cuites par Panofka, vases apuléens, vases étrusques par Gerhard. Photographies d'après les peintures du musée (4 vol.). Sculptures chrétiennes par W. Bode et Von Tschudi. — 9 i. Les artistes français de Frédéric le Grand par Seidel (1892) — 10 à 13 c. Dessins, peintures, ou marbres des Cabinets du comte de Brühl, de P. de Praun, de Reynst (Amsterdam), de Schmidt (Hambourg), de Wilmans, de Wendelstadt. — 14 Exposition d'œuvres d'art à Augsbourg (1886). — 16 a et 16 b. Recueil de peintures italiennes, allemandes et flamandes par Mansfeld et Forster. — 19 à 19 +, Peintres allemands par Boisserée et Bertram (2 vol.). — 19 a à 19 c. L'art en Allemagne par Raczynski (3 vol.). — 19 d. Musée de Brunswick par Riegel. — 19 e. Musée de Cassel. — 20. Dessins de la galerie de Saxe-Weimar. Phot. par Braun. — 20 a. Musée de Bâle. Phot. par Braun. — 21 a et 21 a +. Musée d'Anvers. Phot. — 21 b +. Musée de Bruges. — 21 b ++. Musée de Bruxelles. Phot. — 21 c et c +. Musée de La Haye. Phot. — 21 d. Musée Van der Hoop. — 21 d +. Musée d'Amsterdam. Phot. — 21 d ++. Le musée d'Amsterdam par Bredius et Michel (1891). — 21 e à 21 f. Musée municipal de Harlem. Texte par Lafenestre. Phot. (2 vol.). — 22 à 23. Galerie de l'Ermitage à Pétersbourg (2 vol.). — 23 c. Les Rembrandt de l'Ermitage par Massaloff. — 23 d. Galerie de l'Ermitage, lith. par Dupressoir, Huot, etc. — 23 e. Musée archéol. de Wilno. — 24. Marmora Oxoniensia par Miller. (Marbres d'Oxford). — 25. British Gallery by W. Ottley et Tomkins. — 26 à 27. Cabinet du duc de Marlborough (2 vol.). — 28 à 31. Cabinet Hamilton (Naples, 1766, 4 vol.). — 32 à 36. Antiquités par David (1785, 5 vol.). — 37 Vases de la collection Englefield par Moses. — 38 et 39. Vases Hamilton par Tischbein (2 vol.). — 40. Terres cuites du Bristish Museum. — 41. Galerie Britannique par Forster. — 42 à 42 a. Galeries de peintures en Angleterre par Tresham. — 42 a + à 42 d. Galerie nationale de Londres. Phot. (4 vol.). — 43. The national Gallery (1831). — 44.

Galerie nationale de Londres (texte français). — 44 a. L'art italien à la galerie nat. par Richter. — 44 b à 44 c. Galerie royale d'Angleterre (4 tomes en 2 vol.). — 45. Marbres antiques du British Museum. — 46. Musée de Kensington. Phot. — 47. Les Beaux-Arts en Angleterre par J. Britton (1812). — 48. Galerie universelle de peinture par Pardon. — 49. Exposition de l'Union des Arts à Londres (1845). — 50 à 66. Collections et galeries diverses : Fisher, Houghton (2 vol.), Derby, Merly, de Grosvenor, Ph. J. Miles, Bedford, Worsley (2 vol.), Stafford, Leicester, Angerstein, Coesvelt. — 67 à 84. Divers travaux de reproduction de dessins, ouvrages constitués ou phot., parmi lesquels les curieux portraits d'Holbein publiés par Chamberlaine (1812), la collection de dessins hollandais et flamands de Ploos van Amstel, plusieurs ouvrages sur le Parmesan, Raphaël, Michel-Ange; les dessins de la bibliothèque d'Oxford (76 c.), les dessins de Windsor (Léonard de Vinci, Raphaël et Michel Ange. 4 vol.). Collections de planches publiées par Boydell d'après les maîtres (6 vol.), pièces du fonds de Guil. Smith. — 85. Galerie royale de Danemark publiée par Bronsted (1831). — 86. Dessins de maîtres allemands au XVIe siècle, publiés par Hefner-Alteneck. — 87. Dessins du musée de Stockholm (1889) par G. Upmark, etc.

Division, **Ad.** — **Cabinets ou galeries d'amateurs, recueils de divers monuments de l'Art.**

Ad 1. * Miniatures du XVe siècle, dites du Roi René.

Ces miniatures, découpées dans un manuscrit de Cornélius Népos historié par un peintre enlumineur du milieu du XVe siècle, sont inachevées : elles procèdent de l'art tourangeau et rappellent Fouquet en quelques endroits. Elles furent acquises en 1787, d'un M. Dutertre par Joly, conservateur du cabinet. On y a joint deux ou trois feuillets de livre de prières enluminé.

— 2. * « Dessins de Monseigneur le duc de Bourgogne. »

Les dessins du duc de Bourgogne proviennent de Gaignières et plusieurs pièces sont dédiées à ce collectionneur : ce sont de petits croquis enfantins à la plume d'après des estampes : on lit sur un d'eux, au-dessous d'un valet de chiens : *Le duc de Bourgogne fecit 14 de Feb. 1690.* Il y a aussi des cartes de géographie qu'on lui donnait pour devoirs. Le prince avait sept ans et demi alors. Au fol. 36 deux personnages jouant aux dés ont dû être pris sur nature. Au fol. 54 une scène de chasse à la corneille où figurent le jeune prince, M. de Beauvillier et autres. Les derniers croquis sont datés de 1694.

— 3. Œuvre du P. Plumier graveur. — 4. Dessins lavés dits du maréchal de Saxe.

On lit dans une note de la main de Joly que ces dessins furent faits par le maréchal de Saxe qui les donna au comte de Frise son parent avec le ms intitulé *Mes Rêveries*. Ils passèrent à l'abbé Denis, avocat au Parlement, de qui on les acheta en 1771. Ce sont des vues des forteresses du Rhin imitées ou copiées de Mérian.

— 5 à 14* Dessins et gravures d'amateurs classés alphabétiquement dans les volumes.

On relève dans les volumes Ad 5 à Ad 11 (petit format) les noms de : Comte d'Agenois 1730, Séroux d'Agincourt, d'Alleray, comtesse d'Andelow ou d'Andlaw 1775, L. R. Voyer d'Argenson 1709, A. J. Desalier d'Argenville 1771, d'Assonville, Astruc de Vissec 1760, général Athalin (charges d'une curieuse allure sur des cartes à jouer). Bachaumont, le Margrave de Bade-Dourlach, le Dr Baudet-Dulary, m^{ise} de Bausset, Beaufort, de Beaumont officier des gardes, Mme Beauvarlet, m^{is} de Belloy 1771, la duchesse de Berry 1823, Bertinazzi comédien, Mlle de Bessée 1736, comte de Beuvron, M. de Blacas chev. de Malte, Charles Blanc, M. de Bon, prince Napoléon Bonaparte, Charlotte Bonaparte, chevalier de Bonparc 1732, Bouchet (Elisabeth) Mis de Bonnac, de Bourdeille, Buisson 1764, Campion de Tersan, m^{ise} de Caumont, comte de Caylus, le comte de Chambord 1830, de Chantelou, archiduchesse Charlotte d'Autriche 1767, Charlotte reine d'Angleterre 1814, le duc de Charost, F. P. Charpentier, Victoire Chatelain, le duc de Chaulnes (XVIIIe s.) Davy de Chavigné, de Chemilly, L. de Bourbon comte de Clermont 1725, Prince Ferdinand de Cobourg 1847 (aquafortiste qui avait deviné la passion moderne pour les *états* d'eau-forte), le m^{is} de Coigny, Elisabeth de Rohan princesse de Condé, Crespy Le Prince, M. Dafry officier aux gardes Suisses, Ch. Th. de Dalberg 1759, Damontot, J. P. Delarue, d'Hément de Saint-Félix 1782, Dorvilliers fermier-général, Mad Doublet, Duchesne, conservateur au Cabinet des Estampes, Du Hallay 1743, Mad. du Pile, Mad. Du Ronseray, Eberts, le duc d'Epernon, le comte d'Eu 1717 (un vrai prince de la Régence) Le Hardy de Famars 1770, de Fontanieu, C. Gabriel (graveur de croquis de Gravelot) Mad. de Garville, A. C. Gignoux 1763, Mlle de Gillsenans, la comtesse Golovine née Galitzin 1829, de Gravelle, A. Thery chevalier de Gricourt 1756, Grimaldi, Guichon, Mlle de Guignes, De Hagedorne 1743 (un des amateurs les plus féconds et les plus personnels) m^{is} d'Harcourt, Anne d'Hardancourt, Brillon, Heineken (auteur de livres d'art qui fut en France en 1769-1770) Hénin 1750, Hoffman, (inventeur d'un procédé de gravure qui rendait « par attraction tous les objets qui lui étaient présentés » dessins ou écritures) la reine Hortense, Simon Hurtrelle, Imbert dessinateur, de Jullienne, Léon de Laborde, de la Bretesche, Lacroix (Ursule de), La Férté 1758 (P. de La Ferté intendant des Menus-Plaisirs, graveur modeste mais fécond) Delahante 1782, De Lalaune, l'abbé de Langlade, chevalier de La Pleignière, le comte de Lasteyrie lith., La Tour d'Aigues 1756 dessin., chevalier de La Vieuville, Auguste Lecointe, Marguerite Lecomte 1763 (Amie de M. Wattelet) Mad. le Daulceur, A. C. E. duc de Leuchtenberg, le chevalier de

Luiseux, élève de l'Ecole militaire 1779, Mlle Loir aînée, Mlle Loir cadette, Louis XVI, Louison, vicomtesse de Lubersac, M. Lusigny, duchesse de Luynes 1769, de Mahé, de Mahiel, Mareuil, Mariette, Thérèse Martinet, Mouroy 1768, M. le comte de Melun, duc de Melfort, Mesnil, Messager, de Mongeroux, de Montenault, Montmollin officier aux gardes, de Montullé, abbé de Montville, Mlle de Moyreau, T. Neckar, le duc d'Orléans (Régent) Mlle Ozanne, Charles Pajol lith., la duchesse de Parme 1762, Plumier, 1714, de Pommard, m^ise de Pompadour 1752. (Puissamment aidée par des professionnels, la marquise peut rivaliser dans certaines pièces avec les meilleurs graveurs du XVIIIe siècle.) M^ise de Pracomtal 1854, Pujol de Mortry, Ripeau, Roussel fils du fermier général, m^ise de Sabran, Madame de Sainci (Mad. de Sainci avait chez elle une petite académie où les amateurs se réunissaient pour dessiner, jusqu'à l'heure du souper; on nommait ces réunions l'Académie des Grâces). Le comte de Saint-Aignan, baron de Saint-Julien, Thiéry de Sainte-Colombe, princesse de Schwartzemberg 1804, Mgr Gaston de Ségur, R. de Séri, m^is de Sourches (les épreuves de ses petites gravures sont sur vélin.) P. Teissier 1766, A. Thevenard, comte de Toulouse-Lautrec 1816, Claire Tournay, le comte Turpin de Crissé, chev. de Valori, chev. de Villeneuve.

— * 12 et 13, (Moyen format).

Grand duc Alexandre de Russie (1839) M. Bégon 1738, Bellanger (J. A.) procureur du roi, chevalier de Berny (fantaisies calligraphiques gravées.) Bignon fils, Mlle Fr. de Billy, M. de Binanville, le duc de Bourgogne (voir ci-devant * Ad 2 gravures de Caylus après les dessins du prince.) Le duc de Bourgogne (grav. d'après Coypel XVIIIe s.) le comte de Breteuil, A. de Caraman 1849, Caylus, duc de Chevreuse, Clotilde de France, (princesse de Piémont sœur de Louis XVI) Elisabeth de Rohan princesse de Soubise (Eventails peints par elle quand elle était au couvent. Travail d'élève exécuté au camaïeu) Croismare, Crozat dit le Pauvre, Dazaincourt, Desfriches, d'Orléans, comte de Forbin. Foulquier, le dauphin 1676, baron de Gaillard-Longjumeau d'Aix, la reine Hortense, comte de Tenison, prince de Joinville, Fr. Jos. de la Serrie, Laforest, prince Ch. de Ligne, de Loginière 1703, Marie-Anne d'Autriche, Marie Leczinska? Marie de Médicis (cette gravure sur bois est datée de 1587, il semble difficile d'admettre comme le prétend une légende que Marie de Médicis l'offrit à Philippe de Champagne pour être une besogne de sa main) Mariette, de Maroulle, le comte de Marsan mort en 1708, Mis de Montmirail, le duc de Montpensier, lith. 1805 et 1806, Charlotte Napoléon Bonaparte, le duc de Nemours, M. Nicq, le duc d'Orléans, fils du régent 1725, duc de Chartres 1717, autre duc de Chartres 1774, Préaudeau, m^is de Quincy 1775, comte de Reiset, Mlle Rey, prince Ruprecht, E. Slaughter, baron de Thiers, Jean Thomas, m^is de Virieu 1750, etc. etc.

— * 14. (Grand format).

Baudouin officier aux gardes françaises 1756, Beaufort dessin., le duc de Bragance lith., de Cossigny, Dupin de Chenonceau, fermier général 1739, Mme du Ronseray, d'Essonville dessinateur, baron de Gourru topogr., (curieux plan de la bataille de Rocoux en 1746, avec une légende des troupes engagées etc., etc.) Lady Greville 1758, prince de

Joinville, comte de Langeac. L. C. Le Fevre de Caumartin 1699, de Lesquière, Louis XVI, Marie Antoinette, princesse royale de Pologne 1760, pastelliste, de Montaran, V¹ᵉ Newenham ambassadeur d'Angleterre en France, de Niert, le duc d'Orléans fils de Louis-Philippe (fantaisies diverses en lithographie, charges-macédoines datées de 1830) Rey, Saint-Maurice, Sluyter, comte Théodore Tolstoy (procédé Collas) Marie d'Orléans duchesse de Wurtemberg, Zilotti.

— 15 à 28. Œuvres d'amateurs. — 15 Mᵐᵉ de Pompadour.

Comme nous le disions plus haut, il ne faut pas faire grand fonds sur les pièces signées de la Pompadour : Cochin est trop deviné sous la plupart d'entre elles.

— 16. La Live de Jully. — 17. Lempereur père et fils. Lempereur fils est l'auteur d'un diction. des artistes en 3 vol. ms. cotés Ya 17 à 17 b. — 18. Carmontelle (Les portraits de Carmontelle aujourd'hui très recherchés sont tous uniformément de profil.) — 19. C. G. Th. Garnier.

Garnier, avocat, a laissé un merveilleux album d'entomologie, papillons, coléoptères dessinés avec une perfection qu'on n'a jamais dépassée depuis. Quelques pièces furent gravées et enluminées ensuite à la main.

— 20. Mⁱˢ de Paroy. — 21. C. Campion. — 22. Ph. Campion de Tersan. — 23. Comte de Bizemont. — 24. Sauveur Legros. — 25. Salomon Gessner. — 26. Ploos van Amstel. — 27. J. A. G. Boucher de Rethel. — 28. * Charlotte Bonaparte. (Lith. avec figures par Léopold Robert.)

— 29 à 34. Hist. de l'art par Séroux d'Agincourt. — 35 à 38. Monuments de l'art par Kugler (4 vol.). — 38a. Art ancien par C. O. Muller (1832). — 39 à 41 e. Ouvrages divers sur la peinture italienne, Ecoles Napolitaine, Florentine etc.. etc. — 41 f. Maîtres florentins par le comte H. Delaborde et W. Haussoulier. (1889.). — 42. Impostures innocentes par Bernard Picart (1734) — 43 à 45. Galeries des peintres de Chabert (3 vol.). — 46. Héros de l'art au temps passé de Klœber (1840). — 47. Art en Allemagne par F. H. Muller (1837). — 48 à 49. Cabinet de gravures en couleur, dit de Marie-Antoinette.

Ce recueil, un des plus regardés du Cabinet des Estampes, se composait primitivement de 4 volumes. Deux ont été dépecés et répartis aux œuvres des graveurs. Les deux volumes restant portent sur leur reliure en basane le chiffre-blason de la reine Marie-Antoinette. Or, par une bizarrerie singulière, on trouve à l'intérieur plusieurs pièces révolutionnaires, entre autres Marat sur un éventail. De plus, quelques-unes des estampes datent de la Restauration. Ceci prouve les intercalations postérieures à la mort de la reine, car le recueil fut apporté au Cabinet des Estampes en février 1793.

— 52. Concours décennal de Filhol. Paris 1812. — 53 à 55. Ouvrages couronnés par l'Académie royale de Milan (3 vol). — 55 a. Incunables de Munich (1887). — 56. Estampes rares de Munich par Brulliot. — 56 a. Curiosités du Musée d'Amsterdam. — 56 b. Documents iconographiques de la Bibl. de Belgique (1877). — 56 c. Monuments anciens de la gravure à Nuremberg par Schmidt. — 57. Phot. des Estampes du prince d'Essling. — 57 a à 57 e. Fac-simile d'estampes par Amand Durand (10 tomes en 5 vol). — 57 f. Autres fac-simile d'estampes. — 57 g. Le maître dit des Sujets tirés de Boccace, fac-simile par Laing. — 57 h. Estampes italiennes publiées par Reid (1884). — 58 à 60. Hist. de la Sculpture par Cicognara. — 61. Etude de la Sculpture par Carradori (1802). — 62 à 63. Sculpteurs Toscans par Perkins (1864). — 63 a. Sculpteurs italiens par Bode (1887). — 64. Méthode pour graver au lavis par Lequeu (1789). (Voir ci-après Ha80). — 65 Recueil des premiers essais lithogr. faits en Allemagne au commencement du XIXe siècle. — 66. Recueil des essais lith. faits en France (1816-1824). — 67 à 77. Divers recueils et albums du début de la lithographie, publiés par Gihaut, Giroux, ou les peintres de Sèvres, etc., etc. — 78. Album des amis des arts (1835). — 78 a. Amis des Arts de Boulogne-sur-Mer. — 79. Album du Musée Pittoresque. — 79a. Idem, du Musée des familles. — 79 b. Livre d'or des contemporains par Mad. Cavé. — 79 c. Cent dessins de maitres (1885). — 79 c. + Dessins du siècle par Roger Ballu. — 79 d. Maîtres de l'art français contemporain (1888). — 80 à 80 a. Album de la Gazette des Beaux-Arts (1867-1870). — 80 b. Album de l'Ecole centrale, vues et souvenirs (1884). — 80 c. Album T. par Ed. Taurel. — 81. Album des artistes allemands (1841). — 81 a. et 81 b. Catalogue illustré des arts graphiques à Vienne (1883). — 82. Richter. Album (2 vol.) — 83 à 84 a. Artistes de Dusseldorf (4 vol.). — 85. Album des artistes de Vienne publ. par Muller. — 86. Collection de gravures sur acier par Schuler et Frommel. — 87 à 89. Divers albums de peintures. A. Oleszczinski, Royal Keepsake, cabinet de Peintures (1837). Cornhill Gallery, album cosmopolite. — 89 a. Salons des Arts ans VIII, IX et XII par Monsaldi (croquis au crayon et contre-épreuves des tableaux exposés en ces années). — 90 à 94. O. Salons 1840, 41, 42, 43. Moniteur des

Arts (1845). Artistes contemporains (1846-53). Salons de 1850, 1863, 1865, 1869, 1870, 1872, 1873, 1874, 1875, 1876, 1877 (gravures et phot.). — 95. Album de l'Evénement (1866). — 96. Grands prix de gravure depuis 1804. — 96 a et 96 a a. Société française de gravure (2 vol.). — 96 b. Estampes commandées par la ville de Paris. — 97 à 97 a. Société des Aquafortistes (2 vol). — 97 b. L'eau-forte depuis 10 ans (1872). — 97 c à 97 c. ╫ L'Illustration nouvelle (1868-1880). — 97 e à 97 h. Diverses publications sur les Salons (1878-1886). — 98. Trésor de l'art par Armengaud. — 99. Merveilles de l'art religieux. — 99 a à 99 h. Tableaux commandés ou acquis par l'administration des Beaux-Arts (1864-1886. 8 vol.), etc., etc.

— 102. Tapisserie de Bayeux. Calques. — 102 a. La Tapisserie de Bayeux, Londres (1822). — 103. Tapisserie de la vie de Saint-Barthélemy (dessins). — 104. Tapisseries de Saint-Merry (dessins). — 105 * Tapisseries de Catherine de Médicis (dessins). — 106 à 107. Tapisseries du Roi (2 vol.).— 108 et 108 a. Anciennes tapisseries par Jubinal (1838) (2 vol).— 109 à 109 c. Toiles peintes et tapisseries de Reims (en noir et en couleur (1843). — 110. Tapisseries diverses et toiles peintes. — 111. Tapisseries d'après Jules Romain, etc., etc. Phot. — 112. Tapisseries du Musée de Madrid. Phot. par Laurent. — 113. Keuller. Tapisseries histor. à l'exposition Belge (1880-81). — 114 à 114 b. Hist. de la Tapisserie par Guiffrey, Müntz et Pinchard (3 vol.). — 115 à 115 c. Divers ouvrages sur la Tapisserie par J. Guiffrey, Darcel, Gerspach, de Ronchaud, etc., etc.

— 116 et 116 a. Peinture sur verre (2 tomes). — 117 à 117 a. Peinture sur verre par Lasteyrie. — 118. Peinture sur verre par Lévy. — 119 à 129 a. Vitraux d'églises diverses, Bourges, Tours, Auch, Chapelle Saint-Ferdinand (Ingres), Sainte-Clotilde, Augsbourg, église d'Au à Munich, église du Christ à Kilndown, Tournai, Saint-Martin de Triel. — 128 à 129. Peintres verriers par Magne, etc., etc.

— 131 à 154. Manuscrits et miniatures. — 131. Hist. de Josué d'après les miniatures du Vatican. — 132. * Miniatures découpées XIVe-XVe siècles. — 133. * Miniatures françaises XVe s.

Ces miniatures de l'école française ont été coupées dans des chroniques. On y voit en figures du XVe siècle : Le Siège d'Angers par

Charles Martel ; visite de Charles de Valois au Pape ; sacre de Pépin ; bataille de Charlemagne contre le duc d'Aquitaine ; bataille de Poitiers ; Histoire de Galeswinde ; mort de Mérovée ; Gondoald chez le roi Gontran ; Histoire de Clodomir ; mariage d'Hugues le Grand avec la fille du duc de Bourgogne ; construction de Saint-Denis ; Foulques le Réchin demandant secours au roi Philippe. Ornements, fleurs et insectes (4 pièces). Reliure maroquin de 1830.

— 134. * « Description historique d'un volume composé de tableaux peints en miniatures qui représentent les voyages et aventures de Charles Magius (Maggi), noble Vénitien, depuis que les Turcs attaquèrent et prirent l'île de Chypre sur les Vénitiens jusqu'après la fameuse bataille de Lépanthe »…. (Le texte est imprimé en 1761 sur vélin.)

> Ces miniatures appartiennent à l'art vénitien du XVIe siècle ; elles ont un certain attrait de curiosité ; les portraits de Magius et de son fils sont peints aux folios 4 et 5. Le plus grand intérêt est des vues de villes où le voyageur est passé. On y retrouve la place Saint-Marc de Venise et divers autres aspects de la ville, des ports divers de la Méditerranée, des scènes de commerce dans les ports du Levant, une magnifique scène représentant l'intérieur de la salle du Conseil à Venise, le doge siégeant entouré des sénateurs (fol. 15). Une scène de campagne attribuée à Véronèse (ce qui est une erreur) (fol. 16 et 17), etc…. Une table manuscrite donne le nom de toutes les villes dont on trouve une miniature dans l'ouvrage. Acquis le 21 janvier 1784 moyennant 2,000 livres à la vente du duc de Lavallière. Reliure de Padeloup.

— 135 à 135 b. * Peintures des manuscrits publiés par M. de Bastard (3 vol.). — 136 et 136 a. Imitation de J.-C. par Curmer. — 137. Statuts de l'ordre du Saint-Esprit d'après un manuscrit du XIVe s. (1858). — 138. The art of illuminating by Digby Wyatt (1860). — 139 à 143. Manuscrits à miniatures de Soissons par Edouard Fleury (2 vol), de Saint-Gall, de St-Pol-les-Rome, Pentateuque d'Ashburnham, etc., etc. — 142 à 143. Recueils de miniatures (2 vol.). — 144. Fac-simile des miniatures du ms. de Herrade de Lansberg dit l'*Hortus deliciarum*, détruit dans l'incendie de Strasbourg en 1870. — 144 a. Calque de toutes les miniatures du même manuscrit (XIIe siècle allemand). — 145. La cour de Philippe III duc de Bourgogne, lithogr. — 145 a. Missel d'Estevan Gonzalvès. — 145 b. Miniatures photogr. du manuscrit Grimani à Venise. — 146. Peintures de Saint-Savin par P. Mérimée (1845). — 147. Monuments de la peinture en France antérieurs au XVIe siècle. — 148 à 148 c. Publications de l'Arundel Society (4 vol. dont 2 de texte). — 149. Monuments divers recueillis dans les manuscrits pour une histoire de

Jeanne d'Arc. Photogr. — 150 à 150 x. Documents archéologiques calqués sur les manuscrits par le comte de Bastard et classés alphabétiquement.

Ces documents du plus grand intérêt pour l'archéologie et l'histoire sociale en France sont un complément unique aux livres publiés par le même auteur sur les manuscrits à figures.

— 151 à 151 i. Matériaux d'archéologie, peintures de manuscrits ou copies de monuments antiques, par le même (16 volumes). — 155. Les Emaux de L. Limosin par Alleaume et Duplessis (1865). — 156. Un émail de Limosin par L. Courajod (1875).

Division **Ae**. — **Enfer**.

Les ouvrages de cette série ne se communiquent que sur l'avis du conservateur, et aux personnes qui peuvent justifier d'un travail nécessitant l'étude de certaines œuvres libres, telles que les vases grecs, les compositions de Jules Romain, etc., etc. Les images, ou autres productions sans valeur ne se communiquent point. Le nom d'*Enfer*, employé ordinairement, sert en réalité à couvrir une marchandise peu curieuse en soi, le plus souvent idiotement obscène. Il vaut mieux en prévenir de suite le public; il est bien difficile, à la Bibliothèque, de se faire ouvrir les portes de l'Enfer dont la clef n'est d'ailleurs confiée à personne dans le service. Environ 37 numéros.

PEINTURE
(ÉCOLES ITALIENNES ET ESPAGNOLES).

Série **B**.

La série B comprend les ouvrages spéciaux ou les recueils factices ayant rapport aux écoles de peintures d'Italie ou d'Espagne, œuvres de peintres, ouvrages publiés sur leur œuvre, etc., etc. Par exception une Division B simple renferme des dessins originaux de maîtres étrangers ou Français.

B. Dessins originaux de toutes les Ecoles.
Ba. Ecoles d'Italie. Ecole Toscane.
Bb.   Id.   Ecole Romaine.
Bc.   Id.   Ecole Vénitienne.
Bd.   Id.   Ecoles de Ferrare, de Parme, de Bologne, de Milan.
Be.   Id.   Ecoles de Naples et de Gênes.
Bf. Ecole Espagnole.

Division **B**. (*Tous les volumes de cette division sont en réserve*).

B 1. * Dessins divers : antiquités, hiérologie, mythologie, histoire. — 2*. Architecture, blason, etc., etc. — 3 à 3 a. * Dessins divers des Ecoles d'Italie. — 4 b a à 4a. * Dessins des Ecoles d'Allemagne et des Pays-Bas. — 5. * Dessins de l'Ecole Française. Ecole de Fontainebleau. — 6 a à 6 d. * Dessins de l'Ecole Française, dont quelques uns ayant une attribution ont été classés au nom d'auteur. — 7. * Dessins chinois et dessins arabes. — 7 a. * Dessins faits pour un empereur de la Chine (16 pièces).

<small>Ce petit manuscrit dit les vertus de la déesse Ta-li-yi, et il est dû au pinceau du Lama To-Loc, qui le dédia à l'Empereur. Ce sont de merveilleuses miniatures collées sur plaques de carton. Offert à la bibliothèque en 1861. La reliure est en bois de santal enfermé dans un fourreau de soie et d'or, enfermé lui-même dans une boîte peinte. Les autres peintures chinoises sont dans la série Oe décrite ci-après.</small>

Division **Ba**. — **Ecole Toscane**.

Ba 1 et 2 (non employés). — 3. Œuvre de Giotto (gravures et phot.). — 4. Peintures de Masaccio à Saint-Clément de Rome (grand format). — 4 a. Œuvre de Fra Angelico. — 4 b. Couronnement de la Vierge par le même (1817). — 4 c. Vie de J.-C. par le même, gravée par Nocchi (1843). — 4 d. Miniatures de Attavante (1878). — 4 e. Œuvre de Sandro Botticelli. — 4 f et 4 g. Dante Alighieri par Botticelli, texte et planches (Berlin, 1887). — 4 h. Botticelli par H. Ulmann (1093). — 5 et 5 a. Œuvre de Léonard de Vinci. — 5 b. Têtes d'étude tirées de la Cène de Léonard de Vinci par Dutertre. — 5 c. Fac-simile de dessins de Léonard de Vinci par Gerli. — 5 d. Saggio dell'opere di Leonardo (Milan 1872). — 5 e et 5 f. Scritti litterari di Leonardo da Vinci par Richter (1883, 2 vol.) — 5 g à 5 l. Manuscrits de Léonard de Vinci par Ch. Ravaisson-Mollien (1881-1891, 6 vol. in-fol.). — 6 à 9. Œuvre de Michel-Ange Buonarotti (4 vol. in-fol.). — 9 a. Œuvre de Balthazar Peruzzi. — 10. De Baccio Bandinelli. — 10 a et 10 a +. De Andrea Vanucci, dit Andrea del Sarto. — 10 b et 10 c. de Fra Bartolomeo della Porta. — 10 d. Vie et œuvres de Bartolomeo della Porta par Th. Patch (1772). — 11. Œuvre de Lucca Penni. — 12. De Rosso. — 12 a. De Fr. Cecchini. — 12 b. De Daniel Ricciarelli da Volterra.— 12 c. De Buonacorsi dit Perino della Vaga. 12 d. De Bronzino. — 13 à 17. Œuvre de A. Tempesta (5 vol. in-fol.) — 17 a. De Ventura Salimbeni. — 17 b. De L. Cardi.— 17 c. de Lazare Baldi. — 17 d. Œuvre des Vanni. — 17 e. De Jean Manozzi. — 18 à 20. De Pietro Berettini dit P. de Cortone. — 20 a. De Carlo Dolci. — 20 b. De Pietro Testa. — 21 et 21 a. De Dominique Gabbiani. — 21 b. De Bened. Luti. — 21 c. De Hor. Gentileschi. — 22. De Jean-Paul Pannini. — 22 a. Vues de Rome par le même. — 23. Œuvres de Zuccarelli. — 24 De Jean-Baptiste Cipriani.— 25. De Joseph Zocchi.

(La plupart de ces œuvres ayant été réunis dans le XVIIe siècle sont aujourd'hui fort incomplets. On aura intérêt à demander aux bibliothécaires les suppléments reliés ou non se rapportant à chacun des artistes.)

Division **Bb**. — **Ecole Romaine**.

Bb 1 et 2 (non employés).— 3. Pièces diverses d'après différents maîtres de l'Ecole Romaine. — 3 a. Œuvre de Pietro Vanucchi dit le Pérugin. — 3 b. Ascension du Musée de Lyon, d'après le Pérugin (1867). — 4 à 11 p. Œuvre de Raphaël, classé par sujets. Les tomes 11 n à 11 p. renferment les pièces de format exceptionnel. — 11 q et 11 r. Vie et œuvres de Raphaël par Landon (7 vol. en 2 tomes). — 11 s. Peintures de Raphaël à la Farnésine par Schubert (1846). — 11 t. Chambre d'Héliodore au Vatican par Gruner et Langer (d'ap. Raphaël) (1875). — 11 u. Centenaire de Raphaël, le 18 mars 1883 (Phot.). — 12 à 14 c. Œuvres de Julio Pippi, dit Jules Romain. — 14 d. Œuvre de Jérome de Muziano. — 14 e. Des Passari. — 15. De Fr. Barocci. — 16. (Non employé). — 16 a. De Fr. Zuccaro. — 16 b. De Tad. Zuccaro. — 16 c. De Ant. Circignani. — 16 d. De Jean Maggi. — 17. De A. Sacchi. — 17 a. De Domenico Feti. — 18 et 18 a. (Non employés). — 18 b. De Jean Morandi. — 18 c. De Salvi dit Sasso-Ferrato. — 19 à 20 a. De Carlo Maratto. — 21 à 22 a. De Ciro Ferri (Le vol. 22 a contient des pièces de très grand format). — 22 b. De Lucatelli — 22 c. De J. B. Lenardi. — 23. De Pompeo

Battoni. — 24 et 24 a. De Francesco Pinelli. — 25. De Sophie Giacomelli (Dante). 26. De Ch. Labruzzi.

Nota. — *Demander les suppléments reliés ou non à chacun des noms ci-dessus.*

En plus de ces recueils consulter les ouvrages sur Raphaël, la bibliographie de M. Eugène Muntz, la collection de photographies de M. Armand, et ci-devant A c 79 (dessins de Raphaël au Musée de Lille).

Division Bc. — École Vénitienne.

Bc 1. Recueil de pièces de divers maîtres de l'Ecole Vénitienne. — 2 et 3. Non employés. — 4. Œuvre d'Andrea Mantegna. — 4 a. Œuvre de Andrea Mantegna reproduit par Amand Durand et G. Duplessis. — 5 à 10 a. Œuvre de Tiziano Vecelli, dit en France le Titien (8 vol. dont un de pièces exceptionnelles). — 10 b. Œuvre de Barbarelli dit le Giorgione. — 10 c. De Paris Bordone. — 11. De Dominique Campagnola. — 12 et 12 a. De J. Robusti dit Tintoret. — 12 b. De Paul Farinati. — 13. De Battista et Marco Angelo del Moro. — 14 à 15 ++. De Paolo Cagliari dit en France Paul Véronèse (3 vol.). — 15 +. Peintures de Paul Véronèse à la villa Giacomelli près Trévise. — 15 a. Costumes italiens au XVIe siècle par Fabri. — 15 b. Œuvre de J. Salviati. — 15 c. (Non employé). — 16. De Palma le vieux ou Vecchio. — 16 a. De Palma le jeune. — 16 b. De J. Ligozzi. — 16 c. De Alexandre Véronèse. — 16 d. De Fr. Trevisani. — 16 e. De Jul. Carpioni. — 17. De Seb. Ricci. — 17 a. De J. Armiconi. — 18. De Piazzetta. — 29. Œuvre des Tiepolo. — 20. D'A. Canale dit Canaletto. — 11. Œuvre de Rosalba Carriera.

L'œuvre de Rosalba est incomplet dans ce recueil; on devra chercher aux suppléments et dans l'œuvre de Duflos qui a gravé plusieurs de ses dessus de boîte.

Division Bd. — Écoles de Ferrare, de Parme, de Bologne, de Milan.

Bd 1. Œuvre de Benvenuto Tisi dit Garofalo. — 2 et 3. (Non employés). — 4 à 4 c. Œuvre d'Antonio Allegri dit en France Le Corrège (4 vol.). — 5 et 5 a. Œuvre de F. Mazzuoli dit le

Parmesan. — 5 b. Pièces d'après le Parmesan par Zanetti. — 5 c. Fac-simile de dessins du Parmesan par Ford. — 5 d. Autres fac-simile par Bossi. — 5 e. * Œuvre gravé par Mazzuoli dit le Parmesan. — 5 f. * Œuvre de Meldolla. — 6. Des Procaccini. — 7. De Caldara dit Polydore de Caravage. — 8. D'Amerighi dit Michel-Ange de Caravage — 9 et 9 a. De Lanfranc. — 10. De Fr. Londonio. — 11. De Mauro Tesi. — 12. D'Appiani. — 13. De Bagetti. — 14 à 17. (Non employés). — 18. Recueil de pièces d'après les peintres Bolonais. — 18 a. Melozzo da Forli par August Schmarsow (1886). — 19 à 19 b. Œuvre de Primaticcio dit le Primatice (3 vol.). — 20 à 25 m. Œuvre des Carrache.

> Cet œuvre est ainsi réparti. — 20. Louis et Annibal. — 21. Louis et Augustin. — 22. Augustin. — 23. Augustin et Annibal. — 24 et 25. Annibal. — 25 a et 25 b. Louis. — 25 c. Cammini da Lodovico Caracci. — 25 d à 25 f. Annibal. — 25 g à 25 i. Cris de Bologne par Annibal. — 25 j à 25 l. Augustin. — 25 m. Augustin et Antoine.

— 26 à 30 b. Œuvre de Guido Reni dit le Guide (7 vol.). Le dernier contient les eaux-fortes du Guide. — 31 et 31 a. Œuvre de Francesco Albani dit l'Albane. — 32 à 32 b. Œuvre de Domenico Zampieri dit le Dominiquin. — 32 c. Vie et œuvres du Dominiquin par Landon. — 33 à 37. Œuvre de Fr. Barbieri dit le Guerchin (5 vol.). — 37 a et 37 b. Dessins gravés d'après Barbieri. — 38. Œuvre de J. Mitelli. — 39. De Jean André Sirani. — 40. De G. F. Grimaldi dit le Bolognese — 41. De Balth. Franceschini. — 42. De Carlo Cignani. — 43. De Giuseppe M. Crespi.

Division **Be**. — **Écoles de Naples et de Gênes**

Be 1. Œuvre de Zingaro. — 2. De Fr. Potenzani. — 3. De Luca Giordano. — 4. De Barth. Biscaino. — 5. De Pompeio Aquila — 6. De J.-B. Bracelli. — 7 et 7 a. Œuvre de Salvator Rosa. — 8. Des del Po. — 9. De Ben. Castiglione. — 10. De Fr. Solimena. — 11. D'Ant. Verrio. — 12. De P.-L. Ghezzi. — 13. De Séb. Conca. — 14. De Sgroppo. — 15. De Jean David.

Division **Bf**. — École Espagnole.

Bf 1. Œuvre de Ribera dit l'Espagnolet. — 1 a. Livre de portraiture de Ribera, par L. Ferdinand. — 2. Œuvre de Velasquez. — 3 à 3 c. Œuvre de Murillo (4 vol.). — 4 à 5. Œuvre de Goya, dont la *Tauromachie* et les *Caprices*. — 6. Œuvre de Fortuny (1875). — 6 a. Autre œuvre du même. Phot. — 6 b. *El mendigo hipocrito*, illustré par Fortuny. — (Voir aussi les albums du musée de Madrid ci-devant Ab 94 a à 94 j.)

Nota. — *Pour les peintres des Écoles d'Italie, il y a lieu de consulter d'autres sources que celles énumérées ci-dessus. M. Armand, architecte, a notamment légué au cabinet des Estampes une collection de photographies où les œuvres principales des Écoles Italiennes sont largement représentées; certains ouvrages donnent aussi des renseignements sur les artistes et leurs œuvres, mais ils sont si nombreux qu'il nous a été impossible de les mentionner ici. Parmi les travaux d'ensemble il convient de citer Vasari, auteur d'une histoire des peintres italiens. Voir ci-après série* Y *et les divisions* Ya *et* Yc.

PEINTURE
(ÉCOLES DU NORD DE L'EUROPE).

Série C.

La série C comprend les ouvrages spéciaux ou les recueils factices ayant rapport aux Écoles de peinture de l'Europe septentrionale : Allemagne, Suède, Hollande, Flandres, Angleterre; aux œuvres de peintres, de peintres-graveurs, etc.

Ca. Ecoles Allemande, Suédoise et Russe.
Cb. Ecole Hollandaise.
Cc. Ecole Flamande.
Cd. Ecole Anglaise.

Division **Ca**. — Écoles Allemande, Suédoise et Russe.

Ca 1 à 2. (Non employés). — 3 à 3 b. Œuvres de Wolgemuth (3 vol.). — 3 c. Tableaux de Dürer et de Wolgemuth, par Soldan et Riehl (1888). — 4 à 8 f. — Œuvre d'Albert Dürer.

Les vol. C a 4 et *C a 4 + renferment les planches sur métal du graveur. Les vol. C a 7 à 7 b, les gravures sur bois d'après lui. Les autres vol. renferment les reproductions d'après lui : gravures ou photographies, entre autres les dessins reproduits sous la direction de Lippmann (Berlin 1883-1894) (18 vol.). — 9. Croquis de Baldung Grün, publ. par Rosenberg. — 9 + à 9 b. Œuvre de Lucas Cranach (3 vol.). — 9 c. Lucas Cranach, par Schuchardt. — 10 à 10 c. Œuvre de Hans Holbein, et publications de Chr. de Mechel, de His et de B. Fillon sur ses travaux. (Voir à la Division Yb 62 a + le livre de M. Paul Mantz sur Holbein). — 11. Œuvre de Van Achen. — 11 a. Œuvre de Joseph Heintz le père. — 12. De Joseph Rottenhamer. — 12 a. De Adam Elsheimer. — 12 b. De Matthieu Kager. — 13. De Joachim Sandrart. — 14 à 16. De Guillaume de Baur (3 vol.) — 14 a. De G. Flinck. — 17. De Jonas Umbach. — 17. de J.-H. Roos. — 17 b. De Gaspard Netscher. — 17 c. De L. Backhuysen. — 18 à 18 b. De Gérard de Lairesse (3 vol.). — 18 c. De Kupezky — 19 à 19 b. De Rugendas. — 20 à 22 a. De Ridinger (3 vol.). — 22 a. De J.-C. Dietsch. — 23 à 23 b. De Dietrich (3 vol.). — 23 c à 24 c. Œuvres de Aberli, Nothnagel, Weirotter, Winter, M. Œsterreich, Rode. — 25. De Ferdinand Kobell. — 26. De B. Weiss. — 27. De Roslin le Suédois. (Peintre de portraits ayant surtout travaillé en France.) — 27 a. De Lanfrensen dit Lawreince, peintre du roi de Suède.

> Ayant surtout travaillé en France, Lawreince s'est fait une spécialité de sujets égrillards et gaulois. Plusieurs de ses compositions ont été gravées en couleur, et quelques-unes de celles qui composent le recueil ont été empruntées au cabinet dit de Marie-Antoinette. (Voir ci-devant Ad 48-49.)

— 27 b à 32 c. Œuvres de Reinhardt, Gmelin, Huntz, Hackert, Schenau, Brinckmann, Füger et Graff, Ch. Brand, Jos. Haubert (2 vol.), Wexelberg, Raph. Winter. — 33. De Dom. Quaglio. — 34. De Alexandre Sauerwied. — 35. De Benjamin Zix. — 36. De Fr. Rechberger. — 37. De W. Kobell.

> Ce peintre, qui a travaillé en France, a beaucoup produit; ses dessins gravés par Adam Bartsch sont du plus grand intérêt documentaire pour les campagnes du premier Empire. Plusieurs croquis de lui faits sur nature sont conservés dans la collection Hennin au Cabinet des Estampes. (Voir ci-après Division Qb collection Hennin. vol. 148 et suivants et la table du Catalogue; voir aussi E c 29).

— 37 a. Œuvre de Gareis. — 37 b. De Tischbein. — 38 à 46. Œuvres de Ender, Fischer, Rauscher, Meyer, Dillis, Bergler,

Stunz (la baronne de Freyberg), Nisle, Mind, Grimm, Fuhrich. — 47 + à 47 a. Œuvre d'Overbeck (2 vol.). — 48 à 48 b. De Calame(3 vol.). — 49. De Alt. — 50. De Cornélius. — 51. Des Winterhalter. — 52. De Billmark. — 53. Vie de Luther, par Kaulbach. — 54. Salle du Couronnement à Aix-la-Chapelle, par Rethel. — 55. Etudes du peintre russe Veres-chaguine sur les types du Turkestan (phot. 1874). — 56. Vie des Steppes Kirghises par Zaleski (1865).

(Pour les peintres allemands modernes dont les noms ne sont point cités, consulter les Suppléments reliés et non reliés dont il sera ultérieurement parlé).

Division Cb. — École Hollandaise.

Cb 1 à 3. (Non employés). — 4. * Œuvre gravé de Lucas de Leyde. — 5. Pièces gravées d'après lui. — 6. Pièces gravées par Lucas de Leyde non mises en réserve. — 7 à 8. Œuvre de M. Heemskerck (2 vol.). — 8 a. D'Otto Vénius. — 8 b. De Léonard Thiry, dit Daven. — 8 c. De M. Mierevelt. — 9. De Corneille Pœlenburg. — 9 a. De Roland Roghmann. — 10. De Gérard Honthorst. — 11. De J. Van Goyen. — 12. De Corn. Wieringen. — 13 à 13 o. Œuvre de Rembrandt van Ryn.

L'œuvre de Rembrandt du Cabinet des Estampes, un des plus beaux qui soient dans les Cabinets d'Europe, se compose de pièces gravées à l'eau-forte par le maître, et des gravures exécutées par d'autres d'après ses tableaux. *Rembrandt n'a jamais gravé ses tableaux*. Les eaux-fortes exécutées par lui, et qui ont donné lieu à tant de publications diverses depuis 30 ans, ont été montées sur bristol à biseaux pour éviter les frottements. Les plus belles et les plus rares épreuves sont encadrées dans la fenêtre F du Cabinet des Estampes. Le classement a été fait d'après Charles Blanc, mais il paraît aujourd'hui admis que nombre d'entre ces eaux-fortes sont d'élèves ou de copistes du maître.

L'œuvre ordinaire communiqué au public tous les jours de la semaine est encore des plus considérables (4 vol. de pièces originales et 6 de gravures d'après ses tableaux); on y a joint les *œuvres* publiés en entier par Ch. Blanc et par Amand Durand, qui peuvent servir de catalogues aux travailleurs. (Voir ci-après la division Y c.)

— 14. Œuvre de Just Van Egmont. — 15. De Henri Naiwinck. — 16 à 16 b. De N. Berghem. (Les eaux-fortes du maître sont en réserve sous le n° *Cb 16 b.) — 17. D'Albert Cuyp. — 18. D'Adrien Brauwer. — 19. De Gérard Terburg. — 20. De J. Both. — 21. De Jean Asselyn. — 22 à *22 b. Œuvre de Adrien van Ostade. (Le vol. * C b 22 b est en réserve). — 23

à 41. Œuvres de Ferdinand Bol, André Both, Wytembroeck
S. de Vlieger, Guil. de Heusch, Van Vliet, Lievens et F. Bol
(ces trois peintres dans le même volume), Jonck Heer, Laur.
Barata, A. Van de Velde, Reinier Zeeman, Marc de Bie, Rob.
Van den Hoecke, Gérard Dow, H. Saft-Leven, Thierry Stoop,
Pierre Van Laer (Bamboche), Gabriel Metzu, Franc. Post,
Th. Wyck. — 42.* Œuvre d'Antoine Waterloo. — 42 a. Suite
de 80 paysages par Waterloo. — 43. De Jean Almeloven. —
44 à 44 a. De Phil. Wouvermans (2 vol.). — 45 à 49. Œuvres
de Breembergh, Corneille Bega, H. Swanevelt, Everdingen,
Hercule Seghers. — 50. * Œuvre gravé par Paul Potter. —
50 a. Œuvre gravé d'après P. Potter. — 51 à 53 a. Œuvres de
J. Van de Velde, Van der Kabel, Jacques Ruysdael. (*Les
œuvres gravées par ce dernier artiste sont dans les boîtes de la
Réserve.) — 54. De François Miéris. — 55*. Œuvre gravé par
Karle Dujardin. — 55 a. Œuvre gravé d'après Karle Dujardin.
— 56 à 65. Œuvres de Moyaert, de Verschuring, Boom, Bout
(Pierre), Ossenbeck, Eglon, Fr. Hals (Phot). et Van der Neer,
J. Van Steen, Corn. Saft-Leven, Meyering, J. Glauber,
G. Schalken, Van der Werf. — 66* Œuvre gravé par Corneille
Dusart. — 67 à 72. Œuvres de Van Huysum, H. Kobell,
H. Fock, Corn. Froost, du général Howen, de Martin de Molitor.

(Pour tous les peintres Hollandais modernes dont les noms ne sont
point cités, consulter les suppléments reliés et non reliés dont il sera
ultérieurement parlé.)

Division **Cc.** — **Ecole Flamande** (1).

Cc 1. Œuvre de Hubert et Jean Van Eyck. — 2 (Non
employé). — 3. Œuvre de H. Memling. — 3 +. Tableau de
Memling à la cathédrale de Lübeck par Gaedertz. — 3 a. Œuvre
de Jérôme Bosch. — 4. De Lambert Suavius et de Lambert Lombard. — 5. De Pierre Breughel le Vieux. — 6. De Franck Floris
(Fr. Wriendt). — 7. Jean Bol. — 8. De Crispin Van den
Broeck. — 9. De Jean Stradan. — 10. Des van Borcht. —
11. De Jean et Corneille Molenaer. — 12. De Ad. Van Nieulandt.
— 13 et 13 a. De Georges Hoefnagel (2 vol.). — 14. De A.

---

(1) Pour ces artistes consultez Karl Van Mander. *Hist. des Peintres.*
édit. de H. Hymans Paris, *lib. de l'Art.*, 2 vol. in-folio.

Franck. — 15. De P. Candide. — 16. De K. Van Mander. — 17 à 20. De Martin de Vos (4 vol.). — 21 à 26. Œuvres de P. Stevens, M. Bril, P. Bril, J. Van Aken, P. Breughel le Jeune, Savery. — 27 à 34 k. Œuvres de P. P. Rubens (19 vol.). Le vol. * Cc 34 j contient des estampes d'après Rubens retouchées par lui. — 35 à 45. Œuvres de D. Vinckboons. Fr. Snyders, J. Fouquières, Guil. Van Nieulandt, Seghers, J. Jordaens, Corn. Schut, Corn. de Wael, Lucas Van Uden, JeanMiel, A. Van der Venne, etc. — 46 à 52. Œuvre d'Antoine Van Dyck.

Les pièces gravées par Von Dyck ont été montées sur bristol à biseau et sont conservées dans des boîtes comme les eaux-fortes de Rembrandt. * (Réserve). Celles gravées d'après lui sont classées par sujets. En tout 9 vol.

— 53 et 54. Œuvres de Van der Horst et Guil. Panneels. — 54 a à 54 b. Œuvres de Philippe de Champaigne. — 55 à 58. Œuvres de N. de Plattemontagne, de P. Quast, de Th. Van Thulden, d'Erasme Quellinus. — 59 à 59 a. Œuvre de David Téniers. — 60. De Bertholet Flemael. — 60 a à 60 b. De Van der Meulen. — 61. D'Ab. Diepenbeck. — 62. De J. Van der Hecke. — 63 à 63 a. Œuvre d'Albert Flamen et reproduction en fac simile de dessins d'après lui. — 64 à 69. Œuvres de Corn. Boel, P. Van den Avont, Jean Fyt, Fr. de Nève, Ab. Genoels, R. Van Orley. — 70 à 79 (non employés). — 80. Œuvre de Florent Willems. — 81. Eaux-fortes de J. Van de Kerkhove (1877).

(Pour tous les peintres flamands modernes dont les noms ne sont point cités consulter les suppléments reliés ou non reliés dont il sera ultérieurement parlé).

Division **Cd**. — **Ecole Anglaise.**

Cd. 1 à 3. (Non employés). — 4 à 12. Recueil factice en 9 volumes contenant des gravures en manière noire de l'Ecole Anglaise du XVIIe siècle.

Ces volumes portent la reliure de Beringhen par qui ils sont entrés à la Bibliothèque. Voici le détail de leur composition : — 4. Sujets de piété. — 5. Sujets historiques. — 6. Figures nues. — 7. Portraits d'Europe plus les Turcs et les Indiens. — 8. Portraits d'Europe et plénipotentiaires. — 9. Rois et reines d'Angleterre. — 10. Grands officiers d'Angleterre. — 11. Savants et ecclésiastiques. — 12. Dames et anonymes.

— 12 a. Œuvre de François Clein.— 12 b à 12 d. Œuvres de Fr. Barlow, G. Kneller, Thornhill. — 13 à 13 d. Œuvre de W. Hogarth, en tout 5 vol. (dont 3 par Ireland sur Hogarth). — 14 à 15. Œuvres de A. Pond et Richard Wilson. — 16 à 16 e. Œuvre de Sir Josuah Reynolds (6 vol. le vol. 16 e renferme les grandes pièces). — 17 et 18. De G. Smith et de Fr. Cotes. — 19. De Th. Gainsborough. — 20. De J. Zoffany. — 21 à 21 a. Œuvre de Benjamin West. — 22 à 39. Œuvres de Th. Smith, J. Mortimer, G. Stubbs, J. Barrolet, Angelica Kauffmann, G. Hamilton, Georges Robertson, G.-H. Bunbury, Josuah Farington, Fr. Wheathley, Robert Smirke, Guil. Hamilton, Hoppner et Stothard, Marie Cosway, G. Morland, J.-H. Ramberg, Des Smith de Chichester. — 39 et 39 a. Œuvre de James Gillray (2 vol.) — 40 à 40 a. De Thomas Rowlandson (2 vol.). — 41 à 41 c. Œuvre de R. Westall (4 vol.). — 42 à 42 a. Œuvre de Thomas Lawrence. — 43 à 44. Œuvres de Hayter et des Harding. — 45 .* Œuvre lithographié par Bonington. —45 a. Œuvre d'après Bonington. — 46 à 50 a. Œuvres de David Wilkie, John Burnett, L.-J. Wood, David Roberts, J.-D. Harding (2 vol.). — 50 b. The Turner Gallery par Nicholson Wornum. — 51 et 51 a. L'Alhambra. L'Espagne (1833-1834). (2 vol.) par J.-F. Lewis. — 52 et 53. Monuments recueillis en Belgique et en Allemagne (1845) d'après L. Haghe. — 54. Vues de la Moselle, du Rhin et de la Meuse par Clarkson Stanfied (1838). — 55. Vues de France, de Suisse et d Italie par Samuel Prout. — 56. Eaux fortes par W.-J. Hooker. — 57. Scènes de mœurs par Henderson (1828). — 58. Costumes Indiens par Solvyns (1799). — 59. Vues d'Ecosse gravées à l'eau-forte par John Clerk (1855). — 60. Eaux-fortes par David C. Read.— 61. Burne-Jones, a record and review by Malcolm Bell (1893).

(Indépendamment de ces artistes l'Ecole Anglaise est représentée au Cabinet des Estampes par des graveurs (Division Ec) et des peintres-graveurs satiriques dont les œuvres ont été classées dans la série T. (Voir ci-après). Consulter également les suppléments reliés et non reliés dont il sera fait mention à la fin de ce vol.).

PEINTURE
(ÉCOLE FRANÇAISE).

Série D.

La série D comprend les ouvrages spéciaux ou les recueils factices concernant l'œuvre des peintres français. Elle se subdivise ainsi :

Da. Peintres français des XVe, XVIe, XVIIe siècles.
Db. Peintres français du XVIIIe siècle.
Dc. Peintres français du XIXe siècle.

Division **Da**. — **Peintres Français, XVe-XVIIe siècles.**

Da. 1 et 2 (Non employés). — **2 a, 2 b et 3.** Œuvre de Jean Fouquet.

L'œuvre de Fouquet au Cabinet des Estampes est représenté par les photographies exécutées d'après les miniatures autrefois à Francfort, aujourd'hui passées au Musée Condé à Chantilly. On y a joint les deux volumes publiés par Curmer. Mais nous nous permettrons de citer ici, à titre de renseignement, trois manuscrits du département des Manuscrits à la Bibliothèque Nationale qui renferment des œuvres du grand artiste tourangeau. Ce sont les manuscrits fr. n° 166, fr. 247, fr, 19819.
En général notre vieille Ecole Française est mieux représentée par les originaux du département des Manuscrits, notamment : Bourdichon, (ms fr. 9474) Jean Clouet (ms fr. 13429), etc., etc.

— **4. et 4 a.** Œuvre de Jean Cousin. — **5.** De Geoffroy Dumonstier. — **6.** De Martin Fréminet.

Plusieurs artistes de l'Ecole Française du XVIe siècle sont représentés par des originaux au Cabinet des Estampes, mais leurs œuvres, des portraits pour la plupart, ont été classées à la série N. Ce sont: François Clouet, les deux Dumonstier (Pierre et Daniel), Benjamin Foulon, etc. Consulter à ce sujet H. Bouchot, *les portraits aux crayons des XVIe et XVIIe siècles*. Paris, Oudin, 1884, in-8°.

— **7 à 8.** Œuvre de Simon Vouet (2 vol.). — **9 et 10.** De François Perrier (2 vol.). — **11 à 13.** De Claude Vignon et autres (2 vol.). — **14 à 18 f.** Œuvre de Nicolas Poussin (7 vol.). Plus divers travaux d'ensemble d'après Poussin exécutés par Cl. Gellée dit Le Lorrain, par Landon (œuvre complet du Poussin) par Gault de Saint-Germain (œuvre complet 1803) par V. Texier (*Les sept Sacrements* 1843). — **19 à 19 b.** Œuvre de Guaspre Poussin (3 vol). — **20 à 20 b.** Œuvre des Stella

(3 vol.). — 21. Œuvre du Valentin. — 21 a à 22. Œuvres de Michel Natalis, Testelin, Louis Ferdinand, Pierre Ferdinand, Jacques Blanchard. — 23 à 23 h. Œuvre de Claude Gellée dit le Lorrain. *Livre de Vérité* (Londres 1777). Recueil de pièces d'après lui (5 vol.). * Eaux-fortes gravées par lui (Da 23 f. et 23 g, 2 vol. reproduites par A. Durand.) * Fêtes données à Rome en 1637 (Da 23 g +). — 24 à 31. Œuvres de N. Robert, Henri Mauperché, Laurent de la Hire et Corneille, Laurent de la Hire et Chapron, Nicolas Mignard (Da 28), Pierre Mignard (Da 29 et 29 a), Simon François et Jean François, Jacques Bellange, Louis de Boullongne et Bon Boullongne, Testelin. — 32 à 32 b. Œuvre de Sébastien Bourdon (3 vol.). — 33 à 34. De Eustache Lesueur. — 34 b. De Gilbert de Sève. — 35 à 39 e. Œuvre de Charles Lebrun. Recueil de pièces d'après lui (7 vol.). Recueil de fontaines par Lebrun (Da 39 a). Système de Lebrun sur la physionomie humaine (1806). Batailles d'Alexandre (Da 39 c.). — 40 à 48. Œuvres du frère Luc, de Hallé, de Jacques Courtois dit le Bourguignon, des Loir et de Paillet, de Jean de Dieu, de Pierre-Paul Sevin, de Claudine Stella, de J.-B. Monnoyer, de Louis Licherie, de Claude Lefèvre, de Charles de Lafosse, de Corneille, de Lefevre et d'Etienne Villequin. — 49. Œuvre de Nattier. — 50. de Jean Jouvenet. — 51. De Francisque Millet. — 52. De Elisabeth-Sophie Chéron, dame Le Haye. — 53. De N. Foucher. — 53 a. de J.-B. Santerre. — 54 et 55. De François Verdier et des Poerson. — 56 à 57. De Raymond de Lafage (2 vol.). — 58. De N. de Largillière. — 58 a. De Louis Chéron. — 59. De Henri Wattelé. — 60. De Charmeton. — 61. De Martial Desbois. — 62 à 64. Œuvre d'Hyacinthe Rigaud (3 vol.).

Division **Db. — Peintres Français XVIII**e **siècle.**

Db 1 à 5. (Non employés). — 6 à 8. Œuvre des Coypel (3 vol.). — 9. De Simon Guillebault. — 10. De Ant. Dieu. — 11. De Joseph Parrocel. — 12. Des Parrocel. — 13. De Cazes. — 14 et 14 +. Œuvre de De Troy. — 14 a. De Claude Gillot. — 15 à 15 d. Œuvre d'Antoine Watteau.

L'œuvre de Watteau est ainsi classé : — 1er vol. (Db. 15). Pièces de guerre, de genre rustique. Portraits. Arabesques. Objets d'ameublement. — 2e vol. (Db. 15 a). Hiérologie et Mythologie. Genre.

Sujets de mœurs et de fantaisie. Théâtre italien. Allégories. — 3ᵉ vol. (Db. 15 b.). Petites pièces de la Hiérologie, de la Mythologie et scènes de mœurs. — 4ᵉ vol. (Db. 15 c.). Modes, chinoiseries et arabesques. Indépendamment de cet œuvre régulier quelques très grandes pièces d'après Watteau ont été placées dans les suppléments reliés de format exceptionnel : (A\ 4 et A\ 5). — Le 5ᵉ vol. (Db 15 d). contient les *Figures de différents caractères* publiées par Chéreau. — Le 6ᵉ vol. (Db 15 e), les dessins de Watteau photographiés à Londres en 1878.

— 16. Œuvre de Lancret. — 17. De Pater. — 18. De Nicolas Vleughels. — 19 et 19 a. De Jean Chaufournier (2 vol.). — 20. De Jean Raoux. — 21. De B. Patel. — 22. De Chardin. — 23 à 23 b. De J.-B. Oudry. — 24. De François Lemoyne. — 25. De Jean Restout. — 26. De Natoire et de Pierre. — 27. D'Etienne Jeaurat. — 28 à 30 a. Œuvres de François Boucher.

L'œuvre de Boucher partage avec celui de Watteau les préférences du public au Cabinet des Estampes. Il se compose de 4 vol. en reliure mobile classés ainsi : 1ᵉʳ vol. (Db. 28). Hiérologie, mythologie, allégories diverses sur les Eléments. — 2ᵉ vol. (Db 29). Chinoiseries, petites scènes de genre ; petites professions, métiers, gravés par Ravenet et Lebas ; scènes d'intérieurs ; pastorales et bergerades ; autres mythologies allégoriques ; scènes tirées des Contes de Lafontaine, gravées par Larmessin ; Vignettes du Molière, gravées par Laurent Cars (Il y a une autre suite plus soignée de ces gravures à l'œuvre de réserve de L. Cars Ee 5a) — le 3ᵉ vol. (Db 3o). Chinoiseries en suite ; allégories diverses ; scènes paysannes ; pastorales et bergerades, etc., etc. — 4ᵉ vol. (Db 30 a). Décorations et vignettes, culs de lampe, lettres, frontispices ; etudes d'après Blomart, gravées par Boucher ; études diverses arabesques, paysages, portraits, fac-simile de dessins, etc., etc. — 5ᵉ vol. (Db 30 b). *Œuvre de Boucher*, lith. par Emile Wattier en 1855-1866, publié chez Troude. Boucher est d'ailleurs représenté à la Bibliothèque Nationale par quatre compositions originales chantournées, aujourd'hui servant de dessus de porte au grand vestibule d'honneur ; M. Blanchard, membre de l'Institut, en a gravé deux dans leurs cadres.

— 31. Œuvre de J. L. Tocqué. — 32. De Ch. Trémollières. — 33 à 33 a. Des Vanloo (2 vol.). (Pour Maurice Quentin de La Tour, voir la division Dc 1 a. Et pour Hutin, voir Dc 71 a.).

DIVISION Dc. — **Peintres français du XIXᵉ siècle.**

Dc 1. Œuvre de Vien. — 1 a. De Maurice Quentin de Latour. — 1 b. Œuvre de M. Q. de Latour au musée de Saint-Quentin, par A. Patoux, gravures de Lalauze (1882).

Nous n'avons point qualité pour reporter l'œuvre de ce peintre à sa division vraie (Db.) Latour est essentiellement du XVIIIe siècle, étant mort en 1788.

— 2. Œuvre de Manglard. — 3 et 4. De Joseph Vernet. — 5. De Clerisseau. — 5 a. De M. A. Challes. — 6 et 6 a. De Jean Pillement. — 6 b. De Pierre Antoine Baudouin.

Ce peintre, du XVIIIe siècle galant et gaulois, est représenté à la Bibliothèque nationale par une série de gouaches originales exquises, aujourd'hui conservées au département des Manuscrits. Ces compositions décorent des livres d'offices de la Chapelle de Versailles (Ms. latin 8896 et 8897) et sont inédites et inconnues.

— 7 et 7 a. Œuvre de J.-B. Lagrenée. — 8 et 8 a. Œuvre de Greuze (2 vol.). — 9. De Drouais père et fils. — 10. De P. A. de Machy. — 11. de Joseph Fratrel. — 12. De Leprince. — 12 a. De Hubert Robert. — 13. de Honoré Fragonard. — 14. de Monnet. — 14 a. Tableaux de la Révolution par Monnet. — 15. Œuvre de J.-B. Huet et de N. Huet. — 15 a. de Lantara. — 16 et 16 a. De Phil. J. Loutherbourg. Les dessins origin. de cet artiste pour les *Fables de La Fontaine* sont dans T c 16. — 17. De J.-B. Houel. — 18. De Boizot. — 18 a. de F. et J. Leroy. — 18 b. De P. A. Wille. — 18 c. De Peyron. — 19. De Bounieu. 20. De Demarne. — 21 et 21 a. Cours de dessin, et *Mon Portefeuille* par Lacour (1826-28). — 22. Œuvre de Jacques-Louis David. — 22 a. Le peintre Louis David par Jules David (Planches) (1882). — 23 et 23 a. Des Norblin. — 24 et 25. Œuvre de Lebarbier l'aîné (2 vol.). — 26. De Simon Julien. — 27 et 28. De Jean-Louis Prévost (2 vol.). — 28 a. De J.-B. Regnault. — 28 b. De Mme L. E. Vigée-Lebrun. — 28 c. De Robert-Lefèvre. — 29 à 34 d. Œuvre de Carle Vernet (10 vol.).

L'œuvre de Carle Vernet est ainsi réparti : — 1er et 2e vol. sujets divers mêlés. — 3e vol. scènes militaires, costumes. — 4e vol. chasses et chiens. — 5e vol. chevaux. — 6e chevaux. — 7e vol. Histoire, chasses, chevaux. — 8e vol. chevaux et costumes. — 9e vol. chevaux. — 10e vol. Grandes pièces de format exceptionnel contenant des chasses.

— 35. Œuvre de J.-B. Dugourc. — 36. De J.-B. Mallet. — 36 a. De P. J. Redouté. — 37 et 37 a. Œuvre de Pierre-Paul Prudhon (2 vol.). — 38. De Jean Guérin, miniaturiste. — 38 a. de Monsiau. — 39 à 42. De Bacler d'Albe (2 vol). Plus la Macédoine lithographique et les promenades pittoresques dans Paris (1822) du même.

Le mot de lithographie qui se trouve ici sous notre plume indique que le mouvement est commencé qui allait transformer pendant un demi-siècle la plupart des peintres en peintres-graveurs ou lithographes. A la découverte du procédé nouveau, Vivant Denon, Lasteyrie, le baron Gros, le peintre Guérin (Pierre) s'y étaient donnés avec ferveur. Ce n'est que vers 1816 et 1817 que l'invention a pris droit de cité chez nous grâce à Lasteyrie et à Engelmann. Consulter pour une histoire de ces incunables de la lithographie les pièces conservées en réserve sous le nom du duc de Montpensier * (Ad. 13) et les essais lithogr. (Ad. 65, 66, 67 à 77.) indiqués ci-devant à la Division Ad.

— 43 à 43 a. Œuvre de Louis Boilly (2 vol.). — 43 b. De Marguerite Gérard. — 43 c. De Bugnet. — 44 à 47. De Constant Bourgeois, paysagiste. — 48 à 48 c. Œuvre de Girodet-Trioson. L'*Enéide* est dans le vol. 48 b. Un cahier de croquis originaux de la main de Girodet est en réserve, (* Dc 48 c.) — 49. Œuvre de Bosio. — 50. Principes de paysages par M. Mandevare (1804). — 51 et 52. Œuvre de Dutertre.

Ces deux volumes de Dutertre ne contiennent que des lithographies et une ou deux gravures d'après le célèbre dessinateur de l'Expédition d'Egypte. Ses dessins originaux de l'expédition sont conservés (monuments, types, paysages) sous la cote Ub. 181 à 181 i, (portraits des membres de l'expédition) sous la cote Na 58 a et 58 b.

— 53 à 54. Œuvre de Lafitte, et Principes d'anatomie par le même. — 55. De N. Huet. — 55 a à 55 g. Œuvre de François Gérard (5 vol.). Œuvre publié par son neveu (3 vol.). — 56. De J. A. Laurent. — 57. De Swebach-Desfontaines. — 57 a. De A. Gros. — 57 b. De B. Gagnereaux. — 57 c. De Deshaies. — 58. De Marlet. — 59. De Ch. Desrays. — 60. De Louis Ducis. — 61. De Pierre Guérin. — 62 et 62 a. Des Vauthier. — 63 à 65. Des Lambert. — 65 a à 65 b k. Œuvre de Quenedey.

A proprement parler le travail de ce praticien ne tient aux beaux-arts que par un petit côté; si on l'a placé au milieu des peintres, c'est plus à cause des résultats, que pour les tendances. Quenedey se servait d'une machine pour obtenir la silhouette de ses portraits; on les reprenait ensuite à la gravure. Le « Physionotrace » est la photographie de la Révolution et de l'Empire, et la collection de ces petites effigies, toutes de profil a été classée d'après une liste provenant de Quenedey lui-même. Elle comprend 12 volumes.

— 65 c. Œuvre de Chrétien. (Chrétien est un concurrent de Quenedey.) — 66 à 66 a. Œuvre de J.-B. Isabey (2 vol.). — 67. De Duval-Le Camus père. — 67 a. De Thiénon. — 68. De J.-V. Bertin. — 69. Du baron Athalin (voir aux amateurs série Ad.). — 70. De Damame. — 71. De Duvivier. — 71 a. De

Hutin. Fêtes données par la ville de Paris à l'occasion du mariage du dauphin en 1745. (Cette place a été donnée par erreur à Hutin qui est mort en 1776 et doit régulièrement faire partie de la division Db.) — 72. Œuvre de Vauzelle. — 73. De P. Aug. Vafflard. — 73 a. De Hyacinthe Langlois. — 74. d'A. Caillat. — 75. De Paté-Desormes. — 75 a. De Ch. Favart. — 75 b. De Ben-Pecheux. — 76. De Lemire aîné. — 77 à 78. De Reverdin. — 78 a à 78 b. De Roehn. — 79 à 81. De Charles Chasselat. — 81 a. De Courvoisier. — 82. De Rullmann. — 83. De Nic. Henri Jacob — 83 a. De Séb. Leroy. — 84 à 86 +. De Charles Aubry. Le dernier vol. contient les costumes militaires lithographiés en 1823, pour le maréchal de Bellune. — 86 a. De Bodin. — 87. De Choquet. — 88. Des Chrétien. — 89. De Bern. Gaillot. — 90. De Guyot. — 91. De P. J. Lordon. — 92. De Lucas. — 93. De P.-L. Delarive. — 93 a. de L.-Ed. Rioult — 94. De Ch. Bouton. — 94 a à 94 d. Œuvre de J.-A.-D. Ingres. Le dernier vol. contient l'œuvre publié par Réveil en 1851. — 95 à 97. D'Hippolyte Lecomte. — 98. De Charles Alberti. — 99 à 99 h. Œuvre de P.-L. Grevedon. (9 vol.). — 99 i. De Turpin de Crissé. — 99 j à 99 k. De Martinet (2 vol.). — 100 à 101. D'Al.-Evariste Fragonard (2 vol.). — 102 à 103 r. Œuvre de Charlet. (Les volumes 102 à 103 d + et. 103 r. sont dans le service public. Les volumes * 103 e à * 103 q (13 vol.), sont en réserve. (Le vol. 103 r. est le cours de dessin pour l'Ecole polytechnique.) — 104. Œuvre de Fréd. Schall. — 105. De Gr. Parizeau. — 106. De Lemire aîné (qu'il ne faut pas confondre avec Dc 76). — 107. De P. Planat. — 108. De Plattel. — 109. De J.-F. Robert. — 110. De J.-P. Sudre. — 110 a. De Ch. Cicéri. — 110 b à 110 j. D'Eugène Cicéri. — 111. De J.-B. Mauzaisse. — 111 a. De Hersent. — 112. D'A. Beranger. — 112 a. De Ch. Dusaulchoy. — 113. De Cœuré. — 113 a. De Mme Haudebourt-Lescot. — 114. De Godissart de Cari. — 115 à 115 b. D'Aubry Le Comte. Les vol. *115 a et *115 b. sont en réserve. — 116 à 116 e. Œuvre de Louis Garnerey (Ports de France). — 116 f. D'Aug. Foucaud. — 116 g. De Charpentier. — 116 h. De Ch. d'Hardiviller. — 117 à 117 b. Œuvre d'Antoine Maurin. — 118 à 118 b. Œuvre de Nicolas-Eustache Maurin. — 118 c à 118 d. Œuvre des Maurin, réunis (3 vol.). — 119. De Antonin Moine. — 120. De L. Duplat. — 121. De P.-J. Feuchère. — 122. De Milbert. — 123. De Morin. — 124. D'Aug. de Valmont. — 125. De L. Vitasse. — 126. De Sorrieu. — 127 à 127 d. Des Grenier. — 127 e. De Mme Vincent. — 127 f. De Fr. Souchon. — 128. De

Hippol. Garnerey. — 129 à 129 e. De J.-B. Arnoult (6 vol.).
— 129 f. à 129 g. D'Edouard Pingret. — 130. De Langlacé.
— 130 a à 130 d. De Hubert. — 131. D'Achille Moreau. —
131 a à 131 c. D'Auguste Lecler. — 132. Des Spol. — 132 a.
De Dubufe. — 133. d'Al. Thierriat. — 134. De Victor. —
135 à 135 a. D'Auguste Garnerey. — 136 à 137 b et de * 137 f
à * 137 h. (Réserve) Œuvre d'Horace Vernet.

Les œuvres d'Horace Vernet renferment une série de pièces dessinées par lui à l'origine de la lithographie et qui sont comptées parmi les incunables de cet art. Tel le portrait de Mme Perregaux dont on tira seulement 11 épreuves. Le Cabinet des Estampes a l'épreuve conservée par Denon. Le catalogue des lithographies exécutées par H. Vernet a été dressé par Bruzard en 1826. Le vol. * Na 40 a ci-après contient des charges par H. Vernet.

— 137 c à 137 e. Œuvre des Vernet (Joseph, Carle et
Horace), pièces de format exceptionnel. — 138 à 138 a.
Œuvre de A. Brienne. — 138 b. D'Etienne Rey. — 139. De
J.-M. Gué. — 139 a. De Vigneron. — 140 à 140 d. Œuvres
de V. Auger, Is. Dagnan, L.-P. Fromant, Louis Faure,
Beaume. — 141 à * 141 b. Œuvre de Géricault. Le dernier
vol. contient des lith. originales mises en réserve. — 142. De
Ch. Guérard. — 142 a à 143 a. Œuvres de Gust. de Galard,
J. Volmar, Ant. Bapt. Thomas, G. Busset. — 143 b. à 143 g.
Œuvre d'Alexandre Desenne (6 vol.). — 144. De Louis Chéry.
144 a. de Jos. Albrier. — 145. De Jules Vernet. — 146 et 147.
Œuvre de Silv. Baptiste (2 vol.). — 148 (non employé) — 149
à 152 a. Œuvres d'Eugène Bourgeois, A. Hubert, d'A. Chazal,
A. Thierriat, F.-A. Pernot. — 152 a. Œuvre de P. Alaux.
— 153 à 153 a. Œuvre de Léon Cogniet. — 153 b. De Léopold
Robert. — 135 c. Eaux-fortes de Reinaud d'après Granet. —
154. De Fortuné Delarue. — 154 a à 154 b. De V. Delarue
(2 vol.). — 155. De Pigal. La plus grande partie des charges
de Pigal sont conservées dans la série T. — 155 a à 155 b.
Œuvre de J. M. Boisseau (2 vol.). — 155 c à 155 d. De Rémond.
— 156 à 156 x. Œuvre de Victor Adam.

L'œuvre des Adam renferme 26 volumes. Les Fables de Lafontaine y sont au vol. Dc 156 n. Les animaux aux vol. Dc 156 o et 156 p. Les fastes militaires au vol. 156 w.

— 157. Œuvre d'Enfantin. — 157 a à 157 g. Œuvre de
Nicolas M.-J. Chapuy. — 158. D'Alex. Hesse. — 159 à 159 b.
D'Ary Scheffer. Le dernier vol. contient l'œuvre en photographie publié en 1860. — 159 c. De J.-P. Schmidt. — 160.

De C. Hussard. — 161. De N. Lemercier. — 162. D'Achille-Etna Michallon. — 163 à 163 b. De Vallou de Villeneuve.

> Le dernier vol. de l'œuvre de Vallou de Villeneuve contient une série de photographies exécutées en 1852 et 1853 d'après les principaux acteurs de la Comédie-Française dans leurs rôles. Il est curieux après 40 ans, de retrouver à peu près intactes ces pièces qui se sont effacées dans les épreuves du commerce.

— 164 à 165. Œuvre de Oudart. — 165 à 165 c. Œuvre des Scheffer (Gabriel et Henri). — 166 à 167 b. De J.-L.-F. Villeneuve. — 166 c à 166 h. Œuvre des Deroy (vues de France). — 166 i. De D. Finard. — 166 j à 166 l. De Marin Lavigne. — 166 m. De A. Joly. — 166 n à 166 o. De Paul Delaroche. Le 2e vol. contient l'œuvre publié en 1858. — 167. De Ch. Henri Aubert. — 167 a à 167 b. Œuvre de Alex. Colin. — 168. D'A. Gianni. — 169 à 169 b. De Zéphyrin Belliard. — 170 à 173 c. De Franquelin, de Jules Coigniet, J.-L. Schaal, de P. Sudre, H. Decaisne, A. Roehn, Dumoncel, Robillard. — 174. Œuvre de Th. Gudin. — 175 à 175 e. Œuvre d'Hippolyte Bellangé — 176 à 176 h. Œuvre de Victor Petit. Les châteaux de la Vallée de la Loire sont à part dans le vol. 176 h. — 177. Œuvre de Charles d'Aiguebelle. — 177 a et 177 a +. De Ed. Swebach. — 177 b. De François Bouchot. — 177 c à 177 e. De Frédéric Bouchot (3 vol.). — 178 à 178 i. Œuvre d'Achille Devéria.

> Achille Devéria fut conservateur du Cabinet des Estampes de 1855 à 1857. Ses lithographies ne sont point toutes dans son œuvre, on en retrouve aussi dans sa collection particulière, depuis acquise par la Bibliothèque et passée dans la série Z du département. C'est Achille Devéria qui introduisit la reliure mobile, dont il a été parlé dans la préface, système commode dont l'usage est surtout pratiqué dans le cas d'intercalations nouvelles.

— 178 j à 178 m. Œuvre d'Eugène Devéria. — 179 à 179 c. Œuvre de Philippon. — 180. De Jules Boilly. — 180 a. De Girault de Prangey. — 180 b à 180 l. Œuvre de Honoré Daumier.

> L'œuvre, classé d'après les séries publiées par Daumier dans les journaux satiriques, se compose de 9 vol. Les grandes pièces telles que la *rue Transnonain* et autres sont dans les suppléments reliés AA 3 au mot Daumier.

— 181. Œuvre de Le Camus. — 182. De Defer. — 182 a. De Jaime. — 182 b. De Louis Boulanger. (Les grandes pièces de ce peintre romantique sont aux suppléments reliés). — 183 à

183 c. Œuvre d'Eugène Delacroix (5 vol. dont les croquis publiés par Robaut 1864 et 1865). — 184 et 184 +. Œuvre de Eugène Lami (de Nozan). — 184 a. D'Eugène Isabey. — 185. De Louis Leborne. — 186. De Xavier Leprince. — 186 a à 186 b. De Edm. Hostein (2 vol.). — 186 c. De Ch. Marris. — 187. De A.-J. Monthélier. — 187 a. De Court. — 188. De H. Parmentier. — 188 a. De Robert Fleury. — 189 à 189 u. Œuvre de Auguste Raffet (29 volumes).

L'œuvre de Raffet est un des plus complets du Cabinet des Estampes, et l'un des plus remarquables tant par la qualité des épreuves que par leur nombre. On y a joint des calques d'après les croquis originaux du maître, des portraits dessinés par lui à Rome, en 1849, et des calques de sa main. Les recueils du service public sont à peu de chose près doubles de ceux mis en réserve; ils contiennent quelques eaux-fortes du peintre, ses principales lithographies, et la plupart des gravures d'après lui. Voici succinctement le détail de l'œuvre, volume par volume. — 189 à 189 f*. Œuvre de réserve contenant les eaux-fortes et les lithographies en états ou en tirages extraordinaires. — 189 g*. Calques exécutés par Mme Laure Raffet d'après les croquis et études de Raffet pour le voyage en Crimée (1837), et des voyages en Espagne (1846 et 47). — 189 h*. Calques exécutés par Auguste Raffet, fils, d'après les dessins originaux de Raffet représentant les officiers et soldats récompensés au siège de Rome. — 189 i à 189 k. * Trois recueils factices contenant les épreuves des bois exécutés d'après les dessins de Raffet pour l'*Hist. de Napoléon* de Norvins, *Les Portes de fer*, l'*Algérie* de Galibert, etc.... et pour un *Voyage en Russie* (in-8°). — 189 k + à 189 k +++*. Calques exécutés par Aug. Raffet, fils, et Mad. A. Raffet d'après des croquis et des dessins originaux de Raffet (1825-1859). On trouve dans ce recueil un certain nombre de calques de la main de Raffet. — 189 l*. *Voyage dans la Russie méridionale*, par Raffet. — 189 l +*. Excursions en Russie, par André Durand, fig. par Raffet. — 189 l ++*. Notes et croquis de Raffet, publiés par son fils et reproduits par Amand-Durand. Ep. sur chine. — 189 l +++. Notes et croquis de Raffet, publiés par son fils. Ouvrage complet texte et gravures. —189 l ++++*. Dessins originaux de Raffet, aquarelle et mine de plomb. Portraits des membres du clergé et de la diplomatie qui ont joué un rôle à l'époque du siège de Rome. Voici la liste des personnages représentés qui tous ont signé leur portrait : Pie IX; Cardinal Antonelli (2 portraits); X. de Mérode, prêtre; Edoardo Borromeo (monsignor); comte Villiers de l'Isle-Adam, prêtre; Mgr Luquet, évêque d'Hésebon; le P. Vaures, émissaire de Pie IX; Héry, bibliothécaire de Saint-Louis-des-Français; C. Prosperi Buri; l'abbé Casimiro Rossi (2 portraits); Célestin, cardinal du Pont, archevêque de Bourges; Sherlock, camérier secret du Pape, dans son curieux costume romantique (2 portraits); Gabriele Mastaï, frère du Pape; Luigi Mastaï, neveu du Pape; prince Odescalchi, membre de la Municipalité de Rome, pendant l'occupation des Français; marquis Campana, idem, et propriétaire de la célèbre collection; E. Visconti, membre de la Municipalité; Aug. de Jonghe, colonel des Suisses; comte de Rayneval, ambassadeur de France; prince Henri de la Tour d'Auvergne, attaché à l'ambassade; G. de Belcastel, id.; Em. de Gérando, chancelier; H. Mercier de Lostende, attaché à l'ambassade; Mangin, préfet français de Rome; Charles Baudin, secrétaire de la légation de France à Naples; Micard, secrétaire du cardinal Du Pont; Maurice Esterhazy, ministre plénipotentiaire d'Autriche près la Conférence de Gaëte; Louis de Dumreicher, secrétaire de l'ambassade d'Autriche; Joseph Palomba, secrétaire de l'ambassade d'Autriche; Martinez de la Rosa, ambassad. d'Espagne à Gaëte; duc de Rivas, ambassadeur d'Espagne à Naples; Gonzalez de Arnao, 1ᵉʳ secrétaire de l'ambassade d'Espagne; Gén. de Cordova (1850); Ramon de Despujol, aide de camp du précédent; baron de Venda da Cruz, ministre de Portugal; Spinola, chargé d'affaires de Sardaigne, cap. de vaisseau; le com. Bargagli, ministre de Toscane; marquis de San Giuliano Gagliati, secrétaire de l'ambassade de Naples; chev. de Figueiredo, chargé d'affaires du Brésil; Fernando Lorenzana, ministre de la Rép. de l'Equateur; comte Ludolf, ministre de Naples; E. de Meester de Ravestein, ministre de Belgique; comte Spaur, ministre de Bavière qui facilita l'évasion du Pape; la comtesse Spaur; Max Spaur, leur fils; Boutenieff, ministre de Russie à Gaëte; comte de Chreptowitch, ministre de Russie à Naples; Skariatine, secrétaire de l'ambassade Russe à Naples; A. de Reumont, chargé d'affaires de Prusse; comte de Liedekerke-Beaufort, ministre des Pays-Bas; général Gross, commandant de Gaëte; Félix de Schumacher, capit. d'état-major à Gaëte; Philippe Wolf, valet de chambre de Pie IX; Benke Honan, correspondant du *Times*. — 189 m à 189 t. Œuvre de Raffet (service public, 8 vol.). — 189 u. Recueil de drapeaux dessinés par A. Raffet, fils, d'après les dessins de son père. (Consulter le catalogue de Raffet par Giacomelli.)

— 189 v. Paysages de Bonington, lith. par Mᵐᵉ L. Raffet. — 190. Œuvres de Jacquemain. — 191 à 191 a. De J.-B.-L. Sabatier. — 192. D'Éd. Waltier. — 192 à 192 a. De Tirpenne. — 193. De Boissy. — 193 a à 193 b. De Van der Burch fils. — 193 c à 193 d. De Ch. Bour. — 193 e et 193 e + De Morel-Fatio. — 193 f. De Durand Brager. — 193 g à 193 h. De Jean Gigoux. — 193 i à 193 j +. De Th. Valerio. — 193 k à 193 p. De Ferogio. — 193 q. De P. Barathier. — 193 r. De Renoux. — 194 à 194 a. De Bichebois. — 194 b. De A. de Saint-Aulaire. — 195. De Rothmuller. — 195 a à 195 c. D'Hippolyte Garnier. — 196. De Gérard Fontallard. — 196 a. De Aimée Pagès-Brune. — 197 à 197 d. De B.-R. Julien. — 198. De Jules Dumas. — 198 a. Œuvre de Prosper Marilhat. — 198 b à 198 f. Œuvre de Philippe Rondé. Dessins originaux d'un voyage au Mexique et d'un autre voyage aux Etats-Unis.

L'œuvre de Rondé est à la Bibliothèque depuis 1886. Les croquis qui la composent ont tous été pris sur nature entre les années 1850 et 1858. Rondé nous montre des monuments et des paysages rendus avec une grande habileté. Voici le détail succinct du recueil. — Vol. 198 b. Mexique. Vues de Mexico, la cathédrale, couvents, antiquités, types d'habitants, grottes, etc. Aguas Calientes, vues diverses; Chihuahua, vues diverses; etc. — 198 c. Chihuahua, types divers; La Boca-Grande;

Corralitos; (Apaches) Galéana; etc., etc. — 198 d. Etats de Cohahuila; de Durango; de Guanajuato; de Hidalgo; de Morelos; de Nuevo-Léon; de Puebla; de Queretaro; de Sonora; de Tamaulipas; de la Vera-Cruz; de Zacatecas; La Jamaïque, Kingston; île de Porto-Rico; île de Saint-Thomas. — 198 e. Voyage aux Etats-Unis. Caroline du Sud; Pleasant Valley; Etat d'Iowa, Muscatine, etc. — 198 f. Etat d'Iowa. Divers croquis du Shunk; etc.

— 199 à 190 c. Œuvre de A.-G. Decamps. Les vol. *199 b et *199 c sont en réserve. — 199 d à 199 g. Œuvre de J. Gérard, dit Granville.

L'œuvre de Grandville est ainsi classé : — Vol. Dc 199 d : Métamorphoses du Jour. — 199 e. Pièces diverses; caricatures politiques. — 199 f. Suites diverses. — 199 g. Pièces d'après Grandville. — 199 g+. Vie privée des animaux. — 199 g++. Caricatures politiques de grand format. Le Département des Estampes possède quatre dessins de cet artiste dans le vol. *B 6 c. dont l'un paraît représenter Grandville lui-même et sa femme.

— 199 h. Œuvre d'Ant. Carrière. — 199 i. D'Antoine Pascal. — 199 j. De Camille Roqueplan. — 199 k. De V. Vidal. — 200 à 200 b. Des Traviès. — 201 à 202 c. Œuvre d'Henri Monnier (5 vol.). — 203. De Deltil. — 204 à 204 b. De Jules David. — 204 c à 204 d. Des David. — 205. De V. Fonville. — 205 a. De N. Fonville. — 205 b. De Lepoittevin. — 205 c. D'Eug. Forest. — 206 à 206 h. De L. J. Jacottet (9 vol.). — 207. De Ch. Mozin. — 207 a à 207 c. De Menut-Alophe. — 207 d. De Francis. — 208 à 208 o. Œuvre de Léon Noel (16 vol.). — 209. De C. Sayger. — 210. De Champion. — 211 à 211 c. Des Champin (Elisa et Jean-Jacques). — 212 à 212 b. A. Urruty. — 213 à 213 a. De Ferdinand Perrot (2 vol.). — 213 b. De Pidoux. — 213 c à 213 g. De Edouard de Beaumont. — 214. De F. Courtin. — 214 a. De Louis Bardel. — 214 b. De G. Foussereau. — 214 c. D'Auguste Bouquet. — 215. D'Aug. Leclerc. — 215 a. De Cornille. — 216 à 216 a. De Cl. Pruche. — 217. D'Eug. André. — 218 à 218 a. r. Œuvre de Chevalier, dit Gavarni, (47 volumes).

L'œuvre de Gavarni au Cabinet des Estampes renferme un grand choix d'états de lithographies; quelques pièces portent les remarques autographes du maître avant les tirages. Le classement est fait d'après les numéros du catalogue dressé par M. E. Bocher. (*L'œuvre de Gavarni* par Armelhault et Bocher, in-8º). Toutefois l'œuvre non mis en réserve est simplement classé par séries alphabétiques. Il contient 19 volumes, plus le *Diable à Paris* en tirages sur Chine (2 vol. cotés Dc 218, t. 1, et 218 a, t. 2).

— 219. Œuvre de Théophile Fragonard. — 219 a. D'Evariste Fragonard. — 219 b. Des Fragonard. — 219 c à 219 d. De

P. J. Challamel. — 220. De Caron. — 220 a à 220 d. De Ch. Vernier. — 221. De Bourdet. — 221 a. De Barincou. — 222. De Frédéric Dandiran. — 222 a. De Al. Baugean. — 223. De P. Girard. — 223 a. De Develly. — 224. De Ch. Pensée. — 225. D'Aug. Cadolle. — 226. De E. T. Parris. — 226 a. De J. Lion. — 227. De Louis Dupré. — 227 a. Album grec par L. Dupré. — 227 b à 227 c. Œuvre de Benjamin Roubaud. — 227 d à 227 e. De C. E. Clerget (2 vol.). — 228 à 228 k. Œuvre d'Em. Desmaisons. (Les vol. 228 f à 228 k renferment la série des représentants de 1848). — 229 à 229 b. Œuvre de Numa Bassaget. — 230. De A. Lorentz. — 231 à 231 a. De V. Sorel. — 232. De C. Derancourt. — 233. D'Anaïs Colin. — 234 à 234 a. De J. Delarue (2 vol.). — 235 à 235 b. De Jules Arnout (3 vol.). 236. De H. Valentin. — 237. De Louis Lassalle. — 238. De Ch. Lassalle. — 238 a à 238 b. De Platier (2 vol.). — 239 à 239 a. De Alf. de Dreux. — 240. De Billmarck. — 241 à 241 g. De Philippe Benoist et de Félix Benoist. — 242. De Bertschinger. — 243 à 247 f. Œuvre du vicomte de Noé, dit Cham, (9 vol.).

L'œuvre du caricaturiste éparpillé dans des périodiques et des albums spéciaux, n'est ici représenté que par un nombre très restreint de pièces. Ses albums sont classés dans les suppléments non reliés au Cabinet des Estampes.

— 248. De Jos. Guichard. — 249. De J. Ziegler. — 250. De Emile Signol. — 251 à 252. De Victor (2 vol.). — 253. De Aug. Regnier. — 254 à 255. De Janet Lange. — 256 à 258 c. Œuvre de Julienne. — 259 à 259 g. Œuvre de Hippolyte Lalaisse (chevaux). — 260. De Héloïse Leloir. — 260 a. Des Leloir. — 261. De Jules Sette. — 262. (Non employé). — 263 à 263 a. Œuvre de Compte-Calix. — 264 à 264 b. Œuvre de Henri Lehmann. — 264 c. De Aug. Gendron. — 265. De Guesdon. — 266. De Jules Dupré. — 267 à 267 e. Œuvre d'Aug. Anastasi (lithographies, illustrations, bords du Rhin). Le vol. 267 e est un livre d'Anastasi sur Nicolas Leblanc, 1884, in-8°. — 268. Œuvre de L. Allard. — 269 à 269 b. Œuvre de Ch. Fichot (3 vol.). — 270 à 270 c. Œuvre de Joseph Felon. (Le vol. Dc 270 c renferme les travaux de sainte Perpétue à Nîmes). — 271. De Laurent Pelletier. — 272. De Seurre aîné. — 273 à 274 a. De Hubert Clerget. — 275. De E. Goesin. — 276 à 276 a. De Schopin. — 277 à 277 a. De Brochart. — 278 à 278 a. De Beeger. — 279 à 279 a. De Louis Lebreton. — 280. De Thénot. — 281 à 281 d. Œuvre de Mouilleron (5 vol.).

Les belles épreuves de l'œuvre de cet artiste proviennent de sa succession.

— 282. De Ch. Bargue. — 282 a à 282 b. Œuvre de Corot. (Le vol. 282 a + contient les fac-simile de dessins, et le vol. 282 b douze lith. d'après Corot par Emile Vernier). — 283. Œuvre de Français. — 283 a. De Daubigny. — 283 b. De Troyon. — 284. De Chifflard. — 284 a. De Brascassat. — 285. De Rosa Bonheur. — 286. De Hamon. — 287 à 287 c. Œuvre de E. Meissonier.

Cet œuvre se compose surtout de reproductions phot. ou héliographiques. Les vignettes gravées sur bois ou sur acier d'après l'artiste sont dans les vol. 287 b et 287 c. Les eaux-fortes gravées par Meissonier lui-même sont dans le vol. de la Réserve *A\ 2 MEISSONNIER ; on y a joint quelques essais de lithographies, en tout 23 pièces.

— 288. Œuvre de Lanfant de Metz. — 289. De Berjon de Lyon. — 289 a. Th. Rousseau, *Etudes et croquis*, Paris 1876. (Les autres pièces de l'œuvre de Rousseau sont aux suppléments reliés et non reliés). — 289 b à 289 c. Œuvre de J. F. Millet. (Lith. et Phot.). Les eaux-fortes originales du peintre sont dans le vol. 289 c. — 290 à 290 +. Œuvre de Célestin Nanteuil. — 290 a. De Narcisse Diaz. — 290 b. Œuvre de Lemud. — 290 c à 290 e. De Loutrel. — 290 f. Œuvre de Henri Baron. — 291 D'Alexandre Bida. — 292. D'Auguste Rolland. — 293 à 293 a+. Œuvre de Gérome. — 293 b à 293 c. Œuvre de V. Orsel.

Le vol. *Dc 293 b est en réserve ; il renferme les gravures d'après les œuvres d'Orsel offertes à la Bibliothèque « le 44ᵉ jour du siège de Paris, » par son ami M. Perrin. Ce recueil factice contient des notes de la main d'Orsel en vue de discours à prononcer.

— 294 à 294 b. Œuvre de Hippolyte Flandrin (2 vol.). — 295 à 295 b. Œuvre de William Bouguereau (Phot. et lith.). — 296 à 296 b. Œuvre de Karl Bodmer. Le vol. de Th. Gautier *La Nature chez elle* avec les eaux-fortes du maître, porte le n° 296 a. — 297 à 297 c. Œuvre de Ch. Chaplin. — 298 à 298 q. Œuvre de Gustave Doré (18 vol.).

L'œuvre de cet artiste a été augmenté récemment de toute la suite des fumées tirés spécialement pour lui et dont plusieurs portent des retouches de sa main.

— 299. Œuvre de G. Brion. — 299 a. De Jules Breton. — 299 b. De Jules Lefebvre. — 299 c et 299 c +De Léon Bonnat. — 299 d. De Ernest Hébert. — 299 e. De Henner. — 300. De Gustave Boulanger. — 301. De Maxime Lalanne. — 301 a. De Fromentin (25 dessins par Montefiore, 1877). — 301 b. De Eugène Lambert. — 302. De Mᵐᵉ Nath. de Rothschild. — 303. D'Alex. Cabanel. — 303 a à 303 b. Œuvre de P.

Baudry. — 304. De Edouard Detaille. — 304 a. Les grandes manœuvres par le major Hoff. Illustré par E. Detaille. — 304. b. L'amée française par Detaille (2 vol.). — 305. Œuvre de J.-G. Vibert. — 306. De Charles Gleyre. — 307 à 307 a. Œuvres de Neuville. — 308. Le paysage au fusain par Allongé. — 309. Œuvre de Lecomte-Dunouy. — 310. De A. Legros. — 311. Une Journée d'enfant par Adrien Marie (1883). — 312. Œuvre de Lalauze. — 313. Livre de chasse (1887) par J. A. M. S. — 314 et 314 a. Œuvre de François Flameng. — 315. Œuvre de Lhermitte. — 316. Œuvre de Léon Pelouse. — 317. M. Monnier de la Sizeranne. *Voyage au pays du soleil* (1891, petit in-folio).

NOTA. — *Pour tous les peintres français modernes dont le nom ne s'est point rencontré dans ces listes, consultez les suppléments reliés ou non reliés dont il sera ultérieurement parlé.*

GRAVURE

SÉRIE E (1).

La série E comprend les recueils formés des estampes exécutées au burin, à l'eau-forte ou en bois par les graveurs de toutes les Ecoles. On y a joint les ouvrages spéciaux sur l'ensemble des travaux d'un artiste (reproductions).

Le plus ordinairement ces œuvres sont classés d'après le *Peintre-Graveur* d'Adam Bartsch, d'après les *Additions* à Bartsch de Passavant, et pour les graveurs français, d'après le *Peintre-Graveur français* de Robert Dumesnil. Ces dictionnaires sont à la disposition du public au Cabinet des Estampes.

Les graveurs primitifs n'ayant pour la plupart qu'un œuvre restreint, les pièces venant d'eux ont été groupées alphabétiquement dans des volumes en reliure mobile aux Suppléments. Les incunables les plus précieux sont exposés dans les fenêtres du Cabinet des Estampes, et le catalogue en a été dressé par M. le comte Henri Delaborde, à la suite de son livre sur le *Département des Estampes* (Paris, Plon, 1875, in-8°).

---

(1) Le catalogue général de la Réserve ayant été préparé depuis quelque temps et devant être mis sous presse dans le plus bref délai, nous omettrons ici les détails sur cette partie de notre dépôt. Ce catalogue a été dressé par M. F. Courboin sous la direction de M. G. Duplessis. *Il sera bon de consulter les ouvrages indiqués ci-dessous à la série Y* (Division Yc).

En général, les gravures de maîtres anciens (XVᵉ et XVIᵉ siècles) sont en réserve et ne sont communiquées que d'après les règlements en usage (voir l'Introduction).
Voici les divisions de la série E :
  Ea. Généralités de la gravure, incunables de l'estampe, etc.
  Eb. Graveurs italiens.
  Ec. Graveurs de l'Europe septentrionale.
  Ed. Graveurs français (École ancienne).
  Ee. Graveurs français (XVIIIᵉ siècle).
  Ef. Graveurs français (XIXᵉ siècle).
  Eg. Editeurs et imprimeurs.

Division **Ea**. — **Généralités de la gravure. Incunables de l'estampe, etc.**

Ea 1 à 1 b. *Gravures en pâte (vol. in-12).

Ces impressions sur pâte sont antérieures aux tirages des gravures sur papier. Elles procèdent de l'impression des sceaux sur une cire amollie par la chaleur, et n'offrent qu'un intérêt d'art très restreint. Celles de la Bibliothèque sont appliquées au plat intérieur de manuscrits où elles rappelaient les gauffrures du recto. Ce sont des images de piété.

— 1 c. *Gravures en pâte de 1449. — 1 d. * Gravures en pâte. — 2. *Manuscrit allemand de 1406 dans lequel se retrouvent des gravures dites en criblé, qu'on regarde comme les premières manifestations de la gravure. — 3. * Le saint Bernardin de 1454 et le fac-simile de la Vierge gravé par le prétendu Bernard Milnet. — 4. *Gravures sur métal et sur bois dites de Bernard Milnet.

Deux pièces gravées dans cette pratique essentiellement industrielle et vraisemblablement destinées à d'autres usages qu'à celui d'impression et de tirage sur papier, sont exposées dans une des fenêtres sous les nᵒˢ 56 et 57.

— 5. *Bois du XVᵉ siècle. — 6. * Manuscrit de bas allemand datant de 1463, dans lequel se trouvent des figures dites en criblé. — 7. * *Historia Daretis Phrygii de excidio Troje*, Wittemberg, 1518. — 7 a. * *Tractatus de arte et scientia bene moriendi* (estampes sur bois, XVᵉ siècle). — 7 b. **Rationarium evangelistarum*, Hagueneau, 1507 (estampes sur bois). — 7 c. *Ars moriendi*, notice par Butsch, 1874 (reproduction). — 7 d. **Flavi Josephi de Imperatrice ratione... liber, a D. Erasmo recognitus*, Cologne, 1517. — 8. *Gravures sur bois du *Quatriregio del decorso della vita*, 1508. — 9. * Manuscrit de prières bas allemand avec estampes du XVI⁰ siècle. — 10. *Autre manuscrit identique. — 10 a. *Heures de Thielman Kerver avec figures de Pigouchet. — 10 b. *Recueil factice de petites estampes en taille-douce provenant du Bréviaire de Béthune (ms n° 884 de la Bibl. d'Arras). — 11. (Recueil réparti en divers œuvres). — 12. *Recueil factice de pièces rares signées de monogrammes ou d'initiales. — 13. *Recueil factice d'estampes classées au nom des maîtres. (Ce volume contient les noms de A à G). — 14. *2ᵉ volume du même recueil contenant les noms de H à M. — 15. *3ᵉ volume, de N à Z. — 16. *Recueil factice contenant des incunables de la gravure sur bois coloriés à la main.

La gravure sur bois était encore un peu alors une supercherie ; on la traitait en poncif, pour la miniature, et les peintres faisaient disparaître les traits d'impression sous une couche de couleur.

— 16 a. *Epistolas del glorioso... sant Hieronymo, Séville, 1532 (2 grav. en criblé). — 17. *Recueil factice contenant des gravures allemandes, flamandes et françaises. Jeux de cartes. — 18 et 18a. *Graveurs sur bois de l'Ecole allemande (2 vol.). — 18 b. *Gravures sur bois du Speculum publié à Bâle en 1476. — 18 c. *Graveurs au burin de l'Ecole allemande. — 19.* Graveurs des Ecoles d'Italie (XVᵉ et XVIᵉ s.). — 19 a. *Graveurs sur bois de l'Ecole italienne. — 19 b. *Graveurs sur métal des Ecoles italiennes.

La pièce capitale parmi les incunables italiens de la gravure en taille-douce se trouve au Cabinet des Estampes où elle est exposée sous le n° 1. C'est la Paix attribuée à un nielleur nommé Maso Finiguerra, et dont l'unique épreuve connue fut trouvée au Cabinet des Estampes de Paris par l'abbé Zani. (Consulter H. Delaborde, le Départ. Des Estampes, pp. 191-194 et l'Introduction ci-dessus).

— 20. *Graveurs sur bois de l'Ecole des Pays-Bas. — 20 a. *Graveurs au burin de l'Ecole des Pays-Bas. — 21. *Graveurs sur bois de l'Ecole française. — 21 a. *Graveurs au burin de l'Ecole française. — 22. *Graveurs à l'eau-forte. — 23. *Graveurs aux marques figurées. — 24. Nielles du lustre de la cathédrale d'Aix-la-Chapelle. — 25 à 25 d. Recueils factices composés au XVIIᵉ siècle par l'abbé de Marolles et contenant des bois du XVIᵉ siècle. (Les vol. 25 à 25c ont conservé la reliure que les gardes du dépôt y avaient fait mettre au XVIIᵉ siècle.)

Ces recueils, qui ne sont point en réserve, renferment une quantité de pièces uniques. Quelques-unes ont été retirées pour être mises à l'œuvre des artistes.

— 26 à 26 b. Estampes en clair-obscur par divers maîtres. — 27. *Recueil factice de nielles. — 28. *Copies de nielles. — 29. * Œuvre de Baccio Baldini. — 30. *Œuvre de Robetta. — 30 a. * *Opusculo dell' angelico dottore sancto Thomas da Aquino,* Florence, 1512 (figures). — 31. *Œuvre d'Andrea Mantegna. — 32. *Œuvre de Zoan Andrea, d'Antonio et de Gian Maria da Brescia.— 33. * Œuvre de Giovanni Batista del Porto, dit le *Maître à l'oiseau*. — 34. *Œuvre de Nicolas Rosex, dit Nicoletto da Modena. — 35. *Œuvre de Girolamo Mocetto. — 36. *Œuvre de Benedetto Montagna. — 37. *Œuvre de Giulo et de Domenico Campagnola. — 38. Œuvre de Ugo da Carpi. — 39. Œuvre d'Andrea Andreani, et divers autres graveurs en clair obscur. — 40. *Œuvre du Maître, dit le Maître de 1466 (Ecole allemande), ou Le Maître E. S., à cause de ses initiales.

Il y a sept pièces de cet artiste exposées au Cabinet des Estampes sous les numéros 61-67.

— 41. *Œuvre du Maître de 1480 (Ecole des Pays-Bas. — 42. *Œuvre de Fr. Bocholt. — 43. *Œuvre du Maître W. ♠— 44. *Œuvre de Venceslas d'Olmütz. — 45. *Œuvre de Zwoll, dit le Maître à la Navette. — 46. *Armoiries de l'évêque de Wurtzbourg, in-8°. — 47. *Œuvre de Martin Schöngauer. — 47 a. Œuvre de Martin Schöngauer par G. Duplessis, reproductions d'Amand Durand (1881). — 47 b. Œuvre de Martin Schöngauer (reliure mobile). — 48 à 48 b. * Œuvre d'Israël van Mecheln (3 vol.). — 49. *Œuvre de Jacques de Barbary, dit le Maître au Caducée. — 50. *Œuvre du Maître à l'Ecrevisse (Krabeth?) — 51 à 69. (Non employés). — 70. Œuvre de Tobias Stimmer. — 71. Gravures en bois des anciens Maîtres allemands, publiés par Derschau (1808), — 71 a. R. Muther, Livres illustrés allemands des XVe et XVIe siècles (1884). — 72. Monuments typographiques des Pays-Bas au XVe siècle, publiés par Holtrop. — 73. *Canticum Canticorum*. Fac-simile par Berjeau (Londres, 1860). — 73 a à 73 h. Reproductions de xylographes par Pilinski (8 vol.). — 75. Fac-simile d'estampes de la Bibliothèque de Saint-Pétersbourg. — 76. Illustrations de l'ancienne imprimerie troyenne (210 grav. sur bois). — 76 a. Ancienne imagerie, par de Liesville. — 77. Reproductions d'estampes de Jean Pilgrim. — 78. *Saints et saintes de la famille de Maximilien, par Hans Burgmair. — 78 a. Le même ouvrage (tirage moderne). — 79. Recueil de gravures sur bois du XVIe siècle. — 80. Autre recueil de gravures sur bois du XVI⁰ siècle. — 81. Marcial de Bargues. Figures diverses en bois du XVI⁰ siècle. (Lyon.) — 82. *Statuta de regimine potestatis*. (Pavie, 1505).

Division **Eb**. — **Graveurs italiens.**

Eb 1 à 2. (Non employés). — 3 et 3 a. Œuvres de Jean et et de Grégoire Gregorii (1491-1493). — 4 à 5 c. Œuvre de Marc-Antoine Raimondi.

<small>Les pièces les plus remarquables de l'œuvre sont exposées au Cabinet des Estampes sous les numéros 20, 21, 22, 23, 24, 25, 26, 27, 28, 29, 30, 31, 32, 33, 34, 35, 36. Les volumes *5 a, *5 b, *5 c, sont en réserve, et la plupart des estampes qu'ils contenaient ont été depuis montées sur bristol à biseau.</small>

— 5 d. *Epistole et evangelii volgari hystoriade (1512). Figures par Marc-Antoine Raimondi. — 5 e. *Amadeo Berruti. *Dialogus* (Rome, 1517). Fig. par Marc-Antoine Raimondi. — 6. *Œuvre de Marco Dente, dit Marc de Ravenne. — 6 a. *Recueil de pièces exécutées par des graveurs de l'Ecole de Marc-Antoine Raimondi.— 6 b. *Œuvre de J. Caraglio.— 7. Œuvre d'Augustin Vénitien. — 8 à 8 a. Œuvre de Jules Bonasone. — 9. *Œuvre du maître B., dit le Maître au Dé. — 10. Œuvre de J.-B. Cavalleriis. — 11. Œuvre d'Eneas Vico. — 11. De Gaspard *de Avibus*, ou Gaspardo Osello. — 12. De Martin Rota.— 13. De Cherubino Alberti. —14. De G.-B. Fontana. — 14 a. De Georges Ghisi. — 14 b. Œuvre des Scultori et des Ghisi. — 14 c. D'Adam Ghisi. — 14 d. D'Antonio Fantuzzi. — 14 e. De Nic. Nelli. — 15. De François Villamena. — 16. De G. Batista Franco. — 17. De Lucas Ciamberlano. — 17 a. De Remigio Canta Gallina. — 17 b. De Guil. Parigi. — 18. De R. Sciaminozzi. —19. De J.-B. Coriolani et autres (1) (K. Audran, H. Brun, Bart. Coriolano, J.-B. Coriolano, Th. Cruger, Cam. Cungius, Jér. David, Gatti, M. Greuter, J. Lauri, J. Lodi, N. Natalis, J. Troschel, Regn. Valeriano, F. Valesio, J.-L. Valesio, Villamena).

---

(1) Nous donnons le détail de ces volumes parce que leur classement à l'École italienne empêcherait d'y chercher les Français et les Allemands que le collectionneur y a placés.

Le mélange des Ecoles et des noms s'explique par ce fait que ce volume a conservé la reliure du XVIIe siècle. Il provient de l'abbé de Marolles, comme les suivants.

— 20. Œuvre d'Orazio Bruni et autres (Altzembach, G. Aulguers, P. de Ballin ou de Bailliu, C. Bassano, M. Bassi, J.-P. Bianchi, C. Bloemaert, E. Brizio, Brun ou Brunetti, (C. F.), B. Capitelli, B. Castelli, Th. Cruger, J. David, D. Falcini, F. Florini, J.-B. Galli, Ol. Gatti, J.-A. Hanzelet, J. Lauri, J. Maggi, I. Martini, E. Mulinari, A. Parisino, M. Natalis, Salmincio, H. Van Schoel, Ph. Thomassin, J. Troechel, (plus 72 pièces anonymes). — 21. Œuvre de Guil. Campi et autres (G. Ghisi, N. Valeggio, M. Piccioni, Ab. Hogenberg, P. Jalhea, H. de Santis, dit Aquilano, B. Reiter de Munich (1610), J. Carpioni, P. Brebiette, A. de Trivis, Giulio Carpioni, Pierre Faccini, J.-F. Guerrerius, Orazio Borgiani, Schidone, R. Badalochio. F. Rosatti, A. Badiale, B. Falcini, Aug. Quesnel, Maffei, P. del Po, Théod. Babareni, Rosati (1649), F. Curti, L. Baldi, D.-N. Canuti, F. Cozza, F. Simon, P. Catrocci, J. de Pisanis, Fr. Vannius, J.-B. Angeli, dit Torbido del Moro, P. Scavezzi, H. Giminiani, F. Chiavi, Laurent Cars, P. Van Leysebeten, N. Soutif, J. Boulanger, J. Troyen, L. Vostermann le Jeune, J. Popels, J. Haussart, Q. Boel, Jér. Pedriniani, Bonacino, A. Bolgio, F. Quercetus, dit Le Quesne, Lelio Orsi, dit Lelio da Novellara, Perino del Vaga, Fred. Greuter, graveur anonyme d'après Ghirlandajo, M.-A. Marelli, P. Anichini, Torbido del Moro, Mercati, Cherubino Alberti). — 22. Œuvre de B. Capitelli et autres (C. Bassani, P. Bianchi, A. Blocklandt, L. Ciamberlano, J. Cotta, D. Falcini, E. Leonini Geminiano, Hyacinthe Geminiano, M. Gerardini, J.-B. Mercati, J.-B. del Sole). — 22 a. Œuvre de Nicolo Circiniani. — 22 b. De Cam. Cungio. — 23. De Carlo Cesio. — 24 à 24 b. Œuvre de Stefano della Bella. — 24. c. Fables de Verdizotti (1661), gravures sur bois. — 25. Œuvre de G.-G. Frezza. — 25 a. De J.-M. Pitteri. — 25. b. De Jér. Rossi et autres (A. Rossi et Jean-Jacques Rossi). — 25 c. De Sisto Badaloccio. — 25 d. De Jean-Baptiste Falda. — 26 à 26 a. De Pietro Santo Bartoli. — 27. De P. Aquila. — 27 a. De Joseph Testana. — 27 b. D'Ant. Faldoni. — 27 c. D'And. et Laur. Zucchi. — 27 d. De Fr. Aquila. — 28. De Ben. Bossi. — 29. De Jul. Traballesi. — 29 a. De Rocchegiani et Fr. Pozzi. — 29 b. De Joseph Zucchi. — 30 à 30 d. Œuvres des Morghen. (Voir la pièce exposée n° 52.) — 31 à 31 e. Œuvre de François Bartolozzi. (Pièces de l'École anglaise en couleurs et en manière de crayon). — 32. De Dominique Cunego. — 32 a. De Ch.-Antoine Porporati. — 32 b. De Vinc. Vangelisti. — 32 c. De Léon Bombelli. — 32 d. De Secondo Bianchi. — 33. De J. Volpato. — 33 a. De P.-A. Martini. — 33 b. De Carmine Pignatari. — 34. De F. Mori. — 34 a. De J. Cattini. — 35. De Ch. Nolli. — 35 a. De Jérôme Carattoni. — 36. De Ch. Lasinio père. — 36 a. Des Lasinio. — 37. De Mochetti et de J. Petrini. — 38. De J. Vendramini. — 39. De Th. Piroli. — 40 à 42. De Louis Rossini. — 43. De Fr. Morelli. — 44. d'Alex. Becchio. — 45 à 45 c. Œuvre des Scattaglia (4 vol.). — 46. De Luigi Calamatta. — 47. De Giuseppe Longhi. — 48. *Œuvre de Giuseppe Mercuri.

Division **Ec**. — **Graveurs de l'Europe septentrionale.**

Ec 1. *Stultifera navis* (Nef des fous) de Bergman de Olpe 1497. — 2. * Œuvre de Georges Pencz. — 2 a à 2 b. * Œuvre d'Altdorfer. (2 vol.). — 3. Œuvre d'Hisbins, Beham, un ou deux anonymes français graveurs sur bois, Leuczelburger. (Erasme en pied d'après Holbein) Salomon Bernard dit le Petit Bernard, Jost Amman (les métiers) etc.

Ce recueil provient de l'abbé de Marolles et a conservé sa reliure du XVIIe siècle.

— 4 à 4b. Œuvre de Hans Sebald Beham. Le vol. * Ec 4 b. est en réserve. — 4 c. * Œuvre de Barthélemy Beham. — 4 d. * Œuvre de Jacques Binck. — 5. * Œuvre d'Henri Aldegraver. — 5 a. Œuvre de Hans Burgmair. — 5 b. * Œuvre de Hans Schaüfelein. — 5 c. Kunstbuechlein de H. Brosamer publ. par Frisch 1878, in-4°. — 5 d. *. Le même ouvrage. Edit. originale. — 5 e. * Œuvre du maître de 1551. — 5 f. Les douze travaux d'Hercule, par le maître S. G. — 6. Œuvre de Noé Zimmerman. — 6 a. Passion du Christ par Urse Graf. — 6 b. Œuvre des Hoppfer. — 6 c. * Œuvre de David Hoppfer. — 6 d. * De Jérôme et de Lambert Hoppfer. — 6 e. * Œuvre de J. Walther van Assen. — 6 f. * Œuvre du maître I. B. — 6 g. Gravures sur bois de H. Tirol. (1530) publ. par A. Essenwein. — 7 à 7 b. Œuvre de Virgile Solis. (4 vol.) (Le recueil autrefois coté 61 à l'inventaire a servi à former 2 vol. 7 et 7 +). — 7 c. Œuvre de Théodore de Bry. — 7 d. Grands voyages par Th.

et J. de Bry. — 7 e. Petits voyages par les mêmes. — 7 f. Couronnement de Mathias I par J. et Th. de Bry. — 7 g. et 7 h. Œuvre de Jost Amman. — 7 h +. Fac-similé d'une allégorie sur le commerce par Jost Amman (1869). — 7 h ++. Autre fac-similé d'après Jost Amman, *Le roi Artus*. — 7 i. Œuvre de Hogenberg. — 7 j. Œuvre de Balt. Sylvius (ornements de la Renaissance). — 8. Œuvre des Greuter. — 9. De Lucas Kilian. — 10 et 11. De M. Mérian. Il y a des dessins de cet artiste dans le vol. B 4 a. — 12 à 14 a. Œuvre de William Hollar. — 14 b. Œuvre de Cruger. — 14 c. Œuvre des Kussel. — 14 d. Œuvre de Walerant Vaillant et ses frères. — 15 et 15 +. Œuvre de Jérémie Falck. (2 vol.) — 15 a. De Jacques Sandrart. — 15 b. Des Hainzelman. — 15 c. De G. Amling. — 15 d. De F. Aug. Corvinus. — 15 e. De Martin Tyroff. — 15 f. De Adrien Halweg. — 15 g. De André Khol. — 16. De Jacques Frey. — 16 a. De Joseph Wagner. — 16 b. De J. G. Pintz. — 16 c. Des Fridrich. — 16 d. De J. M. Bernigeroth. — 16 e. Des Preisler. — 17. De Georges-Frédéric Schmidt. — 17 a. et 17 b. De Jean-Georges Wille (2 vol.). — 17 c. De J. Frédéric Bause. — 17 d. De J. G. Windter. — 17 e. De Fréd. Brand. — 17 f. Tschemessof, graveur Russe par D. Rovinski. (1878). — 17 g. J. A. Bersenieff, graveur russe par Rovinski (1886) — 18 à 18 g. Œuvre de D. Chodowiecki. (8 vol. dont les figures du N. T., celles du *Guillaume* de Bitaubé (1773) et les croquis etc. — 18 h. Œuvre de Charles Pfeiffer. — 19. Œuvre de J. Gottlieb Muller. — 19 a. De Chrétien de Mechel. — 19 b. De J. J. Haïd. — 19 c à 19 d. De J. Elie Haïd. — 19 e. Des Gutenberg. — 19 f. De J. A. Delzembach. — 19 g. De J. Seb. Klauber. — 19 h Des Lips. — 20. De Frédéric Weber. — 21. Œuvre de Mathias Schmidt. — 21 a. De J. M. Mettenleiter.

J. M. Mettenleiter fut un des premiers lithographes bavarois, et la bibl. nat. possède de lui plusieurs lithographies antérieures à 1812. Cf. Ad 65. et suppl. non reliés METTENLEITER.

— 21 b. Œuvre des Schmutzer. — 22. De L. B. Coclers. — 23. De J. C. Klengel. — 24. D'Ernest Morace. — 24 a. De G. Elie Nilson. — 25 à 25 e. Œuvre de Adam Bartsch.

Bartsch est l'auteur du *Peintre-Graveur* (1803-1821). en 21 volumes in-8°. Ce livre est le dictionnaire le plus consulté pour l'Histoire des graveurs des toutes les écoles.

— 26. De F.-N. König. — 27. De P.-F. Bolt. — 27 a. De Ch. Ern. Chr. Hess. — 27 b. De J.-G. Bergmuller. — 27 c.

De Conrad Metz. — 27 d. à 27 h. De Jean Adam Klein (5 vol). (Ce graveur est des plus intéressants pour l'histoire des mœurs allemandes au commencement de ce siècle). — 28 à 28 a. De K.-G. Kolbe. — 29. De W. Kobell. (voir ci-devant C a. 37). — 30 à 30a. De Ben. Piringer. — 30b. De A. Hofer. — 30c à 30d. Œuvre de Sigismond Himely. — 30 e. Œuvre de Van Maelle. — 30 f. Vignettes et arabesques par J.-B. Sonderland. — 30g. Eaux-fortes de Fried Voltz, (Munich 1845). — 31. Œuvre d'Ant. Oleszczynski.

— 32 *Œuvre du Maître à l'S.— 32a. *Œuvre de Corneille Matsis. — 32 b. * Œuvre de Van Staren (le maître à l'Etoile) — 32c. *Œuvre d'Alart Classen. — 33 * Œuvres des maîtres G.-A. et G.-P. — 33a. * Œuvre de Reverdinus. — 34. Œuvre de J. de Calcar. (Portraits des artistes dont parle Vasari.) 34a. Œuvre de Corneille Bos. — 34b. Œuvre de Corn. Cort. — 35 à 35f. Œuvre de Crispin de Passe. (7 vol.). Catal. par M. Franken, 1 vol. in-4°, — 36. Œuvre de Cuerenhert. — 36a. Œuvre de B. Spranger. — 37 à 37 d. Œuvre de Henri Goltzius (5 vol.). — 37 e. Œuvre de Saenredam. — 38. De J. et Théod. Matham. — 38a. Œuvre de Adrien Jacques et de Théodore Matham. — 39. De Guillaume Delff. — 39a. De Guil. Hondius. — 39b. De Hermann Muller. — 40 à 40c. Œuvre des Bloemaert (Il y a dans le vol. Ec 40 quelques pièces d'après J. d'Egmont et Otto Vénius). — 41. de Jean Muller. — 42. De Henri Hondius. — 43. De Guil. Swanenberg. — 44 à 44 + De Jonas Suyderhoef (2 vol.) — 44a. De P. Nolpe. — 44b. Graveur à l'eau-forte anonyme de bustes antiques. (XVIIe siècle.). — 45 à 45 ++ Œuvre de Corneille Visscher. Les vol. * Ec 45 + et * Ec 45 ++ sont en réserve. — 45 a. Œuvre de Corn. Van Dalen. — 45 b. Œuvre des Visscher. — 45c. D'Abraham Blooteling. — 45 d. De P. Van Somer. — 46 à 46b. De Jean Luyken. — 46 c. De Jean Van Somer. — 46d. De Th. Van Kessel. — 46 e. Œuvre de Jér. et Cath. Sperling, et de J.-B. Probst. — 47 à 47b. Œuvre de Schenk (3 vol.). — 48. Œuvre d'Albert Clowet. — 49. De Corn. Caukerken. — 49a. De Hubert Quellinus. — 50 à 50 d. Œuvre de Romyn de Hooghe. (5 vol.). (Œuvre important pour l'histoire de France sous Louis XIV). — 51. Œuvre de Van der Laan. — 52 à 52 c. Œuvre de J. Houbraken. Le dernier vol. contient les portraits anglais, qui sont également en vol. dans la série N. — 53 à 53 a. Œuvre de P. Van Gunst. — 54 Œuvre de Tanje. — 55. De G. Heuman. — 55a. De J.

Punt. — 55 b. De J. Van Vianen — 56 à 56 c. De J. Gole. (Le vol. 56 c. contient les plantes gravées par Gole). — 57. Œuvre de Schenker. — 58. De J. Chalon. — 58 a. De Chr. Chalon. — 59. D'Ertinger. — 59 a. D'Harrewyn. — 59 b. D'Ab. Delfos. — 59 c. De de Frey. — 59 d. De Jacques Heenck. — 59 e. De Hansen. — 59 f. à 59 f + De Claessens (2 vol.). — 59 g. De J.-E. Marcus. — 59 h. De A. Bissel et J.-C. Klass. — 60 De P. de Mare. — 61 et 62. Œuvre de William Unger. Notice par Vosmaer. (1874-1879). 2 vol. — 62 à 65 (non employés).

— 66. Œuvre de C. Th. et Phil. Galle, Pierre de Jode, Diepenbeck (vol. de la collection de l'abbé de Marolles). — 67 à 67 e. Œuvre des Galle. (6 vol.). — 68. Œuvre d'A. Collaert. — 69 à 69 e. Œuvre des Wiérix. (Le vol. 69 c. contient des œuvres de Mallery et de Valdor. Le vol. 69 d. est de Jérôme Wiérix. Le vol. 69 e. celui d'Ant. et de Jean Wiérix). — 70. Œuvre de Jean Valdor. — 71 à 71 b. Œuvre des Sadeler. — — 72. Œuvre de P. de Jode le vieux et de Gérard de Jode. — 73 à 73 b Œuvre de Lucas Vosterman (3 vol.). Le catal. de l'œuvre a été récemment publié par M. Hymans. — 74. Œuvre de P. de Jode le jeune. — 74 a. De Nicolas Lauwers. — 74 b. De Bouttats. — 74 c. De Boèce de Bolswert. — 74 d à 74 e. De Schelte de Bolswert. (Le vol. * Ec 74 e est de la réserve.). — 75 à 75 h. Œuvre de Gérard Edelinck. (Les vol. * 75 c à 75 h. sont en réserve.). — 76 à 76 a. Œuvre de Van Schuppen (2 vol.) — 76 b. à 76 b + De Nicolas Pitau. — 76 c. De C. Vermeulen. — 77. Œuvre de J. de Gheyn. — 77 a à 77 b. Œuvre de N. de Bruyn. (Le 2ᵉ vol. contient les oiseaux et insectes.) — 77 c. De P. Soutman. — 77 d à 77 d + Œuvre de Paul Pontius. — 77 e. De Audenaerde. — 78. De Van der Bruggen. — 78 a. Des Janson. — 78 b. De J. Van den Berghe. — 78 c. De J. Van Marcke. — 78 d. De François Wyngaerde. — 79. De Michel Snyders. — 79 a. De F.-T. Faber. — 79 b. Souvenirs de voyage de A. de Pellaert. — 80. Œuvre d'A. Schaepkens. — 80 a. Œuvre de Louis Le Nain.

— 81. Œuvre de Faithorne le vieux. — 82. *Oxonia illustrata* par David Loggan. — 83. Œuvre de Daniel King. — 84 à 86. Œuvre de Smith (3 vol.). — 87 à 87 a. Œuvre de Faithorne le Jeune. (Le vol. * E c 87 a est en réserve). — 88. De I. Frye. — 89. De J.-B. Jackson. — 90. De J. Mac-Ardell. — 91. De François Vivares. — 92. De Robert Strange. — 93. De H. Winstanley. — 94. De Houston. — 95 à 96. Du capitaine Baillie. — 97 à 97 c. De Richard Earlom (4 vol.). — 98 à 98 a. De Valentin Green. — 99. De Sandby. — 100. De John Boydell. — 101. Des Walker. — 102. De Woollett. — 103. De Worlidge. — 104. De J. Hazard. — 105. De R. Dalton. — 106. De J.-R. Smith. — 107. De Jacques Watson. — 108. De Thomas et de Caroline Watson. — 109. De Tomkins. — 110. D'Anderson. — 111. De J. Spilsbury. — 112. Des Turner. — 113. De S. W. Reynolds. — 114. De Newton Fielding. — 115. De P. Mazell. — 116. D'Hermann Eichens. — 117. De Landseer (Histoire du diable, 1831). — 118. De J.-S. Cotman. — 119. Spécimen de polytypages gravé par Thompson. — 119 a à 119 b. Œuvre de Thompson (2 vol.). — 120. Œuvre de Seymour-Haden. — 121. Eaux-fortes par L. Fagan (1873). — 122. Œuvre de Edwin Edwards.

NOTA. — *Pour tous les graveurs mentionnés ici ou ne figurant pas dans cette liste, consultez les suppléments reliés et non reliés.*

DIVISION **Ed. — Graveurs français des XVe, XVIe siècles.**

La plupart des graveurs mentionnés dans cette partie de notre catalogue ont leurs œuvres décrites dans le *Peintre-Graveur Français* de Robert Dumesnil, continué par G. Duplessis (11 vol. in-8°). En outre, et pour ceux qui ne figurent pas dans le *Peintre-Graveur*, on peut consulter Le Blanc, *Manuel de l'Amateur d'estampes* (4 vol. in-8°), qui donne une description sommaire des principales œuvres de chaque artiste. Pour le XVIIIe siècle on aura les *Graveurs du XVIIIe siècle*, par MM. Portalis et Béraldi (3 vol. in-8°), et pour le XIXe siècle, l'ouvrage de M. Béraldi, les *Graveurs du XIXe siècle*. Par ce moyen les personnes les moins préparées à l'étude de la gravure pourront se faire une idée sommaire de chaque artiste, et sauront en quels endroits chercher les sujets dont elles ont besoin.

Nous indiquons ici, à titre de renseignements, les *Notes manuscrites* de Mariette conservées au Cabinet des Estampes, publiées en partie par MM. de Montaiglon et de Chenevières (3 vol., in-8°).

Ed. 1. * Œuvre de Noël Garnier. — **1 a.** * De Nicolas Beatrizet. — **1 b.** * De Jean Duvet. — **1 c.** * Apocalypse de Jean Duvet. — **2 à 2 s.** Œuvre de Jacques Androuet Ducerceau.

L'œuvre de Ducerceau est ainsi classé au Cabinet des Estampes : — 2 et 2a. *Les plus excellents Bâtiments de France*, avec texte. — 2 b. Hiérologie, mythologie, médaillons, combats de cavalerie, costumes français d'hommes et de femmes au XVIe siècle, topographie, ruines (dans ces dernières, 2 dessins originaux?), fragments d'après Léonard Thiry, paysages. — 2c. Petits, grands et moyens temples, petites habitations, petites vues. — 2d. Traité des cinq ordres, mosaïques ou parquets, vetustissimae optices, thermes et cariatides (plusieurs dessins). — 2e. Fleurons, cartouches, cadres, cheminées, meubles, bordures dites *Petits nielles* (quelques dessins). — 2f. Trophées, émaux, vases, orfèvrerie d'église, serrurerie, bijoux. (Plusieurs dessins de vases). — 2g. Arabesques. — 2h. Pièces douteuses, copies, etc. — 2i. Arcs de triomphe et monuments antiques (1549). — 2j. Livre des édifices antiques romains (1584). — 2k. Leçons de perspective positive. — 2l. Leçons d'architecture pour les champs. — 2m. Livre d'architecture (1559). — 2n. Deuxième livre d'architecture. — 2o. Niellures (1575). — 2p.* Dessins d'architecture sur vélin exécutés par Ducerceau. Ces dessins n'ont pas l'intérêt de ceux du British Museum, mais ils sont fort curieux pour l'hist. de l'architecture française (148 pièces). — 2q.* Trente-quatre vases et ornements dessinés par Ducerceau? — 2r.* Dessins d'architecture d'après les monuments antiques : le palais de Janus, la façade des Chartreux de Pavie, un temple de Jupiter, un temple de liberté, un temple antique, le temple de Diacolis, le dedans du temple de Bacchus près Sainte-Agnès, Saint-Pierre Monteorio (sic), *Consecratio divi Antonini*, portique du temple de Jupiter, puits moderne, colonnade moderne, temple, palais antique de Vérone, les arcs antiques de Langres, le pont du Gard, halles antiques de Vienne en Dauphiné, arcs à Ravenne. — 2s. Œuvre de Ducerceau reproduit par Baldus. Consultez, au sujet de l'œuvre de Ducerceau, l'ouvrage de M. le baron H. de Geymuller, *Les Ducerceau*, 1887, in-4°. (Yb. 62 b ++).

— 3. Œuvre de René Boivin. — 4 à 4a. Œuvre d'Etienne Delaune. Le vol. * Ed 4a est en réserve. — 4b.* Œuvre de maître C. C. de Lyon qu'on a dit par erreur être *Claude* Corneille *de la Haye*. — 4c. Œuvre de Jean de Gourmont. — 5 à 5f. Œuvre de Pierre Woeiriot.

L'œuvre de P. Woeiriot est ainsi classé : — 5. Hiérologie, histoire, portraits. — 5a. Emblèmes. — 5b.* Œuvre de réserve. — 5c.* Œuvre de réserve. — 5d. Austriæ reges et duces, 1591. — 5e.* Planches pour les Emblèmes chrétiens de Georgette de Montenay. — 5f.* Anneaux et bagues.

— 5g.* Recueil de pièces gravées en bois par des artistes français anonymes du XVIe siècle. — 6 à 6a. Œuvre de Geoffroy Tory.

Pièces attribuées à Geoffroy Tory, entre autres un des chefs-d'œuvre de la gravure sur bois du XVIe siècle, *Macault lisant sa traduction du Diodore de Sicile à François Ier*. Le vol. Ed 6a contient les Heures de la Vierge.

— 7 Œuvre de Salomon Bernard, dit le Petit Bernard. — 7a. De Jean Moni. — 8 à 8a. Recueil de graveurs à l'eau-forte anonymes, dits de l'Ecole de Fontainebleau (2 vol.). — 9

à 9 a. Œuvre de Perrissim et Tortorel (2 vol.). — 10. Volume provenant de l'abbé de Marolles et ayant conservé sa reliure. Il contient des œuvres de : Philippe Thomassin, J. de Fornazeris (grands portraits d'Henri IV et de Marie de Médicis), quelques autres pièces de Th. de Leu, de P. Perret (1582), de Jacques Granthomme, (entre autre le portrait d'Henri IV en 1588, gravé pour Rabel), d'Egbert Janss, etc.
— 11 à 11 d. Œuvre de Thomas de Leu.

L'œuvre de Thomas de Leu mis dans le service public contient la plus grande part des portraits historiques gravés par ce maître. Les vol. * 11 a à 11 d sont en réserve et renferment les états et les pièces rares.

— 12 à 12 d. Œuvre de Léonard Gaultier. (Ce graveur, un des portraitistes les plus importants du temps, n'a point son catalogue dans le *Peintre-Graveur français*). — 13. Œuvre de Ch. Mallery. — 14. Recueil formé par l'abbé de Marolles et ayant conservé sa reliure du XVIIe siècle aux armes du roi. Il renferme des œuvres de : Jean et Daniel Rabel (portraits et costumes 1590-1620), Corneille Cort, Michel Lasne, Melchior Tavernier (figures de l'*Astrée* par Rabel, autres petites scènes, ballets du règne de Louis XIII, cartouches de diverses inventions publiés par Langlois, dit *Chartres*.) Sébastien Vouillemont, Nic. de La Fage, Pierre Scalberge, Daniel et Pierre Dumonstier.

Ces derniers artistes ne sont point ici à leur place, ils sont de la division D a (peintres). Mais la plus grande partie de leur œuvre dessiné se trouve dans les vol. * Na 24 et 24 a dont le catalogue a été dressé. Cf. H. Bouchot, *les Portraits au crayon*.

— 15. Recueil formé par l'abbé de Marolles, identique au vol. ci-devant. Il renferme des œuvres de : Humbelot, Gilles Rousselet, P. Roussel, Jollain, Langot, François Ragot. — 16. Recueil formé par l'abbé de Marolles, renfermant des œuvres de : Th. J. Van Merlen, Grignon, Mich. Van Lochon, Le Blond, Ganière, Jaspar Isac, (quelques pièces de Larmessin ont été mises aux suppléments en 1810), Jean Picart, etc., etc. — 16 a. Œuvre de René Lochon. — 17. Recueil formé par l'abbé de Marolles, renfermant des œuvres de : J. Frosne, René Lochon, C. Charpignon, Grignon, Langot, De la Roussière, F. Brunner, J. Briot, C. Goren, Cl. Goirand, P. Firens. — 17 a. Œuvre de Jacques Grignon. — 18. Œuvre de F. Roussel. — 19. Œuvre de Claude Châtillon.

Claude Chatillon, ingénieur des armées d'Henri IV, a laissé un grand nombre de vues topographiques de la France. Indépendamment du présent œuvre, le Cabinet des Estampes possède un exemplaire plus complet, aux armes du prince de Conti, Ve 9.

— 20. Œuvre de Charles David. — 21. De Jérôme David. — 22. De Robert Boissard. — 23. Recueil formé par l'abbé de Marolles, contenant des œuvres de : Pierre Brebiette (scènes de mœurs, allégories, etc.), Nicolas Cochin, P. Fournier, une pièce de Benedetto dei Benedetti, etc., etc. — 24. Œuvre de Frédéric Brentel. (Voir au Départ^t des Mss, les *Heures* du marquis de Bade, enluminées par cet artiste lat. 10567 et 10568). — 25 à 25 g. Œuvre de Jacques Callot.

L'œuvre de Callot, relié antérieurement au catalogue de M. Meaume, n'est point dans l'ordre adopté par lui. Les grandes pièces du maître sont contenues dans le vol. Ed 25. — 25 a. Portraits divers de Callot, Ancien et Nouveau Testament, suites de la Passion (grande et petite), figures des Saints, Saints et martyrs, pièce dite le saint Mansuet (n° 141). — 25 b. Hiérologie, vie de sainte Annonciata, généalogie des Porcelets, l'enfant prodigue, les mois, suites des Bohémiens, sept péchés capitaux, Emblèmes de la Vierge et la Lumière du cloître. — 25 c. Faits du règne du grand duc de Toscane (états), combats de galères, monnaies, misères de la guerre (1er état, 2e état, 3e état), Petites misères de la guerre, planche dite les Supplices, exercices militaires. — 25 d. Tragédie de Soliman (décors et mise en scène), suite des Joûtes de Florence, obsèques du grand duc en 1619, pièce dite l'Eventail (fête sur l'Arno), combats à la barrière, suite de la Noblesse, fantaisies (figurines diverses), les gueux ou *baroni* (1er et 2e états), petites figures de la Fileuse et de la Dévideuse, etc., bouffons de la comédie italienne (Pantalon, le Matamore), Balli di Sfessania (grotesques), les Gobbi ou bossus, caprices de diverses figures (une des plus merveilleuses suites de Callot). Portraits exécutés par lui, vues de Paris, parterre de Nancy, la foire, la chasse, architecture. — 25 e. Pièces d'après Callot ou copiées sur ses eaux-fortes. — 25 f. Pièces d'après Callot. — 25 g. Pièces d'après Callot.

— 25 h. Livre d'esquisses prétendues de J. Callot publié par Thausing, 1880 (croquis de La Bella).

— 26. Œuvre de Karl Audran. — 27 à 27 e. Œuvre de Michel Lasne (6 vol.). — 28. De Michel Dorigny. — 29 à 29 a. D'Etienne Baudet. — 30 à 30 f. Œuvre d'Abraham Bosse.

L'œuvre d'Abraham Bosse a été catalogué par M. G. Duplessis, mais les vol. du Cabinet reliés antérieurement ne sont point dans l'ordre des numéros de ce catalogue. En voici le contenu : — 30. Hiérologie, vignettes religieuses, saints et saintes, frontispices d'ouvrages, en-tête et culs-de-lampe divers, rosaces, éventails, illustrations de l'*Enéide*, de la Pucelle de Chapelain, de l'Ariane, traités de la gravure, œuvres de Desargues, architecture, cartouches, ornements, orfèvrerie, plans, plan de La Rochelle, etc. Sièges de ville, entrées de princes, chars décoratifs, etc., etc. — 30 a. Histoire, personnages célèbres, sybilles, portraits des contemporains de Bosse, scènes diverses de la vie journalière (ce sont ces estampes très écrites qui font l'œuvre de Bosse le plus consulté pour l'histoire des mœurs et du costume en France, sous le règne de Louis XIII), à la fin du vol. plantes et botanique. — 30 b. Recueil de pièces d'Abraham Bosse, formé par l'abbé de Marolles. Architecture de Francini, petits métiers de Paris, scènes de mœurs, les Gardes françaises, le jardin de la noblesse d'après Saint-Igny, la noblesse à l'église (chef-d'œuvre de Bosse), autres scènes de mœurs, grotte dite la grotte d'Orphée au château de Saint-Germain, d'après Francini. — 30 c. Hiérologie, histoire, scènes de mœurs (doubles pour la plupart du vol. 30 a). — 30 d. Hiérologie, mythologie, histoire et portraits. Pièces sur le roi Louis XIII. — 30 e. Costumes, architecture, sciences et arts, emblèmes et ornements, armoiries, têtes de livres et vignettes, lettres ornées, adresses de marchands. — 30 f. Icones plantarum hortus regii (1641). (Le jardin du roi ne fut ouvert qu'en 1650), notes manuscrites.

— 31. Œuvre de Daniel le Bossu (grandes pièces). — 32. Œuvre de Claude Mellan.

L'œuvre de Claude Mellan a été catalogué par M. A. de Montaiglon. Mellan est un virtuose incomparable du burin, et ses portraits sont d'une franchise et d'une liberté d'allure extraordinaires. Les recueils du Cabinet des Estampes renferment plusieurs états rares de ses planches ; mais celles-ci ne sont point classées dans l'ordre du catalogue Montaiglon.

— 33 à 33 a. Œuvre de Jean Boulanger. Le vol. 33 contient des pièces de Pierre Landry. — 34. Œuvre de Benoît Farjat. — 35 à 35 b. Œuvre de Grégoire Huret. Le vol. 35 a contient des pièces de Nicolas Loir et de J. Couvay. — 35 c. Œuvre de Dassonville. — 36 à 36 a. Œuvre de Jean Morin. Le vol. *36 a est en réserve. — 37. Œuvre de P. Lombard. — 38. De François Collignon. — 39 à 39 b. De Pierre Daret. — 39 c. De Louis Cossin. — 40 à 40 b. De Gilles Rousselet. — 41 à 41 b. De Jean Lenfant. — 42 à 42 f. De Jean Lepautre.

L'œuvre de Lepautre est ainsi réparti dans les volumes anciennement reliés du Cabinet des Estampes : — 42. Recueil formé par l'abbé de Marolles contenant, Louis XIV enfant aux pieds de la Vierge, suites de pièces mythologiques ou religieuses, tapisseries, décorations, portraits, cartouches d'ornements, cheminées, plafonds, frises, lambris, intérieurs d'appartements, lits drapés, portes, portiques, cheminées, diverses pièces d'architecture et d'ornements, meubles, autels, chaires à prêcher (avec petites scènes), clôtures de chœur, autels, etc. — 42a. Ce volume et les suivants proviennent du Cabinet Beringhen ; ils ont conservé leur reliure. Celui-ci contient de la hiérologie, une parabole de l'Enfant prodigue traitée à la moderne, promenade de la châsse de sainte Geneviève (fol. 72). Miracle de la rue aux Ours (fol. 74). Images de piété, reliques, etc. Figures de la Jérusalem délivrée, pièce dite de Castor et Pollux (fol. 103), et diverses autres gravures commandées par la famille de Rostaing, figures de l'Hist. Romaine, suites d'intérieurs de palais, chasses, obélisque de la place Dauphine, d'ap. Lebrun (fol. 162), divers arcs de triomphe, pièces historiques, audience du roi en 1669, décors de l'Académie de musique, la Noce de village. — 42 b. Funérailles de Charles Gustave roi de Suède, divers catafalques, Livre de cartouches et de mausolées, Art des fortifications, Recueil des fontaines, Ballets divers, en-tête de livres, emblèmes, cartouches de cartes géographiques, armes, billets de part (fol. 73), encadrements, almanachs (sur l'un d'eux, la scène du Malade imaginaire, fol. 104). Pièces satiriques, les mois, Chasse royale de Chambord, les cinq Sens (fol. 135), Galères et vaisseaux, jeux populaires, proverbes. — 42 c. Architecture, Topographie de Paris et des châteaux, jardins, gaines, « Plaisirs de l'Ile enchantée » (1664). — 42 d. Suites diverses de décorations intérieures, alcôves, cartouches, meubles, autels, etc. — 42 e. Orfévrerie, vases, serrurerie, cartouches, ornements à la Romaine, frises de feuillage, moulures, trophées, plans de ville, portraits, costumes (suite très jolie et très recherchée), cost. de théâtre, scènes de théâtre, autres vases. — 42 f. Pièces diverses de petit format.

— 43. Œuvre de Pierre Lepautre. — 44 à 44 c. Œuvre de François Chauveau.

L'œuvre est ainsi réparti : — 44. Hiérologie, etc., suites de pièces de devotion, Saints et Saintes, Vie de Saint Bruno, portraits (encadrements de portraits de Nanteuil), suite de femmes célèbres. — 44 a. Vignettes pour les œuvres de Molière. (Les deux cartouches du fol. 9 contiennent les costumes vrais de Don Juan, de Sganarelle, d'Agnès, etc.), suites diverses de vignettes pour des livres, décors d'opéras, pièces facétieuses de Scarron, en-tête, culs-de-lampe, etc., etc., armoiries, aux fol. 136-151, portes, lambris du château des Tuileries, petites vues de ville, etc. — 42 b. Figures diverses, Carrousel du Roi et Plaisirs de l'Ile enchantée, ballets, équitation, costumes étrangers, cartouches ronds (au fol. 153 une scène de comédie très rare), proverbes, scènes de mœurs. — 44 c. Recueil formé par l'abbé de Marolles et renfermant des pièces doubles des précédentes, suites de vignettes pour des livres ou des pièces de théâtre, suite de masques, thèses, etc.

— 45 à 45 c. Œuvre d'Israël Silvestre (vues de France et de l'étranger. Un catalogue de l'œuvre de cet artiste a été publié par M. Faucheux, 1857, in-8°). — 46. Œuvre de Dominique Barrière. — 47 à 47 a. Œuvre de Jean Pesne. Le vol. * 47 a est en réserve. — 48 et 48 a. Œuvre de Nicolas de Poilly. — 49 à 49 d. Œuvre de François de Poilly. Les vol. * 49 b à * 49 d. sont en réserve. — 50 à 50 a. Œuvre d'Etienne Gantrel. — 51. De Guillaume Chateau. — 52. De Louvemont et Dossier. — 53 à 53 a. De Pierre Landry. — 54. De Nic. Regnesson et d'Edme Moreau. — 55 à 55 g. Œuvre de Robert Nanteuil.

L'œuvre du grand portraitiste français est classé par liste alphabétique de personnages représentés. Cf. Robert-Dumesnil. *peintre-graveur français.* (T. IV).

— 56. Œuvre d'Etienne et de Bernard Picart. — 56 a à 56 b. Œuvre de Bernard Picart.

C'est à proprement parler chez Bernard Picart et chez Claude Gillot que commence et se devine le XVIIIe siècle. Les deux gros volumes de l'œuvre de Picart ont été classés comme il suit : — 56 a. Fleurons, en-tête de livres, vignettes sur les sacrements, vignettes sur les supplices de l'Inquisition, sur la vie des Incas, etc., titres d'ouvrages, cartouches historiés pour divers livres, Illustrations du Lutrin, médailles, portraits, grandes pièces historiques, Etats de Languedoc, costumes, pièce sur le système de Law, pièces sur les jeux, portraits de princes, costumes hollandais, dessins dits de tabatières, vignettes au trait concernant le théâtre antique, animaux, armoiries. — 56 b. Estampes allégoriques gravées ou éditées par Picart ; costumes juives ; autres figures pour le Lutrin ; figures pour les œuvres de Fontenelle, en-tête et culs-de-lampe pour des livres scientifiques, frontispices divers, vignettes pour le théâtre de la Foire. Indépendamment de ces œuvres gravées, le Cabinet des Estampes possède de Bernard Picart plusieurs dessins conservés au vol. *B 6 c. (Réserve), entre autres deux portraits miniature sur vélin de Prosper Marchand et de sa femme Catherine Cottin (1708-1709).

— 56 c. Œuvre des Picart. — 56 d. Œuvre de Claude Randon. — 57 à 57 a. *Œuvre d'Antoine Masson. — 57 b. Œuvre d'Antoine Masson et de F. Spierre. — 58 à 58 a. Œuvre des Vallet. — 59 à 59 b. Œuvre de Sébastien Leclerc (3 vol.).

L'œuvre de Sébastien Leclerc a été catalogué par C. A. Jombert (Paris 1774 2 vol. in-8°). Toutefois les recueils de la Bibliothèque ayant été formés avant cette époque sont dans un ordre autre que celui du catalogue. En voici le contenu — 59. Vignettes de l'Histoire Sacrée, images de dévotion, figures de la vie de saint Benoît, statuts de l'ordre du Saint-Esprit, vignettes de livres, armoiries, planche concernant la création du jardin du Roi (fol. 82), planches allégoriques, divers en-tête pour des ouvrages scientifiques (toutes ces vignettes sont une source très regardée pour l'histoire des costumes ou des mœurs au temps de Louis XIV), portraits et médailles. — 59 a. Grandes planches, funérailles, tombeaux, vue des Gobelins (fol. 8), plafonds, vignettes pour la Jérusalem délivrée et autres poèmes, un intérieur d'appartement (fol. 17). Métamorphoses d'Ovide, fables, costumes de Turquie, Hist. de Lustucru (fol. 26), Hist. naturelle, emblèmes et devises, tapisseries historiques du XVIIe siècle (sièges de villes), Galerie de l'hôtel des Gobelins (fol. 80), Suites de batailles d'après Châtillon, figures de divers caractères, Labyrinthe de Versailles (vues diverses). — 59 b. Planche concernant la création du jardin du Roi, animaux divers, architecture de Vitruve, principes de dessin, etc. Vignettes de divers caractères (documents de costumes et de mœurs). « Les divers estats de la vie humaine », un des albums les plus recherchés dans l'œuvre pour les cost. des magistrats, des seigneurs ou des bourgeois, au XVIIe siècle, etc., etc.

— 60. Œuvre de Pierre Giffart. — 61. Œuvre de Jacques Lubin. — 62. Médailles gravées par S. Thomassin. — 62 a à 62 b. Œuvre de Simon Thomassin le père. — 63. Œuvre de Joseph Aveline. — 64. Vues des environs de Paris par Nicolas Bailly. — 65 à 65 c. Œuvre de Jean Bérain.

> L'œuvre de Bérain est surtout utile aux architectes et aux décorateurs ; voici sa répartition dans les vol. du Cabinet des Estampes. — 65. Pièces d'arquebuserie, gravure des pontets, des chiens, etc., ornements de la Galerie d'Apollon au Louvre, et de l'appartement royal aux Tuileries, meubles, appliques, frises, chenets, flambeaux, consoles, pendules, armes, orfèvrerie, serrurerie, balcons, grilles, rampes, dessins de jardins, arabesques, colonnes, dessins de cheminées, dessin d'une gondole pour le Roi (fol. 116 à 118). Vignettes de pièces de théâtre, décors d'opéra, costumes grotesques d'acteurs (dont quelques-uns ont leurs dessins originaux dans le vol. T b + 1). Frontispice du *Neptune françois*, dessins des fêtes de Chantilly en août 1688, illumination du Louvre en 1682, catafalques et tentures funèbres de princes et seigneurs, pièces sur les sièges. — 65 a. Décorations d'architecture, pièces sur les funérailles des princes, armoiries et chiffres, arquebuserie, serrurerie. — 65 b. Pièces doubles des vol. précédents. Une boutique de mercier pl. tirée du Mercure, autres costumes, décors d'opéras. — 65 c. Reproduction de l'œuvre de Bérain par A. Quantin (1882) in-fol.

— 66 à 66 d. Œuvre de Gérard Audran. Les vol. *Ed 66 a à *66 d sont en réserve. — 67 à 67 a. Œuvre des Audran. — 68. Œuvre de Benoît Ier Audran. — 69. Œuvre de Benoît II Audran. — 70. Œuvre de Larmessin père. — 71. Œuvre de Nicolas Dorigny. — 72. De Valentin Lefèvre. — 73. De Pierre Lepautre (voir ci-devant Ed. 43) et de Dolivart. — 74. Hommes illustres de François Bignon (1650). — 75. Œuvre de J.-L. Roullet. — 76 à 76 d. Œuvre de Gabriel Pérelle (4 vol.).

> L'œuvre de Pérelle est ainsi réparti dans les volumes du Cabinet des Estampes : — 76 Petits paysages. — 76 a. Grands paysages. — 76 b. Topographie de France. — 76 c. Pays étrangers.

— 77. Œuvre de L. Meunier (vues d'Espagne gravées à l'eau-forte dans le genre d'Israël Silvestre). — 78. De G. Scotin (gravures d'après Bérain). — 79. De Jacques Blondeau. — 80. De Nicolas Habert. — 81 à 81 b. Œuvre de Moncornet.

> Suites diverses de portraits. Nous indiquons aux chercheurs de portraits rangés par séries le vol. Ed 81 b. où l'on a groupé par classes la plupart des portraits par Moncornet ou exécutés chez lui.

— 82. Œuvre de Mariette. — 83. De François André Jollain. — 84. Œuvre de Jean Audran. — 85. Œuvre de J.-B. de Poilly. — 86 à 86 a. Œuvre de Nicolas et Charles Dupuis. — 86 b. Œuvre de François Joullain. (sic) — 87. De Ant.-Fr. Bauduins. — 88 à 88 a. Des Duflos. — 89. D'Etienne

Desrochers. — 90. Des Chéreau. — 91. De Bertrand de Larmessin. — 92. De Nicolas de Larmessin. — 93. De Nicolas Lesueur. — 94. et 94 a. De Louis Desplaces. — 95. D'Antoine Trouvain (scènes des appartements royaux, portraits, etc.). — 95 a. Œuvre de S. F. Ravenet. — 96 et 96 a. Œuvre de Louis et de Pierre Surugue. — 97. Œuvre de G. L. Petit. — 98 à 98 c. Œuvre gravé du comte de Caylus. — 99. Œuvre des Drevet. — 99 a à 99 b. * Œuvre de Pierre Drevet. — 99 c. * Œuvre de Pierre Imbert et de Claude Drevet. — 99 d. * Œuvre de Pierre, et de Pierre Imbert Drevet.

Division Ee. — **Graveurs français du XVIIIe siècle.**

Ee 1. Œuvre de Bernard et de Ch. Baron. — 2 à 2 c. Œuvre de J.-M. Papillon.

Les Papillon tentèrent de ressusciter la gravure sur bois, ils ne parvinrent qu'à tailler des ornements de livres d'ailleurs fort habilement exécutés, mais qui n'eurent point de succès. Les quatre vol. du Cabinet des Estampes renferment les pièces gravées par Jean-Michel Papillon entre 1712 et 1760. Voici le détail de ces volumes curieux : — 2. Fonds de papier peint, images, affiches, armoiries, jeux de cartes, en-tête et culs-de-lampe, encadrements, étiquettes de bonnetiers, de fabricants divers, encadrements pour affiches de l'Opéra et des Bouffons, lettres de part, « 1re gravure faite par J.-M. Papillon en 1707 lorsqu'il n'avait pas 9 ans », copie de xylographe. — 2 a. Etiquettes et vignettes, imagerie militaire, microbes vus au microscope, plan de la bataille de Fontenoy, vignettes d'almanach. — 2 b. Travaux typographiques. — 2 c. Pièces sur la loterie (à la fin quelques pièces de Vincent Le Sueur, de Nicolas Caron d'Amiens (1750), de ce dernier une curieuse affiche pour le théâtre des Tuileries (1757). Consultez d'ailleurs sur l'œuvre des Papillon le catalogue manuscrit rédigé par eux et conservé au Cabinet sous la cote Yc 135 et 135 a.

— 3. Œuvre de Guérard. — 3 a. Œuvre de N. Guérard père et fils et de Marie Guérard. — 4. Des Tardieu. — 5 et 5 b. Œuvre de Laurent Cars et des Cars. Les vol. * 5 a et * 5 b sont en réserve. — 6. De Vauquer. — 7. De Lépicié. — 8 à 8 f. Œuvre d'Hubert Gravelot.

L'œuvre de Gravelot est ainsi réparti dans les recueils du Cabinet. — 8. Eaux-fortes, vignettes pour l'almanach de la loterie militaire (1760), pour les Amours de Mirtil, pour les atlas de Dauville, pour l'hist. d'Allemagne, pour le Décameron de Boccace, pour la Partie de chasse d'Henri IV de Collé, pour le théâtre de Corneille, pour les poésies de Mme du Bocage; vignette de l'incendie de l'Opéra. — 8 a. Théâtre de Favart, de Fenouillot, de Fielding (Tom Jones), œuvres de Fontenelle, catalogue des chevaliers du Saint-Esprit, fables de Gay, œuvres de Gessner, de Godwin (De præsulibus) almanach iconologique, Bickham (Songs in the opera of Flora), œuvres d'Horace, de Joinville, La Bruyère, La Farque, marquis de Lasalle (Sophie de Francourt) de Lucain, de Lucrèce, de Marmontel, etc., etc. — 8 b. Vignettes pour les œuvres de Marmontel (ces vignettes sont une source merveilleuse pour l'hist. des mœurs et du costume), ordonnances militaires (cost. de soldats 1766), cahiers d'images pour les enfants, œuvres de l'abbé de Petity. — 8 c. Frontispices en-tête pour le livre de B. Picart sur les religions (voir ci-devant Ed 56 a) Education des enfants, Manon Lescaut, Privilège du Roi mis en musique par M. de Laborde; œuvres de Racine; Rapin de Thoyras *Hist. d'Angleterre* (1743-1747), Hist. de Miss Jenny par Mme Riccoboni, œuvres de Richardson (documents pour les mœurs et les cost.). — 8 d. Œuvres de Rousseau, de Shakespeare, de Torquato Tasso. — 8 e. Œuvres de Tassoni, de Térence, de Thucydide, l'*Astrée* de d'Urfé, œuvres de Voltaire (Dans ce recueil imp. à Genève en 1768, Gravelot a mis quelques-unes de ses plus jolies compositions de mœurs). — 8 f. Pièces diverses de Gravelot, gravures d'après ses dessins; le *Lecteur*; vignettes de musique, costumes en 1744 gravés par Le Truchy d'après Gravelot.

— 9. Œuvre de François. — 10 à 10 b. Œuvre de J. Daullé. — 11 à 11 d. Œuvre de Jacques-Philippe Le Bas (5 vol.). — 12. De Pierre et Antoine Aveline. — 12 a et 12 b. Œuvre de Huquier. — 13 à 13 a. De J. Moyreau. — 14 à 14 a. D'Et. Fessard. — 15 à 15 e. De Ch. Nicolas Cochin (6 vol.).

L'œuvre de Cochin est au Cabinet des Estampes celui même que l'artiste avait recueilli pour lui. Il est classé chronologiquement, et le catalogue en a été dressé par Jombert. Les recueils portent de nombreuses notes manuscrites de la main de Cochin. Voici sommairement la composition des volumes : — 15. Pièces de la jeunesse de Cochin (1728). Copies d'estampes anciennes, décorations d'après Vassé, grande pièce d'un feu d'artifice à Rome, (états divers). Feu d'artifice de Meudon en 1735, cartouches, modes de 1737 et scènes de mœurs, paravents d'après Boucher, vignettes, scènes de Don Quichotte, feu d'artifice à Versailles en 1739, expériences sur l'Electricité (1740). Foire de campagne (eau-forte rare). Les âges de la vie (scènes de mœurs). Audience donnée aux ambassadeurs Turcs (1745). Etudes de nu, frontispices d'ouvrages scientifiques. — 15 a. Pompe funèbre de la reine de Sardaigne, le chanteur de cantiques et la charmante Catin (pièces de mœurs), figures de l'Enéide, frontispices des mémoires de l'Académie de chirurgie, fleurons de livres, vignettes, frontispices de catalogues, la pluralité des mondes (femme savante 1744). Le Camouflet et le château de cartes (scènes enfantines). Mariage du dauphin, Bal masqué à Versailles en l'honneur de ce mariage, Bal paré (id.), spectacle dans le manège à Versailles (id.), billets d'invitation, vignettes diverses, vignettes sur les graveurs, contes de Lafontaine, L'*Aminta*, illumination de la rue de la Ferronnerie, Le Lutrin, Daphnis et Chloé, pompe funèbre de la dauphine à Saint-Denis, pompe funèbre de la même à Notre-Dame, pompe funèbre du roi d'Espagne à N.-D. (1746). — 15 b. Voyages de l'abbé Prévost, invitation au bal paré de Versailles (1747). Vignettes de livres, orgue de Saint-Séverin, poupée articulée, vignettes de l'Hist. de France (1749) cartes d'invitation, armoiries, cartes, œuvre de Lucrèce, antiquités d'Herculanum (1754), plafond de la galerie de Versailles, vignette représentant une femme couchée gravée par Saint-Non en 1758 (scène de mœurs), carte d'invitation aux petits théâtres de Mme de Pompadour (1759). Vignettes du Décaméron, vignettes d'après Desfriches (1760) pour *mon Odyssée*. — 15 c. Arsenal de Toulon d'après Vernet, port de Marseille, pêche du thon à Bandol, port de Marseille, vue de la Tête de mort, port vieux de Toulon, rade de Toulon, vue du Faron, le port d'Antibes, le port de Cette, le port de Bordeaux, le port de Bayonne, le port de Rochefort, le port de la Rochelle, (toutes ces pièces à l'état d'eau-forte pure). Allégorie sur le roi (1761). Vignettes pour l'oraison funèbre du duc de Bourgogne, et pour la nouvelle Héloïse; salle de spectacle, vignettes des œuvres de Le Franc de Pompignan, concours pour le prix fondé par le comte de Caylus (scène d'atelier 1761) Estampe allégorique sur la santé de Mme de Pompadour, frontispice de l'Encyclopédie, estampe représentant l'étude du dessin, principes de dessin, statue du Roi à Reims, vues de la ville de Reims, figures allégoriques à Reims, divers en-tête, culs-de-lampe, etc. Allégorie sur les vertus du dauphin (gravé par Demarteau), vue d'Orléans, Hist. du théâtre français par le duc de la Vallière, *Catafalque* de la reine de France, estampes d'histoire; église Sainte-Geneviève, projet de guérites du Pont-Neuf (1769). Pêche en eau douce d'ap. Vernet, portrait de femme (1746). — 15 d. Estampes allégoriques diverses sur le roi, vignettes, allégorie sur la ville de Liège, vue du Colisée, ruines, archéologie, petite scène de théâtre avec agencement de décors, Télémaque, deux vignettes sur le mariage de Louis XVI et de Marie-Antoinette (eau-forte et planche terminée), la reine Marie-Antoinette, (allégorie 1776). Hist. Romaine, images de piété, la Philopatrie, Eugénie ou la Noblesse (1780 allég. sur Marie-Thérèse) figures allégoriques, Télémaque, l'Emile de Rousseau, vignettes pour le Tasse. La fête du Saint Sacrement et la fête de Saint-Louis (les dessins sont au départ des mss. Missel de la chapelle de Versailles f. Lat. 8896 et 8897). Œuvres du Tasse, etc., etc., etc. — 15 e. Portraits divers.

— 15 f. Œuvre de C. N. Cochin père et fils. (Pièces gravées d'après De Troy, d'après Watteau, etc.). — 16. Œuvre de Gribelin. — 17. Œuvre d'Eisen.

L'œuvre d'Eisen n'est point classé dans l'ordre des catalogues; Eisen est d'ailleurs plus dessinateur que graveur et régulièrement ce recueil devrait figurer à la division Dc.

Division **Ef**. — **Graveurs français, fin du XVIIIe et XIXe siècle entier.**

Ef 1 et 2. (Non employés). — 3. Œuvre de Pierre Chenu. 4. Œuvre de Watelet. — 5 Œuvre de Jean-Jacques Balechou. — 6. (Non employé). — 7. Œuvre de Gabriel et de Germain de Saint-Aubin. (Les pièces gravées par le premier de ces artistes sont fort recherchées). — 8. Œuvre de P.-L. Moitte. — 9 à 11 a. Œuvre de Demarteau graveur en couleurs et en manière de crayon. — 12. Œuvre de J.-J. Flipart. — 13. Œuvre de Noel Lemire. —14 à 14 a. Œuvre de F.-N. Martinet. —15. Œuvre de Louis-Simon Lempereur. Voir ci-devant Ad 17 pour d'autres artistes de ce nom. — 16. De Jacques Aliamet. — 17. De Ozanne aîné. — 18 à 18 b. + Œuvre de P. P. Choffard (quelques dessins de la main de l'artiste). — 18 c. De Chevillet. — 19 à 19 a. De Gautier-Dagoty, graveur en couleurs. — 20. Œuvre de Pierre et Jeanne Françoise Ozanne. — 21. De l'abbé de Saint-Non. — 22. De Charpentier. — 23 à 23 b. Œuvre d'Étienne Fiquet. Les vol. * 23 a et * 23 b. sont en réserve. — 24 à 24 a. Œuvre de B. Louis Henriquez. — 25. De Denis Née. — 26. De Jaques Beauvarlet. — 26 a. Œuvre de Jean-Etienne Liotard et de Jean-Michel Liotard.

Indépendamment des quelques gravures dues à Jean-Etienne Liotard, le Cabinet des Estampes possède dans le vol. * B 6 c. (réserve) 25 contre-épreuves de dessins originaux exécutés par Liotard en 1738. En voici le détail : Danseuse de Smyrne, musiciens de Smyrne, brodeuse à Tripoli, femme Suisse, petite fille Suisse, jeune Smyrnéen, la Signora Marigol dame de Smyrne, servante de Smyrne, dame de Bâle, chanoinesse, Styrien, femme de Styrie, autre femme de Styrie, femme de Scio, noble Smyrnéen, autre Smyrnéen à table, autre debout, autre en chapeau élevé, femme de Smyrne; autre; autre dame, autre dame de Smyrne montée sur des patins (gravée), dame de Tripoli, autre femme de Tripoli assise, autre dame de Tripoli. Ces contre-épreuves ont servi à des estampes pour lesquelles Liotard gravait les figures et Cameratta les costumes et les accessoires.

— 27. Œuvre d'Ant. Marcenay de Ghuy. (Imitateur de Rembrandt). — 28 à 29. De J. Ch. Levasseur (2 vol.). — 30. De G.-F. et J.-F. Blondel. — 31. De Grateloup. — 32 à 37 a. Œuvre d'Augustin et de Gabriel de Saint-Aubin.

L'œuvre de Saint-Aubin n'est point classé d'après le catalogue qu'en a dressé M. Emmanuel Bocher. Voici sommairement la composition des recueils de la Bibliothèque : — 32. Concert bourgeois (invitation), images de piété (Au bas de l'une Saint-Aubin a écrit. « J'ai fait cette drogue la première semaine que je suis entré chez Etienne Fessard en 1755). » Invitation franc-maçonnique (fol. 4) petites vignettes de mœurs, culs-de-lampe et fleurons (fol. 12), concert d'amateurs, (eau-forte fol. 16.) Jeux d'enfants, les commissionnaires de Paris (scènes de mœurs). Planches à l'aquatinte (3 états) représentant des femmes du peuple ou de la société. Autres vignettes et illustrations, planche de la promenade (non tirée), la même définitive. Promenade des remparts de Paris, le Concert et le Bal (2 épreuves de choix sont exposées dans la salle d'entrée du Cabinet des Estampes) vignettes : la marchande de châtaignes, (fol. 39) armoiries, encadrement pour le répertoire de Fontainebleau (1763), naissance de Jésus, Vertumne et Pomone, d'ap. Boucher, monnaies et médailles. — 33. Vignettes, papillonneries (par Gabriel de Saint-Aubin), estampes ethnographiques, vignettes d'après Boucher et Cochin, estampes sur Louis XVI et Marie-Antoinette, (2 états d'eau-forte), vignette des Tancrède (Gabriel de Saint-Aubin), estampes du cabinet Choiseul, autres vignettes, figures de l'Iconologie, Jupiter et Léda d'après Véronèse, La Fontaine enchantée, vignettes de la Jérusalem Délivrée, Au moins soyez discret, Comptez sur mes serments (3 états), (fol. 51-56.), l'Amour à l'Espagnole, l'Heureuse mère, Odalisque et Validé (estampe en couleur). Deux estampes dites l'*Hommage réciproque* (3 états), le Premier occupant (3 états), le Premier venu (3 états), la Sollicitude maternelle (2 états), La Tendresse maternelle, La Savonneuse (2 états), La Jardinière (2 états), monnaies, médailcamées, Hommage à l'Empereur, vignettes d'Atala, vignettes de Faublas. — 34. Portraits, bustes, etc. Victor-Amédée, roi de Sardaigne (4 états), la duchesse d'Angoulême (2 états), le Duc d'Orléans (2 états) la Famille de Philippe duc d'Orléans 1779 (2 états), le Duc de Penthièvre (4 états), la Princesse de Montbarrey (1er état), Dernière heure de la baronne de Rebecque (2 états), la Baronne de*** (Mme Saint-Aubin 2 états), la Marquise de *** (Mme Saint-Aubin 2 états) Mme de Pompadour (2 états), Sophie Le Couteulx du Moley (3 états), portraits divers, M. de Saint-Florentin, commandé par l'abbé de Langeac et non payé (note curieuse de la main de Saint-Aubin fol. 68), Portrait de M. de La Borde (2 états fol. 83-84). Mad. de Nétine belle-mère de Lalive de Jully, suite de portraits gravés par Lalive de Jully sous le titre des hommes illustres. — 35. Portraits divers états. etc. — 36. « Cette série de 202 planches du portrait de Louis XVI avec l'écusson » de France a été gravée par Augustin de Saint-Aubin pour la fabri- » cation des premiers assignats portant intérêts. » — 37. Pierres gravées du cabinet du duc d'Orléans, 1778. — 37 a. Œuvre des Saint-Aubin Gabriel et Augustin. Pièces rares de Gabriel, entre autres les « chaises aux Tuileries » avec note manuscrite. Petites pièces sur les mœurs, promenades, etc. Papillonneries, chiffres par Augustin de Saint-Aubin. Indépendamment de ces œuvres, Gabriel de Saint-Aubin a laissé de curieux croquis originaux et divers catalogues de vente que le Cabinet des Estampes conserve sous les n^{os} *Yd 80, à *120, *121 a, *121 b., *122, *122 a., *126, *128, *129, *136. Ce sont des esquisses de tableaux mis en vente, avec leurs prix, etc...

— 38. Œuvre de Cathelin. — 38 a. De Joseph de Longueil. — 39 à 39 a. De J.-J. Leveau (vignettes d'après Moreau, etc.). — 40. Œuvre de Daudet. — 41 à 41 a. Œuvre de J.-J. de Boissieu. Le vol. *41 a est à la réserve. — 42, 42 a et 43. Œuvre de Nicolas de Launay.

L'œuvre de De Launay est ainsi reparti : — 42. Miracles de Saint-Vincent de Paul, marche de Silène d'apr. Rubens. Pièces gravées d'après Lawreince ; Qu'en dit l'abbé ? le Billet doux, Consolation de l'absence ; d'après Baudouin, l'Epouse indiscrète, l'Heureux moment, etc... toutes ces pièces en 2 ou trois états. L'Escarpolette (3 états). — 42 a. Vignettes d'après Cochin et autres, (suite à 3 états de la Jérusalem Délivrée d'après Eisen) Vert-vert, (vignette d'après Marillier), planches sur les ballons. — 43. Frontispice et têtes de livres, fleurons, culs-de-lampe. Estampes d'après Dietricy, Vernet, Drouais; Portraits divers.

— 44. Œuvre de Gaucher. — 45. Œuvre de B.-L. Prévost, de J.-B. Tilliard et de Mad. Tilliard. (De B.-L. Prévost signalons la ravissante pièce d'après Cochin en l'honneur de Marie-Antoinette (2 états). La place Louis XV en 1770, d'après Moreau). — 46 à 49. Œuvre de Vivant Denon.

L'œuvre de cet artiste amateur, un des plus curieux et des plus érudits parmi ses confrères, est ainsi réparti dans les recueils du Cabinet des Estampes : — 46. Portraits de Vivant Denon, jeune, de lui sous l'Empire et sous la Restauration (eaux-fortes et lithographie). Le premier vol. contient une quantité d'essais de lithographie exécutés par Denon à l'extrême origine du procédé; des aquatinte, des eaux-fortes. Quelques copies d'après Rembrandt, etc. — 47. Histoire profane. — 48. Portraits divers exécutés à l'eau-forte ou à la lithographie. C'est ici la partie intéressante de l'œuvre de Denon, lequel faisait assez bien la charge et s'amusa à dessiner plusieurs de ses contemporains dont nous n'aurions, sans lui, aucune idée. Les femmes du XVIIIe siècle, de l'Empire et de la Restauration y sont en nombre, Anglaises, Italiennes ou Françaises, telles la duchesse de Courlande, Emma Lyonna, Anguisciola, madame Vigée-Lebrun, la comtesse Mollien, mad. Foy, miss Owenson, lady Morgan, mad. Lavallée, mad. de Valori, Mlle Esmenard, etc. Les hommes sont : Lepelletier mort (d'après David), Barrère à la tribune, plusieurs personnages de la Restauration, entre autres Lasteyrie, propagateur de la lithographie en France. *C'est Denon qui dessina le célèbre abbé Zani découvrant, au Cabinet des Estampes de la Bibliothèque nationale, la Paix gravée par Maso Finiguerra* (fol. 78). Plusieurs de ses lithographies de portraits sont traitées en scènes de famille (voir à ce sujet les suppléments non reliés DENON). — 49. Etudes de paysages (eaux-fortes et lithographies), animaux, études de personnages divers. A partir du fol. 85 apparaissent les charges de Denon dont quelques-unes assez gauloises. Les costumes des magistrats de la république gravés par Denon d'après David sont aux fol. 97-111.

— 50. Œuvre de Malœuvre, père. — 51. De J.-B. Massard. — 51 a. De N. Pérignon. — 52. De P. Savart. — 52 a. De Queverdo. — 53 à 59. Œuvre de J.-M. Moreau dit Moreau le Jeune.

L'œuvre de ce grand artiste de l'Ecole française du XVIIIe siècle a été catalogué par M. Emmanuel Bocher; toutefois les recueils de la Bibliothèque reliés aux armes de l'Empereur de Russie ne sont point dans l'ordre du catalogue. En tête du 1er vol. se trouve une notice écrite par mad. Vernet fille de Moreau. Voici sommairement la composition de chacun des volumes : — 53. Estampes d'après Vernet et autres (états). Le Modèle honnête, le Coucher de la mariée (eaux-fortes), mad. Greuze, autres eaux-fortes rares d'après Greuze, estampes de costumes d'après Vernet, Fête donnée par la ville pour la naissance du dauphin, Bal masqué, Réception de M. de Choiseul, ambassadeur de France à la Sublime porte, Allégorie sur le rétablissement de la santé de la comtesse d'Artois (2 états). Couronnement de Voltaire, Mort de Jean-Jacques, Arrivée de J.-J. aux Champs-Elysées, son tombeau à Ermenonville, assemblée des Notables, Ouverture des Etats généraux, Mirabeau aux Champs-Elysées. — 54. Estampes historiques, Le gâteau des Rois (fol. 6), Portraits du roi et de la reine gravés par Le Mire (fol. 8 et 9), Métamorphose d'Ovide, vignettes de l'Arioste, de Télémaque, de Molière, de Voltaire, de Marmontel, de Lambert, chansons de Laborde (2 états de chaque vignette). — 55. Planches pour l'*Histoire du costume françois* (avant lettre). Ces gravures sont la meilleure source de renseignements pour l'histoire des mœurs et des costumes en France entre 1770 et 1780. (Voir O a 80 pour l'ouvrage avec texte). Une petite suite des mêmes estampes se trouve au fol. 13. Vignettes pour les œuvres de Rousseau, pour le Devin du village (fol. 51). Petite suite de vignettes pour les œuvres de Rousseau. Vignettes pour les œuvres de Voltaire (La Henriade). Estampes scientifiques, l'abbé Chappe au Kamtchatka, voyage de Mouradja. — 56. Vignettes de piété et d'histoire, Métamorphoses d'Ovide, L'Arioste, frontispice du voyage de Lapérouse, estampes d'un ouvrage sur la religion. — 57. Héloïse et Abélard, L'Enéïde, La Pucelle de Voltaire, autres œuvres du même (édit. de l'an IX), œuvres de La Fontaine, théâtre de Racine, œuvres de Boileau, Werther, œuvres de Gessner, Paul et Virginie, voyages d'Anacharsis. — 58. Grande image de piété, planches exécutées pour l'Espagne, architecture, catafalques, statue de Louis XVI en couleur, 1790 (grav. par Janinet, fol. 19), Cours de dessin. Répertoires des théâtres de la Cour (encadrements), écrans, fleurons, culs-de-lampe pour divers ouvrages, enseignes et étiquettes de marchands, titres de livres, portrait de Molière, Mlle Fanier, portraits divers, vignettes sur Paris (fol. 61), pièces sur la coiffure, sur les aérostats (fol. 67), vignettes diverses, gravures sur bois d'ap. les dessins de Moreau, vignettes sur la Révolution. — 59. Estampes d'après Vernet, vignettes diverses. *Les amours d'un héros chéri*, le *Festin royal*, le Bal masqué (états fatigués), vignettes pour Shakespeare (fol. 24). La plupart des autres œuvres contenues dans ce volume sont dans les précédents.

— 60. Œuvre de L.-J. Masquelier. — 61. Œuvre de F.-A. David. — 62 à 64 a. Œuvre de J.-B. Simonnet.

Le premier vol. contient les sujets d'après divers peintres, entre autre la soirée des Tuileries d'ap. Baudouin, l'eau-forte du *Coucher de la mariée*, d'ap. Moreau, figures pour le sacre de Napoléon, etc., etc. Le 2e vol. contient des vignettes (eaux-fortes et états), d'après Moreau et autres, etc.

— 65. Œuvre de A.-J. Duclos (graveur du Bal paré et du Concert, d'après Saint-Aubin). — 66 à 68. Œuvre d'Yves-Marie Legouaz.

En tête du 1er vol. une notice sur Le Gouaz. Pièces diverses sur la marine d'après J. Vernet, Hackert, Lacroix, combats navals d'après Ozanne. — 67. Marines d'après Ozanne, Cazin, Bonnard, Lomet, etc. (petits ports de France). Constructions de navires, divers ornements de proues de navires, modèles de congé pour un bâtiment de commerce, vignettes de mœurs (fol. 83). — 68. Planches scientifiques pour les Mémoires de l'Académie des Sciences, etc.

— 69. Œuvre de L. Marin Bonnet et de J.-M. Mixelle.

Œuvre très incomplet pour Bonnet, graveur en couleur et en manière de crayons, dont Le Blanc cite plus de 500 pièces.

— 70 et 71. Œuvre de Dambrun (2 vol.). — 72. Œuvre d'Helman.

Pièces sur les événements de la Révolution d'après Monnet, une jolie scène de théâtre d'après Bertaux, des estampes sur l'histoire de la Chine, etc.

— 73. Œuvre de P.-F. Legrand. — 74 à 80. Œuvre de Marillier.

L'œuvre est ainsi réparti : — 74. Pièces diverses. — 75. Illustration pour Lesage. — 76. Illustration pour Caylus. — 77. Pour Tressan. — 78. Pour Prévost. — 79. Voyages imaginaires. — 80. Contes de fées.

— 80 a et 80 b. Œuvre de S. de Ghendt (2 volumes). — 80 c. Œuvre de Le Beau. — 81. Œuvre de J.-B. Patas. — 81 a. Œuvre de Bretin. — 82. Œuvre de M. Picot, éditeur à Londres.

Editeur de Bartolozzi, Picot publia plusieurs pièces de ce graveur. Il gravait au pointillé et fit des estampes en couleur. L'œuvre de Picot à la Bibliothèque renferme la plupart de ses œuvres d'après les maîtres. Quelques études de femmes (fol. 55-58), le portrait de Bonaparte (fol. 65), l'assaut de Saint-Georges et d'Eon de Baumont (fol. 66), estampes du *Tom Jones* d'après Loutherbourg (fol. 77-80).

— 83 à 84. Œuvre d'Avril, père (2 vol.). — 85. Œuvre de Jacques Bouillard. — 86. Œuvre de Louis-Marie Halbou.

L'œuvre de ce graveur renferme plusieurs pièces de mœurs de la fin du règne de Louis XVI, le Temps perdu, et les Intrigues amoureuses d'après Schenau, des travestis d'après Eisen le père (le beau commissaire, la belle charlatane). Quelques mièvreries d'après Fragonard et des vignettes d'après Moreau, Monsiau, etc., etc.

— 87 a. Œuvre de Monchy. — 88 à 89. Œuvre de Ponce. — 90 à 93. Œuvre de François Robert Ingouf.

L'œuvre est ainsi réparti : — 90. Grandes pièces. — 91. Gravures d'après les maîtres. Etats nombreux, épreuves de remarque, etc. — 92. Costumes, vignettes, costumes de 1774 d'après Desrais, costumes orientaux, costumes du Pérou, vignettes en suite (états), pièces curieuses sur l'assassinat du chevalier Perrault par le chevalier de Maupeou à Magdebourg, en 1758 (fol. 88). — 93. Portraits divers.

— 94. Œuvre de F. Godefroy et de Godefroy, fils.

Quelques vignettes de la Révolution, un congé de retraite sous la République (fol. 27), un congé absolu d'après Carle Vernet (fol. 28), un grand tableau des membres de l'assemblée nationale de 1789 à 1790, d'après Monnet. On voit au bas de ce tableau une séance de l'assemblée.

— 95 à 95 a. Œuvre de Miger.

Le catalogue de l'œuvre de Miger a été dressé par M. Bellier de La Chavignerie, et c'est d'après ce catalogue qu'a été classé l'œuvre, lequel provient de Miger lui-même. Le Cabinet des Estampes possède le portrait original à l'huile de cet artiste par Mlle Capet.

— 96. Œuvre de R. Dervaux père.

Gravure du sacre d'après Isabey (avant lettre), vignette de costume d'après Monsiau, etc., etc.

— 97. Œuvre de Lucien (modèles de dessin). — 98 à 100. Œuvre de P.-J. Debucourt.

L'œuvre de Debucourt au Cabinet des Estampes est loin d'avoir l'importance qu'on pourrait lui supposer. Les quatre volumes mis dans le service public renferment surtout les pièces gravées sous l'Empire. Les estampes gravées par Debucourt sous Louis XVI sont plus rares. Nous en donnons ci-après une liste complète. Voici sommairement l'indication des pièces contenues dans les volumes 98 à 100. — 98. L'Incendie, Têtes de fantaisie, Bénédiction de la mariée (1795), Vent devant, vent derrière, Frascati (en noir), le Chasseur au tiré, d'après Vernet, les Exercices de Franconi (id.), Scènes diverses des guerres de l'Empire, Scènes russes, Attelages russes, Planches en couleur d'après Vernet (Route de Naples et Marchand de vin de Rome), Scène de voleurs, Accident de voiture, la Manie de la danse (fol. 37), le Carnaval (fol. 38), le Baiser à propos de bottes (fol. 39), le Coiffeur et le Tailleur (fol. 40), le Gastronome (fol. 41), la Fin des gastronomes (fol. 42), Feux d'artifice divers et illuminations, Diverses barrières de Paris, Vue de Moscou, l'Ermitage à Montmorency (en couleur), Vue prise aux environs d'Ecouen, le Coup de vent, le Modèle à barbe, la Salle à manger d'après Drölling (fol. 62), la Cuisine (fol. 63), la Marchande de café, la Marchande de galette (fol. 64), Chacun son tour (fol. 65), Inutile précaution (fol. 66), l'Ecole en désordre, etc., etc. — 99. Portrait de Louis XVI en pied (en couleur), Napoléon 1807 (en couleur), Louis XVIII d'après Béra (fol. 7), Autre d'après Isabey (fol. 9), la Duchesse d'Angoulême au tombeau de ses parents, Charles X en pied (fol. 12), le Duc d'Angoulême, Après vous, sire! On n'passe pas! Costumes militaires de la Restauration d'après Carle Vernet (en couleur), Costumes de soldats étrangers (id.), la Pièce représentant Joly acteur (fol. 51), Route de Saint-Cloud, Route de Poissy, Route de poste (trois pièces en couleur), la Bonne d'enfants, la Marchande de cerises, Marchande de poissons, Marchande d'eau-de-vie, la Marchande de coco, le Marchand de peaux de lapin, le Joueur de cornemuse, Joueurs de boules, Danses de chiens, Chevaux de bateau (toutes ces pièces d'après Vernet), la Main chaude, Passez, payez! Jour de barbe d'un charbonnier, etc., etc., Marchande de Saucisses (fol. 76), le Coup de vent, Toilette d'un clerc de procureur, les Aveugles, Rempailleur de chaises, le Chiffonnier, un croquis à la plume par De Bucourt (fol. 82), Estampes de mœurs d'après les maîtres étrangers. — 100. Ce volume contient les grandes pièces de Debucourt d'après Vernet, les Chasses, les Scènes de cheval, etc., etc. Mais indépendamment de cet œuvre, il y a les suppléments, comme nous l'avons dit. On trouve dans le vol. 99a, ancien supplément Æ 3, DEBUCOURT : L'Almamach national (en couleur, 2 états), le Compliment du jour de l'an, les

Bouquets ou la Fête de la grand'maman, l'Escalade, la Promenade du Palais-Royal, la Galerie du Palais-Royal, Annette et Lubin, Heur et malheur, la Noce au château, la Rose mal défendue (av. lettre en noir, autre état en couleur), les Deux baisers, la Croisée (2 états), le Jour de l'an (scène de l'Empire, 1807), le Canal (un traîneau de l'Empire), Portrait de Lafayette, (1790). — Vol. A\ 4. Bénédiction paternelle ou le départ de la mariée (1789?), le Retour du père (1795?), Promenade des Tuileries (av. lettre), Réception de la duchesse de Berry à Fontainebleau (1816), la main chaude. — A\ 5. Mort de Poniatowski. Voir aussi les volumes dits de Marie-Antoinette décrits ci-devant (Ad 48-49). Consulter aussi H. Bouchot, *Debucourt*, catalogue de l'œuvre (lib. de l'Art), E. de Goncourt, *l'Art au XVIIIe siècle*, et 4 pièces insérées au volume Tf 62.

— 101 à 102. Œuvre de Victor Pillement fils.

Toutes les planches sont avant la lettre, et la plupart dans leurs premiers états.

— 102 a. Œuvre de Duparc. — 103. Œuvre de Copia. (Graveur de P.-J. Prudhon, de Sicardi, de Boilly, de Vincent. — 103 a. Œuvre de Colibert, peintre-graveur. — 104. Œuvre des Petit.

On trouve dans l'œuvre de Simon Petit des estampes sur les mœurs de la Révolution. Costumes civils et militaires, expérience du parachute par Garnerin en 1797.

— 104 a. Œuvre de N. Gatteaux.

En-tête de papier officiel sous l'Empire et la Restauration, brevets, titres, cartes à jouer, timbres.

— 105. Œuvre de Janinet, graveur en couleur.

L'œuvre de Janinet est ainsi classé : Pièces historiques en couleur et en manière de lavis (Louis XVI et Révolution), les Trois Grâces, d'après Pellegrini, l'Egalité, d'après Moitte, la Liberté (1792), l'Indiscrétion (1787), d'après Lawreince, l'Elève discret (id,), la Confiance enfantine, d'ap. Freudeberg, la Crainte enfantine (id.), les Nourrices, d'après Boucher, M. Dugazon, d'après Bertaux, autres acteurs (en noir ou en couleur), l'Opérateur, Costumes de théâtre, Vue de l'île de Wight, Tabagie hollandaise, Baraque rustique, d'après Ostade, Petites vues de Paris, Vue du palais Médicis, Ruines romaines, Projet de palais législatif (2 états), Portraits historiques, Cahiers de principe de dessin, Monument pour le roi (1790), d'après Devarenne, Portrait de Franklin (2 états), Portrait de Mlle Du T***, d'après Lemoine, de Mad. Saint-Huberti, d'après Lemoine, de Loménie de Brienne, d'après Cossard. Indépendamment de cet œuvre, consultez les suppléments reliés A\ 3, JANINET. On y trouvera les Trois Grâces av. la lettre et l'Indiscrétion avant la lettre aussi. Le portrait de Marie-Antoinette, une des pièces les plus rares du graveur, est en 2 états à la collection des portraits N 2, MARIE-ANTOINETTE. On peut voir aussi le vol. Ad 49, et la collection Hennin, dont le catalogue a été dressé par M. G. Duplessis, à la table.

— 106. Œuvre de P.-M. Alix, graveur en couleur.

Quelques pièces assez rares sur la Chasse au chien d'arrêt en 1790.

— 107. Œuvre de Michel, graveur topographe.

Profils de montagnes sur les côtes d'Amérique et en d'autres pays.

— 108. Œuvre de Chaponnier.

Passage du pont d'Arcole d'après Lambert, sujets de mœurs d'après Boilly (le Piano et le Modèle), le Mal d'amour, une série de têtes allégoriques du Directoire et de l'Empire (fol. 77-79).

— 109. Œuvre de Ransonnette. — 110. Œuvre de Maurice Blot.

Quelques pièces de mœurs. Le Verrou, d'après Fragonard, le Dauphin et sa sœur d'après Mme Lebrun, (1786). etc.

— 111. Œuvre de B.-A. Nicolet.

Pièces de topographie, scènes de théâtre, de mœurs, portraits, tableaux d'après les maîtres, vignettes d'après Moreau, d'après Cochin.

— 112 à 114. Œuvre de L.-P. Guyot (vers 1790).

L'œuvre de Guyot est ainsi réparti : — 112. Pièces dites historiques, gravées en couleur, la plupart dans leurs deux états. Petites scènes patriotiques de la Révolution, d'après Cornu ou Garnerey (Prise de la Bastille, Démolition de la Bastille, etc., etc.), Translation de Voltaire et de Michel Lepelletier au Panthéon, Tour du Temple, Frises antiques, Scènes de mœurs, le Déjeuner interrompu, d'après Mallet (en couleur), le Colin-Maillard, le Compliment (copie de Debucourt). Eaux-fortes de scènes de mœurs de 1787 environ, l'Illusion, la Gimblette, le Rêve, le Doux sommeil, dessus de boîtes en couleur, autres petites scènes pour boîtes (1787-1790), Costumes militaires d'après Berthelemi, Costumes civils d'après Watteau de Lille, Chapeaux de 1787, le Marchand de marrons (eau-forte), vignettes pour divers ouvrages. — 113. Portraits divers, Lantara pris sur nature par Watteau en 1776; Ruines romaines, Vues de France en couleur (Trianon), Vues de campagnes anglaises, estampes d'ethnographie, arabesques, paravents, décorations d'appartements. — 114. Sculptures antiques, etc.

— 115 à 117. Œuvre de Ruotte.

Le premier volume contient quelques pièces célèbres : le *Bœuf à la mode*, charge contre le duc d'Aiguillon (fol. 16), une série de portraits de la famille impériale; Marie-Antoinette en belle fermière, la princesse de Lamballe.

— 116. Têtes dites de caractère et modèles de dessin. — 117. Portraits et têtes. — 117 a. Œuvre de N. Thomas. — 117 b à 117 c. Œuvre de Robert de Launay.

Estampes d'après les dessins de Dutertre pour l'Expédition d'Egypte. Vignettes d'après Cochin, Moreau le Jeune, etc. — 117. Vignettes diverses de la fin du XVIII⁰ siècle et du commencement du XIX⁰, d'après Marillier, Le Barbier, Garnerey, etc.

— 118. Œuvre de Bervic, graveur de style.

Son *Education d'Achille* est encadrée dans le salon d'entrée du Cabinet des Estampes. Quelques pièces rares sont dans le vol. *Aa 5 Bervic à la réserve, entre autres le grand portrait en pied du roi Louis XVI, depuis coupé par le milieu, etc.

— 119 à 119 a. Œuvre d'Alexandre Tardieu.

Le premier vol. contient les portraits anciens et modernes gravés par Alexandre Tardieu, entre autres le ravissant portrait du Russe Nicolas Lwof, architecte de Catherine II (fol. 17), de Blauw, ministre des Pays-Bas à Paris (fol. 20), d'Alexandre I⁰ʳ, empereur de Russie, le médaillon de Bonaparte d'après Isabey (fol. 27), le portrait de Mazzaredo (fol. 28), la Scène des adieux de Louis XVI et de sa famille au Temple, d'après Monsiau pour le poème de la *Pitié* de Delille. (Cette scène est la seule qui concorde avec le récit de Cléry). Les portraits de la reine Louise de Prusse, de Napoléon, du maréchal Ney, de Marie-Antoinette, d'après la peinture à l'huile de Dumont (ép. de la Restauration), de Charette, etc., etc. — 119 a. Ruth et Booz, d'après Hersent; suite de planches topographiques, un assignat de 50 livres, les portraits de Marie-Antoinette, de Napoléon, etc. en d'autres états que ci-devant, Portrait de Barras en grand costume (fol. 38), plusieurs en-tête de lettres officielles.

— 119 b. Œuvre des Tardieu.

Ce vol. contient les estampes gravées par Nic. Tardieu au milieu du XVIII⁰ siècle, entre autres diverses pièces d'après Watteau, d'après Eisen, un joli portrait de femme de 1780 environ, en grande parure.

— 120. Œuvre de J.-B. Chapuy, graveur en couleur.

A citer le *Moraliste* (cost. de femmes de 1780), Vue des 40 jours d'incendie des habitations de la plaine du cap Français; pièces de la topographie parisienne, Mᵐᵉ Bellecourt, actrice, d'après Dutertre. Voir aussi Ad 49.

— 120 a à 120 j. Œuvre de A. Sergent-Marceau, et divers ouvrages publiés sur lui ou les siens.

Cet œuvre a été légué en partie au Cabinet des Estampes par la famille de Sergent. Il contient la majeure partie des jolies estampes de mœurs gravées par Sergent au burin ou en couleur d'après Saint-Aubin et divers autres artistes. Voici sommairement la classification adoptée : — 120 a. Quelques dessins originaux pour des vignettes, petites pièces historiques gravées en noir ou en couleur, estampes sur les ballons, convoi des Abus, pièces en couleur sur l'hist. de la Révolution, (états divers) vignettes et estampes sur le général Marceau, une Foire de village (eau-forte), pièces topographiques sur Paris, en couleur, un Décor de théâtre d'après G. Gallian. Costumes de femmes au bistre d'après Saint-Aubin, la Folie du jour ou mon pauvre oncle! (2 états), plusieurs estampes en couleur sur les mœurs, pièces d'après Saint-Aubin, boîtes en couleur, vignettes dessinées pour Restif de la Bretonne, cost. de théâtre, portraits, la plupart en couleur, entre autres celui de Marceau en pied, Emira Marceau. — 120 b. Grands hommes et femmes illustres de France en couleur. — 120 c et 120 d. Idem. — 120 e et 120 f. Contes de Lafontaine, 1795 (2 vol. avec texte). — 120 g. Vues pittoresques de Paris, par Sergent et autres (1792). — 120 h. Notice sur le général Marceau. — 120 i. Hommage de l'amour à la vertu. Livre singulier écrit par Sergent à la gloire de sa femme (1837). — 120 j. Notice sur Sergent-Marceau, par Noël Parfait, 1848. (Ces livres ne sont d'ailleurs à cette place que pour satisfaire au désir exprimé par les donateurs.)

— 121. Œuvre de Romanet, graveur au burin du XVIIIe s., d'après Fragonard, Terburg, Gérard Dow. — 122. Œuvre de Carrée.

Gr. en manière noire ou manière de crayon, d'après Saint-Julien. Carrée a gravé un cahier de menuiserie pour décoration de boutiques, d'après Lalonde. Portraits de la famille de Chéreau, graveur.

— 123. Œuvre de Nitot Dufresne (copies de gravures anciennes, portraits, charges : Desessart, Saint-Hurugue). — 124. Œuvre de Jacques Couché (quelques pièces intéressantes d'après Carmontelle. — 125. Œuvre de Niquet l'aîné.

Pièces sur les Assemblées des notables (1787), une séance en la grande chambre du Parlement, vue intérieure très détaillée de cette salle (fol. 8), gravures diverses pour le Voyage en France de Laborde, une lithographie des thermes de Julien, etc.

— 126. Œuvre de N.-F. Masquelier.

L'œuvre de ce graveur est curieux pour l'hist. des mœurs sous la Révolution. On y trouve des vignettes de costume (1792-96 environ, fol. 14), Serment du jeu de paume, Intérieur d'un club, une image populaire sur les malheurs de la France depuis 1789, encadrements, charges pour le *bon Ton* (fol. 29), suites de charges (fol. 29 à 32), vignettes d'après divers (XVIIIe s.), vignettes d'après Garnier pour le Racine de Le Normand, 1808 (fol. 55), vignettes de mœurs de 1795 (fol. 59), estampes pour Millin, et d'après Le Gouaz, etc. Portraits, dont quelques-uns des révolutionnaires ou des membres de l'Assemblée de 1789 pour l'ouvrage de Dejabin.

— 127. Œuvre de Pauquet et de Pillement.

Gravures et estampes d'après les maîtres, eaux-fortes, etc., Journée du 20 juin 1792, vignettes de mœurs d'après Monsiau (1792), gravures d'après Isabey pour le Sacre de Napoléon (états).

— 128. Œuvre de J.-A. Pierron. — 129. Œuvre de Defienne (dessinateur d'arbres). — 130. Œuvre de Bacquoy (oiseaux étrangers). — 131. Œuvre de Andrieu (vignettes sur bois pour jeux de cartes, en-tête de lettres, encadrements). — 132 à 136. Œuvre de Duplessi-Bertaux.

Un des artistes les plus féconds et les plus gracieux de la Révolution. Son œuvre à la Bibliothèque provient de la vente Rigal, en 1817, et ne contient que des états avant lettre de toutes ses planches. — 132. Tableaux de la Révolution, à partir du fol. 61, plusieurs cartouches mis postérieurement au bas de certains portraits — 133. Portrait de Duplessi-Bertaux, hiérologie d'après les maîtres, études de chevaux, le haras de la Malmaison (fol. 39), Elleviou jouant du piano en plein air (fol. 39), petites vignettes militaires. — 134. Estampes militaires pour les Tableaux de la Révolution, et pour d'autres ouvrages, assossinat des plénipotentiaires (grande planche, fol. 49), la tête de Féraud présentée à Boissy-d'Anglas (fol. 51), défaite des sections à Saint-Roch, etc., etc. — 135. Vignettes sur les métiers; vignettes donnant des scènes du théâtre d'alors (fol. 12), Calendriers (fol. 14-15). Petits cris de Paris (fol. 16-17). Costumes militaires; gueux; autres costumes militaires au trait; fables de Lafontaine; petits tableaux de la Révolution (fol 44-46). Encadrements officiels, etc. — 136. Pièces diverses, camées, médailles. Adieux de la famille royale au Temple (pièce non terminée et qui, d'ailleurs, est en contradiction avec les récits de Cléry, fol. 46). Copie en forme de médaillon d'après Benazech. Portraits et charges, etc. Pour les grandes pièces consulter les vol. AA 3, 4 et 5. Consulter aussi les suppléments non reliés.

— 136 a. Œuvre d'Antoine Cardon (grav. à l'eau-forte. Vues d'Italie dédiées chacune à un ami de l'auteur). — 137. Œuvre de Gautier.

Images de piété et de mœurs. Le roi de Rome en grenadier présenté à une fenêtre (fol. 17), portrait de Dessault gravé en couleur (fol. 18). L'hommage réciproque d'après Saint-Aubin (en noir). Une gravure en couleur d'après l'architecte Bélanger pour un monument projeté à Voltaire (1790), calendrier, éventail, figures de piété, portraits de la Restauration, caricatures de 1815 environ.

— 138. Œuvre de Testard (gr. en manière noire; images de piété, une prise de la Bastille. etc.). 139. Œuvre de Coqueret.

Graveur en manière noire. Quelques pièces historiques contemporaines. Bivouac de la garde prussienne au Luxembourg, 1814 (vol. 18). Les amours d'après Raphaël, grav. en couleur. Deux pièces en couleur d'après Dutailly : On se doit à sa patrie, et mourir pour sa patrie ! Diverses pièces de mœurs d'après les Vernet. Imagerie populaire. Deux vues de Paris d'après Garbizza (la galerie du Palais-Royal et le pont d'Austerlitz) fol, 46 et 47. Napoléon tirant le glaive d'après Ingres, Marie-Louise d'après Leroy, Kellermann, Hardy, Sœur Marthe Biget)

— 139 a à 139 b. Œuvre de Jacques-Joseph Coiny.

Cet œuvre a été recueilli par sa fille. En tête du premier vol. on a placé un catalogue sommaire de ses estampes. — 139 a.

Estampes et vignettes pour divers ouvrages (états, eaux-fortes) pièces pour l'hist. de la Révolution, vignettes pour les fables de Lafontaine, une carte de visite représentant une dame dans une voiture, gravée à Rome 1788-1790 (fol. 85). — 139 b. Vignettes, proues de navires, figures de romans, planches pour l'ouvrage sur l'Égypte.

— 140. Œuvre de L.-J. Allais.

Gr. en manière noire. Quelques pièces : La colonne de Rosbach d'après Debret, chasses d'après Vernet, le retour de la promenade d'après Boilly, la liberté d'après Fragonard, la Vénus Hottentote ; portraits, l'héroïne de Noyon (Catherine Vassent), fleurs.

— 141. Œuvre de J.-J.-F. Tassaert.

Pièces historiques : La nuit du 9 thermidor d'ap. Harriet, Bonaparte à cheval, Brune, etc.

— 141 a. Œuvre de Lingée (vignettes pour des livres du XVIIIe siècle d'ap. Marillier, Gravelot, etc). — 142 à 144 z. Œuvre de Ch. Normand (30 volumes), grav. au trait.

Voici la distribution de cet œuvre : — 142. Sujets pieux, d'après les maîtres des grandes écoles de peinture. — 143. Mythologie et histoire. Tableau général de la Révolution terminé par celui de la Paix, d'après Poirier de Dunkerque et Lafitte (fol 62). Napoléon dictant à un secrétaire, d'après Garnier (fol. 71). — 144. Sculpture et architecture. Vue des salles du Louvre (fol. 50). Meubles de l'Empire (fol. 75). Armes et Sceaux de l'Empire (fol. 92). Architecture orientale intérieure (fol. 93-95), etc. — 144 a. Grav. au trait d'après les maîtres, portraits modernes (Planches non découpées). — 144 b. Grav. au trait d'après les statues. — 144 c. Architecture. Suites de trophées d'armes de l'Empire d'après les Arcs de triomphes (fol. 1-10). Grav. des fêtes du mariage en 1810. Détails divers d'architecture. Frise représentant la rentrée des Bourbons (fol. 47-48). Antiquités du Gard. — 144 d. Sculptures antiques. — 144 e. Architecture. Plans, coupes, élévations, intérieurs d'appartements, arcs de triomphe, vues de Russie, costumes, mœurs russes (fol. 64-65). Fontaine des Innocents (fol. 71). — 144 f. Architecture. — 144 g. Gravures d'après les tableaux des salons; ces planches ont paru dans les *Annales du Musée* de Landon (voir ci-devant Division Aa 110-119). — 144 h. Architecture, meubles, etc., d'après Percier et Fontaine, etc. (voir ci-après Ha 88 et Pd 88 a). — 144 i. Planches des *Victoires et conquêtes*, architecture, meubles, trophées, etc., etc. — 144 j. Architecture. — 144 k. Perspective, recueil d'ornements à l'usage des artistes (fol. 56-61), tombeaux de Saint-Denis, planches tirées des *Palais et maisons de Rome* par Percier et Fontaine. — 144 l à 144 n. Gravures au trait dont les doubles sont dans les recueils précédents. — 140 o à 144 r. Vignole des ouvriers. Calques et dessins originaux de Normand. — 144 s. à 144 t. Parallèle de diverses méthodes de perspective (texte manuscrit). — 144 u à 144 v. Le Vignole des architectes (dessins). — 144 w. Ordres d'architecture des Grecs et des Romains (dessins). 144 x à 144 x +. Guide des ornemanistes. Le second volume est lavé à la main par Ch. Normand. — 144 y. Maisons de campagne

(Dessins). — 144 z. Recueil de divers genres d'ornement. Le vol. 144 w contient la notice nécrologique par M. Vaudoyer, et diverses pièces intéressant Normand, mort en 1840.

— 145 à 146 a. Œuvre de Baugean.

Quelques pièces de l'œuvre : vaisseau fêtant la paix signée en 1814 (fol. 12), embarquement de Bonaparte à bord du *Bellérophon*, combats navals, petites vues d'Angleterre, combat de Navarin (fol. 29), suites de bateaux (en 1800 environ). Le vol. 146, renferme des petites vues de France, etc., etc.

— 146 b. Œuvre de A. Girardet.

Graveur au burin d'apr. les maîtres. Pièces sur la Révolution, le coup de vent d'ap. E. Le Bel, la souris prise (2 états), la mort de Virginie (1795), petites vignettes, planches pour l'*Egypte,* armes du roi, 1816 avec deux grenadiers (fol. 27, 6 états) camées sculptures antiques, frises d'ap. Percier.

— 147. Œuvre de A. Morel.

Graveur de style. Une pièce du XVIIIe s. d'après Drölling (La Leçon d'humanité, fol. 17). Portrait de Masséna d'après Rigo.

— 148. Œuvre de Desmarets.

Principes de dessin d'après Lafitte; calendrier (fol. 21).

— 149 à 151. Œuvre d'Augustin Legrand.

Parmi les médiocrités de cet œuvre on peut relever une pièce du XVIIIe s. Les petits savoyards, des pièces en couleur, la déclaration (fol. 21). Pièces sur les mœurs (1790-1800 environ). Piétés, chevaux, d'apr. Vernet, imagerie. Le vol. 150 contient des images, des portraits, etc. Le vol. 151 contient des fleurs.

— 151 a. Œuvre de Lefranc.

Recueil de dessins d'orfèvrerie à l'usage des marchands (Époque de l'Empire).

— 152. Œuvre de Blanchard aîné et de Blanchard fils.

Diverses vues de Paris d'après Courvoisier, des vues de l'Opéra en 1815 et de la Bibliothèque royale (fol. 8). Meubles d'ap. Binelli, imageries et caricatures (fol. 36) estampes populaires sur les mœurs, pièce rare sur le choléra de 1832 (fol. 39), etc., etc.

— 156. Œuvre de Pierre Audouin.

Gr. de style. L'Antiope du Corrège (3 états), Vénus blessée (3 états), estampes d'après Terburg; portraits : Napoléon, Marie-Louise, le duc d'Angoulême, le duc de Berry, la duchesse d'Angoulême, la duchesse de Berry (le meilleur portrait de la princesse, fol. 58). Madame Vigée (fol. 87), quelques acteurs : Mme Saint-Aubin, Elleviou, Martin, Mme Boulanger (fol. 90), 2 pièces pour le sacre de Napoléon, etc., etc.

— 153 a. Œuvre de Saint-Mesmin.

Graveur au physionotrace à Philadelphie. Portraits anglais et américains. Personnages ayant vécu entre 1800 et 1820, parmi lesquels quelques émigrés français à New-York.

— 154. Œuvre de Phelipeaux (Imagerie) — 155. Œuvre de Darcis.

Quelques pièces gravées au pointillé, le Départ et le Retour, la Brouille d'après Guérin, le Raccommodement. L'Accident imprévu d'après Lawreince. La Pièce curieuse d'après Boilly. La Sentinelle en défaut d'après Lawreince, pièces sur la Révolution (allégories) portrait de Bonaparte à cheval (fol. 20). Chevaux d'après Vernet.

156. — Œuvre de Canu.

Imagerie, scènes de mœurs, histoire, théâtre, paravents, macédoines, boîtes à bonbons, suites de pièces, vues de Paris, troupes françaises (1815-1830), (fol. 75 à 96), cost. de théâtre, portraits allégoriques dans des fleurs, etc, Napoléon ; la famille royale, etc.

— 157. Œuvre J.-F. Ribault.

Grav. de style d'après les maîtres, Ribera, Vanderverf, Raphaël (les Heures), Ch. Benazech, A. de Caravage, Ducis, Metzu, Petit (Le retour des soldats, 1793, fol. 41 et 42, 2 états), Napoléon d'après Isabey pour le sacre (3 états), Joséphine (3 états), etc., etc. Vignettes d'après Moreau, fleurons, en-tête, Macédoine d'après Bosio (3 états). Bernardin de Saint-Pierre (4 états). Voir aussi suppléments AA 2 et 3.

— 158 à 160. Œuvre de Jacques Lefevre-Marchand.

Costumes français du directoire, 1797, diverses estampes populaires, garde du corps autrichien d'après Vernet, chevaux d'après le même, Napoléon d'après Chabord, le pape et le cardinal Consalvi d'après Wicar (fol. 42), têtes d'animaux, collège de Pontlevoy (fol. 64), paysages. Le vol. 159 contient un traité de paysage. Le vol. 160 également des paysages, un traité de lavis et d'aquarelle, fleurs, etc.

— 161. Œuvre de Fiésinger.

Graveur au pointillé qui fit une série de portraits des députés de 1789 d'après les miniatures de Jean Guérin. L'œuvre en renferme 22 (voir aussi les suppl.).

— 162. Œuvre de Viglianis (eaux-fortes, paysages). — 163. Œuvre de Claussin.

Graveur et écrivain d'art, copies d'eaux-fortes d'après Rembrandt et Potter. Une planche satirique et gauloise: Les vieux amateurs (fol. 28), Claussin a dressé le catalogue des œuvres de Rembrandt.

— 164. Œuvre de Baltard.

Vues d'Italie à la manière noire ou en aquatinte, plantes, animaux, lithographies représentant des paysages (1816), vues parisiennes, le

Louvre, détails, etc. Pièce sur la vaccine (fol. 48). D'autres pièces sont dans les suppléments A\ 2 et 3 Baltard).

— 165. Œuvre de Levachez.

Graveur en manière noire et en couleur. Imagerie. Entrée des Alliés à Paris (fol. 10). Diverses images de mœurs et de costumes d'après Hubert (fol. 20-21). Calèche à 4 chevaux conduite à grandes guides d'après Horace Vernet (fol. 24. 1817 environ). Calèche à la Daumont (id) promenade en guigue, (id.) pêche à la ligne (id), (toutes ces pièces en couleur), autres chevaux d'après Vernet, planche sur les effets de la foudre à Antony près Paris d'après Cicéri (fol. 49). Portrait de Bonaparte en 1801 (en couleur fol. 64). Indépendamment de cet œuvre, consulter les suppléments et la collection des députés à l'Assemblée nationale (1789) publiée par Levachez. (Na 45).

— 166 à 166 b. Œuvre de Barthélemy Roger.

L'œuvre de Barthélemy Roger graveur au pointillé est intimement lié à ceux de Prudhon et de Desenne. Tous trois sont un peu les continuateurs du XVIIIe s. Voici le classement sommaire de l'œuvre : — vol. 166. Planches d'après les maîtres, les petits chiens d'après Prudhon, Mange mon petit (id.), l'Aîné d'après Fragonard, vignettes d'après Prudhon, deux figures d'ap. Sicardi, l'amour dans une rose, vignette pour le Daphnis et Chloé. Une planche de mœurs d'ap. Sicardi (le soldat blessé fol. 14), une pièce en couleur d'après Valin, etc. — 166 a. Antiquités, triomphe de Bonaparte d'apr. Prudhon, vignettes pour *Daphnis et Chloé* d'après le même (états) vignettes pour les *Incas*, pour *Paul et Virginie*, pour les romans de L. Bonaparte, etc., vignettes pour les livres de De Jouy d'après Desenne, adresses de marchands, culs-de-lampe, en-tête de lettres, etc., etc. — 166 b. Ethnographie, suites de 19 pièces pour le voyage aux terres australes du Pérou; portraits divers, la duchesse d'Angoulême dite à l'arche de Noé (fol 22) et parmi les autres contemporains de Desenne, L. Al. Cessart, ingénieur, Charles X, Charpentier, Constantin, Delille, Doublet, médecin, Jomini (général), Lacépède, Lecourbe d'ap. Guérin, Louis XVIII, Napoléon, Mad. de Nettancourt (1815), Noverre, une lithographie par Roger, datée de 1832 et représentant le comte de Rechteren (fol. 131). Le comte de Rechteren et sa famille (3 états d'ap. Sicardi), Rumfort, Constance de Salm, vice-amiral de Winther d'ap. Sicardi; quelques paysages lithographiés.

— 167. Œuvre de S. Cazenave.

Bataille de Sedimian (1798), mort de Louis XVI d'ap. Benazech, jugement de Marie-Antoinette d'après Bouillon 1794 (2 états) sujets mythologiques, suite de têtes grandeur nature en manière de crayon, dont Bonaparte (fol. 48), Alexandre Ier, etc.

— 168. Œuvre de Levilly.

Graveur au pointillé d'après Boilly, le marchand de poisson, etc. Faites la Paix ! scènes de mœurs (1817) d'après Aze, figures allégoriques d'après Gianni.

— 169. Œuvre de Tresca.

Danses champêtres à Rome, à Naples, allégories d'après Gianni, les mois révolutionnaires vendémiaire, frimaire, brumaire, nivôse, pluviôse, ventôse, germinal, floréal, prairial, messidor, thermidor, fructidor (d'après Lafitte ; quelques-unes de ces pièces imprimées en couleur se retrouvent dans le supplément de l'Hist. de France Qb. 191 (1793), estampes de sentiment d'après Vestier; dernière scène de *Misanthropie et repentir* (1798 fol. 27). Point de Convention ! (fol. 29) d'après Boilly, La folie du jour (id.). Les croyables (id.).

— 170 à 171. Œuvre de Duthé.

Images religieuses, estampes d'après les maîtres, ancien chemin de croix. Le 2ᵉ vol. contient des scènes paysannes d'après Chasselat, Huet (documents sur les mœurs de 1815 environ), chasses au renard, au chevreuil (fol. 33).

— 172. Œuvre de Lebeau. (Voir Ef 187.)

Planche contenant les maréchaux de l'Empire (fol. 6) et les hauts dignitaires. Barrières de Paris en 1815 environ (fol. 19). Batailles d'Héliopolis, d'Hohenlinden, prises de Vienne, d'Ulm, deux estampes libres, la Réalité du plaisir et la Partie d'œufs frais (1780 environ fol. 30). Eventail du directoire, dessus de boîtes (fol. 32) autres éventails.

— 173. Œuvre de Basset (imagerie religieuse et politique). — 174. Œuvre de Godefroy.

Graveur au pointillé. *Enée* d'après Chaudet (1809). Le soir, la petite fille et son chat; la petite fille et son chien (d'après Mme Chaudet). Le danger de la précipitation d'après Schall, la fidélité, la reconnaissance, portrait de Louis XVI, éventail d'après Chaudet, Fontaine et Percier (fol. 15), le général O'Connor d'après Gérard, Mme Barbier-Valbonne gravure ayant obtenu le 1ᵉʳ prix.

— 175. Œuvre d'Avril fils (statues antiques). — 176. Œuvre de Chateigner.

L'homme accablé par le malheur, la Séparation (gravée par Chollet en 1800 environ), la Réconciliation (id.), triomphe de l'Amérique (1814), Bonaparte premier consul à cheval (fol. 11). Le même remettant l'épée au fourreau, avec derrière lui une foule célébrant la paix (fol. 12), divers portraits de Bonaparte, Moreau à cheval (en couleur). La mère à la mode, la mère telle que toutes devraient être (1797, pièce très recherchée, fol. 23). Costumes en couleur des représentants du peuple (fol. 25-27). Tableau de la Révolution (fol. 29).

— 177. Œuvre d'Aubertin.

Grav. en manière noire. Deux combats navals, distribution des aigles (1804). eau-forte, vues de l'Inde, pièces en couleur (paysages) d'après César Van Loo (1804). Environs du Havre d'après Noel (en couleur), port de Fécamp (en couleur), portrait de Barbier-Valbonne fumant d'après Isabey (fol. 28), le coup de vent d'ap. Isabey, Mlle Hullin en amour (fol. 31).

— 178 à 178 a. Œuvre de Gâtine.

— 178. Suite de petites scènes sur la vie d'une femme vers 1815, fol. 5. Les extrêmes se touchent; réunion d'artistes; chacun ses étrennes, les modernes (pièces sur les mœurs), suite de planches parues dans le *Bon Genre* (fol. 14-21), costumes historiques d'après les recueils de Gaignières. Suite dite des *Incroyables* par Horace Vernet (Restauration), 35 pièces dont 2 doubles. Cette suite est du plus grand intérêt pour l'hist. du costume entre 1815 et 1820. — 178 a. Femmes de Paris, petits métiers, suite aussi intéressante que la précédente (46 pièces), modes dans la haute classe, costumes des provinces françaises, de divers pays, etc. Ces suites coloriées et très bien gravées sont réunies en vol. et se retrouvent dans la série O. Vers la fin du vol. (fol. 103), une suite de déguisements de 1830.

— 179. Œuvre de Mécou.

Gr. en pointillé. Piété et mythologie, petites pièces allégoriques d'après Laurent, diverses arlequinades d'après Sicardi (arlequin, pierrot, pierrot voleur ou le petit gourmand), petites scènes de mœurs d'après le même, les petits voleurs, la croûte au pot, la surprise. Mécou a gravé plusieurs portraits de l'Empire d'après Isabey, Bordes, H. Benner; mais la plupart de ces portraits ont été mis à la collection des portraits (N 2), il y a notamment toute une suite des princes de Russie vers 1815, N 2 Russie, et Nd 11. Voir aussi *Aa 6 Mécou.

— 179 a. Œuvre de Perrot.

Têtes de caractère. Une très jolie tête d'enfant (fol. 32), une suite de têtes de femme de 1815 environ (fol. 33-43).

— 180. Œuvre de Noel.

Graveur au pointillé. Images de l'hist. sainte et de piété, Héro et Léandre (fol. 29). Histoire de Cendrillon et de Barbe-Bleue (conception du 1er Empire). Suite de dames, scènes de mœurs. Portrait de Fouché (fol. 80), imageries diverses, hist. de Tippo-Saïb (fol. 98-99), charges contre les Anglais.

— 181. Œuvre de Lingée et 181 a de Mme Lingée.

Graveurs au traits. Quelques scènes de mœurs sous l'Empire; le pauvre jeune homme (fol. 47), quel est le plus heureux ? (fol. 48). Lingée avait gravé d'après Pujos le délicieux portrait de la marquise de Villette (fol. 70) et beaucoup de petits portraits d'après Cochin pour les Enfants d'Apollon. Il appartient plus au XVIIIe siècle qu'au XIXe.

— 181 b. Œuvre de Fortier.

Gr. de style. Fortier a dans son œuvre des estampes académiques et des charges populaires. Les Politiques anglais (fol. 4). Deux tableaux du Poussin, la chevrette blessée d'après Albrier. Le sérail en boutique (charge, fol. 15), vues de Paris d'après Courvoisier, etc.

— 182. Œuvre de Benoît jeune.

Scènes de mœurs d'après Corbet, la matinée du bois de Romainville, l'après-midi des prés Saint-Gervais, vignettes sur les mois, portraits, le roi de Rome d'après Goubaud, etc.

— 183. Œuvre de Raphaël-Urbain Massard.

Graveur au burin. Homère d'après Gérard, le Pardon d'après Landon (fol. 7), portrait de Clarke, duc de Feltre, en grand costume (av. la lettre, fol. 32).

— 183 a. Œuvre de Fossoyeux.

Graveur au burin. Pièces diverses d'après les maîtres, vignettes, portraits divers, etc.

— 184. Œuvre de Bourgeois de La Richardière.

Imagerie pieuse, quelques portraits entre autres celui d'Alexandre Ier d'après Aug. Desnoyers, de Napoléon en chapeau d'après Dumont (portrait curieux, fol. 29) de Barré, Desfontaines et Radet (ensemble) (fol. 37). Deux portraits d'après Vincent, de Richer et de Philippe, membres de la Réunion des arts (1807), Spontini, suites de têtes d'expression, une fermière de 1805 environ d'après Dumont (fol. 46), origine des cartes à jouer (tableau synoptique).

— 185. Œuvre d'Ad. Godefroy.

L'Empereur et Marie-Louise dans le costume de leur mariage; esquisse montrant les souverains réunis le 4 décembre 1809 au bal de l'hôtel de ville; Mad. Royale d'après Auguste Garnerey (fol. 16), le maréchal Ney à la Conciergerie (1815 fol. 17), Sophie Belmont en Agnès Sorel d'après Garnerey (fol. 18), Georges Cadoudal, etc. Charges publiées dans le *Suprême Bon Ton*, charges sur les Alliés. Diplôme de franc-maçon (fol. 37).

— 186. (Non employé). — 187. Œuvre de Naudet.

Vie de Bonaparte, estampes en tableaux de 24 pièces, donnant les détails de la vie de Napoléon antérieure au sacre (fol. 1), Bonaparte 1er consul à cheval (gravé par Lebeau, voir ci-devant Ef 172), diverses batailles du Directoire, du Consulat et de l'Empire, gravées par Lebeau, etc., le Sérail parisien (1802) gravé par Blanchard (fol. 27), suite de 12 costumes coloriés de l'an 1800 environ (fol. 33-35).

— 188. Œuvre de Smith. (Graveur au trait). — 189. Œuvre de J.-B.-L. Massard et Félix Massard.

Graveurs de style. Portrait de Bonaparte porté par la Gloire (fol. 7), même pièce changée (fol. 9), autre portrait du même en consul; poncif du *Sacre* de David donnant tous les noms des personnages représentés (fol. 20). Bénédiction d'une croix.

— 189 a Œuvre de Tassaert.

Suite de quatre planches sur les mœurs (1817, fol. 30-33) d'après Soinard, modèles d'armes de France (fol. 48).

— 190. Œuvre de J.-P. Simon.

Portrait de Madame Regnault de Saint-Jean d'Angely sous les traits de Sapho, estampe détruite par ordre (fol. 10), suites de têtes de caractère, estampe du *Tom Jones* d'après Downman (gr. anglaise), entrevue de Tom Jones et de Sophie après leur réconciliation (fol. 15-16), la femme crédule et l'astrologue (gr. anglaise 2 états), la jeune aveugle du Pont-Neuf (1810 environ, pièce curieuse).

— 190 a. Œuvre de Borel, dessinateur.

Auteur de la *Courtoisie du chevalier Bayard* et du *Rendez-vous de chasse d'Henri IV*, l'Amérique indépendante (fol. 13), l'Allaitement maternel encouragé (fol. 14), le don intéressé (fol. 16), la morale inutile (fol. 17), la réparation (fol. 18), pièce en couleur représentant un homme et une femme sur un canapé (fol. 19), J'y passerai! (fol. 20), portrait de Sophie, marquise de Monnier, etc., etc.

— 191 à 192. Œuvre de Le Bas.

Graveur au trait. Le 1er volume contient des figures de piété. Le Bas a gravé une suite de figures de danse d'après Eugène Lami, pour les Étrennes à Terpsichore; ces pièces sont dans le supplément non relié LEBAS.

— 193. Œuvre d'Alexandre. (Suites d'allégories antiques pour boîtes de dragées). — 194. Œuvre de Perrenot.

Identique au précédent. Estampes du romantisme naissant, le Troubadour et la Pèlerine (fol. 22-23).

— 195. Œuvre de Thouvenin.

Imagerie pieuse; les petits dénicheurs d'après Sicardi (fol. 70), petits métiers de Paris d'après Lambert.

— 196 à 197. Œuvre de Genty.

Imagerie pieuse, imagerie profane, boîtes à bonbons, à parfum, etc., etc. Quelques lithographies sur les mœurs, habits d'infanterie de la Garde royale (fol. 78), charges sur *Crédit* (fol. 89), sur le jour de l'an, montagnes russes, animaux à têtes humaines (fol. 99), etc. Le 2e vol. contient des portraits et des vues de Paris. Modèles de tapisseries de 1820, modèles de broderies de bonnets, de cols, de mouchoirs, etc., etc.

— 198. Œuvre de Charles Girardet.

Lithographiés à la plume et au crayon. Gravure sur acier représentant la proclamation de Louis-Philippe en qualité de lieutenant-général du royaume, avec un poncif donnant le nom des assistants, etc.

— 199. Œuvre de Mariage.

Graveur au pointillé et au burin, estampes d'après les maîtres, planches populaires sur les Incas; Les deux jeux d'après Lawreince (signé d'un anagramme *Egairam*), Portraits: Bolivar, Kersaint, Mirabeau, Abraham de Cologna, etc.

— 200 à 201. Œuvre de Pomel.

Imagerie populaire, deux pièces sur la colonie des États de Marengo en Amérique d'après Chasselat (fol. 34), éventails et boîtes avec petits sujets histor. contemporains, vignettes sur le théâtre (fol. 47). Deux scènes de mœurs : douce comparaison, bonheur interrompu (fol. 59-60), vignettes de mœurs 1820, danses 1820 (fol. 79).

— 202 à 202 b. Œuvre de Bovinet.

Planches historiques, bataille d'Abensorg, débarquement du duc de Berry à Cherbourg (avril 1814), paysages, vignette représentant la duchesse d'Angoulême saluée à l'hôtel de ville par 144 dames; liste de ces dames (fol. 25). Testament de Louis XVI transmis par la France à l'immortalité d'après Dubois, (fol. 27). Montagnes russes de Belleville (fol. 29), vignettes pour divers ouvrages. Portraits, etc. Le vol. 202 a contient des vignettes; théâtre contemporain d'ap. Bertaux (fol. 14), théâtre de la rue (fol. 34), vignettes du Directoire (fol. 44-47) 2 planches de généraux de l'Empire et de la Révolution (fol. 72-73, 75-76 et 79). et Vignettes de mœurs 1820 (fol. 80), vignettes de romans contemporains. — Vol. 202 b. Estampes et vignettes de l'hist. de France, ethnographie, titres de romances, calendriers, pièces diverses.

— 203. Œuvre de Pillement fils (Essences d'arbres, études diverses, terrains divers, an XI). — 204. Œuvre de H. Cardon.

Grav. de la Restauration, imagerie. L'Enfant prodigue; suite de femmes d'après Mallet (fol. 46-48). Autre suite de 1830 d'ap. Kepfer, (fol. 50-53) quelques portraits contemporains.

— 205. Œuvre de Dupréel.

Une planche du sacre de Napoléon d'après Isabey (l'arrivée à N.-D. 1er état), vignettes pour les œuvres de Rousseau d'après Moreau et autres, etc.

— 206. Œuvre de Hubert Lefèvre

Grandes figures d'après G. Reverdin, élève de David ; Mme Saint-Aubin dans son rôle de Cendrillon (fol. 24).

— 207 et 207 a. Œuvre de Bosselman.

Imagerie populaire, images de piété. Le 2e vol. renferme de l'imagerie pour boîtes, quelques documents de costumes et de mœurs 1820

— 208. Œuvre de Geoffroy, lieutenant-colonel d'état-major.

Cet officier publia en lithographie les œuvres de F. Garcis, peintre saxon du XVIIIe siècle (1820), il y joignit une notice biographique.

— 209 à 209 b. Œuvre de Châtillon (gr. et lith.).

Il grava d'après Guérin l'offrande à Esculape (fol. 5). Portrait de Napoléon, avec la bataille d'Austerlitz à la marge d'en bas (fol. 37), études, etc., etc.

— 210. Œuvre de Negelen (lith. et grav.). — 211. Œuvre de Boulard, marchand d'images.

Quelques petites pièces sur les mœurs, 1790 environ (fol. 37-38). Pièce révolutionnaire intitulée le Rémouleur (fol. 46). La Ravaudeuse (fol. 48).

— 212. Recueil de Bégat, marchand d'estampes.

Imagerie fort médiocre, où l'on retrouve l'hist. de Poniatowski (fol. 18-27).

— 213. Recueil de Bulla, autre marchand (imagerie pieuse et historique). — 214. Œuvre de Fr. Lignon.

L'œuvre de Lignon nous sort un peu des imageries; il a gravé au burin quelques pièces célèbres d'après Raphaël, le Guide, le Dominiquin, Meynier. Portraits divers : Louis-Philippe duc d'Orléans d'ap. Gérard, la duchesse d'Angoulême, dite *aux lys*, d'après Augustin, Mlle Mars en Betsy, d'après Gérard, Mad. de Genlis d'ap. Mme Cheradame, le prince de Prusse d'ap. Steuben, Napoléon II, le duc de Richelieu d'ap. Lawrence en 1824, Poussin d'après Poussin, Talma d'après Picot, Lafond rôle de Tancrède. Il faudra consulter les suppléments reliés AA. 3, 4, 5, et les non reliés.

— 215. Œuvre de Parfait Augrand.

Imagerie, suite très curieuse de femmes de l'Empire (en couleur), la toilette, le négligé (fol. 55-61).

— 215 a. Œuvre de Couché fils.

Petites gravures d'ethnographie, planches pour les Victoires et conquêtes, etc. portraits contemporains.

— 216. Œuvre de Dequevauviller.

Grav. du XVIIIe s. Planches d'ethnographie; l'Assemblée au Salon gravé en 1783 d'après la gouache de Lawreince, vues diverses pour le voyage de M. de Laborde. Planche pour le sacre de Napoléon d'après Isabey (fol. 17). Portraits divers : Vauquelin (fol. 31), Mgr de Bausset, etc.

— 217 à 217 b. Œuvre de Charon.

Imagerie populaire; estampes sur l'histoire de l'Empire et les batailles; Revue des Alliés à Neuilly (fol. 58). Suite du bouclier français (quelques pièces en couleur ; fol. 60-62). Galerie d'Orléans en 1830 (fol. 82). — Le vol. 217 a renferme une série de pièces sur la vie de soldat. Imagerie coloriée. Suite de danses (fol. 32-33). Enterrement d'un riche (fol. 51). Scènes de la vie de Paris (fol. 53-58). Scènes galantes, Vie d'une jolie fille et d'un joli garçon à Paris (fol. 65). Charges caricatures, scènes de mœurs de 1820 environ. Le Déplaisir et le Plaisir (fol. 72). Le Fripon et l'honnête homme (fol. 74). Cette dernière pièce en couleur. — Vol. 217 b. Portraits équestres Napoléon, Marie-Louise, Série des généraux et maréchaux d'après Bouchot et Martinet. Affiche de l'eau de Cologne (1820 fol. 95).

— 218. Œuvre des Muller, graveurs de vignettes. — 218 a. Recueil de L.-M. Petit, marchand d'estampes.

A citer dans ce recueil les Cris de Paris sous le Ier Empire (54 pièces en couleur).

— 219 à 220. Œuvre de N. Bertrand.

Portraits de la famille royale à la Restauration, au pointillé. Portrait de Mlle Mars. Suite de têtes de femmes, dites de caractère. Le vol. 220 contient des images sur les *Martyrs* de Chateaubriand, des têtes de caractère, et des principes de dessin.

— 221. Œuvre de N. Laugier.

Gr. au burin. Assomption d'après Poussin (3 états), Zéphyre d'après Prudhon, l'Epine d'après Hersent, la Vague d'après Delorme, Sapho d'après Gros, statues antiques; Portraits, Marie-Amélie d'après Gérard, Mme de Staël d'après Gérard, la reine Hortense d'après Girodet (2 états), Chateaubriand d'après Girodet, Jacques Delille, dictant, d'après Pierre Danloux. Consultez en outre les suppléments reliés AA 3, 4, 5, 6.

— 222. Œuvre de Richomme.

Graveur au burin, pensionnaire de Rome; a gravé d'après Raphaël (états divers), quelques vignettes historiques, ex-libris. Portrait de la duchesse d'Angoulême, du prince de Condé, de Louis XVIII, de Napoléon (3 états) de Pâris, architecte.

— 222 a. Œuvre de Prudhon fils.

Grav. au burin et au pointillé. Le coup de patte du chat d'après Prudhon, la colombe; estampes diverses et allégories d'après Mallet, pièces sur les mœurs, figures allégoriques dessinées par Prudhon pour les fêtes de la ville de Paris, etc.

— 222 b à 222 c. Œuvre de Hibon.

— 223 à 223 b. Œuvre de J.-B. Dien.

L'œuvre de Dien comporte 3 volumes ainsi classés : — 223. Portrait de Verniquet; botanique. — 223 a. Etats de diverses planches gravées au burin par Dien. La Sainte-Famille, médailles, sculptures, Homère d'après Blondel (3 états), Galilée d'après Laurent (2 états), suite d'estampes pour les Galeries de Versailles; 2 pièces de 1795 environ d'après Touzé. — 223 b. Portraits, le baron de Bezenval d'après Danloux, Carnot, Mad. Catalani (3 états) (copié pour servir à un portrait de l'Imp. Joséphine), Choiseul Gouffier (3 états), Decamps, Deguerry, Alex. Dumas, Gatteaux (5 états), Marie-Isabelle reine d'Espagne, d'ap. Thibault, Marie-Louise, Napoléon et Joséphine en 1797 (rare). Dien a dans ce vol. plusieurs portraits d'après les croyons d'Ingres, dont l'énumération serait trop longue.

— 224. Œuvre de Blaisot.

Imagerie populaire, suite de pièces sur les mœurs.

— 225. Œuvre de François Maradan.

Images de piété, loterie de l'an IV d'après Ollivault, portrait en pied de Macdonald. Voir les suppléments Maradan.

— 226. Œuvre de Gremilly (oiseaux exotiques).— 227. Œuvre de Muret.

Lithographies au trait pour le Faust (publiées par Auvray à Paris), pour Fridolin ou la route de la Fonderie; chevaux de manège.

— 227 a à 227 f. Œuvre de Malœuvre fils (6 vol.).

L'œuvre est ainsi classé : — 227 a. Charges, caricatures, costumes militaires de l'Empire, armoiries des pairs de France. — 227 b. Costumes français et étrangers; costumes de théâtre (1822) environ 114 pièces en couleur. Autres costumes de théâtre en noir (1830-34), 196 pièces environ. — 227 c. Costumes de théâtre. — 227 d. Costumes de théâtre (1836-1838). — 227 e. Costumes de théâtre (1888-1840). — 227 f. Costumes de théâtre (1841-1844).

— 228. Œuvre de Peré (oiseaux exotiques). — 229. Œuvre de Dissard.

Graveur de style. Pièces d'après Raphaël, Carrache, Jules Romain, Broc. etc.

— 230. Œuvre de Massol.

Gr. au burin; estampes d'ap. Fleury, suite de boîtes d'après Dutailly, deux pièces sur les enfants : le cerf-volant et le petit canonnier (1810). La petite Jardinière, deux études de femmes d'après Mme Dubos (le lever et le coucher). Portraits : le missionnaire Guyon d'après Béra, Mlle Olivier en Chérubin, suites de femmes d'après Lemire, études d'arbres.

— 231. Œuvre de Delignon.

Graveur de vignettes du XVIIIe siècle, et du Cabinet d'Orléans, vignettes pour Berquin d'après Monnet, pièce gravée en 1793 d'après Fragonard (av. lettre), vignettes d'après Moreau, d'après Cochin, d'après Queverdo, etc. Portrait de Mme du Chatelet.

— 232. Œuvre de Choubard.

Imagerie de piété, petites scènes de mœurs, le lendemain de noces, d'après Mallet.

— 233. Œuvre de Devilliers.

Graveur au trait, pièces pour les Annales du Musée.

— 233 a. Œuvre de J.-M. Lohié.

Pièces d'après Lesueur. (1808).

— 234. Œuvre de Clericetti, marchand d'estampes.

Imagerie religieuse et populaire, pièces de mœurs, suite de têtes, bouquets.

— 234 a. Œuvre de E. Loche.

— 235. Œuvre de Madame Negelen.

Suite de 12 lith. d'après la Psyché de Fragonard. Suite d'enfants (1828-1830), études d'après nature.

— 236. Œuvre de Guyard fils (oiseaux exotiques). — 236 a à 236 h. Œuvre des Jazet, grav. en manière noire (8 vol.).

L'œuvre de Jazet, très considérable, est ainsi réparti dans les recueils. — 236 a. Pièces hist. d'après Benazech (Louis XVI et sa famille), Mad. la duchesse d'Angoulême à Bordeaux, Duc de Berry à Béthune, Madame à Vichy, Bivouacs des alliés à Paris (3 pièces), Courses de traîneaux en Russie, Combats navals, Mariage du duc de Berry, le March. de chevaux, la Demande en mariage (scène en couleur), le Mariage (id.), Petites scènes de mœurs, Cost. militaires. L'Incendie, l'inondation, Chasse au cerf, Chasse au renard, au sanglier, aux perdrix, autres petites scènes de mœurs, estampes sur les mœurs : Départ pour le marché, Marché conclu, Départ du marin, Retour du marin, Paysages de neige, la Promenade du Jardin Turc d'après Debucourt (?) (en couleur), les Saisons, Charges d'ap. Thomas, portraits, Louis XVIII d'ap. Vigneron, portraits emblématiques des Bourbons, Napoléon à cheval, Mme de Staël à Coppet. — 236 b. Imagerie, Tirage au sort d'après le tableau de Lecomte, suites de pièces d'après Kidd et Wilkie peintres anglais, Courses de chevaux d'après Vernet, Suites de chasses sous la Restauration d'ap. Grusande, Assemblée du Champ de Mai, deux pièces sur la mort du duc de Berry. — 236 c. Pièces militaires sur Napoléon d'après Lami, Grenier, Vernet, une pièce de mœurs (l'Enfant gâté. Restauration), suites de voitures (études pittoresques), Chevaux et Ecuries d'ap. Vernet. — 236 d. Grandes pièces historiques, Louis XVI recevant le duc d'Enghien au séjour des bienheureux, d'après Roehn (avec poncif pour le nom des personnages), Bivouac de cosaques, Chasse au tiré à cheval (4 pièces d'ap. Vernet), Apothéose de Napoléon, Chasse à courre (4 pièces), Charte de 1814, Scène de siège, le Soldat laboureur d'ap. H. Vernet, Serment du jeu de paume d'après David, Charles X en pied (grand costume royal) Louis-Philippe, duc d'Orléans, passant une revue, d'ap. H. Vernet, portrait de Lassalle en pied, d'ap. Gros, de Auguste de Colbert, de David en 1815 d'ap. Odevaer, le Duel d'ap. Vigneron, Port Royal à Cherbourg (par Baugean). soldat grec, femme grecque, Charles-Amédée, prince de Savoie, à cheval, la famille du vagabond d'ap. Grenier, Marie-Amélie par Gosse, Déclaration de l'Indépendance des Etats-Unis (1776) d'ap. Trumbull. — 236 e. Grandes pièces. Doubles ou états différents de celles qui précédent. Parmi les nouvelles : Victoire de Navarin d'ap. Garnerey, Siège d'Anvers d'ap. Lepelletier, Siège d'Anvers (id.), Campagne de Constantine d'ap. Vernet, Prise du port de Saint-Jean d'Ulloa, pièces diverses, Atelier de Vernet, Vie d'un gentilhomme en toutes saisons (4 pièces d'ap. Montpezat), chevaux marines, pêches, scènes d'Afrique, etc., etc. — 236 f. Ce vol. contient les œuvres de Alexandre Jazet, de Eugène, et de J.-P.-M. Jazet, celui dont les œuvres ont été ci-dessus énumérées. A signaler : Retour au pays d'ap. Bellangé, Départ des conscrits, de J.-P.-M. Jazet, le Déluge, la Destruction de Babylone (planches apocalyptiques d'après le peintre anglais Martin), Napoléon au tombeau de Frédéric d'après Ponce-Camus (3 états), scènes de guerre diverses. — 236 g. Pièces diverses. La France remettant Chambord au duc de Bordeaux, d'ap. Gosse, deux scènes d'ap. Mad. Haudebourt-Lescot (le Chât. de cartes, et le Courtisan dans l'embarras), la Vie d'un cheval d'ap. Lecomte. — 236 h. Ce vol. ne contient que des gravures par Alexandre ou Eugène Jazet.

— 237. Œuvre d'Yves Queverdo.

Vignettes, allégorie sur la naissance du roi de Rome.

— 238. Œuvre de Madame Marchand.

La petite Cendrillon, vignettes. études d'après nature.

— 239 à 240. Œuvre de Caroline Naudet.

Pièces populaires, la Parisienne (de Casimir Delavigne), Widercome du baron de Rothschild (1840), gravures du plan de tapisserie (2 états), Scènes militaires populaires, Montagnes russes de Beaujon, une planche rare sur les vélocipèdes, M. Requiem, Macédoines de lithographies (1824), voir un album pareil de diableries par Gavarni * T f 95 (réserve). — Le vol. 240 contient les objets d'art gravés par Caroline Naudet.

— 241. Œuvre de Gabriel Engelmann.

Gabriel Engelmann est avec Denon et Lasteyrie l'introducteur de la lithographie en France ; à ce titre ce petit recueil a son intérêt. Ce sont des essais lith. à la plume ou au crayon « exécutés par le procédé de G. Engelmann, Directeur de la Société lithographique de Mulhouse, 1816. » Engelmann tenta en outre l'imitation d'autres procédés.

— 242 à 242 a. Œuvre des Girard.

Pièces diverses ; allégorie d'après Boizot sur le mariage de Napoléon et de Marie-Louise. Portraits : Duchesse d'Angoulême, Mlle Bourgoin, Mlle Mars ; études de nu ; suite de têtes de femmes. — Vol. 242a contient des œuvres de François Gérard, Corinne d'apr. Gérard, Maternité d'ap. Prudhon, la Veuve du soldat, la famille du marin, le Gage d'amour, etc. Portraits : Bridgewater, Clavier, Gérard, Ach. Leclère, Lucien Murat, Mme Sontag, Talma, Thibault, Villemain, les fils de de M. de La Villestreux.

— 243. Œuvre de Dibard-Castel et de Donas.

Le Chien de l'hospice et le Chien de l'aveugle, Suite de femmes ; la famille d'Espagne dans un médaillon, etc.

— 244. Œuvre de Dubois.

Deux études d'enfants d'après Schroeder, 1810, vues de Paris, de Londres, de Postdam, de Saint-Pétersbourg, de Moscou, de Sainte-Hélène.

— 245. Œuvre de Prot.

Entre autres pièces de mœurs, les Prémices de l'hymen, le Message à la dérobée, Romance du beau Dunois, le Travail (scène de jardin 1815), la Prière, allégories diverses, enfants en suite, etc., etc.

— 246 à 246 c. Œuvre de François Forster, grav. au burin (4 vol.).

L'œuvre de Forster est ainsi réparti : — 246. La Vierge d'Orléans d'ap. Raphaël (8 états), la Vierge au bas-relief (11 états), la Vierge à la Légende (15 états), Mater Dei d'après Guido Reni (4 états), le Christ en croix d'après Séb. del Piombo (8 états), diverses pièces, Saint François d'ap. Laurent de la Hire (4 états). — 246 a. Gravures d'antiquités et de camées (1810-1825), les Chasseurs d'après Jean de Saint-Jean (3 états), vignettes, etc. — 246 b. Endymion d'après Girodet (4 états), les Trois Grâces d'après Raphaël (12 états), Uranie d'ap. Raphaël (4 états). Portraits : Dürer d'après Dürer lui-même (5 états), Frédéric Guillaume III (8 états), Henri IV d'ap. Lancrenon (6 états), Houriet horloger (4 états), Mad. de Laboulaye (4 états), Louis Ier, roi de Bavière, (3 états), Marmont, duc de Raguse, (3 états), Oudinot de Reggio (3 états), Raphaël d'après lui-même (6 états), une lith. représentant J.-F. Vandael, etc., autre Raphaël, accoudé (9 états), etc., etc. — 246 c. Grandes pièces. Sainte Cécile d'après Paul Delaroche (8 états), l'Aurore et Céphale d'après Guerin (3 états). Didon et Enée (15 états), François Ier et Charles-Quint d'après Gros (6 états et un poncif donnant les noms), la reine Victoria (12 états), Wellington d'après Gérard (8 états).

— 247. Œuvre de Henry (images de piété). — 248. Œuvre des Monsaldi.

Vue de l'intérieur du Salon de peinture de l'an VIII (2 états), Salon de l'an IX. (voyez ci-devant Ad 89 a). Portrait de Kléber d'après Dutertre, de Desaix (id.), de Jenner, de Scassi, de La Rochefoucauld Liancourt (tous trois propagateurs du vaccin), consulter pour plus de renseignements les suppl. non reliés MONSALDI, où figurent les portraits gravés d'après Isabey (reine Hortense, Joséphine, etc.), et d'autres pièces léguées à la Bibl. Nat. par Mme Schneider.

— 249. Œuvre de Morret.

Images sur l'Empire. L'Heureux pressentiment (Marie-Louise au piano, chantant la romance de J. Bailly *À l'Heureux espoir d'être mère !*... naissance du roi de Rome, scènes diverses de l'assassinat du duc de Berry, vues de Paris, de Londres (en couleur), l'Ermite du Colisée, Promenade du matin d'après Demarne (en couleur), scènes et paysages en couleur. Vue de Bicêtre et de Vincennes (en couleur), 1820. Deux planches en couleur représentant la fontaine de Jouvence, adaptation de celle de Cranach ; portrait de Marie-Louise (en couleur), d'après Vexberg.

— 250. Œuvre de Ad. Midy, lithographe.

Les Marionnettes, Intérieur d'un théâtre d'ap. mad. Haudebourt-Lescot. Scènes diverses de 1830 à 1840.

— 250 a. Œuvre de J.-M-S. Bence, graveur au burin.

Gravures de monuments antiques, avec figurines de l'Empire (France et Italie), ruines d'Agrigente, etc.

— 251. Œuvre de Gard (étiquettes et vignettes de mœurs, 1820). — 252. Œuvre de Duchesne, dessinateur de voitures.

Un des recueils les plus curieux pour la construction des voitures au temps de l'Empire (exempl. en noir). Un exemplaire colorié ci-après vol. Ld 15.

— 253. Œuvre de Cereghetti (imagerie). — 254. Œuvre de Willaeys, gr. au trait.

Images populaires sur les guerres de l'Empire.

— 255 et 255 a. Œuvre de Roemhild, gr. en manière noire.

La Main chaude d'ap. Debucourt. Le vol. 255 a contient plusieurs suites de gravures sur les mœurs de la société entre 1820 et 1840.

— 255 b. Œuvre de J.-A. Allais, grav. au burin et en manière noire.

Van Dyck peignant son premier tableau d'ap. Ducis (2 états), Rêve de bonheur d'après Prudhon, Phrosine et Mélidore d'ap. Rioult, Avant la prière, de Dubufe (jeune femme de 1840), scènes de mœurs d'ap. Franquelin et Tassaert, Après la prière, de Dubufe (autre portrait) études de femmes, portraits. Pour l'œuvre d'Allais consulter les suppléments reliés Al. 3, 4, 5, 6.

— 256. Œuvre de Chazal jeune.

Modèles de tapisserie à la main pour travaux de dames, vers 1820.

— 257. Œuvre de Geoffroy.

Imagerie; suites de chasses à tir d'après Susemihl.

— 258. Œuvre de Perrot fils, lithographe et graveur au burin.

Il y a de ce graveur un très joli portrait de Fauche-Borel, d'après une miniature d'Aulissier. Le reste est fort médiocre.

— 259. Œuvre de Ch. Ransonnette, grav. sur acier (diverses vues, ethnographie, etc.). — 260. Œuvre de Lecœur.

Graveur en manière noire du XVIIIe siècle; plusieurs planches en couleur : la Visite au grand-père (1780), les Chagrins de l'enfance (en couleur, 1780), d'après Mouchet, Une promesse? Ah! laissez donc! (1787), Etrennes aux enfants (vers 1810), Entrée de Louis XVIII à Paris (en couleur), Vues de Paris, la place de la Comédie à Bordeaux. Vues de Londres, d'Italie, de Russie, de Prusse, de Sainte-Hélène. Planche d'art héraldique.

— 261. Œuvre de Badoureau, grav. au burin.

Retour du soldat d'ap. Güet, la Mission dangereuse (id.). Grands portraits de maréchaux français en manière de crayon, le général Gourgaud, Ducrown, acrobate anglais ; têtes dites de caractère.

— 262. Œuvre de Nargeot.

Portraits : L.-P. duc d'Orléans, la duchesse d'Albany d'ap. Fabre. Vignettes de mœurs.

— 263. Œuvre de Weber, lithographe.

Le Chien, le Marchand, le Dessinateur, trois scènes d'ap. Mad. Haudebourt-Lescot. Vues de Suisse, etc.

— 264. Œuvre de P. Lecomte, lithographe.

Imagerie. La Charte saluée en 1815, Charges grotesques sur les bals de Paris.

— 264 a. Œuvre de J. Coiny, grav. prix de Rome.

En tête une notice manuscrite sur sa vie. Pièces très curieuses de sa jeunesse. Princesse russe gravée à Rome entre 1817 et 1820, etc.

— 264 b. Œuvre de A. V. Sixdeniers, gr. en manière noire et au burin.

Scènes de guerre d'ap. Franquelin et Riquer, le Départ d'ap. Pagès, le Retour (id.), Suite de femmes au bain d'après Rioult, l'Attente, le Roman, le Sommeil, le Réveil, etc. d'après Pagès. Portraits : Arago d'ap. Scheffer, Toullier d'ap. Dupavillon, Rachel d'ap. A. Charpentier.

— 264 c. Œuvre de Lepage. — 265. Œuvre de Sisco.

Vignette pour l'*Emile* d'ap. Devéria. Un très curieux portrait de femme en cost. de 1815 environ.

— 266. Œuvre de V. Mauduit, gr. en taille douce (imagerie).

— 266 a. Œuvre de Pierre Lélu, gr. à l'eau-forte du XVIIIe siècle.

Le catalogue de l'œuvre de Lélu a été dressé par P. de Baudicourt. Parmi les pièces rares de l'œuvre, il faut citer : Aux mânes de Mirabeau (2 états dont un colorié par Lélu), le Triomphe de la Montagne (3 états), A la mémoire de Desaix, Paix fidelle ou guerre terrible (Napoléon, 2 états), la Nature (3 états), la Lanterne magique (5 états). Petites scènes du XVIIIe siècle, la Bonne aventure (4 états), le Devin du village (3 états), Attitudes de danse à l'Opéra, par Mlle Guimard et Doberval (2 états dont trois coloriés). Dessins, deux décors de théâtre, Portrait dessiné et gravé de Romé de Lisle. Nombre de grav. en camaïeu d'après les maîtres d'Italie.

— 267. Œuvre d'Ambroise Tardieu.

Portraits de personnages de la Restauration, députés, écrivains.

— **267 a. Œuvre d'Adolphe Caron.**

Graveur au burin d'après Scheffer, Vinchon, etc., états de planches, gravures d'après les statues antiques, le duc d'Angoulême pour le *sacre de Charles X* (5 états). Portraits : l'Impératrice Joséphine, marquis de Mirabeau, Jeunes enfants anglais d'après Cosway, etc.

— **268 à 268 a. Œuvre de Charles Lœillot.**

Lithographies. Voitures diverses, diligences, voitures de voyage, françaises et anglaises, Défilé des cortèges lors de l'enterrement de Louis XVIII, Entrée de Charles X à Paris ap. le sacre, Scènes diverses de la Rév. de 1830, Chevaux, Courses d'ap. Dedreux, Brevet de prévôt d'armes (en couleur), Cost. de la garde royale, le général Diebitsch au passage des Balkans, portrait de 4 jeunes virtuoses, les Koella, de Zurich. Le 2ᵉ vol. renferme des scènes équestres de 1850 à 1860 environ, des chasses, et l'*Hippophile* (1847), suite de planches sur les chevaux.

— **268 b. Œuvre de Zachée Prévost.**

Grav. au burin, Louis XIV bénissant Louis XV, d'ap. Hersent, planches d'après Delaroche, Decamps, L. Robert, Charlet (à l'aquatinte), Gigoux; vignettes, portraits, etc.

— **269 à 269 c +. Œuvre de Louis Henriquel-Dupont (5 vol.).**

L'œuvre de M. Henriquel-Dupont est contenu dans cinq volumes, dont un seul 269 est dans le service public. *269 a, b, c, et c+ sont en Réserve. Le vol. 269 comprend divers états de planches, des fragments de l'Hémicycle d'ap. Delaroche, le Lord Strafford, et parmi les portraits contemporains, Allier, Brongniard, Cavelier, Chenavard, Coiny, Delaborde (comte Henri), Duchâtel, Dumas, prince impérial, Henriquel-Dupont père, Hussein-Pacha, Mad. de Mirbel, Montalivet, Normand, Parguez, Pasteur, Pététot, Ratier, Sauvageot, Seillière, Scheffer, Ségur, Tardieu. — Vol. *269 a. Etats signés du Moïse sur le Nil, de la Vierge d'Orléans (9 états), de la Descente de croix, des Cinq Saints, de la Sainte Cécile, de la Jeanne d'Arc de Bénouville, du Lord Strafford (6 états), du Cromwell (aquatinte, 4 états). Vignette d'ap. Desenne, l'Ecole Turque, fragments de l'Hémicycle, une lithographie (les Caresses maternelles). — Vol. *269 b. Portraits; Femme d'ap. Van Dyck (7 états), Bazoin (aquatinte, 5 états), Bertin d'ap. Ingres (4 états. Un de ces états est exposé sous le n° 263), Brongniart, Buttura, Cavelier, André Chénier, Delaborde (3 états), A. Desenne, Louiche-Desfontaines, Duchâtel (3 états), Dumas (J.-B.), Prince impérial (3 états), Mᵐᵉ Feuillet de Conches, Grégoire XVI, Hussein Pacha (9 états à l'aquatinte), La Riboisière (5 états), De Latil (4 états), une lith. représentant Louvel, Mirabeau, Mᵐᵉ de Mirbel (3 états), Molière d'Ingres, Molière de Mignard (5 états), Montalivet (2 planches), duc de Montpensier (frère de Louis-Philippe), 2 planches, Normand (6 états). — Vol. *269 c. Portraits; duc d'Orléans (2 états), duchesse d'Orléans, princesse Marie, la duchesse d'Orléans de la Maison de Bade, Parguez (lith.), Mᵐᵉ Pasta (7 états), Pasteur (3 états), Pastoret (6 états), Perraud, Pierre le Grand (6 états), le duc de Plaisance, Rachel (4 états), Rattier, Rothschild (4 états), Mᵐᵉ Sainte-Claire Deville, Sauvageot, Scheffer, Ségur (6 états), Seillière, Tardieu, Thureau-Dangin, Carle Vernet (4 états), l'Atelier de

Bervic gravé par Taurel (le dessin original est à M. G. Duplessis) Mme Guéneau de Mussy (crayon), Hoffmann, Mlle Charles Lenormant, portraits pour l'Hist. de Louis XVII par de Beauchesne et l'Hist. des princes de Condé par le duc d'Aumale. — *269 c +. Grandes pièces de l'œuvre d'Henriquel. Indépendamment de ce dernier volume, on peut consulter aussi les suppl. reliés AA 4, 5, et le format exceptionnel.

— 269 d. Œuvre de F. Garnier.

Graveur au burin. La Vierge aux balances d'ap. L. de Vinci, la Barque de saint Pierre, Bacchus d'ap. L. de Vinci. Portraits : Charles X d'ap. Gérard, Alexandre Ier. Gravures d'ap. l'Antique.

— 269 e. Œuvre de Susemihl

— 270. Œuvre de Pauline Landon, femme Soyer.

Gravures au trait, d'après les maîtres.

— 270 a. Œuvre de L.-J.-D. Delaistre.

Gr. au burin, vignettes et illustrations, portraits; parmi les contemporains de Delaistre : Picard, Napoléon sur un rocher, etc., vignettes d'ap. Desenne.

— 271 à 271 c. Œuvre des frères Johannot.

Vignettes diverses pour des ouvrages romantiques et autres. Le vol. 271 c. contient les grandes pièces et les gravures au burin exécutées par les deux frères. L'œuvre d'Alfred Johannot se compose de lithographies d'après lui, et de gravures au burin par lui. L'œuvre de Charles Johannot se compose de gravures au burin. L'œuvre de Tony Johannot, de gravures d'après Devéria, etc., etc.

— 272. Œuvre de Joly (imageries en aquatinte). — 272 a. Œuvre de P.-N. Géraut.

En tête du livre un catalogue sommaire. Vignettes exécutées au burin pour divers ouvrages. Images de piété, etc.

— 272 b. Œuvre de J. Bein.

Graveur au burin d'après les maîtres; la vierge de Nicolini (4 états), vignettes, la Salomé (dernier ouvrage de Bein). Gravures d'après l'antique; Histoire contemporaine, Sacre de Charles X (états de planches diverses), estampes d'après les maîtres, fac-simile de dessins, vignettes pour Cervantès, Lesage, Rousseau, Bernardin de Saint-Pierre, Boileau, Desenne; un bon de loge du prince royal. Portraits, Baltard (4 états), Delavigne, Louis-Philippe, d'ap. Guérin et Baltard (5 états), etc., etc.

— 273. Œuvre de Forget.

Imagerie religieuse, estampes sur les mœurs en 1815. Le bon père et la bonne mère, le docteur embarrassé, la réponse au message, portrait de Grétry.

— 274. Œuvre d'Esbrard.

Imagerie à l'aquatinte, scènes militaires de l'Empire, entrée du duc d'Angoulême à Paris, quatre scènes de mariage sous la Restauration, les maréchaux de l'Empire, la famille Foy, la princesse Beauharnais, B. Constant, Mercier.

— 275. Œuvre de Renard.

Imagerie ; Napoléon et François II ; scènes de femmes (voir Blaisot), portraits : Ternaux, Quiroga, A. Vrillon, écuyer.

— 275 a. Œuvre de Lorichon.

Grav. au burin d'après Raphael, Titien, Corrège ; statues antiques ; portraits : Cuvier, Mancest, Karamsin, etc.

— 276. Œuvre de Castel.

Je le tiens ! d'ap. Fragonard, le Diablotin (id.), Par eux l'amour l'éclaire ! (id.). Imagerie.

— 276 a. Œuvre de Porret.

Graveur sur bois, vignettes pour le *Don Quichotte* (d'ap. Johannot), d'après Daumier, Gavarni, etc.

— 277. Œuvre d'Eugénie Lebrun (lithographies). — 277 a. Œuvre de Nic. Aug. Le Roy.

Imagerie en taille douce. L'Enfant chéri (Napoléon II), scènes de guerre en manière noire. Portraits : Fleury acteur d'ap. Pajou, Batiste cadet d'ap. Cœuré, etc.

— 278. Œuvre de Mlle Bès (lithographe). — 279. Œuvre de Le Cerf.

Imagerie. La duchesse de Berry en pied, gravée en juillet 1816, les Alliés, Louis XVIII et sa famille, etc., etc.

— 279 a. Œuvre de L. Desmarais.

Imagerie et charges lithographiques ; portraits en lithogr. Tissot, Paravey, Assegond, Lapostolle, miss Smithson.

— 280. Œuvre de Rouargue.

Lithographies. Topographie de la France pour le voyage de Taylor ; topogr. de l'Italie, etc.

— 281. Œuvre de Paul Legrand.

Gr. en manière noire. Vignettes de la Restauration, petites scènes de théâtre, les Cuisinières, la Barbe bleue, les Six ingénus, etc. Portraits au burin tirés en teinte, suite d'acteurs de l'Opéra, des Français, de l'Opéra-Comique.

— 282 à 282 c. Œuvre de Salvador Levilly.

Lithographies, imagerie, scènes de mœurs de 1840 à 1850, vignettes de boîtes, éventails, affiches, sceaux gothiques, scènes familières et galantes. Le vol. 282 b. renferme une série pour les fables de La Fontaine imitée de Grandville et coloriée. Il contient en outre des charges politiques, des portraits et des costumes étrangers.

— 283. Œuvre de Azélie Hubert.

Lithographies, imageries, et grav. au burin dans la manière anglaise. Cérès d'ap. Prudhon (en 1816).

— 284. Œuvre de Bourtrois (Grav. au burin et au trait pour Landon). — 285. Œuvre de G. Maile.

Aquatintes d'après Bellanger, Charlet, Wilkie, Mme Haudebourt-Lescot ; une comédienne (1830) d'après Dubufe, une tragédienne (id.), dame française, etc., etc.

— 286. Œuvre de Fauconnier.

Lithographies, imageries, l'Éléphant du roi de Siam au Cirque, cost. de théâtre d'ap. Lecomte (en couleur).

— 287. Œuvre de Jacquet, lithographe. — 288 à 289. Œuvre d'Octave Tassaert.

L'œuvre de Tassaert est ainsi réparti : — 288. Lithographies courantes de piété, scènes dessinées par Tassaert et gravées par d'autres, six scènes de la vie de Napoléon (Paris Osterwald, gr. in-fol.), scènes familières, etc. — 289. Album théâtral (renfermant des scènes du mariage de raison de Scribe, des inconvénients de la diligence de F. Dartois, de la dame Blanche, de l'homme habile de d'Epagny). Les préludes de la toilette (scènes de femmes), le manteau, les amants et les époux (scènes galantes). Portraits : d'après Bouchot ; la jeune Anglaise, la jeune Espagnole, suite dite de toilette (1830). Macédoines.

— 290. Œuvre de L. Meyer (lithographies, petites vues de Suisse). — 291. Œuvre de Coüet.

Successeur de La Mésangère dans la suite dite des meubles de goût (Empire et Restauration). Pour la suite complète de ces meubles consulter ci-après les vol. Hd 107 à 107 b.

— 292 à 292 c. Œuvre de Llanta (4 vol.).

L'œuvre de Llanta est fort inégal. Les lithographies de pratique sont des plus médiocres, d'autres ont un excellent accent. Il a lith. les gardes françaises de Raffet à la prise de la Bastille, et toute une suite de sujets d'après le même artiste (1835-36). Portraits pour la biographie des hommes du jour. Le vol. 292 a contient des épr. sur Chine d'après Raffet. Suite de portraits en groupe. Les autres vol. contiennent surtout de l'imagerie religieuse, 292 b contient les portraits du Brésil en 1851 : 292 c Les représentants français en 1848.

— 292 d à 292 g. Œuvre de Lafosse.

Lithographies d'après les maîtres. Bonaparte à Valence d'ap. Werchsmut, Dulac, Duval Le Camus (l'Invalide anglais), Roehn, Beaume, Guet, Franquelin, Grenier; lithographies incunables par Lafosse éditées par Lasteyrie (Les moissons et les vendanges), têtes de chiens, etc., etc. Le vol. 292 f renferme les portraits français et étrangers, le vol. 292 g les représentants de 1848. (Voir pour la suite complète des représentants les vol. Dc 228 f à 228 k. 6 vol.). indiqués ci-devant.

— 293. Œuvre de Ch. Vogt.

Lithographies d'après les maîtres, Ribera, Raphaël, quelques pièces d'ap. Gavarni, Latil (scènes de mœurs de 1840).

— 294. Œuvre de Pointel du Portail.

Lithographies. Coiffures de femmes en 1831. Fleurs.

— 295. Œuvre de N. Desmadryl.

Grav. à l'aquatinte. Lithographies : choix de huit sujets peints par Franquelin 1832 (scènes de la vie familière). Autre album par les mêmes 1833. Autre album 1834. Pièces diverses; uniformes de Prusse; encadrements pour des autographes d'auteurs célèbres.

— 296. Œuvre de Michel Delaporte.

Lithographies. Scènes de la vie parisienne en 1832; charges politiques, imagerie, clef des songes.

— 297. Œuvre de Mlle Espérance Langlois.

Aquafort. Archéologie. La cathédrale de Rouen. Une pièce allégorique sur le retour des Bourbons.

— 298. Œuvre de Charles.

Lith. et grav. au burin. Quelques pièces sur les mœurs de 1815. Lith. d'ap. Duval Le Camus et Drolling. Caricatures. Portraits.

— 299. Reybaud et Oyex.

Album du dessinateur (1840). Fleurs gravées à l'eau-forte.

— 300 à 300 c. Œuvre de L.-A. Asselineau.

Imagerie lithogr. sur la Révolution de 1830. Planches pour le Moyen-Age pittoresque. Armes, meubles, architecture. Dans le vol. 300 b quelques pièces historiques de 1848 (la garde nationale de l'Eure bivouaquant aux Tuileries), autres pièces pour le voyage aérien en France. A la fin du vol. 300 c se trouvent une série de planches de topographie française comprenant plusieurs châteaux des environs de Paris.

— 300 d à 300 g. Œuvre de Ferdinand Régnier.

Scènes de mœurs de 1840 environ en lithographies. Estampes inspirées du Juif-Errant d'Eugène Sue. Dans le fatras des œuvres romantiques on trouve quelques estampes de mœurs : dans le vol. 300 e, L'électeur et le candidat d'ap. Brun, etc.

— 301. Œuvre d'Adrien Cuvillier.

Lithographe. Funérailles de Napoléon, vues de France et de l'étranger.

— 302 à 302 b. Œuvre de Tripon.

Lithographie architecturale au lavis.

— 303. Œuvre de Tony Goutière.

Graveur au burin. Planches d'après Bida pour les œuvres de Musset. Portraits divers, le duc de Bassano, Guell y Ferrer, Garnier-Pagès, la reine Hortense, La Place, Mme Liais, Marie-Louise, Dr Michon, A. de Musset, famille impériale (1865), Sainte-Beuve, Caulaincourt, M. Vicuña. La plupart de ces portraits ne sont pas dans le commerce.

— 304. Œuvre de Narcisse Lecomte.

Graveur au burin d'après les maîtres. Etats très nombreux des planches; vignettes exécutées sous le Ier Empire pour les *Contes* de Bouilly. Divers portraits : Huet, Lamennais, Mlle Mars dans Betty, etc.

— 305. Œuvre de Robinet (exercices de lavis). — 306. Œuvre de Bétremieux.

Imagerie lithographique. Quelques pièces sur les mœurs, etc.

— 307. Œuvre de Geille.

Graveur au burin. L'un des collaborateurs pour les Galeries de Versailles.

— 308. Œuvre de Skelton.

Graveur au burin et collaborateur pour les Galeries de Versailles.

— 309. Œuvre de Chavane (graveur des Galeries de Versailles). — 310. Traité des cinq ordres d'architecture... par Thierry gravé par Guignet. Paris 1838 in-4°. — 311. Œuvre d'Ovide Reynard (ornements d'après les maîtres des XVe-XVIIIe siècles (1844) gravé par Riester. — 311 a à 311 b. Œuvre de Riester (ornements d'après les anciens maîtres, pour servir à l'industrie. Suite d'albums, calendriers). — 312 et 313. Œuvre de Napoléon Thomas (imagerie lithographique. Religion, histoire, mœurs). —314. Œuvre de Benoist d'Angers (Album lithographique d'Angers, quelques pièces sur la Bretagne). — 315 et 315 a. Œuvre de Carles.

Architecture. Dessins par le frère Arcadius et lith. par Carles.

— 316. Œuvre d'Henri d'Orschwiller.

Imagerie lithographique. Ruines de monastères, vues de Suisse, maisons rustiques, procédé au lavis sur pierre.

— 317 et 318. Œuvre de Gsell.

Lithographies pour les *Peintres primitifs*. Imagerie. Le vol. 318 contient une série de portraits de 1840 environ.

— 319. Œuvre de Charles Muidebled. — 320 à 320 a. Œuvre de Eugène Bléry, graveur à l'eau-forte.

L'œuvre de Bléry tout entier composé d'épreuves de choix données par l'artiste et par sa fille, est fort intéressant pour la topographie. A la fin du 2ᵉ vol. sont les lithographies.

— 321. Œuvre commun à des lithographes du commerce qui travaillaient en 1837 pour les frères Japy de Beaucourt (objets de fabrication courante). — 322. Œuvre de Guichard.

Un des lithographes des Arts au Moyen Age par Dusommerard. A la fin quelques pièces pour le *Journal des fabricants d'étoffes façonnées*, lithographies pour le commerce.

— 323. Œuvre de Lesourd de Beauregard.

Lithographe de traduction d'après les maîtres. Suite de Baigneuses. Reproductions d'après les œuvres du XVIIIᵉ siècle.

— 324. Œuvre de Courson.

Lithographe. Petites macédoines sur Paris en 1842. Les bords de la Loire, ornements d'après Gautier.

— 325 à 325 e. Œuvre d'Armand Régnier.

Imagerie, scènes de mœurs (1830), modes, portraits. Modes du 2ᵉ Empire de 1850 à 1860. Sentimentalités, romans. Lithographie en couleur. Le vol. 325 e. contient des chasses d'après Dedreux; des scènes de la vie parisienne en 1847, les lith. d'après G. Doré, charges de touristes, etc.

— 325 f. Œuvre des Régnier. (Lithographies). — 326, 327 et 327 a. Œuvre de Charles Jacque.

L'œuvre de Charles Jacque a été classé d'après l'ordre des numéros de son catalogue dressé par Jules Guiffrey. La Bibliothèque possède plusieurs états de certaines planches. La grande bergerie est exposée dans le salon d'entrée du Cabinet des Estampes dans un état exceptionnel.

— 328. Œuvre de P. Adam.

Graveur à l'eau-forte et au burin qui a gravé l'œuvre du peintre Gérard en eaux-fortes. Petites vignettes de 1815-1830 environ.

— 329 à 329 a. Œuvre d'Hippolyte Garnier.

Graveur à l'aquatinte. Quelques scènes de mœurs et études de femmes de 1850-55.

— 330 à 330 b. Œuvre d'Emile Lasalle (lithographe).

Têtes de caractère genre Julien. La source d'ap. Ingres; la femme au perroquet d'ap. Courbet; la jeune mère d'ap. De Jonghe. Portraits.

— 331 à 331 b. Œuvre de Louis Marvy.

Grav. à l'eau forte, au vernis mou et à la pointe sèche. Paysages d'après Rousseau, Troyon, Diaz. Le vol. 331 a. contient les vignettes pour l'hist. du Jardin des plantes de Curmer, pour les contes de Fées, etc.

— 332. Œuvre de A. Fauchery (vignettes historiques). — 333 à 333 a. Œuvre de Bettanier frères (lithographes imagiers). — 334 à 334 a. Œuvre de Bilordeaux (lithographe ornemaniste, panoplies, trophées, etc.). — 334 b. à 334 e. Œuvre de Collette et Sanson lithographes.

Imitation de gravures au burin à la plume sur pierre. Ornements de Raphaël dans la Galerie des Loges, (chromolithographies 1860). Recueil de monuments funèbres de 1840 à 1850 environ. Portraits de personnages orientaux. Le vol. 334 d. contient la célèbre Danse de la mort d'Alfred Rethel, lithographiée par Collette et qui est un des pamphlets les plus extraordinaires du XIXe siècle (1850).

— 334 f. Comte Léon de Laborde. Essais de gravure sur bois.
— 334 g à 334 i. Œuvre de H. Lavoignat.

L'œuvre de Lavoignat renferme la plupart des fumés tirés sur les bois gravés par cet artiste pour les livres contemporains. Depuis le Cervantès illustré par T. Johannot, jusqu'aux contes Rémois de M. de Chevigné illustrés par Meissonier, Lavoignat a collaboré à tous les ouvrages de luxe. Les contes Rémois sont dans le vol. 334 g. ainsi que le Lazarille de Tormès, et les Portes de Fer d'après Raffet. Le vol. 334 h. renferme les vignettes du Paul et Virginie de Curmer, les Evangiles, les Mystères de Paris, et le Dictionnaire d'architecture de Viollet-Le-Duc. Le vol. 334 i. renferme l'*Imitation* de l'Imprimerie nationale, et tous les ornements du texte d'après Gaucherel, chefs-d'œuvre de la typographie du XIXe siècle.

— 334 j. à 334 k. Œuvre de Hébert, graveur sur bois.

Collaborateur du précédent et son contemporain immédiat. A citer dans son œuvre les vignettes des Portes de Fer d'après Raffet; la planche intitulée le Bivouac porte au crayon les noms des personnages entourant le duc d'Orléans. Le vol. 334 k. renferme les vignettes de l'Hist. de Belgique, du Mémorial de Saint-Hélène, etc...

— 335 et 335 a. Œuvre de Boussenot (lithographe de l'industrie). — 336. Œuvre d'Aubert, éditeur des caricaturistes du Charivari et de la Caricature.

Quelques pièces de Daumier, Gavarni, etc. (Voir supp^{ts} non reliés).

— 337 à 337 a. Œuvre de Tudot. (Lithographe).

Vues de France, archéologie. Le 1er vol. contient la Danse des Morts de la Chaise-Dieu en couleur, etc.

— 338 à 338 b. a. Œuvre de Pierre Adolphe et de Pierre Amédée Varin, gr. au burin (4 vol.).

L'œuvre des Varin renferme des pièces archéologiques d'après des objets et des monuments. Portraits dont plusieurs non mis dans le commerce : Mme Courajod, Robert de Lamennais, Amédée Lhote, princesse de Triggiano (1873), copies de Watteau, Lancret, Léopold Robert; quelques petites vignettes contemporaines. — Vol. 338 a. Recueil de documents gothiques pour le commerce, serrurerie. — Vol. 338 b. Planches pour l'art industriel. — Vol. 338 b a. vignettes pour des livres; la vie du comte de Hoym ; menus, ex libris, diplômes, vignette de chasse du prince de Croy; Calendriers, Histoire naturelle, Grandville continué, topographie, vues de La Rochelle (ép. sur chine), modes (1844), portraits contemporains, les abbés Deguerry, Motte ; Ch. Nicolas Varin mort 1812, Didron aîné, Riester, Sophie Richer Bardin, Armand Bourgeois, Duquenelle, V. Froment, Garinet, Charles Geoffroy (charge) Soliman Lieutaud, Michelot, Rouargue, A. Watelet (1881). En plus quantité de portraits copiés sur d'anciennes estampes.

— 338 c. Œuvre de Joseph et Nicolas Varin et des Varin en général, Joseph, Charles Nicolas (1741-1812), Pierre-Amédée, (1818-1883). Adolphe-Pierre (1821), Engène-Napoléon (1831).

Pièces du XVIIIe s. d'après Cochin gravées par les Varin, Joseph, et Charles Nicolas : Galerie du Palais Royal, Antiquités, Architecture et topographie, paysages, costumes et vignettes.

— 338 d et 338 e. Œuvre de A. Maugendre.

Lithographies. Vues de France, suite de pièces sur les dépôts de Zinc de la Vieille Montagne (album). Souvenirs de la Roche-Guyon (1852). — Le 2e vol. contient des albums de Chemin de fer de 1851; album de Vezenobres.

— 339. Œuvre d'André Durand, lithographe.

Auteur du Voyage pittoresque et archéologique en Russie (1842), dédié à la princesse Mathilde par M. Demidoff.

— 339 a. Œuvre de Louis Leroy « graveur, homme de lettres. »

L'œuvre de Louis Leroy, l'auteur dramatique bien connu, a été offert au Cabinet des Estampes par Mad. Leroy. Le catalogue a été dressé par Béraldi dans ses *Grav. du XIXe siècle*. Ses eaux-fortes, datées de 1834 à 1860 environ, représentent des paysages dont quelques-uns ont paru dans l'*Artiste*.

— 340 à 340 k. Œuvre de D. Guilmard, architecte décorateur.

Lithographies exécutées d'après divers travaux de Guilmard pour son ouvrage intitulé « le Garde-meuble ». Ces meubles sont pour la plupart du XIXe siècle. En tout 12 vol. Guilmard est, en outre, l'auteur d'un livre intitulé « Les Maîtres ornemanistes » Paris, Plon, 2 vol. in-8°, 1880, où il donne le catalogue pièce à pièce de tous les ornemanistes dont les œuvres sont conservées à Paris. Nous aurons occasion de retrouver M. Guilmard, ci-après, série H. (Ha 110).

— 341 et 342. (Non employés). — 342 a et 342 b. Œuvre de Eugène Guérard.

Lithographe. Scènes de mœurs de 1845 à 1860. Physionomies de Paris. La Suisse, les Touristes, course de chevaux, etc.

— 342 c à 342 d. Œuvre des Grobon, lithographes.
Quelques portraits contemporains, acteurs de Lyon, modèles de dessin.

— 343. Œuvre de Zéphyrin Gengembre, lithographe.

Mœurs de l'armée d'Afrique, chevaux, animaux. Suite de chevaux, d'après Al. Dedreux.

— 343 a. à 343 b. Œuvre de A. Coupé.

Graveur au burin et à l'aquatinte. Pièces de la fin du XVIIIe siècle dont une au pointillé en couleur. Allégories d'après Gaulle. Planches d'anthropologie, et de pathologie. — Le vol. 343 b. contient des vignettes d'après Desenne pour les *Ermites* de de Jouy. Portraits contemporains : Egger, helléniste, Mme de Genlis, Ali pacha, J.-P. Normand, Bichat, Egerton, plusieurs anonymes. Lithographies aquatintes: Lady Egerton; anthropologie et pathologie; portrait de dame d'après une miniature (sans nom), etc., etc.

— 344. Œuvre de Julien.

Lithographies. Fleurs chromolithographiées ; ornements de fantaisie ; têtes d'étude, etc.

— 344 a à 344 b. Œuvre d'A. Lacauchie.

Lithographies. Costumes de bal de l'Opéra et de théâtre, planches de modes aux environs de l'année 1850.

— 345 et 345 a. Œuvre de Ch. Schultz.

Lithographies. Portraits étrangers, suite de lith. intitulée « Fleurs de Paris » (études de femmes) planches de topographie. M. Schultz a beaucoup dessiné pour la chromolithographie et en particulier pour les planches de la Société Arundel. Voyez ci-devant Ad 148-148 c.

— 345 b à 345 d. Œuvre de Lafosse.

Lithographies. Modèle de dessin aux deux crayons.

— 346. Œuvre de Tuffet, dessinateur du commerce.

Auteur de l'Album du dessinateur pour étoffes et soieries.

— 346 a. Œuvre de Fanoli.

Lithographies. Modèles de dessin aux deux crayons. Les politiciens d'après Woodville (1848).

— 347. Œuvre de Bayot.

Lithographies. Estampes sur la Révolution de 1848 à Paris. Mort de l'archevêque; Siège de Venise en 1848; guerre de l'Indépendance italienne, suite de pièces. Guerre de Crimée. La sainte Chapelle le jour de l'Institution de la magistrature (3 novembre 1849.) Hist. du Mexique d'après Nebel. Album de Wilna. Souvenirs de Kil-Bouroun. 1855-1856.

— 348. Œuvre de Pingot.

Lithographies. Modèles de dessin. Passe-temps des dames, études de femmes. Etudes de chiens.

— 348 a à 348 b. Œuvre d'Eug. Leroux.

Lithographies d'après Decamps, Delacroix, Prudhon, Robert-Fleury, Roqueplan, Géricault; etc. — Le vol. 348 b. contient les œuvres originales de Leroux, titres de romances, etc.

— 349 à 349 b. Œuvre de Soulange-Teissier.

Soulange-Teissier, comme Eug. Leroux, a surtout traduit en lithographie les tableaux de ses contemporains. Il est le meilleur interprète de Rosa Bonheur. Le vol. 349 b contient les portraits de quelques députés à l'Assemblée de 1848.

— 350 à 350 a. Œuvre de Carot.

Lithographies, ornements. Le 1er vol. contient deux trophées de chasse et de pêche, et des ornements d'architecture, etc., etc.

— 351. Œuvre des Paris.

Lithographies de E. Paris. Navigation chinoise en 1842, Bateaux des Philippines, etc. Le Touriste pyrénéen (vues diverses des Pyrénées).

La seconde partie du volume comprend les gravures au burin de G. Paris, graveur de 1787, et les lithographies de J. Paris, chiens et animaux divers.

— 352. Œuvre de L. Sabatier.

Vues d'Orient en lithographie en couleur. Crimée et mer Noire, Italie. Pèlerinage de la Salette. Forges de Commentry, Montassiégé, Montluçon, etc.

— 353. Œuvre du baron de Wismes.

Lithographies en album sur le Maine et l'Anjou. En tête du recueil, une table manuscrite par M. Georges Duplessis (manque le n° 4).

— 354. Œuvre de Oortman.

Graveur au burin et à l'eau-forte du commencement du XIXe siècle. Vignettes d'après les maîtres. Oortman a surtout gravé Rembrandt.

— 355. Œuvre d'Emile Sagot.

Lithographies. Album de Saône-et-Loire. Archéologie de la Bourgogne, de la Champagne pour le voyage de Taylor, etc.

— 356. Œuvre de Raunheim.

Lithographies. Tableaux de la Révolution de 1848. Scènes de mœurs d'après Vallou de Villeneuve. Quelques planches d'ethnographie, entre autres une danseuse javanaise de 1853. Portraits israélites : MM. Alcan, président du Consistoire israélite, Dr Cahen, Isidor, etc.

— 357. Œuvre de Daniaud.

Lithographies. Album des guerres de Vendée.

— 358 et 358 a. Œuvre de E. Marc.

Lithographies d'après les œuvres de David d'Angers.

— 359 à 359 c. Œuvre de J. Laurens.

Lithographies d'après les contemporains, Album de Plombières. — Le vol. 359 a contient une suite des œuvres d'après Auguste Rolland. Chromolithographies de costumes orientaux d'après Teichel. Le vol 359 c renferme les œuvres principales de Jules Laurens d'après les maîtres contemporains, Diaz, Henner, Rousseau, R. Bonheur, etc. Portefeuille de voyage édité par Goupil en 1866. (Vues d'Orient).

— 360. Œuvre de Malapeau.

Lithographies. Imagerie romantique. Encyclopédie de l'ornement (1847). Vues pittoresques de Paris.

— 361 à 361 a. Œuvre de Bachelier.

Lithographies. Album de la Sicile et des Etats romains, royaume de Naples, Lombardie, etc. Paysages d'Orient. Le vol. 361 a contient des vues de Bordeaux, Vichy, Londres, Ermenonville, Varsovie, Paris, etc.

— 362 (Non employé). — 363. Œuvre de A. Fillot.

Lithographies. « Pastiches et vieux maîtres », suite d'ornements. La seconde partie du recueil renferme des dessins originaux pour étoffes ou papiers.

— 364 et 364 a. Œuvre de J. Desandré.

Lithographies. Scènes de mœurs de 1855 environ. Portrait de l'impératrice Eugénie et de son fils (1856).

— 365. Œuvre de J. Gaildrau.

Lithographies. Auteur des figures pour certaines lithographies des *Voyages pittoresques* de Taylor. Funérailles de Chateaubriand à Saint-Malo (1848). Suite d'impressions de voyages. Marchands à Lima (1855) Costumes militaires français (1855), tirage en couleur. Matériaux du jeune artiste.

— 366. Œuvre d'Ed. Morin.

Lithographies. Suite pour la Galerie royale de costumes, Costumes des clans écossais. Episodes de la guerre d'Italie. Suite de charges sur les *Gens,* lith. à la plume. Séries pour papier de tenture (1851). L'œuvre principale d'Edmond Morin se trouve dans les journaux illustrés.

— 366 a. Œuvre des Morin (Edmond, Edouard et Henri.)

Lithographies. Album des jeunes demoiselles. Contes de fées. Charges politiques pour le Charivari. Ce même volume contient des portraits par Edouard Morin, et une vue lith. par H. Morin représentant Ferrette dans le Haut-Rhin.

— 367. Œuvre de Frédéric Legrip.

Lithographe. Portraits inédits d'artistes français pour un livre de Ph. de Chennevières (Paris, 1858, in-fol.). Souvenirs de voyages, 25 grav. à l'eau-forte (Bretagne et Normandie), etc.

— 368 et 369. Œuvre de Célestin Allard.

Lithographies d'ameublement (1850-1860).

— 370 et 371. Œuvre de Courson.

Lithographies d'ameublement.

— 372. Œuvre d'Ovide Reynard.

Lithographies. Lettres ornées, papiers peints, reliures anciennes, bijouterie, etc.; etc. (Voir Hd 25 à 25 b).

— 373. Œuvre de Lechard.

Grav. en taille douce. Vignettes historiques. Vues de Paris, Londres, etc., pour des guides.

— 374. Œuvre du P. Martin, jésuite.

Mélanges archéologiques remis au Département des Estampes par le P. Cahier.

— 375. Œuvre de Léveillé.

Lithographies. Portraits de députés (1848).

— 376. Œuvre de Quillenbois (Charles de Sarcus).

Charges lith. pour le Charivari.

— 377. Œuvre d'Athanas Farcy.

Lithographies. Portraits.

— 378. Œuvre d'Emile Dardoize.

Lithographies ou « teintes graduées », paysages.

— 379. Œuvre de Ad. Damourette.

Lithographies pour le Charivari. Séries sur les femmes inspirées de Gavarni.

— 380. Œuvre de Adams.

Recueil de sculptures gothiques par Adams (Paris, Morel, 1856. in-4°).

— 381. Œuvre des Geoffroy.

Lithographies pieuses de J. Geoffroy. Vignettes en taille douce par C. Geoffroy.

— 382. Œuvre de Ernest et de Frédéric Hillemacher.

Grav. à l'eau-forte. Fréd. Hillemacher a publié des suites de portraits anciens ou modernes et d'acteurs de la Comédie française. A citer les portraits de Mme Adorne (1832) d'après Flora Geraldi, de Mazas, de Préville, du peintre Prudhon, de Robespierre (1786) et de Zingarelli.

— 383 à 383 b. Œuvre de Léopold Flameng.

Gravures au burin et à l'eau-forte. Il sera bon de consulter, au sujet de l'œuvre de Flameng, le catalogue de M. H. Béraldi. Planches pour l'Artiste et la Gazette des Beaux-Arts. — Le vol. 383a contient Paris qui s'en va. Copies d'après Rembrandt. Vignettes pour Manon Lescaut. Des portraits, entre autres l'Enfant bleu de Gainsborough, Burty père, Gérard de Nerval, Mme de Girardin, Miss Graham (une épreuve de cette pièce est exposée dans le salon d'entrée), Guizot, Jean, peintre de faïence, Jeanron, Laferrière, Mlle Mayer, Overbeck, E. Piogeu, Rachel, Sacy, petit Swieytowski en saint Jean, Mad. Thibaudeay (1868). etc. — Le vol. 383b contient les plus grandes pièces, entre autres la Pièce aux cent florins d'après Rembrandt, etc.

— 384 à 384 b. Œuvre des Pauquet.

Gravures en taille douce. Costumes historiques français et étrangers.

— 385. Œuvre de Jacott.

Lithographies d'après les maîtres. Lithographies originales. Pièces historiques, Bombardement de Venise (1848). Voyage du président Louis-Napoléon à Cherbourg. Portraits : Caldas, R. P. Laurent, divers personnages brésiliens. Lithographie à fond dégradé représentant une femme de 1840 environ en costume de *Houri*. Images de mœurs : Soirées de garçon, les Perturbateurs, les Joueurs d'échecs (1847), Cabinet de lecture, les Dégustateurs, etc.

— 386. Œuvre d'Achille-Eugène Sirouy.

L'œuvre d'Achille Sirouy est à un bon rang au nombre des lithographes traducteurs. Le Cabinet des Estampes expose de lui dans la salle d'entrée le portrait de Mad. Anthony d'après Prudhon. Le recueil Ef 386 contient des pièces religieuses d'ap. Ciappori, l'Atelier de Craesbecke, l'*Adversité* de Tassaert, des animaux d'ap. Troyon, des scènes d'ap. Marchal, Frère, Ch. Moreau, Baldi, une série de planches d'ap. Magaud pour la galerie du Cercle religieux de Marseille ; Épisodes du siège de Malakoff (avec des poncifs pour les noms) d'ap. Aillaud ; le Marchand d'ap. Castan, le Chemin étroit. Études de chiens d'ap. Earl. Cours d'animaux d'après Rosa Bonheur. Portraits. Le czar Alexandre III, la princesse Béatrice d'Angleterre d'ap. Phillip, V. Delannoy, évêque, l'abbé Duquesnay, le F. J. Engelvin, Armand Gignoux, évêque, la comtesse de Chastenay-Lanty (1808?) d'ap. Gounod. Consulter également les Suppléments reliés AA 1, 2, 4, 5, et les Suppléments non reliés Sɪʀᴏᴜʏ.

— 387. Œuvre de Thielley.

Lithographies d'ap. les maîtres. The Book-Worm d'ap. Spitzweg. Hue dada ! Vocation d'artiste d'ap. Girardet, la Partie de whist d'ap. Hillemacker (1854), la Contrainte par corps, la Révélation d'ap. Girardet, plusieurs planches sur les mœurs de 1840 à 1860, destinées au Musée des Rieurs. Les Bains de l'Hôtel Lambert, Rendez-vous des lionnes, les Bains d'Asnières, Animaux d'après Rosa Bonheur.

— 388 à 388 b. Œuvre de R. Pfnor, architecte.

Monographie du château de Fontainebleau (Paris, Morel, 1864, in-fol.). Les planches sont gravées par divers artistes d'après Pfnor. Le texte est de Champollion Figeac. Le vol. 388 b contient l'architecture de Louis XIV, Louis XV et Louis XVI (1885), au palais de Fontainebleau. Les autres ouvrages de Pfnor sont dans les séries Hc 21 a, Hd 83 e et 83 f., Ve 153 et Vg 35.

— 389 et 390. Œuvre de Raphaël Jacquemin.

Lithographies et gravures à l'eau-forte sur l'histoire du Costume en France. Iconographie générale... du Costume de Paris (1864-69). C'est dans cet ouvrage de vulgarisation que les artistes trouvent le plus de renseignements groupés.

— 391. Œuvre de G. Bourgerel.

Lithographies. Fragments d'architecture et de sculpture antiques.

— 392 et 392 a. Œuvre d'Octave de Rochebrune.

L'œuvre de Rochebrune composé de gravures à l'eau-forte a été étudié par M. Ch. Marionneau (1865), in-8°. C'est une source de renseignements pour la topographie et l'archéologie de certains de nos départements de l'Ouest. Un livre de M. de Rochebrune et de M. Fillon sur le Poitou et la Vendée (Niort, 1887, 2 vol,), est dans la série V sous la cote Ve 161 b + et 161 b ++.

— 393 à 393 a. Œuvre de Alfred Robaut.

Fac-simile en lithographie des croquis et dessins d'Eugène Delacroix (2 séries).

— 394. Œuvre de Preziosi.

Lithographies sur l'Extrême-Orient tirées en couleur. Scènes de mœurs et costumes (1857). Souvenirs du Caire (1862). Ces ouvrages sont des plus intéressants pour l'histoire des mœurs.

— 395. Œuvre de Michel Bouquet.

L'œuvre de Michel Bouquet n'est point à sa place ici; ses dessins ont été traduits par Cicéri et Ferogio. L'Album Valaque a été publié en 1842. L'*Ecosse* a été publiée en 1851.

— 396. Œuvre de Pirodon.

Lithographies d'après les maîtres anciens et les modernes. Pirodon a lithographié des scènes populaires et bourgeoises, des chasses d'après Jadin.

— 397. Œuvre de Charles Méryon.

L'œuvre de Méryon a été étudié plusieurs fois par Philippe Burty, par Béraldi et divers auteurs. L'originalité du talent de Méryon a rendu ses œuvres aussi célèbres et aussi recherchées que nombre de pièces signées par les grands maîtres. Les recueils de la Bibliothèque renferment plusieurs états, mais n'ont point été classés d'après l'ordre des numéros adoptés par Béraldi. En voici le détail : Portrait de Méryon par Bracquemond, Marine (1850), autre Marine (1856), Porcs (1850), Chevaux. Toutes ces pièces d'ap. Karel Du Jardin. Paysages et vues de ville d'ap. Zuman; Grande salle du Palais, d'ap. Ducerceau, Pont au change d'après un dessin de Nicole ; Dessous du Pont au change; copie d'une miniature dédiée à Fillon (2 états). Eaux-fortes sur Paris (1852) avec divers états des planches. Pièce du collège Henri IV (dans ses deux états). Pièces sur l'Océanie. Frontispice pour l'ouvrage d'Arnauldet sur Thomas de Leu (1866). Portraits contemporains : De Blain de Bizeul (4 états), Evariste Boulay-Paty, Benjamin Fillon (3 états). Encadrement du portrait d'Armand Guéraud

(5 états). Casimir Lecomte d'après G. B. (2 états). Nombre de portraits anciens copiés. Il faut consulter également les Suppléments reliés Æ 6. Méryon.

— **397 a à 397 e. Œuvre de Léon Gaucherel.**

L'œuvre de Gaucherel a été catalogué par Béraldi. Voici le détail des recueils de la Bibliothèque. — 397 a. Pièces d'après Bida, Apôtre d'ap. Meissonier (portrait de Meissonier), Fleurs d'après Juan de Arellano, Fleurs des Tuileries, Fleurs diverses, Nature morte d'après Ph. Rousseau, diverses natures mortes, gibier ou poisson, imitations de gravures ou de dessins anciens, Femme d'après Lancret, Exposition des tableaux (1690) d'ap. un almanach, Salon de 1757, Enfant peint par Mlle Vigée 1772, Médée d'ap. Delacroix, les Amants d'ap. Courbet, grav. d'après Troyon, fac-similé de dessins à la plume par Meissonier, gravures d'ap. les tableaux du même et d'autres peintres, la Bibliothèque de Subiaco d'ap. Ethofer, Jeune fille d'ap. Sarah Bernhardt. — 397 b. Paysages et Antiquités : Paysages d'ap. Harpignies, d'ap. Héreau, d'ap. Millet, etc. — 397 c. Les côtes de France par Léon Gaucherel (divers états des planches), marines diverses, croquis et estampes d'archéologie, architecture, etc. — 397 d. Rapport à l'Impératrice sur les établissements de bienfaisance 1867 (suite de pièces), vues diverses de Venise, etc. Portraits de divers acteurs de la Comédie française d'ap. des photographies; autres portraits : duc d'Aumale, Gustave Coquelin, Ch. Garnier, de Guilhermy, Harpignies, A. Lance, Léonide Leblanc, lady Montague d'ap. Ingres, Viollet-le-Duc, etc. — 397 e. 12 costumes d'Italie d'après Barbault 1750, Architecture idéale d'ap. Duban (le dessin original appartient à M. Dauney), la déesse Hippône d'après l'original du cabinet des médailles, divers objets d'archéologie. Menus de dîners de corps, etc. Indépendamment de ces recueils, consulter aussi les suppléments reliés Æ 4. Gaucherel, et le vol. V e 138 a. (*Le vieux Périgueux* par L. Gaucherel et Verneilh).

— **398 et 398 a. Deux albums de Snob par Crafty (Géruzez) Croquis de la vie parisienne. — 399 et 399 a. Œuvre d'Émile Vernier.**

Émile Vernier était un peintre qui s'était donné à la traduction lithographique des tableaux contemporains. Voici la répartition dans les recueils. — 399. La Vierge d'ap. Tassaert, Othello d'après Rodriguez, d'ap. Delacroix, Combat de coqs, d'ap. Roybet, l'Usurier d'ap. Mérino, l'Examen d'ap. Brandon, grand Sanhédrin en 1807, Pifferare d'ap. Bonnat, la Récolte d'ap. Millet, le Vanneur (id.), la Fileuse (id.), Suites de pièces d'ap. Brion, Diaz, Duvau, Debat-Ponsan, G. Colin, Pasini, Decamps, Henner, G. Courbet, Carraud, de Meuron, Ribot, Lévy, G. Doré, Magy, Baron, Chaplin, Huguet, J. Gigoux, Géricault, Jacque, Meissonnier, Balleroy. (La remise des Chevreuils par G. Courbet, l'Angelus d'ap. Millet), Daubigny. — 399 a. Pièces d'ap. Corot, J. Didier, J. Dupré, Lalanne, Courbet, P. Rousseau, Lambert. Album de Trouville-Deauville, par Vernier d'ap. Boudin (1865), lithographies d'ap. Maurice Sand pour les *Légendes*. Deux pièces patriotiques sur le siège de Paris. Portraits : une dame d'ap. Henner, Brière de Boismont, Mollerat, P. Fruchaud év. de Limoges. Voir aussi aux suppléments Æ 4, 5.

— 400 à 400 a. Œuvre d'Alphonse et Jules François.

Les frères François ont gravé au burin pour la chalcographie du Louvre, la Société de gravure et la maison Goupil. Il faut citer du premier le Mariage mystique de Ste-Catherine d'après Memling, du second le Galant militaire d'ap. Terburg. Le vol. 400 a. renferme les grandes pièces de l'œuvre. On a exposé dans la salle d'entrée deux des pièces principales des frères François.

— 401. Œuvre de J. Levasseur.

Graveur au burin, a surtout travaillé pour Goupil, pour la chalcographie et la Société de gravure. A citer dans son recueil le Tombeau de Daniel Stern d'après Chapu, etc. Plusieurs portraits contemporains : P. Delaroche, Demarquey, Dupanloup jeune, Léon Faucher, Mme Fay, Federowitz, Dr Gachet, François Girard, Dr Godard, Mlle Healy, Jasmin, Prosper Jourdan, Laboulaye, Mme Massard, Peabody, Ch. Pellerin, l'abbé Perreyve, Hippolyte Rigaud, Mme Schneider.

— 402. Œuvre d'Émile Rousseaux.

Graveur au burin. A citer la Martyre chrétienne d'ap. Delaroche (7 états), Portrait d'homme d'après Francia (8 états), Portrait de Philippe Gille du *Figaro* en 1859, Maniel, ingénieur, V. Morel, Mme de Sévigné d'ap. Nanteuil (9 états).

— 403. Œuvre de Pontenier (gravures sur bois pour le Paris-Miniature). — 403 a. Œuvre de L. Massard.

Gravures à l'eau-forte et au burin : St-Gérôme d'ap. Bonnat, Barbier nègre à Suez, deux Scènes d'enfants d'ap. Lobrichon. Portraits : Bonnat, V. Hugo, Lavigerie d'ap. Bonnat (2 formats), Lesseps (id), Le Tarouilly, Rachel d'ap. une phot., Rachel morte, Thiers d'après Bonnat, etc.

— 404. Œuvre de Danguin.

Graveur au burin. A citer le Pérugin du musée de Lyon (1847) 2 formats, le Songe du chevalier d'ap. Raphaël. M. Danguin a gravé pour la Société de gravure deux Rembrandt, la Maîtresse du Titien, etc. Portraits : Chenavard, Demetz fondateur de Mettray, Dupasquier, l'Imp. Eugénie d'ap. Pommayrac, Guimet, de Laprade, Meissonier, Mickiewicz, A. de Musset, Reyre président à Lyon.

— 404 a. à 404 c. Œuvre de Ferdinand Gaillard.

L'œuvre est ainsi réparti dans les recueils du cabinet des Estampes, la collection la plus riche en épreuves rares. (Ferdinand Gaillard, ami des conservateurs, réservait pour eux les états si particuliers de ses planches). — 404 a. Vierge d'après Jean Bellin (4 états), la Vierge d'Orléans (4 états), la Vierge et St-Jean d'ap. Botticelli (5 états), les Disciples d'Emmaüs d'ap. Rembrandt (9 états), St-Georges d'ap. Raphaël (31 états), statue de Gattamelata (4 états), l'Homme à l'œillet de Van Eyck (4 états), Tête de cire de Lille (3 états), l'Homme couché de Michel-Ange (9 états), St-Sébastien d'après F. Gaillard (8 états),

Œdipe et le Sphinx d'ap. Ingres (5 états). — 404 b. Jean Bellin, prince Bibesco, Mgr Billard, Henri comte de Chambord (4 états), le père Didon, Dom Guéranger (7 états), le P. Hubin (17 états), Léon XIII (3 états), Mistral, Pie IX (7 états), Mgr Pie (10 états). — 404 c. la sœur Rosalie (23 états), Mgr de Ségur, Veuillot, etc., etc. Études et croquis à l'eau-forte, photographies d'après les peintures de Gaillard, etc.

— 405. Œuvre de Huot.

Graveur au burin. Planches d'ap. les maîtres pour Goupil, la Société de gravure, ou la Chalcographie. A citer le Jugement des prix de l'arc, pour la Société de gravure (8 états), le poète florentin d'ap. Cabanel (9 états), la cigale d'ap. Lefebvre, le Billet doux d'ap. Toulmouche, Phryné (divers états), le Joueur de violon de la galerie Sciarra (10 états), etc.

— 406 Œuvre de Charles Bellay.

Graveur au burin. Têtes d'études ; portraits : Baudry peintre, Armand architecte, donateur de la collection sur l'Histoire de l'Art au Cabinet des Estampes, Augustin Cochin, Henriquel, Picot, Schnetz, Thiers, etc.

— 407. Œuvre de Ch. Courtry.

Eaux-fortes d'après les contemporains. Consulter le catalogue Béraldi M. Courtry s'est essayé à tous les genres, depuis Henner jusqu'à Gavarni. Portraits : Duban, le pape Léon XIII d'ap. Chartran, etc.

— 407 a. « Œuvre de Jules de Goncourt donné au cabinet
» des Estampes de la Bibliothèque nationale par son frère.
» Œuvre unique formé par le graveur, offrant la réunion de
» ses quatre-vingt-six eaux fortes, dont quelques-unes n'ont
» été tirées qu'à deux ou trois exemplaires, et contenant tous
» les états. A la collection des eaux-fortes de mon frère, je
» joins quelques très méchantes planches faites à ses côtés,
» pour lui tenir compagnie, pendant qu'il piochait le cuivre.
» Novembre 1884. Edmond de Goncourt. Un catalogue
» détaillé de ces eaux-fortes a été rédigé par Burty et publié à
» la Librairie de l'Art en 1876. »

Ces eaux-fortes sont des curiosités de dilettante. Quelques pièces sont intéressantes pour la chronique contemporaine : Edmond de Goncourt dessinant, une Salle d'armes, Salle des Ventes, E. de Goncourt fumant (3 états).

— 408 à 408 p. Œuvre de Jules Jacquemart.

L'œuvre de Jules Jacquemart a été étudié par M. Louis Gonse (catalogue de l'œuvre de Jacquemart in-4°) et les recueils de la Bibliothèque, s'ils ne sont pas classés dans l'ordre adopté par M. Gonse, donnent les numéros de son inventaire au bas de chaque pièce. Les

volumes 408 et 408 a sont seuls dans le service public, les autres de
*408 b à *408 p sont en réserve. Voici le détail très sommaire des
recueils. — 408. Objets de curiosités, en états secondaires. — 408 a.
Reproductions de tableaux, pièces originales. Portraits, etc. — *408 b.
et *408 c. Planches d'après les maîtres. — *408 d. Portraits, ornements,
vignettes. — *408 e. Objets d'art et de curiosité. — 408 f. Compositions,
fleurs, études, paysages. — *408 g. Reliures. — 408 h. et 408 i. Gemmes
et joyaux de la couronne. — *408 j. Histoire de la Porcelaine. —
408 k. Céramique, armes, paysages. — *408 l. et *408 m. Médailles de
l'Hist. d'Amérique. — *408 n et 408 o. Hist. du Mobilier. — *408 p.
Vignettes diverses.

— 409. Œuvre de Lerat.

Graveur à l'eau-forte. Reproduction de tableaux anciens et modernes.
Plusieurs planches d'après Meissonier. Portraits contemporains :
D'Ailly, Broët, Alfred Delvau, Michel Hennin (3 états), Vte de Janzé
(3 états), le duc de Luynes, Mahérault, Pillon (4 états), Ricord, Spontini,
Taschereau (3 états), Tennyson.

— 410. Œuvre de Morse.

Graveur au burin d'après les maîtres. La Vierge aux donataires de
Memling (4 états). Collaboration d'ap. Gérôme (3 états), etc.

— 411 à 411 a. Œuvre de Bracquemond.

L'œuvre de Bracquemond est trop immédiatement contemporain pour
que nous ayons besoin d'en détailler longuement les recueils. Les
pièces contenues dans les albums de la Bibliothèque, provenant pour la
plupart du Dépôt légal, ne constituent pas une réunion digne du talent
de M. Bracquemond. En général, ces croquis à l'eau-forte ou ces rares
lithographies traduisent, en les arrangeant, les tableaux des maîtres
contemporains. On devra consulter les suppléments reliés AA 3, 4, 5
pour les grandes planches d'après J.-F. Millet ou Gustave Moreau.

— 412. Œuvre de Edmond Hédouin.

Vignettes originales gravées à l'eau-forte, pour Molière, l'abbé
Prévost, et Bernardin de St-Pierre.

— 412 a à 412 d. Œuvre de Valentin Foulquier.

Gravures à l'eau-forte pour les ouvrages publiés par la maison Mame
à Tours. Les vignettes pour Molière sont dans le vol. 3.

— 413. Œuvre de Jules Jacquet.

Graveur au burin, d'après les maîtres. A gravé le 1807 d'ap. Meissonier, Mme Récamier d'ap. David. Consulter les suppléments reliés
AA, 4, 5, 6.

— 414 et 414 a. Œuvre de Ch. Oury.

Graveur au burin. Planches archéologiques pour la *Revue Archéologique*, etc.

— 415 à 415 b. Œuvre de Rajon.

Graveur à l'eau-forte. Reproduction de tableaux de maîtres, vignettes, etc.

— 416. Œuvre de Ch. Waltner.

L'œuvre de Waltner renferme la plupart des estampes gravées à l'eau-forte par cet artiste. Les grandes pièces sont dans les suppléments reliés Aa, 4, 5, 6.

— 417. Œuvre de Achille Jacquet.

Graveur au burin d'après les maîtres.

— 418. Eaux-fortes de Ponthus-Cinier, Lyon 1887.

Eaux-fortes, paysages, etc.

— 419. Œuvre de Cl. Bellenger.

La *Vie rustique* d'après les dessins de Lhermitte pour la Librairie artistique de Launette. Épreuves d'essai des gravures sur bois, tirages Chine.

— 420. Œuvre de Valère Lefebvre (25 eaux-fortes 1891).

NOTA. — *Indépendamment des artistes mentionnés dans cette longue liste, d'autres moins féconds ou moins favorisés ne sont représentés au cabinet des Estampes que par quelques pièces. Il serait trop long de les énumérer ici. Aussi conseillons-nous de ne point s'en tenir à notre inventaire sommaire, et de demander les suppléments reliés ou non reliés au nom de l'artiste dont on cherche l'œuvre. Quelques exemples : M. Rops, qui ne dépose point ses pièces, n'a point d'œuvre relié au cabinet ; ni M. Baude, ni M. Lepère, ni tant d'autres qui tiennent cependant un bon rang dans leur art ; mais ils sont représentés aux suppléments. De plus, certains graveurs sur bois du XIXe siècle ayant travaillé pour les périodiques ou les livres, ont été collectionnés par M. Gentil, et les cartons cédés par lui à la Bibliothèque portent les cotes Zb 1 à Zb 54 ci-après. Consulter également les Graveurs du XIXe siècle, par Henri Béraldi.*

DIVISION **Eg**. — **Editeurs et imprimeurs**. — **Recueils de lithographies et de photographies.**

Eg 1. J.-B. Rossi. Monuments de Rome, 1653, in-$4°$. — 2 à 4 (Non employés). — 5 et 6. Lithographies diverses imprimées chez Lemercier. Spécimens de procédés. (Voir également les suppléments non reliés LEMERCIER.) — 7. Armengaud. Gravures sur bois destinées à l'Hist. des Peintres. — 8. Lithographies diverses imprimées chez les frères Casse. — 9 à 11. Mélanges photographiques de Blanquart-Evrard. Le vol. 10 contient les monuments de France photographiés par lui. — 12 Photographies de Rome par Bertrand. — 13 à 15. Photographies prises par Lesecq d'après les cathédrales de Strasbourg, Reims, Chartres et Amiens. — 15 a. Cathédrale de Reims. Phot. par Trompette en 1888. — 16. Bords du Rhin. Phot. par Marville. — 16 a à 16 e. Cinq recueils de photographies exécutées par Mieusement d'après les monuments historiques debout ou en ruines.

> Ce recueil de photographies est du plus haut intérêt pour les études archéologiques. Certains détails d'architecture gothique sont fournis d'après les moulages du Musée du Trocadéro. Les monuments y sont classés par liste alphabétique des noms de lieux.

— 17. Album de machines. Outils de la maison Mazeline au Havre. — 18. Album de locomotives du Chemin de fer du Nord. Phot. par Rosenthal (1866). — 19. Recueil de Neurdein. Photographies instantanées à Paris. Monuments et rues.

NOTA. — *Pour toute la série des éditeurs demander les suppléments non reliés au nom de chacun : Lemercier, Engelmann, Pellerin, Goupil, Boussod et Valadon, etc., etc., etc.*

SCULPTURE.

SÉRIE F.

La série F renferme les ouvrages spéciaux ou les recueils factices concernant les œuvres de sculpture, ou de gravure en médailles de toutes les écoles.

Voici les divisions de la série.

Fa. Sculpture proprement dite, œuvres d'artistes.
Fb. Statues antiques et modernes.
Fc. Bas-reliefs en général.
Fd. Pierres gravées.

Division **Fa.** — **Sculpture proprement dites ; œuvres d'artistes.**

Fa 1. Il Tabernacolo della madona d'Or'San Michele par Orcagna 1851. — 1 a. Œuvre de Donatello. (Principales œuvres gravées ou photographiées d'après le maître, recueil factice). — 1 a +. Vita ed opere del Donatello par J. Cavallucci, Milan, 1886. — 1 a ++. Donatello à Padoue, par W. Bode. Paris, 1883. (Trad. de Ch. Yriarte). — 1 b. Bustes italiens du Musée de Berlin par Bode. Berlin 1883. — 2 et 2 a. Sculptures et œuvres des Della Robbia. Le vol. 2a et entier réservé à Lucca della Robbia (Photographies). — 2 b. Les della Robbia par J. Cavallucci et Molinier, Paris 1884. — 3. Œuvre de Jean de Bologne. — 3a. Statue de Jean de Bologne à Gênes (Phot.). — 3 b. Vie de Jean de Bologne par Abel Desjardins. (Paris 1883). — 4. Eloge de Jean de Bologne par Duthillœul. — 4a. Œuvre de de Benvenuto Cellini. — Œuvre de J.-L. Bernini. — 6. Recueil des Statues exécutées à Rome. (Carta Maxima). — 7. Œuvre de Canova. — 8. Description des ouvrages de Canova par Albrizzi, 1809. — 9. Œuvre de Canova par Réveil. — 10 et 11. (Non employés). — 12. Œuvre de Arthus Quellinus. — 13 à 19. Œuvre de Thorwaldsen (1811-1851). — 20. Musée Thorwaldsen, 1851. — 21. Œuvre de Thorwaldsen, Stuttgard 1834. — 22. Œuvre de Jean-Henri de Dannecker. — 23 et 23 a. Œuvre de Adam Kraft ; le vol. 23a contient l'ouvrage écrit par Wanderer sur Adam Kraft (1490-1507). — 24 à 27. Œuvre de Flaxmann. Le vol. 27 contient l'œuvre de Flaxmann publié par Nitot-Dufresne. — 28. Œuvre de J.-G. et de Rod. Schadow (Berlin 1849). — 29. Statue de Frédéric-le-Grand par Rauch. (Berlin 1851). — 30. Statues des Rois de Bavière par Schwanthaler. — 31. Œuvre de G. Cumberland (1795). — 32. Œuvre de Fogelberg publié par C. Leconte (1856). — 33. Fêtes d'Eleusis, poème de Schiller. Composition de Wagner grav. par Ruschweih, Rome 1817. — 34 à 38. (Non employés). — 39. Œuvre de Michel Columb (Tombeau de François II). — 40 à 40b. Œuvre de Jean Goujon. Le vol. 40 b est publié par Réveil. — 41. Œuvre de Pierre Puget. — 42. Œuvre de J. Sarrazin. — 43 et 44. Œuvre de Bouchardon.

Indépendamment de ces deux volumes de Bouchardon où se rencontrent des pièces de toute nature, costumes, mœurs, etc. Bouchardon est représenté au cabinet des Estampes par un recueil de dessins originaux et de contre épreuves représentant les médailles du règne de Louis XV. Ce volume d'un haut intérêt artistique est coté Pb. 31.

— 45 à 45 a. Œuvre de Juste-Aurèle Meissonnier.

L'œuvre de Meissonnier ornemaniste-décorateur du XVIIIe siècle, a été catalogué pièce à pièce dans les *Maîtres Ornemanistes* de Guilmard p. 155. Meissonnier est le sculpteur-architecte qui a le plus contribué à la diffusion du rocaille en France. Quelques dessins égarés dans les recueils d'architecture sont peut-être de Meissonnier. Le vol. 45 a est la reproduction du vol. 45.

— 46. Œuvre de Jacques Saly.

L'œuvre de Jacques Saly comme celui de Bouchardon, renferme une série de croquis sur les costumes et les mœurs de son temps. L'album est intitulé : « Recueil de caricatures dessinées par J. Saly et gravées par A. D. de Lalive. D. J. (de July). » Ces charges concernent des personnages de 1750 environ. On y voit « le cuisinier de l'Académie roïale de peinture. » etc. Saly est l'auteur de la statue de Frédéric V, roi de Danemarck, et de divers monuments funéraires. A citer aussi à la fin du vol. une suite de vases historiés dessinés et gravés par lui (30 pièces).

— 47. Œuvre de Chaudet, peintre et sculpteur, et de Mme Chaudet, peintre. (av. 1810).

Chaudet n'a guère produit que des œuvres imitées de l'antique ; la statue de Napoléon même est du romain ; sa femme Elisabeth Gabiou, a donné de petites scènes enfantines gravées par Godefroy.

— 48. Œuvre de Romagnesi. — 49 et 50. Œuvre de David d'Angers.

Le vol. 50 renferme tous les médaillons exécutés par David, photographiés et classés alphabétiquement.

— 51. Œuvre d'Antoine Etex. — 52. Sculpture ethnographique par Charles Cordier. Photographies. — 53. Œuvre de Jacques Ed. Gatteaux (1875). — 54. J. Bonnassieux. Douze statues de la Vierge. Paris 1879.

Nota. — *C'est dans les suppléments reliés et non reliés que se trouvent la plupart des œuvres de sculpteurs. On devra donc ne pas omettre cette source d'informations dans les recherches sur tel ou tel statuaire. Les œuvres de ces artistes ont été peu gravés et ne comportent que rarement un recueil spécial pour chacun.*

Division **Fb**. — **Statues antiques et modernes.**

Fb 1. Le Jupiter Olympien par Quatremère de Quincy. — 1a. La Vénus de Milo par F. Ravaisson (1871). — 2. Statues et bas-reliefs antiques.

> Recueil provenant de l'abbé de Marolles et ayant gardé des reliures du XVIIe siècle aux armes de France. Les statues antiques et les statues modernes y sont mêlées. Outre les statues, l'abbé de Marolles a réuni dans cet album les bustes antiques publiés à Rome en 1569, les figures d'héroïnes grecques ou romaines, des bas-reliefs, de l'architecture antique, le cirque, les colonnes, etc.

— 3. Recueil de statues antiques et modernes (1704). — 4 et 5. Recueil de statues (2 vol.) — 6. Statues antiques publiées par Piranesi. — 7. Monuments de sculpture anciens et modernes par Vauthier et Lacour (1812). — 7a. *Statues antiques gravées par Woériot. — 8. Marbres antiques publiés par Braun. Leipzig (1843). — 9. Statues publiées par Sandrart Nüremberg (1680). — 10. Statues antiques par Jan de Bisschop. — 11· Statues antiques par Houbraken (Dordrecht 1700). — 12 à 12k. Musée de sculpture publié par Clarac.

> Les 6 premiers vol. contiennent les statues du Louvre et des Tuileries au commencement du XIXe siècle, les bas-reliefs et l'iconographie. Le texte occupe les 6 autres volumes.

— 14. Statues de divers musées (Rome, Naples, Florence) à l'usage des artistes (figurines sans importance). — 15 et 15a. « Les plus belles statues et antiquités de Rome, dessinées copiées exactement sur les originaux par le sieur De Marne dessinateur graveur ordinaire de la feue reine, architecte, membre de la Société des Arts et des Sciences. »

> Ces très médiocres dessins à l'encre de Chine sont des copies faites d'après les gravures de Perrier. Les deux vol. sont pour la plus grande partie doubles l'un de l'autre. Le premier est relié aux armes du roi Louis XVI et provient du duc de Lavallière.

— 16. Statues de Rome publiées par J.-B. de Cavalleriis (1585). — 17. Statues de Rome publiées par de Rubeis (1645). — 18. Statues gravées et publiées par F. Perrier (1638). — 19. Cinq statues égyptiennes du Capitole. Dessins originaux (Reliure aux armes de Clément XI). — 20. Statues grecques et romaines trouvées à Rome (1755). — 21. Statues du Capitole (1795). — 22 et 22 a. Statues des Jardins Boboli à Florence (1779). — 23. Figures et groupes colossaux exécutés en neige à Anvers en 1772. — 24. Recueil de figures, statues de Versailles par Thomassin (1694). — 25. Statues de Versailles dessinées à l'encre de Chine.

Ce recueil précieux provient de la vente de l'architecte de Cotte en 1810. Toutes les statues du parc de Versailles y sont dessinées assez habilement, et le nom du statuaire y est donné dans la légende. On y a joint les gaines et quelques vases. Reliure riche du XVIIIe siècle.

— 26. Statues. Termes et bustes des jardins de Versailles. — 27. Les jardins de Versailles expliqués.

Pour toutes ces statues et les jardins de Versailles on devra consulter aussi les recueils topographiques du château et des jardins de Versailles Va. 365 à Va. 369 (parcs et jardins) et les vol. Vo 97 à 99 ╫╫ ci-après décrits.

— 28 à 34 (non employés). — 35. Dessins des statues et des vases produits par Gossin fils, et tarif de leur prix de vente.

Division Fc. — Bas-reliefs en général.

Fc. 1. — Figuræ ex lapidibus qui Romæ visuntur. — 2 à 3. Admiranda Romanorum vestigia par Bartoli (1693). — 3 a. * « Temple de Minerve à Athènes. (Le Parthénon) dessiné » par ordre de M. de Nointel, ambassadeur à la Porte avant » que ce temple ne fût renversé par une bombe des Vénitiens. »

Ce recueil unique a été dessiné par Jacques Carrey de Troyes élève de Lebrun. Il avait été regardé comme perdu dans le XVIIIe siècle, mais il passa du cabinet de Bégon dans la Bibliothèque du roi en 1770. En tête du livre se trouve l'inventaire des dessins fait en 1698 chez Bégon, intendant de la généralité de La Rochelle. Il est inutile de faire ressortir l'importance d'un semblable recueil. Nous signalerons ici, à titre de rapprochement, les croquis et dessins de Fauvel ci-après désignés G b 15 a 15 c. (4 vol.) et concernant les antiquités grecques.

— 3 b. Le Parthénon par M. de Laborde (1848). — 3 c. Bas-reliefs du Parthénon et du temple de Phigalie. — 4. Frises du Parthénon. Phot. par Arosa (Paris 1868). — 5. Trésor de Numismatique et de Glyptique. Bas-relief du Parthénon (1834). — 6. Frises du temple d'Apollon Epicurien, gravées par Ruschwegh (1814). — 7 et 7 a. Bas-reliefs tirés de divers monuments. (Trésor de Numismatique et de Glyptique (1836-1839). — 8. Bas-reliefs de Velletri, par Carloni (1785). — 9 à 17. Colonnes Trajane et Antonine. Reproductions et travaux divers par Piranesi, Bartholi, Morelli (1752). Fabretti (1683). — 18 et 19. Colonne Théodosienne (1702) et ouvrage de Giffart. — 20. Fragments de sculpture antique par Seroux d'Agincourt (1814). — 21. Bas-reliefs antiques trouvés dans la cathédrale de Paris (1711). — 22. Frises du forum de Trajan par F. Albertolli (Milan 1724). — 23 à 26. Portes du baptistère de Florence gravées par Gregori (1774) par Calendi, etc. — 27. Les trois portes de bronze du dôme de Pise par G. Rossi. — 28. Il Pergamo Scolpito da Benedetto da Maiano, gr. par Lasinio (1823). — 29. Bas-reliefs de la façade du dôme d'Orviéto par L. Gruner, Leipzig (1858). — 30. Entrée d'Alexandre à Babylone. Bas-reliefs de Thorwaldsen. — 31. Bas-reliefs de la statue de Louis XIV sur la place des Victoires.

<small>Quatre dessins contemporains sur papier bleu rehaussés de blanc. Le passage du Rhin. Prise de Besançon. Paix générale. Préséance reconnue par l'ambassadeur d'Espagne.</small>

— 32. Colonne de la Grande-Armée à la place Vendôme, Paris (1810).

Division Fd. — Pierres gravées.

Fd 1 et 2. Traité des pierres gravées par P. J. Mariette (1750). — 3. Pierres gravées du Cabinet des Antiques à Vienne par l'abbé Eckhel (1788). — 3 a. Traité de la méthode antique de graver en pierres fines par Laur. Natter (1754). — 4 et 4 a. Dactyliotheca Smithiana (1767), 2 vol. — 5. Pierres antiques par Léonard Augustin (1694). — 6. Pierres antiques par Michel-Angelo Causeo de la Chausse (1700) — 7 et 7 a. Pierres antiques du Cabinet de Stosch 1724 et 1791. — 8 à 11. Pierres gravées de Dom. Rossi, publ. par Maffei (1707-1709). — 12 et 13. Dactyliotheca, Abrahami Gorlaei (Leyde, 1707, 2 vol). — 14 et 15. Recueil de pierres gravées de Gravel. 1732-1737. — 16 et 17. Choix de dessins d'après les pierres antiques par T. Worlidge (Londres, 1768). — 18. Pierres gravées du Cabinet de Percy (1785). — 19. Pierres gravées des principaux Cabinets de France. — 20. Partie des pierres gravées de M. de La Faye. — 21. Pierres gravées inédites publiées par Millin. — 22. Choix de pierres gravées antiques (1804). — 23 et 24. Bas-reliefs et camées de la galerie de

Florence. — 25. Pierres antiques publiées par G. Ogle (1741).
— 26 et 27. Pierres gravées de divers cabinets recueillies par Millin. Dessins, (2 vol.).

Ce recueil acquis de Mad. Wassermann contient la plupart des pierres réunies par Millin, et dont quelques-unes ont été publiées par lui. Les dessins de ces objets exécutés à l'encre de Chine ou à la sépia indiquent les dimensions et les provenances des originaux.

— 28. Pierres gravées du prince de Caraffa-Noya. — 29 et 30. La Glyptique orientale par M. J. Menant (1883-86).

ANTIQUITÉS.

Série G.

La série G renferme les ouvrages spéciaux ou les recueils factices concernant les Antiquités. Elle se subdivise ainsi :

    Ga. Antiquités. Généralités, dictionnaires, recueils spéciaux.
    Gb. Antiquités. Généralités. Spécialités.
    Gc. Antiquités de Rome.
    Gd. Monuments antiques.
    Ge. Médailles.

Division **Ga. — Antiquités; généralités, dictionnaires, etc.**

Ga 1 à 3. Histoire de l'art dans l'Antiquité par Winkelmann. Leipzig 1781 (3 vol.). — 3 a à 3 c. Manuel de l'hist. de l'art chez les anciens par Clarac (3 vol.). — 3 d à 3 h. Hist. de l'art dans l'antiquité par Perrot et Chipiez. — 3 i. La Sculpture antique par A. Wagnon (1885). — 4 à 18. L'antiquité expliquée par le P. Bernard de Montfaucon (15 vol.). — 19 à 27. Antiquités du comte de Caylus (1752-1767. Les vol. 26 et 27 contiennent les gravures. — 28 et 29. Antiquités par La Sauvagère (1770). — 30 à 41. Thesaurus Græcarum antiquitatum a Gronovio (1697-1702) (12 vol.). — 42 à 56. Thesaurus antiquitatum romanarum (Leyde 1694-1719). Le supplément de Sallengre occupe les vol. 54 à 56 (1716-1719 La Haye). — 56 a. Dictionnaire des antiquités romaines et grecques par Ant. Rich (1861). — 56 b à 56 c. Dictionnaire des antiquités par

Daremberg et Saglio (1877-1887). — 57 à 58. Romanum Museum par A. de La Chaussée (2 vol.) (1690-1707). — 59. Le grand Cabinet romain (1706) par A. de La Chaussée. — 60. Collectanea antiquitatum romanarum par A. Borioni (1736). — 61 à 62. Monumenti antichi inediti da Winkelmann (1767) (2 vol.). — 63 et 63 a. Monuments antiques publiés par Millin (1802-1806). — 64. Monumenta antiquariorum (Londini 1747). — 65. Antiquités romaines trouvées au Luxembourg (Paris 1807). — 66 et 67. Antiquités diverses recueillies par Millin. Dessins. (Quelques-unes des pièces dessinées dans ce recueil sont reproduites dans les vol. 63 et 63 a). — 67 a. Papyrus funéraire de Nebset par Théodore Devéria. — 68. Galerie antique par Legrand. — 68 a à 68 g. Chefs-d'œuvre de l'art antique. Texte par Robiou et Lenormant (7 vol.). — 68 h à 68 i. Monuments de l'art antique par O. Rayet. — 69 à 84. Recueil factice d'antiquités grecques ou romaines, disposées méthodiquement pour l'histoire des mœurs et des costumes, et en général recueil d'antiquités de tous pays.

Ce recueil composé de pièces de toutes provenances est fort utile aux artistes, et rivalise avec le *thesaurus antiquitatum græcarum et romanarum* ci-dessus indiqué (vol. 30 à 56). En voici le détail volume par volume : — 69. Sacrifices, offrandes, vœux, prêtres. — 70. Autels et autres objets pour les sacrifices. — 71. Agriculture, chasse, pêche, navigation, combats, triomphes. — 72. Travaux et équipages militaires, machines de guerre, camps, armes, armures, trophées. — 73. Chars et chariots, courses en chars ou à cheval, naumachies, athlètes. — 74. Toilette. Ablutions, ustensiles, bijoux. Repas, noces, théâtre, acteurs, masques. — 75. Costumes. Hommes et femmes. — 76. Arts et métiers. Poids et mesures, meubles, lampes, candélabres. — 77. Vases divers, camées. — 78. Funérailles. Tombeaux. — 79. Temples, théâtres, cirques, amphithéâtres. — 80. Arcs de triomphe, colonnes, bornes milliaires, aqueducs thermes, bains, palais, etc. — 81. Architecture. — 81 a. Antiquités étrusques. — 82. Antiquités gallo-romaines et gauloises. — 83. Antiquités chrétiennes et byzantines. — 84. Antiquités phéniciennes, puniques, persanes, indiennes, mexicaines et chiliennes, etc...

Division **Gb**. — **Antiquités (spécialités), Grèce, Rome, Etrurie, Gallo-Romains, Egypte, etc.**

Gb 1 à 4. Corpus inscriptionum J. Gruteri (Amsterdam 1707; 4 vol.). — 5. Inscriptions anciennes par Pierre Apien (1534). — 6. Thesaurus rei antiquariæ par Hub. Goltzius (Anvers 1618). — 7 et 7 a. Discours de la religion des Romains par G. Du Choul (Lyon 1556) (2 édit.). — 8. Symbolica Dianæ Ephesiæ statua (Rome 1688). — 9. Tractatus J.-J. Boissardi de divinatione. Oppenheim. — 10. Funerali antichi da Th. Porcacchi (1591). — 11. « Pinax iconicus antiquorum ac vario- » rum in sepulturis rituum ex Lilio Gregorio excerpta.... P. » Woériot in. » Lyon Clément Baudin (1556).

> Ce livre est beaucoup moins intéressant par les antiquités qu'il représente que pour le nom de l'artiste qui les exécuta. Pierre Woeiriot a mis son portrait en tête de l'ouvrage, et la plupart des vues de villes qui y sont données appartiennent à la région lyonnaise. Exemplaire dans sa reliure originale.

— 12. Monumenta sepulcrorum cum epigraphis par T. Fendt (1774). — 13. Tombeaux de Canossa par Millin (1816). — 14. Tombeaux des Grecs par O. M. de Stackelberg (1837). — 14 a. Terres cuites grecques par Biardot (1864). — 15 à 15 c. Croquis d'antiquités grecques par Fauvel. Dessins.

> Ces dessins méritent une étude, mais il serait trop long d'en donner ici le détail; ils ont été groupés un peu au hasard. — Vol. 15. Croquis sur Athènes, Athènes vue de l'ouest, Acropole (plan), Parthénon (détails et plan), le Stade (plan et coupe), monument choragique de Lysicrate (bas-reliefs), porte de la nouvelle Agora, temple de Thésée, arc d'Adrien, Aréopage, Poecile, arc du trophée de Marathon, vue des carrières du Pentelique, Eleusis, Antiparos, Délos (fragments d'architecture), croquis du port de Chio, croquis lavé du port d'Elatée, Messène, Egine (fragments), porte à Salonique, les Thermopyles, Néméo (fragments), plan du château de Smyrne, etc. Egypte. Catacombes, mosquée du Caire, pyramides de Giseh (détails). Mycènes, (porte des Lions), Parthénon, Mycènes (trésor d'Atrée). A la fin du vol. plusieurs pièces anonymes, et des vues de Santorin, du Caire, de Smyrne, d'Athènes, etc. — Vol. 15 a. Dans ce vol. la 2ᵉ pièce est une vue d'Athènes vérifiée par Fauvel en mai 1791 et depuis reproduite en facsimile, Eleuthère; le Parthénon, les Propylées, temples et monuments divers d'Athènes, croquis pris en 1782 « veille de notre départ » (9 juin), Marathon, Pentélique, Rhamnus, Eleusis, vues diverses : Zea, Milo, Chio, Santorin, Delphes, Corfou, Arsenal de Constantinople, croquis de Sainte-Sophie, Nicopolis, Argos, Poro en Argolide, restes du temple de Vénus à Egine, Salonique (arc de triomphe), Athènes, fragments de statues, restitution du temple de Jupiter olympien et de l'arc d'Adrien à Athènes, Alexandria Troas, Syriani dans l'Hymette. Ancien Niolomètre au Caire, etc., etc. — 15 b. Athènes avant la prise en 1687, Acropole, etc. Les croquis composant ce vol. sont de même nature que ceux des vol. précédents. — 15 c. Idem.

— 16. Roma Sotterranea ab A. Bosio (1632). — 17 et 17 a. Antichi sepolchri da Pietro Santi Bartoli (1697-99). — 18. Pitture antiche del sepolchro de Nasonii (1680). — 19. Picturæ antiquæ Cryptarum romanarum a Bellori (1791). — 19 a à 19 c.

Antiquités du Bosphore Cimmérien (St-Pétersbourg, 1854). — 20. Peintures des catacombes et monuments du Moyen-Age recueillis par Millin. — 21. Concordances des évangiles. Figures tirées d'un manuscrit arménien. — 22. Peintures de manuscrits grecs (phot. d'après les originaux de la Bibl. Nat.). — 23. Antiche lucerne di Pietro Santi Bartoli. Rome (1691). — 24 et 24 a. Lucernæ fictiles Musei Passerii (1739) (2 vol.). — 25. Oct. Ferrarii de re vestiaria (1654). — 26. Arts et métiers des anciens par Campion de Terson (1792). — 27 et 27 a. Costumes des anciens par Dandré-Bardon (1772-74). — 28 et 28 a. Dessins originaux pour le précédent ouvrage. — 28 b. Texte de l'ouvrage précédent. —29. Costumes des anciens peuples par A. Lens (Dresde 1785). — 30 et 30 a. * Costumes des anciens peuples par Willemin (1798-1802). — 30 b à 30 e. 2 exempl. du même ouvrage, dont un sans texte. — 31. L'antique Rome... dans ses costumes par Grasset de Saint-Sauveur (1796). — 32. Costumes des anciens par Sergent-Marceau (Brescia 1813). — 33. Recherches sur les costumes et sur les théâtres par Chéry (1790). — 34. Costumes des anciens par Th. Hope (1812). — 35 à 35 b. Costumes des anciens par J. Maillot (1804) (3 vol.). — 36. Fêtes et courtisanes de la Grèce par A. Garnerey (1821). — 37. Costumes de l'Egypte, de l'Etrurie, de la Grèce et de Rome, par Roccheggiani. — 37 a à 37 c. L'Etrurie et les Etrusques par Noël Des Vergers (1862-1864). — 37 d et 37 e. La vie antique par Guhl et W. Koner (1884-85). — 38 et 39 (non employés). — 40. Vases de terre antique (Vienne 1875). — 41. Figures de vases étrusques gravées par Willemin. — 42 à 42 d. Vases étrusques de Dubois-Maisonneuve. Les vol. 42 c et 42 d sont en couleur. — 43. Peintures de vases grecs par Millingen (1813). — 44 et 44 a. Vases grecs du comte de Lamberg (1813-1824). — 45. Vases grecs du musée de la reine de Naples recueillis par Millin. — 46. Autres vases de diverses collections recueillis par Millin. — 46 +. Vases grecs camiros par W. Fröhner (1871). — 46 a à 46 n. Divers ouvrages d'Inghirami : Pitture di vasi fittili (2 vol.). Monuments étrusques (1821-1824) (5 tomes en 8 vol.). Monuments étrangers. Musée étrusque de Chiusi (1833). — 46 o à 46 q. Monuments étrusques ou romains de Pérouse par Conestabile (3 vol., 1855-1870). — 47 à 47 b. Vases par Piranesi (2 éditions). — 48 à 48 g. Elite des monuments céramographiques par Lenormant et de Witte (1844-1861). — 48 h et 48 i. Vases peints du Cabinet des médailles à la Bibliothèque nationale (2 vol.). — 49. Anciens théâtres des Grecs par J. H. Strack (1843). — 50. Justi Lipsii Liber de amphitheatro (1598). — 51. Onuphrii Panuinii de ludis circensibus libri duo (1600). — 52. Cirque de Caracalla (1789). — 53. Le maschere sceniche... da F. de Ficoroni (1736). — 54 et 54 a. Fasti magistratuum et triumphorum romanorum ab Hub. Goltzius (1563). — 55 et 55 a. Hist. imperatorum romanorum ab Hub. Goltzius (1573). — 56. Noticia dignitatum utriusque imperii... G. Panciroli (1623). — 57. Græcia sive historiæ urbium et populorum Græciæ ab Hubert Goltzius (1576). — 58. Description d'un pavé en mosaïque... d'Italica par A. de Laborde (1802). — 59. Mosaïques découvertes à Horsktow (1801). — 60. Mosaïque du Vatican publiée par Millin (1829). — 61. Mosaïque de Palestrina (Carta maxima). — 62 et 62 a. Mosaïques et pavements. Recueil factice renfermant des mosaïques de tous pays. — 63. Mosaïques antiques et mosaïques du Moyen-Âge.

La plupart sont des dessins recueillis par Millin pour des publications ; on y a joint quelques gravures.

— 63 a. Pavage des loges du Vatican par Tesorone (1891) — 64. Mosaïques de Lyon par Artaud (1806). — 65. Mosaïque de Coudiat-Aty. (Dessins dont quelques-uns portent une signature (Walckenaer?) et un bon à graver. Quelques pièces sont exécutées à la grandeur de l'original). — 66. Mosaïque romaine de Nennig par Wilmosky (1865). — 67. Mosaïques d'après Raphaël à Sainte-Marie du peuple par Gruner (1839). — 67 a. Mosaïque de Saint-Jean de Latran par Gerspach (1880). — 68. Vases et ustensiles antiques. (Recueil factice). — 69. Sculptures antiques dessinées par Dubois. — 70. Ornements d'après les marbres antiques. — 71. Ornements antiques par Carlo Antonini (1781). — 72. Monuments antiques d'Italie (Florence 1810). — 72 a. Récentes découvertes à Mazzabotto par G. Gozzadini (1870). — 72 b. Antiquités de Pola par Deville. — 73. Antiquités d'Albano par Piranesi (1764). — 74. Choix de peintures de Pompéi lith. par Roux. Texte par Raoul Rochette (1844). — 75 à 75 b +. Ornements de Pompéi, d'Herculanum et de Stabies par Zahn. Berlin (1828-1849. 5 vol. grand in-fol.). — 76. Ornements classiques de l'art par Zahn (1832-1848). — 77. Théâtre d'Herculanum et monument des Scipions par Piranesi. — 78. Anciens manuscrits d'Herculanum (1793). — 79 à 79 a. Peintures murales d'Orvieto par Conestabile (2 vol.). — 80. Monuments antiques de Brescia par Seb. d'Arragon (1564). — 80 a. Les antiquités de Vérone par J. Caroto (1560). — 80 b. Autre édition (1764). — 81. Monuments des arts libéraux de la France par Al. Lenoir (1840). — 81 a. Figurines de terre cuite du Musée du Louvre par L. Heuzey. — 81 b et 81 c. La collection Sabouroff par A. Furtwaengler (Berlin 1883-87). — 82. Figurines gallo romaines en argile par Tudot (1859). — 82 a. Antiquités trouvées à Bernay, et dessinées par P. Oursel. — 82 b. L'âge du bronze dans le bassin du Rhône par Chantre (1875). — 82 b +. Premier âge du fer par Chantre. — 82 b ++. Sépultures romaines du quartier Saint-Marcel à Paris (1881). — 82 c à 82 k. Antiquités gauloises dessinées dans divers musées d'Europe par Ch. Cournault.

M. Ch. Cournault associe entre elles deux choses pourtant bien différentes et rarement rencontrées ensemble : l'archéologie très sévère et l'art du dessinateur très habile. Ses aquarelles, d'après tant d'objets plus ou moins frustes et détériorés sont d'une expression et d'une vérité merveilleuses. Les artistes, bien plus que les archéologues encore, auront à faire profit de ces œuvres. Voici le détail sommaire de ce que contiennent les recueils volume par volume. — 82 c, Antiquités gallo-helvètes. Musées de Berne et de Bienne. — 82 d. Musée de Zurich (stations lacustres). — 82 e. Musée de Zurich (Tumuli). — 82 f. Musée de Zurich (fouilles diverses). — 82 g. Reunion d'antiquités conservées à Bâle, Coire, Fribourg, Genève, Lausanne, Schaffouse et Zug. — 82 h. Collections particulières de la Suisse. — 82 i. Antiquités d'Allemagne: Sigmaringen, Stuttgart, Vienne. — 82 j. Musées d'Augsbourg, Berlin, Budapesth, Colmar, Londres, Munich, Nuremberg, Ratisbonne. — 82 k. et 82 k a. Antiquités. Grandes pièces.

— 82 l. Trésors archéologiques de l'Armorique occidentale. Rennes 1886. — 82 m et n (Non employés). — 82 o à 82 o a. Collection Caranda par M. F. Moreau (1877-80). — 82 o b. Dodone et ses ruines par C. Carapanos (2 vol.). — 83. Marques et signatures de céramistes gallo-romains par Tudot (1857). — 83 a. Poterie gauloise par H. du Cleuziou (1872). — 83 b. Monuments épigraphiques de Buda-Pesth par Desjardins (1873). — 84. Inscriptions antiques d'Arles. — 84 a à 84 l. Monuments de l'Égypte et de l'Éthiopie par R. Lepsius (Berlin, gr. in-fol.) 12 vol. — 85 à 85 c. Monuments de l'Egypte et de la Nubie par Champollion (Paris, 1835-45). — 85 d. Documents sur l'antiquité Égyptienne par Richard Lepsius (Leipzig, 1842). — 85 e. Le Sérapeum de Memphis par Mariette (1857). — 86. L'Égypte par Prisse d'Avennes. — 87. Papyrus Égyptien. « Manifestation à la lumière ou rituel funéraire, dit Papyrus de Cadet. » Dessin à la plume et à l'aquarelle sur papier jaunâtre.

— 88. Fac-similé d'un papyrus par Prisse d'Avennes (1847).
— 88+. La Sculpture égyptienne par Em. Soldi (1876). —
89. Sarcophages égyptiens.

    Reproduction à l'aquatinte du sarcophage dans lequel fut déposé le corps d'Alexandre le Grand. Pris à la mosquée de Saint-Athanase. Ce livre anglais appartenait à Vivant Denon et provient de sa vente en 1827.

— 90. Panthéon égyptien par Champollion jeune (Paris, 1823).
— 91. Arts et métiers chez les Egyptiens par Fr. Caillaud (1831). — 92. Manuscrit pictographique américain par l'abbé Domenech (1860). — 93. Antiquités mexicaines par Waldeck (Mexico 1827). — 94 à 94 d*. Antiquités de la Russie.

    Le dernier vol. contient le texte. Les quatre autres vol. des planches en chromolithographie d'après divers objets, manuscrits, monuments, etc.

    Nota. — *Indépendamment de ces ouvrages spéciaux, on pourra consulter pour les antiquités certains volumes de la série V (topographie de la France ou des pays étrangers). Nous indiquerons en particulier dans cette série le vol. Ve 2 et le vol. Ve 3, qui renferment : le premier, des dessins exécutés pour le comte de Caylus; le second des dessins exécutés pour Roger de Gaignières.*

Division Gc. — Antiquités de Rome.

Gc 1. Antiquæ urbis Romæ simulacrum. — 2. Iconographia veteris Romæ (1764). — 3. Antiquæ urbis Romæ splendor (1641). — 3 a. Autre édition (1614). — 4. Veteris Latii antiqua vestigia (1751). — 5 à 8. Rome ancienne. Recueil factice. — 9 à 11. Rome moderne. Recueil factice. (Ces deux recueils proviennent de la collection Beringhen passée à la Bibliothèque.) — 12 et 13. Topographie de Rome antique par J.-J. Boissard. — 14. Antiquitatum Romanarum sexta pars par J.-J. Boissard (Francfort 1602). — 15 (Non employé). — 16. Edifices antiques de Rome par Desgodets (1682). — 17. Antiquités de Rome (Architecture en recueil factice). — 18. Roma vetus ac recens (Amsterdam 1695). — 18 a. Monuments de Rome par P. Santi-Bartoli (1699). — 19 à 21. Reliquiæ antiquæ urbis Romæ (La Haye 1763). — 22 et 23. Les plus beaux monuments de Rome par Barbault (1761-1770) (2 vol.). — 23 a. Autres monuments par le même. — 24 à 27 et de 27 a à 27 d. Antiquités de Rome par Piranesi (2 éditions) (1754 et 1784). — 27 e et 27 f. Monuments antiques par J. Cipriani (1796-99). — 28 et 29. Magnificence de Rome par Piranesi (2 vol.). — 29 a à 29 b. Vues de Rome par Piranesi. — 29 c. Magnificence des Romains par Piranesi (1761). — 29 d et 29 e. Antiquités architecturales de Rome par Taylor et Cresy (Londres 1821-22). — 30. Vues de Rome par Piranesi (1750). — 31. Petites vues de Rome par le même. — 32. Champ de Mars par Piranesi. — 32 a. Fastes consulaires par Piranesi. — 32 b. Temples antiques par Piranesi. — 33. Dal palazzo de Cesari par Fr. Bianchini (1738). — 33 a. Pianta della villa Tiburtina di Adriano Cesare (1751). — 34. Bains des Romains (Londres 1772). — 35. Vestigia delle terme di Tito. — 36. Bains de Livie par Ponce (1789). — 36 a. Thermes de Dioclétien (Anvers 1558). — 36 b. Le antiche camere Esquiline... Terme di Tito (1822). — 37. Veteres arcus Augustorum triumphis insignes, publié par Bellori (1690). — 38. (Non employé). — 39. « Fabriques » de Rome antique par Valadier (1810). — 40. La voie Appienne illustrée, de Rome à Capoue, par Labruzzi. — 41 à 43. Monuments antiques inédits de Rome par Guattani (1784-89). — 44. Figures mesurées sur l'antique (1656) par Abraham Bosse (Livre manuscrit copié sur l'exemplaire du British Museum vers 1815). — 45. Peintures des thermes de Titus gravées par Carloni. — 46. La voie Appienne par Canina (1853). — 46 a. Deux tombeaux découverts près du tombeau des Scipions... par Campana (1843). — 47 à 52. Les Catacombes de Rome par Louis Perret (1851-55). — 53. Basiliques de Rome chrétienne par Bunsen (Munich 1842). — 54 à 54 b. Rome souterraine par G. B. de Rossi (1864-67). — 54 c. Rome souterraine par J. Spencer Northcote et W. R. Brownlow (1872). — 54 d à 54 e. Les Catacombes de Rome par Théophile Roller (1881).

Division **Gd**. — **Monuments antiques.**

Gd 1. Ruines antiques (Recueil factice provenant de l'abbé de Marolles et ayant conservé la reliure royale du XVIIe siècle). — 1 a. Architecture antique de Diego da Sagredo (1608. Paris). — 2 à 8. L'architecture antique par Canina (Egypte, Grèce, Rome. Planches et texte. 7 vol.). — 8 a. Géométrie de l'architecture antique par Pennethorne (1878). — 8 b. L'art de bâtir chez les Romains par A. Choisy (Paris 1873). — 9. Prospectus de l'architecture antique de Canina (en 1843). — 9 a. Recherches sur l'architecture judaïque par Canina (1845). — 10 à 10 d. Peintures antiques coloriées d'après Bartoli. (Les vol. * 10 à 10 b. sont en réserve.) — 11. Antiquités d'Herculanum par Cochin et Bellicard (Paris 1754). — 12 à 12 c. Ruines de Pompéï par Mazois (Paris 1824-1838). — 12 d à 12 i. *Dessins originaux exécutés sur nature par Mazois pour l'ouvrage précédent.

> Ces dessins très remarquables sont contenus en six vol. grand in-fol. On y a des vues d'ensemble, des plans, des coupes, au lavis et à l'aquarelle. Voici le détail des volumes : — 12 d. Vues générales, tombeaux. — 12 e. Habitations particulières. — 12 f. Camp des soldats, forum, hécatonstylon, curia, arcs, bains, etc. — 12 g. Temples et théâtres. — 12 h et 12 i. Croquis divers.

— 13. Pompéï illustré par W. B. Cooke (1827). — 14. Ornements des chambres de Pompéï par E. Quevanne (1808). — 15. Antiquités de Pouzzoles par F. La Marra. — 16. Ruines de Pœstum (Londres 1768). — 17. Les mêmes ruines (Paris 1769). — 18. Les mêmes ruines par Piranesi. — 19. Les mêmes ruines par La Gardette (an VII). — 19 a à 19 b. Le Temple de Pœstum par Aurès (1868) (2 vol.). — 20. Métaponte par le duc de Luynes et J. Debacq (Paris 1833). — 21. Monuments antiques des Deux-Siciles (1794). — 22 à 22 b. Antiquités de la Sicile par Dom. Lofaso Pietra Santa, Duca di Serra di Falco. Palerme (1834-1836). — 23. Edifices antiques de la Sicile par Fr. Ferrara (1814). — 23 a. Monuments antiques de la Sicile par Michele Velladi Raffadale.

> Ce recueil dessiné au XVIIIe siècle par Raffadale renferme les mensurations du temple d'Agrigente, et la représentation de divers monuments en ruines de la Sicile. Il provient de la Bibliothèque Sainte-Geneviève en 1866.

— 24. De l'antiquité de Nîmes par J. Poldo d'Albenas (1559). — 25. Monuments de Nîmes par Clérisseau (1778). — 25 a. Collection des plus beaux monuments des Romains existant à Nîmes. — 26. Antiquités Bordelaises par MM. Lacour (1806). 26 a. L'arc et le théâtre d'Orange par Caristie (1839). — 27. Monuments antiques à Orange par Caristie (1856). — 28. Lyon antique restauré par Chenavard (1850). — 29. Antiquités et vues de la Grèce et d'Egypte par Dalton (1791). — 29 a à 29 c. Antiquités de l'Ionie (Londres 1821-1840). — 30. Antiquités de l'Attique (Londres 1817). — 31. Ruines des plus beaux monuments de la Grèce par Leroy (1758). — 32 à 32 c.

The antiquities of Athens by Stuart (1762-1816). — 32 d à 32 f. Antiquités d'Athènes par Landon (1808-1812). — 33. Athènes Ruines (Londres 1759). — 34. Erectheion à Athènes par F. de Quast (Berlin 1840). — 34 a. Dœdalus, ou des causes de l'excellence de la Sculpture grecque par Falkener (Londres 1860). — 34 b. Au Parthénon par L. de Ronchaud (1886). — 35. Ruines de Palmyre (Londres 1753). — 36. Ruines de Balbec (Londres 1757). — 37. Musée des antiquités égyptiennes par Lenormant (1841). — 38. Le Temple de Minerve à Assise par G. Antolini (1803). — 39. Le Temple d'Hercule à Cori par G. Antolini (1785). — 40. Les antiquités arabes d'Espagne. — 41. Antiquités arabes d'Espagne par Murphy (1813). — 42 à 42 a. L'Alhambra par Goury et Owen-Jones (1842-45). — 43. Introduction aux antiquités arabes d'Espagne par Murphy (1816). — 44. Croquis de Lewis sur l'Alhambra (Grenade 1833-34). — 45. L'Alhambra par le baron Taylor lith. par Asselineau, publié par Lemaître (1853). — 45 a. Souvenirs de Grenade par Girault de Prangey (1836). — 46. Antiquités de Bath par Lysons (Londres 1802). — 47. Palais de Dioclétien à Spalatro par R. Adam (1764). — 48. Antiquités de la grande Grèce par W. Wilkins (Cambridge 1807). — 49. Temples d'Egine et de Bassa par Cockerell (Londres 1860). — 50 à 50 b. Antiquités mexicaines (Paris 1834) (voir Gb. 93). — 50 c à 50 e. Antiquités mexicaines par de Waldeck. Dessins.

> Ce recueil renferme de curieux dessins exécutés sur nature d'après les ruines; on y a joint quelques peintures à l'huile sur panneaux, que M. de Waldeck avait faites en 1835. Les notes manuscrites mises par Waldeck paraissent des plus intéressantes. Voici le détail sommaire des volumes. — 50 c. Château de Palenqué, plans, ruines, détails (1835), tour du palais, temple de la Croix, temple du Soleil. Masse de Palenqué, plan d'un temple « la plus belle chose de Palenqué ». — 50 d. Détails divers de Palenqué, terres cuites, vases, etc. Dessins publiés dans l'ouvrage d'Yucatan. Architectures polychromées, statuettes, bas-reliefs, objets divers, vues de paysages. — 50 e. Cartes du voyage de Waldeck, toutes inédites, sauf celle du Yucatan. Croquis primitifs, mensurations des palais, objets divers, notes manuscrites.

— 50 f. Le Salvador précolombien par F. de Montessus (Paris 1891).

Division **Ge**. — **Médailles**.

Ge 1. Specimen universæ rei numerariæ antiquæ par A. Morelli (1683). — 2. Epitome thesauri antiquitatum ex antiquis numismatibus (Lyon 1553). — 3. Deorum dearumque capita (Anvers 1612). — 4. Médailles antiques du cabinet du Roi. — 5. Médailles du Cabinet de la reine Christine (La Haye 1742). — 6. Médailles de F. de Camps. Première partie (Paris 1696). — 6 a. Selectiora numismata in ære... e museo F. de Camps (1694). — 7. Thesaurus Brandenburgicus (Cologne 1696). — 8. Thesaurus palatinus (Heidelberg 1685). — 9. Græciæ et Asiæ numismata (Anvers 1644). — 10. Familiæ romanæ in antiquis numismatibus par Ch. Patin (1663). — 11. Numismata imperatorum par J. Vaillant (Amsterdam 1700). — 12 et 12 a. Numismata romanorum par Banduri (1718). — 13. Planches supplémentaires à l'histoire byzantine. — 14. Meleagrides et Ætolia ex numismate (Cologne 1696). — 15. Le imagini delle donne auguste di Enea Vico (Venise 1557). — 16. Recueil de numismatique. — 17. Manuel de numismatique ancienne par A. de Barthélemy.

NOTA. — *Le peu d'importance de cette division s'explique par la proximité du Cabinet des Médailles et Antiques où ces livres ont leur place naturelle. En ce qui concerne les antiquités et les voyages archéologiques, on devra consulter les séries U et V et pour les médailles modernes, la série P.*

ARCHITECTURE.

Série H.

La série H comprend les ouvrages spéciaux ou les recueils factices sur l'architecture en France et à l'étranger.

En ce qui concerne spécialement les recueils du Cabinet des Estampes, on consultera avec fruit le livre de D. Guilmard *Les Maîtres ornemanistes* (Paris, Plon, 1880, in-8°). M. Guilmard a donné le catalogue détaillé de tous les travaux d'architectes décorateurs conservés au Cabinet des Estampes; il indique la cote des volumes.

Certaines œuvres d'architectes ont été mises dans la série des peintres, d'autres à la série des graveurs (Ducerceau, Pfnor, etc.).

Les ouvrages généraux sur les architectes sont dans la série Y. Les principaux sont : *Vie des plus célèbres architectes*, par Féli-

bien (Paris, 1687, in-4°), *Vie des architectes et sculpteurs*, par Dargenville, 1787 (Paris, 1787, 2 vol. in-8°), *Dictionnaire des architectes français*, par Lance (Paris, 1872, 2 vol. in-8°).
Voici les subdivisions de la série H :

Ha. Architectes français.
Hb. Architectes étrangers.
Hc. Architecture. Grandes compositions.
Hd. Architecture. Mélanges.

Division **Ha**. — **Architectes français**.

Ha 1 et 1 a. Nouvelles inventions pour bien bastir par Phil. Delorme (1561 et 1578 2 éditions). —2. Architecture par Dietterlin. — 2 a et 2 b. Architecture de Dietterlin (Liège, 1862, 2 vol.). — 3. Règles générales d'architecture par Jean Bullant (Rouen, 1647). — 4. Œuvre de Joseph Boillot (1592). — 5. Manière de bien bâtir par Lemuet (Paris, 1647). — 6 et 6 a. Le magnifique château de Richelieu par Jacques Lemercier (2 éditions). — 7 à 7 e. Œuvres diverses de Jean Marot. (Recueils de plans, profils et élévations (diverses éditions), chapelles, autels, tombeaux). — 8. Œuvre de Daniel Marot (Amsterdam, 1712). — 9. Architecture de Gobert. — 10. Château de Clagny par M. H. Mansart (1680). — 11. Principes d'architecture, de sculpture et de peinture (1676). — 11 et 11 a. Architecture de Vitruve (2 éditions, 1547 et 1572).— 12. Ordonnance de 5 espèces de colonnes par Perrault (1683). —13. Vitruve traduit par Perrault (1684) (voir aussi H a 11 a et 11 b pour l'architecture de Vitruve). — 14. Abrégé des dix livres d'architecture de Vitruve par Perrault (1674). — 15. Cours d'architecture par Blondel (1698). — 16 et 16 a. Parallèle de l'architecture ancienne et de la moderne par R. Fr. de Chambray (2 éditions, 1650 et 1702). — 17. Œuvre de Cottart. — 18. Architecture de Robert de Cotte.

Les papiers de Robert de Cotte passés au Cabinet des Estampes en 1811 ont été répartis dans les séries topographiques V. Les devis, projets écrits, ou autres documents sont conservés dans des cartons dont nous aurons occasion de parler ci-après (H d 135 à 135 e). Quelques pièces dessinées, relatives à des monuments spéciaux, ont été réunies en volumes, telles celles concernant le palais de Bonn (H a 19), le Buen Retiro (H a 20), le dôme des Invalides (H c 14 et 14 a), certaines églises d'Italie (V f 7), la bibliothèque du roi (H c 15). Le présent recueil H a 18 est composé de dessins dispersés et sans lien entre eux. En voici le détail sommaire : Ruines d'architecture, fontaine rocaille, croix de cimetière aux armes de France, autels d'église, portes cochères (dont celle de l'hôtel d'Estrées), lit et rampe, bureau de marqueterie, intérieurs d'appartement, croquis d'ornements de la chambre du roi et de celle de Mme de Maintenon, dessus de cheminée pour la duchesse de Berry, fille du Régent à la Muette, cheminée de la princesse de Chimay, de M. Carcel, de la princesse de Conti à Versailles (1700), (par Rivet menuisier et Tarlet marbrier), trumeaux divers, cheminée du duc d'Orléans (le Régent) à Versailles, profils des moulures, des cheminées, des consoles, profil du cadre pour le portrait de la reine en 1727. Divers cadres de glaces, une table et des lambris d'intérieur. Grande peinture décorative très poussée aux armes d'un des cardinaux Albani (Clément XI?) (fol. 59), divers cadres peints pour plafonds, panneaux de chasse, six dessins des tables de Florence (dont une est aujourd'hui à la galerie d'Apollon au Louvre), avec les armes de France et les L. couronnées. Divers profils d'arbres pour un jardin à la française

— 19. Architecture du palais de Bonn par Robert de Cotte, en 1715.

Le Palais était le palais électoral de Bonn. Le volume renferme tous les projets, les plans, une coupe intérieure de la chapelle, des façades extérieures du palais, des motifs de décoration intérieure (grand cabinet des glaces), chambre du lit, petit cabinet, chambre du lit pour les bains (voir H d 135).

— 20. Architecture du Buen retiro par Robert de Cotte.

Plans divers du palais royal et des jardins, plans des appartements, façades, etc. (voir H d 135 b).

— 21 et 21 a. Principes d'architecture tirés de Vignole et de Michel-Ange par Daviler (1691) 2 vol. — 22. Architecture de Boffrand (1745). — 23 et 23 a. Traité des ordres d'architecture par Desgodets (2 vol.). — 24 et 24 a. Traité d'architecture par P. Nativelle (1729, 2 vol.). — 25 et 25 a. Œuvre de Gilles Marie Oppenort. (Le vol. 25 a est la reproduction faite par l'éditeur Rouveyre, (1888). — 26. Œuvre de Hoppenhaupt. — 27 et 27 a. Traité d'architecture de Briseux (1752). — 28. Architecture par de La Guêpière (Sttutgart) — 28 a et 28 b. Œuvre des Cuvilliés père et fils. — 28 c. Projet d'un palais pour le duc de Bavière par Fr. de Cuvilliés. — 29 à 29 i. Recueil d'architecture élémentaire par Neufforge (1757-1780), 10 tomes y compris le supplément de 1772 à 1780, etc. — 30 et 30 a. Architecture moderne par Ch. Ant. Jombert (1764, 2 vol.). — 31. Blondel. Problèmes d'architecture (1673). — 32 à 32 c. Architecture française par Blondel (1752-1755). — 33. Œuvre d'architecture par Contant d'Ivry (1769). — 34. Hôtel de ville de Rouen par Lecarpentier (1758). — 35. Recueil de différentes parties d'architecture par Dumont. — 36. Architecture de Dumont. — 36 a à 36 d. Traité d'architecture par L.

Reynaud (1867-70). — 37. Parallèle des plus belles salles de spectacle par Dumont. — 38. Parallèle des grands entablements de Paris par Dumont. — 39 et 39 a. Architecture de Panseron. (Professeur d'architecture et de mathématiques. En tête du vol. 39 un catalogue des principaux ouvrages de Panseron. Le second vol. est réservé aux estampes sur les jardins). — 40. Sainte Geneviève par Soufflot (1757). — 41. Architecture de Soufflot. — 42. Plans et dessins pour la halle aux grains par Le Camus de Mazières (1769). — 43. Projet de bibliothèque par Boullée.

> Ce projet, datant de 1780, environ était destiné à remplacer les bâtiments de Cotte. Boullée avoit aménagé le Trésor dans l'hôtel Mazarin. L'exemplaire porte les armes de Jean-Charles-Pierre Le Noir, lieutenant de police, mort en 1807.

44. Histoire de la forme des temples depuis Constantin par Le Roi (1764). — 45. La place Louis XV à Reims par Legendre (1765). — 46. Salle de spectacle de Bordeaux par Louis (1782). — 47. Description des écoles de chirurgie par Gandouin (1780). — 48. Collège de France par Chalgrin.

> Dessins originaux de Chalgrin pour le collège de France, avec une notice manuscrite. Le recueil comprend les divers plans du bâtiment depuis les caves jusqu'aux combles; une façade sur la place Cambray, une élévation sur l'aile, sur la cour, la décoration intérieure de la « grande salle des actes » et deux élévations intérieures du fond et de l'entrée. Sur un piédestal un buste de M. d'Angivilliers (?). L'exemplaire provient de la Bibliothèque particulière de « Louis Capet » (Louis XVI) et est entré à la Bibliothèque en 1797.

— 49. Eglise de Saint-Philippe du Roule par Chalgrin (gravures). — 50. « Plans, coupes et élévations de l'hostel de Mon- » seigneur le comte de saint Florentin, place de Louis XV, » par Chalgrin, architecte. »

> Ce très curieux petit livre renferme les plans de tous les étages de l'hôtel, l'élévation sur la rue Saint-Florentin, sur les Tuileries, sur la cour, etc.

— 51. Architecture de Petitot. — 52. Architecture de Desprez. — 53. Monuments à la gloire de Louis XV par Patte (1765). — 54. Etudes d'architecture par Patte (1755). — 55 à 57. Architecture de Boullée (3 vol.). — 58 à 58 f. Architecture de Bélanger.

> Cet œuvre de Bélanger se compose de gravures séparées et de dessins originaux. En voici le détail : vol. 58, projets divers. L'Opéra, place du Carrousel, temple d'Apollon, plan manuscrit d'une scène de spectacle, Bagatelle (gravures au trait. Il y en a un exemplaire lavé

d'aquarelle dans la collection topographique vol. Va 202). Plans pour un hôtel des Finances à établir rues Louvois et Sainte-Anne, etc., à Paris. Hôtel de ville de Lyon (plan original), Hôtel projeté de Madame de Mirepoix, Chaussée-d'Antin, Hôtel Lauraguais, rue Poissonnière. Projet d'un meuble destiné aux bijoux de Marie-Antoinette (grand dessin in-fol. de 1770 environ) — vol. 58 a. Tous les plans originaux concernant la construction du fief d'Artois ou des Ecuries d'Artois (1778), avec le dessin des portes cochères. — 58 b. Projets divers pour les abattoirs de Paris, coupes, élévations, décorations extérieures. — 58 c. Divers plans de maisons exécutées par Bélanger, gravures et dessins. Plans manuscrits de « la maison ronde », de la maison octogonale, rue Saint-Georges (appart. à M. Morel?) (1791). Projets gravés pour la ville de Bruxelles. — 58 d. Suite de dessins de ponts pour jardins anglais. — 58 e. Dessins originaux pour le Jeu de Paume (1780). — 58 f. Détails de diverses cheminées. Cheminée de Monsieur Perregaux, modèles de polychromes, cheminée pour Marie-Antoinette marquée M. A. Cheminée de Louis XVI. Panneaux divers, époque de l'Empire, décoration d'un boudoir Empire, rosaces, etc. Voir aussi le vol. P d 47 ci-après (dessins originaux).

— 59. Eglise de Frédéric V à Copenhague par H. Jardin (1769). — 60. Œuvre d'architecture par J. Peyre (1765). — 61. Architecture de Moreau. — 62. Architecture de Rob. et de Jacques Adam (1774). — 62 a. Principes d'architecture par J. Ch. Delafosse. — 63. Palais de la Bourse par Brongniart (1814). — 64. Arc de Triomphe par L. Lafitte (1810). — 65. Projet d'un arc-de-triomphe par Raymond (1812). — 66. Arc de Triomphe par Thierry (1845). — 66 a. Arc de Triomphe du Carrousel de Percier et Fontaine gravé par L.-P. Baltard (1875). — 66 b. Projet d'un monument pour consacrer la Révolution par Gatteaux. — 67. Œuvre de P.-G. Berthault. — 68. Eglise du Gros-Caillou par Cherpitel.

Dessins originaux. Plans divers de l'église depuis les fondations jusqu'aux combles. Coupes, élévations, intérieurs, attique du portail, plafonds.

— 69. Eglise de Saint-Barthélemy par Cherpitel (1781). — 69 a. Plan, coupe et élévation du grand Hôtel de Paris, construit par A. Armand (1861-62). — 70. Détail des constructions d'une maison en 1818 par Mandar, à l'usage des élèves des Ponts. — 71 à 71 b. Architecture de Ledoux (1847, 2 vol.), le vol. 71 b. renferme la première édition de 1804. — 72. Le Château-Trompette par Clochard (Bordeaux). — 73. Parallèles des édifices en tous genres (an IX). — 73 a à 73 c. Choix d'édifices publics par Gourlier, Biet, Grillon, etc. (1825-1850, 3 vol.). — 74 et 74 a. Leçons d'architecture (1817). — 75 à 75 a. Grands prix d'architecture (1817. 2 exemplaires, un en noir, un en couleur). — 76 à 76 b. Grands prix d'architecture par

Vaudoyer et Baltard (1791-1831). — 77. Nouveau Vignole par Detournelle (an XII). — 78. Recueil d'architecture par Detournelle. — 78 +. Le Vignole centésimal par F. A. Renard (1842). — 78 a à 78 e. Restaurations de monuments antiques ; colonne Trajane par Percier ; basilique Ulpienne par Lesueur ; temple de Pœstum par Labrouste ; temple de la Pudicité et de Vesta par Dubut et par Coussin ; temple de Marc-Aurèle par Villain (1881). — 79. Théâtre de Marcellus restauré par Vaudoyer. — 79 a. Le Colisée par A. Guadet. — 80 à 80 c. Architecture de Lequeu.

Ce très curieux recueil ne contient pas que de l'architecture. Lequeu avait touché à tout, et le vol. 80 contient plusieurs lettres ou papiers qui nous renseignent sur sa vie. Les trois vol. reliés par ses soins avaient été déposés à la Bibliothèque, avec un autre dont les dessins d'un ordre spécial ont été mis en réserve libre. Voici la composition des recueils : — 80. Traité de lavis d'architecture, divers papiers se rapportant à Lequeu ; récit d'une entrevue à propos du monument à élever à Louis XVI (fol. 21 v°). Projets de temples, de monuments, de théâtre (1814), de temples païens, etc. — 80 a. Projet de monument à la gloire des armées sur l'emplacement de la Madeleine, monument projeté des assemblées primaires (an 2), temple du Silence (1788), temple de la Nature (1787), église conventuelle des Capucines de Marseille (plans et coupes), architectures diverses du XVIIIe siècle, temple de la Nature projeté à Romainville, salle du Concert (théorie de Baretti), pont antique d'Œlius sur le Tibre, ordre symbolique d'un palais national en 1789, diverses salles de théâtre, hôtel d'un archevêque, galeries pour le château de Gaillon, maison de Sobs-Hoff à M. Mourges (plan), chaires à prêcher, décorations d'écuries, plans d'hôtels, porte de la ville de Rouen, etc., série de calques, de plans, etc. — 80 b. Labyrinthes, plan de jardins, temple à l'Égalité, constructions en bois, profils de menuiserie, falots d'hôtel, divers motifs de décoration empruntés à Rome, tombeau de Bacchus, lampes, autels antiques, première idée du monument de l'abbé Batteux à Saint-André-des-Arts, alcôve antique pour le baron T***, lit drapé (1780), salon drapé (1780), plafond de théâtre, dessin de portes, un buffet (1780), cheminée (1745 sic), bordures de tableaux, dessins, allégoriques, vase de Michel-Ange, ostensoir de Sainte-Geneviève, cartouches, traîneaux du XVIIIe siècle, calques divers, etc. — 80 c.* Dessins obscènes ne se communiquant pas. Indépendamment de ceci, Lequeu a laissé au Cabinet des Estampes un curieux recueil sur le blanchissage et le savonnage où se voient des blanchisseuses d'avant 89 (Lh 34), une mécanique (1 a 36), une méthode de dessin (K c 17), et une méthode pour graver au lavis (A d 64 ci-devant), voir aussi les vol. V e 92 et V e 118.

— 81. Maisons de campagne, gravées au trait par Krafft.

Maisons de la Révolution et de l'Empire, avec leurs jardins, leur décoration, etc.

— 82 et 83. Maisons de Paris par Krafft (2 éditions). — 84 et 84 a. Paris et ses monuments par Baltard (1803-1805). — 85.

Projets d'architecture par Peyre neveu (1812). — 86. Restauration de l'Odéon par Peyre fils (1819). — 86 a. Projets primés pour la reconstruction de l'Opéra Comique (1893) Format exceptionnel. Dessins originaux. — 87 à 90 a. Ouvrages divers de Percier et Fontaine, architectes de l'Empereur.

<small>— 87. Maisons de Rome. — 88. Décorations intérieures (1812). — 89. Maisons de plaisance de Rome. — 90 et 90 a. Résidences des souverains.</small>

— 91. Architecture civile par Dubut (1803). — 92. Architecture Toscane par Famin et Grandjean (1815). — 93. Palais d'Italie par Clochard (1809). — 94. Théorie de l'architecture par Louis Lebrun de Douai (1807). — 95. Architecture de Normand ou recueil varié de plans et de façades de maisons de ville et de campagne, gravures au trait (voir ci-devant E f 142 à 144 z). — 96. Palais de Cassel par Grandjean. — 97. Projets par divers élèves de l'Ecole polytechnique (1816). — 98. Recueil d'architecture par F. L. Scheult (1821). — 99. Marché de St-Germain, par J.-B. Blondel (1816). — 100. Œuvre de E.-F. Imbart.

<small>Il y a dans ce recueil des lithographies d'ornements et des paysages, dont un dessin original.</small>

— 101. Œuvre de Chenavard (1828). — 102. Du génie de l'architecture par J.-A. Coussin (1822). — 102 a. Parallèle des théâtres modernes de l'Europe par Contant et Filippi. — 103. Théâtre de Dieppe par P.-F. Frissard. — 104. Salles rondes d'Italie par Ed. Isabelle (1831). — 104 a. Les édifices circulaires et les dômes par Ed. Isabelle (1855). — 105. Villa pia par Jules Bouchet (1837). — 106. Traité d'architecture de Thierry (1838). — 107. Vignole des propriétaires, par Moisy père. — 108. Souvenirs de la vie et des ouvrages de Delannoy (1839). — 109. Traité d'architecture par Léveil (1846). — 109 a. Nouvelle forme architecturale par Boileau (1853). — 110. Plans de l'hôtel de Breteuil à Paris, rue de Provence, en 1777, par le sieur Perlin architecte.

<small>Dessins du jardin, porte d'honneur, façade sur l'avant-cour, décoration du fond de la cour principale, etc. Dessins originaux signés de Perlin.</small>

— 111 à 111 a.* Etudes d'après le Panthéon de Rome par Achille Leclère (Dessins en réserve). — 112. L'hôtel de Sully à Paris par J.-G. Cadrès (1808). — 113. Maisons de ville et de campagne par Normand (1857). — 113 a. Villas, maisons de ville et de campagne par L. Isabey et Leblan (1867). — 113 b. L'architecture moderne en France par Barqui (1869). — 113 c et 113 d. Habitations modernes par Viollet-le-Duc. — 113 e. Maison d'Edmond de Goncourt à Auteuil (1883). — 114. Œuvres complètes de Vignole par Le Bas et Debret (1815). — 115 et 115 a. Architecture ancienne et moderne de la Sicile par Hittorff et Zanth (1835). — 116 et 116 a. Architecture polychrome chez les Grecs par Hittorff. — 117. La fontaine érigée à Paris sous le règne de Napoléon, par Moisy et Am. Duval (1812). — 118. Maison du poète tragique à Pompéï par J. Bouchet (1828). — 119. Choix d'édifices inédits de Pompéï par Raoul Rochette, Bouchet et Leconte (1840). — 119 a et 199 b. Monuments de Pompéï par Nicolini (1854-1872). — 120. Recueil des compositions de Chenavard (1860). — 120 a. Fantaisies par Chenavard (1864). — 120 b. Fontaines par Visconti (1860). — 120 b +. Les poètes Ovide, Anacréon, etc., par Chenavard (1873).— 121. Halles centrales de Paris par Baltard. — 122. Projets pour le palais de Fontainebleau par Abel Blouet. (Restauration de la façade du fer à cheval et de la galerie de François Ier. Dessins originaux de 1849-50). — 123. Maisons remarquables de Paris par Th. Vacquer. — 124. Architectonographie des prisons (1829).

Division **Hb**. — **Architectes étrangers.**

Hb 1. Bibliothèque de Médicis à Florence par Michel-Ange (1739). — 2. Recueil provenant de l'abbé de Marolles et ayant conservé son ancienne reliure, renfermant des œuvres de Labacco, JeanMaggi, P. Collot, etc. — 3. Recueil provenant de l'abbé de Marolles et ayant conservé son ancienne reliure, comprenant des œuvres de Jean-Baptiste Soria (tabernacles et plans d'édifices), de Jean-Baptiste Montana, sculpteur en bois (1625), de Vincent Scamozzi (cheminées et colonnades, places-fortes, etc), de Orazio Perucci (portails, livres de divers ornements par Jean Cotelle, français, avec le portrait de la princesse de Guemenée (plafonds, cartouches, caisses), suite de tailles prismatiques et de figures géométriques ; grottes en rocailles ; autels par Bernardino Radi, tombeaux, etc. Portes diverses par Parasacchi, consoles, cheminées par Pierrets, parisien, etc. — 4. Recueil renfermant des œuvres de Brunelleschi, du Bramante, de Ligorio, Galliani, Jacopo ou Loppo, etc. — 5 et 5 a.

Opere di piu celebri architetti de nostri tempi (1702-1711). — 6. Les dix livres de Vitruve traduits par Barbaro (1629). — 7. Palais Massimi à Rome (1818). — 8. Architecture de Seb. Serlio (Francfort, 1572). — 9. Architecture de Serlio (Venise, 1562). — 10 et 10 a. Architecture de Palladio par J. Leoni (1726). — 10 b. Architecture de Palladio par H. de Geymuller (1884). — 11. Architecture de Costa (1746). — 12. Architecture de Fréart de Chambrai (1650). — 13. Architecture de Lemuet (1682). — 13 a et 13 b. Le fabriche de A. Palladio (1872-1873). — 14 à 16. Architecture de Vincent Scamozzi. (Edit. de Paris et de Leyde, 1662, 1713). — 17. Architecture de F. Boromini (1720). — 18. Cinq ordres par Vignole. — 19. Ordres d'architecture par Kopp (1855). — 19 a. Histoire des Ordres grecs par Chipiez (1876). — 20 à 20 b. Architecture et perspective de Bibbiena. — 21. Architecture de Montana. — 22. Dessins de J.-B. Montana.

<small>Ce recueil provient de la Bibliothèque de Séguier et a été gravé. Il renferme 189 folios de dessins originaux, lavés au bistre, plans d'édifices, coupes, façades. Monuments funéraires à partir du fol. 83 jusqu'au fol. 102, cartouches (fol. 103), chapiteaux (fol. 109), corniches, ordres, colonnes, etc. Autels et urnes (fol. 151), vases (fol. 153 à 155), tombeaux antiques (fol. 157 à 189).</small>

— 23. Architecture de Cataneo de Sienne (1567). — 24. Palais de Caserte par Vanvitelli (1756). — 25. Œuvre des Longhi. — 26. Œuvre des Fontana. — 26 a à 26 b. La Renaissance en Italie par Schütz. (Photogravures d'après les monuments encore existants, Hambourg, 1882). — 27 à 27 c. Choix d'architecture de la ville de Florence par F. Ruggieri (4 vol.). — 28 à 30 a. Œuvres diverses de Piranesi. Les prisons, les cheminées, etc. (4 vol.). — 31. Portes de ville par Michel Sammicheli (1815). — 32 et 32 a. Œuvre de Samuel Marolois (1651). — 33. Recueil provenant de Marolles et contenant les œuvres de Marolois et de Vriedman de Vriese dits *Opera mathematica*. La Haye, Hondius 1594. *Perspective* de Vriedman de Vriese Leyde (2 parties). *Les cinq ordres* par Henri Hondius (1620). A la fin du recueil la fortification militaire de Marolois (1615). — 34. Recueil provenant de Marolles et contenant des œuvres de Vignole (5 *ordres*, 1602), de Adam Philippon, menuisier et ingénieur du roi de France (sculpture sur bois, consoles, cartouches, appliques, caisses, cariatides, rinceaux, frises, 1645). Autre livre du même Philippon (trophées, frises, masques, feuillages, gravé par A. Pierrets). Menuiserie de Crispin de Passe le jeune. Portails, bancs, escabeaux, tables, buffets par Vriedman de Vriese publiés par Philippe Galle. Plusieurs menuiseries par Vriedman de Vriese (1630). Autre livre du même (1630). — 35. Architecture de Ph. Vingboons (1715). — 36. Architecture de Pierre Post (1715). — 37. Palais du prince d'Orange par Pierre Post (1655). — 38 à 38 b. Architecture de Paul Decker (1711-1716). — 39. Dessins d'ornements par Schubler. — 40. Recueil d'architecture de Ixnard (1791). — 41 et 41 a. Cascades de Hesse Cassel par Fr. Guernerius (1706-1749). — 42. Architecture de Vitruve. — Architecture d'Inigo Jones (1727). — 44. Dessins d'architecture avec texte par Stieglitz (1800). — 45. Architecture de Jean Soan (1778). — 46. Recueil de diverses inventions par Citeroni. — 47. Différentes manières de bien bâtir par d'Albaret (1776). — 48. Détails d'architecture du monument sous la devise « Felix meritis » bâti par J. Otten Husly (Amsterdam). — 49. Ancienne architecture d'Angleterre par J. Carter (1837). — 50. Sporting architecture by Tattersall (1841). — 51. Modern architecture by F.-H. Brooks (1852). — 52. Architecture de Rawlins (1795). — 53. Architecture de G. Thomas (London, 1783). — 54. Eglises d'Italie par J.-S. Ruhl. — 55. Cathédrales gothiques par Wild. — 56. Edifices divers par Burlington. — 57 et 57 a. Architecture de Payne (1783). — 58. Monuments construits en Russie par Louis Rusca (1810). — 59 à 59 i. Architecture allemande du XIXe siècle (Maisons de ville et de campagne 1858-60, 12 vol.). — 60. Traité des bâtiments pour loger les animaux par Heine (1802). — 61. Architecture chrétienne par L. Von Klenze (1834). — 62 à 63 a. Architecture rurale de Robinson (4 vol., 1836-37). — 64. Architecture champêtre de Hunt (1827). — 64 a. Traité des constructions rurales de H. Delforge. — 64 b. Maisons de Belgique par Blandot (1869). — 65. Maisons rustiques par Hunt. — 66. A Series of ornamental timber Gables by A. Pugin (1839). — 67. Architecture suisse par Graffenried et Stürler (1844). — 67 a. L'architecture en Suisse par Lambert et Rychner (1883). — 68. Architecture russe de Giacomo Quarenghi (1821). — 69. Palais de Munich par L. Von Klenze (1842). — 70. Architecture de Schinkel (1840). — 71. Album d'architecture (Potsdam, 1849). — 72. Architecture de L. W. Holz. — 73 à 73 d. Architecture du Moyen-Age en Saxe par L. Puttrich (1836-1852). — 74. Architecture domestique par A. de Chateauneuf (Londres, 1839). — 75. La même par P.-F. Robinson (1837). — 76. Architecture de F. Von Gartner (1846). — 77. La Wilhelma exécutée par L. Von Zanth (1855). — 78 et 79. Principes of Athenian architecture by Fr.

Cranmer (1851, 2 vol.). — 80. Description de l'arc de triomphe de Léopold Ier à Nuremberg (1567). — 81 à 81 d. Eglises d'Angleterre, chapelle Saint-Barthélemy à Oxford, églises Saint-Pierre, Notre-Dame à Littlemore, églises de Strixton, de Minster Lowell. — 82. Architecture d'Albertolli (1787).

Division **Hc**. — **Grandes compositions d'architecture en France et à l'étranger.**

Hc 1. Discours sur les monuments, par l'abbé de Lubersac (1775). — 2. Les figures du Temple et du palais de Salomon par Maillet (1695). — 3. Le temple de Salomon par E. Kopp. (1839). — 4. Plan et élévation du Louvre et des Tuileries. Gravures par Marot, Silvestre. Séb. Leclerc. — 5 à 5 c. Réunion du Louvre aux Tuileries (Photographies par Baldus). — 5 d à 5 f. Le nouveau Louvre et les Tuileries par Baldus (3 vol.). — 6. Ornements de la Galerie d'Apollon au Louvre. — 7. Ornements divers par Evrard, Charmeton et autres. — 8. Les Invalides. Recueil formé de gravures par Jean Marot et autres.

Plans et coupes de l'édifice, vue intérieure du réfectoire avec les Invalides assis (1680 environ).

— 9. Invalides. Description de l'église par Félibien (1706). — 10. Recueil des vignettes et de lettres grises pour le précédent ouvrage (tirage de 1760). — 11. Description générale des Invalides par L. J. de Boulancourt (1683). — 12. Histoire des Invalides par J. J. Granet (1736). — 13. Description hist. des Invalides par l'abbé Pérau (1756). — 14 et 14 a. Le Dôme des Invalides. Recueil des dessins de Robert de Cotte (originaux).

Le premier de ces recueils renferme les dessins de de Cotte. On a mis en tête un plan de Paris d'entre le Val de Grâce et les Invalides, et un plan des terrains occupés par l'hôtel. Quelques parties des plans généraux ont été abandonnées en ce qui concerne le Dôme. Détails des voûtes et des mosaïques. Plan du dôme extérieur, élévation de la lanterne, coupe intérieure du dôme et charpente de la lanterne, profil et coupe d'une des chapelles, fondations acceptées par le m^{is} de Louvois, plans du nouveau bâtiment à faire aux Invalides en 1691. — Le second vol. Hc 14 a. contient les dessins de détail et les devis des sculpteurs. En tête la statue du roi, grillages extérieurs pour les fenêtres (« le vitrail a este reffromé par M. Mansard en avril 1691 »). Profils des fers des croisées; la croix, les orgues, statues de saints (croquis et devis divers les concernant, noms des artistes qui les exécutèrent). Sculpture et décoration intérieures (Devis, noms des praticiens, prix payés, croquis des décorations, etc. (voir Hd 135d).

— 14 a. Le monastère du Val de Grâce (1875) par Ruprich-Robert. — 15. Bibliothèque du roi, aujourd'hui la bibliothèque nationale. Dessins de Robert de Cotte (originaux).

Ces dessins ont rapport à l'aménagement projeté de l'hôtel Mazarin pour les services de la bibliothèque royale en 1725. Le recueil renferme une certaine quantité de projets non réalisés, des plans suivis, des devis de sculpture, etc. Quelques pièces ont été distraites et mises dans les albums de topographie (Va 239. Top. de Paris). Voici la composition du recueil. Plan de l'hôtel de Nevers (Mazarin) en 1717, la banque en 1725. Plans des bâtiments de l'hôtel par étages, projet antérieur à 1725 et abandonné, plans divers des aménagements, élévation des corps de bibliothèque en bois sculpté (Le modèle en est conservé à la salle des manuscrits), profils des moulures, des corniches, vue intérieure de la salle des globes de Coronelli, façade du vieux bâtiment sur la rue Richelieu, projets divers, et mensurations, plans de la totalité des bâtiments, élévations intérieures, etc., etc. Façade à l'intérieur de la cour aujourd'hui encore conservée (les armes du roi Louis XV sont remplacées par un bas-relief de Degeorge). On a joint aux dessins de de Cotte, un plan du rez-de-chaussée de la bibliothèque en 1813, un du 1er étage, une vue des combles, avec la désignation des services, une façade de 1820 environ. Un calque de la nouvelle galerie des estampes en 1855 (la salle actuelle).

— 15 a. Bâtiments de la Bibliothèque nationale en 1880 (Phot).
— 15 b. Plans de la Bibliothèque nationale.

Recueil de pièces provenant de M. H. Labrouste architecte.

— 17. Versailles. Vues du parc et des bosquets. — 18. Versailles. Grand escalier des ambassadeurs. — 19. Versailles. Grotte (1676). — 19 a. Versailles. Motifs de décoration reproduits par Baldus. — 20. Versailles et Marly. Plans et élévations. (gravures par Le Pautre et autres.) — 21. Château de Marly-le-Roi par Guillaumot (1865).

En général, pour tout ce qui touche à Versailles, on devra consulter les albums topographiques Va 361 à Va 372. Et pour Marly, Va 349 à 352. Ces recueils renferment une quantité de plans originaux de croquis, de pièces gravées rares, sur la ville, le château ou le parc de Versailles, les Trianons et Marly-le-Roi.

— 21 a. Château de Vaux-le-Vicomte par Pfnor. (1888). — 22. Jardin de Monceau par Carmontelle (1779).

On pourra consulter sur ce jardin la collection topographique. Va 285.

— 23 à 23 b. Châteaux de Lorraine au XVIII⁰ siècle par Heré architecte. Gr. par François. (3 vol. aux armes de Stanislas Leczinski). — 24. Serrurerie de la place de Nancy par Lamour (1768). — 25. Fondations du roi de Pologne à Nancy (1762). — 26. Spectacle des Vertus par François gr. du roi de Pologne. — 26 a. et 26 b. L'architecture normande par Ruprich-Robert. (1889). — 27. Antiquités architecturales de Normandie par A. Pugin (1828). — 27 a. Temples chrétiens par Canina (1846). — 27 b et 27 c. Eglises de bourgs et de villages par A. de Baudot. (1867). — 27 d. Monuments de l'architecture chrétienne par Hubsch (1866). — 28 et 28 a. Architecture ecclésiastique par Gally-Knight (1842-1843). — 29. Monuments du VII⁰ au XIII⁰ s. sur le Rhin inférieur par Boisserée (1842). — 30. Architecture ecclésiastique du Moyen-Age par J. Coney — 31. Anciennes cathédrales et hôtels de ville par J. Coney (1842). — 32. Architecture ecclésiastique de la Grande-Bretagne par Howman (1846). — 33. Arch. ecclés. à Londres par J. Coney et Shepherd (1819). — 34. Cathédrales françaises par Garlaud (1837). — 35. Principaux monuments gothiques de l'Europe par Simoneau (1843. Format exceptionnel). — 36. Sainte-Marie d'Auch par l'abbé Canéto (1857). — 37. L'église Saint-Jacques à Liège par Delsaux (1855). — 38 et 38 a. Monographie de la Cathédrale de Chartres (1867-1881). — 39. (non employé). — 40 et 40 a. L'Italie monumentale de Vincent de Castro. — 41 et 42. (non employés). — 43 Saint-Pierre de Rome par J. de Tarade (1659). — 44. Hist. du Vatican par Bonanni (1696). — 45. Description du Vatican par Fontana (1694). — 46. Saint-Pierre de Rome par Costaguti. — 47. Vatican par Ferabosco. — 48. Maison de plaisance du comte Alario à Cernuschio. — 49. Saint-Laurent de l'Escorial (1681). — 50. La veneria reale, par A. de Castellamonte (16)72. — 51. Maison de ville d'Amsterdam (1719). — 52. La même par Van Campen 1661. — 53. Maison de ville de Maestricht par Post. — 54. Château de Ryswick. — 55. Plan et élévation de Kew à Londres par W. Chambers (1763). — 56. Maison de plaisance de Robert Walpole (1735). — 57. Les trois âges de l'architecture gothique par Popp et Buleau. — 57 a. Monuments ecclésiastiques du M.-A. en Autriche par C. Lind (1872). — 58. Monuments de l'art chrétien à Constantinople par Salzenberg (1854). — 59. Monuments de l'art byzantin à Ravenne par Quast (1842). — 60. Grande mosquée de Becjapore (Photographies). — 60 a. L'orangerie de Dresde par Poppelmann (1729). — 61. Théâtre royal de Dresde par Semper (1849). — 62. Architecture byzantine par Ch. Texier et Popplewell Pullan (1864). — 62 a. L'art de bâtir chez les Byzantins par A. Choisy. — 63. Le Mexique et ses monuments anciens par Charnay (Phot. 1864). — 64 et 64a. Cités et ruines américaines par Charnay (2 vol.). — 65. La nouvelle Eglise de Sonneberg par Heideloff (1845). — 66. Monuments de la religion chrétienne de Gutensohn et Knapp (1826). — 67. Le Laurentin de Pline le jeune par Stier (Berlin 1867). — 68. Le Laurentin par J. Bouchet (1852).

Division **Hd.** — **Mélanges d'architecture, ouvrages périodiques et didactiques, détails, etc., etc. (1).**

Hd 1. Recueil factice de pièces d'architecture religieuse. Autels, clôtures de chœur, portails d'église à l'Italienne, intérieurs d'église, chaires à prêcher et divers autres modèles de monuments par Jean Lepautre. Catafalques italiens de J.-J. de Rossi. Autels et baldaquins par Neufforge et Babel. — 2. Eglises, presbytères, écoles d'Allemagne (Potsdam 1852). — 2 a. Modèles pour la construction des écoles par Riewel et Schmidt (Vienne 1874). — 3. Le Moyen-Age pittoresque. — 3 a à 3 c. La Renaissance en France par Léon Palustre et Eugène Sadoux (1879-1881). — 4 à 4 d. Plans des maisons et églises appartenant aux Jésuites avant leur suppression. (5 vol.).

> Ce précieux recueil n'a pas seulement l'intérêt spécial que peuvent lui trouver les prêtres de la Compagnie de Jésus, il est une source de renseignements pour l'archéologue l'historien ou l'architecte (Cf. Henri Bouchot *Etienne Martellange*. Paris 1886 in-8°). Il se compose des plans originaux envoyés à Rome par les architectes de la compagnie en vue d'obtenir le satisfecit du Général de l'ordre. Lors de la suppression de la compagnie en 1773, M. le Bailli de Breteuil, alors ambassadeur à Rome, les acquit en bloc et depuis ils passèrent à la Bibliothèque. On y trouve des renseignements sur tous les collèges français et étrangers depuis le XVIe siècle jusqu'à la fin du XVIIIe. Un catalogue ds ces pièces a été préparé par les soins de M. Bouchot qui a cherché à en faire ressortir l'intérêt archéologique et topographique ; mais ce catalogue n'a point été publié encore. L'ensemble des cinq recueils contient 1225 numéros.

— 5. Livre d'architecture d'autels et de cheminées de J. Barbet, Gr. par Abraham Bosse (1633). — 6. Traité des manières de

---

(1) C'est surtout pour cette division qu'on devra consulter les *Maîtres ornemanistes* par Guilmard.

dessiner les ordres antiques par A. Bosse (1664). — 7, 7 a et 8. Trois recueils de pièces isolées de Jean Lepautre (voir ci-devant Ed 42 à 42f.). — 9 et 9 a. Architecture à la mode. Décorations de jardins. — 9 b à 9 e. Architecture française publiée par J. Mariette 1727. — 9 f. Les grands architectes français par A. de Korsak. — 9 g et 9 h. L'architecture pour tous par Gateuil (1877-1892). — 10. Pavillons d'après Lebrun par L. de Chastillon. — 11. Etudes et dessins d'architecture par Robert de Cotte.

<small>Ces dessins originaux de de Cotte sont exécutés à la plume et à la sanguine, mais ce sont des caprices d'artiste. On y voit un vase, des intérieurs de palais, la contre épreuve d'une sanguine représentant un vase, des ruines antiques, des vues de palais, etc.</small>

— 11 a. Œuvre de Nicolas Pineau. Reproduction. — 12. Livre d'ornements par J. Cotelle. — 13. Cheminées par N. Wallis (1785). — 14. Iconologie historique par Delafosse. — 14 a. Œuvres diverses de Delafosse. — 15. Ornements dans le style antique par Herrmann (Augsbourg). — 16. Détails d'architecture par Holz (Berlin 1844). — 17. Meubles et ornements par Boucher fils.

<small>Fils de François Boucher qu'on a quelquefois confondu avec son père. Le recueil de la Bibliothèque ne renferme que 33 cahiers. (Or il y en a 64. Mais les autres cahiers ont été dispersés et mis dans divers suppléments ou recueils de la série L ou de la série H.)</small>

— 18. Décorations, meubles, détails d'architecture par Jean Mansart l'aîné. — 19. Ornements du corps législatif par Poyette. — 20. Principes d'architecture gothique par Holbèche-Bloxam (Londres 1844). — 21. Renaissance de l'architecture chrétienne par Pugin (Londres 1843). — 21 a. Du génie de l'architecture par J. A. Coussin (Paris 1822). — Recueil de cheminées et de détails d'architecture du XVIIe siècle. — 22 a à 22 c. Histoire de l'architecture par Ramée (1860-1885). 3 vol.). — 23 à 23 b. Dict. D'architecture de Roland Le Virlois (1770-71). — 24 à 24 d. Glossaire d'architecture avec planches (Oxford 1845). — 24 e. à 24 n. Dictionnaire d'architecture par A. Viollet-le-Duc (1867-70. 10 vol. in-8°). — 24 o. à 24 q. Dictionnaire de la construction par Chabat. (2 vol.). — 25 à 25 b. Ornements des anciens maîtres par O. Reynard (1844. 3 vol.). — 25 c. à 25 d. Ornements et objets d'art figurés par l'impression par Wessely (1877). — 25 e. L'art pratique par Ponce Blanc. (1877). — 26. Ornements par L. Feuchère. — 27. Meubles et armes du Moyen-Age. — 27 a. Coffre de l'église Saint-Aignan à

Orléans par Jollois. — 28. Monuments du Moyen-Age en Autriche (Vienne 1817). — 29. Recueil d'anciennes croix en Irlande par O' Neill. (Londres 1857). — 29 a. Chapiteaux romans phot. par E. Delon. — 30. Rosaces gothiques. — 31. Fragments gothiques. (Leipsig 1836.). — 32. Ornements gothiques par Eggert. (Munich). — 33. Architecture des arabes par Girault de Prangey (1841). — 34. Notices sur les deux ouvrages de Girault de Prangey par Reinaud. (1842). — 35. Architecture gothique par Hoffstadt (Francfort 1840) . — 35 a Architecture du Moyen-Age par W. E. Nesfield (Londres 1862). — 36. Ornements gothiques par A. Pugin (Londres 1840). — 36 a à 36 c. Types d'architecture gothique par A. W. Pugin. (Paris et Liège 1863). — 37. Monuments Scandinaves du Moyen-Age par N. M. Mandelgren (Paris 1862). — 38. Ornements pour l'architecture chrétienne par Grueber (Augsbourg 1839). — 39. Principes de l'architecture gothique par Jacob Murphy. — 40. Fragments d'architecture gothique par J. G. Grohmann (Leipsig). — 41 à 41 b. Les arts au Moyen-Age par Dusommerard (1838-1846). — 42 à 42 c. Le Moyen-Age monumental et archéologique (4 vol.). — 43. Vieilles maisons anglaises par J. Richardson. — 44. Ornements du Moyen-Age par Heideloff (Nuremberg 1838). — 44 a. L'art ornemental dans l'Italie centrale du XIIIe au XVe s. par J. B. Waring. — 44 b et 44 c. Architecture Lombarde par F. de Dartein (1865-1882). — 45 et 45 a. Recueil de sculptures gothiques par Adams (1856-59). — 45 b. Architecture en bois au Moyen-Age par C. Bötticher. — 46. Recueil provenant de l'abbé de Marolles, ayant conservé la reliure royale du XVIIe siècle, et contenant des cartouches gravés par divers maîtres : H. de Vriese (1601), Bernadino Radi, Camillo Congi, Stefano della Bella, Collignon, Mitelli, Orlandi, Rabel, Valesio, Hermann, Muller d'ap. Floris, Jérôme David, copies d'ap. Tempesta, chez Melchior Tavernier, suites de maximes en cartouches (12 pièces). Jean Lutma, Mich. Van Lochon, Eckout Gerbrand de Chesne, C. Floris, Londerseel, Tempesta, Marc Gerar; Arabesques diverses dans la manière de Ducerceau, etc., etc. — 46 a. Livre de cartouches de Corneille Floris. — 47. Recueil de cartouches dessinés par le sieur Peyrotte.

> Recueil de dessins originaux dont la plupart ont été gravés. Ruines, cartouches, culs-de-lampe, en-tête de livres. Titre à la gouache pour l'Inventaire des Titres du Dauphiné, trophées de chasse à l'aquarelle, caricature contre la Faculté de Médecine représentant une frégate mortuaire avec cette légende : « Frégate de la Faculté, dite l'Atropos. »

— 48. Ornements par Adam Philippon. — 49. Recueil de cartouches par Mavelot (1685). — 50. Frises et ornements par Fr. Stella. — 51. Ornements par Domenico Santi. — 52. Trophées par Matteo Pagani. — 53. Recueil de dessins d'architecture par Cotelle.

> Ce recueil acquis en 1813, renferme des dessins exécutés par Jean Cotelle, décorateur, architecte et miniaturiste, d'après les motifs « les plus beaux de l'antiquité » tant à Rome qu'ailleurs en Italie. Ces dessins sont à la plume et lavés au bistre. Cotelle nomme les pays auxquels appartiennent les motifs reproduits par lui, Tibur, Albano, Ponte Santa-Maria, Tivoli, Pouzzole, etc., etc. Ce recueil, très intéressant pour les décorateurs, n'a point été signalé par Guilmard.

— 54. Recueil de rinceaux : D'après Raphaël par Faucci, arabesques et fauneries du XVIe siècle, gaines et frises, cartouches, rinceaux de César Dominichi en 1598, 1600, 1607 (d'ap. Scalzi), rinceaux par Zancarli, grands ornements par René Boivin (1575), par Pierre Levesville, par Francesco da Volterra (1579) et Diane Ghisi, divers ornements dédiés à la reine de Suède par Charles Evrard, peintre du roi (1651). gravés par F. Poilly, par Lochon, etc. — 55. Ornements par Raphaël dans le chœur de Saint-Pierre de Pérouse (1811). — 56. Autre ouvrage sur le même sujet par Bergamo (1845). — 57. Ornements arabes et italiens par F.-M. Hessemer (1839). — 58 a. Ornements par Gaetano Brunetti (1736). — 59. Recueil d'ornements par Cauvet (1777). — 59 a. Œuvre de Ranson ornemaniste. — 60. Principes d'ornements par Salembier. (Consulter surtout les Suppléments reliés A. 3. SALEMBIER, car le présent recueil est assez pauvre.) — 61. Ornements d'architecture par A. de Rosis. — 62 et 62 a. Ornements de Beunat. — 63. Ornements par J.-A. Renard (1783). — 63 a. Œuvre de J. Pineau. — 64. Dessins originaux pour meubles et ornements par Lajoue et autres (Slodz, Chevillon, etc.).

> Ce précieux recueil renferme une série de dessins d'ornements dont les origines sont pour l'instant difficiles à préciser ; en voici le détail : Rinceau d'ornement XVIIe s. (dessin lavé). Côté d'un cartouche avec personnages (bistre). Trophée (dessin au bistre). Croquis d'une statue royale, trois pilastres d'ornements de la fin du XVIe s. Arabesques dans le genre de Bérain, arabesques aux armes de Condé (3 pièces), trophée, chaise de promenade à trois roues dans le goût de Lajoue (Aquarelle par Chevillon). Ornements à l'aquarelle, fleurs et fruits par Lajoue (2 pièces). Dossiers de fauteuil, grandeur d'exécution (fusain). Pilastre doré aux armes de France (aquarelle). Trône royal aux armes de France (aquarelle par Slodtz). Ecran chinois (gouache et peinture à l'huile). Autre (idem). Tenture rocaille à fleurs de jasmin (aquarelle).

Décor de théâtre (aquarelle par Chevillon). Ornement rocaille (mine de plomb). Tenture rocaille à fleurs de jasmin (aquarelle). Ecran chinois (aquarelle et peinture à l'huile). Partie de la tenture rocaille ci-devant; Autre tenture rocaille à fleurs (aquarelle). Oiseaux divers pour tentures (8 pièces à la gouache). Cimiers de plumes (encre de Chine). Meubles dessinés par Slodtz et dont un existe encore au Cabinet des Médailles. Pendule ronde (dessin lavé). Buste et deux girandoles en cristal de roche (dessin par Slodtz). Girandoles en cristaux (id.). Vase et girandoles en cristal dont l'une aux armes du roi (aq. par Slodtz). Girandoles rocaille pour une table (dessin lavé). Girandole bout de table (id.). Trois chandeliers dont un aux armes du roi (aquarelles). Grand flambeau d'église aux armes de France (aquarelle). Applique rocaille (dessin lavé). Candélabre rocaille (idem). Autre candélabre rocaille aux armes du roi (id.). Autre montrant une Diane chasseresse (id.). Flambeau rocaille aux armes de France (id.). Autre (id.). Flambeau à personnages (id.). Flambeau avec la figure d'un faune et les armes de France (id.). Flambeau par Meissonnier. Bougeoir chinois et coupe-mèche par Meissonnier (sanguine lavée). Applique rocaille (dessin lavé). Fontaine à eau par Slodtz (aquarelle).

— 64 a. Œuvre de Lajoue (gravures). — 65. Ornements par L. A. Romagnesi. — 66. Ornements par E. F. Imbard (1818). — 67. Ornements d'architecture par Aglio. — 68. Ornements par Gebhardt. — 69. Ornements par Borsato (1831). — 70. Album de l'ornemaniste par Leconte (1832). — 71. Mélanges divers de Clerget par Leconte (1838). — 72. Ornements par Clerget. — 73. Ornements par Tirrart. — 74 et 75. The grammar of ornament by Owen Jones (2 éditions dont une française). — 75. + Grammaire élémentaire de l'ornement par J. Bourgoin (1880). — 75 a et 75 a + L'ornement polychrome par Racinet (2 séries). — 75 b. Motifs de décoration par Claesen. — 75 c. Livre d'ornements par Botticher. — 76 et 76 a. Art ornemental par Gruner avec supplément par Braun (Londres et Paris 1850). — 77. Trésor de l'art de l'ornementation par Bedfort et Robinson. — 77 + Ornement national russe par Vladimir Stassoff (1872). — 77 ++ à 77 +++. L'art arabe par Bourgoin. (Dessins originaux préparés pour l'héliogravure). — 77 a. Les arts arabes par Bourgoin (1873). — 77 a + à 77 a +++. L'art arabe par Prisse d'Avennes. — 77 b à 77 c. Histoire de l'ornement russe du Xe au XVIe s. par V. Stassoff. — 77 c ++. Ornement slave et oriental par V. Stassoff (1887). — 77 d. La flore ornementale par Ruprich-Robert (1876). — 77 e. Ornement végétal par A. Picard. — 78. Bibliothèque de Ste Marie-des-Grâces à Milan par B. Luini. (Londres 1859.) — 78 a. Décoration du palais de Caprarole par G. Iannoni. — 79. Arabesques par Watteau. — 80. Arabesques par Bérain. — 81. Arabesques par divers.

Ce recueil contient plusieurs suites rares. Pilastres par A. Mitelli ; frises par Stefano della Bella ; feuillages par A. Ducerceau, graveur ornemaniste du XVII° siècle (et non l'architecte du XVI°), en tout 96 pièces. Frises gravées par A. Loire ; autre cahier par le même, dessins d'éventails et d'écrans par Loire, publiés chez Mariette ; ornements par Charmeton, gravés par N. Robert. Frises par Chauvel de Cantepie ; petits trophées gravés par Paty. Pilastres représentant les mois dessinés par C. Audran et gravés par son frère. Encadrements de glaces, baguettes, etc.

— 82. Arabesques pour meubles par C. A. Menzel (Berlin). — 83 à 83 d. Encyclopédie de l'ornemaniste par Collette. — 83 e et 83 f. L'ornementation usuelle par Pfnor (1866-68). — 83 g. Fantaisies décoratives par Habert-Dys. — 83 h. La décoration géométrique par Fauré (1887). — 83 i à 83 l. Dictionnaire de motifs décoratifs par A. de Korsak (1882-1886). — 83 m et 83 n. Dict. de l'art ornemental par Méchin (1888-1891). — 84. Recueil provenant de l'abbé de Marolles, et ayant conservé sa reliure aux armes du roi. Jardins.

Ce recueil renferme un titre du Jardinage par Jacques Boyceau (1638), gravé par Lochom (fol. 1). Livre de différents desseings de parterres (2 verso à 8 verso) gravé par Rabel. 22 planches gravées par Jacques et André Mollet pour le *Jardin de Plaisir* imp. en 1731 à Stockholm (fol. 9 à 16 verso). Le fidèle jardinier par P. Betin (fol. 17 à 32 verso). Florilegium renovatum à Francfort chez Mathieu Mérian (1641), Estampe par Nicolas De Son ; Jardins par Th. Galle. Parterres et compartiments divers, publ. par Jean Le Clerc. Hortus Palatinus Salomone de Caus architecto (Francfort 1620). (fol. 77 à 89). Fontaines de jardins (fol. 93). Vraye représentation des portails et palissades de jardins (fol. 97 à 101). Représentation de divers jardins célèbres d'Italie, Vatican, Mattei, Monte-Cavallo, d'Este à Tivoli, Borghèse, Montalto, parc du grand duc de Toscane à Rome, etc., etc.

— 85. Jardins et fontaines de la villa Aldobrandini. — 85 a. Jardins par Israël Silvestre, Lepautre, Blooteling, Marot. — 86. Théorie du jardinage par L. S. A. J. D. A. (Paris 1713.) — 87. Traité du jardinage par Jacques Boyceau (1638). — 88. Jardins par Lerouge. — 89 à 89 a. Jardins anglo-chinois par Lerouge et autres. (Cahiers 8-14 et 15-20). — 90. Jardins chinois. — 91. Jardins anglais par Berthault (vers 1814). — 92. Plans de jardins dans le goût anglais par Jean-Louis Mansa. (Copenhague 1798.) Exemplaire colorié. — 93. L'art de ménager des paysages en faisant des jardins. (Londres 1803.) — 94. Collection de nouveaux bâtiments pour la décoration des grands jardins et des campagnes. Leipzig 1802. (Gravés par Aubertin d'ap. Schäffer.) — 95. Plans de jardins par J. C. Krafft. (Paris 1809.)

Indépendamment de ces derniers ouvrages conçus à l'époque où les parcs anglais commencèrent en France, on pourra consulter dans la série U le livre de M. A. de Laborde «Description des nouveaux jardins de la France et de ses anciens châteaux (Paris 1808). » A partir de la p. 190 se trouvent des « observations sur la théorie des jardins. » (Ub 10), voir aussi H d 213-215 ci-après.

— 96. Traité des jardins par Audot. (Paris 1839.) — 97. Fabriques pour jardins. — 97 a. Décorations pour jardins par J. Boussard. (Paris 1881.) — 97 b. L'art des jardins par Alphand et Ernouf. — 97 c. Traité d'architecture pour parcs et jardins par Lecocq. (Paris 1860.) — 98. Figures de thermes pour l'architecture par J. Boillot 1592. — 99. Recueil provenant de l'abbé de Marolles, et ayant conservé sa reliure aux armes du roi. Livre de Fontaines.

> Recueil factice de fontaines et de puits de jardins, aux XVIᵉ et XVIIᵉ siècles. L'abbé de Marolles y a fait entrer des fontaines idéales inventées par les peintres, telles celles de Suzanne au bain et de Bethsabé. — Fontaines monumentales des places publiques : Fontaine d'Hercule à Augsbourg, fontaine-obélisque du Bernin à Rome, fontaine de Jean de Bologne (1570), diverses gravures de la fontaine du Bernin, fontaines idéales, fontaine aux armes de Léonor d'Estampes Valençay gravée par Moreau (fol. 17). — Fontaines rocailles pour jardins, intérieur de jardins gravé par De Son. Fontaines allégoriques (fontaines de Sapience et de Jouvence). La plupart de ces compositions dues à des artistes italiens, sont décorées d'attributs du Saint-Siège romain. Vedute de giardini par Israel Silvestre (fol. 38, suites de petites vues d'après les jardins italiens). Autres d'après les jardins français par le même. Vues d'Aranjuez par L. Meusnier (1665), (fol. 47). Fontaines monumentales dans les palais. Fontane diverse par Jean Maggi (1618), (folios 80-85). Raccolta delle principali fontane da D. Parasacchi (fol. 86-94). Varie architetture D. J. Francesco Fanelli fiorentino (fol. 94-97). Grottes et rocailles, fontaines de Fontainebleau (fol. 103). Suites de fontaines et de puits (fol. 110-114). Puits, margelles, chaînes, seaux, systèmes de montage pour l'eau. Grande grotte rocaille dite de la Tentation gravée par Cochin, en 1653, d'apr. Henri Poyne et P. de Cussy (fol. 115), etc., etc.

— 100. Projets de fontaines par Lebrun. (Exemplaire de Versailles.) — 100 a. Modèles de fontaines et de grottes. Dessins lavés provenant de St-Germain-des-Prés.

> Ce recueil contient des dessins de fontaines mais surtout les plans d'élévation de l'eau, des tuyaux, etc., exécutés par un artiste italien du XVIIᵉ siècle.

— 100 b. Esquisses de fontaines par Chenavard. (Lyon 1864.) — 100 c et 100 d. Margelles de puits. (Venise 1889. Livre orné de photogravures directes.) — 101. Recueil provenant de l'abbé de Marolles, et ayant gardé son ancienne reliure. Livre de Vases.

ARCHITECTURE. — SÉRIE H.

Vases et pièces d'orfèvrerie de divers artistes, par les Hopfer, Fantuzzi, Jacomo Laurentiani (orfèvrerie religieuse) Antonio Gentili (ostensoir offert à Saint-Pierre de Rome par le cardinal Farnèse, en 1582), une pièce du maître C. A. N., orfèvre italien (Musée de Naples n° 2238), (fol. 10), vases par Eneas Vico. Suite de vases par Jean Marot (15 pièces). Autre suite par le même. Suite de vases par P. Cottard. Pièces d'après Jules Romain. Ciboires par Jean Picard. Gobelet présenté au roi à Chantilly par Louis Hesselin en 1636, et exécuté par D. Boutemie (fol. 35). Vases d'Arundel attribués à Holbein et gravés par Hollar (1645), vases publiés par Ph. Galle, vases de Polidore publiés par Visscher. Manches de couteau de Salinati (fol. 46). Recueil de vases, bouts de table, surtouts par S. della Bella, vases par Jacques Damery (fol. 48-50). Manquent les folios 51 à 54. Suite de vases par Polidore de Caravage (fol. 56-64). Vases de fleurs publiés chez Langlois, chez Visscher, chez Hondius, gravure allégorique de Matham (fol. 71). Vases par Le Pautre, torchères par le même; recueil de vases antiques par Ch. Evrard. Livre de vases par Stella (1667), (voir ci-après H d 101 a). Vases et flambeaux par Enéas Vico. Représention du tonneau d'Heidelberg, gravé par Delff. (1620 environ), (fol. 118). Vase de marbre des jardins de Médicis à Rome par S. della Bella (fol. 119) avec son portrait.

— 101 a. Livre de vases par les Stella (1667). — 102. Vases antiques et modernes. (Rome 1713.) — 102 a. Vases de la Renaissance allemande par Falda. — 103. Les jardins de Rome par Falda. — 104. Ameublement par Heppelwhite. (Londres 1789.) — 105. Meubles et ustensiles par Ruga. — 106. Meubles par Schinkel. (Berlin 1835.) — 107 à 107 c. Meubles et objets de goût publiés de 1807 à 1831 par La Mésangère et ses successeurs.

Recueil singulier des meubles du premier Empire et de la Restauration, mais qu'il se faut garder de prendre à la lettre. La suite de la Bibliothèque est complète, à deux ou trois pièces près.

— 108 et 108 a. Meubles de la fabrique de Mazaroz et Riballier (1855-57, 2 vol.) Photographies. — 109. Meubles de salon par Pasquier. — 110. Le garde-meuble par Guilmard (1844).

(Pour cet ouvrage consulter l'œuvre de Guilmard ci-devant mentionné Ef 840 à 340 k.)

— 110 a. Le carnet-référence, collection de sièges et meubles. (Paris 1885.) — 110 b. Meubles d'art au XIXe siècle par E. Bajot. (Paris 1886.) — 110 c. Etudes sur l'ameublement ancien et moderne par Marcal (1887). — 110 d. Le nouvel ameublement par F. Tessier (1887). — 110 e et 110 f. Le Meuble par A. de Champeaux. (Collection de l'enseignement des Beaux-Arts.) — 110 g. Le meuble en France au XVIe siècle par Bonaffé. — 110 h à 110 m. Recueils de dessins originaux d'ameublement moderne (1850-1880) par J. Deville, tapissier. Aquarelles.

Détail : — 110 h. Dessins de décoration. — 110 i. Lits divers. — 110 j. Sièges. — 110 k. Portières intérieures. — 110 l. Croisées. — 110 m. Croisées. (1850 à 1880).

— 110 n. Album général de l'ameublement parisien, publ, par Camis (Paris 1891). — 110 o. Le meuble Empire par Mariotte (1893). — 111. Ameublements par Th. Bodin (1815). — 112. Draperies d'appartements par Hallevant, — 112 a. La Porte, la Fenêtre par Tournayre)1892). — 113. Ornements pour appartements par Roussel et Laverlochère (1879). — 114. Les Styles par P. Rouaix (1886). — 114 a. Le style Louis XIV par A. Genevay (1886). — 115 et 116. Arts et Métiers (chez Monrocq 1883, 2 vol.) — 117. L'alliance des arts (1re et 2e années seulement, 1881-82). — 118. Application du fer, de la fonte et de la tôle dans les constructions par G. Eck (1841). — 119. (Non employé). — 120. L'art de la charpenterie par Mathurin Jousse (1702). — 121. Recueil factice renfermant :

1° Leçons de perspective par J. Androuet Ducerceau (Paris, Patisson 1676) ; 2° Le théâtre de l'art de charpentier, enrichi de diverses figures par Mathurin Jousse (voir ci-devant Hd 120), édit. de la Flèche 1664, suivi du Brief traité des cinq ordres ; 3° Les Essais de la Géométrie (figures de phénomènes de la vision) cosmographie, fortification, etc. ; 4° Nouveaux pourtraitz et figures de termes... par Joseph Boillot, Langrois (1592), avec un portrait de l'auteur gravé à l'eauforte par lui-même (livre illustré de figures en creux et en relief, voir ci-devant Ha 4, et Hd 98 ; 5° Varie inventioni per depositi di Bernardino Radi (1625) ; 6° Explication des cinq ordres... par Fremin (1644).

— 122. L'art de la Charpente par J.-Ch. Krafft (1805). — 123 et 123 a. Traité de la Charpente par J.-Ch. Krafft (2 vol).
— 124. Le Vignole des charpentiers, gravé par Hibon d'ap. Bourgeois (1839). — 126. Nouveau traité de Charpente par Demont (1849). — 127. Rapport sur les matériaux de construction par Gourlier (1855). — 128. Précis sur les pyramidions par J. J. Hittorff (1836). — 129. Devis pour les travaux de l'aqueduc de Maintenon (sans figures). — 130. Architecture des voûtes par Derand (1755). — 131. L'art d'appareil par Menand (1756). — 131 a et 131 b. Etude pratique de Stéreotomie (grand Atlas) par L. Monduit. — 132. L'art du trait par Fourneau (planches géométriques pour la charpente). — 132 a. Le Vitruve des ouvriers par Pécheux. — 133. Mémoire et projet sur la restauration du Panthéon par La Barre (an VI). — 133 a. Restauration du Panthéon, rapport par Peyre (an VII). — 134. Plan des palais de l'Exposition de 1855. — 134 + Architecture étrangère à l'Exposition de 1867 par

Normand (1870). — 134 a. Plan annonce de l'Exposition universelle de 1889. — 135 a à 135 e. Cartons non reliés renfermant les papiers, mémoires, croquis relatifs aux divers travaux de Robert de Cotte. Le classement suit celui de l'inventaire après décès.

Détail : vol. Hd 135. Contient les n^{os} d'inventaire allant de 1 à 500. Projet pour la vénerie du roi ; opposition du roi à l'extension donnée au mausolée de Turenne ; papiers concernant la Chapelle des Valois à St-Denis (1719). Rapports, visites, etc. Lettre de démission du cardinal de Bouillon au roi Louis XIV (1710). Papiers concernant la construction du palais Électoral de Bonn, correspondance, devis (1713-1730). Machine de Saint-Maur, devis... Devis des marbres et bronzes à employer dans la chapelle des princes de Condé, aux Jésuites de la rue St-Antoine. Portail de Ste-Croix d'Orléans. Canal pour remédier aux inondations de la Marne, devis. Ouvrages de marbre pour la figure équestre du ıoi, à Montpellier. Clôture du chœur de l'église de la Sorbonne. Estimation des réparations à faire au château de Foix. Visite du Pont-Neuf en 1716, dégradations aux environs de la statue d'Henri IV. — 135 a. Palais du roi à Dijon. Église St-Jean à Dijon (1724). Autel de St-Jean-en-Grève à Paris. Bâtiments de l'Abbaye-aux-Bois. Déclaration de la terre de Montaret-en-Bourbonnais ; de la terre de Chitain ; château de Croissy au marquis de Torcy, devis pour l'agrandissement. Terre de Montigny-sur-Loing. Chapelle de Noailles à N.-D. de Paris. Réservoir à construire à Lyon. Évêché de Châlons, travaux divers, correspondance à ce sujet, etc. Mausolée que le prince d'Armagnac veut faire construire à Royaumont. Chapelle de la Vierge à N.-D., statue par Coustou pour cette chapelle. (Prix de revient de la statue). Devis divers pour les menus travaux commandés par le cardinal de Noailles. Chapelle de Frascati à Metz. Pont de bois à construire en 1717 sur la Seine entre l'île St-Louis et l'île N.-D. Suppression de l'égout St-Louis au Marais. Construction d'un canal de Nogent à Paris. Correspondance datée de Besançon en 1714, entre R. de Cotte et le marquis de Grammont, au sujet d'un pavillon. Pont de Toulouse, réfection. Hôtel de Villeroy, restaurations. Légende du plan du palais du roi à Madrid (voir ci-devant Ha 20). — 135 b. Correspondance, lettres de la princesse des Ursins (1713), concernant le château du Buen retiro en Espagne. Diverses pièces concernant l'hôtel des Mousquetaires au faubourg St-Germain. Reconstruction du Petit Pont entre l'Hôtel-Dieu et le Châtelet. État des sommes payées annuellement au sieur Beausire, inspecteur des bâtiments de la ville de Paris. Cahier de croquis d'architecture. Projet d'un hôtel à Francfort pour le prince de La Tour. Construction pour le comte d'Hanau. Divers papiers concernant la construction du palais épiscopal de Strasbourg projetée par le cardinal de Rohan. Explication imprimée en 1706 des curiosités de la ville de Strasbourg. (Les plans et vues ont été retirés et mis à la topographie Va. 167). Autres devis concernant des travaux à Strasbourg. — 135 c. Construction d'une pièce d'eau dans le parc de St-Fargeau pour M. Le Peletier (1730). Sources minérales de Passy (1724), constatations. Place à construire à Bordeaux, en 1728, sur le quai de la Garonne. Travaux à exécuter au couvent de la Ville-l'Evêque pour la douairière de Conti. Eglise St-Thomas du Louvre ; destruction des voûtes. Mémoire pour la construction du palais de l'ambassadeur de France à Péra

(Constantinople. Voir les suppléments non reliés Turquie). Mémoire des planches de cuivre qui sont dans le bureau des plans des bâtiments du roi. Hôtel de Maillebois à Fontainebleau (visite en 1724). Hôtel des gendarmes à Versailles, projets de construction. Bibliothèque du roi au Louvre en 1720-22, travaux à faire. Palais épiscopal de Verdun, devis divers; correspondance entre l'évêque et de Cotte. — 135 d. Abbaye royale de Poissy, réfections en 1706-1717). Château de Madrid au bois de Boulogne (1727). Champs-Élysées à Paris, acquisitions de terrains (en 1717). Pépinière du roi, acquisitions de terrain. Visite du château d'Amboise au nom de la duchesse de Berry, fille du Régent (1718). Église des Grands-Augustins. Arpentage de maisons pour le quartier des Invalides et les rues à percer. Observatoire en 1745. Égout de Gaillon à Paris. Ouvrage à faire à l'hôtel de Fleury, rue des Poulies. Maisons appartenant au roi à Paris. Aqueduc d'Arcueil. Église de Domfront, correspondance (1711). Académie royale à Rome, ameublement et décoration ; lettres, etc. (1728). Église des Invalides, mémoires de travaux (voir ci-devant Hc 14 et 14 a.) Terrasses faites à Vincennes en 1739-41. Détails pour la statue du Roi à mettre à l'hôtel des Invalides. — 135 e. Terrains à acquérir pour empêcher des constructions près de l'hôtel de la chancellerie au Luxembourg (1742). Mémoire et légende pour accompagner le plan du Luxembourg, et noms des personnes qui y habitent en 1747. Distribution des eaux au Palais du Luxembourg. Hôtel d'Armagnac place du Carrousel, devis. Pièces concernant les Tuileries. Légendes des logis données aux officiers (1706). Pont-Neuf. État des logements du Louvre (1716-1746). Hôtel des Mousquetaires, augmentations. Voirie de Versailles. Place à faire vis-à-vis le cheval de bronze du Pont-Neuf ; mémoire des maisons à abattre (XVIIe s.) Château de Berny à l'abbé de St-Germain-des-Prés. Eaux de Rongis et d'Arcueil.

Il sera utile de consulter les topographies de France et de l'étranger aux endroits mentionnés ci-dessus pour y retrouver les plans qui ont été répartis à leurs arrondissements respectifs.

— 136. Boiseries sculptées du chœur de Notre-Dame (1850). — 137. Le Caméléon, recueil d'ornementation par Guichard et Osterberger. — 138. Album Beaulieu, Chalets d'agrément par Detloff. — 139. Bâtiments de toute espèce par Idzkowski (1846). — 139 a à 139 l. Encyclopédie d'architecture 1872-1885 (14 vol. en 3 séries). — 139 m à 139 t. Moniteur des architectes (1870-1878). — 140 à 140 aq. Revue d'architecture par César Daly (1840 à 1886. 43 volumes petit in-folio). Table générale des volumes de I à XXX (Hd 140 ag.) — 141 à 141 c. Monuments anciens et modernes par Gailhabaud. — 141 d et 141 e. Reproduct. phot. des plus beaux types d'architecture et de sculpture par Bisson (1854-58). — 142 à 142 ++++. Dictionnaire du mobilier français par Viollet-le-Duc.

Ouvrage très consulté pour l'histoire du costume et des mœurs.

— 142 a. Mobilier historique des XVIe et XVII s. par le bibliophile Jacob. — 142 b. Le magasin de meubles par Quétin.

Consulter les suppléments non reliés Quétin.

— 143 et 143 a. Architecture civile et domestique par Aymar Verdier. — 144. La marbrerie par L. Gilbert (1860). — 144 a. Recueil de marbrerie (1892). — 145. Album de Villard de Honnecourt (architecte du XIVe s.) par Lassus (1858). — 146. Portefeuille archéologique de Champagne par A. Gaussen (1861). — 147. Moniteur des architectes par Grimm. — 147 a à 147 f. Intime club. Croquis d'architecture (6 vol.) — 148. Liber artificiosus. (Strasbourg, Henri Vogtherren 1540, in-8°).

Écussons, têtes, modèles de dessin, casques, carquois, cimeterres et sabres, chapiteaux, etc. etc.

— 149. Les arts et l'industrie, par Hoffmann. — 149 a. Modèles d'objets d'art industriel par J. Storck (Vienne). — 149 b. Ornements estampés et repoussés (album Coutelier). — 149 c. Décoration des toitures par Perin-Grados. — 150 et 150 + Ornementation des appartements par Destailleur (1863-1871). — 150 a à 150 d. Ornements d'après les maîtres par Péquegnot (XII tomes en 4 vol.) — 150 e. Modèles d'art décoratif par V. Champier (1882). — 151 à 151 c. Entretiens sur l'architecture par Viollet-le-Duc. — 152. Fragments d'architecture et de sculpture par Bourgerel (1863). — 152 a. Fragments d'architecture par Chabat. — 152 a + Motifs d'architecture par Daniel Ramée (1886). — 152 b. Architecture funéraire moderne par César Daly (1871), choix de tombes célèbres. — 152 c. Sépultures nouvelles par V. Camis (1885). — 152 d. Sculpture, marbrerie, par Émile Philbert (1889). — 152 e et 152 f. Architecture funéraire de la maison Blanchon. — 153. Architecture pittoresque par Rouargue et Boys. — 154. L'art architectural en France par E. Rouyer (1863). — 155. Le siècle de François Ier, fragments d'architecture par W. Muller. — 156. Décoration de palais et d'églises en Italie par Gruner et Hittorff. — 157 à 157 a. Ameublement à la fin du XVIII. siècle par De Lalonde (voir le détail dans Guilmard, p. 245). — 158. Album de l'ameublement par Rondelle. — 158 a à 158 c. Dictionnaire de l'ameublement par H. Havard. — 159. Petits dessins par V. Petit. — 159 a à 159 e. Le Moyen-Age et la Renaissance (1848-1851). — 160 à 160 e. Histoire des arts industriels par Labarte (6 vol.) — 160 f^e Dessins pour l'ouvrage précédent. — 160 g. Arts du bois, des tissus et du papier (1883). — 161. Sculptures décoratives XIIe-XVIe s. par D. Ramée. — 162. Meubles religieux et civils par D. Ramée. — 162 a. Mobilier d'église par Gateuil (1886). — 163. Architecture en terre cuite du Nord de l'Italie par

Gruner (1867). — 163 a. Monuments en brique du Moyen-Age et de la Renaissance en Italie par Henri Strack (Berlin 1889, grand in-folio). — 164. Chapelle de Marie dans le palais de Sienne par Spielberg (1862). — 165. Monuments byzantins en Servie par Kanitz (1862). — 166. Ornements sacerdotaux de Bourgogne au Trésor impérial de Vienne (1864). — 166 a et 166 b. Monuments du Moyen-Age dans l'ancienne Pologne par Przezdziecki et E. Rastawiecki (1853-58). — 167. Monuments de l'architecture religieuse en Allemagne (Vienne 1861). — 167 à 167 h. Monuments de l'art en Allemagne par Forster Architecture, peinture et sculpture 1859-1866. 8 vol. Les quatre premiers sont consacrés à l'architecture). — 167 i à 167 k. Monuments de l'art architectural en Allemagne par G. Moller (3 vol.). — 168. Guide dans les théâtres de Paris. — 168 a. Le théâtre par Ch. Garnier (1871). — 169 Recueil de monuments d'architecture par Roux (1840). — 170. Exemples of chinese ornament by Owen Jones (1867). — 170 a. Le document japonais par Georges d'Eyrec, 1880. — 170 b. Grammaire de l'ornement japonais par T. Cutter (1880). — 170 c. Ornement japonais par Abel Guérineau (1889). — 170 d à 170 g. Ornements japonais (1894). — 171 à 171 b. Objets d'art et meubles de luxe du M.-A. et de la Renaissance par Becker et Hefner (1852-1863). — 172. Les arts dans leurs rapports avec l'architecture de l'Italie centrale par J.-B. Waring (1858). — 172 a. Peintures monumentales en Italie par H. Köhler (1880). — 173. Charpente de la cathédrale de Messine par Morey et Roux (Paris 1841). — 173 a à 173 b. Le Dôme de Monreale par Gravina (grand atlas 1859). — 174. Ornementation au XIXe siècle (Liège et Leipzig 1866) par Liénard. — 174. Cent planches extraites de l'Art pour tous. — 175 à 175 l. L'Art pour tous (1868-1886, 13 vol.). — 176. Les appartements privés de l'Impératrice aux Tuileries par Lefuel et Rouyer (1867). — 177. Peintures murales des chapelles de N.-D. de Paris par Viollet-Le-Duc. — 177 a. Album du peintre en bâtiment par Glaise (1875). — 177 b. Décors intérieurs et extérieurs par David (1890). — 178. Château de St-Roch décoré par Lechevallier-Chevignard (photographies). — 179 et 180. Décors intérieurs par Peignot (2 séries). — 181 à 215. Recueil factice de pièces d'architecture classées par ordre de matières.

<blockquote>
Ce recueil très nouvellement complété renferme 35 volumes dont voici la composition sommaire. — 181. Ordres d'architecture. — 182. Entablements et corniches, fenêtres, lucarnes, et riches soubassements,
</blockquote>

bases, piédestaux, tourelles, cheminées extérieures. — 183. Chapiteaux. — 184. Porches et portails, portes de monuments et de maisons. — 185. Ornements: Ornements divers depuis le moyen-âge jusqu'à la fin du XVIII⁰ s. — 186. Rosaces, rinceaux, arabesques, ornements divers. — 187. Architecture ecclésiastique. Plans d'églises. — 188. *Idem*. Façades et élévations d'églises en France. — 189. *Idem*. Façades et élévations en Italie et en Espagne. — 190. *Idem*. Façades et élévations dans les Pays-Bas, la Grande-Bretagne, l'Allemagne, la Suède. — 191. Dômes d'église. — 192. Vues intérieures d'églises, chapelles, fonts baptismaux. — 193. Autels et tabernacles, ciboriums et baldaquins. — 194. Jubés, clôtures de chapelles, boiseries de chœur, confessionnaux, chaires, buffets d'orgues, reposoirs. — 195. Abbayes et monastères, couvents de femmes, maisons religieuses, cloîtres et cours de couvents, temples, etc. — 196. Architecture civile. Hôtels de ville, mairies, écoles, salles d'assises, lavoirs publics, etc. — 197. Places, marchés, arcs de triomphe, portes de ville. — 198. Palais de justice, prisons, hôpitaux, hospices. — 199. Bourses, observatoires, bibliothèques, collèges et lycées, écoles des Beaux-Arts, palais d'exposition. — 200. Théâtre. — 201. Fontaines monumentales, ponts, aqueducs, puits. — 202. Palais de Souverains. — 203. Palais et hôtels en Italie. — 204. *Idem* en France. — 205. Châteaux en France. — 206. *Idem* en pays étrangers. — 207. Maisons de ville et de campagne, devantures de boutiques. — 208. Décorations intérieures. Escaliers, chambres, salons, lambris, trumeaux, panneaux. — 209. Plafonds, portes, dessus de portes, alcôves et ruelles. — 210. Cheminées et poêles, gaines, piédouches, mascarons, miroirs. — 211. Trophées et attributs, cartouches. — 212. Architecture peinte, ornements peints, arabesques. — 213. Jardins, places, rues, parterres, bosquets, charmilles. — 214. Grottes, théâtres d'eau, cascades, bassins et pièces d'eau, fontaines. — 215. Serres et orangeries, fabriques, treillages, vases, etc.

Nota. — *L'importance de ces recueils réside dans l'origine même des pièces. Plusieurs des volumes renferment des dessins d'ornements venus de R. de Cotte, ou d'autres architectes dessinateurs des XVII⁰ et XVIII⁰ siècles; on y rencontre notamment certains croquis de Cochin, de Slodtz, de Lajoue, sans parler de plusieurs documents uniques sur la décoration intérieure ou extérieure de palais. Consulter également les suppléments non reliés ci-après mentionnés à la fin du vol.*

SCIENCES PHYSIQUES, MATHÉMATIQUES ET MILITAIRES.

Série I.

La série I comprend les ouvrages spéciaux ou les recueils factices sur les sciences physiques et mathématiques (géométrie, perspective, mécanique, physique, chimie, hydraulique, aérostation, navigation, art militaire). Elle est relativement restreinte, mais plusieurs de ses recueils sont de premier ordre pour l'histoire des sciences en France et à l'Etranger.

(La Bibliothèque des Arts et Métiers, rue St-Martin à Paris, est spéciale à quelques-unes de ces sciences ; les lecteurs y sont admis).

Voici les subdivisions de la série I :

    Ia. Géométrie, perspective, mécanique.
    Ib. Physique et chimie.
    Ic. Hydraulique et navigation.
    Id. Arts militaires.
    Ie. Histoire militaire.

La division Id est de beaucoup la plus importante à cause du grand nombre de dessins anciens, et de livres uniques qu'elle renferme.

Division Ia. — **Géométrie, perspective, mécanique.**

Ia 1. Traité des mathématiques de l'Académie des Sciences (1676). — 2. Recueil provenant de l'abbé de Marolles et ayant conservé son ancienne reliure (Géométrie et machines).

    1° Géométrie pratique de J. Pomodoro (1624). 2° Nouvelle invention de lever l'eau plus haut que sa source... par Isaac de Caus. (Londres 1644, en français). 3° Novo teatro de machine et edificii... di Vittorio Zonca. (Padoue 1621). 4° Theatre des instrumens mathémathiques de Jacques Besson (Genève 1594). 5° Au fol. 385, série de pièces pour l'attaque des villes par Claude Châtillon, ingénieur du roi Henri IV. (Ces pièces ne figurent pas dans l'œuvre de Châtillon mentionné ci-devant Ed. 19).

— 3. Description du pantographe (1631). — 4. Palais de la Sagesse. Recueil de 5 planches sur les sciences (1713). — t 5 a. Pratique de la Géométrie par Leclerc (1682-1744)— Geometria par A. Hirschvogel (1543). — 7. Géométrie par D. Ramée, architecte. — 8 et 8a. La science de l'arpenteur par Dupain de Montesson (2 éditions 1766 et 1803). — 9. ★ De artificiali perspectiva par Jean Pelerin (Toul 1505. Réserve). — 9a. Perspective de Jean Cousin (1560). — 9b. Géométrie et perspective de Laurent Stoer (1567). — 10. Livre de perspective par Silvio Belli 1570 — 11 à 11 b. Perspective pratique du Père Dubreuil (1642-1649). — 12 à 12b. Perspectiva pictorum et architectorum par Andreas Puteus (Rome 1693-1737). — 13. Figures de perspective par Séb. Leclerc. — 14 et 14a. Perspective par J.-B.-O. Lavit (an XII.) — 15. Raisonnement sur la perspective (1758). — 16. Perspective d'Abraham Bosse (1665). — 17. La perspective pratique de l'architecture par L. Bretez (1751). — 18. Perspective par Perdoux (1843). — 19 à 19a. La vision parfaite par le P. Chérubin. — 20. Traité d'optique par G. Huret (1672). — 21. Instruments d'optique par Dom. Noel. — 22. Perspective de Valenciennes (an VIII). — 23. Perspective de Thénot (1829). 24. Perspective de Thénot (1837). — 25. (Non employé). — 26. Perspective de Thibault (1827). — 26a. Théorie pratique de la perspective à l'usage des peintres par V. Pellegrin (1870). — 26b. Théorie de la perspective par David Sutter (1858). — 26b. Leçons de perspective par Pequignot (1872). — 26 d. Vues d'après nature par Crauk et Demarquet (1891) — 27. Traité des ombres par Bourgeois (1838). — 28. Figures pour lanternes magiques. — 29. Raison des forces mouvantes par Salomon de Caus (Francfort 1815). — 30. Theatrum instrumentorum par J. Besson (Lyon 1578 ; voir ci-devant I a 2.) — 31. Machines par Nic. Zabaglia (1743). — 32. Machines et forces mouvantes expliquées par Dubuisson (1683). — 33. Appareil de transport d'un rocher de 3.000.000 pesant par Carburi (1777). — 34. Moulins par Leender van Natrus, J. Polly et C. van Vuuren (1734). — 25. Transport des groupes de Coustou par Grobert (an IV). — 36. Mécanique, par Lequeu, architecte (voir la note sur ce personnage ci-devant H a 80). — 37. La Valencienne des jeunes artistes par Perdoux (1836). — 38. Méthode d'enseignement manuel. Mécanique, par Denis Poulot (1889). — 39. Arithmographe Troncet. — 40. Observatoire de Besançon. Description par Gruey (1892).

NOTA. — *Indépendamment de ces ouvrages les suppléments non reliés renferment une quantité de pièces séparées, classées sous la cote I a, et concernant les ponts-et-chaussées et les chemins de fer.*

Division Ib. — **Physique et chimie.**

Ib. 1 à 4. Histoire des ballons.

Ces quatre volumes des plus intéressants pour l'histoire de l'aérostation ont été acquis, partie de M. de Buscher en messidor an XII, partie d'un sieur Roussel en germinal an XIII. Ils renferment des dessins originaux, des lettres, des portraits gravés et des pièces satiriques. En voici le détail sommaire : — I b. 1. Portraits des Montgolfier, le triomphe de l'Invention, aquarelle 1784 par Moussier (fol. 3). Lettre autographe de Montgolfier, (St-Etienne 1843). Monument aux frères Montgolfier (fol. 5 et 6) dessin par Gois en 1847, etc. Billets d'entrée à la machine aérostatique (fol. 13). Expérience de 1783, pièces diverses, satires, canards, etc., etc. Expérience de Versailles, sept. 1783 (fol. 26). Pièces diverses publiées chez Lenoir (un dessin original représentant la machine au fol. 34). Expérience du jardin Révillon en oct. 1783 (un dessin original de Moussier, fol. 38). Portraits : Chappe, le duc de Luynes, Pilastre de Rozier, d'Arlande, Faujas, Franklin. Expérience du 21 nov. 1783 à la Muette (fol. 51 et 59). Portrait de Zambeccari, de Charles (Jacques). Expérience du 1er décembre 1783 aux Tuileries (fol 65 à la fin du vol.) Pièces diverses, charges, éventails, chansons sur éventails. — 2. Expérience de Lyon le 10 janvier 1784. Ballon dit de Franconville (fol. 2 verso à 4). Expérience de Lyon avec le Flesselle (fol. 6 à 15). Vaisseau volant de Blanchard (fol. 19 à 42). Machine du marquis de Brantes (fol. 44). Expériences de Dijon en avril 1784 (fol. 45 v° à 48). Aérostats divers : le Marseillais, le Bordelais, le Bagnols, le Suffren. Expérience du 14 Juin 1784 à Nantes. Pièces diverses (fol. 52 à 55). Portraits de Pilastre de Rozier. Expérience de Pilastre de Rozier à Versailles avec le ballon la Marie-Antoinette (juin 1784). Pièces diverses (fol. 60 à 64). Expériences avortées de Janinet le graveur et de l'abbé Miolans, à Paris les 17 et 30 juin 1784 (fol. 63 à 89). Pièces diverses. Spécimen de l'étoffe du ballon, caricatures, etc. Aérostat nommé le comte d'Artois. Dessin par L. Chays (fol. 90). Expérience du 15 juillet 1784 à St-Cloud par MM. Charles et Robert (fol. 91 à 96). Expérience de Blanchard à Rouen (fol. 97). Expérience de Lunardi en Angleterre en sept. 1784 (fol. 99). Ballon de Robert et billets d'entrée (fol. 101 et 102). Expérience des Tuileries par les frères Robert, 19 sept. 1784 (fol. 104 à 116). Incendie d'un ballon en Angleterre le 29 sept. 1784 (fol. 118). Ballon de Lunardi au Panthéon à Londres, 1784 (fol. 119 à 121). Expérience de Blanchard en Angleterre 16 oct. 1784 (fol. 122). Montgolfière de Rodez en août 1784 (fol. 122). James Sadler, le premier aéronaute anglais (fol. 123). — 3. Expérience de janvier 1785 pour la traversée de la Manche par Blanchard et Jefferies (fol. 1 à 8). Pièces se rapportant à cette tentative, etc. Figure en baudruche dite le grand vendangeur 1785. Machine pour le passage en Angleterre (fol. 11 à 12). Le Dr Potain (fol. 18). Machine de Lunardi à Londres (fol. 20). Mistress Sage et MM. Lunardi et Biggin dans la nacelle grav. par Bartolozzi (fol. 21). Portrait de Mrs Sage, original et gravure (fol. 22). Quatorzième expérience de Blanchard à Lille le 26 août 1785. Divers états de la planche de Helman d'ap. L. Watteau. Mme Biltorf. Blanchard à Nuremberg, 1787. Testu à Luxembourg (fol. 29). Blanchard à Berlin, 1788 (fol. 30). A Vienne (fol. 31). Le ballon à Fleurus en 1794 (fol. 32 et 33). Expérience du parachute par Garnerin en 1797 (fol. 34). Affiche de 1798 concernant l'ascension de Testu-Brissy à Bellevue (notes manuscrites à ce sujet). Montgolfière de thermidor an VIII (fol. 40). Aérostat de Carlsruhe en l'honneur de la Paix (1800). Ascension de Mme Garnerin, 28 mars 1802 (fol. 42). Ballon dans les jardins du ministère de la guerre en 1801 par Piranesi. (Epreuve coloriée ; fol. 43). Portraits de Biot, de Gay-Lussac. Ballon et parachute le 29 octobre 1804 à Vienne. Réjouissances du 3 décembre 1804 (2 épreuves, fol. 51-52). Ballon à Amsterdam en 1807. Ballon du champ de Mars 24 juin 1810 (fol. 55). Ballon à Pesth en Hongrie 2 juin 1811 (fol. 57). A Milan le 13 juin 1811. Madame Blanchard dans sa nacelle 15 août 1811, à Milan (fol. 59). Ballon du sieur Kuparentko au Vaux-Hall. Ascension de Robertson à Munich 4 août 1811. Vol à tire-d'ailes par M. Degen de Vienne 10 juin 1812 (Epreuve gravée sur verre). Ballons pour l'entrée de Louis XVIII (fol 66 à 71). Ascension du 13 novembre 1814. Descente en parachute par Mme Garnerin 25 octobre 1815. Affiche (fol. 74). Descente en parachute par Robertson, 1819 à Lisbonne. Ballon de Green à Northampton. Ascension chez le duc d'Aumont en 1824 (fol. 81). Cinquième expérience de Robertson en présence de Lafayette à New-York (fol. 82). Expérience de marche horizontale dans le comté de Kent par J. Cornillot (fol. 83). Souscription à une ascension de Robertson à la Nouvelle-Orléans (manuscrit). fol. 86). Ascensions diverses de Robertson. Portrait de Jungius (fol. 91). Sauvages Sioux dont un monta en ballon, 1827. Grande fête au Champ de Mars en 1831 (Affiches pour Eugène Robertson). Fête au Champ de Mars en mai 1831. Ascension de M. Margat à cheval sur le cerf Zéphyre (fol. 100). Affiches diverses concernant Robertson et Green. Ascension du 7 sept. 1837 (fol. 106). Chute de M. Cocking (fol. 107). Montgolfière à Londres (1836). Morceaux du taffetas de la Montgolfière. Planches diverses sur le ballon de 1783 (fol. 114 à 123). Jeux d'oie, etc., etc. — 4. Charges diverses contre les ballons, projets d'aérostats fantastiques, vaisseaux aériens, direction des ballons, systèmes projetés. Combat aérien (fol. 29). A partir du fol. 53, voitures à voiles. Chariot volant du prince d'Orange, inventé par Stévin (1610). Voitures à voiles du XIXe siècle. L'Eolienne (1834). Pièces diverses touchant à la question du plus léger que l'air. Charges sur la manie de l'aérostation à la fin du XVIIIe siècle « L'aéromanie ». Mon pauvre oncle ! Projet d'une fontaine aérostatique aux Tuileries (fol. 115. Texte). La politique et les ballons ; charges de Gillray et autres. Charge anglaise contre Montgolfier (fol. 129), etc., etc. Etoffe du ballon de M. Poitevin (1851).

Division Ic. — **Hydraulique et navigation.**

Ic 1 à 1c. Architecture hydraulique de Belidor (1737-53). — 2. Architecture curieuse par Bocklern (Nuremberg). — 3. Recueil provenant originairement du maréchal de Richelieu et comprenant plusieurs pièces manuscrites sur la construction des navires. En voici le détail :

Plan pour les radoubs de Toulon en 1700-1732, avec notes manuscrites très détaillées. Plan anonyme d'un atelier de construction maritime.

Renforts du fond des vaisseaux de guerre (1735). Divers plans, coupes, etc., pour la construction des navires français au milieu du XVIIIe siècle. Construction de l' « Orox » (Aurochs). Plans divers. Chantier d'un navire et nomenclature des pièces (Deux gravures dont une de 1650 ? chez Hurault au Havre). Pièces qui entrent dans la construction d'un navire par François Colomb 1681, dessin de Mouton. Le vaisseau Le Triton, sa décharge par M. de Radoué. Planches diverses et explications manuscrites sur la mâture des navires. On a joint aux dessins recueillis par le maréchal de Richelieu, une série de lithographies et de vignettes modernes. Dessin d'une ancre par M. de Camus (vers 1730), notes manuscrites. Congé de marine au XVIIIe siècle. Machines à faire revirer les gros vaisseaux ; à mesurer le sillage. Chantier du carénage en 1731 par Dessonville. Radoub du « François » (1717-1719). Elévation d'une forme flottante pour mettre les vaisseaux à sec. Devis la concernant, notes, etc. Gouvernail inventé par le chevalier de Luynes, chef d'escadre, pour parer à la perte du gouvernail ordinaire (1733), notes à ce sujet. Entrée du « François » dans la cale du parc. Hallage du « Vainqueur » (1723). Détail de la main-d'œuvre. Etat des manœuvres pour l'envasement d'un cordage. Chameau pour élever les navires. Batterie flottante en 1734.

— 3 a. Construction des galères. Détails techniques sur les travaux. Recueil de dessins originaux lavés à l'encre de Chine (XVIIIe s. ancienne reliure). — 3 b et 3c. Plans de navires anciens et modernes par le vice-amiral Pâris (1882-1892). — 4. Recueil de navires français dont plusieurs pièces dessinées proviennent du maréchal de Richelieu et sont mêlées à des gravures ultérieurement rapportées. Voici le détail :

Avisos, bricks, etc. Curiosité d'un navire à roue au XVIIe s. avec note explicative (1653). Machine infernale des Anglais contre Saint-Malo dans l'an XIII. Caboteur français, chebec, corvettes, corsaires, côtres. Dessin de la galère royale destinée au bassin de Versailles (2 gouaches sur parchemin et dessin lavé, 1726). Frégates diverses, galère faite en un jour, goëlettes, kost, lougres, misticou, ponton, radeau, sloop, vaisseaux de 74, bateaux de Douarnenez, etc.

— 5. Recueil de navires étrangers, dont quelques pièces proviennent du maréchal de Richelieu. Voici le détail :

Boyre, bateau russe en 1730 ; barge, bateau russe en façon de gondole ; vaisseau de guerre anglais vers 1650 par Ph. Canot. Le « great Charle » navire anglais, galions anglais, vaisseaux hollandais des XVII-XIXe siècles. Coche de Bruxelles à Anvers, barques du Rhin, esquifs cosaques, gondole de l'empereur Napoléon à Venise en 1808. Bâtiments grecs, turcs (dessin Turc original). Le Bucentaure à Venise (dessin de Gaignières non inventorié dans notre catalogue). Epousailles de la mer par le doge de Venise (XVIIe s,). Galéasses, gondoles, pinques, bricks napolitains, etc. Vaisseaux américains, pirogues, barques japonaises, chinoises, indiennes, conques, ballons de Siam, Kattamaram de Coromandel, canots de Guinée, yacht de cérémonie de l'Empereur de Birmanie, etc., etc.

— 6. Recueil identique au précédent, et contenant des combats maritimes.

> Bombardement de Gênes, avec notes manuscrites (1684). Ordre de bataille des flottes françaises et anglaises en 1690, noms des bateaux, des commandants, nombre respectif de canons et d'hommes; tableau manuscrit pour le maréchal de Richelieu, avec le budget de la flotte française par mois (75 vaisseaux parmi lesquels l'Alcyon de Jean Baert). Tableau identique pour 1693, mais sans la comparaison de la flotte ennemie (129 bâtiments). Diverses pièces gravées par Le Gouaz pour l'histoire de la marine française. Autre tableau de l'escadre de la Manche en 1704 (69 bâtiments). Flotte anglaise en 1762 avec le nom des commandants d'après Serres. Combats navals divers, de l'an VII, de l'an XIII, de 1808 et de 1811; escadres espagnoles et colombienne en 1823; flotte argentine défendant Buenos-Ayres (1828), piraterie, etc.

— 7. Recueil identique aux précédents, et contenant des combats maritimes et d'autres événements.

> Incendies en mer, naufrages : La « Méduse, » etc. Tempête, coup de vent reçu par M. de Benneville avec l' « Elisabeth » fait par d'Essonville (1725). Combats navals de Pernot; bateaux étrangers, etc.

— 8 et 8 a. Archéologie navale par Jal (1840). — 9. Recueil provenant de l'abbé de Marolles et contenant des modèles de vaisseaux du XVIIe s., des combats navals, etc.

> Médailles de navigation antique, bateaux étrangers; description d'un navire royal avec les termes en usage, par J. Boisseau (1637). Portrait de Tromp; vaisseaux divers; combats navals; naumachies; Lépante; siège de Malte par les Turcs, par Perez d'Aleccio (1631). Divers navires hollandais; combats navals par Reinier, ports et navires par le même; navires par W. Hollar; vaisseau hollandais en 1594 par Barentsoen; chariot volant, etc.

— 10. Volume provenant de Bégon, intendant à La Rochelle et contenant des dessins originaux représentant des vaisseaux et des galères du XVIIe s.

> Vaisseaux, frégates, flûtes, polacres, saïques, barques, tartanes martingales, aleoges d'Arles, galéasses, galère royale de 30 bancs, galère patronne, galiotes, felouques, gondole vénitienne, ponton à deux cuillères pour creuser. A la fin du vol. quelques gravures.

— 11. Recueil de vaisseaux des XVIIe et XVIIIe siècles, principalement des galères du XVIIIe siècle. — 12. Bâtiments de mer par Sbonski de Passebon. — 13. Bâtiments de la Méditerranée et de l'Océan par Gueroult du Pas (1710). — 14. Proues de vaisseaux par Ozanne. — 15. Croquis de marines par Ch. Mozin (1841). — 16. Scènes maritimes diverses en recueil. — 17 et 18 (non employés). — 19. Traité des évolutions navales par le peintre Paul Hoste (1697). — 20. Recueil de pavillons, en couleur (1819). — 21. Connaissance des pavillons, en couleur (1737). — 22. Album des pavillons des puissances par Legras (1858). — 23. Album des pavillons nationaux et des marques distinctives des marines de guerre et de commerce (1889). — 24 à 29 (Non employés). — 30. Encaissement des rivières par Tardif (1757). — 31. Projets de places et de ponts par Rob. Pitrou (1756)). — 32 à 32 b. Description des ponts et chaussées par Perronet (1782-1789). — 33. Mémoires sur les grandes arches par Perronnet (1793). — 34. Pont de Moulins sur l'Allier par de Regemortes (1771). — 35. Traité des ponts en charpente par Ch. Wiebeking (1810). — 35 a. Ponts biais par Loignon. — 36. Description des trois formes du pont de Brest par Choquet (1757). — 37. Canal de Languedoc gr. par Chalmandrier. (1774). — 38. Canaux d'Orléans, de Briare et du Loing (ce vol. a été transmis au Département des Imprimés le 14 sept. 1882). — 39. Projets d'embellissements de Paris par Al. de Laborde (1816). — 40 à 40 a. Canal Saint-Denis et canal Saint-Martin par S. de Villiers (1826). — 41. Album maritime par Roux. — 41 a. Album maritime par Chéri-Dubreuil. — 42. Rapport sur le canal de l'Ourcq par le comte de Chabrol (1819). — 43. Rapport sur les travaux de Cotwyck près Leyde (1803). — 44. Architecture hydraulique pour la construction des ponts (Berlin, 1852-53). — 45. Recueil de bateaux et de gondoles. — 46. Bastimens qui naviguent sur la Méditerranée dessinés par Jean Jouve (1679).

Suite de dessins originaux, avec une reliure semée de fleur de lis, acquise vers le milieu de ce siècle.

— 47. Bâtiments de la marine antique par A. Jal (1861). — 48 à 51. Recueil factice de pièces concernant la navigation. En voici le détail volume par volume.

— 48. Batailles navales ; vaisseaux de guerre classés par date.. Certaines pièces proviennent de la collection dispersée du maréchal de Richelieu citée ci-devant (Ic 3, 4, 5, 6, 7, etc), ordre de bataille d'une flotte Turque en 1570 à la bataille de Candie ; bataille de Lépante 1571. Combat naval vers Berg op Zoom (1573) et divers autres tirés des guerres civiles d'Hogenberg ; siège de Gibraltar (1625), divers combats navals tirés de Bruyn, de Hooghe et autres. Combat entre Turcs et Vénitiens 12 mai 1649, etc., etc. Vaisseaux de guerre des XVI-XIXe s. Dessin provenant de Richelieu et composé à l'occasion de la déclaration du roi du 21 oct. 1727 concernant l'abus que les étrangers font du pavillon français aux côtes d'Italie. Autre dessin montrant le salut fait au vaisseau du roi le « Grafton » par des navires protestants. Inspection d'une flotte française par M. de Maurepas en 1730 environ, dessin pour le maréchal de Richelieu. Le reste du recueil contient des vaisseaux gravés, lithographiés de tous les temps avec légendes et nomenclatures. Tableau des bâtiments de la flotte française sous le 2ᵉ Empire (suite de lithographies). — 49. Bâtiments de 2ᵉ et de 3ᵉ ordre, frégates diverses à voiles, à roues, à hélice, etc. Corvettes, bricks, cutters; batteries flottantes inventées par d'Arçon pour le siège de Gilbraltar en 1782; batteries flottantes modernes; galère royale (dessin). Eventail dessiné montrant une fête navale sur la pièce d'eau de Versailles (1680 ?) Flûte du roi la « Garonne » (dessins), ce bateau était échoué et on mit 9 mois à le sortir de l'eau 1729. Voitures d'eau à roues avec manège de chevaux, inventées par le comte de Saxe (Dessins). Machine à remonter les bateaux, par le même; dragues diverses, etc. Trirème impériale de Napoléon III. (Phot.), — 50. Bateaux à vapeur fluviaux à leurs débuts (1816-1830). Paquebots, transatlantiques; négriers avec explications, vaisseaux et bateaux allégoriques; canot des princes d'Orléans. — 51. Constructions de vaisseaux, lancements; galiote de 17 bancs pour naviguer sur le Rhin (dessin original avec coupes 1735). Membrure des navires, coupe d'un vaisseau; voileries; pouleries. Instrument pour la variation des boussoles, avec notes du maréchal de Richelieu. Tableaux des pavillons depuis le XVIIIᵉ s. jusqu'à nous. Bateaux anglais pavoisés; Pavillon pour demander un pilote; pavillon d'Italie, pavillon d'un forban en 1719, dessin pour le maréchal de Richelieu; note sur l'abus du pavillon. Tableau des signaux maritimes en 1760; tableaux des signaux conventionnels, télégraphie, etc.

Division **Id**. — **Art militaire** (1).

Id 1. Recueil formé au XVIIᵉ s., provenant de l'abbé de Marolles et renfermant des sièges de villes, des travaux de fortifications, des engins, des camps, plans de villes fortes. — 2. Fortifications; profils, élévations, différents systèmes de défenses; système de Vauban à Landau, Belfort et Oloron. Plans de la citadelle de Strasbourg, des fortifications de Thionville, Rhé, Lille, dessins lavés et aquarelles. — 3 Ouvrage contenant des planches destinées au génie militaire, défenses, attaques des places, etc. — 4. Traité des sièges de ville par Albert Dürer (1535). — 5. La fortification demonstrée et reduicte en art par feu J. Errard de Bar-le-Duc (1620). Planches gravées par Châtillon. — 6. L'art universel des fortifications par Silvere de Bitainière. — 7. Nouvelle manière de fortifier les places par Blondel (1683). — 8. Traité des sièges

---

(1) Les recueils de plans manuscrits dont il sera parlé ci-après renferment des renseignements topographiques de premier ordre, sur lesquels nous appelons l'attention.

par Vauban, « où l'on explique tout ce qui s'est passé de nouveau dans les sièges jusqu'en l'année 1714. » (Ce manuscrit avait appartenu à M. de Charleval 1728). — 9. Traité de fortifications, de l'art de fortifier les places où l'on explique les différents systèmes... dessiné par M. le marquis de Charleval, expliqué par le sieur d'Armancourt maître de mathématiques 1729 (manuscrit. Ce vol. et le précédent ont été acquis de M. Delille en 1838). — 10. Siège et défense des places par Turpin et Lefèvre. — 11. Mémoire sur la fortification perpendiculaire (1786). — 12. De la défense et de l'attaque des petits postes par Fossé (1783), reliure aux armes de Louis XVI. — 13. Introduction à la fortification par de Fer. — 14 à 16. Plans manuscrits de villes fortes situées sur le Rhône, la Garonne, la Seine, la Loire, et dans quelques provinces étrangères (3 vol. in-fol.) voici le détail sommaire des vol. qui tous trois proviennent de l'abbé de Marolles, mais n'ont point été reliés aux armes du roi (1620 environ).

— 14. « Tome premier de la description de la carte géographique et hydrographique des rivières du Rhosne et de Garonne et des rivières y descendantes, avec l'anottation de leurs sources et de leurs navigations, ensemble les plans géométricques topographiques et perspectives des villes et places qui sont au long d'icelles rivières, le tout curieusement recherché par Pierre Boyer, sieur du Parc. » Les plans comprennent les villes de Dijon, Saint-Jean de Losne, Bellegarde (Seurre), Autun, Chalon-sur-Saône, Mâcon, Lyon, Vienne, Quirieu, Valence, Soyons, Bais-sur-Bais, Le Pouzin, Livron, Montelimar, Pont Saint-Esprit, fort de Barraut, Grenoble, Romans, Gap, Embrun, Briançon, Serres, Nions, Sisteron, Aix, Bargeols, La Gorse, Vallons, Pont d'Arc. Salavas, Villeneuve de Berg, Sauve, Le Vigan, Saint-Anastasie, Saint-Ambroise en Languedoc, Aubenas, Anduse, Sommières, Alais, Uzès, Nîmes, Pezenas, Beziers (ici une table générale des lieux). Garonne, Royan, Blaye, Bordeaux, Libourne, Monheur, les deux Tonneins, Toulouse, Cahors, Clerac, Foix, Fronsac, Cornues, Saint-Rome, Roquecourbe, Saint-Jean d'Angely, Angoulême, Réalmont, Montauban, Sainte-Foix, Florac, Carlat, Saint-Amant, Negrepelisse, Gange, Pont de Monvert, Masères, pont de Comarès, Saint-Jean de Breuil, Saverdun, Bergerac, Damiate, Pasmiers, Viane en Albigeois, l'Ile en Jourdain, Nérac, Lombes, Saint-Maixent, Revel, Briteste, Villemur, Mauvezin, Fontenay-le-Comte, Flissene, Niort, Bourg-sur-Garonne, Albiac, Mas d'Asil, Saint-Afrique, Puy-Laurens, Mas-de-Verdun, Castres, Le Bourniquet, Capdenac, Figeac, Navarreins. (Table du vol.). — 15. « Tome second de la description generalle... des rivières de Seine et de Loire, etc. » Les plans comprennent Langres, Chaumont, Châlons, Troyes (vue pittoresque). Nogent-sur-Seine (idem), Montargis, Melun, Corbeil, Paris, Saint-Denis, Meaux, Soissons, Coucy (vue pittoresque) Noyon (id.), La Fère, Rethel, Epernay, Compiègne, Senlis (vue) Pontoise, Beauvais (vue), Château-Thierry (id.), Etampes, Reims (vue) Meulan, Pont de l'Arche, Chartres, Quillebeuf, Rouen, Metz, Toul, Sainte-Menehould, Verdun, Stenay, Saint-Dizier, Mouzon, Sedan, Charleville,

Saint-Quentin, autre Saint-Quentin, Guise, Péronne, Corbie, Amiens, Ham, Abbeville, Ardres, Dormans, Montreuil. (Table). Loire. Moulins, Bourges, Nevers, Sancerre, Argenton, Sully, Orléans, Blois, Amboise (vue), Tours, Chatellerault, Poitiers, Angers, Saumur, Ponts de Cé, Nantes, à la fin du vol. se trouvent des projets de digues, moulins, écluses, batardeaux, etc. — 16. Tome quatriesme (*sic*. Il manque donc le 3ᵉ) de plusieurs places fortifiées de plusieurs provinces estrangères, etc. Gravelines, Saint-Omer, Aire, Hesdin, Arras et son siège en 1640, La Bassée, Cambray, Namur, Charlemont, Philippeville, Marienbourg, Avesnes, Mons, Tournai, Douay, Lille, Anvers, petits forts de l'Escaut, Gand, Le Sas, Ysendic, Ardembourg, L'Ecluse, Dordrecht, Mildebourg, Limbourg, Maestricht, etc., etc. forteresses de la Meuse, du Rhin, de l'Elbe (vue de Gotha) du Danube (Belgrade). A partir du folio 88 on rentre dans la France. Clermont (Lorraine), Damvillers, Thionville, Nancy, Moyenvic, Marsal, La Motte, Dôle. Puis Genève, Sion, Montmélian, Saint-Maurice, Suze, Gellase en Piémont, La Perouse, Turin, Carmagnole, Pignerol, Trino etc., etc., (diverses villes du Piémont et de l'Italie) au fol. 118 : Avignon, Saint-Jean-de-Luz, Fontarabie, siège de Fontarabie, Le Passage, Saint-Sébastien, Pampelune, Perpignan, Saluces, etc.

— 17. Recueil des plans des places de Picardie, Champagne et Trois-Evêchés en 1677.

La plupart de ces dessins donnent le plan, les profils des travaux et une vue profilée de la ville. Calais, Ardres, Monthulin, Boulogne, Montreuil, Abbeville, Amiens, Doullens, Péronne, St-Quentin, Ham, La Fère, Guise, Rocroy, Mézières-Charleville, Mont-Olympe, Sedan, Stenay, Ste-Menehould, St-Dizier, Verdun, Metz, Toul.

— 18. Album provenant de l'abbé de Marolles, et qui a conservé la reliure du duc de Longueville pour lequel il avait été composé vers 1620.

Plans de Calais, Ardres, Monthulin, Boulogne, Montreuil, Rue, Abbeville, Doullens, Amiens, Corbie, Péronne, St-Quentin, Ham, La Fère, Guise, La Capelle, Le Catelet.

— 19. Album identique au précédent et ayant même origine. Il renferme des plans de places frontières du côté de la Champagne vers 1620.

Rocroy, Mézières, Mauberfontaine, Mouzon, Villefranche, Sainte-Menehould, Metz, Verdun, Toul, Vitry-le-François, St-Dizier, Chaumont, Langres, Montigny-le-Roy, Monteclair, Nogent-le-Roy.

— 20. Recueil de plans de toutes les places-fortes de Brabant, Flandres, Picardie et Hainaut, qui sont depuis Anvers jusqu'à Rocroy... dédié à Mgr le Procureur-Général par... le chevalier de Clerville. (XVIIIᵉ s.) Quelques villes ont leurs profils, comme la Motte-au-Bois (fol. 25), Commines (fol. 29).

— 21. Plans de toutes les places fortifiées du royaume, par le sieur Mazin, ingénieur du roi (1709).

Ce recueil, aux armes d'un prince étranger, chevalier du Saint-Esprit, est passé aux Estampes en 1852 ; il était au départ des manuscrits auparavant. Il contient les plans de Brest, Rochefort, Cette, Nîmes, Sisteron, Tour-de-Bouc, Marseille et ses forts, Seyne, Entrevaux, ville et château Guillaume, Bandol, Toulon ses forts et ses rades, St-Tropez, Sainte-Marguerite, Ile Ste-Marguerite jusqu'au golfe de Cannes, Antibes, fort St-Vincent, Colmars et fort St-Martin, Montalban, Nice, Villefranche, Monaco. Et aussi Fribourg, Verdun, Namur, Lille, Ostende, Niewport, Calais et son fort.

— 22. Théâtre des villes et des forts des Pays-Bas, fait sur l'ordre des Etats-Généraux, par Cornélis Elandts. XVIIe siècle (environ 100 pièces). — 23. Projet de nouvelle fortification, par F. W. Merkes (1843). — 24 et 25. Recueil provenant de Ste Geneviève et contenant des plans manuscrits de places fortes (vers 1630).

Caen, (plan sur Vélin), Montmélian, Embrun, Cherasco, Carcassonne, rade de Toulon, autre rade en 1628 (avec une légende), Marseille en 1630, Sisteron, Albe, Fréjus, Wesel (?), Antibes, Cette, Fontenay, Coni, La Pérouse, Helne en 1641, Savillan, Fontarabie et environs, siège d'Alais en 1629, avec l'indication des quartiers généraux, du logis de Richelieu, etc (fol. 22), château d'If, Brême, Porto-Longone, Pignerol, Piombino, Galasse, Mantoue, Pas-de-Suze, fort de Gelas, Attaque du Pas-de-Suze en 1629 par J. Debeins ingénieur du roi (on y voit le roi en personne), Turin, Siège de Soyons en 1629 par J. de Beins ; Siège de Turin avec les emplacements de troupes, grande aquarelle de format exceptionnel et pliée, Carmagnole, Castigliole, Genève en 1634, Plans de la fortification de la Motte sur le Rhône, par Ascanio Vitosse, en 1591, autre plan de Genève, Siège sans indication (XVIe s.), l'Ile d'Elbe en 1630, St-Tropez, Thionville, places d'Italie anonymes, fort de « Brescon » en 1642 par Cavalier, contrôleur des fortifications en Languedoc, château d'If, « Pourtrès du cousté de la fauce porte du chasteau de Soumières » (représentation de l'attaque et de l'assaut), Privas, attaque d'Orbitello par le prince Thomas 1642, Plan d'une ville ayant une « porte de Beaune », Trino, Plan du cours du Rhône pour rendre les canaux de Fourques des Maries et de Sauvereal navigables (1656), Le Divan où le GrandTurc reçoit les ambassadeurs, Trois vues de villes fortifiées, sans nom ; Plan sur parchemin d'une place forte, sans désignation. Plan de Jérusalem (XVIIe s.), de Lorette (XVIIe s., 1620 ?), Carte de France dessinée (fin du XVIIe s.), Description du pays de Bretagne (idem). — 25. Côte de Dunkerque à Gravelines avec les phares, Gravelines, Siège de Gravelines 1644 par le Roy, « faict par Jacob de Velt, maître peintre hollandois à Calais », autre siège, Aire 1641-1642 (divers plans) Montmédy, Dunkerque, Ath, Tournay, Arras, La Bassée 1642, Geneppe 1641, Doullens, Béthune, Calais, Corbie, Montreuil, Stenay, Doullens, Roye, autre plan de Doullens avec figures, Le Hourdet, La Fère, Rocroy, Bataille de Honnecourt 26 mai 1642, Marsal, Ste-Menchould, ville et château de Guise avec figures, Bapaume, siège de Rouen, siège de Landrecies, Mirecourt en Lorraine, Thionville 1643, Philipsbourg, Royan, Siège de La Motte, Meurs, Saintes,

Condé, les Ponts de Cé, Amiens, Ponts de Cé (bataille), Seurre assiégée en 1643 par le duc d'Epernon, Château de Montrond, Grenoble, fort St-Martin, St-Venant, St-Guelas ? Plan de Montauban. « Fortifications nouvellement faictes au fort chasteau de Mouron par Monseigneur le prince de Condé ; représentation du fort chasteau de Mouron (Montrond) faict et désigné sur le lieu avec la ville de Saint-Amand 1651, faict par le sieur de Granville » (format exceptionnel). Plan de l'Ile de Ré, ville de Sedan.

— 26. Plans des villes frontières de Picardie, dessinés par un des ingénieurs du Roi. (Beaulieu ?)

Calais, Ardres, St-Omer, Boulogne, Montreuil, Aire, Hesdin, Rue, Abbeville, Amiens, Doullens, Bapaume, Arras, La Bassée, Douay, cours de la Somme de Péronne à Bray en 1636, Ham, Saint-Quentin, carte du pays d'entre Somme-et-Oise, Le Catelet, La Capelle.

— 27. Plans des villes frontières de Picardie pour Monseigneur le duc de Longueville, gouverneur de la province. (Recueil provenant de Ste Geneviève.) Vers 1630.

Calais, Ardres, Monthulin, Boulogne, Montreuil, Rue, Abbeville, Doullens, Amiens, Corbie, Péronne, Ham, La Fère, Saint-Quentin, Le Catelet, La Capelle, Guise.

— 27 a. Institut lithographique de l'état-major suédois. (Stockholm.) — 28. Dimension des canons de fer pour la marine (1786). — 29 et 30. (Non employés.) — 31. Recueil d'exercices militaires.

Ce recueil contient le Maniement des armes de Jacques de Gheyn. Edit. allemande de 1608. Exercices militaires de J. J. Wolrab (fol. 69, exercices de fantassins allemands de la fin du XVIIe s.). Les Gardes françaises d'Abraham Bosse (fol. 81). Equitations diverses (fol. 85). Soldats allemands de la fin du XVIe s. Turcs du XVIe s. Femmes à cheval XVIe s. (fol. 93). Harnachements de chevaux.

— 32 à 32 a. Mémoires d'artillerie par Surirez de Saint-Remy (1697). 2 vol. — 33. Recueil provenant de l'abbé de Marolles et ayant gardé sa reliure aux armes du roi.

Ce volume contient le Maniement d'armes de Nassau de 1618. Des exercices militaires de 1615 environ. Il Torneo de Bonaventure Pistofilo 1627 (cost. militaires de joutes). Les Gardes françaises de Bosse. Les Figures militaires de Savery (fol. 45). Les Chevauchées publiées par Visscher en 1640 et gravées par de Gheyn (fol. 46). L'Oplomarchia de Bonaventure Pistofilo. Duel à l'épée. Gens de Guerre de Théodore du Liagno (1610 ?). Recueil de Combats singuliers de Joachim Meyer 1570. Combats, prises de villes, sièges, machines de guerre.

— 34. Figures pour l'Histoire de Polybe (XVIIe s.). — 35. Atlas de la monarchie prussienne (Londres 1788). — 35 a.

Plans d'évolutions militaires. 29 tableaux manuscrits, en allemand. — 36. Instruction concernant l'exercice et les manœuvres des troupes à cheval, contenant les quarante-huit manœuvres, précédées de différents détails sur les conversions et marches militaires ; orné de 56 planches. Versailles an VI. (Ce manuscrit curieux fut acquis en 1843.) — 37 et 38. Recueil provenant de M. de Béringhen et renfermant le Maniement des armes par J. de Gheyn en noir et en couleur.

> Ce recueil donne la couleur des habits des troupes du commencement du XVIIe s., et on a mis au bas de chaque exercice les commandements propres à chaque mouvement. Le vol. 38 renferme l'ouvrage de Van Breen dit le Maniement d'armes de Nassau. Voir ci-devant Id. 33.

— 39. Le Maniement des armes ou l'exercice du fusil tel qu'il est pratiqué présentement en France par l'infanterie tant française qu'étrangère, avec le salut de l'esponton en l'année 1722. (Recueil acquis à la vente Morel de Vindé en 1823. Les costumes sont coloriés. On trouve quelques planches du XVIe et du XVIIe s.) — 39 a. Drapeaux, cocardes, bannières. (Recueil factice.) — 39 b. Recueil de dessins de drapeaux, bannières. etc., exécutés par A. Raffet fils.

> Ces dessins sont pris sur des originaux encore existant ; on y voit entre autre : Cavaliers français du duc d'Alençon, drapeau du Royal-Auvergne, drapeaux de volontaires de 1790 aujourd'hui à Florence, à Berlin, drapeaux des demi-brigades, étendard des cuirassiers en 1803, garde des consuls en 1799 (guides), drapeaux de régiments impériaux et ensuite royaux ; cocardes de 1793, de Napoléon ; drapeaux de la Commune en 1871, d'après nature par M. Raffet fils.

— 40. Drapeaux de l'infanterie française et étrangère en 1721. (Recueil acquis à la vente Morel de Vindé en 1823.) — 41 et 42. Triomphes de Louis XIV représentés par les drapeaux pris de 1674 à 1712.

> Drapeaux pris à Senef, à Leuze (1691), Nerwinde (1693), La Marsaille, Le Ter (1695), Dixmude (1695), Carthagène (1697), Friedlingen pavillons de vaisseaux, Eckeren (1703), Spire (1703), Castelnovo (1704), Verceil (1704), Ivrée (1704), drapeaux pris en Italie, etc., etc. Drapeaux pris par Duguay-Trouin (1712). Le 2e vol. est identique au premier, mais il contient plus de renseignements.

— 43. Drapeaux pris à Senef et pendant la campagne avant le traité de Ryswick. (Ce recueil mentionne le nombre de drapeaux de chaque façon. Manuscrit). — 44. Drapeaux et guidons pris à Dixmude par M. de Montal, le 27 ou 28 juillet 1695.

(Même remarque que pour le précédent). — 45. Recueil des drapeaux pris à la bataille de Fleurus, en 1690. (Manuscrit acquis à la vente Morel de Vindé). — 46 et 47. Triomphes de Louis XV par les drapeaux pris sur l'ennemi depuis 1734 à 1745. (Victoires de Guastalla, Fribourg, Fontenoy, Niewpoort, Pragelas, Bruxelles, etc. Le 1er de ces vol., provient de Morel de Vindé, l'autre de Louis XVI, par confiscation révolutionnaire). — 48. Drapeaux de la garde nationale de Paris, en 1789. Poncifs coloriés. — 49 et 49 a. Drapeaux des bataillons de la garde nationale (idem). — 49 b. Les drapeaux français de 507 à 1872 par le comte de Bouillé (1873). — 49 c. Recherches sur les drapeaux français par Desjardins (1874). — 49 d. Drapeaux des grenadiers de la garde par R. French M'Nair (1870). — 50. L'art militaire français pour l'infanterie (1696). — 51. Exercice de l'infanterie française par Baudouin (1757). — 51 a. Le tirailleur abrité par Dousdebès (1880). — 52. Carte militaire de la France (1733). — 53. Affûts d'artillerie par Poumet (1825). — 54. Pyrotechnie militaire moderne (lithographies). — 55. Modèles de pièces d'artillerie. — 56. Appareils des fonderies de Ruelle et de Saint-Gervais (1842). — 56 a. Modèles de fourneaux et de tentes de campagne par J.-J. Schubler (1741) — 57. Carnet de l'officier de cavalerie. — 58. Armures des empereurs, princes, etc. (1603). — 59. Arsenal de Madrid par Sensi. — 59 a Panoplie (recueil d'armures) par J.-B. L. Carré (Châlons 1795). — 60. Armes et armures de Meyerick (1836). — 60 a. Guide des amateurs d'armes par Demmin (Paris, 1869). — 61. Machines de guerre par Em. Von Rodt. — 62. Musée des armes de l'empereur de Russie par Rockstuhl (1845). — 63. Armes et armures du Moyen-Age par J. Hewitt (1855). — 64. Traité de l'art militaire de Végèce (1534). — 65. Machines de guerre, dessins originaux du XVIe siècle (canons, bombardes, couleuvrines, engins divers). — 66. Armes et armures par L. Asselineau (1864). — 67. Recueil d'engins de guerre, canons, couleuvrines, bombardes, affûts, mortiers, etc. — 68. Armes blanches de tous genres. — 69. Armures, armes, par J. Jacquemart d'après les originaux de la collection Nieuwerkerque (1868). — 70. Musée d'artillerie. Costumes de guerre du IXe au XVIIe siècle (1882). — 71. Congrès de Rennes. Matériel d'incendie (1887). — 72. Mitrailleuses et canons automatiques Maxim. (1888).

NOTA. — *Pour toute la partie concernant les plans de villes, consultez la série Va topographie de la France.*

Division Ie. — **Histoire militaire.**

Ie 1. Recueil formé à l'étranger au XVIII° siècle et portant comme titre « Stampe di assedii e battaglie. »

Troupes allemandes dessinées et gravées par Rugendas, marche de cavaliers, combats, camps, apprêts de sièges, etc. Diversi pensieri du même Rugendas, etc. Siège d'Augsbourg par Rugendas (fol. 22-25). Différents exercices de cavalerie et d'infanterie (XVIII° siècle) par Antoine Benoist. Sièges par Sébastien Le Clerc. Eventail des fêtes de Florence par Callot (fol. 36). Combats par Cochin. « Capricci di varie battaglie di G. G. Baur (1635). » Départ de troupes et combats, 3 pièces, par de la Pegna (1751), (fol. 46). Combats antiques. Pont de bateaux sur l'Escaut à Anvers, et divers combats par Baur, Wersterhout et divers autres, combat de Lens par Beaulieu et Cochin, Rocroy par le même, Furnes, Ypres, Nordlingen, siège de Vienne par les Turcs, et diverses autres pièces sur les sièges.

— 2. Recueil provenant de l'abbé de Marolles et ayant gardé la reliure primitive avec le titre « Recueil de sièges et batailles. »

Quartier du Prince d'Orange et assiette de son camp en 1630, d'apr. David de Solemne, siège d'Amiens par Cl. Châtillon avec la légende (fol. 9). Retraite du cardinal archiduc d'Autriche en 1597 par Claude Châtillon, avec la légende (fol. 9). L'armée du duc de Mercœur à Canise contre les Turcs, avec légende (fol. 10 à 16). Siège de Bommel par Lambert Cornelis (fol. 17). Combat de cavalerie entre le sire de Bréauté et le lieutenant du gouverneur de Bois-le-Duc (1600). Flotte de Maurice de Nassau (1600). Défaite de la flotte espagnole en 1602 par J. Remy (fol. 20). Siège d'Ostende, 10 juillet 1603 (fol. 21). Combat naval devant Bantam (fol. 22). Combat entre des Trirèmes de Spinola et de Belgique devant Sluys en Flandre (fol. 23). Combat devant Prague, par R. Sadeler, et diverses autres batailles de la campagne. Siège de Saint-Jean d'Angely (1621), avec la légende (fol. 29). Sièges de Montauban, de Monheur, de Royan; pièces diverses par Cl. Châtillon en 1627. Combat naval de l'île de Ré, chez Melchior Tavernier. Défaite des rebelles par M. l'Amiral les 12-15 sept. 1625, avec la légende (fol. 45). Sièges de La Rochelle, de Breda par Callot. Siège de Casal (fol. 61), le pas de Suze, le siège d'Alais et autres de la même campagne (voir ci-devant Id. 24). Siège de Bois-le-Duc. Siège de Wesel (1629), avec légendes ; Casal, Montmilian, Avigliano. Ile de Walcheren avec une escadre hollandaise. Découverte de l'Amérique par Sibrandt (fol. 79). Victoire du roi de Suède, image avec légende (fol. 80).

— 3 « Tables (manuscrites) contenant l'histoire militaire de France en Italie, où l'on voit les motifs des guerres, les batailles et les sièges, les noms des généraux français et ennemis, les traités de paix et d'alliance depuis Clovis jusqu'à Louis XV. » (Ce portefeuille faisait partie des recueils de Fevret de Fontette dont il sera ci-après parlé Q b 1 et suivants, le titre ne mentionne ni les guerres en Espagne, ni les guerres civiles). — 4. Le livre de la guerre par Léonard Fronsperger (1575). —

5. Triomphes de Louis XIII par Valdor (1649). — 6. Siège de Bréda par H. Hugo (1626). — 7. Autre édition du même ouvrage (1631). — 8. Autre (1627). — 9. Siège de Bois-le-Duc par J. Prempart (1630). Exemplaire de Philippe duc d'Orléans, provenant des Jacobins. — 10. Siège de Hesdin par Ant. de Ville (1639). Exemplaire du duc d'Orléans. — 11 et 11 a. Les glorieuses conquêtes de Louis XIV par de Beaulieu (2 vol.).

> Cet exemplaire de Beaulieu provient de Michel Bégon, il est fort différent de ceux du commerce et renferme des textes, des portraits qui ne sont pas dans les exemplaires communs. Le titre est manuscrit, et le préambule signé de Reine de Beaulieu est à la main.

— 12 et 12 a. Exemplaire ordinaire des conquêtes de Louis XIV par Beaulieu (voir ci-devant A a 10 i à 10 m). — 13. Plans des villes et forteresses conquises par Louis XIV. (Ce recueil, par opposition avec le précédent nommé le « Grand Beaulieu » est appelé le « Petit Beaulieu). » — 14. Casp. Barlæi rerum per octennium in Brasilia sub prefectura Mauritii Nassoviæ comitis gestarum historia (1647). — 15. Hist. de Fréd.-Henri Prince de Nassau par Commelyn (1656). — 16 à 16 b. Histoire militaire de Flandres de 1690 à 1694. — 17. Campagne de Flandres sous le maréchal de Luxembourg, en 1692. Cartes levées sur les lieux par Pennier (originaux avec légendes). — 18. Hist. de la campagne du Prince de Condé en Flandres par le chev. de Beaurain. — 19. Campagne de Catalogne en 1689.

> Ce recueil donné comme provenant de Gaignières d'après le timbre ne doit pas avoir appartenu à ce collectionneur.

(Cartes manuscrites). — 20. Siège de Namur, en 1692. — 21. Campagne de Flandres et siège de Namur (1696). — 22 à 22 b. Hist. du Prince Eugène, de Marlborough et du Prince de Nassau (1729). — 22 c, Hist. de Marlborough par Caran d'Ache et J. de Marthold (1885). — 23. Les campagnes de Duguay-Trouin par Ozanne. Exempl. aux armes de Louis XVI, dauphin. — 24. Campagne de l'Electeur de Bavière. — 25. Quadruple alliance pour la guerre de 1700. — 26. Théâtre de la guerre en Allemagne par Lerouge (1741). — 27. Campagnes du maréchal de Maillebois en Italie par le marquis de Pezay (1775). — 28. Conquêtes de Louis XV, en 1744-1748 (1759). — 29 à 29 c. Campagnes de Louis XV.

> Ces volumes contenant des plans manuscrits et originaux sont entrés au Cabinet des Estampes en germinal an V. Ils provenaient de Versailles. Ils sont du plus grand intérêt pour l'histoire militaire au XVIIIe siècle. Chaque vol. a un titre exécuté à l'aquarelle.

— 30. Plans dessinés de la bataille de Lawfeldt (1747). — 31 et 31 a. Campagnes de Louis XV (1788). — 32. Campagne d'Italie depuis l'an 1V jusqu'à Marengo (1806). — 33. Campagnes d'Italie par Salicetti. — 33 a. Champs de bataille de Napoléon en Italie par Bagetti (1835). — 34. Camp de Wellington en Portugal (1813). — 35. Galerie des militaires français. Lith. par Vafflard. — 36. Victoires et conquêtes par Grenier. — 37. Campagne de Russie en 1812 par Faber du Faur (1843). — 38. Album de 52 batailles du Consulat et de l'Empire, dit de Carle Vernet. (Sans date).

Série J.

La série J comprend les ouvrages spéciaux ou les recueils factices sur l'histoire naturelle (zoologie, botanique, minéralogie, anatomie).

Cette série est fort riche en œuvres uniques des XVIe-XVIIIe s., mais pour la partie moderne les lecteurs auront toujours intérêt à consulter la collection du Museum d'Histoire naturelle au Jardin des Plantes.

La classification adoptée dans le principe de nos répartitions n'est plus au courant de la science, certaines divisions empiètent les unes sur les autres.

Voici les subdivisions de la série J.

Ja. Généralités.
Jb. Zoologie.
Jc. Botanique en général.
Jd. Botanique spéciale aux contrées.
Je. Minéralogie.
Jf. Anatomie de l'homme et des animaux.

Division Ja. — Généralités.

Ja 1 à 15. Histoire naturelle de Buffon en 15 vol. 1749-1767. Exemplaire colorié donné au cabinet par Fontanieu. — 16. Le règne animal, de Cuvier, par Ach. Comte (1832). — 17 et 17 a. Figures de la physique sacrée par J. J. Schenchzer (Augsbourg 1732-1735). — 18 à 18 d. Figures des plantes et des animaux d'usage en médecine par de Garsault, description par Geoffroy (5 vol.). — 19. *Recueil de cent planches de fleurs et d'insectes peints sur vélin en miniature par Daniel Rabel en 1624.

> Ce livre provient de la vente du duc de La Vallière où il fut payé 2.000 livres. Il avait appartenu successivement au duc de Mazarin, puis au Président de Rieux et enfin à Gaignat. C'est une merveille de rendu et de précision. Ces fleurs et ces insectes ayant été vus par Malherbe, celui-ci en envoya un joli sonnet à Daniel Rabel.

— 20. Recueil d'oiseaux et de papillons par Aubriet, dessinateur miniaturiste du cabinet d'Histoire naturelle du roi.

> Ce recueil, presque aussi intéressant que le précédent, provient de la vente de Michel Bégon. Il contient de l'entomologie (papillons européens et étrangers) de l'ornithologie, de la zoologie, de l'ichtyologie, des reptiles, etc. Reliure de Padeloup très ornée.

— 21. Recueil d'oiseaux et de plantes, par madame la marquise de la G... Paris 1702.

> Ce recueil ne le cède guère aux précédents ; il est de la main de la marquise de La Galissonnière, mais il a souffert d'intercalations ultérieures peu heureuses.

— 22. Recueil d'oiseaux, de plantes et d'insectes peints par Robert, Aubriet et autres.

> Ce recueil fut acheté 20 livres au président Lambert, en 1730 ; il est admirable pour les plantes et les insectes jusqu'au fol. 50. A partir de cet endroit la main change et le travail est moins soigné. On a joint à la fin du vol. des estampes coloriées et des dessins d'oiseaux. Au fol. 68 une pintade signée M. L. F. 1557. (Melchior Lorch). Ecureuil donné à la reine en 1727 et rapporté de la Nouvelle Orléans (fol. 75).

— 23 Plantes, oiseaux, quadrupèdes, poissons dessinés et coloriés par le P. Feuillée, minime et mathématicien du roi. (Dessins originaux à l'aquarelle de la Flore et de la Zoologie du Pérou). — 24. Oiseaux et plantes peints à la gouache au commencement du XVIIe siècle.

> Ce vol. provient du département des manuscrits. Les notes manuscrites sont d'un spécialiste.

— 25. Recueil de miniatures dessinées vers 1650 par Jean Walter de Strasbourg.

> Curieux receuil où se voient des jardins de grands paysages représentant les mois de l'année, dont une chasse au sanglier (fol. 5). Jean Walter s'est montré lui-même (fol. 6). Au fol. suivant il est représenté peignant le portrait de sa femme. Trois déesses, peintes en 1665 (fol. 8). Grottes en coquillages pour jardins (fol. 9-12). Le reste du volume contient des fleurs et des fruits.

— 26. Lithologie et conchyliologie par Dargenville (1742). — 27. Oryctologie par Dargenville (1755). — 28. Scotia illustrata auctore Rob. Sibbaldo (1684). — 29 et 29 a. Histoire naturelle de la Caroline par Catesby (1754). — 30. Fasciculus rariorum et aspectu dignorum varii generis quæ collegit B. Besler (1636). — 31. Histoire naturelle provenant du Maréchal de Richelieu (XVIII° siècle).

> Ce volume est un des rares vol. de la collection de Richelieu qui n'aient point été dispersés. Il renferme des fleurs des fruits étrangers et des animaux, avec des notes manuscrites. Loups-lévriers des environs de Sarlat en 1721. Ecureuil volant de Poulo Condor, etc.; lézard volant, etc. Extrait manuscrit d'une brochure anglaise donnant le *microbe* particulier de chaque maladie (1720).

— 32. Animaux divers lithographiés et gravés. Recueil factice.

Division. — **Jb.** — **Zoologie.**

Jb 1 à 1 g. Physiognomie de Lavater 1806-1807. 8 vol. — 2. La Metoposcopia par Spontoni (1645). — 2 a. Principes et résumé de physiognomie par Baudet-Dulary (1859). — 3. Mémoires pour servir à l'histoire des animaux par Perrault (1676). — 4. Poissons et oiseaux par Gesner (Zurich 1560). — 5 à 14. Recueil d'Histoire naturelle contenant seulement les mammifères.

> Détail : Vol. 5. Hommes et singes. — Vol. 6. Carnassiers, chéiroptères et insectivores. — 7: Carnivores. — 8. Carnivores, digitigrades, chiens. — 9. Carnivores, digitigrades, bêtes féroces, (amphibies et marsupiaux). — 10. Rongeurs. Edentés. — 11. Pachydermes. — 12. Ruminants, sans cornes. — 13. Ruminants, avec cornes. — 14. Cétacés.

— 15. Figures des animaux de Jouston gravées par Mérian. — 16 et 16 a. Théâtre des animaux par Henri Ruÿsch (1718). 2 vol. — 17. Recueil d'animaux par Barlow, La Belle, etc. — 18. Recueil d'oiseaux, de quadrupèdes, poissons coloriés. — 19. Recueil de figures d'animaux par Mérian. — 20. Animaux réunis en recueil. — 21. Etudes d'animaux, réunis en recueil. — 22. Recueil d'animaux, dessinés au XVI° siècle.

> Ce volume provient de l'abbaye de Saint-Germain-des-Prés, qui le tenait du chancelier Séguier par la famille de Coislin. Ces dessins naïfs sont contemporains de ceux publiés par Belon ; à ce compte ils méritent une mention. Quelques-unes des aquarelles ont un intérêt particulier, témoin la chasse au renne, le renne attelé, et les diverses

espèces de chiens au XVIe siècle, lévriers, braques d'Italie, épagneuls, chiens d'Artois, de Flandre, de Malte, griffon d'arrêt ; chasses de l'ours en Russie, du taureau, etc. etc.

— 23 à 23 c. Recueils des dessins originaux de de Sève et de Suvée pour les quadrupèdes de Buffon. (En regard de chaque dessin se trouve la gravure exécutée d'après lui). — 24 et 24 a. Quadrupèdes de Buffon coloriés. — 25 et 25 a. Quadrupèdes par Alessandri et Scottaglia (2 vol). — 26. Recueil des quadrupèdes. — 27 Histoire naturelle des éléphants du Museum par Houel (1803). — 28. La ménagerie du Museum gravée par Miger (an IX). — 29. Etudes d'animaux par de Paroy. — 30 *Hist. naturelle des singes et des makis par J. B. Audebert (Paris an VII). Edition en grand luxe. — 30 + Le même ouvrage, édition ordinaire. — 31. Recueil de chevaux, par divers artistes. — 32. Ménagerie de la Tour de Londres (1829). — 33 et 33 a. Le jardin zoologique de la Société de Londres (1835). — 34 à 34 e. Oiseaux gravés par Martinet pour l'histoire naturelle de Buffon. — 35 à 35 h. Hist. des oiseaux par Martinet (8 vol.). — 36. *Recueil d'oiseaux peints d'après nature par Höfnagel, peintre de Strasbourg, lesquels ont servi d'originaux à Aubriet pour ceux qu'il a faits au Roi.

Ce recueil remis à la Bibliothèque par l'exécuteur testamentaire de Bégon est un des plus beaux de la série J. Il a gardé sa riche reliure du XVIIIe siècle. Höfnagel était un contemporain de Walter (voir Ja 25 ci-devant). Au folio 43 on lit cette curieuse mention : « PELIQVAN. « L'année 1655 ce peliquan estant alors à Chantilly a esté pint après le « naturel. Il avoit environ deux pieds de hault et de la grosseur d'un « aigle. Et avoit pour lors plus de 50 ans. Il est encore vivant en la « présente année 1676. » (Par Aubriet ?)

— 37. Recueil d'oiseaux du Museum dessinés par Pierre Boel et copiés sur ses dessins originaux. (Le vol. provient de Bégon). — 38. Recueil d'estampes en suites sur les oiseaux et les insectes.

Dans ce volume figurent des pièces gravées assez rares des XVIe-XVIIe siècles, publiées par Visscher, Caymox ; suites d'oiseaux gravés par H. Le Roy, publiés par Firens et A. Collaert ; suite publiée par N. Visscher 1659. Suites italiennes, allemandes ; au fol. 121 suite de faucons dressés pour la chasse. Oiseaux gravés d'ap. Pierre Boel. Oiseaux de Barlow publiés par Mariette ; oiseaux par Flamen (voir Robert Dumesnil, *le peintre graveur français*).

— 39. Recueil contenant des oiseaux peints à la gouache. (Ce recueil renferme aussi des gravures et provient de l'étranger). — 40. Recueil d'animaux divers. — 41. Oiseaux de Franconie

(1799). — 41 a et 41 a. Colibris et grimpereaux par Audebert et Vieillot. Dessins originaux texte imprimé en or. — 42 à 42a. Hist. des pigeons par Mme Knip née de Courcelles, peintre de l'Impératrice Marie-Louise (1811). — 43 à 43b. Hist. des oiseaux de paradis par F. Levaillant (1806-1807). — 44 à 44b. Oiseaux d'Afrique par F. Levaillant. — 45 et 45 a. *Oiseaux d'Amérique par Audubon (1827-1830). — 46. Ornithological biography by J. J. Audubon (1831). — 47. Oiseaux par Robert (estampes). — 48. Recueil d'oiseaux variés, par divers artistes. — 49. Recueil d'oiseaux d'Europe. — 50. Recueil d'oiseaux étrangers. — 51. Recueil de poissons. de coquilles etc. — 52. Hist. naturelle des grenouilles par J. Roesel (1758). — 53. Thesaurus piscium, testaceorum, cochlearum par Rumphius (1711). — 54. Poissons de l'Océan et de la Loire, coquillages, par Aubriet.

Ce recueil merveilleux a été peint d'après nature à Marly, où Louis XIV avait fait venir de l'eau de mer dans le grand bassin.

— 55. La nature et la diversité des poissons par Belon (1555). — 56 et 56 a. Hist. des poissons de l'Angleterre par Yarrell (1836). — 57. Piscium, serpentum, insectorum imagines par M. Catesby (1750). — 58. Coquilles et fossiles par P. S. Bartoli (1670). — 59. Piscium querelæ et vindiciæ par Scheuchzer (1708). — 60. Recueil de poissons de la Chine.

Ce recueil fut acheté en 1762 à un Jésuite, lors de la suppression de l'ordre.

— 61. Poissons des côtes australes par Goyett et Van der Stell (1718). — 62. Ichtyographie de Fr. Willughby (1586). — 63. Ichtyologie de Vérone, du Musée Bozziano (1796). — 64. Hist. des insectes de l'Europe par Mérian (1730). — 65. Insectes, leurs naissance, accroissement et métamorphose par Mérian. — 66. Insectes de Surinam par le même. — 67. Le Conchyologiste universel par Th. Martyn (1785). — 68. Coquilles dessinées provenant du P. Plumier. — 69. Coquillages de limaçons et de crustacés par F. Reguenfous ou Regenfus (1758). — 70 à 70 g. Papillons d'Europe par Engramelle (1779-1792) 8 vol — 71 à 71 c. Insectes des environs de Ratisbonne (1766) 4 vol. — 72. Recueil factice d'insectes par divers auteurs. — 73. Insectes par Noël. — 74. Merveilles du règne animal par Wood (1868). — 75. Insectes et plantes par Ladmiral. — 76. Album d'histoire naturelle (1868).

Division **Jc**. — **Botanique**.

Jc 1 à 1 a. Recueil de plantes. Arbustes et fleurs. — 2. Mémoires pour servir à l'histoire des plantes par Dodart (1676). — 3 à 3 b. Botanique de Tournefort (3 vol.). — 4 à 4 b. Institutiones rei herbariæ par Tournefort (1700) 3 vol. — 5. (Non employé). — 6 Le Jardin du roi Henri IV par P. Vallet (1608). — 7. Præludia botanica par G. Commelin (1703). — 8 et 8 a. Codex plantarum (Dessins). — 9 à 9 b. Rivini plantæ. (Leipzig 1690-1699) 3 vol. — 10. Cours de botanique par Alyon. — 11 à 11 b. La botanique à la portée de tout le monde par Regnault (1774) 3 vol. — 12 à 12 c. Phytantosa iconographia par J. Weinmann (1737-1745).

Cet ouvrage est très consulté, et il contient la figure de toutes les plantes rangées alphabétiquement à leur nom latin.

— 13 à 13 e. Hist. naturelle de végétaux par Buchoz (1771-1774) 6 vol. — 14 à 14 b. Collection de plantes gravées par divers maîtres. — 14 c. Physiotypia plantarum par Ettingshausen et Pokorny. — 15 et 15 a. Plantes dessinées à la sanguine par Robert. — 16. Dessins originaux des plantes de l'Académie. — 17 à 17 e. Recueil provenant de l'abbé de Marolles et ayant conservé sa reliure. Il contient 319 planches de botanique gravées pour le roi (6 vol.). — 18 à 18 k. Horti Cellensis plantarum icones. Dessins (12 vol.). Jardin de La Celle Saint-Cloud. — 19. Catalogue des plantes peintes qui sont dans la bibliothèque du Roi par Roussel (manuscrit). — 20. Catalogue des plantes (manuscrit). — 21. Catalogue des plantes du jardin de La Celle.

A la suite, le catalogue des plantes du jardin Roussel (suivant l'ordre de familles par B. de Jussieu) peinte par les frères Prévôt sous la direction de Necker en 17**.

— 22 et 23. Description des plantes nouvelles cultivées chez J. M. Cels par E. P. Ventenat. (An VIII et 1803.) — 24. Recueil de plantes dessinées en couleur. — 24 a. Recueil de plantes coloriées. Dessins. — 25. Notice sur la culture des plantes et leur application à l'art, par N. de Langres (Manuscrit). — 26. Catalogue des plantes peintes d'après nature, distribué par classes... suivant l'ordre observé au Jardin des Plantes du Roi, à Trianon. (Plantes de M. Roussel.) — 27 à 27 x. Herbier de la Flore française par Cusin et Ansberque (25 vol.). — 28. Essai d'une flore élémentaire agricole (1869).

Division **Id. — Botanique partielle.**

Id 1. Plantæ per Galliam, Hispaniam, et Italiam observatæ par Jacques Barrelier (1714). — 2. Recueil de plantes gravées sur bois (Anvers 1581 chez Plantin). — 3. Jardin d'hiver ou Cabinet de fleurs par J. Franeau (Douai 1616). — 4. Hist. des plantes de Provence par M. Garidel (1719). — 5 à 5 e. Traité des plantes de Lorraine par Buchoz (5 vol.). — 6. Le Tournefort de Lorraine par Buchoz. — 7. Jardin des plantes de Nancy. (Recueil de plantes.) — 8. Agrostographiæ helveticæ prodomus par Scheuchzer (1708). — 9 et 9 a. Plantes d'Amsterdam par J. Commelin (1697-1701). — 10. Jardin médicinal d'Amsterdam par Commelin (1706). — 11 à 11 b. Hortus Eystettensis par B. Besler (1613). — 12. Plantæ Selectæ (1751). — 13 à 13 e. Herbarium Blackwellianum par Trew (Nuremberg 1757-1773, 6 vol.). — 14. J. Breynii exoticarum plantarum centuria prima (1678). — 15 à 15 a. Description des plantes par Munting (1696). — 16 et 16 a. Plantes de l'Amérique par le P. Plumier. (Deux exempl. un en noir, l'autre en couleur.) — 17 et 17 a. Fougères d'Amérique ; planches gravées pour le P. Plumier. — 18. Plantes de la Martinique et de la Guadeloupe par le P. Plumier (1688).

<blockquote>Ce volume contient en outre des vues de la Martinique, et des cartes très curieuses faites au XVIIe siècle par le P. Cornuau.</blockquote>

— 19. Nova plantarum americanarum genera par le P. Plumier (1703). — 20. Plantes d'Amérique, dessins originaux du P. Plumier. — 21. Hist. pittoresque du café par Develly (1836). — 22. Hortus Floridus par Crispin de Passe (1614). — 23. Plantes choisies par Martyn (Nuremberg, 1697). — 24 à 24 d. Flore du Brésil (10 vol. en 5 tomes). — 25. Fleurs et oiseaux par J. F. Miller (1776-1794). — 26. Theatrum Floræ chez Firens (1633). — 27. Flora overo cultura di fiori par J. B Ferrari (1638). — 28. Livre de fleurs pour l'orfèvrerie par Cochin le Vieux (1645). — 29. * Fleurs peintes par Aubriet, Robert, Rabel (1631) J. Joubert, Mademoiselle Basseporte.

<blockquote>Ce recueil provient d'un échange fait en 1834 avec le museum d'histoire naturelle ; il contient des tulipes et des fleurs. Vers le milieu de l'ouvrage un lion.</blockquote>

— 30. Fleurs peintes en miniature sur vélin. — 30 a. Etudes de légumes et de fruits (XVIe siècle).

Ces dessins, très habiles, exécutés en Italie, proviennent de M. Gatteaux en 1881.

— 31. Diverses fleurs dessinées et gravées par Nicolas Robert. — 31 a. Recueil de fleurs. — 32. Hortus sive florum imagines par J. C. Trew (1750). — 32 a. Recueil de fleurs peintes provenant de la bibliothèque de Séguier. — 33. ★ Fleurs peintes par Mademoiselle Basseporte.

Recueil très inférieur aux autres en ce qui concerne les insectes ; acquis de M. Lemaître en 1836.

— 33 a. Dessins exécutés par Riocreux pour le *Jardin fruitier du Museum* de Decaisne.

Ces dessins ont été donnés au département des Estampes par M. Decaisne, le 10 mai 1882.

— 34. Fleurs de Prévost (1805). Les planches sont retouchées par Prévost. — 35. Fleurs de Prévost gravées par Ruotte. — 35 a. Bouquets de Flora par Buchoz. — 35 b. Livre de fleurs par L. Tessier. — 36. Fleurs et fruits par P. Bessa. — 37. Fleurs et fruits par Mad. Vincent. — 38. La Flore pittoresque par A. Chazal. — 39. Homographie par Ch. d'Aiguebelle, fleurs. — 40. Naissance des fleurs par Dumas et Roulliet (1837). — 41 et 41 a. Traité des arbres fruitiers par Duhamel du Monceau (1768). — 42. ★ Fruits peints par Redouté (acquis de Redouté en 1846. Poires, pommes, prunes). — 43. Recueil de champignons par Vaillant (1704). — 44. Figures de champignons. Supplément aux pl. de Bulliard par J. R. Letellier. (1829). — 45 à 45 g. Liliacées de Redouté (1802-1816. 8 vol.). — 46 à 47 b. Les roses par Redouté (1817-1824). — 48. Traité général des drogues simples et composées par Pomet (1695). — 49. Catalogue du jardin des apothicaires de Paris (1741). — 50. « Plantes vivantes exprimées par le cylindre. Fait à Florence par Zenobe Pacini pharmacien (parfumeur) ».

La tradition du département des Estampes est que ce recueil très curieux avait appartenu à Catherine de Médicis, et que Henri IV l'avait fait relier à ses armes pour cette raison. Ce sont des fleurs imprimées par une forte pression. La reliure de Henri IV y est restée. Table des plantes.

— 51. Physionomie des plantes (1786). — 52 à 52 n. Flora Danica de Chr. (Oeder 1766-1849). 15 vol. — 53 à 53 a. Plantes de la Nouvelle-Hollande par J.J. La Billardière (1804-1806). — 54. Jardin de la Malmaison par E. P. Ventenat

(1803). — 55 à 55 c. Flore du Pérou et du Chili par H. Ruiz et J. Pavon (1794-1802). — 56. Flore fourragère de la France par E. Ausberque (1866). — 57. Arbres et arbustes (Recueil). — 58. Arbustes exotiques. — 59 à 59 b. Bouquets de fleurs (3 vol.). — 59 c. Fleurs en corbeilles, en guirlandes, etc. — 60. Bouquets de fleurs. — 61. Fleurs par Prévost. — 62. Fleurs et fruits, par Prévost. — 63 et 64. Fruits divers. — 65. Fleurs et fruits par M. Vincent. — 66 à 67 a. Fleurs et fruits rangés par noms d'auteurs. — 68 et 69. Album de clichés électrotypes (Fleurs et plantes) de Vilmorin-Andrieux (1885-1888).

Division Je. — **Minéralogie.**

Je 1 et 1 a. Traité de l'exploitation des mines par Delius (2 vol.). — 2. Galerie profonde de Gédéon par M. de Trébra (1787). — 3 à 3 b. Campi phlegraei par le chev. Hamilton (1776-1879). — 4 à 4 b. Istoria de fenomeni del tremoto avvenuto nelle Calabrie nell' anno 1783 (1784) 2 vol. de planches dont un colorié. — 5. Phénomènes géologiques sur le Vésuve et l'Etna par le Dr Abich (Berlin 1837). — 6. Recherches sur les volcans éteints du Vivarais par Faujas de Saint-Fond (1778). — 7. Volcans du Mexique par Carl Pieschel (Berlin 1856). — 8. Atlas minéralogique par G. Monnet. — 9 à 14. (Non employés). — 15. Echantillons de marbres par Wirsing (1775). — 16. Représentations de marbres (Amsterdam 1776). — 17. Xaverii Wulfen de Plumbo Spatoso Carinthiaco, trad. par Eyerel (Vienne 1791).

Division Jf. — **Anatomie.**

Jf. 1. Recueil provenant de l'abbé de Marolles et ayant conservé sa reliure. Ce livre contient les traités de Van der Gracht (1634), de Michel Spacher, de J. du Moulin, d'André Vésale. — 2. Andreæ Vesalii Bruxellensis de humani corporis fabrica librorum epitome (1542). A la fin du livre un admirable portrait de Vésale gravé en bois. — 3. Anatomia Godefridi Bidloo cum figuris de Lairesse (1685). — 4. Anatomie de Guillaume Cowper (1698). — 5 et 5 a. Theatrum anatomicum de Manget (1717, 2 vol.). — 6. Anatomia del signor Jacopo Moro (1679). — 7 et 7 a. Anatomie en tableaux exprimés par Gautier Dagoty (1745-59). — 8. La même expliquée par Sodelot (1773). — 9. Anatomie des parties sexuelles de l'homme et de la femme par Gautier Dagoty (1773). — 10. Anatomie des viscères par Gautier Dagoty (1754). — 11. Organes de la génération chez la femme par Besler (1640). — 12. Ostéologie et myologie par J. Gamelin (1779). — 13. Traité d'ostéologie de Monro (1759). — 14. Anatomie de Vicq d'Azyr (1786). Tome I. — 15. Anatomie à l'usage des peintres (1691). — 16 et 17. Anatomie à l'usage des peintres par Ch. Monnet, gr. par Demarteau (2 éditions). — 18. Anatomie du gladiateur combattant par Salvage (1812). — 19. Recueil d'anatomie portatif par Pauquet. — 20. Anatomie du cheval par Goiffon et Vincent (1779). — 20 a. Etudes anatomiques du cheval par Brunot (1824). — 21. Ecarts de la nature ou monstruosités par Regnault (1775). — 22. Anatomie par Chaussier (1821). — 23 à 23 d. Anatomie de Cloquet (1821-1831). — 24. Anatomie de Valverde. — 25 et 26. Anatomie par Chaussier avec fig. de Dutertre (1820-1825). — 27. Eléments d'anatomie par J. Birch-Sharpe (1818). — 27 a. Chirurgie. Planches d'ap. Adam. — 28. Phrénologie par Vimont. — 28 a. Population de la Perse par le colonel Duhousset (1863). — 29. Têtes d'aliénés du commencement de ce siècle, dessinées par Gabriel (Georges-François-Marie).

> Ce livre, des plus intéressants, contient une série de portraits dessinés en 1813 pour un ouvrage d'Esquirol sur l'aliénation mentale, mais il ne fut pas publié. Les dessins ont été acquis en 1831 et en 1836 à l'auteur. Gabriel ne donne que peu de noms, toutefois on y voit une célébrité : le fameux danseur Trénis ; un ancien jardinier de Louis XVI à Versailles ; le peintre Simon, maniaque ; un individu, ancien soldat et se croyant Bernadotte ; un M. Saint-Martin, propriétaire ; Hugo frère du poète Victor Hugo, idiot. On y voit une majorité de militaires de la vieille garde ; des avocats, un joueur, tous enfermés à Charenton. (Voir du même le vol. de criminels Na 58 ci-après.)

— 30. Anatomie de B. S. Albinus (1747). — 31. Anatomie comparée de G. Cuvier par Laurillard et Mercier (1850). — 32. Matériel d'ambulance de la société de la Croix Rouge française (1888).

Nota. *Voir aussi pour toutes ces divisions les suppléments non reliés dont il sera parlé à la fin du volume.*

ARTS ACADÉMIQUES.

Série K.

La série K comprend les ouvrages spéciaux ou les recueils factices sur les Arts dits académiques, et concernant l'éducation générale en France et à l'étranger. Par extension l'imprimerie a été rattachée aux arts d'éducation.

On conçoit que des matières telles que les thèses, la lecture, l'écriture, la peinture et le dessin jurent un peu de se trouver réunies à la chasse, à l'hippiatrique, aux divers jeux. Cette série est la plus diverse qui soit en tant qu'éléments ; les chevaux y figurent à côté des ex-libris, et les jeux de cartes à côté des thèses de théologie. Il est donc de toute nécessité de consulter le tableau ci-dessous pour se rendre compte de toutes les matières classées sous cette lettre.

Voici les divisions de la série K :

    Ka. Education générale. Livres, jeux, thèses.
    Kb. Lecture, écriture, et par suite imprimerie avec tout ce qui s'y rapporte, marques de livres, ex-libris, etc.
    Kc. Dessin, peinture, en tant qu'enseignement.
    Kd. Danse et musique.
    Ke. Chasse et manège, hippiatrique.
    Kf. Escrime et maniement des armes.
    Kg. Courses, luttes, natation, paume, billard.
    Kh. Jeux d'échecs, de dés, de cartes, de hasard.

Division Ka. — Éducation générale, livres, jeux, thèses.

Ka. 1. Portefeuille des enfants par Duchesne (1784). — 2. Musée des enfants par H. Valentin (1842). — 3. Etrennes aux enfants. — 3 a. Avant de savoir lire, album enfantin par E. Duruy (1873). — 3 b. Nouveaux jeux de l'enfance (1881). — 3 c. Album amusant pour les enfants sages (1882). — 4. Les jeux de la poupée (1806). — 4 a. Jeu de la poupée par Adrien Marie (1881). — 4 b. Une journée d'enfant par A. Marie (1883). — 4 c. Scènes émouvantes et paisibles (1884). — 4 d. Nouvelles folies enfantines (1884). — 4 e. Les métiers en action (1884). — 4 f. Album alphabet illustré par E. de Liphart (1885). — 4 g. Alphabet des bons exemples, ill. par H. Gray (1885). — 4 h. La journée de Bébé, illust. de Bouisset (1885). — 4 i. Les bébés des jardins de Paris ; illust. par Grigny (1885). — 4 j. Les bébés à Paris par d'Hervilly et

Fraipont (1885). — 4 k. L'âge de l'école par J. Geoffroy (1888).
— 4 l. Les préférés de Zézette, texte et dessin de Janel (1889).
— 4 m et 4 m a. Images enfantines (1891 et 1893). — 4 n.
Nouvelles scènes familières par E. Froment (1892). — 4 o.
Hist. enfantines à colorier (1893). — 5. La vie d'une demoiselle. — 6. Manuel élémentaire d'éducation par J. B. Basedow
(Berlin 1774). — 7. Academia sive speculum vitæ scolasticæ
par Crispin de Passe (1612). — 8. Tableaux accomplis de tous
les arts libéraux par Chr. de Savigny (1587).

> Ce livre, un des plus curieux du XVIe siècle, contient un admirable portrait de l'auteur offrant son livre au duc Louis de Nevers. Les planches de l'ouvrage sont une sorte d'encyclopédie des arts académiques à cette époque et fournissent un grand nombre de documents fort précis.

— 9. Leçon sur les arts libéraux par Ransonnette (1806). —
10 à 12. Thèses de philosophie par Joseph de Ruffée (1647),
Victor Miliaud (1647) et Louis de La Tour d'Auvergne (1679).

Division **Kb**. — **Lecture, écriture, et par suite imprimerie et typographie, marques de libraires, titres et ornements du livre, ex-libris, alphabets, chiffres, etc.**

Kb. 1. Dactylologie et langage primitif par J. Barrois (1850). — 2 et 3. Recueils de syllabaires ou images populaires représentant des types classés par lettres (1800-1820). — 4. Cent et une lettres ornées par Owen-Jones (1864). — 4 a *Alphabet gothique par Noel Garnier. Réserve. — 4 b. Alphabet extrait des livres de chœur de Sienne par G. Scotto (1844). — 5. Alphabet allemand du XVIIe s. — 6. Alphabet par Théodore de Bry (1595). — 7. Alphabet par Spierre. — 8. Alphabet orné du XVIe s. — 9. Alphabet grec dessiné par Ov. Reynard (1841). — 10. Cinq cents lettres ornées par Ov. Reynard et T. de Jolimont (1841). — 11. Syllabaire hollandais gravé sur bois. — 12. Abécédaire (Paris an VIII). — 13. Petit abécédaire en 4 langues chez Kilian à Augsbourg. — 14. Nouvel abécédaire en énigmes par V. Adam. — 15. Alphabet moral et philosophique par Charlet (1835). — 16. Alphabet de Flore d'après Redouté par Chiral (1835). — 17. Abécédaire en action par Philippon. — 18. Miroir des dames ou nouvel alphabet français par Grevedon. — 19. Alphabet de quadrupèdes. — 19 a. Grand alphabet d'animaux par G. Gaulard (1890). — 20. Nouvel alphabet militaire. — 21. Alphabet grotesque. — 22. Alphabet récréatif. — 23. Album alphabétique (1866). — 24. Alphabet magique (1861). — 25. Grand alphabet militaire par G. Gaulard (1889). — 26 à 30. (Non employés.) — 31 à 33. Recueil (en trois volumes ayant gardé leur reliure) provenant de l'abbé de Marolles. Ces vol. renferment des modèles de calligraphie et d'écritures de la plus grande rareté, tous antérieurs au milieu du XVIIe siècle. En voici le détail :

Vol. 31. Le Paranimphe de l'escriture ronde par François Desmoulins 144). La technographie ou la briefve methode pour parvenir à la parfaite connoissance de l'escriture françoyse... par Guillaume Le Gangneur (1599). La Rizographie ou les sources, elemens, perfeccions de l'ecritture italienne par Le Gangneur (fol. 41). Calligraphie ou belle écriture par le même (fol. 57). Exemplaire d'escriture pour l'utilité de la jeunesse par Hubert Druet de Lille (fol. 71). Le premier essay de plume par Marie Pavie, 1608 (fol. 73). Jardin de l'escriture italienne par Simon Frisius 16·· (fol. 77). Miroir de l'escriture françoyse par J. Le Clerc (fol. 81). Primo libro delli diversi caratteri di F. L. M. C. (fol. 85). Modèle d'écriture dédié à la reine Marguerite par Lucas Materot d'Avignon (fol. 89). Panchrestographie par Beaugrand, écrivain du Roi (fol. 106). Orthopédie pour apprendre à bien écrire... par Simon Frysius (fol. 113). Autre panchrestographie de Beaugrand (fol. 120). Exemplaire des lettres financières par J. de His (fol. 135). Original de pièces escrites et burinées par P. Moreau, 1633 (fol. 158). Lettres minuscules italiennes de Simon Frisius ou Phrisius (fol. 162). Exemplaire du sieur de Beaulieu (à Montpellier 1635) avec un frontispice gravé (fol. 165). Pœcilographie par Beaugrand (fol. 177). Ghirlanda par Tozzi (1616-1621) avec des encadrements de dentelles (fol. 185). Fragments de Beaugrand (fol. 188-192). Facilité d'escrire la lettre bastarde par André Le Bé (fol. 199). Abécédaire de Gougenot (fol. 203). Titre et portrait de J. van den Velde (fol. 206). Modèles d'écriture de Carpentier (fol. 207). Ecriture de de Vries, 1610 (fol. 223). Les véritables et naïfves escritures... par L. Senault, 1658 (fol. 251). — Vol. 32. Œuvres de Philippe Limosin, écrivain à Paris 1647 (fol. 4). Modèles par Petré (fol. 24), le titre est au fol. 50. Alphabet par Pierre Moreau (fol. 52). Originaux des escritures financières par J. de His d'Abbeville (fol. 60). Modèles de J. Barbedor (fol. 78), il y en a à partir du fol. 72. Jardin d'escripture par Robert Vignon, grav. par Frisius (fol. 120). Livre d'escripture par Philippe Limosin (fol. 130). Modèle par Nicolas Bodding, maître d'école à Harlem (fol. 134). Moyen pour apprendre à escripre par Alexandre Jean, arithméticien (fol. 136). L'art d'écriture de finance par J. Raveneau (fol. 146). Le trésor de l'écriture par J. de Beauchesne, 1580, gravure sur bois (fol. 162). Le Secretario de Marcello Scalzini, 1585, avec portrait (fol. 184). Exemplaire de lettre italienne par Louis Senault (fol. 202). Alphabet de l'invention et utilité des lettres, 1602 (fol. 206). — Vol. 33. Dell' idea dello scrivere di Giuseppe Secaro, 1607 (fol. 1). Il cancelliere di Lod. Curione libro quarto (fol. 27). Theatrum artis scribendi par Josse Hondius (fol. 48). Le bon écrivain de Tomaso Ruinetti de Ravenna, 1618 (fol. 69). Le 1er livre de Jacomo Romano, 1589 (fol. 140-91). Modèles encadrés non complets (fol. 180-121). Voir aussi Q b 26 année 1618. Écriture par Moisy.

34. Recueil de pièces et d'alphabets variés. — 35. L'art et la science de la vraie proportion des lettres par Geoffroy Tory (1549). — 36. Œuvres de Lucas Materot (modèles d'écriture, 1628). — 36a. Arte del bene scrivere de G. B. Palatino (1578). — 37. Modèles de lettres allemandes et latines par J. Jacobell (1579). — 37a et 37b. Opera di frate Vespasiano Amphiaro nella quale s'insegna scrivere. 2 éditions (Venise 1580 et 158...?). — 38. Spécimens de diverses écritures (Nuremberg 1553). — 38a. Vera maniera di scrivere... di Tomaso Ruinetti (Verone s. d.) — 38b. * Ghirlanda da P. Tozzi (1616). — 38c. * Même ouvrage (Padoue 1621). — 39 à 43. Modèles d'écriture allemande par J. C. Schrumpff 1680. — 40. De Caratteri di Leopardo Antonozzi (1638). — 41. Majuscules allemandes par Ulrich Hoffmann (1662). — 42. Ecriture par Teutscher (1614). — 43. L'art d'écrire par Zummer, 1709. — 44. Instruction pour bien écrire par Hoffmann. — 45. L'art d'écrire publié par Fursten à Nuremberg. — 46. Capitales allemandes par Ulric Hoffmann (1642). — 47. L'art d'écrire par U. Hoffmann (1649). — 48. Lettres initiales. Nuremberg, Francfort et Leipzig chez Christ. Riegel. — 49. Lettres de diverses écritures par P. Le Bé (1601). — 50. L'écrivain allemand et latin par Jean Muscat (1692). — 51. L'art d'écrire par Christ. Weigel (1716). 52. Nouveaux principes de l'art d'écrire par Royllet (1731). — 53. Institution pour bien écrire par Baureinfeind (1736). — 54. Le maître d'écriture par J. Chr. Albrecht (1764). — Lettres capitales par George-Henri Paritio. — 56. Pièces calligraphiques par Frédéric Fabion (1729). — 57 Abrégé de l'art d'écrire par J. Chr. Albrecht (1761). — 58. Majuscules ornées par J. Chr. Albrecht — 59. Méthode pour écrire par J. F. Léopold. — 60. Livre de grandes lettres par Jean Merken, gravées par Contgen (1782-85). — 61. Traité d'écritures par Bourgeois et Ermeler. — 62. Recueil sur l'art d'écrire par Bedigis. — 63 à 66. Recueils de traités d'écriture. — 67. Traité complet des écritures françaises et étrangères par Bourgeois et Ermeler (1820). — 68. Graphométrie par Saint-Omer l'aîné (an VII). — 69. Principes de l'écriture par Saint-Omer. — 70. Principes de diverses écritures. — 71. Collection de 67 modèles par Ermeler. — 72. Cours d'écriture à l'usage des écoles chrétiennes. — 73. Modèles de lettres par Werdet. — 74. Leçons grammaticales par Huet de Tostes. — 75. Fac-similé d'écriture par Emmul. — 76. Ecriture anglaise par Fr. Magnée (1827). — 77. Les loisirs d'un amateur par Landelle. — 78. Guide du maître d'écritures par Emile A.

(1834). — 79. Divers exemples d'écritures en recueil. — 80. Modèles d'écriture par Simonnet (1834). — 81. Le petit maître d'écriture. — 82. Cours de calligraphie per A. Sella (1840). — 83. Typologie de Moreau de Dammartin. — 84. Ecritures arméniennes. — 85. Modèles d'écriture par Jean Midolle (1834-35). — 86. Choix gradué de 50 écritures (1837). — 87. Recueil de modèles de calligraphie (Rome 1702) — 88. Calligraphie par le chev. de Berny (sic).

> Curieux recueil de croquis à la plume sur parchemin, exécutés sous le règne de Louis XIII par un anonyme.. Stances amoureuses, musique de chansons, etc. En tête et à la fin se trouvent de ces découpages en papier, déjà de mode au XVIIe siècle. On a mis à tort ces exercices à la plume sur le compte du chevalier de Berny, lequel vivait près d'un siècle et demi plus tard.

— 88 a. « Portraits de plusieurs princes formés de traits de plume, ouvrage unique en ce genre par Berny de Nogent, chevalier romain et de Saint-Michel de Cologne... 1765. »

> Suite de portraits sans aucun caractère, allant de Louis XV à Louis VII, à Philippe-Auguste, Jeanne d'Arc, etc. Ce Berny était attaché au bureau des finances, et amusait ses loisirs sur le papier de l'administration royale.

— 89. Traits d'écritures à la main. — 90. Idem, par Carles. — 91. Calligraphie par Antonio Sella (1862). — 92 Le Trésor des calligraphes illustrateurs par D. Raimbault (1850). — 93 et 94. (Non employés). — 95. Recueil de paléographie contenant des fac-simile d'écritures gothiques. — 95 a. Musée des archives départementales (1878). — 95 b. Inscriptions sanscrites du Cambodge par Barth, 1885. — 96 à 96 c. Paléographie universelle de Silvestre (IV vol. in-fol., reprod. chromolithogr. 1841). — 97. Chartes latines, françaises, etc. (1841). — 98. Lettres ornées. Alphabets réunis. — 98 a à 98 d. Lettres ornées de A à Z.

> Ce recueil est formé d'originaux autrefois découpés dans les manuscrits et dans les livres.

— 99. Lettres, chiffres et armes par Silvestre et Paillet.

> On trouve dans ce livre les armoiries coloriées des grandes puissances en 1863.

— 100. Spécimen de lettres par H. Catenacci et Pannemaker (1855). — 101. Recueil de 25 alphabets par Lundy et Hervé

(1852). — 101 a. Chiffres par Mavelot. — 102. Dict. de chiffres par Pouget (1767). — 103. Livre de chiffres par John Russell. — 104. Nouveau diction. de chiffres par Darnaud. — 105. Chiffres doubles par Girault (1869). — 106. Lettres ornées, gravées sur bois. — 107. Chiffres et monogrammes par Renoir (1865). — 108. Recueil de chiffres à 2 ou 3 lettres par Sanier. — 109. L'utile album par J. Simon. — 110. Chiffres et monogrammes par G. Boussenot (1885). — 110 a. Analyse d'un dessin exécuté en chromolithographie par M. et N. Hanhart.

> Suite de tirages chromolithographiques d'une planche. Ce livre avait été fait spécialement pour Napoléon III et provient de la bibl. de Compiègne.

— 110 b. La lettre industrielle par A. Guibal (1889). —110 c. Nouveaux modèles de lettres par Botzum (1891). — 110 d et 110 e. Les chiffres au XIXe s. par Leborgne (1884-1891). —111. Hist. de l'imprimerie par les monuments (par Fournier 1840). — 111 a. Le Livre par Henri Bouchot (1886). — 112. Fête séculaire des typographes (Leipzig 1840). — 113. Album de Gutemberg pour sa fête séculaire (1840) par H. Meyer. — 114. Caractères et vignettes de la fonderie Delacolonge (1773.) — 115. Epreuves des caractères de J.-L. de Boubers (1779). — 116. Cahier spécimen des bois gravés de la librairie Eug. Lebigre (1850). — 117. Epreuves des caractères, vignettes, etc., de J.-G. Gillé (1808). — 118. Idem d'And. Brossier (1808). — 119. Id. par Boulay fils (1837). — 120. Id. de N.-F. Gromort (1837). — 120 a. Id. de chez Biesta et Laboulay. — 121. Id. de Derriey (1862). — 122. Id. de Silbermann (1840). — 122 a. Id. de Enschedé Harlem (1867). — 123. Recueil de frontispices et de vignettes de l'imprimerie royale au XVIIe siècle.

> Ce recueil provient de l'abbé de Marolles, mais il n'a pas reçu la reliure royale. Il contient des fleurons, des têtes de livres, des vignettes, des culs-de-lampe, dont la plupart ont été gravés par Claude Mellan. Au fol. 17 un dessin original du même artiste ; id. au fol. 21 ; id. au fol. 59 ; id. au fol. 73.

—124. Recueil de frontispices et de vignettes. —125. Recueil de culs-de-lampe et lettres grises. —126 à 126 v. Recueil général de typographie, marques d'imprimeurs classées par liste alphabétique de noms d'imprimeurs.

Cette collection, sans cesse augmentée par les acquisitions nouvelles, comprend aujourd'hui 23 volumes en reliure mobile. C'est une source précieuse pour l'histoire de la typographie en France et à l'étranger.

— 127 à 127 b. Titres et frontispices de livres imprimés et publiés en France. Recueil factice.

Ce recueil est ainsi divisé : — 127. Livres imprimés en Province. — 127 a et 127. b. Livres imprimés à Paris.

— 128 à 129 c. Recueil factice de livres imprimés et publiés à l'étranger.

Voici la division : — 128. Italie, Espagne, Portugal, Angleterre. — 129 et 129 a. Pays-Bas. — 129 b et 129 c. Allemagne et Suisse.

— 130. Recueil d'encadrements de pages. — 130 a. Têtes de pages, fleurons et culs-de-lampe. — 131 et 131 a. Marques typographiques par L. E. Silvestre (1853-1867, 2 vol.). — 131 b. Trésor du bibliophile Lorrain par J. Favier (1889). — 131 c. Marques italiennes de libraires et d'imprimeurs par Kristeller (1893). — 132. Recueil de têtes de lettres. — 133. Recueil factice de brevets, diplômes et passeports. — 134 à 134 a. k. Recueil factice renfermant une collection d'ex-libris classés alphabétiquement (38 vol.).

Les ex-libris sont à la mode aujourd'hui ; c'est pour répondre à ce goût que l'on augmente chaque jour dans d'énormes proportions la collection de ces marques d'ailleurs inutiles quand on les a enlevées au livre dont elles constituent l'état-civil.

— 135. Les ex-libris allemands, par F. Warnecke (1890).
— 136. Ex-libris alsaciens par Heitz et Barack (1892).
— 137. Ex-libris français par W. Hamilton (1892). — 138. Modèles d'ex-libris par Hildebrandt (1892).

Division **Kc. — Dessin et peinture en tant qu'enseignement.**

Kc 1. Recueil provenant de l'abbé de Marolles et ayant gardé son ancienne reliure. Il contient des modèles de dessin par divers artistes antérieurement à 1660, Jean Cousin entre autres.

En voici le détail : Figures diverses d'anatomie. Regole per imparar a disegnar di Giacomo Palma (fol. 14). Tyrocinia artis pictoriæ... a Joanne Gellée (fol. 39). Esemplare... del disegno per... Antonio Lignani (fol. 42). Fundamentales regulæ artis pictoriæ... (fol. 57). Livre de portraiture par J.-F. Barbieri 1642 (fol. 67). Livre de portraiture, assemblée de plusieurs bons auteurs (fol. 89). Teste usate da nobilissime dame in diverse cittadi d'Italia par G. Guerra (fol. 98). Manières diverses de voyager à dos d'hommes (fol. 102). Éléments de portraiture par St-Igny (fol. 105). Autres par le même (fol. 107). Libro nuovo de dissegnore par Valleze (fol. 111). Livre original de la portraiture, tiré de F. Bologne, par L. Ferdinand (1644) (fol. 113). Diverses pièces par Palma. Livre de portraiture de Jean Cousin. Édit de 1642 (fol. 135).

— 2 à 2 b. Livre de portraiture par Jean Cousin (Trois éditions). Celle de 1595 porte la cote ★Kc 2 et est en réserve. Autres édit, de 1642 et de 1666. — 3. De la proportion du corps humain par Albert Dürer (1613). — 4. Livre de portraiture de F. Barbieri (voir Kc 1). — 5. Proportions du corps humain par de Rinmon. — 6. Proportions du corps humain par Audran (1683). — 7. Livre de portraiture par A. Carrache. — 8. Anatomie canonique ou le canon de Polyclète, retrouvé par Fock, (Utrecht 1865). — 8 a et 8 b. Polyclète par Schadow (1834). — 8 c et 8 d. Physionomies nationales par Schadow (1835). — 9. Proportions du corps humain par J. de Wit (1747). — 10. Principes de dessin pour la figure. — 11. Livre à dessiner de Blomaert. — 12. Livre à dessiner sans maître par Abr. Bosse (1737). — 13. Livret d'artiste par Jost Amman (1599). — 14. Principes de dessin réunis en recueil. — 15 et 15 a. Traité de la peinture par Léonard de Vinci (Éditions Italienne et Française). — 16 à 16 a. Le grand livre des peintres de Gérard de Lairesse (1787). — 16 b. Traité de peinture par Piazzetta (1760). — 16 c. Régénération de la peinture à fresque par Borromée (1862). — 17. Méthode de dessin par Lequeu, sous le titre de « Nouvelle méthode appliquée aux principes élémentaires de dessin, tendant à perfectionner graphiquement le tracé de la tête de l'homme au moyen de figures géométriques ».

Ce manuscrit provient de ce même J.-J. Lequeu, architecte dont il a été question déjà, notamment, dans la série Ha, volumes 80 à 80 c.

— 18. Règles de dessin par Bosio (an IX). — 19. Éléments de dessin par L. David (1798). — 20. Méthode pour apprendre à dessiner les Passions (1702). — 21. Des Passions par Lebrun (1727). — 21 a. Les Passions par T. Bobbin (1810). — 22. Cours complet de dessin, recueil factice. — 23 à 25. Principes de dessin divers. — 26. Principes de dessin par L. Chéry. — 27. Idem par Bourgeois. — 28. Cours de dessin par Lemire et Granger. — 29. Idem par Chatillon. — 30. Idem par Julien. — 31. Études par Pierre Lacour (1836). — 32. Cours de dessin par Carrière. — 33 à 36. Recueil factice contenant divers principes de dessin. — 36 a. Petits principes de dessin gravés au burin. — 37. Cours élémentaire de dessin par Etex (1853). — 38. Principes de dessin d'imitation par Lebealle. — 39. Méthode de dessin par Vigneron. — 40. Autre par Alberti. — 41. Cours de dessin sans maître par Mad. Cavé (1851). — 41 a. Le dessin et l'aquarelle sans maître, par Mad. Cavé (1851). — 42. Principes de dessin par Trezel (1844). — 43. Figures académiques, recueil factice. — 43 a. Figures photographiques d'après nature par Vallou de Villeneuve. vers 1855. — 44. Recueil d'académies et études diverses. — 45. Livre à dessiner, gravé d'ap. Raphaël par Mlle Le Hay (1706). — 46 et 46 a. Recueil d'études par Fidanza (1785). — 47. Principes de dessin par Volpato et Morghen (1786). — 48. Principes de dessin par C. M. Metz (1812). — 49 et 50. Recueil de têtes d'étude. — 51. Têtes d'étude d'après l'Ossian de Girodet (1822). — 52. Recueil de têtes d'étude. — 53 à 61. Recueil de têtes de fantaisie lithographiées. — 62 et 62 a. Recueil de têtes de fantaisie par divers artistes. — 63. Recueil de têtes de fantaisie : hommes. — 64 à 64 b. Recueil de têtes de fantaisie : femmes. — 65. Recueil de têtes de femmes. — 66. Recueil de têtes de fantaisie, les Sens, les Saisons. — 66 a à 66 e. Recueil de têtes et figures d'étude classées par noms d'auteurs (grand format).

La plupart des recueils que nous venons d'énumérer sont composés de ces lithographies aux deux crayons dont Julien est dit le *Raphaël* dans un article.

— 67 à 67 e. Recueil identique, mais de format moindre. — 67 f. Enseignement primaire du dessin par Ris-Paquot. — 67 g. La leçon de dessin (carnet du maître) par P. Lesserat (1889). — 68. Scènes champêtres par Hipp. Lecomte. — 69. Album des jeunes demoiselles (1842). — 70. L'homme, son esprit, ses goûts et ses habitudes par J.-J. Gérard dit Granville (1842). — 71. Le Roqueplan des artistes (1836). — 72. Voyage pittoresque à travers le monde par Saint-Aulaire (1843). — 73. Album Roulliet (1842). — 74. Croquis par V. Adam et autres. — 75. Passe temps par V. Adam. — 76. Les mille et un croquis par Lassalle, V. Adam, et autres. — 77 à 77 a. Croquis lithogr. par divers. — 78 et 78 a. Le cheval, études sur les allures et l'extérieur du cheval par E. Duhousset, 1874 et 1881.

Le colonel Duhousset est un des promoteurs du mouvement d'études rationnelles concernant le cheval. L'américain Muybridge a apporté dans la question les résultats mathématiques obtenus par la photographie. Ce dernier a joint l'homme et quelques animaux au cheval. Les artistes auront grand intérêt à consulter les albums ci-après K c 81 à 84.

— 79. Notice sur les chevaux orientaux par Duhousset (1863). — 80. Croquis d'animaux par Renouard (1881). — 81. Allures des animaux, photographies exécutées instantanément sur nature par Muybridge (1881). — 82 à 84. Animal locomotion by Ed. Muybridge (1872-85). Les planches sont dans 83 et 84. — 85. Paysages par Van de Velde. — 86. Paysages par Jean Van de Velde. — 87. Études de paysages par de Paroy. — 88. Idem, par Jaccottet, Leborne, Deshayes. — 89. Id. par J.-B. Coste et Marchand. — 90. Id. par Marchand. — 91. Id. par Pillement fils. — 92. Recueil d'études choisies et vues pittoresques par Couché. — 93. Études d'arbres par Bertin (1821). — 94. Principes de dessin d'apres nature par Weibel (1805). — 95. Études d'arbres par C. Bourgeois (1819-1820). — 96. Paysage par Godefroy. — 97. Études de paysage par divers. — 98. Paysage par Bourgeois. — 99. Principes de feuillé par Deshayes. — 100 à 125. Recueils divers et principes de paysages, dont voici sommairement l'indication volume par volume (lithographies).

— 100. Par Langlade. — 101 à 102. Recueils divers. — 103. Par Jacottet. — 104. Par Duplat. — 105. Par David Cox (Young artist's companion (1825). — 106. Arbres par Vasserot et autres. — 107. Paysage par Thénot. — 108. Règles du paysage. — 109 et 109 a. Études par divers. — 110. Par Villeneuve (1837). — 110 a. Le même (1841). — 111. Par Rémond. — 112. Par divers. — 113. Par Midy. — 114. Par divers. — 115 à 117 a. Par Champin. — 118. Par Calame. — 119. Par Boisseau. — 120. Par Lefranc. — 121. Par Hubert et autres. — 122 à 124. Paysages classés par noms d'auteurs. — 125. Dessins de paysage par Guiot et Pillet (1889).

— 126 à 130 (non employés). — 131 à 132 a. Éléments de dessin linéaire par Tripon, Tudot (1841). — 133. Id. par Logerot. — 134. Par le Fr. Arcadius (1849). — 135. Par Leborne. — 136. Cours de dessin linéaire par Alexis Noël (1838). — 137. Cours publiés par Louis Perrin (1835). — 138. Par Auguste Legrand. — 139. Dessin linéaire pour les arts industriels par J. Carrère (1850). — 140. Cahiers de dessin linéaire et d'arpentage par G. Cochet (1862). — 141. Dessin linéaire appliqué à la mécanique par Carrère et Demeule (1859). — 142 à 142 a. Dessin linéaire par divers, entre autres Louis Delaistre et Bouillon. — 143 à 143 a. Règles de dessin et de lavis par Buchotte (1743-1754). — 144. Id. par de

La Gardette (1803). — 145. Cours de lavis par Robinet aîné (1842). — 146. Recueil d'études de lavis. — 147. Principes de lavis et aquarelles par Coste, Marchand, (1883). — 148. Id. par Dècle. — 148 a et 148 b. Traité d'aquarelle par Girard (2 vol.). Les planches sont dans le volume. 149. Album d'études de coloris (1824). — 1150 et 150 a. Cours de dessin industriel par Barqui. — 151. Cours de dessin industriel par G. Martin. — 152 à 154 (non employés). — 155. Études d'animaux de chasse par Schleich. — 156. Animaux par Laurens (1865). — 157. Principes de dessin, fleurs (1842). — 158. Cours de fleurs par Boussenot. — 158a. Fleurs et fruits par Chabal-Dussurgey. — 159. Etudes de paysages par L. Mardy (1843). — 160. Pièces gravées à l'eau-forte par Charlet (1841). — 161. Art de dessiner sur pierre par Hullmandel. — 162. Certificats artistiques impromptus, au crayon (1852). — 163. Études de topographie par Malo aîné (1828). — 164 et 164 a. Pièces sur les Arts. 2 vol. en reliure mobile.

<blockquote>
Ce recueil est factice. Le premier volume contient des pièces sur l'invention de la peinture, le dessin, la peinture, la sculpture, la gravure et l'impression, par des artistes de diverses époques, depuis le XVI° jusqu'au XIX° siècles. La réunion de ces estampes forme un ensemble intéressant ; on y a joint les photographies exécutées par Bernard d'après quelques artistes modernes, classés par liste alphabétique. — 164 a. Le deuxième volume renferme des allégories sur les arts ou les artistes, des pièces satiriques, des vues des expositions et des estampes sur le commerce des objets d'art. Quelques-unes des pièces satiriques sont annotées, entre autres celle concernant la Danaé de Girodet dirigée contre Mlle Lange (gravure détruite depuis), celle sur les peintres de l'école de David chassant le rococo du XVIII° siècle, (une des premières lithographies parues en 1816 chez Lasteyrie), les amateurs de plafonds (attribué faussement à Debucourt). Pièces sur les expositions de peinture, de 1699 à nos jours, en France et à l'étranger. Pièces sur les ventes de tableaux; devantures de marchands, intérieurs, etc., etc.
</blockquote>

Division **Kd. — Danse et Musique.**

Kd 1. Partition de l'opéra de Cadmus et Hermione par Lully, 1674. (Édit. 1719). — 2. Partition manuscrite de l'opéra d'Alcide. — 3. Tragédie d'Atys mise en musique par Lully, 1669. Ces trois volumes proviennent de la Bibliothèque de Choisy-le-Roy dont ils portent la reliure. — 4. Romances par la duchesse de St-Leu (la reine Hortense) Londres 1832. — 5.

El noble arte de danzar à la frances y a española (70 figures) à Madrid, Paul Minguet. — 6. Calliope, ou harmonie anglaise (1739) curieux petit livre renfermant une scène à chaque page. — 7. Journal général d'annonces des œuvres de musique, 1re année (1826). — 8. Instruments de musique, catal. de la maison Goutrot (1867).

Division **K e**. — **Manège et Chasse.**

K e 1. Recueil provenant de l'abbé de Marolles et ayant conservé son ancienne reliure. Il renferme des rois et princes à cheval d'après divers artistes antérieurs au milieu du XVIIIe s.

Voici le détail du recueil : Louis XIV à cheval en 1660 environ par Montcornet (fol. 1). Guerriers antiques gravés en Italie aux XVIe et XVIIe siècles (fol. 3 à 20). Triomphe d'un empereur (fol. 21). Trois portraits d'Henri IV à cheval et un de Louis XIII (fol. 22). Trois portraits de Louis XIII à cheval et un du jeune duc d'Enghien, prince de Condé (fol. 23). Henri IV en 1609 par Léonard Gaultier (fol. 24). Le même, d'après A. Caron, gravé par Gilb. de Venne (fol. 25). Louis XIV enfant tenant un faucon publ. par Huart (fol. 26). Louis XIII avec un combat au fond, gravé par J. Callot (fol. 27). Autre (fol. 28). Le même après le siège de La Rochelle (fol. 29). Le même publié par Visscher (fol. 30). Le même par Montcornet (fol. 31). Le même à la chasse, pub. par J. Falck (fol. 32). La reine à la chasse par F. David (fol. 33). Louis XIV et son frère enfants, par Richer (fol. 34-35). Louis XIII à la chasse par Jérome David (fol. 36). La reine (fol. 37). Charles Ier d'Angleterre et sa femme Henriette en petit costume de chasse (fol. 38-39). Philippe, frère de Louis XIV (fol. 40). Le prince de Condé en grand harnais de guerre par W. Altzenbach (fol. 41). Henri prince de Condé (fol. 42). Le prince de Condé en harnais de guerre par Grégoire Huret (fol. 43). Louis de Bourbon, comte de Soissons (fol. 44). Le prince de Condé par Van Lochom (fol. 45) et divers seigneurs, parmi lesquels la Mothe Houdancourt, le comte d'Harcourt, le duc de Beaufort (fol. 48), le duc de Lorraine, le duc de Biron, le décapité, en 1602 par P. de la Houve (fol. 50). Le duc de la Vallette, le maréchal de La Force (fol. 52). Le maréchal de Châtillon (fol. 53). Frédéric, comte palatin, et le roi de Hongrie, le duc de Mercœur, lord Craven, l'archiduc Ferdinand d'Autriche, Turenne, publié chez Van Merlen (fol. 56). Un prince allemand; Ambroise Spinola, le comte de Phalsbourg, Leopold depuis empereur par E. Kysel (fol. 59). Suite des rois des Romains et des Électeurs de l'Empire (fol. 60 à 61). Ferdinand II, les électeurs, etc. gouverneurs des Pays-Bas, publié par Piscator en 1639 (fol. 82 à 86). Spinola, les rois de Pologne (fol. 87). Ladislas roi de Pologne par Guil. Hondius en 1648 (fol. 88). Christiern roi de Danemark par Rombout (fol. 89). Gustave-Adolphe, chez Montcornet (fol. 90). Ferdinand d'Autriche (fol. 91). Sigismond Battory (fol. 92). Octave Farnèse par Bertelli (fol. 94). Jean Baninier, général suédois, Jean de Weert (fol. 97). Gustave-Adolphe, Ambroise Spinola (fol. 99). Charles-Gustave roi de Suède (fol. 102). Le prince d'Orange au siège de Bois-le-Duc par J. Sarragon (fol. 104). Louis de Moncade, Bernard de Saxe-Weimar, le prince Léonard, neuf princes et généraux dont Franz de Sickingen, Spinola Charles Ier, le comte Robert Devereux comte d'Essex (fol. 114.) Antonio d'Avalos (fol. 111). Cromwell par Kysel (fol. 112). Quelques pièces rarissimes ont été portées à l'œuvre des artistes.

— 2. Equile Joannis Austriaci. Haras de Don Juan. Édit. du XVIe s. — 3. Recueil contenant le livre intitulé : Equile Joannis Austriæ. Haras de don Juan d'Autriche dessiné par Stradan et gravé par Philippe Galle. Études sur les races du XVIe siècle. A la suite se trouve *Panoplia* par Th. Galle.

Cet album contient des trophées d'armes du XVIe siècle et autres trophées musicaux, champêtres, trophées d'arts et métiers, etc.

— 5. Recueil aux armes royales portant comme titre : « Marques de chevaux et mors de bride ». Dessins originaux lavés de bleu.

Ce manuscrit provient d'une Bibliothèque des maisons royales saisie à la Révolution. La première partie (fol. 1 à 40) contient les marques appliquées à chaud sur les chevaux au XVIe siècle. La marque du fol. 40 doit être celle des chevaux du roi François. A partir du fol. 41 jusqu'au fol. 172, collection de toutes les variétés de formes de mors de bride et de gourmettes usitées aux XVIe et XVIIe siècles. (On peut voir une de ces marques sur la cuisse d'un cheval peint par Ercole Grandi dans un tableau de St-Georges, aujourd'hui conservé à la galerie Corsini à Rome).

— 5. Mors de chevaux et brides. 186 dessins manuscrits du XVIe siècle. Recueil ayant conservé sa reliure d'origine. — 6. Libro de marchi de cavalli. Marques principales employées par les grands seigneurs italiens à la fin du XVIe siècle pour marquer leurs chevaux (1588). (Exemplaire ayant appartenu à Ballesdens et donné aux Estampes en 1755 par l'abbé Baudot). — 7. Manège royal par Pluvinel (1623). — 8. Manière de dresser les chevaux par Newcastle (1658). — 9. Exercice de l'homme à cheval par de Gheyn. (Exemplaire colorié relié aux armes de Louis XIII). — 10. Ecole de cavalerie par La Guérinière (1733). — 11. Ecole de cavalerie par Van Blaremberghe. — 12. Le parfait cavalier, par Jean Jourdain (1655). — 13. Hist. de l'équitation par Aubry (1833). — 14. Leçons d'équitation. Livre allemand du XVIIe siècle. — 15. Attitudes de cavalerie et d'infanterie par Parrocel. — 16. Art de monter à cheval par d'Eisenberg (1733). — 16 a. École de cavalerie de Saumur. — 16 b. École du cavalier par Picard et Bouchard (1894). — 17. Études de chevaux par Carle Vernet. — 18 g, à 18 g. Recueil d'hippiatrique.

Voici le détail : 18. Haras. — 18 a. Races diverses de chevaux. — 18 b. Chevaux célèbres. — 18 c. Manège. — 18 d. Services divers. — 18 e. Courses. — 18 f. Voltige. — 18 g. Macédoine.

— 19 à 21. Le Tour du Bois. Photographies instantanées d'après nature par Delton (1882-1885). — 22. Chasses et combats de bêtes féroces par Stradan et Philippe Galle. — 23. Chasses anciennes par Ch. Aubry (1837). — 24. La Saint-Hubert par Ph. Ledieu (1842). — 25. Chasses et amusements nationaux de la Grande-Bretagne par H. Alken (1821). — 26. Les plaisirs de la chasse par Susemihl (1820). — 27. Recueil de chasses. — 28. Chasses diverses par Tempesta. — 29 à 29 d. Recueil de chasses.

La plupart des pièces composant ces recueils sont des lithographies du milieu de ce siècle. En voici le détail : — 29. Accessoires de chasse. — 29 a. Chasses à tir. — 29 b. Chasses diverses. — 29 c. Accidents et caricatures. — 29 d. Animaux étrangers.

— 30. Recueil de chiens de chasse d'après Newton Fielding (1828). — 31. Album de la chasse illustrée. — 32. Livre de chasse par J. A. M. S. (1887). — 33. La Chasse à Courre, charges par Crafty.

Nota. — *Indépendamment de ces Recueils sur la chasse on pourra demander dans les œuvres des peintres : Carle Vernet, Duval Le Camus, Grenier, O. de Penne, etc.*

Division **Kf**. — **Escrime et maniement des armes.**

Kf 1. Livre d'escrime par Talhofer 1467 publié à Prague en 1887. (Escrime allemande du XVe siècle.) — 1 +- Académie de l'épée par Thibault. (Anvers 1628.) — 2. Principes de l'épée par le sieur de La Touche (1670). — 3. Exercices de l'épée par André Wernesson, sieur de Lyancourt (1686). — 4. L'art de l'escrime par Vaxcillere, gravé par Taraval. — 5. Théorie sur l'escrime à cheval par Al. Muller (1816). — Escrime à la bayonnette par Auguste Raffet. — 6 a. * Escrime à la bayonnette par Raffet. Dessins originaux en réserve. (Voir ci-devant l'œuvre d'A. Raffet D c 189 à 189 u.)

Nota. — *Les Tournois et autres combats du même genre ont été classés dans la série P.*

Division **Kg**. — **Courses, luttes, natation, paume, billard, etc.**

Kg 1. Dialogue d'A. Tuccaro sur la gymnastique (1616). — 2. Recueils de combats d'animaux. — 3. Luttes diverses par Fabien d'Auerswald, 1539, publié en 1887. — 4. Jeux populaires dans le Nord, (1893).

Division **Kh**. — **Jeux d'échecs, de dés, de cartes, de hasard.**

Kh 1. Jeux de l'enfance par J Stella, gravés par Claudine Stella (1647).

A propos de ces jeux on pourra consulter les images publiées par Jean Leclerc et faisant partie du vol. cité ci-devant E a 79.

— 2 et 2 a. Jeux d'enfants. Petits garçons et petites filles. — 3. Jeux d'enfants par E. Forest. — 4 et 4 a. Récréation de l'enfance, dédié aux petits garçons et aux petites filles. — 5. Jeu de circonstance ou représentatif.

Jeu inventé sous la Restauration. Les cartes représentent les diverses fonctions législatives de l'Etat français depuis les ministres jusqu'aux députés (droite, centre, gauche).

— 6 Jeu dit de la pantomime. (Arlequin de la Restauration.) — 7. Jeu de la bataille, 1820. (En dépit de la date les petits soldats sont ceux de l'Empire.) — 8. Jeu de la Tour de Babel. (Divers costumes des nations vers 1820.) — 9. Nouvel Eteila ou le petit nécromancien. (Jeu du Consulat.) — 10. Devin des âges (ou moyen de savoir l'âge des personnes présentes). — 11. Nouvelles énigmes en figures et en paysages (Paris 1813). Jeu de combinaisons avec triangles de bois. — 12. Leçons de grammaire. (Jeu pédagogique de 1840 environ.) — 13. Langage des fleurs. (Suite de fleurs gravées et enluminées.) — 14. Fleurs sur cartes. — 15. Le casse-tête russe (1815). Combinaisons pour triangles de bois. — 16. L'architecture amusante ou suite des métamorphoses géométriques par Allizeau (1818). Jeu de construction diverses. (On a réuni quatre albums sous ce numéro.) — 17. Casse-tête chinois. (3 petits albums.) — 18. Casse-tête chinois par A. Paulowicz (1843). — La maison des jeux académiques (Paris 1665). — 20 à 23. (Non employés.) — 24 *. Jeu de cartes dit de Charles VI.

Ces cartes ont donné lieu à une quantité de travaux de critique ; elles paraissent être de la fin du XVe siècle et le titre que nous leur conservons est de pure convention.

— 24 a. Cartes à jouer du cabinet de Dresde par Max Lehrs (1885). — 25. * Cartes à jouer du maître de 1466. — 26. * Cartes italiennes attribuées à B. Baldini. — 27. * Copies anciennes des précédentes. — 28 et 28 a. Copies par J. Ladenspelder. — 28 b. Jeu de cartes, tarots et cartes numérales. (Publication de la Société des Bibliophiles, 1844.) — 28 c. Jeu de tarots italiens (1491). — 28 d. Cartes à jouer par Lady Schreiber, Tome I, cartes anglaises (1892). — 29. * Logica memorativa chartiludium logice (1509). — 30. * Anciennes cartes à jouer. — 31. * Cartes numérales rondes par T. W. — 32. Explication des sorts par Fr. Marcoline (1550). — 32 a. Jeux de cartes dits des Rois de France par Etienne La Belle (Stefano della Bella XVIIe s.). — 32 b. Jeu de cartes gravé en 1696. (Munich 1881). — 33. Nouvelles cartes de la constitution Unigenitus 1720. — 34 à 34 c. Recueil de cartes à jouer.

Ce recueil renferme une collection un peu mélangée de cartes de toutes les époques. En voici un aperçu sommaire. — 34. Cartes dessinées du XVIe siècle ; Fragments de cartes du commencement du XVIe siècle ; divers échantillons du XVIe s. ; Jeu de Tarot fait à Paris et copié sur un tarot du XVIe s. ; Tarot della Torre à Bologne ; Tarot par Jacques Vieuil ; Tarot de Vergnano de Turin, avec une note de M. Sterlin ; Cartes de Jean Bernard portant les armes d'Espagne ; Tarot de Jean Noblet à Paris ; Tarot différent des précédents ; Tarot fabriqué par Jerger à Besançon (En dépit de la note mise en tête et due à Vinck d'Orp, ces tarots sont du milieu de notre siècle, et Jerger vivait quand ses cartes ont été déposées). Tarots divers ; un Jeu fait à Milan par Teodoro Dotti. — 34 a. Cartes anglaises publiées par R. Ackermann vers 1820 ; Cartes de grands hommes français ; As de trèfle fleurdelisé gravé par Gatteaux ; le Nain Jaune ; Tarot par Jean Valay ; Tarot par Jean Hemau à Epinal ; Tarot par J. Roulieu ; Papier à envelopper les jeux de cartes de Edme Délepine à Rouen ; Cartes espagnoles par Fechas à Madrid ; id. par Infirera 1693 ; Cartes russes 1859 ; Tarot italien (Turin) ; Cartes espagnoles fabriquées à Paris 1810 ? ; Espagnoles de Barcelone 1815 ; Cartes françaises de Dambrin 1810 ; Cartes françaises vers 1830 ; Cartes russes 1830 ; Cartes républicaines par Gayant ; Tarot des éléments ; cartes républicaines (par La Chapelle) ; Tarot de J. Minot ; autres Cartes républicaines ; Cartes des métiers champêtres ; Cartes dessinées par N. Gatteaux en 1811. — 34 b. Cartes de Bavière commencement du XVIIIe s. Cartes allemandes diverses XVIIIe et XIXe s. ; Cartes de 1511 aux armes de Saxe ; divers fragments de Cartes allemandes du XVIe siècle ; Cartes en satin broché de Panichi à Florence ; Cartes du temps de Henri IV, fort curieuses pour les costumes, par Robert Passerel ; Cartes de Louis XIII par Fr. Delettre en 1661 ; Cartes diverses de P. Leroux, P. de Troyes, Julien Rosnet, J. Valay, Cl. Astier, Goyrand, Le Cornu, Dubois, Dav. Dubois, etc.

Cartes tarots minuscules ; Cartes 1848 ; Cartes caricatures ; Cartes de Gravelines. — 34 c. Cartes de Troyes 1714 ; feuilles entières non enluminées ; Cartes d'Aix 1788 ; Cartes d'Avignon ; Cartes satiriques du XVII° s., gravées sur bois ; Cartes sur les dessins de David ; Tarots persans ; Cartes chinoises ; Cartes par Brille à Paris ; Cartes avec privilège de 1644 ; Jeu de cartes de la noblesse anglaise ; Jeu de cartes des puissances. — 34 d. Cartes diverses.

Nota. — *Indépendamment de ces sources, on pourra consulter les suppléments non reliés de la série K, qui renferment une certaine quantité de cartes modernes.*

— 35. Cartes républicaines 1848. — 36. Domino chinois, chez Arnaud 1821. — 37. Jeu de cartes arithmétique. — 38. Cartes abécédaires. — 39. Cartes musicales par Berton. — 40. Jeu de mosaïque humaine. — 41. Tableaux par morceaux et scènes de mœurs de la Restauration. — 42. Polyorama par M. Clark. — 43. Paysages par morceaux. — 44. Album magique par Henriot 1889.

Nota. — *Toute la série K est très amplement représentée dans les suppléments non reliés ; la partie des Jeux emploie plusieurs cartons spéciaux, jeu d'oie, jeu de cartes, jeux divers. Il sera bon de se renseigner auprès des bibliothécaires avant de formuler une demande.*

INDUSTRIE.

Série L.

La série L comprend les ouvrages spéciaux et les recueils factices sur les arts et métiers, ou ayant rapport à l'industrie, au commerce, à l'agriculture, en général. Cette série est une des plus riches tant par le nombre d'ouvrages que par la multitude de dessins originaux qu'elle renferme. Quelques-uns de ces dessins sont mentionnés dans l'ouvrage de Guilmard : *Les Maîtres Ornemanistes* (Paris, Plon, 1880, in-8°).

La série L se subdivise ainsi :

La. Arts et métiers de l'ancienne Académie.
Lb. Agriculture, économie, commerce.
Lc. Arts et métiers divers (coiffure, pâtisserie, tailleurs).
Ld. Arts et métiers du bois.
Le. Arts et métiers du métal.
Lf. Céramique.
Lh. Tissus.
Li. Papier.

Division **La.** — **Arts et métiers de l'ancienne académie.**

La 1 à **La** 85. Suite de 85 volumes tous de mêmes dimensions, et publiés à la même époque, de 1760 à 1780 environ, donnant des détails techniques sur les industries ou les arts dont les noms suivent. Ces ouvrages sont ornés de figures en taille-douce, et le texte est écrit par des membres de l'Académie des Sciences. Voici la liste alphabétique des métiers représentés : Amidonniers, ardoisiers, boulangers, bourreliers, brodeurs, cartiers, cartonniers, chamoiseurs, chandeliers, chapeliers, charbonniers, charbon de terre (industrie des mines, 3 vol.), chaufourniers, ciriers, colles, cordonniers, corroyeurs, coton (velours de), coutelliers (3 vol.), coutelliers communs, couvreurs, cuirs dorés, distillateurs d'eaux-fortes, distillateurs liquoristes, drapiers, épingliers, forges et hauts-fourneaux, fil d'archal, hongroyeurs, indigotiers, instruments d'astronomie, *id.* de mathématiques, étoffes de laine, ratineurs, laiton, lingères, maroquiniers, mégissiers, menuisiers, (par Roubo, 2 vol.), carrossiers, ébénistes (2 vol.), treillageurs, facteurs d'orgues (3 vol.), papetiers, peaussiers, raquettiers, perruquiers. Pêches diverses (mer et eau douce, 5 vol.), pipes, plombiers, porcelaine, potiers de terre, relieurs doreurs de livres, savonniers, serruriers, soie (fabrique de la soie, 6 vol.) teinturiers en soie, sucre, tailleurs d'habits, tanneurs, tapissiers, tonneliers, tourneurs, tuiliers, briquetiers, vaisseaux (construction et mature). Peinture sur verre.

— 86. L'art de la verrerie par Gerspach. — 87. Vitrerie d'appartement par H. Carot (1886).

Division **Lb.** — **Agriculture, économie, commerce.**

Lb 1. Economie rurale, machines et instruments par Le Blanc. — 2. Instruments aratoires. — 3. Recueil d'actions de diverses tontines, au commencement du XVIIIe siècle. Parchemins originaux, signés des obligataires. — 4. Timbres divers gravés par Gatteaux père. — 5. Chèques de paiement du trésorier-général du duc d'Orléans sous la Restauration. — 6. Album de timbres-postes (1887). — 7. Album-guide de timbres-poste 1888). — 8. Album de poche de timbres-poste. — 9. Album illustré de timbres-poste.

Division **Lc**. — **Arts et métiers divers (coiffure, pâtisserie, tailleurs, etc.)**

Lc 1. De omnibus artibus par Jost Amman.

Curieux recueil gravé dans la seconde moitié du XVIe siècle et renfermant les représentations de tous les arts et métiers figurés par les praticiens de chacun d'eux. (Voir ci-après M d 43-48).

— 2. **Figure des arts et métiers par Sandrart.** — 3. **Arts et métiers divers par A.-J. Harlem (1695).** — 3 a et 3 b. **Application de la figure humaine à l'industrie par Carrier-Belleuse (2 vol).** — 4. **Dessins servant à plusieurs usages, Paris, publ. par Bresson.** — 5. **Recueil de divers motifs pour fabriques par Fleury et Chavant.** — 6. **L'encyclopédie perruquière par Beaumont, coiffeur, (1757).** — 7 et 7 a. **L'art de la coiffure par Legros, et supplément, (1768).** — 8. **Coiffures des dames par Depain, 1780.** — 8 a. **Histoire de la coiffure (1892.)** — 9. **Le dessinateur en cheveux (1840).** —10 et 10 a. **Album illustré de dessins en cheveux par J. Marcellin (1888).** — 11. **Dessins et bijoux en cheveux par Charleux.** — 12. **Recueil d'éventails.**

Ce recueil renferme un certain nombre d'éventails populaires gravés au XVIIIe siècle et conservés par le maréchal de Richelieu. Eventail dit de Don Quichotte, août 1733. Ev. à l'*allure* (2 ex. dont un avec son revers). Ev. à la Coquette (2 ex.) Ev. du Roman comique ; év. espagnol de1735 ; év. divers sur Don Carlos (1735), sièges, batailles, entrée à Naples ; év. dit du roi boit ; autre év. Don Quichotte ; Mariage du duc de Lorraine et de l'archiduchesse d'Autriche ; év. La Coquette par Watteau ; Divers éventails de mœurs de la Régence et du règne de Louis XV. (*Plusieurs éventails de ce genre se rencontrent dans la collection de l'Histoire de France Q b ci-après aux années 1680 à 1780*).

— 12 a. **Collection d'éventails anciens des XVIIe et XVIIIe siècles par S. Buissot, (1890).** — 13 à 13 g. **Recueil d'éventails de la Révolution et de l'Empire (An III-1812).**

Toutes les pièces contenues dans ces recueils proviennent du dépôt légal ; les éventails furent sous la Révolution et le Directoire les seuls objets régulièrement déposés par les éditeurs, afin de se créer un droit à poursuivre les imitateurs. Certaines de ces pièces sont intéressantes pour l'histoire des mœurs. Nous signalerons notamment les éventails ayant rapport au percement de l'isthme de Panama, à la descente projetée en Angleterre par Napoléon, etc., etc.

— 14. **Eventails de la fin du XVIIIe siècle.**

Pour cette période consulter aussi le recueil A d 48-49, où se trouvent des éventails révolutionnaires.

— 15. Pêche du hareng. — 16. Recueil sur la pêche. — 16 +
Album d'ustensiles de pêche (1893). — 16 a. La méthode de
découper les alouettes. — 17. Le pâtissier pittoresque par
Carême (1815). — 17 a. L'art du tailleur géométrique par
Compaing (1828). — 17 b. Le professeur de coupe par Grillot
père (1843). — 18. Le « Tailleur », carnet de mesures (1868).
— 19 et 20. L'art industriel au X1X^e siécle par Digby Wyatt
(1851). — 21 à 21 b. Chefs-d'œuvre de l'art industriel par
Waring (1862-1863). — 22. Album des chemins de fer par
Germain Cornet (1853). — 23. Ouvrages d'art du chemin de
fer de l'Est (1860). — 23 a. Chemin de fer de Montauban à
Brives (1883). — 24. Album de locomotives et de tenders du
chemin de fer du Nord (Amiens 1866). — 25. Album du
touriste, indicateur de la navigation (1874). — 26. Album de
l'hôtel Continental (1878). — 27. Album de l'industrie parisienne
(1884). — 28. Fabrique d'outils pour les arts et métiers (1881).
— 28 a. Manufacture de fourneaux de la maison Briffault (1892).
— 29. Essieux et fournitures pour la carrosserie (1885).
— 30. Appareils pour le gaz et pour l'électricité (1888). — 31.
Bronzes pour l'éclairage par l'électricité (1888). — 32. Appareils
d'éclairage par l'électricité (1888). — 33 Télégraphie; catalogue
illustré (1893).

Division Ld. — Arts du bois.

Ld 1. Modèles de menuiserie parisienne en 1825.

(Livre donnant des renseignements sur la menuiserie appliquée aux intérieurs de maisons et d'églises.)

— 2. Modèles pour la menuiserie en bâtiments par Ed. Krug
(Munich 1843). — 3. Etudes pour la menuiserie (1851). —
4. Menuiserie usuelle par Th. Vacquer (1866). — 5. Manuel de
l'ébéniste par Caron (1835). — 6. Collection de dessins pour
découpeurs et ébénistes par E. Bleschsmidt. — 7. Ebénisterie
par Michel Jansen (1835). — 8. La fabrique rustique par
H. Georgé (1837). — 9. Fauteuils par Pasquier (1843). — 10.
Meubles d'Angleterre. — 11. Le Tour libéral par le P. Plumier,
minime (1698).

Les dessins originaux du P. Plumier donnent des renseignements
très précis sur l'art du tourneur à la fin du XVIIIe siècle, sur l'outillage
et la façon de travailler. Vers le milieu du vol. un livre d'architecture

également dessiné par le P. Plumier, avec texte manuscrit de sa main. A la fin, un cahier de lettres majuscules, et un diplôme mérovingien gravé. Les dessins ont servi au volume suivant dont le titre a été changé.

— 12. L'art de tourner en perfection par le P. Plumier.

Les gravures des vignettes sont de Leclerc. Le livre imprimé à Lyon en 1700 se vend à Paris chez Jean Jombert.

— 12 a. Les arts du bois par A. de Lostalot (1891). — 12 b et 12 c. Menuiserie et ébénisterie (T. I à VI. 1882-87). — 12 d et 12 e. Recueil de menuiserie pratique par Gateuil. — 13. Cartes d'échantillons de jeux et de tabletterie (1847). — 14. Modèles de voitures de la fin du XVIIIe siècle (1776) par Moreau. Suite de 24 pièces en 4 cahiers. Le titre exact porte : Cahier de voitures dessinées par Moreau et gravées par Juillet en 1776. — 15. Dessins de voitures par Duchesne.

20 planches gravées et enluminées, montrant toutes les voitures usitées entre 1804 et 1805 environ. Un texte explicatif précède les planches.

— 16. Dessins de voitures par Testu.

Les dessins originaux de ce recueil sont signés Ant. Carassi, Cul-de-Sac de la Ferme, 6, à Paris, en 1810.

— 17. Voitures anglaises. — 18. Recueil de voitures par Guillon (1851). — 19. Recueil de voitures par Baslez. — 20 et 20 a. Recueil général de carrosses et voitures.

Recueil factice composé de documents de toutes provenances. En voici le détail : — 20. Voiture calèche allemande fin du XVIe s., d'ap. de Bruyn. Voitures italiennes d'Agnelli ; voitures hollandaises XVIIe s. Chars très ornés par P. Valentini ; autres par A. Corneli ; calèche italienne de 1773 (?) ; calèche italienne rocaille d'ap. Piranesi ; dessin d'un carrosse italien ; carrosse de Louis XIV en 1664 par Silvestre ; dessin du XVIIe siècle. Titre d'un recueil de voitures allemandes (1695). Carrosse du roi d'Angleterre en 1698. Voiture de Juana la lloca. Phot. (Nous ne garantissons pas les attributions du phot. de Madrid.) Le même lith. Carrosse hollandais ; voiture rocaille 1717, dessin recueilli par le maréchal de Richelieu. (Cette voiture était inversable). Figures de voitures signées Le Prince ; carrosse d'ambassadeur, faisant partie avec les 2 gravures suivantes d'un cahier publié par François ; l'invention était de Vanerve, et la grav. de Paty. Carrosse de gala de Jean V d'Espagne. (Phot.) 3 planches d'inventions nouvelles contre les accidents. Voitures diverses ; un coche vers 1750. Voiture du sacre en 1775 exécutée par Aubert ; voiture du duc de Bourbon en 1774, dessin original par Bélanger ; croquis de la voiture du sacre ; dessin de la voiture du duc de Bourbon en 1774 par Bélanger ; carrosse de gala de Louis XIV

à Cluny, (Phot.) Idem de Louis XV ; carrosse du sieur de Mailly mis de Neelle, dessin original par Auber. Suite de 30 pièces publiées à Paris chez Poilly et dont les motifs se rapportent aux voitures, aux chaises à porteurs, aux harnais de chevaux vers 1770. Dessin d'une caisse (vers 1780). Eventail montrant le roi d'Espagne en voiture (Charles IV). Quatre voitures des remises royales à Madrid. (Phot.) Premier cahier de carrosses, phaétons, diligences et berlines dans le goût moderne, dessinés par Montelon en 1788 et gravés par Le Campion fils (4 pièces). Nouveau cahier de whouskis, tape-culs et berlines anglaises (4 pièces).
— 20 a. Voiture du roi de Rome, par A. Carassi, Tramblay et Baltzer. Suite de voitures tirées des Meubles et objets de goût de La Mésangère, nos 21, 23, 25, 27, 29, 30, 31, 32, 33, 34, 35, 36, 39, 40, 41, 42, 43 44, 45, 46, 47, 48, 51, 52, 53, 54, 55, 56, 58, 59, 60, 61, 62, 64, 65-73, 95, 103, 141, 164, 165, 167, 192, 200, 207, 222, 225, 228, 251, 252, 267, 288, 305, 325, 326, 339, 375, 376, 395, 418, 423, 427, 437, 449, 453, 465, 473, 478, 488, 498, 500, 522, 524, 584. Voiture du sacre de Charles X, dessin de Duchesne d'ap. Percier ; voiture par Carassi ; voiture sans chevaux ; éventail représentant le boulevard et Longchamps. Voiture de Ferdinand VII. (Phot.) Deux voitures du même. (Phot.) Autre. (Phot.) Voiture du président des Cortès. (Phot.) Voiture des massiers des Cortès ; voiture des noces d'Isabelle II ; voiture de gala de la même ; calèche en blanc avec légende ; malle-poste (1851) de Nantes à Bordeaux, (Lith.) Voitures diverses des messageries, omnibus, fiacres, etc. Voiture de Napoléon III, grand gala ; chaise à porteur de Philippe V d'Espagne. (Phot.) Autre ; autre de Charles III, de Ferdinand VI, de Charles IV ; traîneaux, litières, voitures à voiles ; chariot sur rails an III de la République.

— 21. Moyens de transport. Photographies exécutées par M. Guerrero pour figurer à l'exposition universelle de 1889, sous la direction de M. Bixio.

Ce recueil est fort curieux, il donne des renseignents techniques sur la question, d'après les sources authentiques de la Bibliothèque Nationale et d'ailleurs.

DIVISION Le. — **Arts du métal.**

Le 1. Balustrades par P. Gautier (1685). — 2. Livre de Serrurerie par L. Fordrin. — 3. Livre de serrurerie anglaise à Paris par L. Fordrin. — 4. Serrurerie par L. Fordrin (1723). — 4a. Pièces de serrurerie éditées chez Guérard. — 5. Serrurerie par divers artistes. — 5a et 5a +. Serrurerie par Hefner-Alteneck (1870). — 5b. Modèles de serrures du XVIIe siècle. — 5c. L'art du serrurier de Mathurin Jousse (1874). — 5d. Recueil de serrurerie (grilles, balcons du XVIIIe siècle, publié par Mariette). — 6 et 6a. Serrurerie par Velthem et autres. — 7. Serrurerie par J. Marot, Lepautre et autres. (Voir ci-devant, série Ed, l'œuvre de ces artistes.) — 7a. Modèles choisis de serrurerie (1826). — 8. Ornements de serrurerie gravés en Angleterre. — 9. Nouveau traité de serrurerie par Demont (1851). — 10 à 11b. Guide pratique de serrurerie usuelle par Lavedan (1866-67). — 12. Modèles de grilles par Ed. Hocquart (1827). — 13. Portes et grilles du cimetière du P. Lachaise par Arnaud (1823). — 14. Objets de quincaillerie, etc., de la manufacture de Sheffield (1816). — 14a. Album de quincaillerie par Moynet (1879). — 14b. Porte-mines par Murat (1892). — 15. Quincaillerie en Angleterre. — 16. Recueil de modèles de serrurerie par Blanchard (1851). — 17. Objets de quincaillerie fournis dans les ports de France (1819). — 18. Machines et appareils par Petit-Colin et Chaumont (1817). — 19. Modèles d'ouvrages en bronze de la maison Barbezat (1867). — 20. Album de machines-outils (1867). — 20a. Aciéries et forges de Firminy (1874). — 20b. Machines auxiliaires en usage sur les bâtiments de la flotte par Guillaume (1887). — 20c. Album de divers fers spéciaux de la maison Fould (1889). — 20d. Profils des fers de la maison Zorès (1863). — 21. Album de machines à travailler le bois par Gérard (1866). — 22. Outillage pour atelier de construction de la maison Chouanard. — 22a. Album de couverture et plomberie par Goffignon et Barbas (1878). — 22b. Album de couverture par Bigot-Renaux (1879). — 23. Arquebuserie par Ant. Jacquard. — 24. Arquebuserie par Hollar et autres. — 25. Arquebuserie par Lucas (1829). — 26. L'art dans l'armurerie par Gueyton (1860). — 26a. Travaux de damasquinure indienne par Holbein-Hendley (1892). — 27 et 28. Fonte de la statue de Louis XIV par Boffrand (1743), édit. de Mariette 1768. — 28a. Bronzes de la Renaissance italienne par V. Teirich (1877). — 29. Recueil de bronzes du XVIIIe s. par Forty. — 29a. Dictionnaire des fondeurs par A. de Champeaux. Tome I, A-C (1886). — 30 à 31a. Modèles de pendules et garnitures de cheminées.

<small>Ce recueil contient des dessins originaux dont quelques-uns sont assez habiles et d'autres de la pire médiocrité (1790-1820).</small>

— 32. Promptuarium artis argentariæ par Giardini (1750). — 33. Orfèvrerie par Abraham Drentwett. — 34. Argenterie d'église. — 35. Orfèvrerie de la maison Poussielgue-Rusand (1853). — 36. Orfèvrerie religieuse du Moyen-Age par King (1852). — 37. Orfèvrerie à l'usage des cultes par Viollet Le Duc, grav. par Varin (1850). — 38 à 38c. Orfèvrerie d'église. Recueil factice.

Ce recueil renferme une quantité de dessins originaux exécutés par des artistes anonymes des XVII⁰ et XVIII⁰ s. En voici le détail : — 38. Croix, crucifix, ostensoirs. Photographies de croix très anciennes, X⁰-XV⁰ siècles. Croix émaillée de Ste Colombe, XII⁰ s. Croix du cimetière de Cologne (Gers), calques divers de Revoil, croix d'Orval, dessins d'ostensoirs. — 38 a. Calices, ciboires, patènes, burettes. Plusieurs calices dessinés de 1700 à 1750 environ. — 38 b. Lampes, candélabres, bénitiers. — 38 c. Encensoirs, crosses, objets divers.

— 39. Argenterie vases et vaisselle. Modèles de dessins dont il a été fait un catalogue raisonné et des reproductions dans le volume ci-après. — 39 a. Modèles d'orfèvrerie française, XVII⁰-XVIII⁰ siècles, par H. Bouchot (1889). — 40. Bouquets d'orfèvrerie.

Recueil précieux dont voici le détail : Bouquet par A. Vivot (1624). Livres de feuilles d'orfèvrerie inventé par Gédéon Légaré. Autre recueil par Gédéon Légaré, petits bouquets. Grande pièce de Gédéon Légaré publiée par Langlois. Livre de toutes sortes de feuilles servant à l'orfèvrerie inventées par P. de La Barre, grav. par J. Briot. Bouquets par Laurent Légaré (1625), par Balthasard Lemercier (1625) par J. Van der Werf, Hans Mosbach (1626), Denis Marchant (1628). Livre de toute sorte de feuilles... de l'invention de Jacques Caillart, publié par Jaspar Isac, grav. par J. Briot (6 pièces). Livre de toutes sortes de feuilles... par Pierre Bouquet (1634) ; bouquets par Antoine Hédouin et Michel Van Lochom (1633). Livre de fleurs... par Fr. Le Febvre (1635) .(Le Febvre a copié les Gobbi de Callot au-dessous de ses sujets.) Grand bouquet par Le Febvre avec une vue de Paris. Modèles pour les serruriers (XVIII⁰ s.) Modèles pour les arquebusiers. Toutes ces pièces sont de la plus grande rareté.

— 40 a. Dessins de joaillerie par Aug. et Cl. Duflos. — 41 et 42. Recueil de passements.

Voici le détail de ces deux volumes : Variarum protractionum quas vulgo Maurusias vocant... 1554. Baltazar Sylvius fecit. Publié par Honnervogt. Entrelacs divers de bijouterie (XVI⁰ s.). Gaines, plaques émaillées, lettres ornées. — 42. Entrelacs, grotesques pour broderies, oiseaux et insectes, imitations de J. Callot, animaux, fleurs. « Fogliami diversi novamente posti in luce par Henri Van Schoel. Broderies par Th. Baig de Nuremberg.

— 43. Orfèvrerie ; par Leblond, agent (*sic.*) de la reine de Suède ; par Jean Vauquer.

Ce vol. contient l'orfèvrerie de Leblond, ses arabesques datées de 1655, les œuvres de Vauquer, de H. Janssen, des frontispices de Leblond, un ex-libris très rare de Girard Thibaut par le même, des écussons divers et des armes.

— 44. Etudes d'orfèvrerie.

Boutique d'orfèvre d'Etienne de Laune, oiseaux d'ornements. (Voir Le 10.)

— 45. Orfèvrerie par Théodore de Bry en 1589 (motifs pour bassins, tasses, aiguières, etc.), par H. Janssen, Et. de Laune, etc. — 46. Orfèvrerie par Janssen. — 46 a. Pièces d'orfèvrerie du XVIe siècle, publiées par R. Bergau. — 46 b. Recueil de joaillerie des XVIe et XVIIe siècles. Œuvres de H. Van Bein, Mathias Beitler, Josse du Buisson, H. A., H. R. Guillaume de la Quevellerie, P. F. Paulus Prior, P. S. Corwinianus Sawr, Val. Sezenius 1622. — 47. Recueil de joaillerie.

Diamants vendus au roi par le sieur Tavernier ; suite de 18 pl. gravées par René Boyvin (manque 6 pièces), Joaillerie du maître H. C. Pièces publiées par Adrien de St-Hubert (15 pièces). Joaillerie de Jean Collaert 1581. Livre des ouvrages d'orfèvrerie par Gilles l'Egaré, gravé par Cauquin et Collet. Joaillerie de Morison à Vienne. (Chiffres, poignées d'épée, parures de femme, etc.)

— 47 a. Premier livre de pierreries pour la parure des dames... par Mondon (1750 ?). — 47 b. Les bijoux anciens et modernes par Fontenay (1887). — 48. Bijouterie par D. Mignot (1616), Et. Carteron (1615), Paul Birckenhultz, J. V. Isaïe Van Hulsen (1616). Pièces publiées par Visscher. — 49. Bijouterie par divers.

En tête du vol. Conseils d'un praticien de 1702 aux apprentis bijoutiers et graveurs sur métal (J. Bourg). Pièces de Simon Gribelin 1697, Vauquier, de Poilly, Bourguet, M. W. Essais de gravure par Pierre Bourdon 1703 (tabatières, cannes, etc.). Pièces gravées par Briceau en 1709, par J. Mussard.

— 50. Orfèvrerie et bijouterie par divers. G. du Tielt, Henri Le Roi, Abraham Heckius, L. Roupert (avec son portrait 1668), de Poilly. Livre d'orfèvrerie par P. C. (1672). Orfèvrerie par Ducerceau au XVIIe siècle. — 50 a. *Recueil d'orfèvrerie par R. Boyvin, De Laune et autres. (Réserve.) — 51. Grotesques par Jamnitzer en 1610. Amours grotesques et autres ornements. — 52 à 52 b. Orfèvrerie et bijouterie des XVIe et XVIIe siècles.

Voici le détail de ces volumes. — 52. Pièces par Jierg Arnoldt (1586), Pierre Nolin, Corwinianus Sawr, pièces éditées à Strasbourg en 1596, pièces de Jean Vovert (1598), par Guil. de la Quevellerie (1591), par Crispin de Passe. — 52 a. Pièces par Mathias Beitler (1612), J. Hurtu (1619), J. Toutin à Châteaudun (1619), au fol. 54 une représentation d'un intérieur de cuiseur. Pièces par Valentin Sezenius (1622), par Crispin de Passe. — 52 b. Ce volume renferme des pièces anonymes des XVIe et XVIIe s.

— 53. Bijouterie par J. Androuet Ducerceau. (Voir ci-devant Éd 2 f.) — 54. Éléments d'orfèvrie par Germain (1748). — 54 + et 54 ++. Éléments d'orfèvrerie (1889). 2 vol. — 54 a. Ornements d'orfèvrerie par Germain (1751). — 54 b. Les Germain par Germain Bapst (1887). — 55. Orfèvrerie de table et flambeaux. — 56. Dessins d'orfèvrerie par Alexandre Lefranc. — 56 a. Joaillerie du 1er Empire par J. Vallardi (1812). — 57. Tabatières par J. du Vivier et autres. — 58. * Joyaux du Saint-Empire romain et de la Nation allemande par F. Bock (1864). — 59 et 59 a. Gemmes et joyaux de la Couronne par Jules Jacquemart et Barbet de Jouy (1865). — 59 a + et 59 a ++. Le trésor de la France, photochromies par Léon Vidal. — 59 b. Description du trésor de Guarrazar par F. de Lasteyrie (1860). — 59 c. Les bijoux du musée de Nuremberg par J. Stockbauer (1887). — 60. Orfèvrerie et bijoux de la Renaissance au cabinet de Vienne par J. Arneth (1858). — 60 a. Œuvres les plus remarquables du trésor de l'empereur d'Autriche par Quirin Leitner (1870-1873). — 60 b. Trésor d'Agaune par Ed. Aubert (1872). — 60 c et 60 d. Trésor de la cathédrale d'Esztergom (1880). 2 vol. — 60 d + et 60 d ++. Exposition de Budapest. Reproduction des chefs-d'œuvre exposés. — 60 e. * Trésor de l'église St-Maurice de Halle en 1520. — 60 e +. Reproduction du précédent (1889). — 60 f. Trésor de Wittemberg par L. de Cranach, reproduction (1884). — 60 g. Trésor de Trèves par L. Palustre et X. Barbier de Montault. — 60 h. Le trésor de Chartres par F. de Mély (1886). — 61. Exemple d'art industriel au Moyen-Age par Ph. de La Motte (1851). — 62. Pierres précieuses par Pouget fils (1762). — 62 a. Les diamants de la Couronne. Photographies. — 63 et 63 +. Recueil de reliures diverses X^e-XIXe s. — 63 a. Monuments inédits du cabinet Libri (reliures). — 63 b. Modèles de petits fers pour les relieurs et les gainiers. — 63 b +. La reliure ancienne et moderne par Brunet (1878). — 63 c. Les reliures d'art à la Bibliothèque Nationale par Henri Bouchot (1888). — 63 d Manuel de l'amateur de reliures par Gruel (1887). — 64. Recueil d'horlogerie, pièces diverses, horloges (Hertel), montres, etc. — 65. Modèles de cuvettes de montres. — 66. Pièces d'orfèvrerie du XVIe siècle. — 67. L'orfèvrerie à Augsbourg (1550-1800). — 68. Représentation de quelques pièces d'orfèvrerie faisant partie de la collection du baron Pichon (1878). — 69. Catalogue de l'exposition temporaire d'argenterie ancienne (XVIIIe s.) au musée de l'École centrale Stieglitz à St-Pétersbourg (1885). — 70. Modèles de tabatières et de bonbonnières du XVIIIᵉ s. — 71. Hist. du métal par **René Ménard** (1881). — 71 a. Les arts du métal par J.-B. Giraud (1881). — 71 b. Les arts du métal par Em. Molinier (1892). — 71 c et 71 d. Les métaux ouvrés par J. Bréasson (1882-87). — 72. L'orfèvrerie en Espagne par Ch. Davillier (1879). — 73. Catalogue du service de table et dessert, le Paris monumental, par Ch. Berton (1889). — 74. Les marques d'orfèvres par Rosenberg. — 75 Modèle de divers vaisseaux d'argent par A. Van Vianen (1892).

NOTA. — *Indépendamment de ces documents on pourra consulter les suppléments non reliés sur la matière ; les bibliothécaires renseigneront le public sur ce qui s'y trouve. La partie moderne y est assez importante.*

Division **Lf.** — **Céramique.**

Lf 1. Vases par de Fontanieu (1770). — 2. Suite de Vases par Alex. Petitot (1764). — 3. Vases de pierres précieuses dessinés.

Ce curieux recueil provient de R. de Cotte. Le 1ᵉʳ folio renferme les vases de Trianon ; vases du bassin de Protée à Marly ; vases du bassin de la Colonnade à Versailles ; vases exécutés par Baslin en 1665 pour Versailles (Terrasse). Vases de porphyre du sieur abbé Beneditti. Représentation d'un vase envoyé de Nuremberg en 1685 en onyx et agathe, proposé pour mille écus ; vase en agathe orientale chez le joaillier Nich à Francfort ; vase antique ; vase en agathe onyx envoyé à Paris en 1685 ; vases dessinés par Ch. Le Brun en 1666 ; vase d'agathe orientale envoyé de Francfort en 1685 ; vase de jaspe oriental ; vases de porphyre ; Vase d'agathe orientale appartenant au sieur Kœnig de Francfort en 1685. Vases de porphyre rouge ; vases de jaune antique ; vases divers de jardins royaux ; urne ovale en porphyre ; profils divers ; vases pour la fontaine du pavillon ; deux cuvettes de marbre qui étaient aux Gobelins et sont chez le duc d'Antin ; vases coupes en forme d'oiseau et de coquille. Autres vases de porphyre en 1685.

— 4. Vases par St-Non. — 5. Monographie de l'œuvre de B. Palissy, par Delange et Bornemann (1862). — 5 a. Les terres émaillées de B. Palissy par A. Tainturier (1863). — 6. Faïences françaises dites de Henri II par Delange et Bornemann (1861). — 6 +. Reproduction du précédent ouvrage (1888). — 6 a. Faïences de Rouen par Pottier (1870). — 6 b. Hist. de la porcelaine par Jacquemart et Leblanc (1862). — 6 c. Hist. de la céramique de Jacquemart (1873). — 6 d et 6 e. Hist. des poteries, faïences et porcelaines (1866). — 6 f à 6 h. Guide de l'amateur de faïences et de porcelaines (1873). — 6 i. Etudes de céramiques par Ziegler (1850). — 6 j. Recherches sur la céramique de Maze (1870). — 6 j +. Céramique chinoise par Gerspach. — 6 j ++. Porcelaine de Chine par O. du Sartel (1881).

(Consulter à ce sujet Oe 105, fabrication de la porcelaine par un artiste chinois).

—6 k. Faïences anciennes des XVe-XVIIe siècles par Delange et Bornemann (1869). — 6 k +. Céramique italienne par F. Argnani (1889). — 6 l et 6 m. Hist. de la faïence par Ris-Paquot (1874-76). — 6 n. Cours de technologie chimique par Salvetat (1883). — 6 ò. Peinture en céramique par Celliére (1883). — 6 p. La faïence de Delft par H. Havard (1878). — 6 q. Les faïenceries rochelaises par Musset (1888). — 6 r. Les arts du feu par Wyzewa (1892). — 7. Modèles de tasses en porcelaine peinte. (Dessins originaux de l'Empire.) — 8. Dessins et devis du service de porcelaine pour l'impératrice de Russie en 1778. Original dans sa reliure du temps.

Ces dessins sont d'une perfection très grande, et le service a été exécuté à Sèvres sur ces modèles.

— 9. Imagerie de faïence, assiettes et emblèmes patriotiques (1865). — 10. Echantillons de tuiles des diocèses d'Oxford (1845). — 11. Cristaux de Baccarat (1835). — 12. Modèles de pipes par Saillard (1843). — 13. Origine de la Porcelaine par Ch. Davillier (1882). — 14. La céramique de la Grèce propre par A. Dumont et J. Chaplain (1888).

Division Lg. — Cuirs.

Lg 1. Le régulateur du sellier par Alex. Hofer (1818). — 2. Album de la fabrique de sellerie de Liégeard frères (1841). — 3. Ornements en cuir estampé.

Division Lh. — Tissus et broderies.

Les livres anciens de broderies et de dentelles ont pris de nos jours une importance considérable; ils sont aujourd'hui aussi recherchés que les plus rares estampes. Le Cabinet en conserve la plus grande partie. Tous sont de format in-8° ou in-4° oblong, et composés aux XVI° et XVII° siècles.

Lh 1. * Livre nouveau et subtil touchant l'art de broderie, etc. (Cologne 1527). — 1 + a. * Opera novo che insegna alle donne a cuscire, par G. A. Tagliente (1527). — 1 a. * Edition de 1528 du livre précédent. — 1 ++. * C'est ung tractat de la noble art de l'éguille, copie par L. Vorsterman (Anvers, sans date). — 1 +++. Ein new modelbuch (1527). — 1 b. * Opera nova che insegna alle donne a cuscire (Venise 1530). — 2. * Esemplario di lavori che insegna alle donne (1531). — 3. * Esemplari onoro di piu dicento variate mostre (1531). — 4. * Libro secondo di bellissime (1531). — 4 a. Opera nova par Dominique de Sera (1546. Reproduction). — 5. * Modèles de broderies (Augsbourg 1534). — 5 a. * Giardinetto novo di punti tagliati (Venise 1543). — 5 b. * Il specchio delle belle e virtuose donne, par Matteo Pagan (Venise 1544). — 5 b +. * L'honesto essempio del vertuoso desiderio (Venise, M. Pagan 1550). — 5 b ++. Reproduction du précédent. — 5 c. * Ornamento delle belle e virtuose donne (Venise 1544). — 5 d +. * Opera nova per G. A. Vavassore detto Guadagnino. — 5 d. * Opera nova, par le même — 5 d a. * Splendore delle virtuose Giovanni (Venise Foresto 1557). — 5 d b. * Le même, édit. de Stef. di Alefsi (1557). — 5 d c. Opera di recami, da Recchezze (1551). — 5 e. * Le même, édit. de Calepino 1563. — 5 f. * Lucidario di recami (Venise Calepino 1563). — 5 g. Nuova inventione di reticelli (Venise Franco 1596. Reproduction). — 5 g +. * Livre de dentelles de Zoppino (Venise 1520). — 5 h. Gli universali recami (Venise 1537. Reproduction). — 6. * Le pompe, opera nova (Venise 1558). — 6 a. * Les singuliers et nouveaux pourtraicts du sieur F. de Vinciolo avec les secondes œuvres (1587-1594), 3 p. en un volume. — 7 à 8. * Pourtraicts d'ouvrages de lingerie par Frédéric Vinciolo (Paris 1587, 1588, 1606, 3 volumes). — 7 a +. * Les singuliers et nouveaux pourtraicts de Vinciolo (Lyon 1592). — 9. * Patrons et modèles par Fred. Vinciolo (Paris 1623). — 10. Œuvres de Vinciolo. Recueil factice. — 11. * Prima parte dè fiori da G. B. Ciotti (Venise 1591). — 11 +. * La vera perfettione del disegno per G. Ostaus (Venise 1584). — 11 ++. * Patrons de lingerie (Lyon 1549). — 11 +++. * Patrons de diverses manières (Lyon, sans date). — 11 ++++. * Patrons de Messire Antoine Belin (Lyon, Le Prince, s. d.). — 11 a * Recueil de plusieurs pièces de portraitures (Lyon 1575). — 12. * La vera perfettione di... ricami (Venise 1591). — 12 a. * Specchio delle virtuose donne (Rome Facchetto 1595). — 12 a +. * Modelbuch aller art nehwens und Stukens. Francfort 1593. — 13. * Fiori di ricami da Matteo Florimi (Sienne 1593). — 13 +. * Même ouvrage (édit. de 1596). — 13 ++. * Même ouvrage — 13 a. * Libro secondo di rechami da Paganino. — 14. * Pourtraicts de point couppés (Montbéliard 1598). — 14 a * Même ouvrage. — 15. * Corona delle nobili e virtuose donne da Cesare Vecellio (Venise 1601). — 15 a. * Même ouvrage (Venise 1601). — 15 a +. * Le même. — 15 a a. Même ouvrage (1591-1601). — 15b. Reproduction de l'ouvrage précédent (1876). — 15 c. * Corona delle nobili e virtuose donne (Venise 1597). — 16. * Traité de broderie et de point coupé par Tozzi (Padoue 1604). — 16. a. * New kunstlich Modelbuch 1588. New modelbuch (Strasbourg 1592.) Le même (Francfort 1590). — 17 et 17. + * La pratique de l'aiguille industrieuse par Mignerak (Paris 1605). — 17 a. * Livre de dentelles. — 17 a +. * Livre de dentelles (Francfort 1608). — 17 a ++ Schön neues modelbuch (1609) — 17 b. * Livre de dentelle par Élis. Parasole (Rome 1616). — 17 b +. * Même ouvrage incomplet. — 17 c. * Modèles de broderie (com^t du XVIIe s.). Dessins à la plume sur vélin. — 17 c + * Ornamento nobile... opera fatta da Lucretia Romana (Venise 1620). — 17 d. Ornamento nobile delle donne (Venise 1620. Reproduction). — 17 e. * Ein new kunstlich modelbuch (Nuremberg 1625). — 17 f. * Neues modelbuch (Nuremberg 1689). — 18 à 20. Recueil de modèles de guipures et de broderies. — 20 a. Modèles de broderies par Mlle Riégo de la Branchardière (Londres 1869). — 21. Broderies des habits officiels de la maison du roi, de 1815 à 1830, d'après Laffitte. — 22. Broderies officielles de la maison du roi, 1815-1830. (Dessins originaux.)

Ces dessins ont été exécutés par le dessinateur Laffitte sous les ordres de M. de Duras, 1er gentilhomme de la Chambre.

— 23. Echantillons des livrées de la maison du roi en 1779.

Le titre est inexact, ce sont les costumes des officiers subalternes des bâtiments royaux, suisses, portefruits, maîtres ramoneurs, garde-clefs de l'opéra, commissionnaires, porteurs, inspecteurs des forêts, etc., etc. L'entrepreneur a établi ses prix et fourni ses échantillons sous scellés.

— 24. Modèles originaux de broderies chinoises. (Voir à ce sujet la série O e ci-après.) — + 25. Modèles de tapisseries. — 25 et 25 a. Modèles de broderie et de tapisserie (2 vol.). —

26 et 26 a. Recueil de modèles de broderies (2 vol.). — 27. Recueil de broderies anglaises. — 28. Dessins pour broderies. — 29. Recueil de broderies par divers artistes. — 30. Modèles de broderies par J. Kerz (1805). — 30 +. L'art dans la lingerie par G. Mesureur (Paris 1887). — 30 a. Dessins de mousseline de la maison Andris-Lambert. — 30 b. Histoire de la dentelle par Mme Bury-Palliser. — 30 c. La dentelle par J. Seguin (Paris 1875). — 30 d. Dessins de broderies (Vienne 1874). — 30 e. Livre de broderie de G. Hoffmann, 1607. (Reproduction.) — 30 f. Urbani de Gheltof (1876). — 30 g. Origine de la dentelle de Venise (1878). — 30 h. La dentelle à l'exposition de Bruxelles. Phototypies (1884). — 30 i. Recueil de dentelles. — 30 j. Hist. du point d'Alençon par mad. Despierres (Paris 1886). — 30 k. Alphabets du brodeur par E. Guichard (1887). — 30 l. Dentelles des XVI-XIXe s., par Melchior Zur Strassen. — 31. Echantillons de soie des Gobelins. — 32. Métier à faire des bas. Dessins. — 33. Livre de blanchissage. — 34. Lettre sur le savonnage par Lequeu. Manuscrit original avec figures dessinées (an II). — 35 à 39. (Non employés.) — 40. Etoffes de modes 1720-1735. Etoffes historiques.

> Cet important recueil provient des collections amassées par le maréchal de Richelieu dans le courant du XVIIIe siècle et acquises à sa vente en 1788. Ce volume a échappé aux répartitions. Il renferme des rubans, des dentelles, avec une courte notice historique sur chaque étoffe. Ruban de la Régence, ruban à l'arlequin en l'honneur de la rentrée des comédiens à l'hôtel de Bourgogne en 1718, ruban au polichinelle, étoffes d'or en 1725. Perpétuane ou drap de Silésie, manchettes brodées 1726, velours à peluche 1726, étoffes des Indes 1728, velours, rubans divers de 1730, rubans contre Languet et Marie Alacocque, ruban du mirliton, droguets de soie, peluches 1730, guirlandes 1731, rubans à l'*Allure*, rubans de 1731, peluches de soie, satins chinés, velours ciselé, rubans des dames polonaises en 1733, poches de veste en 1734, brillantes 1734, échantillons de drap de Marseille 1734, rubans à la crème, rubans à l'écumoire (histoire du fils de Crébillon), rubans aux maréchaux 1735, etc., etc. Voir ci-après L h 45 à 45 f.

— 41. Dessins originaux pour étoffes (1730). — 42. Dictionnaire général des tissus anciens par Bezon (Paris 1867). — 43. Dessins pour étoffes par Braun (1842). — 44 à 44 d. Etoffes dites de Tours. Recueil original de dessins et de calques. 1720-1750. (Acquis en 1840.) — 45 à 45 f. Echantillons d'étoffes réunis en 7 vol. par le maréchal de Richelieu dans le milieu du XVIIIe siècle. (En tout 4818 échantillons).

> Voici le détail de cette importante et curieuse collection, précieuse surtout par les indications historiques qu'elle fournit, et les prix qu'elle

indique : — 45. Garde-robe du roi de Portugal en 1735, herbages par Desteque à Versailles, étoffes de soie à Versailles par Fanart, d'Olive à Marseille 1722, étoffes du bagne de Marseille en 1736, toiles et coutils de La Ferté Bernard, garde-robe du roi de Portugal 1736, serge de Chartres, étoffe du lit du surintendant Fouquet dépecé par les fripiers en 1736, doublure du lit, coton peint de Marseille, étoffes de Lyon, garde-robe de la reine en 1736 (notes du plus haut intérêt à ce sujet), étoffes de Beauvais, toiles de Hollande, linons ; étoffes de Nîmes, toiles de l'arsenal de Toulon, pinchinat de Toulon, linge des tables du roi (du plus grand intérêt comme renseignements historiques), toiles d'Abbeville, damas pour meubles, droguets, toiles de Rouen, étoffes diverses de Grasse, de Meslay, d'Issoudun, de Provence et de Dauphiné, de Cognac, de Jonzac, de Mamers, de Marennes, d'Orléans, de Nantes. — 45 a. Allure, parement en jais ; étoffes d'Avallon, de Perpignan, de Prats ; dentelles de Perpignan, de Catalogne ; toiles de Mortagne, séries de rubans, de pièces anonymes. — 45 b. Etoffes de soie de l'été de 1732, de 1734, 1735, 1736, étoffes de soie et laine dont les hommes se sont habillés en 1736, 1737, velours dont la reine a eu une robe en janvier 1737. — 45 c. Etoffes de Rouen dites siamoises, damas de Caux, brocatillo, toiles d'Alençon, étoffes royales de Saint-Lo 1737, coutils de Canisy, d'Eu ; échantillons de Valenciennes, etc. — 45 d. Etoffes étrangères. Etoffes de Hollande, soie, velours, rubans. (Etoffes d'Avignon, soies). Etoffes de Gênes, soies, velours, draps ; de Milan ; de Naples ; etc. — 45 e. « Recueil de rubans de nostre temps pour servir de suitte aux anecdotes de notre temps. » T. I. Frontispice. Rubans français de 1732, 1733, 1734, 1735, 1736, 1737. — 45 f. Rubans de Paris avec les prix de fabrique, 1735, 1736 ; de Lyon, historiés avec figures ; de Turin, de Gênes, de Florence, de Naples, de Messine, de Hollande ; rubans de Paris 1736, de Venise, de Paris 1737 ; rubans de St-Etienne, etc., etc.

— 46. Echantillons d'étoffes et de draps. — 47. Echantillons d'étoffes de Lyon en 1841, donnés par M. Delacroix au nom de MM. Godemar et Meynier, fabricants. — 48. Echantillons d'étoffes et de toiles peintes en Angleterre. — 48 a. Dessins pour étoffes par Fisbach. — 48 b. Ornements italiens du XVe s., tirés des étoffes par Sidney Vacher (1886). — 49. Dessins pour étoffes. — 49 a. Musée lyonnais, étoffes. — 49 b. L'ornement des tissus par Dupont-Auberville (1877). — 49 c. Tapis de l'Orient par Lessing (1877). — 49 d. Tapis orientaux par Lessing (1891). — 50. Souvenirs de l'exposition de produits de l'industrie française par Henri Chavant (1840). — 51 et 51 a. Dessins pour l'art et l'industrie par Adalbert de Beaumont et Collinot (2 vol.) — 51 b. Ornements de la Perse par A. de Beaumont et Collinot (1880). — 51 c. Etudes pratiques de tissage par Grimonprez (1884). — 51 d. Tissus égyptiens du musée de Vienne par Riegl (1889). — 52. Archives du dessinateur par Tony Boussenot. — 53 à 53 a. Musée du dessinateur de fabriques. — 54 à 54 b. Journal du fabricant d'étoffes façonnées (1839-41). — 55. Matériaux du dessinateur par Boussenot. — 56. Guide du dessinateur de l'industrie. — 57. Album du cachemirier par Chavant. — 58. Album indo-parisien par Delaye. — 59 à 59 a. Théorie générale de la tapisserie par Ch. Muidebled 1833. 2 vol.). — 60. Vade-mecum de poche par Muidebled (1838). — 62 et 62 a. Le Pandore du tapissier par Muidebled (1837-39). — 63 à 63 a. Ameublement par Pasquier (planches en couleur et en noir). — 64. Echantillons de toiles cirées.

Nota. — *Pour toute la partie purement technique de cette division, on pourra consulter les suppléments non reliés de la matière que l'on demandera aux bibliothécaires.*

Division **Li**. — **Papier**.

Li 1. Papier symbolique publié par Valant en 1838. — 2 et 2 a. Recueil d'étiquettes pour registres, chez St-Maurice Cabany. — 3 à 3 c. Recueil d'étiquettes.

Ces recueils n'ont pas été continués depuis 1850 environ, mais les suppléments non reliés en renferment d'énormes quantités. Voici le détail de ces recueils par genre : — 3 et 3 a. Confiseurs. — 3 b. Distillateurs. — 3 c. Parfumeurs.

— 4 à 4 e. Recueil de vignettes.

Ces recueils également interrompus par suite de l'abondance extrême des entrées et de leur peu d'intérêt, ont été classés de cette façon : — 4. Vignettes dites historiques. — 4 a. Poèmes, contes, romans. — 4 b. Pastorales, sujets champêtres. — 4 c. Scènes familières. — 4 d. Jeux d'enfants. — 4 e. Paysages et marines.

— 4 f. Cartes d'adresse à Lyon par N. Rondot (1894).

— 5. Recueil de médaillons. — 6. Recueil de motifs dits de Tabatières (1810-14).

Sous ce titre on a groupé une série de vignettes rondes des XVIIIe et XIXe siècles dont quelques-unes ont une curiosité de costumes et de mœurs. On y retrouve des scènes mythologiques, des reproductions de tableaux célèbres, des allégories pieuses ou badines. Scènes du départ pour St-Malo (M. Dumolet). Scènes historiques de la vie de Napoléon. (Pièces contemporaines). Feu d'artifice pour la naissance du roi de Rome ; distribution de vivres pour le mariage de Napoléon. Scènes de la terrasse de St-Cloud où l'on voit l'Empereur en costume civil. Petits costumes de femmes ; Tabatières maçonniques, géographiques, iconographiques ; vues de Paris, cartes géographiques, calendriers, etc.

— 7. Sujets de tabatières gravés par Duflos et autres au XVIIIe siècle.

Têtes de femmes de la Régence et du règne de Louis XV. Scènes du temps de Louis XIV. Figures gravées par Jeaurat en 1710, par B. Picart. d'ap. Tournières.

— 8. Recueil d'images populaires, d'Epinal et autres endroits (vers 1810). — 9. Images populaires diverses. — 10. Images populaires, costumes de soldats non coloriés (1825). — 10 a. Costumes militaires chez Quantin (1892). — 11. Images de piété enluminées. — 12. Vignettes pour écrans. — 13. Recueils d'écrans de Susse.

Recueil formé de pièces de la fin du XVIIIe siècle, de l'Empire et de la Restauration. Imitation de vases antiques, scènes de théâtre, la Vestale, décors de comédies, d'opéras. Transparents pour lampes ou revers. Petits métiers, menuisiers, forgerons, tonneliers, montreurs d'optique, bouquetière de l'Empire, allumeur de réverbères, marchande de poisson, décrotteur à la porte d'un théâtre ; scènes d'intérieur ; quelques fables de Lafontaine ; jeux divers ; bergerades du XVIIIe s. ; la jolie coquette (pièce ravissante) ; scènes de théâtre gravées dans la manière de St-Aubin. Vignettes pour Molière avec figurines costumées à la mode de 1785. Vignettes pour les fables de Bailly. Le Gourmet, par Debucourt. Petits intérieurs du 1er Empire. Façade du café Égyptien; devanture de Garchi glacier ; diverses figurations de théâtre.

— 14 à 24. Papiers de tenture d'appartement déposés à la Bibliothèque de l'an VII à l'an X.

Ces recueils ont une certaine importance historique pour les costumes et les mœurs. Plusieurs montrent les personnages de l'époque à laquelle ils ont été fabriqués. On y retrouve un singulier portrait de Bonaparte 1er consul (Li 22). Ces papiers ont été déposés « suivant la loi » par Jacquemard, Hubert et Dinan, Millet, Rixheim, Simon, Dubuisson et Basset, Letourmy, Robert et Cie. C'est la fabrique de Rixheim qui donna le Bonaparte destiné aux salles de mairies, etc.

— 25. Album phot. de Fraipont (1882). — 26. Papiers et filigranes de Gênes par Briquet. (1888) — 27. Recueil de menus. Les mois par Kæmmerer (1891). — 28. Menus. 12 cadres de fleurs par Madeleine Lemaire (1891).

… 214 CABINET DES ESTAMPES DE LA BIBLIOTHÈQUE NATIONALE.

ENCYCLOPÉDIE.

Série M (1).

La série M comprend seulement les ouvrages spéciaux sur l'universalité des connaissances humaines. On y a joint un recueil factice sur la représentation des divers arts et métiers (voir ci-devant Lc 1) à cause des métiers de l'Académie qui y sont donnés.
La série M se subdivise ainsi :
    Ma. Encyclopédie proprement dite.
    Mb. Sciences intellectuelles.
    Mc. Sciences des faits
    Md. Sciences exactes et Arts et Métiers.
    Me. Sciences naturelles.

Division Ma. — Encyclopédie.

Ma 1 à 35. Encyclopédie ou Dictionnaire des arts et métiers. Éditions de Paris et de Neuchâtel. Supplément d'Amsterdam et Tables 1751-1780 (35 volumes).

Division — Mb. Sciences intellectuelles.

Mb 1 à 35. Volumes d'Encyclopédie méthodique, Théologie, Philosophie, Logique, Métaphysique, Grammaire et Littérature, Dictionnaire des arts, Économie politique et diplomatique, Jurisprudence, Police, Commerce, Finances, Assemblée constituante (1782 à 1792), (63 volumes).

Division Mc. — Sciences des faits.

Mc 1. à 23 a. Volumes d'Encyclopédie méthodique, Histoire (1784-1804). Antiquités, Mythologie, Diplomatique (1786-1790).

(1) Cette série n'a plus aujourd'hui qu'un intérêt rétrospectif et ne se consulte guère.

Le volume Mc 12 contient les antiquités de Mongez. Géographie physique (An III-1811). Géographie ancienne et moderne ; atlas encyclopédique (45 vol.).

Division **Md**. — **Sciences exactes et arts**.

Md 1 à 42. Volumes d'Encyclopédie méthodique. Mathématiques, et les jeux qui en dérivent. Marine, Art militaire, Arts académiques, Équitation, Escrime, Danses, Physique, Chimie, Beaux-Arts, avec un vol. de Planches (vol. 20 b.), Architecture, Musique, Arts et Métiers, Recueil de planches (vol. Md 35 à 42). — 43 à 48. Recueil alphabétique de métiers.

Ce recueil dont l'initiative est due à M. Auguste Raffet est classé suivant la liste alphabétique des arts et métiers dont on a pu retrouver des représentations (depuis le XIIe jusqu'au XIXe siècle). Mais il ne faut pas s'attendre à y voir figurer une quantité d'estampes sur chaque métier ; certains ne comptent que pour une ou deux pièces. Voici le détail par corps de métiers. — Vol. 43. Suites de métiers réunis XIIIe siècle. Officiers divers du roi et de la maison royale. Autres planches XVe, XVIIIe siècle. Jeux d'oie des métiers XIXe siècle. Métiers divers de 1800 à 1880. Métiers des aveugles (vers 1820). Aéronaute, affûteur de scies, agent matrimonial, aiguilles (fabt d'), aiguilletier, apiculteur, apothicaire, architecte, armurier, arpenteur, avocat, bâches (fabt de), badigeonneur, baigneur de chiens, balayeurs, barbier, bas (fabt de), batteur de grains, batteur en grange, batteuse de beurre, bergers, bijoutiers, blanchisseuse, boisselier, boucher, bougies (fabt de), boulangers, bouquetière, bourses, boutonnier, brasseur, brocheurs, brodeurs, bûcheron. — Vol. 44. Caoutchouc (fabt de), cardeur de draps, cardeur de matelas, carreau de terre (fabt de), carrier, cartier, ceinturier, chandelier, changeur, chanteurs publics, charbonnier, charcutier, chapelier, charlatan, charpentier, charron, chaudronnier, chaussetier, chiffonnier, chimiste, cidres, cirage, cocher, coiffeur, colorieurs, colporteurs, commissionnaires, conducteur d'omnibus, confiseur, cordier, cordonnier, corroyeurs, corsetière, costumière, coureur, couteliers, couturière, couvreurs, cuisinier, dame de comptoir (limonadière), découpeur, décrotteur, (voy. cirage). — Vol. 45. Dentellière, dentiste, dés à jouer, diseur de bonne aventure, distillateur, draps (fabt de), eaux gazeuses, ébéniste, écaillère, écrivain, emballeur, encre, éperonnier, épicier, éventailliste, facteur, femme de chambre, fendeur de lattes, ferblantier, feuillagiste, filateur, fileuse, financier, fleuriste, fondeur, foulons, forgerons, forts, fripiers, fromagers, fruitière, gantier, gaufrier, geôlier, graveur, harengère, harengs (préparation des) herboriste, horloger, huilier, huissier d'église, imprimeur en tous genres, jardiniers, juré crieur, laboureur, laitière, langueyeur, laquais, layetier, libraires, limonadier, lingère, loterie, loueuse de journaux, luthier. — Vol. 46. Maçons, maîtres d'armes, de danse, d'école, etc., marbrier, marchand de chevaux, marchande à la toilette, comestibles, enduit élastique, jouets, marrons, nouveautés, oiseaux, poissons, tabac, vins, volailles, maréchal-ferrant, matelassiers, mécaniciens, médecins, mégissier, menuisier, mercier, meunier, mineur, modistes, moissonneurs, monnayeur, montreur de bêtes, montreurs d'images. — Vol. 47. Montreur de marionnettes, optique, lanterne magique, naturaliste, négociant, notaire, nourrice, nourrisseur, opérateur, opticien, orfèvre, ouvreuse, papetier, parcheminier, parfumeur, pâtissier, pâtisserie, paveur, pédicure, peintre en bâtiments, pelletier, perruquier, photographe, plombier, polisseuse, porcelaine, portefaix, porteur d'eaux, postillon, potier, ramasseuses de bois, ramoneur, ravaudeuse, relieur, remouleur, rempailleur, repasseuses, résiniers, retordeur de chanvre, roulier, sage-femme, saleurs d'anchois, saltimbanques. — Vol. 48. Savetier, savonnier, scieur de long, sculpteur, sellier, semeur, serrurier, sucre, tabac (culture), tailleur, tailleur de pierres, tapissier, teinturier, tisserand, tisseur de soie, tondeur de draps, tonnelier, tourbe, tourneur, usurier, valet, vannier, varech vendangeur, verrier, vétérinaire, vidangeur, vigneron, vins, vitrier, yeux artificiels, zingueur.

Division **Me — Sciences naturelles.**

Me 1 à 63. Sciences naturelles de l'Encyclopédie et arts ou sciences qui s'y rattachent. Histoire naturelle dans tous ses détails, médecine, chirurgie, agriculture, forêts, pêches, chasses. Les vol. de chasse (an III-1811) sont les vol. 62 et 63 (1811) (87 volumes).

PORTRAITS.

Série N.

La série N renferme tous les ouvrages spéciaux et les recueils factices concernant le portrait en France et à l'étranger. Le Cabinet des Estampes est le plus riche d'Europe sur cepoint ; les collections s'augmentent chaque année dans des proportions considérables et grâce au classement alphabétique adopté les recherches dans les recueils sont d'une extrême facilité.

Indépendamment de la collection générale composée de dessins et de gravures, le cabinet renferme diverses collections distinctes et formant des recueils à part. Telles les suites de portraits dessinés aux XVIe et XVIIe siècles, les *crayons* dont le catalogue a été dressé par H. Bouchot *(les portraits aux crayons des XVIe et XVIIe s.)* telle la collection de portraits recueillis au XVIIe siècle par M. Rousseau et cédée à la Bibliothèque royale par Lallemant de Betz, dont le catalogue (non publié encore) a été dressé par M. Flandrin.

Il existe des catalogues généraux de portraits qui peuvent aider aux recherches et les préciser, tels ceux de Fontanieu dans l'*Appendice de la Bibliothèque Historique de la France* (celui-ci donne les portraits français antérieurs à la Révolution avec le nom de graveurs, etc.) celui de Bromley (Portraits anglais antérieurs à 1793 Londres 1793 in-4° à la disposition du public au Cabinet des Estampes). Drugulin (Catalogue général de portraits mis en vente à Leipzig), Müller (Catalogue de 7,000 portraits néerlandais), Rowinski (Catalogue de portraits gravés de personnages russes 1872. *En Russe*), Wassiltschikoff (Liste alphabétique de portraits russes 1875, 2 vol.), etc., etc.

La série N se subdivise ainsi :

N (N2, N3, N4, N5 et N6). Collection générale alphabétique (française et étrangère, répartie suivant le format des pièces).
Na Portraits français.
Nb Portraits d'Italie, d'Espagne ou de Portugal.
Nc Portraits d'Allemagne, Pays-Bas, Suisse.
Nd Portraits d'Angleterre, du Nord, des régions lointaines.
Ne Collections générales.
Nf Collections spéciales.

Mais il ne faudrait pas inférer de ce tableau que pour trouver un portrait italien ou anglais on dût chercher dans les séries Nb et Nd. C'est à la collection générale alphabétique qu'il faut avoir recours dès l'abord, sauf à consulter ensuite les spécialités.

Division N.

Collection générale de portraits français et étrangers réunis dans une même série alphabétique. On a groupé sous le nom du même personnage, autant que faire se peut, toutes ses effigies différentes, les divers états d'une planche, etc. Il s'ensuit que l'iconographie de Napoléon Ier occupe 15 volumes environ, que celle de Louis XIV en occupe 6, etc.

Il ne peut être possible pour nous de donner la liste complète des portraits de la collection générale ; ils montent aujourd'hui à plus de 200,000, répartis en 1,100 volumes de plusieurs formats. Le format N2 le plus ordinaire s'applique aux portraits in-8°, in-4° et petit in-folio. Le N3 aux grands in-folio, les N4, N5, N6 aux pièces de dimensions extraordinaires et qu'on ne plie jamais. La reliure de ces volumes est mobile et permet de tenir le classement rigoureusement au courant.

Pour les recherches le lecteur n'a qu'à inscrire sur son bulletin le nom du personnage dont il souhaite le portrait ; il en donne autant que possible l'orthographe connue, ou les diverses manières de l'écrire. Les princes ayant régné sont à leur nom de roi, *Charles, Jean, Alexandre*. Les nobles ayant un titre de baron, comte, marquis ou duc, *à ce titre lui-même* ; ce procédé a été reconnu le plus pratique pour les recherches. Supposez *Dangeau*, peu de personnes donneraient du premier coup le patronymique *Courcillon*. Les nobles sans titre sont au nom patronymique, sauf pour ceux qui ont illustré le nom de terre, comme *Beaumarchais* (Caron), *Crébillon* (Jolyot), etc.

Le catalogue général est en préparation sous la direction du conservateur.

Division Na. — Portraits français.

Na 1. Epitome des gestes des rois de France (Lyon 1546). — 2 et 3. Portraits des rois de France (2 éditions 1554 et 1574). — 4. Généalogie des rois de France (Paris 1583). — 5. Effigies des rois de France (Paris 1585). — 6 et 7. Abrégé de l'Hist. de France avec les effigies des rois (Paris 1600 et Rouen 1614). — 8. Portraits des rois de France (Venise 1590). — 9. Recueil des rois de France par Du Tillet (Paris 1607). — 10. Portraits des rois de France par Jacques de Bie (1634. Ce livre est un des premiers qui donne des portraits sérieux). — 11. Monarchie françoise par Gautier Dagoty (1770). — 12 et 13. Portraits de rois de France par Larmessin. — 14. Histoire de la monarchie françoise par N. Berey (1711). — 15. Portraits des rois de France publiés par Bertrand (1714). — 16. Les mêmes, publiés par Hurand (1714). — 17. Effigies regum Francorum cum figuris Virgilii Solis (Nuremberg). — 18. Les cent et un rois de France (1848). — 18 a. Charles VIII et Anne de Bretagne par Henri Bouchot.

Reproduction de deux portraits peints trouvés dans la reliure d'un livre.

— 19. Album de la famille Bonaparte (1866. Phot.). — 20. Maison de Bourbon publiée par Barthélemy Roger en 1814. — 21 à 27. *Recueils divers de portraits aux crayons des XVIe et XVIIe s., dont le catalogue a été dressé par Henri Bouchot.

Ces recueils renferment environ 800 portraits originaux. La table du catalogue renvoie aux divers recueils. (Réserve).

— 28. Portraits de personnages illustres du XVIe s. par Niel (1855). — 28 a et 28 b. Portraits français du XVIe s.

Three hundred french portraits, etc. publiés par Lord Ronald Gower d'après les originaux alors à Castle-Hovard en Angleterre, et depuis acquis par le duc d'Aumale en 1889.

— 28 c. Portraits de la collection Lenoir, autrefois conservés à Strafford-House, publiés par L. Ronald Gower. (Ces portraits ont été acquis par le duc d'Aumale). — 28 d. Portraits dessinés de la Bibliothèque d'Arras. (Photographies dont le catalogue a été donné dans Henri Bouchot : *Portraits aux crayons.*) — 29. Notice d'un recueil de crayons du XVIe siècle par Rouard (Paris 1863. Portraits conservés à la Bibl. Méjanes d'Aix). — 29 a. Les portraits aux crayons du XVIe et XVIIe s. par Henri Bouchot (1883). — 29 b. Hist. du portrait en France par Pinset et Dauriac (1884). — 30 et 30 a. Hommes illustres par Perrault, gr. par Edelinck (1697-1700).

Un des recueils iconographiques les plus célèbres, à cause de la qualité des gravures.

— 31. Galerie française par Gautier-Dagoty (1770). — 32. La même publiée par Restout (1771). — 33. Portraits de grands hommes par Blin. — 34. Les illustres français par Ponce. — 35. Le Panthéon français par P. Sudre (1823). — 36 et 36 a. Iconographie française publiée par Delpech (1840, 2 vol.). — 37. La même (petite édition). — 38. Portraits des français célèbres par Lami (1828). — 39. Les ducs de Lorraine, par Jean Cayon (1854). — 40. Iconographie de l'Institut par J. Boilly (Restauration). — 40 a. *Croquis-charges de membres de l'Institut par H. Vernet. Dessins. — 41 à 41 b. Portraits des députés à l'assemblée nationale de Versailles en 1789.

C'est la collection dite de Dejabin, gravée sur les originaux suivants.

— 42 à 42 c. Portraits de députés à l'Assemblée Nationale de 1789 (4 vol. in-4).

Ce recueil est entré par le dépôt au Cabinet des Estampes. Il contient les croquis originaux exécutés d'après nature par Moreau le jeune, Labadye, Gros, Isabey et autres, pour l'éditeur Dejabin et représentant les députés à Versailles en 1789. Ce sont uniformément des portraits de profil, dessinés à la mine de plomb, au bas desquels les intéressés ont écrit eux-mêmes leurs noms. Il existe un catalogue de ces ces dessins publié par Soliman Lieutaud dans son livre intitulé : Portraits des députés à l'assemblée Nationale de 1789 (Paris 1854 in 8°)

— 43 à 43 a. Portraits de députés de 1789.

Ce recueil également précieux contient la suite des dessins originaux exécutés par Lambert et divers autres pour le livre suivant.

— 44. Portraits de députés à l'Assemblée Constituante de 1789 publiés par Levachez. — 44 a. Portraits dessinés de plusieurs des membres de l'Assemblée nationale en 1789.

Ce recueil renferme un certain nombre de portraits dessinés qui paraissent n'avoir pas été acceptés par Déjabin, car ils sont doublés d'autres gravés dans son ouvrage. Ce sont des dessins de Moreau, Labadye, etc.

— 45. Portraits des députés aux états généraux de 1789 chez Levachez. — 45 a. Portraits des membres du corps législatif de l'an VII publiés par Gonord.

Petits portraits de profil gravés en manière noire ; chaque feuille en renferme 20 (en tout 120).

— 46. Portraits de députés et de gens de lettres de la Restauration (1820-1821) par A. Tardieu. — 47 *Portraits dessinés de personnages français de la monarchie de Juillet, pris sur nature par Eugène Devéria en vue de son tableau de la prestation de serment. (Séance du 9 août 1830).

Ces portraits originaux exécutés au crayon noir sont fort remarquables. Il y a quelques contrépreuves. Comme il n'a point encore été donné de liste de ces portraits, en voici le catalogue : 1º Louis-Philippe prêtant serment. 2 Le même en buste. 3 Le même également en buste. 4 Le prince de Joinville, de face, en costume d'aspirant. 5 Madame Adelaïde, d'après Court. 6 M. Agier. 6 Ernest André, capitaine d'état-major. 7 Le comte d'Argoult. 8 Le général Athalin. 9 M. de Barante. 10 Barbé-Marbois. 11 Bérard. 12 Le baron Bessières. 13 Le baron Bignon. 14 M. de Bondy. questeur. 15 Camo, officier d'État-Major. 16 Général Carbonnel. 17 M. Caumartin. 18 Le duc de Choiseul. 19 Benjamin Constant. 20 Cunin-Gridaine. 21 Duchafault. 22 Dugast-Montbel. 23 Dupin. 24 Baron Dupin. 25 Dupont de l'Eure. 26 Duverger de Hauranne. 27 Étienne. 28 Garcias. 29 Le maréchal Gérard. 30 Girod de l'Ain. 31 Guizot. 32 Le duc d'Harcourt. 33 Edmond Hecquard. 34 Jacqueminot. 35 Jay. 36 M. de Jouvencel. 37 M. de Kératry. 38 Klein. 39 Comte Alexandre de Laborde. 40 Lafayette. 41 Jacques Laffite. 42 Comte de La Rochefoucauld. 43 M. Jules de Lasteyrie. 44 Le maréchal Lobau. 45 Le baron Louis. 46 Mathieu Dumas. 47 Le comte Molé. 48 Le maréchal Molitor. 49 Comte Mollien. 50 Montalivet. 51 Le duc de Montebello. 52 Le comte de Montesquiou-Fezenzac. 53 De Montguyon. 54 Duc de Montmorency. 55 Odier. 56 Comte d'Osmond. 57 Paillard du Cléré. 58 Paixhans. 59 Baron Pasquier. 60 Idem. 61 Camille Périer. 62 Casimir Périer. 63 Persil. 64 Le duc de Plaisance. 65 Le comte de Pontécoulant. 66 Le comte Portalis. 67 Le comte Roy. 68 St-Aignan. 69 Sébastiani. 70 Le président Séguier. 71 Marquis de Sémonville. 72 Comte Siméon. 73 Le duc de

Tarente. 74 Baron Thénard. 75 V. de Tracy. 76 Trévise (maréchal Mortier). 77 L'amiral Truguet. 78 Baron Tupinier. 79 M. Viennet. 80 Ziegler, peintre.

— 47a à 47c. Le Musée des Souverains. Portraits charges des députés à l'Assemblée nationale (1873) par J. Buisson. (Photographies d'après ses dessins, 3 vol.) — 47d. Portraits des membres de l'Assemblée nationale (1873). — 47e. Portraits des préfets de police de 1810 à 1879. — 47f. Le Conseil municipal de Paris peint par lui-même. (Le docteur Després et Camille Dreyfus. 1884-85). — 48. Portraits de chefs vendéens (Lith). — 49. Portraits des habitans de Port-Royal-des-Champs par Mathey (XVIII^{e}s.). — 50. Portraits des évêques et archevêques de Paris par Algay de Martignac (1698). —51. Hommes illustres de la marine françoise par Graincourt (1780). — 52. Portraits des grands aigles de la Légion d'honneur (1810). — 53. Description du Parnasse français de Titon du Tillet, (1760).

<blockquote>Ce Parnasse de Du Tillet, fabriqué en bronze et en bois, est aujourd'hui installé dans la salle d'exposition des manuscrits à la bibliothèque nationale.</blockquote>

—54. Portraits des peintres de l'Académie royale (avant 1749). — 54a. Portraits inédits d'artistes français par Ph. de Chennevières et Legrip (1853). — 55. Galerie photographique des artistes contemporains (1866). — 56. Portraits de rédacteurs du *Siècle* et de la *Presse* vers 1865. (Photographies). — 57. Croquis de la tête de Voltaire par Huber. — 58. Portraits de criminels célèbres, dessinés par Gabriel. (On y a joint des personnages politiques).

<blockquote>Ce recueil d'ailleurs médiocre, contient une certaine quantité de portraits d'après des gravures. Mais pour les années 1830 à 1840 il est fort curieux : Benoît, parricide ; Papavoine ; Dedreux ; Reyer, assassin ; Desjardins, président des « Amis du Peuple » ; Michel Chevalier, saint-simonien ; Billard, assassin ; Ch. Dautun, fratricide ; Louis Louvel, assassin ; le soi-disant Louis XVII, baron de Richemont ; Enfantin en costume ; Louis Robert, assassin ; Kersausie ; Bastien, assassin ; Hardel ; Gilliard, accusé de vol chez Mme Dupuytren, condamné et reconnu innocent ; Raspail ; Euphémie Yver, femme Ruidiaz ; François, assassin ; Avril ; Raymond ; Boireau ; Lacenaire ; Alibaud ; Joseph David ; Marin Lhuissier qui avait coupé une femme par morceaux (1836) ; le comte Léon ; Louis de Verninhac St-Maur ; affaire dite des quarante voleurs (principaux accusés) entre autres Nathan Caïn ; Debureau, artiste dramatique né en Bohême, accusé de meurtre, acquitté ; Dehors, qui passa quatre fois en cour d'assises pour la même affaire, etc. Vers la fin, M. de la Roncière.</blockquote>

— 58 et 58 a. Portraits de l'expédition d'Égypte, dessinés par Dutertre.

<small>Ces dessins originaux ont été depuis peu transmis au Cabinet des Estampes par le dépôt des Cartes et Plans de la Bibliothèque nationale.</small>

— 59. Portraits de l'Expédition d'Egypte gravés sur les originaux mentionnés ci-devant. — 60. Portraits de l'école Centrale (1877). — 61. Portraits contemporains par André Gill (1886). — 62. Panorama « Le Tout-Paris » par Ch. Castellani (1889). — 63. Les dessinateurs du Courrier Français (1891). — 64 L'Académie française par Robert Kastor (1893).

Division Nb. — Portraits d'Italie, d'Espagne et de Portugal.

Nb 1. Portraits des papes publiés par Panini (1568). — 2. Historia summorum pontificum par Cl. du Molinet (1679). — 3 et 3 a. Vitæ et res gestæ pontificum romanorum (1630). — 4. Chronologia summorum romanorum pontificum. — 5. Vite di pontifici par J.-B. de Cavaleriis (1588). — 6. Historia B. Platinæ de vitis pontificum (1600). — 7 et 8. Portraits de cardinaux créés entre 1665 et 1700. — 9. Portraits de cardinaux de la création de Pie VI. — 10. *Idem* de Paul V à Clément X. — 11. *Idem* de Innocent XI à Innocent XII. — 12. *Idem* de Clément XI à Innocent XIII. — 13. *Idem* de Benoît XIII à Clément XII. — 14. *Idem* de Benoît XIV à Clément XIII. — 15. Catalogue de vescovi Modenesi opera di L. Vedriani (1669). — 16. Chronologia regiæ familiæ Mediceæ (1761). — 17. Figures des doges de Venise (1659). — 18. Le Glorie de gli incogniti (Venetia 1647). — 19. Notice sur quelques violonistes italiens par Fayolle (1810). — 20. Portraits de peintres vénitiens, par A. Longhi (1762). — 20 a. Portrait de Louis II d'Anjou à la Bibliothèque nationale par H. Bouchot (1886). — 21. Les amis de Lethière (1807).

<small>Ce livre renferme des portraits français, entre autres ceux de Lethière, de Percier et de Fontaine. Il fut offert à Lethière en 1807 à son départ pour Rome.</small>

— 22. (non employé). — 23. Chronologie des rois d'Espagne par Blondeau. — 24 et 24 a. Iconographie espagnole par V. Carderera (Madrid 1855-64). — 24 b. Portraits d'hommes illustres par Fr. Pacheco, 1599 (publié en 1886). — 25. Recherches sur les portraits de Christophe Colomb par V. Carderera 1851.

> Peut-être est-il bon de rappeler ici que l'iconographie colombine est fort importante dans la collection générale des portraits, mais il ressort de diverses études que le plus vraisemblable portrait de Colomb est celui provenant de Paul Jove. (Voir division N 2. au mot Colomb).

26. — Souvenirs de Portugal par Dubreuil (1834).

Division **Nc. — Portraits d'Allemagne, des Pays-Bas et de Suisse.**

Nc 1. Images de tous les empereurs par Goltzius (1557). — 2. Icones imperatorum Romanorum (Anvers 1545). — 3. Recueil de portraits d'empereurs romains. — 4. Imperatorum imagines publié par J. Stradan (1559). — 5. Maison de Ferdinand d'Autriche par Antoine Grotta (1569). — 6. Effigies imperatorum domus Austriacæ (publié par Soutman. 1644). — 6 a. Portraits de princes de la maison d'Orange par Soutman. — 7 et 7 a. Principes Hollandiæ et Westfrisiæ par Scriverius. Le volume Nc 7a est colorié (1650). — 8 et 9. Forestiers et comtes de Flandres. (2 édit.) — 10. Principes Hollandiæ et Zelandiæ par M. Vosmaer (1678). — 11 et 11 a. De viris rebusque Frisiæ illustribus par Hamconius. (2 édit.) — 12. Portraits des ducs et duchesses de Brabant par Mollyns (1546). — 13. Effigies des princes et ducs de Brabant, chez Meyssens. — 14. Ducs de Bavière par Kilian.

> Indépendamment de ce petit recueil, les ducs de Bavière ont une iconographie très nombreuse dans la série générale. Le cabinet conserve en outre deux grands tableaux peints à l'aquarelle dans le XVIe siècle où sont représentés les ducs de Bavière. (62 portraits allant des temps héroïques à Sigismond, 1501.) Ces deux tableaux proviennent des manuscrits, et avaient probablement appartenu à Gaignières. Ils sont exposés dans la salle dite de Réserve.

— 15. Grands-maîtres de l'ordre Teutonique. — 16. Grands-ducs de Bade (1829). — 17. Portraits de la famille Fugger (XVIIe s.), chez Dominique Custos.

> Ces portraits se retrouvent dans la collection générale où ils ont un classement alphabéthique.

— 18 à 18b. Livre impérial des patriciens d'Augsbourg (3 édit. 1550, 1580, 1681). — 19. Patriciens d'Augsbourg (1618). —

20. Portraits des administrateurs d'Augsbourg. — 21 et 21a. Patriciens de Nuremberg (2 exempl. dont un colorié). — 21b. Portraits des partisans et des adversaires de la Réforme (1817). — 21c. Portraits d'hommes illustres du XVI° s., par Lucas de Cranach, publiés en 1813. — 22. Portraits des prochanceliers d'Altorff (1721). — 23. *Id.* des savants de la même académie (1723). — 24. Hommes illustres d'Allemagne par Elias Wideman. — 24a. Hommes illustres de Prusse par Seidel. — 25. Portraits des membres de l'assemblée nationale allemande en 1848. — 25a. Portraits originaux de Gœthe (1888). — 25b. Les peintres de Dusseldorff dans leurs ateliers par Bitter et Camphausen (1845). — 26. Belgii pacificatorum icones (1618). — 27. Icones legatorum Monasterii (Munster) atque Osnabrugæ (1697). — 28. Les ambassadeurs pour le traité de paix de Munster. — 29. Portraits des plénipotentiaires pour la paix de Munster (1648). — 30. Portraits de professeurs de l'Université de Leyde. — 31. Portraits des docteurs Mennonites (1780). — 31a. Portraits de personnages célèbres publiés par Van der Aa (1618). — 32. Portraits de peintres Belges par Hondius (1618). — 33. Portraits des peintres flamands pour l'ouvrage d'Houbraken (1718). — 34. Portraits de peintres flamands publiés par C. de Bye (1661). — 35. Portraits de peintres flamands et hollandais pour la Vie des Peintres de Descamps. — 36. Portraits des consuls du canton de Zurich par Fuessli et Walch.

DIVISION **Nd**. — **Portraits d'Angleterre, du Nord, des régions lointaines.**

Nd 1. Baziliologia ou portraits de rois et de personnages illustres de l'Angleterre par Holland (1618). — 2. Recherches sur les portraits des princes de Galles (1828). — 3. Portraits de la cour d'Henri VIII (d'après les dessins attribués à Holbein publiés par Chamberlain, 1812). — 4 à 4c. The heads of illustrious persons of great Britain by Houbraken.

Les vol. 4 et 4a contiennent des portraits, le vol. 4b une traduction manuscrite du texte, le vol. 4c une table mste des portraits.

— 5. Portraits photographiés de Marie Stuart (Londres 1858). — 6. Notice sur la collection de portraits de Marie Stuart, au prince Labanoff (St-Pétersbourg 1860). — 7 et 7a. Galerie de portraits de femmes célèbres par J. Burke (1833, 2 vol.). — 7b. Recherches sur l'authenticité des portraits de Shakespeare par J. Boaden (1824). — 8 à 8c. Portraits d'Américains célèbres (1834-39, 4 vol.). — 9. Portraits de Grecs célèbres (Munich 1828). — 10. Portraits des Grecs célèbres (1864). — 10a. Portraits des Czars par D. Rovinski (1882). — 11. Portraits de la famille impériale de Russie par H. Benner et Mécou, vers 1820. — 12. Portraits lithographiés d'actrices russes (1858). — 13. Polonais et Polonaises de la révolution de 1830 par J. Straszewicz (1832). — 14. Galerie iconographique égyptienne (1851). — 15. Portrait de Fattah-A'ly schah de Perse, vers 1810.

Portrait avec notice en français.

— 16. Portraits de personnages brésiliens. — 17. Album mexicain (1843).

Division **Ne.** — **Collections générales de portraits.**

Ne 1 à 29. Collection générale de portraits commencée au XVIIe siècle par M. Rousseau, continuée par Lallemant de Betz et cédée au roi en 1753.

Ce précieux recueil a conservé sa reliure en basane façon Legascon. M. Auguste Flandrin, ancien bibliothécaire au cabinet des Estampes, en a dressé le catalogue détaillé. Le vol. 29 contient une table alphabétique permettant de retrouver aisément les portraits contenus dans la collection. Les épreuves des portraits sont en général d'une qualité supérieure, à cause du temps où elles furent acquises et mises en volumes ; on y trouve aussi des dessins originaux. Le 1er vol. contient des personnages de l'an 3859 av. J.-C. Le dernier vol. des personnages ayant vécu en 1660. La collection Lallemant de Betz porte le nom de *Collection d'Huxelles* dans les traditions du cabinet des Estampes, mais la raison n'en est point connue.

— 30 à 32. *Portraits dessinés de toutes les époques et de tous les pays, réunis en recueils et classés par liste alphabétique. (Réserve.)

Nous croyons utile de donner au moins les noms des personnages figurant dans ces recueils, notre catalogue de portraits au crayon les ayant laissés de côté, et aucun autre inventaire ne les ayant jamais mentionnés. En voici donc le détail. — Vol. 30 (grand format). Fraù Amalia die jungste und grosser (femme d'un réformateur?). Albert archiduc d'Autriche, sa femme Isabelle-Claire-Eugénie et leurs enfants (miniature de 1595 environ). De Baradat (vers 1660). Léopold margrave de Bade par LucasKilian ; Luis Bertrandi de l'ordre des Prêcheurs (XVIe s.). Le duc de Bourgogne (sanguine par un graveur. Voir *Bourgogne* (Louis duc de) dans la collection générale). Thomas Campanella + 1639 ; Annibal Carrache par le Guide (?) ; François Chauveau graveur ; Clément V par Devéria ; Colbert, dessin de graveur ; Madame Colbert (Marie Charron) ; Dandré Bardon par Michel Van Loo ; Duchesne, ancien conservateur du cabinet des Estampes, par Depaulis en 1847 ; Dupré, graveur en médailles, dessiné par David d'Angers ; Elisabeth imp. de Russie (1762) ; Ciro Ferri ; le m[is] de Gesvres fils du sieur Potier, 1er duc du nom ; le comte d'Harcourt, dit le cadet la Perle (XVIIe s.) ; Henry, évêque de Londres (XVIIe s.) ; Innocent IV par Devéria ; Joseph Ier, empereur d'Allemagne ; Mathieu Chiniac de la Bastide, littérateur, grand dessin par Quenedey ; Madame Lefebvre femme de Lefebvre de Venise, peintre ; Louis XIV enfant, dans un cadre allégorique ; Louis XIV ordonnant les embellissements de Marly (2 dessins) ; Louis XIV sur un médaillon (vers 1715) ; Mabillon par B. Picart en 1709, contre-épreuve d'une sanguine ; Marie-Thérèse reine de France (crayon par Nanteuil?) ; Meyerbeer sur son lit de mort par Emile Rousseau en 1864 ; Mouchy, de l'académie de peinture ; Frédéric-Henri prince d'Orange (copie d'une gravure) ; Pascal, dessin aux crayons de couleurs ; Ottavio Piccolomini (XVIIe s. Aquarelle) ; Hélène Lucrèce Piscopi ; Portal par Frédoux en 1757 ; Nicolas Poussin (XVIIe s.) ; Richelieu, croquis pour un graveur (XVIIe s.) ; Michel Lepelletier de Saint-Fargeau, dessin original de Louis David ; Gustave Selenus (gouache du XVIIe s.) ; Maximilien de Béthune duc de Sully (par Quesnel? dessin sur papier calque). — Vol. 31 (moyen format). François Albane ; le duc d'Albe (XVIe s.) ; Alexandre VII en cardinal Chigi ; Andronic, empereur byzantin (dessin du XVIIe s.) ; M.-Th.-Ch. duchesse d'Angoulême à l'âge de 15 ans, dessinée au Temple par un membre de la Commune (?) ; Albert archiduc d'Autriche (XVIIe s.) ; Jacques Roland sieur de Belebat, dessin par Foucher (XVIIe s.) ; Jean Breughel, sanguine d'ap. Van Dyck ; Domenico Capaci, peintre du cardinal de Tournon (?) ; Catherine Opalinska (sanguine) ; Charles VI empereur, dessin lavé ; le prince de Condé couronné par la Renommée, dessin de Grég. Huret depuis gravé ; Marceline Desbordes-Valmore par son oncle Desbordes ; autre par le même ; Ach. Devéria par Alex. Collin ; Francesco Donato, doge de Venise, miniature de 1550 ; le feldmarshall Dörflinger, crayon du XVIIIe s. ; Etienne Dubuisson, peintre, dessiné par Marie Jorel sa femme ; Espingola, sculpteur ; Renaud, cardinal d'Este (XVIIe s.) ; J. A. de Foresta (XVIIe s.) ; Pierre Fumyère par Bellange (vers 1650) ; Pierre Gassendi, aquarelle ; François Gentil par Gilet de Troyes en 1634 ; Mad. de Graffigny, née d'Issembourg, miniature de profil donnée par M. Valleré, son exécuteur testamentaire ; Christ. Guérin, graveur en médaille vers 1800 ; le masque d'Henri IV par Laffitte, vers 1820 ; Pierre de Jode, sanguine ; Joseph Ier, empereur d'Allemagne ; M. de Lanoue par Cochin (?) ; Jacques de la Porte, d'Orléans (1680) ; Jérôme de La Souchère, cardinal ; R. du Laury, dessin de graveur d'ap. Van Ost ; Le Tellier (XVIIe s.) ; Louis XIII (vers 1640) ; Marie-Antoinette d'apr. Mad. Le Brun ; Martis, garde du corps en 1626, par Dumeray ; Gabriel Le Nézot, capit. au régiment émigré de Royal-Louis en 1793 à la solde de l'Angleterre ; Gabriel Peignot, historien ; Pierre II, czar de Russie, médaillon de la collection du marchal de Richelieu ; Michel Riccio ; général Camus de Richemont, par Lorsay (1831) ; Robespierre, par Boze, donné par Mlle Marat en 1887 ; Martin van Rossem ; Raphaël Sanzio, dessin à la pl. d'après Raimondi ; Nicolas comte de Sdrigno (dessins provenant d'une suite de portraits dont quelques-uns ont été conservés par Gaignières ; voir ci-après Nf 8) ; Thomas Smith, évêque anglican ; B. Spranger, peintre ; Stanislas, roi de Pologne. (Voir dans Ne 80 Catherine Opalinska.) Balthazar de Vias ; suivent des anonymes, un moine, un cardinal, un officier en cuirasse, un ravissant portrait de femme de 1783 par Douix, etc. — Vol. 32 (petit format). Anonymes divers. Charles de Valois duc d'Angoulême ; le vicomte d'Auger en 1820, miniature de Gomien ; Jacques d'Auzoles sieur de La Peyre ; Frédéric Balduin ; Gervais de Beaumont ; Benoit XIII ; Guido Bentivoglio (XVII⁰ s.) ; J. du Bernet ; Pierre Bertier, évêque ; Elisabeth de Bohême, princesse Palatine, par Mirevelt ; le duc de Bourbon (1724) ; Antonio Campi, architecte ; Jean Caramuel de Lobcowitz ; N. Caussin, jésuite ; Charlotte de Mecklembourg, reine d'Angleterre (curieux dessin de mode) ; B. Chassane ; J. F. Chereau, graveur ; Odet de Coligny, cardinal, d'après une peinture murale ; Thomas de Cuisinier ; M. A. Descalis ; Le Tellier duc de Doudeauville, sanguine du XVIII⁰ s. ; Dutertre de l'expédit. d'Egypte, par lui-même ; Elisabeth de Portugal, femme de Charles-Quint ; Timoléon d'Espinay par Boudan ; Philippe Evan, martyr ; Louis Leclercq de Fleurigny ; V. A. de Forbin ; H. de Forbin baron d'Oppède ; Guil. Garconet ; Gassendi par Chauveau ; Gaucher, graveur, par Devéria ; Georges III, roi d'Angleterre (dessin de mode) ; Géraut, graveur (charge) ; Marcello Giovanetti par Mellan ; Carlo Goldoni ; Isabelle de Castille, femme de Ferdinand d'Aragon (dessin à la plume du XVI⁰ s.) ; Elie de Laisné ; Ph. de La Mare, président à Dijon ; Cardin Le Bret ; Lescot, évêque de Chartres, par Chauveau ; Louis Iᵉʳ, roi d'Espagne (1724) ; Louis XV ; G. A. Lovino de Milan, miniature du XVIᵉ siècle ; Arnould de Marin ; Masaniello (fantaisie de Steurnal) ; sa femme ; l'abbé de Manneville ; le chevalier de Manneville ; Jean de Mesgrigny ; Accurse de Meynier ; Jean de Meynier ; Anne de Montmorency, par Marc Duval (?) ; A. Mulet ; J. Maurice de Nassau-Siegen par Mirevelt ; Necker, dessin original ; Nicéron ; Fréd. H. prince d'Orange, par Mirevelt ; Fr. Panigarola ; Pétrarque et Laure ; Mateo Preti, le Calabrais ; A. de Prunier ; Fr. Robortelli ; Mad. de Stᵉ-Haulde, aquarelle miniature de 1820 ; Claude Saumaise ; J. G. Sivel, d'après Carrache ; Tycho-Brahé ; Guil. du Vair ; M. de Villermont. (Outre ces portraits, les recueils renferment des crayons et des aquarelles ci-devant inventoriés dans H. Bouchot : *Les Portraits au crayon ;* et par le même dans l'*Inventaire des dessins exécutés pour Roger de Gaignières*.)

— 33. Iconographia G. A. Canini (Rome 1669). — 34. Images des grands hommes de l'antiquité par J. A. Canini (Amsterdam 1731). — 35 à 35b. Iconographie grecque par Visconti (1808, 3 vol.). — 36 à 36c. Iconographie romaine par Visconti (1817-1826, 4 vol.). — 37. Veterum illustrium philosophorum... imagines (1685). — 37 a à 37 a e. Vie des hommes illustres de Plutarque (Dubois 1838-1842 XV vol.). — 38 et 39. Illustrium imagines par Th. Galle (Anvers 1598-1606). — 40 et 40a. Effigies virorum ac fœminarum illustrium par Van der Aa (2 vol.). — 41. Recueil de portraits d'hommes illustres gravés en bois. — 42. Les hommes illustres par Paul Jove (Bâle 1577). — 43. Recueil de portraits de papes, empereurs etc. — 44. Hommes illustres par A. Thevet (1584). — 45. Chronologie générale. Recueil de planches coupées. — 46. Recueil de portraits de souverains de tous pays. — 47. Recueil de personnages de l'antiquité. — 47 a. Portraits peints antiques par le Dr Richard Graul (1888). — 48. Principum et illustrium virorum imagines. — 48 a. Portraits d'empereurs, de princes, d'hommes illustres. — 48 b. Portraits de divers souverains et princes. — 49. Elegidia et poemata epidicta (Upsal 1631). — 49 a à 49 k. Celebri famiglie italiane par Litta.

<small>Cet ouvrage plutôt généalogique ne renferme que quelques portraits d'après des documents originaux.</small>

— 50. Recueil de portraits gravés au trait par Pujol de Mortry (1788). — 51 à 51 o. Portraits historiques publiés par Landon.

<small>Ces portraits sont répétés dans la collection générale alphabétique.</small>

— 52 à 52 d. Europe illustre d'Odieuvre (XVIIIe s.). — 53 à 53 g. Portraits et planches de l'Hist. de France de l'abbé Velly (8 vol.). — 54 à 54 a. Portraits de personnages remarquables par Frémy (1815-1817). — 55 à 55 a. Iconographie des contemporains (1832). — 56. Iconographie des contemporains (1833). — 57 à 57 a. Célébrités contemporaines, chez Delpech (1842). — 58 à 58 p. Panthéon des illustrations françaises au XIXe siècle (17 vol.), publié par Frond.

Division **Nf.** — **Collections de portraits.**

Nf 1. Sommaires des vies des fondateurs d'ordres religieux P. L. Bourier (1635). — 2 et 2 a. Fondateurs d'ordres religieux par C. Galle (Anvers 1630-1634). — 3. Portraits des hommes illustres en piété et en doctrine (Genève 1581). — 4. Hommes illustres par Schrenck (Muhldorf 1601). — 5. Ritratti di cento capitani illustri par A. Capriolo (Rome 1600). — 6. Illustrium veterum jurisconsultorum imagines (Venise 1570). — 7. Icones veterum ac recentiorum medicorum philosophorumque, par Sambuci (Anvers 1574). — 8. Portraits de personnages illustres des XIVe-XVIe siècles.

<small>Ce recueil avait appartenu à Gaignières ; les portraits qu'il contient sont dessinés à la plume et lavés d'aquarelle. La plupart sont copiés</small>

sur des originaux aujourd'hui détruits ou disparus. En voici la liste : Jean de Meung dit Clopinel, auteur du Roman de la Rose. (La lettre plus ancienne dit Jean de Salisbury.) Alexandre des Alles, précepteur de Thomas d'Aquin ; Gilles Colonna dit de Rome, précepteur de Philippe le Bel, ┼ 1316 ; Michel Angrian, bolonais ; Gui Perpinien, carme catalan ; Thomas d'Hibernie, historien ; Jean Froissart, historien français ; Paul Jove, évêque de Nocera, historien ; François Du Harin, jurisconsulte breton ; Charles Du Moulin, jurisconsulte et historien français ; trois anonymes ; Robert Gaguin, général des Mathurins ; Grégoire de Tours ? (folio 36) ; Jean Huss ; Jean Œcolampade, allemand.

— 9. Imagines doctorum virorum par Galle (1606). — 10. *Id.* par Boissart (1641). — 11 et 11 a. Bibliotheca seu thesaurus illustrium virorum par Boissart (Francfort 1628). — 12 et 12 a. *Id.* (édit. de Heidelberg (1669). — 13 et 13 a. Académie des Arts par Bullart (1682). — 14. Portraits dessinés à la plume de personnages des XVIe et XVIIe siècles. (Destinés à une chronologie générale du XVIIe s. : « Pourtrais de 100 Capitaines »).

> Ces croquis sont de peu d'importance. Voici les noms des personnages représentés : Nicolo Acciaiuoli ; Giovani Acuto (Anglais) ; cardinal Albornos ; Alphonse, roi de Naples ; le même ; Azzolino III ; Bajazet ; Jean Bentivoglio ; Braccio ; Francesco Carmagnola ; Georges Castriot ; Castruccio (Lucques) ; Charles le Téméraire ; Charles VIII ; Charles-Quint ; Christophe Colomb ; M. A. Colonna ; Prosper Colonna ; Mathias Corvin ; André Doria ; Tanneguy du Châtel ; Azzo m^{is} d'Este ; Uberto Farinato ; Hercule duc de Ferrare ; Nicolas m^{is} de Ferrare ; Gaston de Foix ; Odet de Foix (faux) ; François Ier ; Frédéric Ier, empereur ; Frédéric II ; Jean Gastaldo ; Gattamelata ; Gonzalve de Cordoue ; Ferd. de Gonzague ; François de Gonzague ; Louis de Gonzague ; André Gritti ; Ladislas, roi de Naples ; Louis XII ; Louis le Rodomont ; Robert Malatesta ; Sigismond Malatesta ; François m^{is} de Mantoue ; autre ; Frédéric duc de Mantoue ; Louis de Gonzague, m^{is} de Mantoue ; m^{is} de Marignan ; Maximilien Ier ; Jean de Médicis (Jean des Bandes Noires) ; Anne de Montmorency ; Pietro Navarro ; Orsini ; Virginio Orsini ; Othon III ; le m^{is} de Pescaire ; Philippe le Bon ; Nicolo Piccinino ; Orsino de Pitigiano ; Guy Rangone ; Rodolphe, empereur ; A. San Vitale ; Paolo Savelli ; Can della Scala ; Can II della Scala ; Mastin III della Scala ; Filippo Scolario ; Fr. et M. Sforza ; Pietro Strozzi ; Tamerlan ; Ubaldini ; Urbin (della Rovere duc d') ; Galeas Visconti ; Matteo Visconti ; cardinal Vitelleschi ; Alexandre Vitelli ; Camille Vitelli ; Nicolas Vitelli ; Vitelloso Vitelli.

— 15 et 15 a. Emaux de Petitot, publiés par Blaisot (1862-64). — 16. Livre utile et agréable pour la jeunesse, contenant les héros de la Liberté depuis Lycurgue jusqu'à Bonaparte (Paris an VII). — 17. Portraits de la cour de Louis XVIII et de la haute société, par le baron Crespy le Prince. (Lithographies de 1815 à 1842.)

Voici par ordre alphabétique les noms des personnes représentées : Mis d'Abancourt, b^on Aclocque d'Hocquincourt, le jeune Aclocque, b^on Aclocque de St-André, Mgr d'Ambray, m^ise Amelot du Chaillou, Ancelot, chev. d'Astier, général d'Astorg, c^te de Bastard d'Estang, Mme de Bawr, c^te de Beaucorps de Créqui, c^te Amédée de Beaumont, Charles de Beaumont, chev. de Bellot, maréchal duc de Bellune, m^is de Belot, m^is de Beurnonville, Hippolite Biesta, Blaisot, le chev. Blangini, lieutenant-général Bordesoulle, Boudonville, c^te de Bourbon-Busset, comtesse de Bourset, comtesse du Bouzet, Dr Broussais, comtesse de Bruyère nièce du prince de Wagram (2 fois), chev. de Cailleux, baron de Castellan, chev. de Chambrand, Mme de Chambord (?), Chapellier, de Chenoise, général de Choiseul, m^is de Choiseul-Beaupré, m^ise de Choiseul-Beaupré, comtesse de Clairambault née Coetlosquet, maréchal Clauzel, de Clément, général de Coetlosquet, baron Cools, b^on de Coubertin, lieutenant-général de Coutard, Mme Crespy Le Prince, la baronne de Crespy Le Prince et sa fille, chev. de Crottat, de Crouyer, Noël Desvergers, Jules Didot, v^te Digeon, général de Dino, Duchesne, conservateur des estampes, Dufour de Neuville, maréchal de camp, baron de Dujon, Ch. Fr. Dupuis, de Fénélon, baron de Fesquet, com^t Festamel, v^te de Fezensac, Fleury, colonel de Fontenelle, Forlenze, Mad. Forlenze, Fouzi, Frari, de Gaju, baron de Gazan, colonel de Gazan, c^te de Grammont, abbé de Grandmaison, général de Gressot, le jeune de Gressot, Mad. de Jernodoff, baron d'Ivoley, chev. de Jonville, v^te de la Bourdonnaye, c^te de la Ferrière, v^te de Laffite, chev. de Lagouanère, Mad. de Lagouanère, c^te de Lagrange, baron de Lambert, MM. de La Rive, La Rochefoucauld duc de Doudeauville, comte de Laroche Lambert, baron de La Rue, c^te de La Salle, Joséphine de la Salle, de Latil, général de Lorencez, c^te de Lauriston, c^te de Lavau, Mad. Vigée Lebrun, Jeanne Leclerc, colonel Leclerc d'Olstein, Mlles Leclerc d'Olstein, colonel baron Lecoulteux, chev. Alex. Lenoir, comte de Lentivi, m^is Le Tourneur, c^te de Lignac, général de Lostanges, duc de Tarente, Maindron, marquis de Maleville, m^ise de Maleville, colonel Marnier, l'évêque de Maroc, aumônier de Marie-Amélie, chev. de Massieu, de Mévil, c^te de Montbrison, c^te de Montlivaut, chev. de Monval, Emilie de Morestenn, miss Motte, m^is de Noirville, c^te d'Orsay, lieutenant-général m^is Oudinot, Angelica P..., J. M. Pardessus, James Parry, c^te Partouneaux, Mad. Pasta, m^is de Pérignon, baron Piertot, Poisson, c^te de Pontmartin, chev. du Pouy, de Prailhe, baron de Rabusson, duc de Raguse, Mad. Récamier d'ap. Gérard, duc de Reggio, duchesse de Reggio, v^te de Renaud, de Rivière, Rollin, Mlle de Roncenay, Mme de Rosière, Roux, Roux de Lens, v^te de St-Mauris, comte de St-Séran, lieutenant-général v^te Schramm (1836), chev. de Serionne, c^te de Sesmaisons, v^te Ives de Sesmaisons, comte de Sparre, Francisca de T., Tanneur, maréchal de Tarente, Thiebault, baron Thiebault, Toussaint, baron de Trélan, Ives Trémintin, v^te du Trochet, v^te de Vannoise, E. de Vannoise, chev. Ed. de Varigny, c^te de Vaud, Horace Vernet, sa femme, sa fille, colonel de Virieu, m^is de Vitry, Wiet, miss Wiet, Mme Word. (Table manuscrite des noms).

— 18. Album contemporain par Lallier, 1866 (photographies).
— 19 et 19 a. Les philosophes modernes par Saverien (1760-1765). — 20. Academia nobilissimæ artis pictoriæ par J.

Sandrart (1683). — 21. Iconographie par Antoine Van Dyck (1759). — 22 à 22a. Portraits de peintres qui se trouvent à Florence (2 vol.).

COSTUMES ET MŒURS.

Série O.

La série O renferme les ouvrages spéciaux ou les recueils factices concernant l'histoire du costume en France et à l'étranger. C'est aujourd'hui une des séries les plus riches du Cabinet et l'une des mieux fournie en pièces rares et curieuses. Le classement en est très méthodique ; il est basé sur les divisions politiques ; il comporte une certaine quantité d'estampes sur les mœurs.

La série O est surtout en faveur auprès des peintres d'histoire, des dessinateurs ethnographes, des costumiers de théâtre. Il n'existe cependant guère d'ouvrages didactiques sur la matière. Pour la France on pourra consulter les vol. du *Dictionnaire de l'Ameublement* par Viollet-le-Duc ; l'*Histoire du costume en France* par J. Quicherat (1877) ; le *Costume historique* par Racinet (1888), etc. Pour les autres pays en général, le même ouvrage de Racinet, et *le Costume ancien et moderne* de J. Ferrario, etc., etc.

La série O se subdivise ainsi :

    Oa Costumes de France.
    Ob Costumes de l'Europe en général, moins la Turquie.
    Oc Costumes religieux et militaires (ordres religieux).
    Od Costumes orientaux, Turquie, et Asie en général.
    Oe Costumes chinois seuls.
    Of Costumes d'Afrique, d'Amérique et d'Océanie.

Division Oa. — Costumes de France.

Oa 1 à 1d. Monuments de la monarchie française par le Père Bernard de Montfaucon.

> 1729-1733, cinq vol. in-fol. Cet ouvrage a été en grande partie composé d'après les recueils de Gaignières ci-après O a 9 à 18.

— 2 à 2a. Monuments français inédits par M. X. Willemin (1839, 2 vol.). — 3 et 3a. Costumes français par Beaunier et Rathier (1810, 2 vol.). — 3b. Le même ouvrage, Ier vol.

colorié. — 3 c. Histoire du costume en France par J. Quicherat, (1877). — 4 et 4 b. Costumes français lithographiés par Hippolyte Lecomte. — 5. Costumes français par Herbé (1837). — 6. Costumes français par Numa. — 7 à 7 c. Costumes, meubles et armes, par Hor. de Vielcastel (1827-1845). — 8 à 8 c. Costumes français depuis Clovis jusqu'à nos jours (1834-39, 4 vol.). — 9 à 18. Recueils de dessins exécutés par Boudan pour Roger de Gaignières au XVIIe siècle.

> Ces recueils, les plus consultés de tous les ouvrages sur les costumes, ont été inventoriés par H. Bouchot, *Inventaire des dessins exécutés pour Roger de Gaignières*. 2 vol. in-8°. La table de ce catalogue renseigne le chercheur sur les noms des personnages représentés, et l'introduction explique le passage de la collection Gaignières au cabinet du Roi. Les costumes vont de Clovis à Louis XIV.

— 19 à 38 y a. Costumes et mœurs de la France depuis les gallo-romains jusqu'à nous.

> Recueil factice composé de pièces de toutes provenances, dessins ou gravures, et comprenant à cette heure (Janvier 1895), 70 volumes in-folio reliés en cartons mobiles. Pour consulter ces volumes, il suffit d'indiquer la date approximative du costume qu'on désire et de préciser s'il s'agit d'un habit d'*homme*, de *femme* ou de *soldat*. (Cf. ci-après Od 27. cost. français égarés dans des recueils étrangers).

— 39. « Habits de France ».

> Curieux petit recueil ayant appartenu à Gaignières et copié par lui dans ses recueils de dessins (voir O a 17, et l'Inventaire d'H. Bouchot, t. I.). Ce sont des dessins originaux du XVIe siècle représentant toutes les classes de la société depuis le roi Henri III, jusqu'au gagne-petit des rues.

— 40. Album de l'Histoire des Modes françaises (1852). — 41. Bal historique de l'Opéra. Quadrilles de 1834 publiés par Rittner et Goupil, avec illustrations de Devéria, Johannot, etc. — 42. Modes de France du XVIe siècle. (Recueil de Gaignières, cf. H. Bouchot. *Inventaire*, T. I.). — 43. Modes françaises par Falck et autres. — 44. Costumes divers par Abraham Bosse. — 45. Costumes de France sous Louis XIII. — 46. Miroir des courtisanes du XVIIe siècle (1630 à 1650 environ.

> Recueil provenant de l'abbé de Marolles, et ayant conservé sa reliure d'origine aux armes du Roi. Les prétendues courtisanes sont des figures de modes, quart de nature, gravées par Daret, Jaspar Isac, Guil. de Gheyn, Le Blond; il y a aussi les figures allégoriques des vertus ou des vices personnifiés par des femmes. Costumes de mythologie

compris par les contemporains de Claude d'Urfé. Les vraies courtisanes sont au folio 191. Le *Miroir des Courtisanes* de Montcornet est au 203 fol. (1630). Figures de matrones et de sages-femmes (fol. 253-257). La Bassompierre ou R. F. (Portrait de la fille de Marie Touchet).

— 47. Galerie française par Gâtine. — 48 à 58. Costumes du règne de Louis XIV publiés par Bonnard.

Voici le détail de ces recueils factices: — O a 48 et 49. Cost. d'hommes. — 50 à 52. Cost. de femmes. — 53. Cost. divers, paysans, etc. — 54. Théâtre. — 55. Étrangers. — 56 et 57. Allégoriques. — 58. Mythologiques.

— 59. Costumes du règne de Louis XIV, en couleur. — 60. Costumes grotesques par Larmessin. — 61 à 78. Livre curieux des modes sous Louis XIV (18 volumes de pièces publiées par divers éditeurs). — 79. Modes de 1730.

Recueil provenant du maréchal de Richelieu, et renfermant des gravures et des notes manuscrites du plus haut intérêt. En tête les pièces gravées par Joullain d'après Coypel pour le Théâtre de Molière ; le titre est un rideau de théâtre de 1720 environ (5 pièces). Notice manuscrite sur les modes de 1729. Modes de 1726. Recueil des différentes modes du temps, 1729 (11 pièces). Modes de femme pour 1730. Acteurs du théâtre italien (6 pièces). Écrans représentant des scènes de comédie à la mode. Les petits Comédiens (six scènes diverses). Diverses figures des cris de Paris par Guérard le fils. M. Jolicœur d'après Lancret, 1734. Cris de Paris en images par H. Bonnart. Éventails divers de 1730. Notice manuscrite « de la mode des petites coeffures... et des petits paniers qui peuvent estre quallifiez de vastes cotillons ». Figures gravées par Caylus d'après Watteau. 33 vignettes gravées par Laurent Cars d'après Boucher pour les œuvres de Molière (voir ci-devant : *E e 5 a et *E e 5 b. Laurent Cars). Habillement des gardes de la marine « déterminé en 1716 et qui n'a pas eu lieu » (suite de 4 aquarelles). Autres costumes de la marine dessinés par Vassé en 1716. Chef de brigade du pavillon, capitaine des gardes du pavillon, brigadier des gardes, garde du pavillon, tambour des gardes. Milices. Milice de 1726 ; compagnie des cadets, 1726. Drapeau du régiment suisse de Karzère entretenu pour le service de la marine et des colonies. Bonnet de bombardier ? (2 aquarelles). Ordonnance manuscrite de 1733 sur la cavalerie.

— 80. Mœurs et coutumes des Français au XVIIIe siècle (1775). — 81 à 84. Modes françaises publiées chez Esnault at Rapilly entre 1778 et 1785. — 84 a. Costumes du XVIIIe siècle par A. Guillaumot (1875). — 85 à 85 d. Cabinet des Modes.

Modes de France depuis 1786 à 1790, cinq ans. Planches en couleur par Duhamel. Ces volumes ont leur texte.

— 85 d +. Planches de l'ouvrage précédent réunies en un volume factice. — 85 e. Costumes français de 1790 à 1793 par Guillaumot. — 86. Modes et manières du jour.

 Recueil de costumes de 1800 publiés par La Mésangère. Les gravures coloriées ont toutes été dessinées et gravées par P. J. Debucourt.

— 87 à 87 s. Journal des Modes publiés par La Mésangère. (20 volumes et 2,000 planches).

 Ce recueil, un des plus regardés aujourd'hui, pour les modes du Directoire et du premier Empire ne contient que les planches du Journal des modes allant de 1797 à 1821. La suite est au Département des Imprimés Lc 14/4.

— 87 t. L'observateur des modes (1818-1820). — 88. Costumes de différents départements de l'Empire français, publiés par Martinet.

 Manque 16, 30 à 96, 98 à 102, etc. La deuxième partie de ce livre contient des uniformes assez rares de garde-champêtre, de lycéen, de piqueur.

— 89. Modes françaises en 1800, reliure de l'Empire.

 Dans ce curieux recueil, édité par J. Chéreau, on voit Madame Bonaparte à cheval (fol. 41). Bonaparte (fol. 72). Mad. Bonaparte dans son cabinet (fol. 73).

— 90 et 90 a. Tableau général du goût des modes et costumes de Paris ; an V et an VII (1797-1799). — 90 b. Modes sous le Directoire arrangées par Compte-Calix — 91. Costumes de France (1795-1815).

 Recueil factice contenant les costumes des membres du Gouvernement dessinés en couleur, par Chateignier et par Hoffmann ; la planche des mêmes, par Canu, avec la vue de la Salle des Anciens ; autre planche ; planche de quatre où l'on voit Cambacérès, Le Brun, Bonaparte et Madame Bonaparte. L'Empereur et l'Impératrice, par Isabey et Pauquet. Diverses planches : costume de ministre de la Guerre, par Hoffmann. Deux planches de costumes de femme en 1797, gr. par Marchand. Promenade du Boulev. Italien en 1797 par Desrais. Images populaires de Basset. Suite de costumes dessinés par Naudet et publiés par Jean (1 à 5, 7 à 13). Petites images populaires. Planches de l'*art du coeffeur* par Palette (1803). Toilette pour aller au Sérail. Le Sérail. Diverses planches d'éventails. Le sultan parisien ; la veille du Nouvel an par Debucourt. Planches du Suprême bon ton. Charges diverses. La promenade à la plaine des Sablons par Desrais, la promenade au bois de Boulogne, promenade au boulev. des Italiens, une paire de bas pour deux ; la fureur des Corsets (vers 1820). L'inconvénient des faux-toupets ; effets merveilleux des bretelles ; effets merveilleux des lacets ; garde à vous voilà l'hiver ; soirée du Luxembourg ; les Coryphées de Longchamps, etc., etc. Suite de petites scènes gravées par Jazet, Vent debout et vent arrière par Debucourt, la marchande d'aiguilles de Lyon; suite de toilettes par Parfait Augrand ; planches satiriques de l'*Anecdote*; suite de charges ; pensionnat de jeunes filles ; le coiffeur, le tailleur, par Debucourt, etc.

— 92. Coiffures de femmes (1810-1820) chez Bance, gravées par Schenker. — 93. Recueil de planches sur les costumes et les mœurs (1815-1825).

Billets de mariage, costume de bal, cost. de printemps (3 lith. signées A. de V., chez Lasteyrie). Planches du Musée grotesque et du Bon Genre. La famille Moitte à Charenton (rare), vignettes, etc. Vigneron de Clermont, cultivateur de St-Alyre, costumes des départements, lithogr. populaire par Marlet, deux portraits d'enfants 1818 signés Luxembourg, charges diverses sur les modes de la Restauration, n° 32 de la suite des *Merveilleuses* de Hor. Vernet, La *Charité* par Brocas le petit Corps d'Armée par Auger, le goût du jour par le même, etc., etc. La duchesse d'Angoulême à cheval (1815), Costume chevaleresque par A. de V., etc.

— 94 à 94a. Le Bon Genre, avec son texte, 1817. Recueil de mœurs et de costumes. — 95. La Mode (3e année, 6e vol.). Paris, 1831.

Quelques lithographies de Gavarni, entre autres la *Loge à l'Opéra*.

— 95a à 95n. Le Journal de Modes Le Follet (1835-1863), lacune de 1839 à 1855. — 95o à 95z. d. Les Modes parisiennes (1848-1863). — 96. Modes de femmes de 1850 à 1854. — 96a. Costumes de femmes (1884). — 97. Maison militaire du Roi par Eisen (1756). — 98 et 98a. Uniformes de l'armée française par Montigny (1772), 2 exemplaires dont un colorié. — 99. Uniformes de l'armée française au XVIIIe siècle, dessins coloriés. — 99a. Uniformes de l'Armée française en 1740 par L. Jolly. Dessins. — 99b. Les Régiments sous Louis XV. Tableaux des couleurs par Lucien Mouillard. — 100. Privilèges des gardes de la Ville de Paris par Hay, (1770). — 101 et 101a. Recueil de costumes militaires de France (1550-1791 et 1793-1815).

Recueil formé de pièces détachées. Troupes de Louis XIV, vignettes coloriées par Hoffmann sur les armées françaises de 1779 à 1789. Imagerie populaire, Costume de lieutenant-général (fol. 41). Amiral (fol. 42). Officiers des gardes du roi en 1791 (fol. 53-56). — 101a. Armées de la Révolution, enfants de la patrie, enfants de Mars ;

armées impériales. Planches populaires sur les généraux de la République et de l'Empire. Suite des maréchaux chez Basset. Famille de Napoléon (estampes populaires). Images de soldats enluminés de Garnier à Chartres. Capitaine de grenadiers de la garde des Consuls. Cavalerie impériale française. Dessin par Nieman en 1808 ? Garde d'honneur de l'Empereur, garde d'honneur de Lyon, etc. Garde de la douane.

— 102 à 102 b. Costumes militaires de France par A. de Marbot (1439 à 1814). — 102 c à 102 t. Costumes militaires français recueillis par A. de Valmont (1643-1856).

Ce recueil de dessins est un des plus intéressants dans le genre. La marine y occupe les vol. 102 q et 102 r. Les étrangers 102 s et 102 t.

— 102 u et 102 v. Exposition du ministère de la Guerre en 1889 par le général Thoumas. — 103. Essai historique sur l'artillerie française par A. de Moltzheim (1868). — 103 a. L'artillerie française en 1829 par Foussereau. — 104. Musée de l'Infanterie française par Philippoteaux. — 104 a. Le 82e régiment par Arvers. — 104 b. Les soldats du siècle par Caran d'Ache (1890). — 105 à 105 b. Troupes françaises suivant l'ordonnance de 1786 par Hoffmann.

T. I. Maison du roi ; T. II. Infanterie ; T. III. Cavalerie.

— 105 c. Uniformes français, (Leipzig 1794). — 105 d. Garde des consuls (1799-1804). — 106. Costumes militaires en 1803 et en 1804. — 107. Uniformes français de 1791 à 1814 par H. Vernet et Eugène Lami (Paris 1822). — 108. Collection des uniformes sous Napoléon publiés par Martinet, 1807 à 1813. — 109. Galerie des Enfants de Mars. — 110. Troupes françaises publiées par Basset (1815). — 111. Réglement sur l'uniforme en 1803. — 112. Détails de l'uniforme de la cavalerie légère par Imbard. Dessins. — 113 à 113 a. Costumes civils et militaires de l'Empire français par Hoffmann, gravures enluminées. — 113 b. Garde impériale et royale par Henschel à Berlin (1806). — 114. Uniformes de la garde du roi de Westphalie. — 115. Costumes militaires par Charlet (1815). — 116. La vieille armée, par le même. — 116 a. Costumes militaires, 1789-1815, par Charlet. — 117. Uniformes français de 1815 à 1824 par Lami (1825). — 118. Uniformes français, par Canu. — 119. Étrennes aux héros futurs. — 120. Costumes militaires par Genty, 1814 et 1815. — 120 a. Uniformes de la garde royale sous Louis XVIII par Aubry et Lœillot. — 120 b Uniformes de l'armée française par Aubry, (1823). — 121. Gardes nationales par Amb. Tardieu (1817). — 122. Uniformes de la garde nationale par Foussereau. — 123. Costumes militaires par Adam (1832). — 123 a. Costumes militaires français, dessins à l'aquarelle. — 124. Uniformes, par A. Raffet, 1833. — 124 a. Esquisses hist. des corps composant l'armée française par Ambert, dessins par Aubry (1835). — 125 et 125 a. Uniformes de l'armée française 1848. Deux exemplaires dont un colorié. — 126. Types militaires par Lalaisse. — 126 a. Effets d'équipement de la garde impériale en 1857. — 126 b. L'armée française et ses cantinières par Sorieu et Lalaisse, (1860). — 126 c. Album de l'armée française par Lançon. — 126 d. Régulateur du grand équipement dans la garde et dans la ligne (1863). — 127. Uniformes de la garde impériale par Armand Dumaresq en 1857 (grand in-folio). — 128. Uniformes de l'armée française par le même, 1861 (grand in-folio). Ces deux exemplaires sont coloriés. — 128 a. Paris assiégé, par Draner. — 128 b. Souvenirs du siège de Paris par Draner. — 128 c. Les soldats de la République par Draner, — 128 d. Les Communeux par Bertall. — 128 e. Nos marins, par Paul Leonnec (1887). — 128 f. et 128 g. Les sièges de Paris, costumes militaires originaux par Auguste Raffet fils, bibliothécaire au Cabinet des Estampes.

> M. Raffet fils s'est donné la tâche de débrouiller l'extraordinaire cacophonie de costumes militaires inventés entre Juillet 1870 et mars 1871. Le 1er volume est consacré aux uniformes de l'armée régulière et auxiliaire, le 2e aux armées de la Commune. M. Raffet explique dans une notice qu'il a dû se limiter à cause de la multiplicité des modèles. Ce recueil fort curieux a été dessiné par un amateur consciencieux, spécialiste de costumes militaires, témoin oculaire ; c'est là un de ces travaux d'utilité pratique dont par malheur les bibliothèques sont rarement riches. Dans cent ans les livres de M. Raffet seront un document authentique et sérieux pour écrire l'histoire des uniformes au moment de la guerre de 1870.

— 129. Costumes des autorités constituées (1795). Dessins par Garnerey. — 129 a. Costumes des autorités en 1796 par Grasset de Saint-Sauveur. — 130 et 130 a. Représentants du peuple par Grasset de St-Sauveur, 1795, avec une édit. allemande. — 130 b. Costumes du Consulat (1802). — 131. Costumes d'enfants parisiens.

> Très rare recueil colorié de 24 planches datant de 1810 environ.

— 131 a. Cris de Paris du commencement du XVIIe s., reproduits par Pilinski. — 132. Études prises dans le bas peuple par Bouchardon (1737). — 133 et 133 a. Cris de Paris par Poisson

(Deux exemplaires dont un colorié). — 133 b. Guyot et Watteau. Cris et costumes de Paris en 1786. — 134. Cris de Paris publiés par Martinet. — 135. Cris de Paris par Carle Vernet (1815). — 135 a. Cris de Paris en 1819. — 135 b et 135 c. Recueil factice de cris de Paris et de Petits métiers. — 135 d. Cris de Paris en 1890 par Pierre Vidal, du Cabinet des Estampes. — 136. Costumes parisiens de 1816 par Gâtine. — 137. Livrées du prince de Condé en 1776.

> Ce précieux album dessiné à la gouache renferme toutes les livrées, tant de la maison particulière du prince, que du gouvernement de Bourgogne. Il y en a un double à Chantilly. Celui-ci provient du duc de Fernan-Nunez et est relié aux armes de Condé.

— 138. Costumes des Départements vers 1840 (lith.). — 138 a à 138 l. Mœurs et costumes des Départements de France (12 vol.).

> Recueil factice fait de pièces diverses classées alphabétiquement au nom de chaque département. Pour les demandes, indiquer simplement le département dont on désire le costume.

— 139. Album de costumes français par Eugène Lami et autres. (Les Français peints par eux-mêmes). — 140. Costumes anciens de Strasbourg. — 141. Costumes de Normandie en 1827. — 141 a. Costumes du Pays de Caux (avec texte, 1827). — 142. Costumes du Calvados (1830). — 143. Du Finistère (1830). — 144. De la Gironde, etc., etc. (1830). — 145. De Bordeaux, par G. de Galard. — 146. Album Bordelais, par G. de Galard. — 147. Scènes familières, par Maurin et autres, vers 1830. — 148. Scènes galantes, par le même. — 149. Recueil de figures lisant. — 150. Promenades dans Paris par Eug. Daudet (1836). — 151. Musée Grévin (1887). — 152. Sur la route (scènes modernes), par Jules Alby (1890). — 153. Joies d'enfants par Mars (1890). — 154. Coins de Paris par Luce (1890). — 155. Paris qui consomme par P. Vidal (1893). — 156. Le café concert par Ibels et H. de Toulouse-Lautrec (1893).

> Nota. — *Indépendamment de ces ouvrages, on pourra demander pour la République de 1870, la Commune de Paris et les époques immédiatement contemporaines, les suppléments non reliés, costumes de France, en précisant l'année. Quant aux journaux de modes on les trouvera au Département des Imprimés de la Bibliothèque.*

Division **O b. — Costumes étrangers.**

— 1 et 1 a. Costumes divers par Bonnard et Mercuri (1829-1830).

La date est celle de la publication ; on trouve en effet dans cet ouvrage des costumes du Moyen-Age.

— 1 b et 1 c. Costumes des XVIe. XVIIe et XVIIIe s., par G. Duplessis, planches par Lechevallier-Chevignard (2 vol.). — 1 d. Histoire du costume par Raphaël Jacquemin. — 2 à 2 b. Costumes du Moyen-Age chrétien par Hefner (en allemand), 3 vol. — 3 à 3 ++. Hist. du costume au Moyen-Age par H. Weiss (1864-1872). — 3 a et 3 b. Vade mecum du peintre ou recueil de costumes du Moyen-Age par F. de Vigne (1844). — 4. Habits de diverses nations étrangères.

Recueil provenant de Marolles et ayant gardé sa reliure. En voici le détail sommaire : Cost. de toutes les nations par Fernand Bertelli, 1563 (fol. 1 à 18). Autres costumes du XVIIe s. Cris de Paris au commencement du XVIIe siècle (fol. 20 à 24). Dames de la porte du Grand Turc par G. La Chapelle, 1648. Costumes de Adam van Oort, Snellinck, etc. Autres par D. Hals. Livre nouveau de diverses nations par Guil. Baur, publié par Langlois. Têtes d'hommes et de femmes de la fin du XVIe s. (fol. 40-41). Universarum gentium armatura equestris, chez N. Visscher (fol. 43 à 48). Costumes des diverses nations par Bruyn, 1577 (fol. 49 à 74). Autres recueils du même (fol. 75 à 100). Une femme mariée à Rome (fol. 101). Costumes de Bâle par Henrich Glaser, en 1634 (fol. 106 à 109). Orientaux à cheval (fol. 110-112). L'empereur des Turcs. Diversitez d'habillemens à la mode, dédiés à Nicolas le Jay, par St-Igny, Nicolas le Jay y est représenté dans son costume officiel (fol. 113 à 116). Theatrum mulierum par Jost Amman (1586) (fol. 117 à 148). Histoire des Turcs par Nicolas Nicolaï (1576). Diversité des habits, en caractères de civilité, par Francois Deserpz (fol. 165 à 178). Armures de tournois des patriciens d'Augsbourg XVIIe s. (fol. 179 à 240). Arts et métiers à Bologne, par Maria Tamburini.

— 5. Costumes divers par Van der Aa. — 6. *Id.* par J. de Ram. — 7. Theatrum mulierum par Hollar (Londres 1643). — 8. Album amicorum. Costumes et armoiries (Louvain 1605). — 9. Habits de femmes de diverses nations par B. Montcornet. — 10 et 10 a Recueil de Gaignières sur les maisons étrangères.

Voir l'Inventaire pour le détail.

— 11. Anciens habits, recueil de dessins coloriés sur les costumes d'Italie, d'Espagne, d'Écosse, d'Allemagne et de Hollande, des Pays orientaux et les Indes (1572).

Ce recueil a appartenu à Gaignières qui l'a fait copier dans plusieurs de ses albums. (Voir l'inventaire).

— 12. Habiti antichi e moderni di diverse parti del mondo par C. Vecellio (1590). — 13. Le même ouvrage (1664). — 14. Habillements de diverses nations (1520-1550).

Très curieux recueil de poncifs destinés au coloriage. Femmes et bourgeois d'Augsbourg, de Nuremberg, de la Basse Bavière, de la Thuringe, de la Misnie, de la Hesse, de Brunswick, vieille et nouvelle Marche, Saxe, Mecklembourg, cost. de la duchesse de Mecklembourg ; Russes, Russes du Nord. (Il y a sur les peuples du Nord une foule de figures fort intéressantes). Moscovites, Tartares, Irlandais, Pays-Bas, Cologne, Hollande, Flandres, Picardie (jeunes mariés), Bourgogne, France (ces poncifs ont cette particularité de donner le costume des femmes de dos), Franche-Comté (Besançon), Piémont, Suisse, Florence, Milan, Venise, Gênes, Ferrare, Urbin, Bologne, Rome, Naples ; Costumes espagnols : Biscaye, St-Jacques, Barcelone, Castille ; Costumes italiens : Venise, Padoue, Vicence, Perouse, Pise, Ancône. Gênes. Morée, Portugal, Esclavonie, Polonais, Istrie, Sarrazins, Grecs, Thrace, Macédoine, Corinthe, Épire, Turcs, Barbarie, Podolie, Palestine, Assyrie, Syrie, Arménie, Damas, Perse, Afrique, Babylone, Égypte, Arabie, Éthiopie.

— 14a et 14b. Costumes de diverses nations du XVIe s. — 15 et 15a. Habits de diverses nations par Bertelli (1594-96). — 16. Costumes de femmes de différents pays par Anaïs Colin. — 17 et 17a. Galerie royale de costumes par Pingret. — 18. Costumes divers par Martinet. — 19. Costumes de diverses nations. — 20. Recueil de la diversité des habits (Paris 1567). — 21. Théâtre des femmes de toutes les nations par Jost Amman. — 22. Costumes de femmes de diverses contrées. Dessins du XVIe siècle — 23. *Idem.* (Vers 1540-50).

Ces deux recueils ont appartenu à Roger de Gaignières ; ils portent une des rares reliures de la Révolution avec le chiffre R. F. et N. B. mêlés. Ce sont des dessins sur vélin exécutés au XVIe siècle et représentant des femmes espagnoles, des italiennes, des allemandes, des suisses, des orientales, des Juives. Le vol. Ob. 23 renferme un costume de française en 1540 environ, des espagnoles, une persane, des femmes d'Alexandrie, de Candie, d'Esclavonie, de Calicut, de Carthage, de Rhodes, femme hébraïque d'où les peintres ont tiré les figures de la Vierge ; un type de bravo au XVIe siècle.

— 24. Habits de diverses nations. — 25. Habits des nations étrangères par J. J. Boissard. — 26. Recueil de costumes étrangers recueillis par R. Boissard. — 27 à 27c. Costumes de peuples étrangers recueillis par Boydell (4 vol.). — 27d. à 27t. Le costume ancien et moderne par J. Ferrario. Europe, Asie,

Afrique, Amérique — 27 u à 27 z. Le costume historique par A. Racinet (6 vol.). — 28 à 30. Musée de costumes (Algérie-Espagne, France-Italie, Russie-Turquie). — 30 a. Le tour du monde. Album des costumes de toute la terre (1892). — 31 à 31 c. Costumes civils actuels par Grasset de St-Sauveur (1788). — 31 d. Voyage dans les quatre parties du monde par Grasset de St-Sauveur (1806). — 32 et 32 a. Costumes militaires de l'Europe (2 exempl.). — 33. Troupes étrangères par Martinet (Vers 1815). — 34. Troupes étrangères publiées par Genty. — 35. Costumes de toutes les nations publiées par Duflos (Paris 1780). — 35 a. Costumes de femmes de différents pays par Lanté et Gâtine (1827). — 35 b. Petit recueil de costumes historiques (1889). — 35 c. Musiques militaires de l'Europe par E. Perrot. (1867), — 35 d. Atlas militaire, organisation, uniformes et distinctions des armées d'Europe (1890). — 36 et 37. Modes d'Italie au XVIe siècle, recueillies par Gaignières (Cf. Inventaire Bouchot). — 38. Habiti d'huomeni e donne. Venise. — 39. Scènes d'Italie. Costumes et jeux par Godby (1806). — 39 a. Costumes d'Italie par Gaucherel, d'après Barbault (1863). — 40. Costumes d'Italie (Naples 1793). — 40 a. Cost. du royaume de Naples (1793). — 40 b. La bella Napoli par C. W. Allers (1893). — 41. Recueil de costumes civils et militaires de l'Italie.

Recueil provenant de Béringhen, et renfermant entre autres pièces les costumes des doges, une représentation dessinée sous trois faces du bonnet des doges de Venise. « La pompe du doge de Venise ». Nobles vénitiens dont un de 1690 environ. Jeux populaires à Venise par Giacomo Franco (XVIe siècle). Le Carnaval au XVIIe s. Planches tirées du Ballarino de F. Caroso (1581 ; danses vénitiennes). Femmes romaines par N. Vleughels et Jeaurat. Suites d'estampes publiées par Trouvain, et dessinées par Bocquet. (Police de Rome, garde-suisse du Pape, soldats du pape, laquais, café à Rome en 1670 environ, boucher).

— 42. Costumes italiens dessinés à Rome en 1807 par Debret. — 43. Coiffures des dames en Italie au XVIe siècle. — 44. Costumes italiens par Pinelli (Rome 1822). — 45. Costumes d'Italie par Rémond. — 46. Costumes italiens par Levilly. — 47. Costumes de la cour de Rome par Perugini (1852). — 48. Le arti che vanno per via nella città di Venezia par G. Zompini (1785), — 49 à 49 b. a. Costumes et mœurs de l'Italie (6 vol.).

Recueil factice ainsi classé : 49 et 49 a. Italie du Nord. — 49 a a., 49 a b. et 49 a c. Italie du centre. — 49 b. et 49 b a. Italie du Midi.

— 49 c. Uniformes militaires de l'armée sarde par Gonin (1844). — 49 d. L'armée italienne par Cenni (1880). — 49 e. Uniformes de l'armée italienne (1891). — 50 à 50 b. Costumes et mœurs de l'Italie et du Portugal. (3 vol. Le Portugal est dans 50 b.) — 51. Modes de Gaignières, Espagne XVIe siècle (cf. Inventaire Bouchot). — 51 a. Costumes espagnols du XVIe siècle, par Diana Scultori. — 52. Recueil de costumes espagnols et portugais.

> Recueil provenant de Béringhen, et renfermant entre autres pièces une suite de 23 planches fort rares, gravées au XVIe siècle et représentant des femmes des provinces d'Espagne en 1436. Sept pièces coloriées d'habits du XVe siècle, etc., etc. Chevalier de la Clef dorée, dame de qualité, troupes espagnoles vers 1810 par Niemann (pièces rapportées dans le recueil). Costumes portugais.

— 53. Costumes espagnols (Londres 1832). — 54. Costumes de femmes de divers pays de l'Espagne.

> Recueil provenant des Manuscrits (22 août 1746) lequel contient outre les costumes, un iguame, un phénix, un dattier, une salamandre; les costumes de femmes sont du XVe s. Au fol. 9 deux guerriers du XIVe siècle espagnol. Au fol. 28 deux hidalgos du XVe siècle. A la fin du volume on trouve un curieux dessin du XVIe siècle exécuté à l'aquarelle. En regard se trouve la critique manuscrite du sujet en écriture de 1560 environ ; ce dessin représente la Bonne foi.

— 55. Costumes de femmes de diverses contrées, XVe siècle. Dessins originaux.

> Femmes de Bayonne, de Mont-de-Marsan, de Dax, costumes divers de femmes espagnoles, femmes de Gênes, de Ferrare, d'Afrique (?), de Candie, d'Athènes, de l'île de Sardaigne, de Trapani ; suite de petits costumes d'Espagne ; à la fin (fol. 76) une Romère, c'est-à-dire une femme allant en Romerie (le pardon breton).

— 56. Uniforme de l'armée espagnole, par V. Adam (1846). — 57. Costumes d'Espagne par Pigal. — 58. Cris de Madrid (gravures coloriées). — 59. Costumes de Portugal publiés par Colnaghi (1814). — 59 a. Costumes de l'armée portugaise (1890). — 60. Recueil de costumes de Hongrie, Istrie, Grèce et Archipel.

> Recueil provenant de Béringhen et renfermant, outre les pièces anciennes, des gravures modernes ajoutées en 1817. Garde-noble hongrois en 1815, grenadier hongrois, habitants de Raguse, Grecs du XVIe siècle, gens de Milo, de No, de Mycone, pièces composant l'habillement des femmes de Mycone, etc., villageois grec du XVIe siècle. Femmes turques et grecques par La Chapelle (voir ci-devant O b. 4). Femme de Chio, consul de Chypre.

—+ 61. La vie seigneuriale en Allemagne d'après des miniatures authentiques (1885). — 61. Costumes de Gaignières. Modes d'Allemagne au XVIe siècle. — 61 a. Anciens costumes allemands. Dessins coloriés. — 62 à 63 a. Costumes et mœurs de l'Allemagne. Recueil factice.

> 62. Hommes, cost. militaires. — 62 a. Femmes et mœurs. — 63. Costumes classés alphabétiquement. Anhalt à Hohenzollern. — 63 a. Mecklembourg à Wurtemberg.

— 64. Recueil de costumes allemands.

> Recueil provenant de Béringhen et ayant reçu des additions en 1817. Suites de cost. allemands des XVIe et XVIIe s. Ordre du St-Empire romain institué par Othon III : Empereur, électeurs, ducs, marquis, comtes, chevaliers, villes libres et impériales, etc. Suites de costumes du XVIe s. par Beham, Aldegrever, Israël van Mecheln, Zagel, etc., etc. Troupes modernes, Autrichiens (1810), etc.

— 65. Cris de Vienne (1775). — 65 a. Costumes des Etats de la Maison d'Autriche. — 66. Costumes de l'Empire d'Autriche. — 67. Souvenirs de la monarchie autrichienne par Valerio. — 68. Costumes du grand-duché de Bade. — 69 et 69 + Costumes d'Autriche ; recueil factice (2 vol.) — 69 a. Costumes de Prusse. Recueil factice (voir ci-après O b 80 à 81 b). — 70. Uniformes de l'armée autrichienne par Pettenkoffer et Strassgschwandtner. — 70 a. Armée autrichienne (1880). — 70 b. Cost. militaires d'Autriche Hongrie (1891). — 70 c. Sous les drapeaux par Bancalari et Riéger. Illust. de Myrbach. (1889). — 70 d. L'armée autrichienne de Barteau (1893). — 71. Costumes de Nüremberg. (Recueil provenant de Béringhen). — 72 Costumes de Wurtemberg. — 73. De Saxe (1807). — 74. De Leipzig. — 75. Du Tyrol. — 76. De Bavière. — 76 a. Regratterie de Hambourg par Suhr (1808). — 77. Uniformes de l'armée badoise par Wollinger (1824). — 78. Uniformes de l'armée royale prussienne. Postdam (1756).

> Les figures sont dessinées en poncif et coloriées à la main.

— 79. Uniformes de l'armée allemande en 1787 (Autrichiens). En couleur. — 80 à 80 c. Costumes militaires par Eckert. (Autriche, Prusse, Hanovre, villes libres). — 80 d. Uniformes de l'armée allemande (1877). — 80 e. Uniformes de la marine allemande (1878). — 80 f. Uniformes de l'armée allemande (1878). — 80 g. Album de l'armée allemande (1880). — 80 h. L'armée allemande par Balaschoff et A. Herbillon (1890). — 80 i. Uniformes militaires de l'Empire d'Allemagne par Max

Hochsprung (1891). — 80 j. Armée et marine d'Allemagne par Krickel (1893). — 80 k. Notre armée par Röchling (1894). — 81. Uniformes de l'armée prussienne par Schindler (1862). — 82. Modes de Gaignières. Suisse XVI^{e}s (Cf. Inventaire Bouchot). — 83. Costumes suisses par Rullmann. — 84. Costumes suisses (Recueil). — 84 a. Uniformes suisses par Wolmar. — 85. Costumes suisses et allemands (Recueil formé en 1809). — 85 b. Costumes suisses par Reinhart. — 86. Costumes suisses par Martinet. — 87. Costumes suisses par Kœnig (1803). — 88. Costumes suisses par Vigneron (1822). — 89. Costumes de Suisse par Moritz et Lory. — 90. Costumes suisses par Pingret. — 90 a. Cahier de cost. suisses (1833). — 90 b. Costumes suisses par G. Opitz. — 91. Cost. suisses, phot. par Braun. — 91 a. Costumes du canton de Zurich par Pfeffel. — 91 b. Les Suissesses par Suter. — 91 c à 91 e. Costumes de Suisse (Recueil factice). — 92. Modes de Gaignières, Pays-Bas XVI^{e}s, (Cf. Inventaire Bouchot). — 93 et 93 +. Costumes et mœurs des Pays-Bas, Belgique et Hollande. — 93 a. Les Suédois, mœurs et coutumes, tableaux et légendes. — 93 b. Costumes suédois d'après Camino et Régamey, par Ch. Geoffroy (1865). — 93 c. Danemark, Suède et Norwège (Recueil factice). — 93 d. Uniformes de l'armée suédoise par Engelhardt (1888). — 94. Costumes de Hollande et de Flandres. (Recueil). — 95. Costumes hollondais par Van den Berghe. — 96. Costumes de Hollande et de Frise. — 97. Tableau de l'habillement dans la République Batave (1805). — 98. Costumes de Belgique anciens et modernes (1830). — 99. Costumes militaires hollandais. — 100 à 100 b. Costumes et mœurs de la Grande-Bretagne (Hommes, femmes, militaires, mœurs. Écosse). — 101. Costumes d'Angleterre. Recueil provenant de Beringhen. — 102. Cris de Londres, par Mauron. — 102 a. à 102 c. Microscom of London (Planches par Rowlandson et Pugin 1808-1810). — 103. Antiquités d'Angleterre par Strutt (1775-1776). — 104. Anciens cost. d'Angleterre par Ch. Hamilton Smith (1813). — 105. Illustrations of medieval costume in England, by Day and Dines. — 106 à 107 b. Modes anglaises de 1794 à 1800 et de 1809 à 1828. — 108. Modes de Londres et de Paris, 1798-1802 (incomplet). — 108 a. Cost. de la Grande-Bretagne par Pyne (1808). — 108 b. Cost. milit. anglais par Rowlandson (1798-1799). — 109. Cost. d'Angleterre par Ch. Hamilton Smith (1812). — 109 a. Loyal volunteers of London by Rowlandson (1799). — 109 b. L'armée anglaise par R. Simkin (1891). — 110. Costumes maritimes et autres de la Grande-Bretagne par

Atkinson (1807). — 111. Costumes de l'Université de Cambridge par Harraden (1805). — 111 a et 111 b. Cost. Écossais par Mac-Jan. — 112. Modes de Gaignières, Nord XVI^{e}s. (Cf. Inventaire Bouchot). — 113. Le bijou du Nord par C. Forsell (1838). — 114. Costumes de la Russie (Recueil). — 115. Habillements de toutes les nations de la Russie (1774). — 116. Jeux et divertissements du peuple russe. (Leipzig). — 116 a Costumes de l'Empire russe (1804). — 116 b. Costumes russes par Orlowski (1809). — 117 et 117 a. Peuples de la Russie par Rechberg (1812-1813). — 118. Costumes et mœurs des Russes par Geissler. — 119. Costumes de Russie par Dahtsteen. — 120 à 121 a. Costumes et mœurs de la Russie (Recueil factice.)

Ce recueil est ainsi divisé : — 120. Costumes réunis Hommes. — 120 a. Costumes militaires russes. — 120 b. Costumes militaires. Supplices. Attelages. — 121. Sujets divers, mœurs, antiquités. — 121 a. Russie méridionale et Russie d'Asie.

— 122. Mœurs et coutumes des Russes par Houbigant (1821). — 123. *Id.* par Atkinson et Walker (1803-1804). — 124. Cost. russes publiés par Neveu (1815). — 124. Types et costumes de la Russie (1878). — 125. Costumes de l'armée russe par Ch. Pajol (1856). — 126. Uniformes de l'armée impériale russe. — 127. Voitures des Russes en 1806, par Damame-Demartrait gr. par Debucourt. — 128. Costumes de Pologne (Recueil factice). — 129. Costumes polonais, dessins par Norblin grav. par Debucourt (1817). — 130. Costumes de Suède, Danemark, Pologne, Prusse (Recueil Beringhen qui a subi des interpollations en 1817).

Quelques pièces curieuses sur les Alliés, La Galanterie prussienne. Galanterie à la Brunswickoise, etc.

— 131. Uniformes polonais 1831. — 132. Scènes de la vie juive dessinées par B. Picart (1663-1753) publiées en 1884 (Pour ces costumes voir E d 56 b.). — 133. Costumes de l'armée roumaine par Soceca (1889).

NOTA. — *Indépendamment de ces ouvrages, on pourra consulter les volumes de la série U ci-après, et la topographie série V dont les planches renferment souvent des costumes.*

Division **Oc**. — **Costumes religieux et militaires** (1).

— Oc 1. Habits ecclésiastiques divers. — 2. Recueil de costumes religieux. — 2 a à 2 a k. Costumes religieux anciens et modernes réunis en recueil factice.

<small>Voici la division de ce recueil. — 2 a à 2 a d. Costumes religieux (Hommes). — 2 a d à 2 a g. (Femmes). — 2 a h. Costumes de la cour de Rome. — 2 a i. Archevêques, évêques, patriarches, prêtres, — 2 a. j. Vêtements sacerdotaux de divers cultes. — 2 a. k. Vêtements sacerdotaux (grand format).</small>

— 2 b. Chasublerie confectionnée 1878. — 3 et 3 a. Habiti delle religioni de Fialetti (2 édit. 1626 et 1658). — 4 à 4 g. Histoire des ordres religieux par le P. Hélyot (8 vol. 1721, figures coloriées et texte. (C'est l'ouvrage le plus consulté sur la matière). — 5 à 5 c. Figures en noir pour le même ouvrage. — 6. De la forme des habits des Franciscains. — 7 à 7 a. Cost. religieux par de Bar (1778). — 8. Dessins originaux pour le précédent ouvrage. — 9. Portraits de fondateurs d'ordres religieux par H. Weyen. — 10. Habillement des chanoines réguliers par du Molinet (1666). — 11. Tribunale della santa rota Romana par Bernino (1717). — 12. Description de l'abbaye de la Trappe par le frère Pacôme (1708). — 13. Visite aux Trappistes de Fontgombault par Em. de la Tremblais (1851). — 14. Basilica Sancti Udalrici et Afræ Augustæ Vindelicorum par Hertfelder (1627). — 15. Idea Sacræ Congregationis Helveto-Benedictinæ (1702). — 16. Ordre des Chevaliers de Malte par Thomassin. — 17. Histoire de l'ordre de la Jarretière par Élias Ashmole (1672).

Nota. — *Voir aussi Pc 34 à 44 ci-après.*

Division **Od**. — **Costumes d'Orient, Turquie et Asie moins la Chine.**

— O d 1 et 1 b. Costumes et mœurs de la Turquie d'Europe (3 vol. Recueil factice). — 2. Mœurs et costumes des orientaux.

<small>Recueil provenant de Gaignières et renfermant tous les costumes des Turcs en 1590. Le dessin en est fort naïf. Le portrait du Grand Seigneur est au fol. 36. Au fol. 95, une cérémonie religieuse ; au fol. 98 un cortège nuptial.</small>

— 3. Costumes de la Cour du Grand Seigneur en 1600. Dessins.

---

(1) Ceci doit s'entendre des ordres militaires religieux.

Recueil provenant de Gaignières. Les costumes, plus habilement dessinés que dans le précédent, sont d'un artiste indigène. Les légendes sont en cursive française de 1.600 environ. Le sultan Sélim XIII est au fol. 29. Reliure ancienne prise dans la reliure moderne.

— 4. **Costumes de Turquie exécuté au XVIIes. Dessins.**

Au fol. 4 on trouve « Un parent de Mahomet nommé Aymir (sic) » au fol. 14, un gentilhomme grec.

— 5. **Costumes de la cour du grand Seigneur (Vers 1630).**

Ce recueil provenant de Gaignières est d'origine vénitienne. Il contient 172 dessins à l'aquarelle de tous les costumes turcs.

— 6. **Costumes turcs de la Cour et de la ville, exécutés au XVIIe s. par un artiste indigène.**

Ces miniatures fort soignées sont un curieux tableau de la vie turque.

— 7. **Figures naturelles de Turquie par Raynal en 1688.**

Ce recueil aux armes du dauphin, père de Louis XVI, provient de la saisie révolutionnaire des livres de Versailles. Il est identique au précédent.

— 8. **Portraits d'Empereurs turcs.**

Recueil aux armes de Gaston d'Orléans et contenant les portraits dessinés sur papier, par un artiste européen, des Sultans Amurat I, Orchanès II, Amurat III, Bazajet IV, Calepinus ou Chelebi, Moses VI, Mehemet VII, Amurat VIII, Mahomet IX, Bajazet X, Sélim XI, Soliman XII (12 portraits fort remarquables).

— 9 et 9 a. Pérégrinations orientales de N. de Nicolaï (2 édit. 1568, 1580). — 10. Costumes turcs par Melchior Lorich (1646). — 11 et 11 a. Modes turques gravées par les soins de M. Lehay 2 ex. dont un colorié (1717). — 12. Recueil de Gaignières, Cost. Turcs du XVIe siècle (Cf. Inventaire). — 13. Mœurs et coutumes des Turcs par Pierre Cock (1533). — 14. Recueil de divers portraits des principales dames de la Porte, par G. de la Chapelle (1648). — 15. Costumes de la Turquie d'Europe. Recueil. — 15 a. Costumes et mœurs de l'Asie occidentale, Arabie, Perse, Turquie d'Asie. — 16. Cost. de l'Arménie, de l'Arabie, de la Perse, du Mongol. — 17. Costumes Turcs en 1668.

« Dans ce livre sont les figures du Grand Seigneur, de la Sultane reyne et de tous les différends officiers, qui les servent dans le sérail, leurs turbans, coiffures et vestement par lesquels ils sont distinguez les uns des autres, les dites figures dessignées et pintes de la main d'un Turc, par les soins du sieur Henry (oncle de la nourrice de Monseigneur le dauphin) qui les avoit fait commencer pendant son séjour à Constantinople, et luy ont esté envoyées achevées sur papier de cotton relié de maroquin de Perse, et qui en a fait présent au roy au mois de février 1668 à St-Germain en Laye. »

— 18. Tableau général de l'Empire Ottoman (1787). — 19. Costumes orientaux par Rosset. Aquarelles originales (Reliure de l'Empire).

Ce recueil acheté à Rosset « sculpteur de Lyon » en 1793 renferme un tableau fort complet des mœurs turques à la fin du XVIIIe siècle. Turcs avec leurs femmes, femmes turques, déjeuner turc, danseuse, femmes à leur ménage, femmes au tombeau de leurs parents, femmes et hommes de Damas, Juives, femmes d'Alep, d'Antioche, de Tunis, Moines, Jésuites d'Alep, Arméniens, Athéniennes, Grecques diverses, femmes de Chypre, de Bagdad, de Chio ; Perses d'Ispahan, femme russe, femmes de Malte, Arabes du désert, femmes amazones d'Utique, du Caire, Bédouines de Palestine, Mosquée avec son minaret. Couvent de derviches, Maison de campagne, Fontaine, Mosquée de Bagdad, Bazar de Tunis, Bazar d'Alep, Mosquée d'Alep, Bazar d'Antioche, autre Bazar de Tunis, Remparts d'Antioche, Ruines d'Antioche, Maison du Pacha d'Alexandrette, du Pacha de Damas, Cour intérieure, Maison du Pacha de Belam, du Pacha de Mouzoul, Vue générale d'Alep, Eglise de l'île de Chypre.

— 20. Costumes Turcs de la fin du XVIe siècle.

Ce recueil aux armes du dauphin, porte l'ex-libris de Nicolas Chevalier. Les costumes qu'il renferme sont d'un habile artiste européen. Une majorité de femmes turques ; Grecques, femmes de Péra, etc.. Enfant perdu des nations Parthiques, prisonnier chrétien demandant l'aumône, etc. etc

— 21. Supplices des Mahométans par le capitaine Alexandre Müller (Vers 1830).

Ce recueil renferme des aquarelles originales divisées en : 1° Peines » corporelles, 2° Mutilations et tortures, 3° Supplices et cruautés. « Des » Musulmans ignorants et barbares ne sachant gouverner que par la » terreur et le fanatisme exercent toujours ces exécutions sanglantes sur » les rajas nos frères chrétiens en présence de la diplomatie européenne » du monde civilisé ».

— 22. Recueil de Costumes de Sibérie, Tartarie, Japon, Siam...
— 23. Costumes de Turquie en 1796.

Portrait de Sélim III ; le grand seigneur incognito ; fils du Sultan, grand vizir, autres officiers, le Cheik ul Islam, la Sultane, etc.

— 23 a. Costumes Turcs par Dalvimart 1804. — 24. *Idem.* Par Gâtine (1813). — 25. Costumes Albanais par Cartwright.— 26 et 26 a. Recueil de costumes Turcs et de fleurs (2 vol).

Recueils d'artistes indigènes, reliés en maroquin. La 2e partie du 1er vol. renferme des découpages en papier fort curieux.

— 27. Costumes Turcs, Vénitiens et autres (XVIe siècle).

Ce recueil exécuté au temps de Sélim XIII, par un italien, renferme des portraits du Sultan et de ses officiers. A partir du fol. 37 on voit une girafe, une femme d'Allemagne, une Suisse, une Hongroise, des Espagnoles, un gentilhomme français (1580) une française, un bourgeois français, une paysanne, un bretteur, un homme en deuil, un chartreux, le Doge et la Dogaresse de Venise, les seigneurs et dames vénitiens, une Gondole, deux bouffons de Comédie (fol. 69), le Bucentaure (fol. 72), femme décolorant ses cheveux au soleil (fol. 78), ramoneur, marchand de moutarde, etc. etc.

— 27 a. Cost. militaires de Turquie (1818). — 27 b. Costumes Turcs. — 27 c. Uniformes de l'armée turque en 1828. — 28 Costumes et mœurs de la Turquie d'Europe 1855-1858. — 28 a. Costumes Turcs en 1873 par Hamdy-bey et Delaunay. Phototypies. — 29. Costumes et mœurs de la Grèce moderne. — 30. Costumes des Grecs par le baron de Stackelberg. — 31. Costumes de Grèce (1831). — 32 et 32 a. Costumes et mœurs de l'Asie orientale Hindoustan et Ceylan.

Ces recueils renferment de grandes miniatures originales, sur papier.

— 33. Costumes du Japon. — 34. Divinités indiennes.

Suite d'aquarelles sur papier du XVIIe ou XVIIIe s. Histoire de la vertu sous la forme d'un taureau, etc.

— 35. L'Inde française par Burnouf (1830).— 36. Abrégé de la chronique des rajahs de l'Hindoustan à Faizabad (1774).

Manuscrit provenant du colonel Gentil. La traduction en français, est illustrée de miniatures par un artiste Hindou. Ces miniatures curieuses pour l'histoire des mœurs, sont d'une grande habileté d'exécution. On voit au dernier folio une femme se brûlant sur le corps de son mari. En tête une carte de l'Hindoustan.

— 37. Recueil contenant des « Éléphants, palanquins, et autres usages indiens dessinés dans le pays par des Européens » (?)

En dépit du titre, les dessins sont bien indigènes ; ils sont fort curieux pour le harnachement des éléphants, et la décoration des palanquins.

— 38. Dieux des Indiens peints à la gouache par des missionnaires.

Recueil intéressant, mais sans aucun caractère.

— 39 à. 39 c. Histoire et figures des Dieux indiens. Figures coloriées à l'aquarelle. — 40 à 40 a. Recueil de dessins et enluminures concernant les Dieux de l'Inde.

« On dit que ce recueil appartenait à un brahme célèbre qui était regardé comme un homme divin dans tout le territoire de Madras, lorsque les Français se rendirent maîtres de cette ville en 1745. » Provient de Charles Adrien Picart en 1767. Figures à la gouache assez grossières.

— 40 b. Peintures des sanctuaires de Chellembrune. Dessins coloriés. — 41* Mœurs et usages des Persans, indiens, etc. — 42* Dessins persans. — 43* Dames et seigneurs persans. — 44* Batailles et sujets historiques de l'Inde et de la Perse. — 45* Hist. de l'Inde par Manucci. — 45 a.* Miniatures persanes recueillies par Prisse d'Avennes. — 46 et 46 a. Dieux et cérémonies religieuses des Hindous par Sami (2 vol.). — 47. Miniatures représentant des Schahs Hindous (sic).

Djikanguir emp. mogol de Dehli, 1607-1627. Feroksir, 1714-1718. Mohammed Chah, 1719-1748, Alenguir II, 1753-59, Le même sous un autre costume, Abkar 1806. Ces miniatures sont toutes d'une extrême finesse.

— 48. Costumes indiens et arts et métiers.

Figures indigènes assez grossières et vernies, mais intéressantes pour les mœurs et les métiers.

— 49. Costumes et portraits Hindous.

Ce recueil est est un des plus intéressants pour la qualité de trois ou quatre des miniatures qu'il contient ; il faut citer le portrait d'homme du fol. 5. celui du fol. 5 verso. Deux pièces du fol. 15. L'une est une copie des flamands du XV° s. (St-Roch). Les deux plus délicieuses choses du livre sont au fol. 9 : un prince tenant un faucon, et au fol. 40 : un prince discutant la miniature que lui donne son peintre.

— 50. Portraits de Vizirs, de Généraux d'armée et de Ministres.

Pièces fort remarquables, mais d'une moindre valeur d'art que les précédentes.

— 51. Princes et Seigneurs indiens.

Miniatures provenant de Gentil ; voici quelques noms des personnages représentés. Prince Usbek, Chaabbas, un Prince à cheval, Djikanguir à cheval en costume de chasse, Kankana, Daracheco, Prince lisant, Prince agenouillé. Une planche représente un Seigneur sous une tente recevant un captif (30 personnages). Tamerlan triomphant de Bajazet ? Mahahat-Djanque, Nadercha, Kamouroudinkan vizir, Abdali Amadeha Chapassandkancasi, Chavalikan vizir, un Prince en pied, un Prince collationnant, forme d'éléphant faite de bêtes, Prince à cheval, Chameau de Bagdad caparaconné ; Nevalraé (ce dessin renfermait jadis 19 perles ; il en manque 9 aujourd'hui). Akbar empereur, Un Seigneur de Farouksiar Soudjakoulikan tué à Bakcher (il est sur une terrasse avec une femme). Ce livre renferme des fleurs exécutées d'après nature par ordre des Empereurs.

— 52. Divinités persanes et diverses figures de cavaliers.

Miniatures provenant de Gentil et moins bonnes de qualité que les précédentes. Théogonie et cavaliers.

— 53. Peintures indiennes et persanes.

Une femme qui se coiffe, deux jeunes filles, un jeune seigneur, la Begum Djihan, des princes agenouillés, un combat, Akbar à la chasse.

— 54. Portraits divers hindous: princes, sages, sultan Abdullah Husanna, Darra Surru, Mulla Rhosa, Ban Singo. — 54. Costumes de Siam, usages, vues de villes, etc.

Ce manuscrit est dû aux missionnaires 1688. Enterrement chrétien sur la Côte de Coromandel, Vue de Masulipatam en Golconde, plan de Madurey, Trichirapali, endroit où St-Thomas a été martyrisé, seigneurs Mogols, palanquin, Batavia, Gingy, Madras, Carte de la Mission des Jésuites, avec les principales églises de la Mission.

— 56 et 56 a. Costumes des Hindous par Solvyns (2 vol. 1796). — 57. Costumes des Hindous par Solvyns (1804). — 58 Catalogue des 250 gravures coloriées de Solvyns (1799). — 59 Usages du royaume de Siam (à rapprocher de Od 55).

Les ambassadeurs français à Siam en 1588, ballons du Roi, éléphants, pagode, éclipse de Soleil observée par les Jésuites en présence du roi, écuries des éléphants, combat, chasses à l'éléphant ; Siège de Pondichéry par les Hollandais en 1693 ; chats volants, pêche à l'oiseau, charmeur de serpents, Maison des Jésuites à Chandernagor ; Comptoir des Français sur le Gange à Chandernagor ; chauves-souris, musc, carte de l'Inde en deçà du Gange, Cour de la rivière d'Ava. Écritures chinoises, etc.

— 59 a. Vues et coutumes de Birmanie. Photographies d'après nature. — 60. Modèles d'écritures ornés de peintures indiennes.

Ces peintures sont d'une belle qualité d'art pour la plupart, ou très étranges dans leurs conceptions ; un portrait tenu dans une tonalité peu marquée est fort beau, il représente un homme assis et portant un turban.

— 61. Princes de la Cour de Perse ? peints d'après nature par un artiste du pays.

Les listes de portraits donnés dans ce volume ne concordent pas entre elles.

— 62. Costumes persans par Orlowski (1823). — 63. Palais indiens recueillis par Gentil (Grandes pièces).

Palais de Nasamoulmoulouk à Dehli en 1774 ; Palais du vieux Dehli bâti par Sélimcha ; Palais du Grand Mogol à Dehli ; Porte du Terpolin à Dehli ; Maison du Rajah Bahadour ; Sérail de Mohammadcha à Dehli ; Portail de la grande mosquée ; Plan de la grande mosquée avec la porte ; Maison de Mousafectam ; Malabaque, jardin des femmes d'Alanguir ; Mosquée pour la prière du Vendredi à Dehli ; Appartements du palais à Dehli ; Porte du fort où est le palais de l'Empereur ; Sérail de la maison de Safta Djangui à Dehli ; Maison de Darachetto ; Plan des Palais, jardin et sérail de Darachetto ; Terpolia à Faisabad ; Bâtiment du Nabab à Faisabad sur le Gagra. Maison du Foudjaat à Faisabad.

— 63 a. Mausolée à Agra dit Tiadj-Mahal. — 64, Essai topographique sur l'Ile de Java par Pfyffer de Nevecs (1829). — 65. Costume des Mahrattes par Thomas Duer Broughton (1813). — 66 et 67. Costumes de Madère 1821,

JAPON

— 68. Album japonais. — 69 à 82. Petits albums de mœurs et coutumes du Japon. — 83. Vues du Japon. (Phot.) — 84. Costumes japonais. (Phot.) — 85. Petit album japonais (Hommes animaux, fruits). — 86. Silhouettes japonaises. — 87. Environs de Yeddo par Okusaï. — 88. Cinquante-trois stations du Japon par Hiroshigé I. — 89. Paysages par Hiroshigé II. — 90 à 93. Voyages à travers le Japon par Hiroshigé II. — 94. Marches militaires par Hiroshigé et Kunisada. — 95. Paysages en hauteur par les mêmes. — 96. 36 vues de Fuziyama. — 97 à 99. Fleurs et oiseaux par Sogaku. — 100. Études de liserons. — 101 à 106. Fleurs et oiseaux (2 séries). — 107 à 111. Isaï. — 112 à 112 b. Le Japon artistique 1888-1891 (6 tomes en 3 volumes). — 113. Acteurs et actrices par Shigénobou. — 114. Statues du Tokaïdo par Hiroshigé et Toyokouni. — 115 à 121. Suites d'albums de Hiroshigi (Le Fougi, scènes, Tokaïdo etc.). — 122 à 124. Albums d'intérieurs par Toyokouni. — 125 à 127. Albums par Kouniyoshi. — 128. Compositions en largeur par Toyokouni. — 129 à 133. Albums de scènes et de femmes de l'école d'Outakawa. — 134. Batailles par Yoshiterou. — 135 et 137 Fleurs et animaux, album Kioto. — 138 à 147. Beautés des environs d'Yeddo par Hokusaï. — 148 à 152. Les métiers par le même. — 153 à 160. Autres albums d'Hokusaï. — 161. Petits paysages par Sadanobou. — 162. Album moderne. — 163 à 164. Estampes japonaises (2 recueils).

Division Oe. — Costumes et mœurs de la Chine.

Cette division est une des plus considérables du Cabinet ; elle renferme une quantité de dessins originaux dus à des artistes indigènes, et qui proviennent en majeure partie d'ambassadeurs ou de missionnaires.

Oe 1 à 1 e. Description de la Chine par le P. du Halde 1735 (4 vol in-fol). — 2. La Chine illustrée par Ath. Kirchere (1670). — 3. État présent de la Chine par J. Bouvet (1697). — 4. Mœurs et usages de la Chine par de Malpiere (1825). — 4 a à 4 d. Illustrations de la Chine par J. Thomson 1873-74. (4 vol. Photogr.). — 5 et 5 a. Recueil historique de principaux traits de la vie des Empereurs chinois, 2 tomes.

En tête on lit cette note. « Ce recueil de peintures contient les traits « principaux qui caractérisent quelques empereurs chinois. Il a été fait « pour servir d'instruction aux empereurs en leur mettant sous les yeux « ce qui a fait estimer ou mépriser leurs prédécesseurs. Ce recueil a été « présenté à l'Empereur régnant ». D'après cette note, et comme le manuscrit avait appartenu au ministre Bertin, on peut en reporter la date au commencement du XVIIIe siècle. C'est un album dessiné et peint par un même artiste dans une qualité d'art absolument supérieure. Les sujets en sont traités avec une grande entente des groupements, et les physionomies y sont surtout exceptionnellement rendues. Aquarelles sur soie (Règne de Kien-Long ? 1735 ?)

— 6. Faits mémorables des Empereurs de la Chine par Helman. — 7. Vie de Confucius par Helman. — 8. Personnages hist. et mythol. révérés en Chine. — 9. Les conquêtes de la Chine et les quatre grandes batailles de Pierre le Grand (1765). — 10. Entrée de l'Empereur de la Chine à Pékin.

Album de gravures sur bois du plus grand intérêt historique provenant du ministre Bertin.

— 11. Fête donnée en 1752 par l'Empereur de la Chine (Gravure sur bois en deux volumes). — 12. Voyage de l'Empereur de la Chine en 1765. — 13 et 13 a. Essai sur l'architecture chinoise

(2 parties). — 14 et 14 a. Dessins des édifices, meubles et habits des Chinois par Chambers (1757 et 1776). — 15. Plan relatif à l'essai sur l'architecture chinoise. — 16. Palais chinois de l'Empereur Kien-Long. — 17. Miao ou temple des bonzes. — 18. Maison de plaisance de l'Empereur de la Chine. — 19. Palais de l'Empereur. — 20. Onze maisons impériales sur la route de Pékin à Nankin. — 21. Maison de plaisance de l'Empereur de la Chine. — 21 a. Palais d'été de l'Empereur de la Chine (Phot).

Ces photographies ont été faites pour le compte de Louis II de Bavière qui avait eu dessein de construire un palais identique.

— 22. Boutiques de Pékin. — 23. Édifices chinois. — 24. Arcs de triomphe et berceaux chinois. — 25. Plafonds chinois. — 26. Paysages chinois. — 27. Tombeaux chinois. — 28. Autres tombeaux de très grand format. — 29. Leçons de perspective imprimées en Chine. — 30. Serres chaudes. — 31. Paysages de Chine. — 32. Vues de différentes villes de Chine (après 1830).

Vues diverses traitées à l'européenne et peintes sur papier de riz : Macao, Canton, Bogue, Wampoa, Hong-Kong.

— 33. Recueil de paysages. — 34. Recueil de divers points de vue de la Chine. — 35. Meubles. — 36. Instruments, armes et meubles. — 37. Meubles, vases et barques. — 38 et 38 a. Bateaux chinois. — 39. Idoles. — 40. Pots et vases de fleurs. — 41. Vases et poteries de cuisine. — 41 a. Fourneaux chinois. — 42. Vases anciens et porcelaines. — 43. Théières et vases à boire. — 44. Vases et pierres de jardins. — 45. Agrafes et ornements de tête des Chinoises. — 46 et 47. Recueil de pièces séparées sur les costumes et les oiseaux de la Chine. Dessins originaux et autres. — 48. Costumes de la Chine. — 49. Costumes chinois par Watteau. — 50. Costumes de mandarins et de dames. — 51 à 54. Costumes de toutes les classes. — 55 et 55 a. Cris de Pékin. — 56. Cost. chinois par William Alexander (1805). — 57. Cost. chinois par Pu-qua avec texte de Grohmann (Leipzig). — 58. Portraits de ministres et de grands personnages de la Chine.

M. Stanislas Julien dit dans une note que ce sont les ministres et grands officiers ayant fondé la dynastie des Thang. Couverture en bois.

— 59. Bonzes dans les positions pieuses. — 60. Costumes des îles Philippines. — 61. Exercices des soldats. — 62. Récréations de femmes. — 63. Mandarins et leurs femmes. — 64 et 65. Personnages de distinction, dames nobles et musiciennes. —

66. Vie d'un Chinois. — 67. Occupations des femmes. Opium. — 68 à 68 c. Supplices chinois.

Sur ce chapitre les Chinois sont des maîtres ; ces livres peints par des artistes indigènes sont des modèles de raffinement.

— 69. Châtiments chez les Chinois par F. Hempel (Leipzig). — 70 et 70 a. Supplices des Chinois.

Livres plus raffinés encore que les précédents.

Tous les volumes qui suivent concernent l'agriculture et les travaux des champs. — 71. Recueil de pièces sur ces sujets. — 72. Le blé. — 73. Le riz. — 74. Le millet. — 75 à 77. Le riz.

Le vol. Oe75 renferme des figurines en relief avec figures de porcelaine.

— 78 à 83. Le thé. — 84 à 90. Muriers, vers à soie, riz, plantes textiles. — 91 à 95. Exploitation du *má* ou chanvre de Chine. — 96 à 99. Culture et industrie du coton. — 100 à 101. Soie, fabrication, tissage, exploitation de la soie (vol. 100, 100 a. 100 b. 100 c). — 102. Industrie malaise. — 103. Culture du mûrier et des vers à soie. et des — 104 à 107. La porcelaine. — 108 et 109. Fabrication du verre. — 110 à 113. Industrie du papier. Le vol. Oe 112 contient l'art de la reliure. — 114. Industrie du fer. — 115 à 117. Charbon de terre. — 118 à 119. Fer, canons, fusils, taillandiers, minerai, fonte, aciération, etc. — 120. Exploitation de la céruse et du vermillon. — 121. Art du vernis. — 122 et 123. Fabrication de l'encre. — 124. Musiciennes et femmes de distinction. — 125. Instruments de musique. — 126. Saltimbanques et musiciennes. — 127. Boutiques chinoises. — 128 à 131. Professions diverses. — 132. Autres professions et musiciennes. — 133. Jeux et professions diverses. — 134. Professions diverses et amusements. — 135. Plantes de Chine par Buchoz. — 136 et 136 a. Plantes de Chine et du Japon, — 137 à 137 b. Plantes vénéneuses de Chine. — 138. Plantes textiles. — 139. Fleurs et fruits. — 140. Fleurs et fruits. — 141 à 146. Fleurs fruits et légumes. — 147. Dessin pour étoffes par Fraisse (Paris 1745). — 148. Fleurs et plantes par Charton (1784). — 149. Fleurs, insectes et fruits. — 150. Plantes, animaux, travaux et habilements de la Chine. — 151 et 151 a. Fleurs et insectes. — 152. Animaux. — 153 à 158. Oiseaux. — 159 et 159 a. Insectes. — 160 à 160 b. Papillons. — 161. Barques, vaisseaux et poissons. — 162 à 163 j. Poissons divers (12 vol). — 164 à 164 j. Coquilles et coquillages (11 vol). —

165. Figures du nouveau Testament gravures sur bois. — 166. Vie et doctrine de Jésus-Christ. — 167. Planisphère chinois du père Grimaldi en 1711. — 168. Figures de diverses espèces de petite vérole. — 169. Génération et harmonie des couleurs. — 170. Cinq sujets divers par Tingqua peintre de Canton. — 171. Sujets divers.

Division Of. — Costumes d'Afrique, d'Amérique et d'Océanie.

— 1. Costumes divers de l'Afrique tant anciens que modernes. — 1 a 1 b. Afrique, Mœurs et costumes, — 2, Mœurs et costumes de l'Algérie, — 2 a. Album d'Afrique par le commandant Leblanc (suite d'aquarelles originales), — 2 b. Tableaux algériens par G. Guillaumet (1888), — 2 c à 2 d. Costumes d'Afrique, Algérie 2 vol, — 2 e et 2 f. Costumes d'Afrique, Égypte 2 vol. — 3. Esquisses sénégalaises par P. D. Boilat 1853. — 4 Recueil de costumes de l'Amérique.

<small>Ce recueil provenant de Béringhen a subi des interpollations en 1817. Il renferme des pièces découpées dans des livres, et concernant les deux Amériques.</small>

4 +. Costumes militaires des États-Unis par Arthur L. Bresler (1891). — 4 a. Costumes de l'Amérique du Nord. Antilles, Californie, Canada, Ltats-Unis. — 4 b. Cost. du Mexique — 4 c. Costumes de l'Amérique méridionale. Brésil, Chili, Grenade (N^{lle}) La Plata. — 4 d. Costumes du Pérou. — 5. Divers portraits d'habitants du Nouveau Monde par Jacquart. — 6. Costumes du Mexique par Linati. — 6 a. Costumes de l'armée impériale mexicaine (1865). — 7. Costumes d'Australie. — 8. Costumes d'Océanie. — 8 a. Autres costumes d'Océanie.

HISTOIRE.

Séries P et Q.

Série P. — Sciences chronologiques.

Cette série porte dans les vieux répertoires de la Bibliothèque le titre un peu vague et indéfini de *Prolégomènes historiques.* Elle comprend les sciences historiques telles que la CHRONOLOGIE, la NUMISMATIQUE, la SIGILLOGRAPHIE, le BLASON ; sous le nom de TOURNOIS et CARROUSELS tout ce qui se rapporte aux fêtes, aux cérémonies publiques; et enfin sous le nom de TOMBEAUX les recueils de tombes ou les fêtes funèbres.

Certaines de ses parties seront plus utilement consultées au Département des Imprimés, comme la *Chronologie* ; certaines autres au Département des médailles, comme la *Numismatique*.

En voici la division :

      Pa. Tables chronologiques, généalogiques et calendriers.
      Pb. Monnaies, médailles, sceaux.
      Pc. Blason.
      Pd. Tournois, Carrousels, Entrées triomphales, Sacres.
      Pe. Tombeaux, Pompes funèbres, Obsèques royales.

DIVISION Pa. — Tables chronologiques, almanachs, généalogies.

Pa 1. — Almanachs de 1806 à 1816.

Recueil contenant un certain nombre de pièces ayant trait au retour des Bourbons.

— 1 a. Almanachs de villes d'Allemagne.

Recueil provenant du cabinet des titres au Dt des Mss. Almanach de Mayence, Bamberg (1680), Francfort (1697), Bâle (1683), Strasbourg (1680).

— 2. Calendrier d'Apollon dédié à l'impératrice Joséphine (1806).

Recueil dont les figures sont de Laffitte gravées par Parfait.

— 3 Almanach en gravure pour 1844 (Zurich). (Figures fort curieuses, inspirées des gravures sur bois d'Holbein, par M. Von Schwind). — 4. Calendrier historique pour l'an 5831 par Rosemberg (Édition israélite microscopique). — 5. Calendrier anglais pour 1845 avec les chromolithographies des Heures d'Anne de Bretagne imitées. La reliure est une curiosité de couverture polychrome. — 6. Calendrier anglais pour 1846 (Chromolithographies et reliure polychromique). — 7. Tables chronologiques de France et d'Allemagne par l'abbé Lionnois (1765-1767). — 8. Principum Christianorum Stemmata ab. Ant. Albizio (1627). — 9. Hist. Universelle par Rou. — 10. Tables chronologiques généalogiques, par D. P. de Ste-Catherine. — 11. Tablettes généalogiques par Marcel (1825). — 12. Hist. Universelle en tableaux. — 13 à 13 h. Histoire généalogique de France par le Père Anselme 1726-1733, IX vol. in-fol.

> Cet ouvrage contient la généalogie de toutes les familles ayant tenu charge à la Cour antérieurement au XVIIIe siècle ; le blason de chacune y est donné en noir. C'est une sorte de dictionnaire de la haute noblesse française.

— 14. Portraits et vignettes de la maison de Bourbon par Désormeaux. — 15 et 15 a. Histoire généalogique de la maison d'Auvergne par Baluze (2 vol. 1708). — 16. Histoire de la maison de Gondi par Corbinelli (1705). — 17. Preuves de la précédente généalogie. — 18. Généalogie de la maison de La Roche-Aymon (1776). — 18 a et 18 a +. Généalogie de la maison de la Tour du Pin (2 exemplaires dont un avec figures). — 19. Hist. Généalogique de Lombardie, de Venise, Florence, Naples et Malte (1598) (voir ci-devant Ne 49 à 49 k). — 20. Vignettes de la famille Barbarigo. — 20 a. Vie de Bartolomeo Colleoni par O. Browning (1891). — 21 et 21 a. Généalogie des comtes de Flandres (1642-1644). — 22. Histoire et antiquités de Hengrave en Suffolk par J. Gage (1822).

Division **Pb**. — **Monnaies, Médailles, Sceaux.**

Pour la numismatique s'adresser au Cabinet des médailles et antiques dont la bibliothèque est plus fournie d'ouvrages spéciaux.

Pb 1. Traité des monnaies de France par Le Blanc (1690). — 2 et 2 a. Monnaies des barons par Tobiesen-Duby (1790). — 3 Ordonnances pour les changeurs (1633). — 4. Recueil de monnaies. — 5. Dissertation sur les monnaies d'Espagne par Mahudel (1725). — 6. Monnaies obsidionales par Tobiesen-Duby (1786). — 7. Traité des monnaies par Bonneville (1806). — 8. Monnaies nationales de France par Combrouse (1839). — 8 a. Monnaies Gauloises par H. de La Tour (1892). — 9. Monnaies de Wurtemberg (1836). — 10 et 10 a. Recueil de billets de banque.

> Recueil de pièces rares, billets de banque etc. En voici le détail : Billet d'état de 1716 ; document émanant du maréchal de Richelieu et concernant les billets au porteur ; action de la compagnie d'Occident ; action sur les fermes en 1718 ; document émanant du maréchal de Richelieu et renseignant sur la fabrication des billets ; billets de banque 1719. État des billets gravés et des billets imprimés ; billets de 100 livres, de 50 livres de 10 livres ; états des billets brûlés à l'hôtel de ville par arrêt du conseil ; actions de 10,000 livres ; certificat de supplément ; banque de Law, actions, billets, renseignements divers fournis par le maréchal de Richelieu ; action de la compagnie des Indes ; monnaie de carte pour le Canada en 1729. Plusieurs exemplaires de ces cartes signées *Beauharnois*. Loterie des actions de la Cie des Indes (n'eut pas lieu), billet de loterie de l'école militaire (1772). Bon de 6 livres de l'île Bourbon et de l'île Maurice ; Billet de 200 livres de la caisse d'escompte ; Loterie des enfants trouvés (1675). Assignats de 200, 300 livres, de 1.000 livres (1789-1890). Assignat de 500 livres sur les domaines nationaux (1790) Id. de 2000 livres, de 50, 60, de 70, de 80 de 100, de 200, de 300 ; Assignat de 5 livres (1792) de 10 sous (1793), de 25 sous (1792), de 15 sols (1793), de 10 livres (1792), de 25 livres (1792), de 400 livres (1792), de 50 (1792), 50 sols (1793), 5 livres (1794), etc. etc. Bon de dix livres de l'armée catholique ; Bons de confiance, échanges patriotiques ; siège de Lyon, etc etc. (cf. les recueils de l'Hist. de France Q b 85 à 114. et 323 à 344).

— 11. Collection de bank-notes américaines. — 12. Tarif du change des monnaies. — 12 a. Monnaies et médailles par F. Lenormant (collection des B. A.). — 12 b. Les Lombards en France par C. Piton (1892). — 13. Atlas du manuel de numismatique ancienne par Hennin (Paris 1869).— 14. Recueil de numismatique ancienne. — 15. Recueil de numismatique moderne. — 16. Recueil de numismatique française. — 17. Sylloge numismatum elegantiorum, opus Luckii (1620). — 18 à 22. Trésor de Numismatique et de Glyptique. Médailles reproduites par le procédé Collas (8 volumes in fol.).

> Médailles des Papes ; méd. italiennes, françaises, Révolution française Empire.

— 23. Une médaille du temps de Charles VII par Vallet de Viriville. — 23 a à 23 b. Les médailleurs de la Renaissance par Aloïs Heiss. — 23 c à 23 e. Les médailleurs italiens par

A. Armand (3 vol. in-8°). — 23 f et 23 g. Les plaquettes par E. Molinier (1886). — 24. Ludovici magni elucubratio a Gasp. Laugier (1679). — 25 à 25 b. Médailles sur les principaux événements du règne de Louis XIV (Le dernier exempl. contient des grav. av. la lettre). — 26 et 27. Médailles du règne de Louis le Grand (1704) (Le vol. 27 et une copie). — 28 et 29. Hist. de Louis le Grand par les médailles (1689, 1693, 2 édit.). — 30. Médailles du règne de Louis XV par Fleurimont. — 31. Médailles du règne de Louis XV par Bouchardon (Dessins).

> Ces dessins originaux de Bouchardon ont été d'abord traités en contre épreuves et repris par l'artiste. (Voir ci-devant F a 43 et 44).

— 32. Hist. des campagnes de Louis XV par A. Gosmond (1751). — 33. Hist. numismatique de la Révolution par Hennin (1826). — 34. Hist. métallique de la Révolution A. L. Millin (1806). — 34 a. Souvenirs numismatiques de la révolution de 1848. — 35. Hist. métallique de Napoléon. (Londres 1819). — 36 à 36 d. Hist. métallique des Pays-Bas par G. Van Loon (1732-1737, 5 vol. in-fol.) — 37. Hist. métallique de Hollande par Bizot (1687). — 38. Hist. de Guillaume III en médailles par N. Chevalier (1692). — 39. Médailles sur l'Hist. de Suède par Hedlinger, publ. par Chr. de Méchel. — 40 à 40 b. Hist. métallique du Danemark (3 vol.). — 41. Hist. métallique du Czar Pierre Ier.

> Recueil de dessins à l'encre de Chine, excutés pour le maréchal de Richelieu, et donnant les médailles du Czar Pierre le Grand depuis 1702 jusqu'en 1720. A la fin du recueil, la médaille de Golovine gouverneur de la Sibérie ; le Kopeck de cuivre, introduit en Russie par le Czar à son retour de France ; monnaie de la Czarine Anne, pour être jetée au peuple ; médaille de la Czarine en 1730.

— 42. Numismatique de la terre sainte par de Saulcy (1874). — 43. Hist. métallique de l'Angleterre jusqu'à la Révolution, par Pinkerton (1790). — 43 à 45 (Non employés).

SIGILLOGRAPHIE.

— 46. Sceaux du Moyen Age par le marquis de Migien (1779). — 47. Sceaux des comtes de Flandres par Oliv. de Wrée (1641). — 47 a et 47 b. Sceaux de la Flandre par G. Demay (1873). — 48. Sceaux d'Angleterre par Vertue (1753). — 49 à 52. Trésor, de numismatique et de glyptique. Sceaux des rois d'Angleterre des rois de France, des grands feudataires, des Communes. —

53. Sceaux de Bretagne par Levilly. — 54. Sceaux des académies et des universités de l'Europe par Hagelgans. — 55 et 55 a. Recueil de sigillographie. — 56 à 56 b. Collection des sceaux des archives de l'Empire (catalogue seulement) 3 vol. — 57. Pierres gravées employées dans les sceaux par Demay (1877). — 58. Sceaux de l'Artois et de la Picardie (1877). — 59. Inventaire des sceaux de la Normandie (1881).

Division **Pc**. — **Blasons et Armoiries.**

Pc 1 et 2. Thèses et armoiries.

Recueil provenant de l'abbé de Marolles et ayant gardé sa reliure aux armes de France. Il renferme des gravures de blasons du XVII⁰ siècle, entre autres ceux du Roi de France, d'Anne d'Autriche, de Louis XIII, des princes de Condé, de Conti, de Nevers; armes de Lorraine, Potier de Gesvres, Bretagne, Soissons, Angoulême, Écosse, Savoie, Nicolaï, Navarrot, Irlande, Kergomar, Pologne, Gondi-Joigny, Nemours, Hocquincourt, La Costarelaie, Bellegarde. Mesmes d'Avaux, Vignerod d'Aiguillon, Béon Bouteville, Canillac, Rambures, Gramont, Sauvebœuf, Melun-Espinoy, La Rochefoucauld, L'Hopital-Vitry, Guébriant, Nicolaï, comte d'Harcourt (Cadet la Perle), Bournonville, Loménie, Lorraine, Du Plessis Liancourt, Luxembourg, Piney, Mesmes, etc. Le reste de ces noms qui seraient longs à énumérer sont ceux de grands personnages civils ou militaires au commencement du XVII⁰ siècle ; ces blasons sont fort décoratifs et destinés à l'ornement des thèses. On y retrouve quelques portraits ; le maréchal de Guébriant, Henri de Savoie duc de Nemours, le président de Nesmond (fol. 45). Michel Le Tellier, Jacques de Grasse, etc. etc. — vol. 2. Allégorie sur le clergé de France par G. Huret. Armes de Jeanne d'Arc, de divers papes. Thèse de Paulus Ragueneau dédiée au Cardinal de La Rochefoucauld avec des portraits du comte de Randan, de Pic de La Mirandole, de Gui de Lusignan. Armoiries des cardinaux, du cardinal de Richelieu, de Mazarin (diverses) de Bouteillier, évêque de Tours avec portrait (fol. 17). La Sorbonne vers 1640, allégories et portraits, Denis de la Barde (fol. 29). Curieuse pièce gravée par Léonard Gaultier en 1621 et représentant les régents du collège d'Harcourt (fol. 63). Armes de l'Université (fol. 63). Armes d'abbés commendataires ; Chapitre et doyen de Senlis (fol. 100). Armoiries de magistrats.

— 3. Recueil de Thèses italiennes et de pièces diverses étrangères.

Ce volume provient également de l'abbé de Marolles, et a conservé sa reliure. Il contient des en-tête, frontispices, des armoiries de papes, dont quelques-unes sont introuvables ailleurs. Une vue de Venise en 1585 par Pozzo Serato (fol. 30). Images mystiques dont une de La Mare pour sa thèse dédiée à François de Donadieu év. d'Auxerre (fol.

64). Estampe représentant la famille de France, le pape, des cardinaux par Jaspar Isac (fol. 79). L'abbaye de Ste-Geneviève par Charpignon ; Louis XIV enfant, sur une thèse (fol. 85). Le cardinal d'Estampes Valençay archevêque de Reims, par Regnesson (fol. 86). Divers élèves du collège de Reims, par Regnesson (fol. 87). Thèse d'Alexis Trousset dédiée à la Reine. Divers portraits, dont le prétendu Le Jay par Crispin de Passe ; Richelieu arch. de Lyon avec des vues de la ville par Goyrand (fol. 96). Image allégorique sur le Mont de Piété (fol. 110).

— 3 a. Armoiries des chapitres d'Allemagne. — 3 b. Armoiries de villes allemandes (1891). — 4. Recueil de blasons français.

Ce recueil provient de l'abbé de Marolles et a gardé sa reliure d'origine. Il renferme l'ouvrage de Wulson de la Colombière sur la Science héraldique. Au fol. 61 : Les armes et blasons des chevaliers du St-Esprit créés par Louis XIII, par J. Morin sieur de La Masserie (1623). Au fol. 95 : Les noms, surnoms, qualitez, armes... des chevaliers du Sainct Esprit (1633) par le sieur d'Hozier, chez Melchior Tavernier, figures par Ab. Bosse. Au fol. 125 : Armes de Wulson de la Colombière. Au fol. 127 : Recueil des armes de plusieurs nobles maisons et familles, ducs, marquis, comtes, barons, chevaliers, écuyers... chez Claude Magnency, graveur d'armoiries (1633 av. privilège).

— 5 à 5 c. Recueil d'armoiries de familles françaises classées alphabétiquement (Ce recueil renferme des gravures de tous les temps, des dessins originaux, des ex-libris quelquefois ; environ 12 à 1.500 noms divers.) — 6. Armoiries de familles françaises de plus grand format. — 6 b. Armoiries de familles étrangères classées alphabétiquement. — 6 c. Armoiries de familles anglaises. — 7. La vraie et parfaite science des armoiries par Palliot (1660).

Cet ouvrage est le plus nécessaire pour aller de l'inconnu au connu en matière de blason. Les écussons y sont rangés par catégories, et forment un dictionnaire commode. (Réédité en 1895 par Rouveyre).

— 8. Recueil de pièces et figures d'armoiries par Wulson de la Colombière (1639). — 9 à 9 b. Opus heraldicum par Ph. Iac. Speneri (1717). — 10. Armorial de Chevillard, formé de feuilles séparées (1700).

Cet exemplaire n'est pas complet ; il ne contient que 45 feuilles, alors que Brunet en signale 76, mais l'écart doit provenir du système défectueux de numérotage. Les écussons sont coloriés. Ce sont ceux des papes et cardinaux français, des conclaves d'Innocent XII et de Clément XI; la France chrétienne, Sépulture des rois à St-Denis (avec plan, écussons, etc). Rois, Reines, Régents de France, Rois et Reines d'Espagne, Généalogie des Ducs de Bourgogne, de Berry et d'Anjou dauphins (vers 1700). Chronique du duché de Bar, grands aumôniers, grands sénéchaux et connetables, grands maîtres de France, chanceliers, maréchaux, amiraux, chevaliers des ordres créés par Henri III (jusqu'à février 1699) grands maîtres de Malte, conseil d'État, secrétaires d'état, Parlement, Cour des Aides, ducs et pairs vivant en 1701, et successivement tous les ducs et pairs depuis Philippe le Bel, Cour des monnaies, Prevôts des marchands, Conseillers de ville, Empereurs d'Allemagne, Rois de Sicile, Rois de Portugal, Rois d'Angleterre.

— 11. Armorial de Bourgogne et de Bresse par J. Chevillard. — 12. Noms et blasons des Sénéchaux de France par P. Leblanc (1673). — 13. Armoiries des princes et princesses de France, ducs et pairs par Roland. — 14. Armoiries des chevaliers du St-Esprit (1643). — 14 a. Armoiries des chevaliers du St-Esprit par de la Pointe. — 15. Catalogue des chevaliers de l'ordre du St-Esprit (Paris 1760).

NOTA. *Comme il arrive fréquemment que des lecteurs demandent la liste des chevaliers de St-Michel, nous leur indiquons ici un recueil manuscrit, conservé au Département des Mss et donnant les noms et armes des dignitaires suivant l'ordre chronologique. Ce recueil est au Cabinet des Titres.*

— 16 et 16 a. Martyrologe des chevaliers de Malte par Mathieu de Goussencourt (1643. exemplaire de J. A. de Thou). — 17. Armoiries des chevaliers de la Toison d'or (Recueil manuscrit exécuté au XVIIe siècle). — 18. Devises de rois et seigneurs. (Ce recueil provient de Gaignières Cf. *Inventaire* par H. Bouchot). — 19. Armorial de l'église de France en 1727. — 20. Armoiries des maréchaux (1719). — 20 a et 20 b. La Diana sous le rapport héraldique par Renon (1844). — 21. Hist. de toutes les noblesses par Fournier. — 22. Armoiries des provinces de France (Recueil). — 23 et 23 a. Armoiries des villes de France (Recueil). — 24. Armoiries des Pays-Bas. — 25. Armoiries réunies Italie, Espagne, Portugal. — 26. Armoiries d'Allemagne et Grande-Bretagne. — 27. Blasons des souverains de l'Europe. — 28. Armoiries des légats d'Avignon, avec notes biographiques et manuscrites. — 29. Armoiries des princes Souverains par C. H. von Gelbke. — 30. Jeux d'armes des Souverains par Giustiniani (1681). — 31. Cartes d'armoiries de l'Europe par Cl. Oronce Finé dit Brianville. — 32. Tesseræ Gentilitiæ a Silvestre Petra Santa (1638, ouvrage identique à celui de Palliot). — 33 et 33 a. Armorial national de France pour les villes, par Traversier (1842). — 34. Ordres de chevalerie par C. H. von Gelbke (1832). — 35. Histoire des ordres de chevalerie par Dambreville (1807). — 36. Ordre de la Légion d'honneur (1811). — 37. Ordre du

Royaume de Wurtemberg par Viton (1810). — 38. Ordres de chevalerie des Etats de l'Eglise par Giaccheri (1852). — 39. Ordre du cygne et son hist. par le baron de Stillfried (1845). — 40. Recherches sur l'origine du blason par A. de Beaumont (1853). — 41. Grand collier de Hollande de l'ordre de l'Union (sur vélin). — 42. Illustration pour le Chartrier de Thouars publié par le duc de La Trémoille. — 43 à 43 b. Gli Alberti di Firenze par L. Passerini (1869). — 44. Armoiries des chevaliers de l'ordre Teutonique (1726).

Division **Pd**. — **Tournois, carrousels, entrées triomphales, sacres, fêtes publiques,**

— **Pd** 1 Recueil de feux d'artifices et d'arcs de triomphe.

> Recueil provenant de l'étranger. Voici le détail : Ordre et marche de la cavalcade papale en 1676, par Falda ; Triomphe de Léopold Ier par Romyn de Hooghe ; Fêtes en l'honneur des gouverneurs des Flandres vers 1670, et suite de gravures en l'honneur de Léopold. Procession à Rome en 1629 ; divers arcs de triomphe élevés au XVIIIe s. Régates célébrées à Venise en 1716 pour le prince royal de Pologne, grav. par Zucchi d'ap. Alex. Mauro, etc. etc. Abjuration de Molinos (fol. 46). Le reste du recueil contient des pompes diverses, toutes à l'étranger. Les feux d'artifice ne commencent guère qu'au fol. 96.

— 2. Recueil de feux d'artifice et autres fêtes.

> Joûte triomphale gravée par Ziarnko polonus (Legrain) ; Temple de gloire, sur la Seine en 1699 ; feu d'artifice au Vyver ; Les Argonautes par Le Pautre ; feu d'artifice en Hollande (1667). Feu d'artifice du collège des Ecossais à Paris en l'honneur de Jacques II ; Illumination au Louvre en 1682. Feu d'artifice à Paris en l'honneur du prince de Galles en 1688. Fêtes, joûtes et feux d'artifice sur la Seine en 1704. Feu d'artifice à Paris (1707) en l'honneur du prince des Asturies. Feu d'artifice de la paix d'Utrecht à Lyon (1713). Grotte de Thétis ; feu d'artifice tiré en 1719 par Lefebvre intendant des Menus. Grav. par B. Audran. Feu d'artifice à Vanves 1721, en l'honneur du Roi, par Morel artificier du Roi. Feu d'artifice de Fontainebleau (1725) de Versailles (1720). Feu d'artifice dit l'incendie de Troie 1730 à Rome. Feu d'artifice tiré sur la Seine en 1730 pour le dauphin et au nom du Roi d'Espagne, sous la direction de Servandoni. Feu d'artifice à Meudon en 1735, conduit par M. De Bonneval. Illumination des 6 corps de métiers pour le mariage de la princesse de France avec Philippe infant, par les Slodtz. Illumination de l'hôtel de Bouillon par Baussire (1730). Feu d'artifice en Grève en 1744, sous la direction de Baussire. Autres par le même, au même endroit en 1745. Temple de l'Hymen à Naples en 1745. Plans et dessins de constructions et décorations ordonnées par la ville de Paris pour les réjouissances, à l'occasion de la publication de la paix

le 12 février 1749. Feu d'artifice à Hyde Park, en l'honneur de la paix d'Aix-la-Chapelle 1748. Feu d'artifice à Esclimont en 1750 ordonné par la duchesse d'Uzès en l'honneur de la marquise de Mancini. Feu d'artifice en l'honneur de l'accouchement de la dauphine 1750, exécuté par les Ruggieri. Feu d'artifice à Versailles en 1751, grav. par Cochin fils. Feu d'artifice en l'honneur de la prise de Port-Mahon, par Vasse (1756). Feu d'artifice à l'Hôtel de ville en 1758 pour les victoires contre les Anglais ; autre pour la victoire de Lutzelberg (1753), pour la victoire de Berghen (1759). Feu d'artifice de Versailles en 1770, Fêtes données au roi et à la reine par la ville pour la naissance du dauphin, gr. par Moreau le jeune. Arrivée de la reine à l'Hôtel de ville 1782. Illumination à Versailles. Feu d'artifice de la ville donné en 1810 pour le mariage de Napoléon (colorié). Baptême du roi de Rome en 1811. Les deux feux d'artifice par Debucourt pour la même cause.

— 3. Recueil de cérémonies triomphales et funèbres.

Triomphe de Jules César par Mantegna. Suite de pièces sur l'ancien testament : La Jérusalem délivrée (édit. Gênes 1590) vignettes par Franco. Décoration de l'Académie de France à Rome en 1687. Catafalque élevé par les Jésuites en l'honneur d'Urbain VIII. Pompe funèbre d'Alexandre VIII. Catafalque de Clément XII. Pompe funèbre en l'honneur de Jacques II d'Ecosse, ordonnée par le cardinal Barberini. Autres décorations pour le même personnage. Pompe funèbre de Marie Clémentine à Rome en 1735, par Pannini. Pompes diverses : de Charles Emmanuel de Savoie, de Christine Alexandre de Suède, d'Alexandre Sobieski, d'Auguste II roi de Pologne, de François de Vendôme, de Mazarin, de Guillaume comte palatin du Rhin, d'Isabelle Claire Eugénie ; chapelle sépulcrale par N. Jardin. Colonne sépulcrale d'une reine par A. Petitot. Planches sur les précautions prises par le pape Alexandre VII contre la contagion de la peste en 1657 (3 pièces fort curieuses publiées par Rossi).

— 4 Fêtes publiques et cérémonies.

Ce recueil contient des pièces sur l'entrée du duc d'Urbin, par J. Parigi, la grande pièce de J. Stella dite la *Planche des tributs*. Mariage de Charles II roi d'Espagne avec Marie-Louise d'Orléans (1679) par P. Brissart ; Entrée de Christine de Suède à Paris. Façade de l'hôtel de ville du Havre orné pour la naissance du duc de Bourgogne (1682). Fête à St-Pierre de Rome en 1671 pour canoniser 5 saints. Fêtes sur la Seine en 1735, par J. Rigaud. Planches du mariage de Louis dauphin avec Marie-Thérèse d'Espagne (1745) (Décoration des frères Sloltz). Sacre de Louis XVI par Moreau. Salle de festin dans la cour de l'Hôtel de Bouillon par Pitoint. Festin royal par Moreau. Bal masqué, id. Fêtes du 14 Juillet an IX (Épreuves coloriées). Fête de brumaire an X, par Piranesi. Mariage de Napoléon ; Fontaine d'alliance élevée à Strasbourg en 1810. Entrées de Louis XVIII etc. Arrivée de Marie-Caroline duchesse de Berry, son mariage etc, etc.

—4 a. Fêtes publiques, décorations, feux d'artifice (Recueil).
— 4 b. Recueil de fêtes, décorations et tournois. — 5. Tournoi du roi René d'Anjou, planches lithographiées et coloriées (1826).

— 6. Tournoi des ducs de Brunswick (Dessins). — 7. Carrousel fait aux noces de Philippe le Bon en 1430 (Cf. H. Bouchot *Inventaire de R. de Gaignières*. I, 197). — 8. Carrousels donnés sous Henri IV et sous Louis XIII. — 9. Carrousel à Stuttgart par Barth. Kuckler (1609). — 10 a et 10 b. Le même ouvrage (3 édit. 1670 dont un exempl. colorié). — 11. L'Ermiona, introduct. d'un carrousel à Padoue en 1636. — 12. Devises des princes dans la cavalcade faite au Palais Cardinal en 1656 par Gissey. — 13. Carrousel de Charles XI roi de Suède (1672). — 14. Gages de Bataille sous Philippe le Bel (1830). — 15. Tournoi donné à Ratisbonne en 1586 par P. Opel. — 16. Musée de la chevalerie, dessiné par Von Reibisch (1842). — 17. Entrées de villes et cavalcades de 1500 à 1650.

Recueil provenant de Marolles et ayant conservé sa reliure. Voici le détail : Triomphes réunis par Panvinio en 1594 et publiés à Anvers. Divers triomphes par Panvinio ou autres. Arc de triomphe pour l'Élection de l'Empereur Mathias en 1612. gr. par Iselbourg. Entrée de Charles-Quint à Bologne par Hogenberg (fol. 13-42). Autre triomphe de Charles-Quint. Entrée de la reine de Hongrie à Naples 6 planchee (fol. 44-46) Portraits de papes, de St-Pierre à Grégoire XIII (chronologie collée). Messe du pape par Duchet (fol. 50). Entrée de Clément VIII à Ferrare (1598.-fol. 51). Cérémonie du pape allant à St-Jean de Latran (fol. 52). Grégoire XV allant à St-Jean de Latran (fol. 53). Autre cérémonie identique (fol. 54-55) Diverses représentations de cérémonies semblables. Entrée de Marie-Madeleine d'Autriche grande duchesse de Toscane 1608 (fol. 61). Conclaves divers. Conclave d'Urbain VIII, de Grégoire XV, (fol. 62). Cérémonie de la canonisation de Charles Borromée, par J. Maggi 1610. Couronnement du duc de Toscane par le pape en 1570. Concile de Trente par Claude Duchet 1565 (fol. 65). Entrée d'Henri III à Venise ; offices pontificaux à St-Pierre de Rome par Greuter (1623). Jubilé de 1625 (fol. 68-69). Bénédiction papale à une foule sur une place par P. dei Nobili. Sedia gestatoria (fol. 71). La Festa di Testaccio fatta in Roma (1558). Moyens préventifs contre la peste par Alexandre VII (fol. 72) Intérieur de St-Jean de Latran par Jean Landerseel (fol. 73). Couronnement de Cosme de Médicis (fol. 74-75). Cavalcade du pape allant à St-Jean de Latran. Vrai dessin de la cavalcade du roi catholique. Fragment d'une marche du Doge avec « l'ombrelle ». Tournoi vu à vol d'oiseau et gravé par Collignon. Le *Tribut* d'après Stella. Diverses scènes de la vie d'un pape. 45 pièces (fol. 82-91). « Comme son Altesse de Lorraine Mons. le duc Henry va à l'Église », par Frédéric Brentel, 1611. Entrée du duc Henri II à Nancy en 1610 par le même (fol. 100 à 104). La Carrière de Nancy par Callot (fol. 104). Couronnement du comte Frédéric V, en qualité de roi de Bohême (1619). Élection et couronnement de Mathias Ier (fol. 106 à 112). Couronnement de Ferdinand II. Entrevue du m[is] Spinola et de Maurice de Nassau en 1608. Marches de troupes espagnoles dans les Flandres par Matham. Dignitaire du St Empire. Planche sur le Danemark par Hogenberg.

— 18. Cérémonies et entrées de villes de 1500 à 1640.

Recueil provenant de l'abbé de Marolles et faisant suite au précédent. En tête un Louis XIII en pied. Réduction de Paris par Henri IV, entrée du roi par la porte neuve le 22 mars 1594, par N. Ballery. Baptême de Louis XIII par Léonard Gaultier 1606 Entrée de Louis XIII à Paris en 1610 par Elie Dubois. Henri IV touchant les écrouelles par Firens ; Couronnement de Louis XIII à Reims 1610. Autres sacres par Quesnel et Th. de Leu, etc. Lit de justice de 1614 (Ziarnko ?) Descente de la Paix céleste ; portraits de Brésiliens venus à Paris et dessinés par Joachim Duwiert. Baptême de 3 sauvages en 1613 (par Ziarnko ?) Assemblée des Notables à Rouen 1617 par Ziarnko. Autre. États de Blois en 1576 (Pièce rarissime de Le Mangnier). Triomphe de Louis XIII. Magistrats au pied du Roi, par Ab. Bosse ; Divers motifs de décoration, vœu de Louis XIII en l'honneur de la naissance du dauphin (fol. 25). Pièce d'A. Bosse sur les chevaliers du St Esprit ; deux pièces sur le baptême et les funérailles par Le Pautre. Régence de Louis XIV, publ. par Lagniet. « Triomphe royal des ainez ». Séance du roi Louis XIV r Parlement 18 mai 1643. Rentrée du jeune roi au Louvre publiée chez Bertrand. Entrée des ambassadeurs polonais (1645) chez Jean Boisseau. Mariage de Ladislas IV roi de Pologne et de Marie de Gonzague, par procuration ; gravé par A. Bosse 1645. Procession de la châsse de Ste Geneviève, gr. par Cochin. Image allégorique de Louis XIII (fol. 38). Sacre de Louis XIV par Le Pautre (3 pièces) « La joye de la France » Sacre de Louis XIV publié par Ganière. Arcs de triomphe divers, parmi lesquels ceux gravés par Stephen Harrison. Un d'eux (fol. 51) porte une vue cavalière de Londres sous Jacques Ier. Pompe triomphale et réception de Robert Dudley comte de Leicester à la Haye (Il y a là des modèles tout à fait curieux d'illuminations). Image allégorique sur le mariage du roi Charles d'Espagne et de Marie d'Angleterre, par A. Verhœven. Festin royal de deux princes. Vues diverses de Portugal en un album dédié à la reine Catherine d'Angleterre par R. Stoop, en 1661, à l'occasion de son passage (fol. 57-59). Portrait de Louis XIII avec une vue de La Rochelle. La reine Marie de Médicis sous un dais. Autre portrait de Louis XIII. Anne d'Autriche par Lombart. Horloge du Temple de la Paix au Louvre, par Le Pautre, avec au bas l'almanach de 1656 publié par Sanlèque. Autre gravure de Le Pautre exécutée au nom du chapelain de la chapelle du Louvre, et montrant le roi Louis XIV en 1653. Réception de la reine de Suède à Paris (fol. 74). Entrée de leurs majestés à Paris le 18 août 1649, par Montcornet. Triomphe du Christ (grav. sur bois). Arc de triomphe par Boy gravé par J. Falck (fol. 83). Procession du doge de Venise par Franco (fol. 85-90). Le Bucentaure et les galères de Venise, en 1591 pour la venue d'Henri III (fol. 93). Pièces gravées sur bois et concernant les Turcs au XVIe siècle, avec une vue de Constantinople (rarissime, fol. 94-105). Triomphe de la religion figuré par des enfants (grav. sur bois). Entrée de Charles V à Bologne le 5 novembre 1529. Planches sur bois coloriées (fol. 109 à 123).

— 19 Triomphes de Jules César d'après Mantegna. — 20. Triomphe des anciens par Onofrio Panvinio (voir ci-devant Pd 17). — 21. Entrée de Charles-Quint à Anvers par Hogenberg (voir Pd 17). — 21. + Entrée de Charles-Quint à Bologne, grav. sur bois. — 21 a. Entrée du même à Bologne en 1529 par Goetghebuer (1864). — 22. Entrée de Charles-Quint à Bruges 18 avril 1515 (Bruges 1850). — 23.*Chars de triomphe de Maximilien 1517 (Réserve). — 23 a. Tournois à Nuremberg. — 23. + Triomphe de Maximilien (1796). — 23. ++ Triomphe de Maximilien (1883-84). — 24. Entrée de Henri II et de Catherine de Médicis à Lyon en 1548 (Lyon 1549). — 25. Entrée à Anvers d'Ernest archiduc d'Autriche en 1594. — 26. Entrée de Charles IX et d'Elisabeth d'Autriche à Paris en 1572. — 27. Entrée à Paris d'Elisabeth d'Autriche. — 28. Sacre et couronnement d'Elisabeth d'Autriche. — 29.* Procession d'Henri III et des pénitents.

> Ce curieux livre porte ces deux titres « Procession de Henri III... dite des Pénitents et flagellants avec les chevaliers du St Esprit de la 1re création marchant trois à trois, et partant du Louvre pour se rendre aux Grands Augustins, longeant les quais du Louvre le pont aux meuniers... et le pont Saint Michel 1579 » une autre note porte « Procession de Henri III... dessinée par Jean Cousin (sic) Janet (sic) et autres, donné par Monsieur le vicomte de Beaune en avril 1767, » Cette dernière mention est fausse de tous points, le dessin est de Nicolas Houel. 22 folios de croquis à la plume et au lavis. Cette suite est fort intéressante quoique peu écrite.

— 30.* Procession de Louise de Lorraine.

> Le titre est : « Procession de Louise de Lorraine femme de Henri III, allant du Louvre au faubourg St Marceau pour poser la première pierre de la nouvelle maison dite maison chrestienne, projettée, même commencée en 1584. » Ce livre est dessiné par Nicolas Houel intendant et gouverneur de la maison. 11 folios, donnant toute la disposition extérieure du bâtiment. Le Ier folio montre la Reine sortant du Palais du Louvre accompagnée de ses femmes. Le dessinateur montre aux folios suivants la disposition des divers services de charité ce qui est du plus grand intérêt pour l'histoire de l'assistance publique au XVIe siècle.

— 31. Marche du doge de Venise. — 32. Entrées dans les villes des Pays-Bas vers 1600. — 33. Entrée d'Albert et d'Isabelle Claire Eugénie, gouverneurs des Pays-Bas, à Lille, en 1600.

> Curieux manuscrit contenant la relation fort détaillée de cette entrée avec dessins à l'appui. On y voit notamment à l'avant-dernier folio la réception du magistrat (Rewart et échevins) de Lille par les princes. Les dessins sont d'ailleurs plutôt des croquis d'album, mais ils sont l'œuvre d'un architecte, et partant assez fidèles.

— 34. Entrée de Frédéric à Prague en 1619. — 35. Du même à Breslau (1620). — 36. Entrée de Henri IV à Metz en 1610 par Ab. Faber. — 37. Entrée de Louis XIII après le siège de La Rochelle (Paris 1629). — 38. Entrée du cardinal infant à Anvers en 1635. — 39. Du même à Gand (1636). — 40. Medicea hospes, ou Entrée de Marie de Médicis à Amsterdam (1638). — 41 et 41 a. Entrée de Marie de Médicis dans les Pays-Bas en 1638 (2 exemplaires. Le second exemplaire est splendidement colorié et doré). — 42. Hymenœus pacifer ou Tableau de la Paix entre la France et l'Espagne (Anvers 1661). — 43. Entrée de la Reine et de Louis XIV à Paris en 1662. — 44. Triomphe royal de Guillaume III roi d'Angleterre (La Haye 1691). — 44 a. Couronnement de Jacques II (1687). — 44 b. Voyage de Guillaume III en Hollande (1692). — 45. Entrée de Louis XV à Metz en août 1744. — 46. Entrée de Napoléon à Venise (1808). — 47. Entrée du roi Louis XVIII à Paris en 1814.

> Dessins exécutés par Bélanger, ancien architecte du comte d'Artois, représentant divers tableaux de l'entrée du Roi à Paris, et la décoration de certaines rues, entre autres la place du Châtelet, le Pont-Neuf, la rue des Prouvaires surtout, tendue de tapis et de drapeaux blancs, etc.

— 48. Entrée de l'Empereur Ferdinand à Trieste (sept. 1744). — 49. Figures des officiers qui doivent assister au sacre de Charles V (1562). — 50. Sacre de Catherine de Médicis (1549). — 51. Sacre de Georges II dessiné par Klyer et Busch (1727). — 52. Sacre de Louis XIV (1655). — 53. Sacre de Louis XV (1722). — 54. Sacre de Louis XVI (1775). — 55.* Couronnement de Georges IV (Londres 1823).

> Exemplaire colorié et relié richement, offert par le roi Georges au roi de France. C'est un curieux spécimen du goût britannique à l'époque, avec la profusion de dorures et les incrustations de pierres dans des figures coloriées.

— 56. Sacre de Napoléon I (An XIII). — 57. Sacre de Charles X (Croquis et dessins originaux pour la décoration de la basilique à Reims par Hittorff et Laffitte). — 58. Sacre de Charles X (ouvrage non terminé de M. Turpin de Crissé). — 59. Couronnement d'Oscar Ier roi de Suède, par T. Von Silfwerskjöld. (Berlin 1846). — 60. Couronnement de l'Impératrice Anne en 1730. — 61 à 65 (Non employés) — 66. Décorations théâtrales, fêtes et ballets de 1500 à 1640.

> Recueil provenant de l'abbé de Marolles et ayant gardé sa reliure aux armes de France. C'est, à proprement parler, un album de pièces

relatives au théâtre. On y trouve, l'estampe d'Abraham Bosse sur le théâtre de l'hôtel de Bourgogne, les Noces de Thétis représentées sur le Petit Bourbon, et gravées par divers en 1654, d'ap. Torelli, H. Gelone, etc. Pièces gravées par Della Bella, Grimaldi de Bologne, Küssel, Parigi, (Noces du prince de Toscane 1608). Carrousels, pièces gravées par Callot, d'après Parigi ; fêtes de Nancy par le même ; théâtre par F. Chauveau, Toriani ; Festin à la cour de Toscane, par Stef. della Bella 1627 (fol. 81). Décors par Orazio Schardi, Carrache, etc. Fête à Rome par Mascardi en 1634. Pièce d'artifice vers 1650 (fol. 96). Fêtes données à Hems sur l'Escaut, en l'honneur du prince Claude François de La Tour et Taxis et de sa femme Diane de Hornes, gr. par W Hollar, en 1650 (Une des planches montre un curieux feu d'artifice). Fête sur l'Arno, éventail par Callot 1619. Représentation du feu d'artifice en l'île Louviers le 2 septembre 1613 pour la St-Louis, avec texte, grav. de Merian. Autre du 25 Juillet au Louvre et à la tour de Nesle. Illumination du château St-Ange à Rome, grav. par N. van Ælst de Bruxelles. Joutes par A Lafreri (fol. 117) ; ces joûtes eurent lieu sur le théâtre du Vatican. Joûte sur la place de Sienne en l'honneur du duc de Guise, par Paradisi et M. Bolognini. Deux pièces rarissimes ; théâtre de Gilles Le Niais ; de Tabarin, par A. Bosse.

— 67. Réjouissances à Bruxelles pour la prise de Bude, par l'Empereur Léopold (1686). — 68. Ballet comique de la reine pour les noces de Joyeuse par B. de Beaujoyeulx (1582). — 69. Costumes grotesques et mascarades par Robert Boissard (1597). — 70. Mascarade à la grecque, par Petitot (1771). — 71. Fêtes pour les noces de Christine de Lorraine (1689). — 72. Fêtes pour l'élection de Ferdinand III (Rome 1637). — 73. La sincérité triomphante, fêtes à Rome pour la naissance du dauphin (1640). — 74. Ballet du roi du 2 Mai 1651.

Ce volume à la reliure de Louis Hesselin, un des Mécènes de la minorité de Louis XIV, est entré à la Bibl. en 1805, à la vente St-Yves. Les dessins ont été exécutés pour Hesselin à la suite du texte imprimé pour Robert Ballard. Du fol. 34 au fol. 104, aquarelles représentant les divers costumes du ballet.

— 75. Fête donnée à Rome pour l'arrivée du prince de Pologne, (1634). — 76. Les plaisirs de l'Ile Enchantée à Versailles, en 1664. — 77. Fête donnée à Versailles en 1668, (Paris 1679). — 78. Mascarade Mythologique à Dresde en 1694. — 79. Caravane du Sultan, mascarade turque faite à Rome en 1748 (Paris). — 80. Fêtes à Paris à l'occasion de la naissance du dauphin en 1730 (Paris 1730). — 81. Fêtes à Paris, à l'occasion du mariage de l'Infant d'Espagne en 1739 (Paris 1740). — 82. Fêtes données à Francfort par l'ambassadeur d'Espagne (1741 et 1742). — 83. Fêtes données à Strasbourg en 1744.— 84 et 84 a. Fêtes données à Paris pour le mariage du dauphin en 1745. Le second exemplaire est colorié.— 85 et 85 a.

Autres fêtes données à Paris pour le mariage du dauphin en 1747. — 86. Décoration de l'Hôtel de ville de Paris à l'occasion de la paix de 1749.— 87. Relation de l'arrivée du Roi au Hâvre de grâce le 19 Septembre 1749. (Paris 1753). — 87 a. ★ Couplets sur le mariage du dauphin par J. D. Bezassier (Paris 1770). (Ce petit volume a été mis en réserve pour les dessins originaux de Gabriel de St-Aubin qu'il contient). — 88. Fêtes à l'occasion du mariage de Napoléon Ier, par Goulet (1810). — 88 a. Mariage de Napoléon I avec Marie Louise, par Percier et Fontaine (1810). — 89. Baptême du duc de Bordeaux. (Recueil de croquis originaux pour la décoration de N.-D. par Hittorff et Lecointe). — 90. Baptême du duc de Bordeaux, par Hittorff et Lecointe (1810). — 91. Fêtes données à Napoléon et à l'Empereur Alexandre, à Iéna et à Weimar (1808), curieux album colorié, publié en 1809 à Weimar. — 92. Fêtes données à Palerme en 1711. — 93. Fêtes données à Parme à l'occasion des noces de Philippe V (1717). — 94. Fêtes données à Parme pour le mariage de l'Infant Ferdinand (1769). — 95. Bal masqué à Berlin en 1804, fig. par Dähling. (1805). — 95 a. Quadrille du carnaval à Berlin, par Menzel (1836). — 96. Quadrille de Marie Stuart, dansé en 1829 par la duchesse de Berry au pavillon de Marsan. Lithographies par Eugène Lami. Exemplaire en couleur. — 97. Fête industrielle de Strasbourg le 25 Juin 1840. — 98. Souvenir historique du bal costumé de la reine Victoria, par Coke Smyth (1843). — 99. Voyage de Louis-Philippe à Windsor en 1846 par Pingret. — 100. Bal du roi de Naples, par L. Marta en 1854. — 101. Fête donnée à l'Hôtel de ville, en l'honneur de la reine Victoria d'Angleterre (1855). — 102. Fête populaire à Valenciennes (1858). — 103. Cortège de Philippe le Bon, fête donnée à Douai en 1840. — 104. Procession à Arras, en l'honneur de B. Labre 1860. — 105. Fêtes à l'occasion du baptême du prince Impérial 1860 (Photographies d'après des dessins). — 106. Cavalcade à Toulouse, 29 Avril 1877. — 107. Album de la fête des vignerons, à Vevey en Suisse en 1889 (dessins de Vuillemin 1890).

Division **Pe.** — **Tombeaux, pompes funèbres, obsèques royales.**

— Pe 1 à Pe 1 q. ★ 16 volumes de calques pris à la Bibliothèque Bodléienne d'Oxford, et comprenant des dessins de tombeaux français autrefois recueillis par Roger de Gaignières. — P e 2 à P e 11 c. ★ Dessins exécutés pour Roger de Gaignières d'après les tombeaux de diverses provinces de la France.

> L'inventaire détaillé de ces recueils a été publié par Henri Bouchot sous le titre de : *Inventaire des dessins.. pour R. de Gaignières*. Paris. Plon. 2 volumes in-8° 1891. La description des tombeaux ci-dessus occupe les Tomes 1 et II, pp. 201 à 506. et pp. 1 à 177. L'inventaire est à la disposition du public au cabinet des Estampes.

— 12. Tombeaux et épitaphes de N.-D. de Paris (Dessins et croquis). — 12 a et 12 b. Tombeaux et figures historiques de l'Eglise St-Denis. Photographies par Ch. Fichot 1867 (2 vol. in-fol).— 13★ Recueil de tombeaux et de catafalques (Dessins).

> Ce recueil factice est formé de pièces provenant d'anciens livres manuscrits et de résidus des cartons. Il contient des dessins originaux d'après des tombeaux encore existant aux XVIIe et XVIIIe s. En voici sommairement le détail: Tombeau antique avec figures couchées; tombeau de Louis d'Artois à Ste-Agathe des Goths (1370); Tombeau anonyme où sont représentés un prélat, un chevalier, une dame (vers 1590.); Tombeau d'une femme (XVI^{e}s); Tombeau monumental (XVIII^{e}s). Autre. Croquis d'un tombeau; clôture de chœur avec cinq statues; Tombeau d'un membre de la famille Hurault; divers croquis d'un tombeau; Tombeau d'un prélat dont la statue est identique à celle du chancelier Birague; autre tombeau d'un prélat; tombeau de la famille de L'Aubépine où figure Guillaume chancelier des ordres; Monument du cœur d'un membre de la famille d'Orléans (XVII^{e}s). Tombeau de Henri de Montmorency; Tombeau de Charles, cardinal de Lorraine; Cénotaphe avec cariatides (XVIe s). Tombeau anonyme (italien?) Tombeau de Martin Dubellay à Gizeux; Tombeau avec deux statues (1630 environ); dessin à l'aquarelle sur vélin d'un tombeau en marbre et en bronze; Croquis divers; Tombeau d'un maréchal de France (vers 1650); Tombeau aux armes des Magoloti; Tombeau de Jérôme Cock éditeur, + 1570; Tombeau monumental avec statue (vers 1620); Tombeau de Madame de Lamoignon à St-Leu. (Dessin avec personnage); Tombeau d'un prélat; d'un officier général; Monuments divers du XVIII^{e}s sans attribution. Tombeau de Pie V copié par Hallé d'après N. Dorigny en 1737; Tombeau d'un maréchal; d'un prince électeur (vers 1700); Autres croquis; Tombeau d'un chevalier de Malte; Croquis d'un tombeau (Bouchardon?) Tombe par Pujet; Tombeau avec trois médaillons (vers 1750); Tombeau du dauphin fils de Louis XV (?); Autre; divers croquis; Tombeau d'une chatte; CATAFALQUES. Pompe funèbre pour un membre de la famille Borghèse; croquis divers d'après nature ou projets; Catafalque d'un prélat italien; Pompe funèbre d'un prince de Condé au XVIIIe s.; Tombeau monumental de Maurice de Saxe par Jollivet; Catafalque du chancelier Séguier; Catafalques divers; pour un prince de la maison de France; trois autres *id*. Autre pour un Condé (?) divers croquis, plans, etc oraison funèbre vers 1690 pour l'inhumation d'un prince ou d'une princesse Électeur ou Électrice (Bossuet?); Décoration d'autels pour les funérailles du dauphin; Diverses autres décorations pour les mêmes funérailles; autre pour la duchesse de Bourgogne par Bérain; pour la duchesse d'Orléans, etc.

— 14. Recueil de catafalques de 1512 à 1750.

Catafalque de Florimond Robertet, gravé par Flamen ; de Piccolomini par B. Fulli ; obsèques de la reine Anne de Bretagne, tirées du P. Montfaucon ; Catafalque de François-Marie de Médicis Grand-duc de Toscane, gravé par F. C. 1587 ; de Sixte-Quint ; Chapelle ardente du roi Henri IV, gravure de J. Briot ; Monument funéraire de Henri IV par Née d'après Pourbus ; Catafalque de la marquise de Villena ambassadrice d'Espagne ; Mausolée pour le service de Camille de Neuville, arch. de Lyon au collège des Jésuites 1693 ; Tombeau de Marguerite d'Autriche en 1612, d'après Orazio Torriani ; Obsèques à Florence pour la mort de l'Empereur Mathias, gravé par J. Callot ; Tombeau pour Philippe IV d'Espagne en 1621. Obsèques de Paul V par Venturi ; de Cécile Renée, reine de Pologne ; Mausolée de la reine d'Angleterre à St-Denis en 1669 ; Autre par Dolivar et Bérain ; Obsèques de Ferdinand II grand-duc de Toscane par J. B. Falda ; Catafalque du chancelier Séguier dans l'église de l'Oratoire 1672, par Le Brun ; Autre de Henri Gissey 1673 ; de César de Choiseul maréchal de France ; de la reine à St-Germain des Prés 1683, par Marot ; du Prince Louis II de Condé ; de la duchesse de Lorraine par Mogalli ; pompe funèbre de Philippe V d'Espagne à Paris par Cochin ; de la reine de Sardaigne à Paris 1735, par de Bonneval ; de la reine de Sardaigne Élisabeth-Thérèse de Lorraine 1741 ; de la dauphine Marie-Thérèse d'Espagne en 1746, par Cochin ; de la même à St-Denis, par Cochin ; de Catherine Opalinska, 1747 ; d'Innocent XIII par Aquila ; du maréchal de Villeroy ; catafalque pour le service du roi Victor de Sardaigne à N.-D. le 29 Janvier 1733, dessin lavé ; du maréchal de Villars en 1735 à St-Sulpice (par Slodtz). De Clément XII ; Chapelle ardente pour la reine de Suède en 1741 par Horleman ; Temple de St-Antoine où est enterré Pierre II de Portugal, et divers ornements par Bazuire et Frezza. Mausolée du dauphin et de la dauphine en 1712, à St-Denis ; id. pour le duc de Bourgogne 1712 ; id. par Berain ; pour la reine d'Espagne 1714 ; Chambre ardente de Louis XIV à Versailles ; convoi du même ; endroit où a été déposé le corps ; Portique pour les obsèques du prince de Condé par Berain, etc. ; Décoration par Berain pour l'inhumation du cœur du prince de Condé ; obsèques de Christine de Suède en 1689 à Rome. Mausolée pour Marie Thérèse par Bérain ; Idem pour Marie-Louise d'Orléans reine d'Espagne ; pour la Palatine 1690 ; pour Alexandre VIII ; pour la reine de Suède Ulrique Eléonore (divers emblèmes et devises) pour Marie Stuart reine d'Angleterre 1695 ; pour Louis Boucherat 1699 ; pour *Monsieur* 1701 ; pour le duc de Gesvres, Léon de Tresmes ; pour Charles Ier, Stuart ; pour Ferdinand archiduc d'Autriche 1662 ; facade d'un temple en l'honneur d'Anne d'Autriche ; Tombeau de François Villa ; de Mutius Matheus (?) Monument pour le duc de Beaufort en 1669 par Brissart, etc.

— 15. Catafalques de 1750 à 1835.

Obsèques du roi et de la reine d'Espagne à Paris en 1760 par M. Ange Slodtz, plans, élévations, etc. ; Mausolée du dauphin à N. D. en 1766 par Slodtz ; de l'Infant d'Espagne, en 1766 par le même ; du roi Stanislas en 1766 ; du duc de Parme ; de la dauphine en 1767 ; de la reine en 1768 à N.-D. et à St-Denis ; du roi de Sardaigne en 1773 ;

de Louis XV en 1774 ; de la reine de Hongrie en 1781 ; du duc de Berry en 1820 lith. populaire ; Convoi funèbre des victimes de l'attentat de Juillet 1835 par Ch. Lemercier (avec son titre).

— 16. Catafalques, tombes et chapelles ardentes par divers.

Recueil provenant de l'abbé de Marolles et ayant conservé sa reliure. Tombeau de St Remy ; portrait d'Henri IV par Georges Geldorp, gravé par J. Gelle (fol. 2); Pompe funèbre de Henri IV à Paris, par Catherine Deino (en italien) ; Tombeau de Louis XIII chez P. Bertrand ; du duc de Richelieu ; de la duchesse d'Orléans (gravure sur bois) de Anne d'Autriche par Mellan ; Tombeaux des Montmorency par J. Picart ; Tombes, épitaphes, etc. ; Recueil de tombeaux par Théodore Galle (fol. 19-35) ; Arc triomphal de la mort, planche mystique par E. Moreau avec vers francais (fol. 36) ; divers mausolées, entre autre ceux de Sixte-Quint, de l'Infant Cardinal d'Autriche ; d'Isabelle-Claire-Eugénie ; Tombeaux des Taxis, par Van der Horst ; pompe funèbre de Sigismond 1572 ; de Sixte-Quint ; diverses pièces mentionnées ci-devant. Catafalque à Séville pour la mort de Philippe III par Diego Lopez ; épitaphes par N. Blasset d'Amiens ; Catafalque à Milan pour le roi Philippe IV, Tombeau de Jules II par Buonarotti ; de Marie d'Altemps, de Robert d'Arbrissel (fol. 61), du duc de Nassau ; épitaphe d'Isabelle-Claire-Eugénie ; du roi Jacques d'Angleterre par Vaughan ; de Paul V ; de Grégoire XIII ; de Urbain VIII ; de Grégoire XV ; Tombeau de Ste Justine ; de divers ; du prince d'Orange (fol. 83) ; Suite des tombeaux publiés par Mariette et chez le Pautre ; Épitaphe de Bernard de Saxe-Weimar (fol. 96) ; Tombeau de Henri de Montmorency par Anguier, à Moulins (fol. 98) Tombeau élevé à Venise par René d'Argenson à la mémoire de son père 1655 ; Tombeau d'Henri IV par P. Dubois; Statue équestre du même ; Thèse d'Hercule Fr. de Boyseon en 1647 où l'on voit le tombeau ideal du prince Henri de Condé (fol. 108-109) ; Tombeau d'Antoine Triest évêque de Gand en 1654, par Corneille Van Caukerken sculpteur (fol. 110) ; Tombeau de Th. Howard par Hollar ; Catafalque de l'archiduc Balthasar par W. Hollar. Princes couchés dans leur bière, le baron de Smirzick, le margrave de Brandebourg, † 1558. Tombeaux de Ducerceau ; suite de tombeaux romains, gravés sur bois fort curieusement (fol. 117-124) ; Jean de Gavarello dans sa biere ; JeanCoqueret prêtre par Lenfant ; Hermann Lisens ; Sépulture du marquis de Rostaing aux Feuillants (1640).

— 16 a. Recueil factice de tombeaux. Pièces détachées, dessins et gravures.— 17. Recueil de tombeaux, Sépultures et épitaphes de divers pays.

Tombeau d'Honorius III par Greuter ; d'Honorius IV, et d'autres ; Tombeau sur lequel est couché un empereur. Dessin signé D. R. fecit (1620 ?). Tombeau du cardinal de La Rochefoucauld ; des Rostaing ; Tombeau d'un prince de France (Dessin lavé du XVI^{e}s.) Tombeau de Gervaert, de Idesbald III abbé de Dunois ; Tombeau anglais par W. Hollar ; (fol. 33 à 95). Suites de Tombeaux ; quelques tombeaux de Belgique, entre autres de Philippe Le Roy par R. Collin. Tombeau du maréchal de Guébriant. Tombeau de St Dominique ; de St François-Xavier.

— 18. Tombeaux italiens par Grandjean de Montigny (1813).
— 18 a. Tombeaux par des sculpteurs italiens de la Renaissance (1880). — 19. Autels et monuments sépulcraux existant à Rome, par Tosi et Bacchio (1843). — 19 a. La sculpture religieuse à Rome par Tosi et Barbier de Montault. — 20. Monuments sépulcraux de Toscane par Gozzini (1821). — 21. Sarcophages du cimetière de Pise. — 22. Tombeaux des princes Angevins à Naples. (Dessins de Millin, où l'on trouve les tombeaux d'Odet de Foix, et de divers princes d'origine francaise). — 23. Tombeaux des princes et hommes illustres d'Angleterre. — 24 à 24 d. Sepulchral monuments in Great Britain (London 1786-1796. 5 vol. in folio). — 25. Tombes de la Grande-Bretagne par Stothard (1817). — 26 et 26 a. Tombeaux des comtés de Norfolk et de Suffolk par John Sell Cotman (1839) — 27. Tombeaux de la Grande-Bretagne par Th. et G. Hollis (Londres). — 28. The monumental effigies of the Temple church... par Richardson (1843). — 29. The ancient stones and leaden coffins of the Temple church, by S. Richardson (1845). — 30. Tombeaux des rois de Hongrie (Nuremberg 1664). — 31. Différents modèles de tombeaux par J. Vriedeman — 32. Tombeaux de Frédéric Eugène, duc de Wurtemberg (1797). — 33. Monuments des rois de Pologne à Cracovie (1827). — 34. Tombeaux des rois de Pologne (1825). — 35. Tombeaux d'hommes illustres par Marcus Zuerius (1638). — 36. Tombeaux du cimetière de Munich par L. Nader. — 37. Tombeau de J. C. électeur de Brandebourg par P. et J. Vischer (Berlin 1843). — 38. Monuments funéraires par G. G. Ungewitter. — 39. Tombeaux par Chenavard (1851). — 40. Tombeau de François I par Imbard. — 41. Tombeau de Francois II, duc de Bretagne, par Michel Columb (Nantes). — 42. Tombeau du général Foy, par David d'Angers (1831). — 43. Les mausolées français par Jolimont (1821). — 44. Recueil de tombeaux à Paris par Demont (1852). — 45 et 46. Le Père La Chaise par Quaglia. — 46 +. Album tumulaire de Quaglia. — 46 b. Sculpture et marbrerie par E. Philbert (1889). — 46 a. Sépultures nouvelles par Camis (1885). — 47. Recherches sur les sépultures de N.-D. de Melun par Grésy (1845). — 47 a. Plaques funéraires en métal existant sur le continent par W. Creeny (1884). — 48. Recueil de pompes funèbres.

Recueil ayant appartenu à l'abbé de Marolles et ayant conservé sa reliure. Pompe funèbre de Charles-Quint à Ste Gudule de Bruxelles, publiée par Henri Hondius en 1619. Danse macabre par Hogenberg ? Pompe funèbre de l'archiduc Albert des Pays-Bas par Francquart. Pompe funèbre faite à Rothschild en 1588 en l'honneur de Frédéric II de Danemark, par Hogenberg (fol. 61). Pompe funèbre faite en 1584 en l'honneur du prince d'Orange, par Henri Goltzius (fol. 73). Funérailles par Reyners et Hermann de Ernest Casimir de Nassau tué à Ruremonde en 1632. Funérailles burlesques de Lord « All-in new fashions » (M. Tout à la mode) image populaire chez Th. Geele. Lombart Street London (fol. 100). Funérailles en planche unique de Gustave le Grand, de Maurice de Nassau, etc. Pompe funèbre du seigneur Jean-Baptiste de Taxis tué à Bonn en 1588, par N. Van der Horst.

— 49. Pompe funèbre de Charles-Quint par Deutechum d'après Hogenberg. — 50. Pompe funèbre de la reine de Suède, Ulrique-Eléonore 1693. — 51. Funérailles du margrave de Bareith (Beireuth) et d'Anspach (1603). — 52. Pompe funèbre de Charles III duc de Lorraine par Frédéric Brentel, 1608 (ouvrage du plus haut intérêt pour tout ce qui concerne ces funérailles princières). — 53. Obsèques de Henri IV célébrées à Florence, avec description de Giraldi (1610). — 54. Funérailles de la reine d'Espagne à Milan (1644). — 55. Obsèques de Frédéric-Henri prince d'Orange (Delf. 1647). — 56. Pompe funèbre de Mazarin par Chauveau et Nanteuil (1665). — 57. Funérailles de l'Empereur Léopold. — 58. Funérailles de Côme II à Florence (1621). — 59. Funérailles du prince d'Este à Modène (1659). — 60. Funérailles de Charles Emmanuel de Savoie (1675). — 61. Du Margrave de Brandebourg (1625). — 62. Du duc de Brunswick (1679). — 63 et 63 a. Du duc Albert d'Autriche (1623 et autre édit. de 1729). — 64. De Jacques II (1702). — 65. De Gustave III (1772). — 66 Pompe funèbre de Charles VI à Milan (1741). — 67. Funérailles du roi d'Espagne Charles III (1789). — 68. Lit de parade et obsèques de Anne princesse d'Orange, et de Guillaume-Charles-Henri, son mari (1759). — 69. Obsèques de Ferdinand Ier duc de Parme (1803). — 70. Cortège funèbre de l'Empereur Alexandre Ier à St-Pétersbourg (1826). — 71. Autre du même. — 72. Éloge et tombeau de Henri II (Paris 1560). — 73. Descriptions de Mausolées et de catafalques.

Recueil de pièces détachées sur les pompes funèbres de divers princes entre 1760 et 1773, toutes dans leurs reliures originales. Pompes funèbres de Ferdinand VI (1760) avec figures de Cochin ; de Louis dauphin 1766 avec fleurons de Cochin, et figures par Challe ; de l'infant Philippe de Bourbon (1766) avec figures de Cochin ; du roi Stanislas Leczynski, avec dessins de Challe et de Cochin (1766) ; d'Elisabeth Farnèse (1766) de Marie-Josèphe de Saxe, dauphine de France (1767) de Charles-Emmanuel III roi de Sardaigne (1773). Brochures in.-4°.

— 74. Funérailles du Grand dauphin (Rome 1713). — 75.

Funérailles de Louis XVIII (Dessins originaux et croquis par Hittorff, Laffitte, etc.). — 76. Tombeau de Napoléon I (Paris 1855) — 77 à 77 b. Recueil sur les funérailles de Napoléon Ier.

Ce recueil singulier, relié en noir avec fers d'argent, en style de drap mortuaire, contient dans ses trois volumes la plupart des images populaires publiées à l'occasion du retour des cendres.

— 78. Funérailles du Comte de Chambord en Autriche. (Phot. 1883).

HISTOIRE.

Série Q. — Histoire proprement dite.

La série Q renferme les ouvrages spéciaux et les recueils factices concernant l'histoire en général (Histoire ancienne et moderne, histoire de France et histoire des pays étrangers). L'Histoire de France forme la plus grosse part de la série ; elle comprend les recueils factices de pièces classées chronologiquement, et les ouvrages divers sur la question.

La collection primitive, dont les portefeuilles provenant de Fevret de Fontette furent le noyau, a été continuée jusqu'à nos jours (1860). Une autre suite d'estampes historiques, léguée par M. Michel Hennin en 1866 a été cataloguée par M. G. Duplessis (Paris in-8,5 vol. et table générale). La collection Fevret de Fontette a été inventoriée sommairement dans l'*Appendice*, au P. Lelong. M. Michel Hennin a aussi publié un livre en forme de répertoire où sont groupées chronologiquement et décrites toutes les pièces concernant l'histoire de France (10 vol. in-8° 1856-63).

La série Q se subdivise ainsi :

Recueils factices.
- Qa. Histoire ancienne.
- Qb. Histoire de France.
- Qc. Histoire de l'Europe méridionale (Italie, Espagne, Portugal).
- Qd. Histoire des pays du Nord.
- Qe. Livres historiques.

Division **Qa**. — **Histoire ancienne.**

(En classement, non encore constituée. Les livres spéciaux sur ces questions sont dans la Division Qe ci-après).

Division **Qb**. — **Histoire de France.**

Les recueils formés au XVIII⁰ siècle par Fevret de Fontette et passés au cabinet de Roi ont reçu une reliure uniforme de grand format. Jusqu'au XVIII⁰ s. ces recueils portent des indications manuscrites de la main du collectionneur. Du numéro 1 au numéro 187a (années 421 à 1860), la série renferme très exactement 188 volumes et près de 30.000 pièces (Plus exactement 28,200) on y a joint une série de pièces sur la Révolution (vol. 188 à 195), provenant de Labédoyère, dont la plupart sont de toute rareté. Les pièces d'histoire de format exceptionnel sont dans les volumes 196 à 200. Voir le catalogue détaillé, ci-après Ye 28, et *l'Appendice* au Père Lelong, par Fontanieu.

— 1. Hist. de France (format 3). — 2. Généralités. — 3. Gaule ancienne et Gaule romaine. — 4 à 7. Première race. — 8 à 9. Deuxième race. — 10. Hugues Capet, Louis VI. — 11. Louis VII. Philippe-Auguste. — 12. Louis VIII à Louis IX. — 13. Philippe III à Charles IV. — 14. Philippe VI à Charles V. — 15. Charles VI. — 16. Charles VII à Charles VIII. — 17. Louis XII. François 1ᵉʳ. — 18. François 1ᵉʳ. — 19. Henri II. François II. — 20 à 21. Charles IX. — 22. Henri III. — 23 à 26. Henri IV. — 27 à 37. Louis XIII. — 38 à 57. Louis XIV. — 58 à 73. Louis XV. — 74 à 93. Louis XVI. — 94 à 116. République. — 117 à 119. Consulat. — 120 à 137. Napoléon. — 138 à 141. 1ʳᵉ Restauration. — 142 à 144. Cent jours. — 145 à 155. Louis XVIII. — 155. (moitié du volume) à 160. Charles X. — 161 à 162. Les journées de Juillet 1830. — 163 à 178. Louis Philippe. — 179 à 182. 2ᵉ République. — 183 à 187a. Napoléon III (arrêt à 1860).

La suite des pièces de l'histoire de France concernant la fin de l'Empire, la Défense nationale, la Commune de Paris, la 3ᵉ République, sont dans les cartons non reliés qui sont communiqués sur demande spéciale au conservateur.

— 188 à 195. Supplément (1789-1817). — 196 à 200. Grandes pièces. — 201 à 369. Collection léguée par M. Hennin, et cataloguée par M. Georges Duplessis (Demander ce catalogue pour le détail des pièces).

HISTOIRE. — SÉRIE Q.

La collection Hennin, presqu'aussi considérable que la précédente, renferme exactement 14807 pièces réparties en 170 volumes. La collection Hennin est plus riche en documents publiés à l'étranger sur notre histoire nationale ; elle renferme un nombre considérable de dessins originaux, pour toute la partie allant de 1650 à 1820. Les documents sont rigoureusement classés à leur date vraie ou probable. Le catalogue de M. Duplessis fournit une table générale de grande utilité.

Division **Qc**. — **Histoire de l'Europe méridionale.**

1 à 5. Histoire d'Italie comprenant 5 volumes : Etats romains. Florence, Naples, Venise, Malte, Piémont, Modène, Parme.

Nota. *L'Espagne, le Portugal, etc., sont dans les suppléments non reliés.*

Division **Qd**. — **Histoire des Pays de l'Europe septentrionale.**

1 à 5. Histoire d'Angleterre de 1670 à 1804 (5 volumes en reliure mobile). — 6 à 17. Histoire d'Allemagne 1519-1792 (12 vol. de reliure mobile).

Nota. *Les autres pays du Nord de l'Europe, la Suède, la Russie, etc. sont dans les suppléments non reliés.*

Division **Qe**. — **Livres historiques.**

— 1. Histoire Universelle en figures, par Marillier (1785). — 2. Spectacle historique, par F. Godefroy. — 3. Illustrations pour l'histoire Universelle (Berlin 1836). — 4. Histoire Grecque par Pinelli (Rome 1821). — 5 et 5a. Histoire romaine par Pinelli (1821 et 1818-19). — 6. Figures pour l'histoire romaine par Mirys (Paris an VIII). — 7. Abrégé de l'Histoire romaine (1789). — 8 Histoire romaine par Fontana. — 9. Sujets remarquables de l'Histoire Grecque par Fr. Chauveau. — 10. La galerie de femmes fortes par P. Lemoyne (1647). — 11. Femmes célèbres par Jean Boccace (1539). — 12 à 12i. Monuments de l'histoire de France par Michel Hennin (X vol. in-8. 1856-63). — 13.

Introduction de l'Histoire de France par A. de Jouffroy et Ern. Breton (1838). — 13a. Récits mérovingiens par A. Thierry, illustrations de J. P. Laurens (1887). — 14. Monuments de la maison de France par S. Combrouse (1850). — 15. Histoire de France en figures gravées par David 1788. — 16 à 16. b. Histoire de France en figures par Lebas (3 vol). — 16c. à 16d. Histoire des Croisades par Michaud, illust. par Doré (2 vol. 1877). — 17 à 17. b. Fastes de la nation française par Ternisien d'Haudricourt. — 18 et 18a. Le même ouvrage (1807). — 19. Miniatures de Froissart au British Museum de Londres (1844). — 20. Miniatures de Froissart de la Bibliothèque nationale (1845). — 20a. Jeanne d'Arc (1890). — 21. Congratulation au roi de la paix conclue en 1570. — 22. Remontrances au Parlement (1761). — 23. Sacre et couronnement de Louis XVI (1775). — 24. La Révolution française, gravé par Helmann, d'après Monnet. — 25 et 25b. Tableau historique de la Révolution française (an XIII-1804. Le vol. 25 b. contient les portraits). — 26. Recueil de cartes pour les séances de l'Assemblée nationale 1789-1797 (recueil factice). — 27. Monuments des victoires et conquêtes des Français de 1792 à 1815 (1822). — 28 et 28a. Vie de Napoléon par A. V. Arnault (2 tomes). — 29. Napoléon et ses contemporains par Chambure (Planches). — 30. Histoire de Napoléon par Laurent de l'Ardèche (1840). — 31. Album de 20 batailles de la Révolution et de l'Empire. — 32. Album du Consulat et de l'Empire par Philippoteaux (1870). — 33. Evénements historiques de 1812 à 1815 (Londres 1815). — 33 a. Souvenir de l'Empereur Napoléon par Stack (Ile de Ste-Hélène). — 34. 48 heures de garde aux Tuileries 19 et 20 mars 1815 (Paris 1816). — 35. Le duc de Berry par Ed. Hocquart (1820). — 35a. La journée du duc de Bordeaux par d'Hardiviller (1832). — 35b. Convoi funèbre des Victimes du 28 Juillet 1835, chez Lemercier. — 35c. Galerie historique du règne de Napoléon III (Phot.) — 36. Souvenirs de la guerre d'Orient. — 36 +. Voyage de Napoléon III en Normandie et en Bretagne par A. Davons (1858). — 36a. Guerre de 1870 et siége de Paris par A. Lançon. — 36b. Paris aux avant-postes pendant le siège de 1870-71 par L. Desbrosses. — 36c. La troisième invasion par E. Véron et A. Lançon (1876). — 36d. Récits de Guerre par Ludovic Halévy, planches de Marchetti et A. Paris 1870-71 (Paris 1891). — 37 et 37a. Hist. de Bretagne par Dom Lobineau 1707 (2 vol.). — 38. Album de Michel de Montaigne (Recueil de pièces concernant Montaigne, recueillies et données au Cabinet des Estampes par le Dr Payen. Le Dr Payen a joint à ce don deux ou trois portraits à l'huile représentant Montaigne). — 38 a. Pièces diverses sur la Ligue et les guerres de religion. — 39. La grande diablerie ou le système de Law (1720). — 39a. et 39b. Deux autres exemplaires du même ouvrage. — 40. Renversement de la morale chrétienne par les désordres du monarchisme. — 41 et 41a. Les Héros de la Ligue (1691).— 42. Crémona par A. Campo (1584).— 43. Actes de Sixte V (1588). — 43 a. Le sac de Rome écrit en 1527 par J. Bonaparte (1830). — 44. Hist. de Pie VI (1802). — 45. Hist. du royaume des Deux-Siciles par T. de Vivo (1835).— 46. Hist. des 7 enfants de Lara (1612). — 47. Expédition des Espagnols au Maroc (1860). — 48. De origine et incremento regni Turcici (1597). — 49. Recherches hist. sur la Morée par Buchon. — 50. Nations du Nord, par Olaus Magnus (1555). — 51. Figures pour l'Histoire d'Angleterre par David Hume. — 52 et 52 a. Hist. d'Angleterre en figures par F. A. David, 1784 (2 vol.). — 53. Evénements de la guerre pour la Liberté de l'Amérique. — 54 et 54 a. Chronique de Stumpffen (1548). — 54 b. Même ouvrage. Planches seules. — 55. Chronique de Nuremberg (1493). — 56. Triumphus novem sœculorum (Augsburg 1725). — 57. Galerie des illustres Germains.— 58 à 58a. Vie de Maximilien. (Vienne 1775). — 59. Chronique de Frédéric Barberousse par Schnaase (Düsseldorf 1840). — 60. Hist. de Bavière en peintures (1829). Il est bon de signaler ici deux tableaux exposés au cabinet des Estampes, et renfermant la suite des ducs de Bavière antérieurs au XVIe siècle. Aquarelles. — 61. Guerre des Bataves par Tempesta 1612). — 62. Peintures et drapeaux dans la chapelle de Sempach (1826). — 62a. Faits d'armes de l'armée autrichienne en 1792 par Bartsch. — 63. Hist. des Provinces unies des Pays-Bas (Amsterdam 1701). — 64. Guerres civiles par Hogenberg (1635, ex. en couleur). — 64a. Même ouvrage en noir. — 64 b. Siéges et batailles du Prince d'Orange (1616). — 64 c. Episodes de l'hist. d'Anvers par Guffens (1885). — 65. Derniers moments de Nicolas 1er, emp. de Russie (1855). — 66. Hist. de Pologne par Oleszcynski (1843).

HIÉROLOGIE.

Série R.

Cette série renferme les livres ou les recueils factices concernant l'Ancien et le Nouveau Testament, les Saints, etc. Elle se subdivise en cinq parties :
Ra. Bibles et ouvrages généraux.
Rb. Ancien Testament.
Rc. Nouveau Testament.
Rd. Saints et Saintes.
Re. Liturgie. Conciles. Histoire Ecclésiastique.

Division Ra. — Bibles et ouvrages généraux.

— 1. Bible des pauvres, Londres 1859. (Reproduction par Berjeau). — 2 à 8. Recueil d'estampes sur les légendes de l'Ancien Testament, classées par Livres de la Bible. — 9 et 10. Bible de Royaumont, Ancien et Nouveau Testament (1712). — 11. Recueil de sujets de la Bible. — 12 et 12 a. Figures de la Bible (Francfort-sur-le-Mein 1564-65). — 13 à 13 c. Dictionnaire de la Bible, par Dom Calmet (1730). — 14. Recueil de figures de la Bible, et autres sujets.

> Recueil provenant de l'abbé de Marolles et ayant gardé sa reliure. Il contient du fol. 1 au fol. 16, les figures du vieux Testament, par Hans Holbein ; de 19 à 85, la Bible et l'Apocalypse de Hans Sebald Beham. De 87 à 103, La danse des morts, (portée à l'œuvre d'Holbein). De 113 à 180, Le Kunstbüchlein, par Jost Amman, publié en 1599 (ces figures n'ont aucun rapport avec la Bible). Il y avait là autrefois 178 gravures de Borcht sur les métamorphoses d'Ovide, qui furent réparties à d'autres places.

— 15. Bible imprimée à Lyon en 1520. — 15 a à 15 a ++·
*Figures de la Bible, par Jean Leclerc. (3 exempl. réserve)—16 et 17. Autres éditions 1635, 1670. — 17 a et 71. b. Evangelium arabicum 1590-1591. — 18. Bible par Crispin de Passe (1612). — 19. Quadrins histor. de la Bible (1560). — 20. Bible par Salomon Bernard (1680). — 21. Thesaurus... veteris testamenti par de Jode (1585).— 22. Images de la Bible de Borcht (1581).— 23. Bible par Van Sichem (1646). — 23 a. Bible arménienne,

par le même. — 24. La Bible, par le P. Girard (1653). — 25. La Bible, par Sandrart (1650). — 26. Par Melchior Kussel (1679). — 27. Par Ch. Weigel et Luyken. — 28 à 31. Bible de Royaumont (1671-1770). — 32. Biblia Ectypa, par Weigel (1695). — 33 et 33 a. Bible, par Mortier (1700). — 34. Par Kilian. — 35. Le grand tableau de l'univers, par Basnage (1714). — 36. Bible de B. Picard (1706). — 37. Discours sur la Bible, par Saurin. — 38. La Bible, par Luyken. — 39. Par Borcht (1613). — 40. Par Schut (1659). — 41. Par Gérard Jollain. — 42. La Bible publiée par Demarne. — 43. Figures de la Bible (1705 Augsbourg). — 44. Idem. Amsterdam 1772). — 45 à 45 k. Bible par Lemaistre de Sacy (1789 an XII. 12 vol. in 8°). — 46. Illustration de la Bible, par Schnorr. — 46 à 46 c. Idem, par Delton (1872 3 vol.). — 46 d. Idem, publié par Cassell. — 47. Idem, par Schneider. — 48. Idem par Victor Adam (1850). — 49. Images sacrées imprimées à Lille. — 50. Illustration des Stes Ecritures, par Sylvestre (1886. Glyptographie).

Division **Rb.** — **Ancien Testament.**

— 1. Recueil de figures de l'ancien Testament. — 2. Id. par Holbein 1547. — 3. Idem édit. de Lyon 1554. — 4. Idem. Idem. — 5. Hist. de l'ancien Testament par Raphaël, gravé par Aloïsi (1613). — 6. Ancien Test. par H. Holbein (Leipzig 1850). — 7. Liber Genesis, par C. de Passe (1616). — 8. Psaumes mis en vers par Melle Chéron. — 9. Sacrarum antiquitatum monumenta, par Hillessem (1577). — 10. Symphoriani Champerii mirabilia Sacra (1517). — 11 a 11 b. République des Hébreux, par Mortier (1705). — 12. ★ Piedra Gloriosa o de la estatua de Nebuchadnesar. (Amsterdam l'an 5415).

Division **Rc.** — **Nouveau Testament.**

Vies de Jésus diverses. — 1. Vie de J. C. — 1 a. Vie de J. C. par Burgmair 1520 (édit. de 1887). — 2. Vie de J. C. (Paris 1663). — 3 et 4. Idem. (2 autres édit). — 5. Vie de Jésus, par Gobille. — 6. Nouv. Test. par Weigel (1696). — 7. Vie de J. C. par Gillot. — 8. Par Feart, d'ap. Overbeck. — 9. Par

N. Tardieu.— 10. Par Merkel (1853).— 11 et 12. Par Jameson et Eastlake (1864, 2 vol). — 13. Paraboles illustrées, par J· Franklin. — 13 a. Iconographie du baptême du Christ, par Strzygowski (1885). — 13 b. Etude sur l'hist. de l'image du Christ au Moy. Age, par Karl Pearson (1887). — 14. Passion de J. C. par A. Dürer. — 15. Reproduction du précédent (1844). — 15 a. Passion, par Mechel, d'après Holbein (1782). — 16. Par Martin de Vos et Firens. — 17. Vie de J. C. par Grégoire Huret (1664). — 18. Idem (1753). — 19. Passion par de Gheyn, d'ap. Karl Van Mander. — 20. Passion, par Christ Weigel (1693). — 21. Par Pacot. — 22. Stations du Mont Valérien. — 23. Station du Calvaire, par Duthé. — 24. Calvaire, par Maesani. — 25. Les quatorze stations, par J. Führich (1847).— 26. Chemin de la Croix, par Ledoyen.— 27. Figures de l'Evangile, par Jost Amman (1578). — 28. Recueil de figures du Nouveau Testament. — 29. Images pour les Évangiles de l'année (1593). — 30. Autre édit (1596). — 31. Epitres et évangiles, en vignettes sur bois. — 32 et 32 a. Evangiles publiés par Curmer. — 33 et 33 a. Evangiles, par Bida (1873). — 34. (Non employé). — 35. La Vierge, par Rohault de Fleury (1878). — 36 à 36 v. Images de la Vierge en recueils factices. Imagerie pieuse classée d'après les épisodes de la vie de Marie et de Jésus-Christ. (22 vol.).

Division **Rd. — Saints et Saintes.**

1 à 31. — Recueil factice contenant, par liste alphabétique, les Saints et Saintes dont les peintres ou les graveurs ont donné la figure. Pour consulter ces recueils faire la même demande que pour les portraits, en indiquant simplement le personnage, (23 vol. de Saints et 8 de saintes). — 32 à 38 (non employés). — 39. Iconographie et symbole de l'art chrétien, par Helmsdoerfer (1839) — 39 a à 39 f. Hist. de l'art chrétien, par Garucci (6 vol). — 40. Les attributs des Saints (Hanovre 1843). — 41 et 41 a. La caractéristique des Saints, par le Père Cahier (1867). (Ouvrage fort utile et très consulté dans l'identification des anciennes peintures). — 42. Légendes des ordres monastiques, par Mrs Jameson (1863). — 43 et 43a. L'art sacré et légendaire, par Mrs Jameson (1863). — 44. Figures des saints pour tous les jours de l'année (1641). — 41. Triomphe des martyrs, par Circiniani et de Cavalleriis (1766). — 46. Images des Apôtres

et Evangélistes, par J. B. Barbé. — 47. Images des saints, par J. Callot (1636). — 48. Triomphe de l'église militante, par de Cavalleriis (1585). — 49. Saints de l'année, par Séb. Leclerc (1730). — 50. Triomphe des martyrs, par de Cavalleriis (1587) — 51. Sacrum sanctuarium crucis et patientiæ (1634). — 52. Martyrologe anglais, par S. Clarke (1660). — 53. Martyrs de l'ordre de St-François. — 54. Bavaria Sacra par Sadeler (1615). — 55. Eloges des Saints de l'année, par Masculo (1753). — 56. Recueil de saints et de saintes. — 57. Les saints de l'année (1750). — 58. Images de dévotion éditées chez Basset. — 59. Recueil d'images de Saints. — 60. Sainte Vierge et Saintes. — 61. Imagerie, par Desfeuilles. — 62. Id. par Deckherr. — 63. Idem par Hurez. — 64. St Jean-Baptiste, par Martin de Vos. — 65. St François-d'Assise, par P. Thomassin. — 65 a. Autre publiée par Th. de Leu.— 66. Autre par Van den Enden. — 67. St Augustin par Schelte à Bolswert (1624). — 68. St Bernard, par Neeffs. — 69. Autre par Tempesta. — 70. Vie de St François. — 71. Autre chez de Rubeis (1639). — 72. Loyola, par Corn. Galle (1610.) — 73. Autre exemplaire du même ouvrage. — 74. Saints Cisterciens par Stengel (1625). — 75. Actes de moines bénédictins. — 76. Images de fondatrices et réformatrices, par M. van Lochom (1639). — 77. Vie de St Dominique, par J. Nys et J. Galle. — 78. Recueil de pièces sur la vie de St Benoît. — 78 a. Vie de St Benoît. — 79. St Thomas-d'Aquin, par Otto Voenius (1610). — 80. Le P. Gabriel-Marie, par Diepenbeck, gravé par Barbé. — 81 à 81 b. Vie de St Bruno, par Chauveau. — 82. St Bruno, par Lanfranc. — 83 et 83 a. St François de Paule, par Dondé (1664-1671). — 84. Le même, par P. de Nobilibus (1674). — 85. Ste Geneviève par F. et J. Riepenhaussen (1806). — 86 et 87. Ste Catherine de Sienne, par Voenius et Corn. Galle (1603). — 87 a. Vie de Ste Catherine (Arezzo 1634). — 88. Ste Claire par Collaert (1630). — 89. Marie-Madeleine de' Pazzi. — 90. Ordre de la Rédemption des captifs, par J. de Matha (1633). — 91. Ste Élisabeth de Hongrie, par Montalembert (1838). — 92. La légende de Ste Ursule, par Kellerhoven (1860). — 93. Vie de Saint Cuthbert XIIe siècle, par le P. Forbes (1888).

Division **Re. — Liturgie. Conciles. Histoires ecclésiastiques.**

— 1. Archéologie chrétienne, par Otte (1854). — 2. Histoire antique des papes de 1273 à 1503. (Transmis aux manuscrits en 1874).

— 3. Cruautés des hérétiques (Anvers 1587). — 4. Miracles du diacre Pâris. — 5. Salve Regina, par Wiérix. — 6. Catéchisme par David. — 7. Le Pater par Führich (1826). — 8. Le même (1840). — 9. Galerie chrétienne, par Leclerc. — 10. Miracles du Rosaire par Th. de Leu (1611). — 11. Pieux désirs par Boèce de Bolswert (1627). — 12. Cruciana par Holland (1835) — 13. Recueil d'images de confréries.

<small>Ce recueil n'aurait qu'un intérêt fort restreint s'il ne renseignait sur certaines confréries ouvrières parisiennes des XVII et XVIIIe siècles. Il est classé par liste alphabétique des Saints représentés.</small>

— 14. Les sept sacrements par P. Galle (1576). — 15. Elogia Deiparæ (1652). — 16. Cérémonies religieuses à Rome. par Barocci. — 17. Oratoire de la famille. — 18. Recueil de figures des apôtres, des saints, des vertus. — 19. Souvenirs de la première Communion. — 20. id. — 21. Ceremoniale episcoporum (Rome 1600). — 22. Missel de Cluny (1550). — 23. Missale romanum. — 24 et 24 a. Livres d'heures d'Anne de Bretagne publiés par Curmer, (l'original est au département des manuscrits). — 25. Heures à l'usage d'Angers par Simon Vostre. 1530. — 26. Heures à l'usage de Rome, par Simon Vostre. — 27. Heures de la Vierge par Thielman Kerver. — 28 ★. Heures de la Vierge par G. Tory (1525). — 29. Heures de Pierre Busseron (1538). — 30. Heures à l'usage de Rome (1558). — 31. Office de la Semaine Sainte (1635). — 32. Figures de la messe (1651). — 32a à 32c La messe par Rohault de Fleury (1883). — 33 ★. Dévotes prières par P. Moreau (Reliure de Legascon, vol. in-32.) — 34. Prières de l'âme chrétienne, par Moreau (1644). — 35. Heures nouvelles par L. Senault. — 36. Livre d'heures, par Mathieu. — 37. Livres d'heures par Moulin (1846). — 38. Mois de Marie par Lepelle de Bois Gallais (1856). — 39. La journée du chrétien. — 40. Recueil manuscrit de prières en allemand.

NOTA. *Consulter pour les vies de Saints et la hiérologie en général les suppléments non reliés.*

MYTHOLOGIE.

Série S.

La série S renferme les livres constitués et les recueils factices ayant trait à la mythologie. Elle ne comprend que deux subdivisions.
S a. Personnalités mythologiques.
S b. Livres divers.

Division **Sa**. — **Personnalités mythologiques.**

— 1 à 61. Recueils factices classés par personnalités et contenant des gravures ou des photographies d'après les antiques. — 1. Les grands Dieux. — 2. Saturne, Vesta, Vestales, Lares. Pénates, Cybèle. — 3. Jupiter, Ganymède, etc. — 4 Io, Latone, Niobé, Argus, Calisto. — 5. Antiope, Castor et Pollux, Myrmidons, Europe, Léda. — 6. Junon, Lucine, Écho, Narcisse. — 7. Mercure. — 8. Apollon. — 9. Apollon et Marsyas, Phaéton et ses sœurs. — 10. Esculape, Hygie, Thélesphore, Daphné. — 11. Les Muses. — 12. Les Muses, le Parnasse, Pégase, Momus. — 13. Diane. — 14. Diane, Endymion, Actéon, Aurore. — 15. Heures, Saisons. — 16. Pallas, Minerve, Athéné, Erichton, Arachné, Perdix. — 17. Vulcain, Mars et Vénus, Mars. — 18. et 19. Vénus. — 20. Mars et Vénus, Mercure et Vénus. Pygmalion. — 21. Myrrha, Adonis, Hébé, les Grâces. — 22 et 23. Amours, Hymen, Cupidon. — 24. Psyché. — 25. Bacchus, Silène. — 26. Autres Bacchus. — 27. Triomphe de Bacchus Lectisternes, Bacchus et Ariane. — 28. Bacchus, Taureau Dyonisiaque, Génies, mystères, vendanges. — 29. Bacchanales, Danses bachiques. — 30. Faunes Bacchantes, Corybantes, Satyres. — 31. Bacchantes. — 32. Priape, Pan, Syrinx. — 33. Cérès, Triptolème, Flore, Vertumne, Pomone. — 34. Neptune et Amphitrite. — 35. Néréides, Thétis, Acis, Galathée, Tritons, Naïades. — 36. Fleuves et nymphes. — 37. Pluton, Proserpine, dieux infernaux. — 38. Morphée, Caron, Ixion, Tantale, Danaïdes. — 39. Isis, Osiris, Sérapis. — 40. Victoire, Fortune, Renommée. Liberté, Vérité (voir aussi ci-après les Personnifications allégoriques T d 24 à 30). — 41. Les Ages, Éléments,

Titans, Déluge. —42. Justice, Courage, Pudeur, Fidélité, villes. — 43. Persée, Cadmus, Héros, demi-dieux. — 44. Orphée et Euridice, Hylas, Etéocle et Polynice. — 45. Travaux d'Hercule. — 46. Hercule. — 47. Hercule et Omphale. Dejanire, Hésione. — 48. Centaures, Amazones, Thésée, Hippolyte, Penthésilée. — 49. Dédale et Icare, Méléagre, Iphis et Anaxarète. — 50. Philoctète, Achille, Ajax, Ulysse.—51. Apothéose d'Homère, Table Iliaque, Héros grecs. — 52. Jugement de Pâris, Pâris et Hélène, Protésilas. — 53. Guerre de Troie, Idomenée, Égiste, Électre, Oreste. — 54. Ulysse, Odyssée, Télémaque. — 55. Énée Énéïde. — 56. Enée en Italie, premiers temps de Rome, Romulus. — 57. Temps héroïques romains, personnages déifiés. —58. L'Olympe, les grands Dieux, Jupiter. — 59. Neptune, Apollon, les Muses. — 60. Vénus, Grâces et Amours. — 61. Héros et demi-dieux. Temps héroïques.

DIVISION **Sb. — Livres sur la Mythologie.**

— 1. Métamorphoses d'Ovide. Trad. de Renouard 1619. — 2. Même ouvrage. Fig. de Virgile Solis (1563). — 3. Idem. Fig. de Tempesta. — 4. Idem. Fig. de Pierre du Ryer (1677). — 5 et 5a. Idem. Trad. de Banier (1732). — 6. Idem. Trad. de Benserade (1676). — 7 et 7 a. Recueil sur les métamorphoses (2 vol.).— 8. Métamorphoses d'Ovide publiées par Goltzius en 1590.

L'exemplaire porte une reliure fauve de Legascon, des plus belles, aux armes de Séguier. Il faisait partie des livres provenant du chancelier Séguier passés aux Coislin et qui furent donnés à St-Germain-des-Prés en 1732.

— 9. Theatrum Ovidii, fig. de Baur (1688). — 10 et 10 a. Ovide avec fig. de Lemire (1767) 2 vol. — 11. Métamorphoses par Huet (1801). — 12 et 12 a. Galerie mythologique par Millin (1811). — 13. Explication des fables par Montlyard (1627).— 14 et 14a. Les traits de l'histoire universelle sacrée et profane par le sieur Lemaire graveur (1761-62).

Exemplaire aux armes de madame Victoire et confisqué en 1793. On lit sur un papier collé au revers de la reliure n° 2313. Vict. Capet A. (Ex. libris de la princesse).

— 15. Nouvelle histoire poétique. Fig. par Mixelle (1788). — 16 Tableaux de Philostrate (1617). — 17 à 19 Tableau du Temple des Muses (1655, 1676, 1733. 3 édit). — 20. Le imagini de i dei de gli Antichi (1671). — 21. Images des Dieux par Duverdier de Vauprivas (XVIe s.) — 22. Iconologia deorum par Sandrart (1680). — 23. Dieux marins par Galle. — 24. Idem (1686). — 25. Les douze Sybilles par Jean Rabel (1586).

Ce livre renferme le délicieux portrait de la reine Louise de Lorraine, gravé par J. Rabel en 1585.

— 26. Aventures de Sapho par Henri Tresham (1784). — 27. Triomphe mythologique des Dieux de la Fable. — 28. Mythologie figurée de la Grèce par Maxime Collignon (collection Quantin).

NOTA. *Consultez également les suppléments non reliés, surtout pour la partie relative aux Dieux.*

LITTÉRATURE ET FICTIONS DIVERSES.

SÉRIE T.

La série T renferme les livres constitués et les recueils factices concernant les fictions littéraires, romans, théâtre, poèmes, fables, chansons, emblèmes, rébus, calembours, et caricatures. Elle est surtout importante au Cabinet des Estampes pour le théâtre et les charges. Pour le théâtre, il faudra surtout tenir compte des suppléments non reliés qui ne seront pas mentionnés ici et qui renferment de curieuses pièces sur les costumes et la mise en scène moderne.

La série T n'a point été inventoriée encore ; elle se subdivise en :

T a. Poèmes et grands poètes *(sic)*.
T b. Théâtre et romans.
T c. Fabulistes et chansonniers.
T d. Iconologie, allégories.
T e. Emblèmes mystiques et moraux.
T f. Rébus, calembours, jeux d'esprit, charges, caricatures.

DIVISION **Ta. — Poèmes et grands poètes.**

— 1. Les Argonautes selon Pindare, Orphée, etc., par Carstens, (1799). — 2 à 2 b. Galleria Omerica par Inghirami (1831-36). — 3. Compositions sur Homère par Genelli (1844). — 4. Figures d'Homère par Tischbein (1801). — 5. Vignettes anglaises pour

Homère. — 6. Iliade et Odyssée d'Homère par Flaxman (1793). — 7. Autre du même. — 8 à 11. Théogonie d'Hésiode par Flaxman (1821, 1823, gr. par Peroli ou Schwanthaler). — 12. Les festins d'Anacréon (1781). — 13. Anacréon par Girodet (1825). — 13 a. Les poëtes par Chenavard (1863). — 14 et 14 a. Aventures de Télémaque par Monnet et Tilliard (1785). — 15. Aventures de Télémaque (1761). — 16. Autre par Pinelli (1828). — 17. Eschyle par Flaxman. — 18. Virgiliani Codicis fragmenta par Pietro Santi Bartoli (1741). — 19. Figures du Virgile du Vatican dessinées par Laffitte. — 20. Virgilii opera ; avec fig. de Lombard. — 21 et 21 a. Virgilii opera (Londres 1750). — 22 œuvres de Virgile ; trad. de St-Gelais. — 23. Edit de Virgile par Heine (1804). — 24. Énéide par Girodet. — 25. Enéide par Frommel (1827). — 26. Bucoliques par Norblin (1863). — 27 à 27 b. De natura rerum de Lucrèce. Trad. de Lagrange (1768). — 28 et 28 a. Horace (Édit. de Londres 1733-37). — 29. Emblèmes d'Horace par Otto Vœnius. — 30. Fig. pour Horace par Frommel (1829). — 31. Divina commedia di Dante. Comment. par Landino (1487). — 31 a. Illustrations de Luca Signorelli pour Dante, par Kraus (1892). — 32. La divine comédie, par Flaxman 1802-33, publ. par Sophie Giacomelli. — 34. Idem, par Flaxman, lith. par Feillet. — 35. Le Paradis du Dante par P. Cornélius (1830). — 36 et 36 a. Divine Comédie par Genelli (2 édit). — 37. Autre édition avec commentaire de Velutello. — 38. L'Enfer du Dante par Doré (1861). — 38 a. L'Enfer du Dante. Quarante dessins par A. Sturler (1869). — 38 b. Planches pour les œuvres de Pétrarque (1620). — 38 c. Le Roland furieux, par G. Doré (1879. Édit. sur Chine). — 39. Hist. de Psyché et de Cupidon par le maître au Dé d'ap. Raphaël. — 40. Même histoire par Dubois et Marchais d'ap. Raphaël. — 41. Daphnis et Chloé. Figures de B. Audran d'après les dessins du Régent (1718). — 42. Jérusalem délivrée. Édit. de 1590. — 43. Jérusalem délivrée. Fig. de Tempesta. — 44. Idem. Édit. de Genève (1617). — 45. Idem. Édit. de Paris 1784. — 45 a. Idem. Édit. de 1786. — 46. Le songe de Poliphile (1561). — 47. Autre 1561. — 47 a. Notes sur le Songe de Poliphile par B. Fillon (1879). — 48. La Venezia edificata de Strozzi (1624). — 49. Le Temple de Cnide par Montesquieu (1772). — 50. Vignettes pour les œuvres de Camoëns. — 51. Poème d'Ossian (1817). — 52. Sujets tirés d'Ossian par Chenavard (1868). — 52 a. et 52 b. Les poètes par Chenavard (1873 et 1874). — 53 et 53 a. Les Saisons par Thomson (1841-42). — 54 Paradis perdu par Milton. — 54 a. Vignettes pour Molière par Hillemacher. —

54a ╫. Vignettes pour Molière d'après Boucher par de Mare (1882). — 54 a +. * Estampes pour les œuvres de Molière par Boucher et Laurent Cars 1734. — 54 b. Vignettes pour Racine par Hillemacher. — 54 c. Illustrations par Hédouin pour le théâtre de Molière. — 54 d. Œuvres de Boileau Despréaux (Édit. Hachette 1889). — 55. Henriade de Voltaire, ill. par Mauzaisse (1825). — 56. Estampes pour la Messiade de Klopstock (1813). — 57. Figures pour l'Astrée par Rabel, et pour l'Aminte du Tasse. — 58. Éloge de la navigation par S. Herckmans (1634). — 59. Le Barde par Gray (1837). — 60. Le vice puni ou Cartouche, poème par Grandal (1768). — 61. Compositions hist. par Chenavard. Lyon 1862. — 62. Amour et Psyché par Frölich (1862-63). — Les mois par Coppée et Giacomelli (S. date). —

Division **Tb.** — **Théâtre et Romans.** (1)

— 1. + Recueil de pièces diverses concernant le théâtre. 1600-1840.

>Recueil précieux acquis récemment à M. Destailleur, architecte. Il renferme quantité de dessins inédits, et d'estampes rares.

— 1. Décoration de théâtre. Recueil factice. — 2. Ballet du Roi en 1645 par Torelli et Trozzi, et Ballet de Thétis en 1654. — 3. Ste-Ursule, pièce de théâtre par Salvadori (1625). — 4. Décors et scènes de théâtre en 1652. — 5. Décorations théâtrales par Léger Larbouillat (1830). — 6. Décors et machines de théâtre. Recueil factice.

>Ce recueil renferme une collection de dessins originaux du XVIIIe siècle et certains décors lithographiés de Ciceri et autres.

— 6a. à 6 t. Collection de mises en scène par L. Pallianti (21 vol. in-8°).

>Mises en scène de pièces modernes de 1820 à 1866. Indications spéciales pour la place à occuper par les acteurs.

— 7. Scènes comiques par Gillot, Watteau, etc. — 8. Images pour poèmes et romans. Recueil. — 9. Vignettes pour les œuvres

---

(1) Tous les dessins originaux relatifs au théâtre et contenus dans les divers recueils, ont été catalogués par Henri Bouchot.

de Racine par Calmé. — 10. Idem d'Après Gérard, Girodet (1812). — 11. Tragédies de Sophocle, vignettes par Mme Giacomelli (1808). — 12. Dramatic Works of Shakespeare (1791). — 13. Œuvres du même par Taylor. — 14. Vignettes pour le même d'après Smirke Stothard. — 15. Œuvres de Shakespeare par Ruhl. — 16. Illustrations pour les œuvres de Shakespeare (1843). — 17 et 17 a. Galerie de Shakespeare par Moritz Retzsch (1844). — 17 b. Othello de Shakespeare, illust. par Ruhl. — 18 Eaux fortes pour Shakespeare par Kenny Meadows (1845). — 19 Scènes du théâtre italien par Gillot (Claude). — 20. Costumes de l'Opéra sous Louis XIV.

> Suite de poncifs destinés au coloriage et dont plusieurs se retrouvent coloriés au volume suivant.

— 20 a. Poncifs de costumes d'opéra coloriés.

> A partir du fol. 39 il y a un certain nombre de dessins originaux par Bérain et autres. Le dernier est daté de 1721.

— 21. Costumes d'opéra par Gillot. (Opéra sous la Régence). — 21 a. Costumes de l'opéra par Guillaumot (1883). — 21 b. Costumes des ballets du Roi par Guillaumot (1885). — 22. Amours de Pantalon et d'Arlequin (1729). — 23. Espiègleries d'Arlequin, et aventures de Polichinelle (1842). — 24 à 24 c. Costumes et annales des grands théâtres (1786-1789). — 25. Métamorphoses de Melpomène et de Thalie (1722). — 26. Portraits divers du théâtre anglais (1770). — 27. Costumes de l'ancien théâtre français, italien, etc.

> Suite de costumes gravés d'après les originaux de Foech et de Whirsker aujourd'hui conservée au cabinet des Estampes, où ils sont exposés dans la salle de la Réserve. Ce sont de préférence les acteurs du théâtre Français de 1750 à 1790 qui y sont représentés.

— 28. Costumes et portraits des actrices des principaux théâtres de Paris (1re et 2e livraisons) an XI-1803.

> Portraits dessinés par Horace Vernet, et représentant Mme Belmont et Mlle Clotilde, dans quatre cost. divers. Épreuves en noir et en couleur, on y voit notamment le cost. authentique de Fanchon la Vielleuse.

— 29. Poses théâtrales de Lady Hamilton. Grav. de Piroli d'ap. Rehberg (1794). — 29 a. Le *Henri IV* de Shakespeare par Buttler (1846). — 30. Costumes de théâtre du commencement de ce siècle publiés par Mme Masson. Ep. Coloriées (1800-1810 ?). — 31. Costumes de tous les ouvrages dramatiques représentés à Paris, publiés par Vizentini.

Vêpres Siciliennes de Casimir Delavigne, *Louis IX* de M. Ancelot ; *Olimpie* par Briffault ; *Conradin* par Liadières ; *Marie Stuart* par Lebrun ; *Clary* par Milon ; les *Pages du duc de Vendôme* par Aumer ; La *mort du Tasse* par Cuvelier ; *Jeanne d'Arc* par Théaulon et Dartois, musique de Caraffa.

— 32 à 32 g. Costumes de théâtre du commencement du siècle, publiés par Martinet n°s 1 à 1634, répartis en 8 vol. à 200 l'un.
— 33. Costumes de théâtre par Hippolyte Lecomte (1670-1820).
— 34. Album des théâtres par Guyot et Debacq (1837). — 34a et 34 b. Costumes de théâtre. Recueil factice.

Voici la composition de ces recueils : — 34a. Théâtre de l'hôtel de Bourgogne par A. Bosse ; diverses figures des comédies française et italienne, publiées par Mariette, par Gillot : Pièce manuscrite concernant les comédiens italiens et provenant de Richelieu ; Comédiens italiens, par Joullain et par Bonnart : Suite de croquis du XVIIe s. acteurs grotesques : personnages de la Comédie italienne vers 1620 dont quelques-uns sont copiés de Callot ; costumes de persan et de persane vers 1680 ; Magny en habit de vieillard par Bérain ; Du Moulin en paysan par Bérain ; danseurs de l'Opéra en paysans, deux dessins de Bonnart ; Catherine Biancolelli, Diamantine, Mlle Rochois, Isabelle, Marinette, Mlle des Mastins, Mlle Moreau, Mlle Colombe l'aînée, dans Bélinde ; deux costumes de l'Opéra vers 1770. — 34 b. Arlequin d'ap. Claude Gillot ; autre arlequin avec une note manuscrite du maréchal de Richelieu ; diverses estampes sur le docteur Balourd ; Briguelle, Trivelin, Matamore, Crispin, Gandolin, Gautier-Garguille, Gros-Guillaume (avec note de Richelieu), Guillot Gorju (avec note), Jeannot, Jodelet, Mezzettin, Pantalon, Polichinelle, Pierrot, Deschars en Polichinelle, Zani Cornetto, Scaramouche, Trivelin, Turlupin ; scènes diverses du théâtre italien ou français du XVII siècle. La baguette de Vulcain ; Molière en Don Juan, d'après une peinture sur marbre attribuée à A. Bosse (?) Mlle Béjart en Cérès, Boudet le petit Sabotier, XVIIIe s. Ballon et Mlle Prévost dans les *Scythes*, Sophie Arnould, La Camargo comme on la comprenait en 1820, Mlle Raucourt en Médée ; La Rive en Philoctète ; Grandville, Ragueneau, etc., etc., etc.,

— 35 et 36. Costumes de théâtre (lithographies de 1830 à 1860 environ). — 36 a. Costumes de merveilleuses d'après les originaux de la collection V. Sardou, par Guillaumot (1874). — 36 b. Costumes travestis publiés par le magasin des demoiselles (1877). — 36 c. La tentation de St Antoine par H. Rivière (1888). — 37. Courses de taureaux. — 38. Thewerdanck. (Roman du chevalier à la Roue, allégorie sur l'Empereur Maximilien Ier par Hans Schauffelein 1519). — 39. Le même ouvrage édition de Francfort 1563. — 40 à 40 c. Don Quichotte (Londres 1738). — 41. Don Quichotte (La Haye 1746). — 42 et 43. Don Quichotte, chez Boissevin (XVIIe s.) et par divers. — 44. Don Quichotte par Edmond Morin (1850). — 45. Sancho

Pança dans son gouvernement (1872). — 46. Songes drôlatiques dits de Rabelais (1565). — 47. Les mêmes par Malapeau. — 48. Les mêmes, reproduction. — 49. L'aventurier Buscon, chez Boissevin. — 50. Vie de Tiel Ulspiegle, chez Lagniet (1663). — 51. Vie d'une jeune fille par Wattier 1824. Vie d'un jeune homme par V. Adam — 52. Gil Blas par divers artistes (9 livraisons seulement de l'édition de 1830). — 53. Faust par Mor. Retzsch (1824). — 54. Faust par Muret. — 55. Faust par Delacroix (1828). — 56. Faust par Cornélius. 57 et 57 a. Faust par E. Seibert (1854-58). — 58. Faust poème sério comique, par A. Crowquill (1834). — 59. Œuvres de Gœthe, par Kaulbach (1840). — 60. Œuvres de Schiller, vignettes sur bois (1839). — 61 a. La Cloche par Schiller fig. par Retzsch. — 61. Pégase dompté per Schiller, par Retzsch (1833). — 62. Il meo Patacca par Berneri ; illust. de Pinelli (1823). — 63. Voyage de Gulliver dessin de E. Morin (1850). — 64. Recueil de vignettes pour les romans de Walter Scott. — 65 a 65 b. Illustrations pour le Walter Scott (1833). — 66. Trente vignettes pour Walter Scott par les frères Johannot (1832).— 67. Seize vignettes pour Walter Scott (1821). —68. Vignettes pour Walter Scott, par Smirke. — 69 et 69 a. Romans de Walter Scott illustrés par Türner. — 70 à 70 k. Œuvres de Walter Scott (1842-47 édit. d'Edimbourg, 12 vol. in-4°). — 71. Figures pour la Geneviève de Tieck par Führich. — 71 a. Vignettes pour Delille par les frères Johannot (1832). — 72. Voyage sentimental de Sterne (1841). — 73. Pauvre Jacques par Clarkson-Stanfield (1840). — 74. Vicaire de Vakefield, fig. par Dorington (1841). — 75. Contes drôlatiques de Balzac, illustré par G. Doré (1855). — 76. Illustrations de Brion pour les *Misérables* de V. Hugo 1865. — 76 a. Œuvres de V. Hugo par F. Flameng (voir aussi dans Dc 314, œuvre de F. Flameng, les illustrations très particulières de M. Flameng sur Walter Scott). — 76 b. L'habitation du désert par Mayne-Reid, ill. par G. Doré (1868 sur Chine). — 77. Vignettes pour les œuvres de Musset par Eugène Lami, gravées par A. Lalauze (1883). — 78. Œuvres d'A. de Musset.

Nota. Pour le théâtre et les romans consultez les suppléments non reliés, où sont classées par pièces les représentations diverses des scènes théâtrales anciennes et contemporaines.

Division **Tc.** — **Fabulistes et chansonniers.**

— 1. Fables d'Ésope, par Sadeler (1689). — 2. Par Barlow (1666). — 3. Id. édit. d'Amsterdam (1714). — 4. Id. par A. Legrand (1801). — 5. Vie d'Ésope par Devéria (1852). — 6 et 6 a. Ésope en belle humeur (Bruxelles 1700). — 7 et 7 a. Fables de Phèdre (1806). — 8. Fables par Ph. Galle (1579). — 9. Même ouvrage sans texte. — 10. Cento tavole bellissime de piu illustri antichi... da Verdizotti (1661). — 11. Recueil d'images tirées de fables. — 12. Fables choisies gr. par Kraus (1707). — 13. Fables du Renard, ou satire contre le clergé, par Everdingen. — 14. Copies des vignettes précédentes (1817. — 15 à 15 c. Fables de Lafontaine illustrées par Oudry (1755-59). — 16. Dessins originaux pour les fables de Lafontaine, depuis gravés par Fessard.

> Le titre exact porte : « Desseins des fables de Lafontaine dessinés, par les sieurs Monet, Le Prince, Loutherbourg, St-Quentin, Bardin, présentés au roi, par son très humble... Fessard graveur ordin. de son cabinet. (Il faut ajouter aux noms ci-dessus, ceux de Meyer, Le Clerc, Desrais, F. Kobell, vers 1769-70).

— 17 à 17 e. Fables de Lafontaine, gravures d'après les dessins précédents (1765-1775 6 vol. in 8°). — 18 et 18 a. Fables de Lafontaine par Vernet et Lecomte 1818. — 19. Lafontaine par Granville (1838). — 19 a. Lafontaine par Boutet de Monvel (1888). — 20 et 20 a. Contes de Lafontaine, édit. des Fermiers Généraux (2 vol.) — 21. Recueil d'images populaires pour des contes.

> Cendrillon sous le Ier Empire, éventails, tabatières, images à encadrer, boîtes de bonbons, Barbe-bleue, Riquet à la Houppe, Chat botté, Petit-Poucet, Chaperon rouge, Belle au bois dormant, Peau d'Ane, le Prince Désir, Farfadet, Bellotte et Laideronnette, le Boudin au bout du Nez ; contes de Mad. d'Aulnoy, Fables de Lafontaine, charge contre les Jésuites en 1816 par Lecœur. Suite de pièces en couleur de 1815 environ sur les contes de Lafontaine. Le *Cuvier*, estampe anglaise, boîte à bonbons, six petits écrans avec des sujets du XVIIIe siècle, et des vers.

— 22. Figures pour les contes de Boccace, par Romyn de Hooghe. — 23. Figures pour les contes de la reine de Navarre. — 24. Fables nouvelles par Houdart de la Mothe, (avec figures par Cl. Gillot, Coypel, etc. 1719). — 25. Fables en prose et en vers tirées de l'allemand et du français (1780). — 26. Poésie et peinture, album (Düsseldorf 1838). — 26 a à 26 c.

Poésie et peinture album (Düsseldorf 3 vol.). — 27. Présents de Noël (New-York 1838). — 28. Esquisses de Jules Nisle pour les contes du chanoine Schmidt. — 29. Vignettes pour les fables de Northcote, par W. Harvey (1828). — 30. Contes de Perrault, par G. Doré (1862). — 31. Anciennes ballades espagnoles publiées par Lockart (1842). — 32. Estampes pour les chansons de Laborde par Moreau le Jeune et autres (sans texte 1773). — 33 et 34. Dessins pour les classiques allemands par Neurether (1829-32). — 35. Poésies et peintures (Londres 1846). — 36. Mélodies de Moore fig. par Maclise (Londres 1846). — 37. Songes et ballades de Shakespeare (Londres 1853). — 38. Contes du vieux temps, tirés de Froissart (1841). — 39. Album poétique de Düsseldorf (1851). — 40. *Ballades et fabliaux avec les figures romantiques de Bonington. (deux épreuves de deux vignettes du livre, coloriées par Bonington sont dans le vol. *C d 45). — 41. Planches pour les poésies de Vatel, publiées par la Société des Bibliophiles français (1883). — 42. La chanson du vieux marin. Illust. par G. Doré (1876). Edit. de Londres.

Division **Td. — Iconologie. Allégories.**

— 1. Prosopographia (vices, vertus et parties du monde) publiée par Phil. Galle (1595 ?). — 2 et 2 a. Science des emblèmes par César Ripa Amsterdam (1698). — 3. Iconologie historique des éléments des quatre parties du monde par J. Ch. Delafosse (1768). — 4 à 4 c. Iconologie de Gravelot et de Cochin (Paris 1789). — 5 à 21. Almanach iconologique ou des Arts (1765-1781). — 22. Le petit trésor des artistes et des amateurs (Paris An VIII). — 23. Recueil d'images allégoriques de 1810-20 environ.

> Les parties du monde, les Saisons, petites pièces sur les Heures du jour gravées par Alix pour boîtes (costumes de 1810-15). Le Bonsoir et le Bonjour, gravures au pointillé ; les Ages de la vie vers 1810. Petites images pour écrans, etc., vignettes.

— 24 à 30. Personnifications allégoriques.

> Recueil factice de personnifications classées par liste alphabétique jusqu'au vol. Td 27. Le vol. Td 28 contient les Signes du Zodiaque, les Planètes, les Points cardinaux, les quatre Éléments. — 29. Les Saisons, les Mois, les Parties du monde. — 30. Les cinq Sens, les Époques de la vie, les sept arts libéraux, les Beaux-Arts, les Personnifications de Villes ou de Pays.

— 31. (non employé).

— 32. Les mois par Fr. Coppée illustrés par Giacomelli (Voir ci-devant Ta 63). — 33. Les mois par Kæmmerer.

Division **Te**. — **Emblèmes mystiques et moraux.**

— 1. Pièces emblématiques.

Recueil ayant appartenu à l'abbé de Marolles et ayant gardé sa reliure. Pièce emblématique sur la bonne et la mauvaise nature par Retel, et gravée par Saenredam (vers 1600). Les mois d'après le Bassan, gravés par H. Hondius ; Les quatre heures du jour par Mérian ; quatre conquérants et les ruines accumulées par eux ; La femme, la vie, le roi et la vérité, publiés par Galle ; quatre pièces sur les occupations d'un homme de qualité d'après Gabriel Le Brun vers 1640. Le matin, le midi, l'après-dîner (chasseur au chien d'arrêt). Le soir. Les quatre parties du monde, l'Europe (personnifiée par Louis XIV), l'Asie, l'Afrique, l'Amérique. Allégories sur les méchants princes et la punition publiées par A. Hubert Le feu, l'air, l'eau, la terre (chasses et pêches de l'époque Louis XIII). Les vices et les vertus de Martin de Vos. La vue, l'ouïe, l'odorat, le goût, l'attouchement, cinq pièces gravées par Humbelot ; allégorie sur la fille qui se donne au vieillard riche par David Winckboons ; allégorie sur la vie humaine par J. Wiérix ; estampes sur la découverte de l'Amérique par Stradan et Collaert. Les princes dissolus par Raphaël Sadeler. Pièces diverses sur les batteries flamandes, les «beuveries», d'ap. D. Vinckboons. Suite des Ages de la vie d'après G. Groningue. Le vieux et le jeune publiés par Jean Galle (Affabulation du Meunier, son fils et l'âne de Lafontaine). Les Éléments par Firens ; allégories sur les plaisirs charnels ; le lai d'Aristote par G. Congiet ; triomphe de la chair sous les traits d'une ânesse ; les vices et les vertus, suite par Heemskerke et J. Cock. Allégories sur l'*occasion* ; diverses pièces, dont la Mort par della Bella (fol. 66). Les cinq Sens par P. de Jode ; allégorie sur le mensonge par H. Hondius, les Vierges folles et les Vierges sages de Saenredam 1605 ; les Saisons par M. de Vos ; Estampe fort rare sur Louis XIII (Ziarncko Polonus ?) La voie large et la voie étroite allégorie de G. V. Breen ; allégories sur les défauts de l'homme par le maître E. M. P. Allégorie des trois aveugles par Hans Bol, Démocrite et Héraclite par Cock 1550, allégorie sur les accapareurs de deniers par Ph. Galle ; allégorie sur la Mort, par H. Hondius ; allégorie sur les Guerres par K. van Mander ; Cérès, Bacchus, Vénus, etc. par H. Goltzius ; Le nord, le midi, l'orient et le couchant par Firens, personnifications diverses des vertus. La vie et la mort par Karl van Mander (rare). Allégorie fort curieuse contre les juges corrompus imprimé chez Claude Duchet ; allégorie sur la fortune «faict à Nancy par Alexandre Vallée 1591 (fol. 89). Danse de la mort fort rare publiée par Langlois ; suites par Tempesta. Images des Dieux païens ; allégories sur la Volupté par W. Swanenburg ; fort curieuse image de nouvel an adressée à l'archiduc d'Autriche gouverneur des Pays-Bas (vers 1595). Allégorie pieuses sur les sacrements eucharistiques par A. de St-Hubert ou Hubert, sur la justice et ses trois formes (fol. 99) ; sur la richesse et ses folies par Sadeler 1588 d'après Josse de Winge ; Titre du Manuel du commerce universel par Ragot ; Personnifications des vices et des vertus par Visscher, d'après van de Velde et autres. Symbolisme des vices et des vertus par P. Kœrius (fol. 109). Les sens par J. van Heyden. Le Beau séjour des cinq sens par Huret et Couvay. Le palais des facultés de l'âme par les mêmes ; estampe italienne sur les âges de la vie ; le grand escalier du monde par Jaspar Isac ; Prophètes ayant annoncé le Christ par Goustblom ; allégorie sur l'heure de la mort ; autre par Deslauriers publiée par Ganière ; l'homme de guerre en squelette, d'après Titien par Hogenberg ?

— 2 et 3. Allégories diverses du XVIIIe siècle sur des papes, et des princes étrangers.

— 4. Emblèmes moraux et sacrés.

Fables publiées par Lachini. Μικροκοσμος ou Petit monde suite d'allégories ; de Rerum usu et abusu, suite d'allégories ; le Théâtre des Vertus par Thomas Treterus, polonais (1588). Emblèmes de J. J. Boissard de Besançon ; autre suite d'emblèmes flamands ; suites de petits emblèmes d'une grande finesse (flamands) ? Autres imités de divers maîtres ; Deliciæ Bataviæ 1618 (bibliothèque de Leyde, Bourse d'Amsterdam). Imprese di diversi principi Venise 1583 (fol. 123). Nouveaux emblèmes par W. Hollar ; Emblèmes d'amour publiés par J. van Heyden ; théâtre d'amour avec modèles d'écritures.

— 5 et 6. Recueil d'emblèmes sacrés et paraboliques par divers.

Deux volumes provenant de l'abbé de Marolles ; allégorie sur la brièveté de la vie par Goltzius ; L'Ennéade sacrée ou les neuf muses de l'église, inventée par Claude de Voyer d'Argenson (Gr. par L. Gaultier) ? Tableau dit de Cébès, contenant toute la vie humaine, par Mathieu Mérian ; Danse des morts italienne ; Misérable fin de ceux qui suivent les putains (en italien) orgie dans un bordeau par C. V. Breen ; trophée de Marguerite de Lorraine ; le Christ guérisseur ; l'enfant prodigue de Montcornet ; Les neuf muses par Jacques de Bye ; Dieux de l'Olympe ; Éléments ; les sibylles, 12 pièces gravées par Jean Rabel 1586. Les quatre Éléments gravés par Bosse ; vices et vertus par Ph. Galle ; allégories de mœurs ; autres publiées en 1610 ; Hortus Voluptatum ; les heures par Goltzius ; quatre figures satiriques, le guerrier, le laboureur, le médecin, le prêtre ; Minerva et Septem liberales artes grav. par P. Lombard ; Calamités apportées par les Turcs ; Emblèmes chrétiens de Georgette de Montenay gr. par Woériot ; Mœurs du Nouveau-Monde par Th. de Bry. Cartouches gravés au XVIe s. Les mois de Martin de Vos ; autres mois ; satire contre les ambitieux. Petites scènes la vie en Italie, deux suites gravées par C. de Wael peintre d'Anvers en 1629. La lumière du Cloître, illustrée par Jacques Callot. Allégorie sur l'instruction des jeunes gens (fol. 108.) L'homme méchant et la femme impudique ; Circulus vicissitudinis rerum humanorum par M. de Vos et Collaert. Emblèmes de Joh. Mercier gravés par Queyr ; emblèmes italiens ; les quatre âges.

âge d'or d'argent, d'airain et de fer. Les sept péchés capitaux de Buonarotti gravés par Von Hoy.

— 7. Emblèmes sacrés 1831-1836. — 8.★ Danse macabre publiée par Antoine Vérard. Exemplaire sur vélin.

> Ce superbe livre provient de l'abbé de Marolles ; il appartint au roi Louis XII et fit partie de la Bibliothèque de Blois. Une note fautive prétend que ce sont là des peintures autrefois exécutées sur les murs du château ; or la mention qui a trompé, porte ceci. « Des « histoyres et livres en français *pulpito 1°* contre la muraille devant la « cour. Bloys. » Le livre débute par un grand cartouche peint par Jean Bourdichon et représentant les armes du Roi ; les gravures de Vérard enluminées par un habile miniaturiste ont été collées par quatre feuilles sur un carton. En tout cinq pages recto et verso (vers 1502). Outre le grand intérêt d'art de ces belles histoires qui ont devancé la Danse macabre d'Holbein de plus de 30 ans, il y a à considérer les costumes et les mœurs. On y voit un pape, un empereur, un cardinal, un roi, un patriarche, un connétable, un archevêque, un chevalier, un évêque, un écuyer, un abbé, un bailli, un astrologue, un bourgeois, un chanoine, un marchand, un chartreux, un sergent (costume rare), un moine, un usurier, un médecin, un amoureux, un avocat (très rare), un ménestrel, un curé (rare), un laboureur, un cordelier, un enfant au berceau, un clerc, un ermite ; tous dans leurs habits officiels de 1500 environ. A la fin se trouve la légende des trois morts et des trois vifs, une des plus populaires d'alors.

— 9★. Simulacre de la mort de Hans Holbein. Édition antérieure à 1538 (Exposé à la salle d'exposition). — 9 +.★ Simulacre de la mort de Holbein. Edit. également antérieure à 1538. — 10 +★. Les images de la mort par Holbein (Cologne 1545). — 10. Simulacres de la mort (Lyon 1549). — 11. Les images de la mort par H. Holbein (Cologne 1555). — 11 a. Les simulacres de la mort (Berlin 1878). — 12. La danse des morts de Holbein (Münich 1832). — 13. La danse des morts peinte à Bâle (Bâle 1789). — 14. *Idem.* — 14 a. La danse des morts telle qu'on la voit peinte dans la célèbre ville de Basle... traduit en français par A. de Maumont en 1700.

> Ce livre provient du département des Imprimés où il était coté Z 1486 c. C'est un manuscrit de 99 pages, on trouve en tête l'histoire de la fameuse peinture.

— 15. La grande danse macabée (Troyes 1729). — 16. La danse des morts peinte à Berne de 1515 à 1520 par Nic. Manuel. — 16 a. Le même ouvrage. — 17. La danse des morts peinte à Lucerne. — 18. Miroir de la bonne mort par Romyn de Hooghe. — 18 a. La danse des morts de la Chaise-Dieu (Paris 1841). — 18 b. Le travail de la mort par Barth (Münich). — 19. Le théâtre des Bons engins par G. de La Perrière, Toulousain (Paris, Janot, vers 1530 in-8°).

> Curieux petit livre donné au cabinet par l'abbé Boudot en 1758. On y trouve beaucoup de renseignements sur les mœurs et coutumes françaises au temps de François Ier Édit. incomplète.

— 20. Orus Apollo (Paris 1553).

> Livre de moralités et emblèmes. D'après une note de Joly, les figures sur bois de ce livre étaient de Jean Cousin (?).

— 21. Emblèmes d'après Salviati et d'après les gravures d'Androuet-Ducerceau. Dessins.

> Ce livre provient de Séguier. Il est exécuté à la mine d'argent ; on lit à la fin. « Ce livre est à moy Theodicte Tabourot » La reliure N. S. avec un fleuron, est celle de Nicolas Séguier.

— 22. Recueil des moralités publiées par Guérard.

> Pièces fort intéressantes pour l'histoire des mœurs sous le règne de Louis XIV.

— 23. Même recueil. (Exempl. portant l'ex-libris de M. de St-Maurice conseiller à la cour des comptes). — 24. Le imprese illustri de S. Jeronimo Ruscelli (Venise 1566). — 25 et 26. Emblèmes par Sambuc. — 27. Emblèmes d'Alciat (Lyon 1548, 1564, 1566). — 28 et 28 a. Emblèmes d'Alciat (1549 et 1577). — 29. Hadriani Junii Medici emblemata (Anvers 1565). — 29 a. Emblèmes moraux et politiques (Francfort 1625). — 30. Disciplinæ mathematicæ a .J .P Ciermans (Louvain 1640). — 31. Imprese nobili et ingeniose par Lod. Dolce (Venise 1578). — 32. Theatro d'imprese di Giovi Ferro (Venise 1623). — 33. Apologi creaturarum par Mœrman (1584). — 34. Amphitheatrum sapientiæ œternæ par H. Khunrath (1601). — 35. Emblèmes nouveaux es quels le cours de ce monde est depeinct.... publié à Lyon par J. de Zettro. — 36. Emblemata moralia et œconomica, explicata a Th. Cornhert 1609. — 37. Civitas veri sive morum Bartolomei d'Elbène (1609). — 38. Emblemas morales de Don Séb. de Couarrubias Orozco (Madrid 1610). — 39. Emblemata sacra a Bernardo Sellio (Amsterdam 1613). — 40. Gabrielis Rollenhagii selectorum emblematum centuria secunda (1613). — 41. Religion's emblems. Dessins de Thurnston, description par J. Thomas (Londres 1810). — 42. Devises héroïques et emblèmes de Claude Paradin (1614). — 43. Emblemata Florentii Schoonhovii (1618). — 44. Jacobi Catzii Silenus Alcibiadis sive

Proteus (Amsterdam 1619). — 45. Jacobi Catzii monita amoris virginei (Amst. 1619). — 46 et 47. Emblematum ethico-politicorum centuria chez Th. de Bry 1619. Autre édit. 1624. — 48. Emblèmes chrétiens. — 49 et 50. Amoris divini et humani antipathia ; éditions de 1629 et 1670. — 51. Symboles par Louise Twining (1852). — 51 a à 51 d. Le symbolisme religieux par Auber (1870-71). — 52 et 53. Doctrine des mœurs par Gomberville, 2 édit. de 1646. Une est à la reliure de Louis XIII (53). — 54. Devises morales et héroïques de Pierre Le Moyne (Paris 1649). — 55. L'art des devises par le P. Lemoyne (1666.) — 56 et 56 a. Emblèmes d'amours par Otto Vœnius (1608 et 1660). — 57. Dialogue des devises d'armes et d'amours de Paul Jove, Lyon 1561 (un des plus beaux livres illustrés du XVIe s. où se retrouvent les devises de plusieurs rois et princes). — 58. Le théâtre d'amour. — 59 et 60. Devises et emblèmes d'amour par Albert Flamen (1653 et 1672). — 61. Jacobi Bornitii emblematum ethico politicorum sylloge (Heidelberg 1664). — 62. Prognosticatio... Paracelsi ; fig. d'A. Flamen. — 63. Emblèmes d'amour en 4 langues par Jean Van Vianen. — 64. Ethica naturalis par Ch. Weigel. — 65. Poésies morales de J. Amst. Cats (1665). — 66. Corona gratulatoria par Gille (Salzbourg 1681). — 67. Triomphe de la religion sous Louis le Grand (1687). — 68. Apophtegma symbolica par Redelium (Augsbourg 1695). — 69. Annus symbolicus par Redelius. — 70. Devises à l'occasion du couronnement de Frédéric Ier (1701). — 71 et 71 a. L'année spirituelle. Collection d'emblèmes (1770 2 tomes). — 72. Vice et vertu par Jules David (Paris 1836). — 73. Recueil de plantes avec leurs noms et qualités emblématiques (chez Mathieu Mérian 1646). — 74. Le trésor du bonheur sur terre par Pintard 1852. — 75. Trophées des arts et des sciences par Ranson (fin du XVIIIe s.).

Division **Tf**. — **Rébus, calembours, jeux d'esprit, charges.**

— 1 et 2. Recueil de pièces facétieuses et bouffonnes de 1500 à 1630. 2 vol. in-fol.

Recueil provenant de l'abbé de Marolles et ayant gardé sa reliure du XVIIe siècle. Un des plus curieux pour l'histoire des mœurs, et la quantité de pièces uniques qu'il renferme. En voici le détail : — 1. Pièce rare montrant une mappemonde coiffée d'un bonnet de fou (in-fol.

publié par J. de Gourmont). Tête de fol. grav. flamande ; autre allégorie sur les fous publiée par W. Akerstoot 1626. Planche satirique obscène publiée par Thomassin ; un bonnet de fous soutenu par deux génies fait par H. Hondius ; autre planche libre publiée par Thomassin ; nous sommes trois (un fou enfermé avec une femme, planche allemande). Intérieur d'une bourse de commerce en Hollande ; une vieille folle tenant un chat, peinte par Jordaens ; un garçon tenant un poisson et un chat ; le même garçon tenant une marotte, par H. Goltzius ; une femme, un moine et un hibou par J. Jordaens, gravé par P. de Jode. Joueur de vielle grotesque par Van de Velde ; autre d'après Van de Venne ; joueuse de flageolet par Brauwer ; concert par Branssen ; marchand de papiers et de chansons par Van Vliet ; le Cymbalier et le Vielleur par Séb. Vouillemont ; joueuse de flûte ridicule par du Gheyn ; pièce sur les concerts de chats ; un joueur de flûte par Bloemaert ; le tambourin publié par Savry ; joueur de flûte par Vienot 1633 ; Silvandre par D. Van Riswyck ; Picart dit le capitaine par Augustin Quesnel ; Margot la Musette ; le flûteur par Aug. Quesnel ; Coridon publ. par Le Blond ; un aveugle et son chien publ. par Matham ; pièce facétieuse sur Pierre d'Aubervillers ; un concert ; un mai de paysans par Brébiette ; Le capitan Escarbonbardon 6 pièces publiées par I. de St-Igny ; les avares et le buveur par N. de Bruyn publiées par Londerseel ; pièce facétieuse sur une noce de village ; Scène d'intérieur grotesque publiée par J. Cock ; L'éducation du matou, publ. par Le Blond (original au Musée de Nantes) joueurs grotesques par Quesnel ? le flûteur de Lucas de Leyde ; le joueur de cornemuse par St-Igny ; la joueuse de violon ; joueurs grotesques gravés par Van Hulsen d'après Metsys ; au fol. 17, neuf pièces représentant des joueurs de flûtes par divers (un d'eux gravé par C. David d'après Vignon, représente Langlois dit Chartres, éditeur d'estampes du XVIIe siècle) noce villageoise par Van der Borcht ; barque grotesque par Jérôme Bosch ; estampe représentant un marchand de pâtés et un marchand d'oublies ; autre un marchand d'almanachs et un marchand de peaux de lapins ; noce de village par Breughel et Hondius ; planche satirique sur la fausseté du monde ; danse paysanne publiée par Montcornet ; concert par Isaïe Van de Velde ; un mai flamand par Visscher 1608 ; autre par Van Boins 1607 ; joueur de flûte ; Robert Vinot composeur de sauces par Moncornet ; vendangeur en 1630 par Moncornet ; Le Goguela publié par Chartres ; l'épousée de village, publié par Mariette ; Le balai des époux publié par Ragot ; Le rêveur par A. Bosse ; Le savetier ; le Tâte-poule par Jaspar Isac ; Désolation par Ragot ; un singe pouillant un homme par Chartres ; La diseuse de bonne aventure de Vouillemont ; Margot et les deux fous jouant à la crosse. Colin et Alison par J. Isac ; le buveur, publ. par Mariette ; le mangeur de jambon ; les amants ; L'écuyer à la mode le 9 octobre 1634 par J. Isac ; buveurs divers ; le duel de l'andouille par J. Isac ; le pauvre diable publ. par Matheus ; la soupe trop chaude par Lalemand et Daret ; le miroir des amans par Thiboust ; La Tripière par J. Isac ; les 4 saisons représentées par des fruits arrangés en grotesques ; Estampe montrant le contraste entre la vieillesse et la jeunesse par Bossius belga ; Le Carnaval et le Carême par A. Brambilla (fol. 31) l'olympe grotesque par Brambilla ; le piège aux amoureux par Franco ; un montreur de singe publié en 1558 par Huys ; intérieur d'une maison mal famée publ. par A. Hubert (une série de pièces ont été retirées entre 1844 et 1845 depuis le fol. 33 au fol. 40) ; divers petits métiers par Van de Venne, Brauwer ; un Bacchus ; un paysan allant vendre au marché ; une italienne filant par Van Aelst ; le marchand de volaille; vieille femme se chauffant ; buveurs publiés par de Gheyn ; la vieille folle, le cuisinier par M. Lasne ; la liseuse par A. V. de Venne l'ivrogne, des buveurs ; les enfants et le chat par F. Hals et gravé par J. Isac ; la bergère coquette ; fumeurs dans un cabaret par St. Igny ; l'enfant et le chien d'après Goltzius; Le jeu de marotte par J. Isac; la roue de Fortune de Martin Rota ; l'accapareur ; les dénicheurs gravés par C. Visscher; tabagie par Sorch gravée par Marin; le peintre malheureux par Viénot, d'après A. Both (?) tabagie ; le chirurgien par Adr. Brauwer, gr. par Marin; tabagie par Brauwer; buveurs par Téniers gravés par Goubau; buveurs par A. Brauwer ; autres buveurs ; suite de pièces par Lasne ou Bosse représentant des paysans, des bergers, des dames ; les joueurs par M. Lasne ; le ramoneur par M. Lasne ; les fumeurs par St-Igny ; adieux à l'homme d'armes par Jules Goltzius, et le tâteur de poule par le même (fol 57); les alchimistes; le grand-duc patinant; le chien et le chat dansant ; les grenouilles par Picquot ; grotesques divers par Van de Venne et autres ; le buveur de Franz Hals ; fumeurs publiés par Le Blond : mascarade par A. de Venne ; le nu et le bien vêtu (XVIIe s.) le chirurgien par Pierre Quast ; Galas et sa brouette ; suite de danseurs flamands d'André Both ; Carême prenant et Carême, publié par Chartres ; la preneuse de rats ; concert à deux. Les gras et les maigres par M. de Vos et autres; les singes suite de 16 pièces satiriques; la lutte pour la culotte ; le repasseur de langues ; la ceinture de Chasteté ; Singerie par Pierre Van Harlingen ; jeux de traînepattes publiés par Hulpeau ; diseuse de bonne aventure publ. par Chartres ; L'empeseur de fraises pour la toilette, pièce anonyme ; les gaufres par Jérôme Bosch ; le soldat et la fille d'après P.P. Rubens ; tabagie publ. par Chartres ; tabagie par P. Quast ; le jeu de l'oie, par Savery ; le mari fessé, par Goeman gravé par Savery 1610 ; les satyres et les paysans ; danse villageoise ; tabagie par P. Quast ; le chirurgien par P. Quast ; le peintre par Matham ; bataille de paysans par P. Quast; autre par Stephan ; les crêpes par P. Quast ; le bordeau par C. Van Dalen ? la braguette ; estampe anonyme ; Gillot le songeur ; buveurs publ. par Moncornet ; les enfants et le chien publ. par Mariette ; L'oiseleur, le Priape, deux pièces libres; Démocrite publ. par Guérineau; les trois beautés de la Grèce publ. par Jaspar Isac (ironie) ; Tabagie par P. Nolpe; Suzanne et les vieillards ; Les amours (Sadeler ?) Danse villageoise ; image en devinette par Blanchin et A. Quesnel ; le vainqueur par Blanchin et Quesnel ; famille hollandaise par P. Quast ; buveurs et pouilleux attribué à A. Van Ostade ; deux allégories sur l'amour ; symbole de l'amour réciproque par A. Bloemaert ; deux aveugles par J. Isac ; scènes diverses par M. Mérian ; têtes diverses de caractères, charges par Liefrinck, Teniers, A. Brauwer ; le singe jouant aux dames ; le philosophe et le singe par Van Sichem ; le fumeur par H. Leroy ; la vieille et le singe ; le chien dansant ; la guitare et le chat ; le fifre et la vielle par Mariette ; le cliquetteur (satire contre Pierre Dupuy) ; la vielle et le jeune garçon par L. Spirinx 1629 ; la vieille et le chat ; Le Picart buvant par M. Lasne ; trio de monstres par Vinci ? liseuse par Von Honthorts ; flûtteur; tâteur de poule ; mangeur ; oiseau en cage ; le nid par Van Honthorst ; la vraie femme (caricature) le flûteur par Honthorst ; le joueur de vielle et le triangle ; Guillery volant une femme par A. Bosse ; le charlatan, la fessée, les fumeurs d'après A. Brauwer ; paysan comptant son argent ; buveurs endormi d'ap. A. Brauwer ; autre sentant le pot par le même ; Homère (charge) par J. David ; Nymphe surprise par Coryn Boel ; « Les songes drolatiques de Pantagruel où sont contenues plusieurs figures de l'invention de François Rabelais » Augsbourg chez D. Custos 1597 (fol 94-95) « Caprices de différentes figures » chez Leblond 1620 (fol. 96-97) Compendio dell'armi de *Caramogi* d'Ant Franc. Lucini. Firenze 1627 (fol. 97) suites de Gobbi ; le capitaine Sans Peur ; les Gobbi de Callot, suite de pièces satiriques : l'Espagnol, le Gascon, etc. Estampe allégorique gr. par Jacques Goltzius ; Deux tireurs d'arc ; la maison du Cornard, charge française ; l'archer que soutient une laitière par N. de Bruyn ; l'amoureuse Angélique ; le courageux Roger, la belle Diane, le beau Narcisse, la belle Bradamonte suite de planches satiriques ; le moulin d'erreur, planche contre les Huguenots vers 1650. C'est pour rire ! Le caquet des femmes ; les femmes au bain ; La Cour des miracles par Jérôme Bosch, gravé par Jean André Maglioli ; brelan de la vie humaine ; Orphée et Euridice d'après Lucas de Leyde ; allégorie morale contre le jeu ; suite de petites figures hollandaises et françaises ; suite de pièces sur les mœurs, publiées par A. Hubertus ; Gobbi par Saftleven; petits métiers français ; Les cinq sens par P. Quast 1638. Buveurs d'ap. L. de Leyde ; Lettres du gentilhomme à la jeune fille, et réponse ; une planche des proverbes de Lagniet ; suite de petites estampes sur un poltron ; la fontaine publique dit le « Bureau d'adresse » ; les joueurs par Valentin, gravé par A. Quesnel 1640 ; Enfants luttant par Janet ; Enfants jouant par C. Saftleven ; joueur de cartes par A. Both ; la grande orgie par Sadeler.

— 2. Diverses satires contre les Espagnols par Quast, Guerineau, etc. les deux paysans de St-Ouen et de Montmorency dans leur agréable conférence touchant la guerre de Paris par P. Bertrand ; le bec de l'Espagnol fermé à Lens, dessiné par Richer, et gr. par Boulanger ; l'Espagnol châtré de Gravelines par Ganière ; le gazetier Espagnol désespéré ; Restes de la bataille de Lens ; Prodigieuse rencontre de deux montagnes (deux bossus). L'Espagnol entre deux sièges ; l'Espagnol las de la guerre ; l'Espagnol chassé de la Flandre ; la belle patience, le Castillan désolé, le capitan fumeux, l'Espagnol embarrassé, le Tantale Espagnol, l'Espagnol alchimiste par Richer; Don Quichotte; la musique venteuse ; le capitan en bourrique par Mathonière ; le mouleur de nez estampe satirique contre l'Espagne ; le roi recevant la Catalogne ; Honteuse sortie des Espagnols de la ville de Ypres ; « Nous allons de pis en pis ! » gr. par Ladame pour Lagniet (grande est. satirique contre l'Espagne) A la France le tout ! Bataille de Lens, avec le grand Condé en armure ; réception faite au prince de Condé ; l'A B C de la guerre. Le théâtre de la vie humaine par L. Richer ; l'ancienne mère ou la nature de J. David ; mariage hollandais de C. Van Dalen ; bacchanale ; Lutte pour la culotte par C. Isaac ; l'illustre Lustucru en son tribunal, à Paris chez Boudan ; Réduction de Perpignan chez Berey ; Entrée du Prince de Condé à Ypres ; Les enfarinés et les mouchés satires contre les modes de 1645; La diseuse de bonne aventure par Valentin, gravé par Ganière ; allégorie et charge sur la Hollande, publ. par Hugo Allaert ; Les tromperies du monde, grav. italienne au burin sur les mendiants ; charge contre les vices, est. italienne ; Proverbes italiens ; les vices et les vertus (id.) Autres tromperies du monde, est. italienne ; Le monde à la renverse ; kermesse flamande, publiée par B. de Momper (1559). La grande fête de notre village par Breughel le

vieux ; la déroute des Cormorans (satire contre les hollandais) par Humbelot ; La fureur des Manceaux ; la déroute des maltôtiers ; Les grandes magnificences faictes à l'oyson tiré au retour de Sa Majesté (Louis XIII, joute à l'oie sur la Seine) par Humbelot ; planche allégorique sur la misère du temps (plusieurs costumes d'artisans, un rubannier, un brodeur, un trafiquant, etc.) par Jérôme David ; L'ânerie (affabulation du Meunier, son fils et l'âne) par Lagniet ; la France victorieuse (plusieurs personnages, Turenne, Condé, Anne d'Autriche, etc., après Nordlingue par Campion ; hommage rendu au roi par les quatre parties du monde, par Hugues Picart ; l'empire de la réforme sur les réglements de la mode par J. David ; la maison royale prenant le plaisir de la chasse (le petit Louis XIV, Condé, Mazarin, le duc d'Orléans, Monsieur, Anne d'Autriche, Mademoiselle, Mesdames, Mazarin, chassant à Fontainebleau) ; Bigorne et Chicheface, allégorie sur le mariage, publiée par C. Visscher ; le caquet des femmes (rarissime eau-forte française du XVIe siècle) ; L'empire de la Mort sur la Fortune par Honervogt ; Le capitaine des enfarinés par Humbelot (charge contre la poudre) ; l'Espagnol dépouillé, chez Boudan ; Pronostic merveilleux sur l'estrange maladie de Diego d'Avalos ; Déroute des Espagnols à Naples (avec une vue de la ville, et sur le 1er plan un malade prenant un bain de vapeur) ; l'Académie des fols (satire contre l'Académie) par Bertrand ; Défaite des chats espagnols par les rats francais devant Arras, par Richer, grav. par J. Perelle ; allégorie sur les amants peu dégoutés ; Le Retour de Gonesse, chez Ferdinand ; L'influence de la lune sur la teste des femmes, chez Moreaux ; l'opération céphalique de Lustucru ; Le temps misérable qui ne peut attraper l'argent, chez P. Bertrand ; Satire contre Théophraste Renaudot (fol. 59). Alliance burlesque de Rolin Trapu et de Catin Bon-Bec, illustres polissons (suppôts de la cour des miracles) ; caricature de circonstance intitulée le testament de Jeanne ; La chasse de mon oye (charge contre la passion de l'argent); Les gaufres, par Jaspar Isac, imité de Breughel ; le lendemain de la noce de Jeanne ; le temps de la maltoste bouleversé ; Pompe funèbre de la mode ; magnifique noce de Jeanne ; les maris battus publ. par J. Boscher ; le jugement burlesque de Paris, chez Guerineau ; Kermesse en 1598 gravé par Nicolas Clock, d'après Karl Van Mander ; scène de comédie vers 1640. Raillerie d'un crieur de Pampelune ; Plaisanterie d'un procureur de Dôle. ces deux pièces sont de J. Richer ; Les beaux rieurs par Van Lochon ; satire contre les maris trompés par Daret ; Le procès comique, scène du théâtre français par Guerineau ; Ouy-dire par Daret ; Le visionnaire politique ; Concert mélodieux (chats et cochons) ; Hist. plaisante d'un porteur d'eau et d'un cuisinier de Paris ; Plaisanterie d'un pédant et d'une harangère par Humbelot ; « La magnifique
» reception faicte par le magister d'Aniers aux députés de Vaugirar et
» Greffié de Villejuifve à leur entrée dans la dicte ville jouée en l'hostel
» de Bourgogne », par René Lochon ; le magnifique festin fait à la nopce de Rolin Trapu et de Catin Bon-bec par Ganière. L'Espagnol raillé sortant de Dunkerque par P. Bertrand ; buveurs par Aug. Quesnel ; Les trois nasses du monde, l'on n'en sort pas comme on y rentre, par Ganière ; Le savetier Goulu par Humbelot ; Le Parnasse ridicule de la place Maubert par Ferdinand ; La Corrante espagnole par Huart ; La danse du monde par J. Isac ; l'art de « ferrer la mule » chez Étienne Dauvel ; Histoire en proverbe ; la reine de Cocagne ; Le retour de la Paix ; Dialogue de madame Alison et de Lubin son mari, dans son

cabaret ; Le tombeau des roigneurs ou la justice de Louis XIII au reglement des monnoyes, chez Lagniet ; Le temps corrompu chez Lagniet La fin du monde ; allégorie sur le vice et la vertu; sur la paix et la guerre; sur la femme pécheresse; sur la folie des temps; sur la mort (par Boudan) ; sur les femmes, dite l'arbre au beau fruit; invention des femmes pour faire ôter la méchanceté de la tête de leurs maris (on y voit un capitaine de bateau à Dunkerque, costume très rare) chez Lagniet ; Mardi gras et Carême par Bolswert ; les proverbes du temps ; l'arracheur de dents par Roelandts ; Le cuisinier d'Edein qui a empoisonné le diable (contre les Espagnols); L'enfant ingrat par M. Mérian ; Le brouet, danse de théâtre; Pour se marier, on balance qui aura le plus d'opulence, par Mérian ; le triomphe de la noce de Jeanne; Satire contre le meunier pris à l'anneau ; Salmigondis des hist. de 1645; les mouchés et les enfarinés ; « Histoire d'une drollerie facetieuse du mariage de Lucresse aux yeux de bœuf et Michault Crouppière son mari avec ceux qui furent témoins au banquet. (Ces deux planches de 1550 environ sont de la plus extrême rareté. Elles sont gravées sur bois et paraissent une imitation des Songes de Pantagruel) Les femmes salant leurs maris (rarissime) Facetieuse et fort recreative histoire de la mignonne qui cache le mignon friand de fourmage, chez Christofle Suisse (très rare); Le branle des folles (1575 très rare); Joye fine par Dueil ; Seigneur allemand de 1515 environ chassant ou faucon ; La pauvreté et lamentation de la Ligue, chez Jean Le Clerc ; Les entre-paroles du manant déligué et du Maheutre ; planche rarissime montrant deux paysans grotesques allant au marché ; Un sage habillé en fou, publié à Lyon chez P. I. F. R. G. Matheis ; La saignée, la dent arrachée, deux pièces anonymes gravées sur bois vers 1580 ; quatre figures grotesques identiques à celles de Rabelais; quatre figures d'Italiens par F. Villamena ; les petits métiers par Ab. Bosse ; Les Fleurs de l'amour par Esme de Boulonnois ; Le chaud amoureux par J. David ; le Galant vendangé, l'amoureux transi ; les cinq sens de nature, chez Lagniet.

— 3. Recueil de facéties.

Recueil provenant de Beringhen. Le raccommodeur de soufflets, d'après Breughel ou Jérôme Bosch, vielleurs, etc. un bateau fait d'une coquille d'huître par J. Bosch, publiée par Cock en 1562 (fol. 7) l'alchimiste ; Picart dit le Capitaine par A. Quesnel ; mardi-gras, mercredi des Cendres ; un soldat offrant une pièce de monnaie à une femme par Saury ; le vieil homme par Le Pautre ; le capitaine Fumeux par Richer ; la Belle patience par Richer ; L'Espagnol alchimiste par Richer ; Rodomont et cavalier français par M. Lasne ; Felicitas par Ragot ; Nous sommes sept par Ragot ; Galas et sa brouette ; le vielleur par Rabel et David ; Le miroir des amants par Thiboust ; Jeune femme se frisant par Van Lochom ; le vielleur et le Cymbalier publiée par Chartres ; diverses pièces ci-devant mentionnées dans Tf 1 et 2. Le Cornard mal content ; le joueur de flûte par Rabel ; Le Hibou par J. Isac ; Scènes flamandes. La villageoise d'A. Bosse ; Silvie par A. Bosse; Scènes galantes par J. Lice ; La rixe par Le Pautre ; la danse par le même ; l'âne par Brebiette ; Le joueur de luth par Rabel et M. Lasne ; l'âne et le forçat :

— 4. Recueil de facéties.

Têtes burlesques en suites tirées des Cabinets de Crozat et de Hickmann ; Portrait du docteur *Quilira* par Mérard ; Pièces diverses ci-devant mentionnées ; buveurs divers ; Un fou tenant une aiguille et riant ; Robin ; un jésuite avec une tête de porc ; Poule d'Inde en falbala ; bichon poudré, deux gravures par Bouchet ; la Muse éclopée ; les trois originaux par Bouchet ; Chienpot la perruque ; le Dieu pet ; marchand foirin ; plaisirs tabagiques ; chûte de la maraîchère ; Bacchanal des environs de Paris par N. Guérard ; le triomphe des filles de joie, chez Guillard ; estampe allégorique contre l'Espagne à propos des affaires d'Italie ; scène burlesque du théâtre français où Turlupin et Gros-Guillaume paraissent à des fenêtres (mariage de village) publiée par Mariette ; Les puces, estampe libre par Tscherning à Strasbourg ; Vengeance des bêtes sauvages contre les chasseurs ; Les proverbes ; joyeux festins faits par les singes ; Eloge et origine des laquais (satire) Copie de la pièce précédente ; Ma Mie Margot ; deux pièces chez Chertier ; deux autres pièces sur Ma Mie Margot ; estampe sur les fraises (est. flamande) ; Estampe sur la toilette des femmes (vers 1590). Le plaidoyer comique en 1690, scène de comédie ; machine à raser actionnée par des chevaux 1745 ; allégories satiriques contre les procès, suite de pièces flamandes chez Sadeler ? vers 1590 (44 à 51) ; caricatures contre les loupes et autres excroissances ; le monde à l'envers, chez Ganière (légendes en espagnol) ; allégorie sur l'âme et le corps, chez Th. Galle ; estampes sur les Gueux, marche des Gueux chez Naudé ; Retour de vendanges ; allégorie sur la vie humaine ; autre monde à l'envers ; plusieurs pièces sur le monde renversé ; l'astre à présent dominant (l'argent) ; plusieurs imitations d'Abraham Bosse ; Bigorne et Chicheface, satire contre le mariage ; l'orgueil espagnol surmonté par le luxe français ; satire chinoise ; l'ordre et la marche du grand Thomas pour aller à Versailles (Thomas le dentiste). Le branle du mirliton ; pièce imprimée sur le Carême ; satire contre Théophraste Renaudot ; le théâtre des nouvelles ; la Foire des Cornes (provenant du maréchal Richelieu) ; le diable d'argent ; chacun va tirant à ce diable d'argent ; le Cornard content ; petites pièces sur le cocuage, dont une gravée d'après le Régent pour Daphnis et Chloé. Conte du mariage ; Pièce fort curieuse sur les chats, à propos de la réception de Moncrif à l'académie française ; vignettes sur les chats d'après Coypel, gravé par Caylus ; Chat noir premier ; Testament en faveur d'un chat par Coypel et Caylus ; Académie de musique en voix naturelles (concert de chats). Les chats assiégés par les rats ; le chat malade par Watteau, gravé par Liotard ; le chat au maillot par N. Lefebvre ; le chat de Mlle Dupuy qui a hérité d'elle ; Le président de Belleyme en rébus ; un chien pendu ; estampe contre un grand personnage, intitulée l'antéchrist ; le magister de Vaujour ; Panurge par de Mareuil ; éloge de rien ; charge par le comte de Caylus contre les brocanteurs ; le moyen d'avoir de l'argent sans rien faire ; les Trucheurs (gens de la cour des miracles) marche de grotesques ; carte de l'île scolastique gravée par Ganière en 1699 ; carte du royaume de coquetterie.

— 5. Facéties diverses.

Suite de petites boîtes (on y voit un jeu de roulette) dont les sujets sont des scènes de mœurs ; intérieur de Franconi 1809 ; le gourmand par P. J. Debucourt; sujets de tabatière etc. Le mari bien débarrassé ; L'homme comme il y en a tant ; la femme comme il y en a peu ; autres images identiques ; moulin à raser ; le maraudeur et la vivandière ; pièces contre le mariage ; le retour du matelot ; les adieux du matelot ; La pelle se moque du fourgon ! un barbier ruse l'autre ; traiteur anglais ; mauvais ménage ; départ de l'Anglais quittant le continent ; Gros-Jean qui remontre à son curé ; Barnaba distributeur de béquilles ; nous sommes sept ! pièce moderne ; aventures de M. Bobèche ; imagerie. Décoration de l'ordre de la Girouette en 1814 ; assignat de 50 baisers ; tableau des vicissitudes humaines ; l'alouette et l'oiseau (chanson populaire du 1er Empire). Le marchand de masques, etc.

— 5a. L'antiquité drôlatique par Coinchon. Bâle. — 5b. Les courses dans l'antiquité. Charges par Caran d'Ache (1888). — 6. La nef des fous de J. de Olpe (1498). — 6 a. Costumes de la fête populaire à Nuremberg dite Schonbartslaufen.

Les dessins sont originaux, et chacun des acteurs a son costume spécial et son nom.

— 7. Proverbes par Lagniet. Voici le titre exact de ce livre rarement complet : Recueil des plus illustres proverbes divisés en trois livres, le premier contient les proverbes moraux, le second les proverbes joyeux... le troisième représente la vie des Gueux. (Recueil fort curieux pour l'histoire des mœurs à la fin du règne de Louis XIII). — 8. Mascarades par Robert Boissart 1597 (Costumes de la comédie italienne au XVIe s.). — 9. Course politique de l'Europe en 1738 et 1739. (Les estampes sont gravées par Moley, et le texte explicatif est manuscrit). — 10. Æsopus in Europa, par Romyn de Hooghe (1738). — 11. Singeries ou différentes actions de la vie humaine représentées par des singes; par Christophe Huet et J. Guélard (2 albums reliés en un volume). — 12. Il Calloto ressuscitato (Callot ressuscité). — 13. Costumes des mœurs et de l'esprit français (1791). — 14. Même ouvrage imprimé à Yverdun en 1787. Gravé par Dunker. (Ces figures illustrent le célèbre *Tableau* de *Paris* de Mercier). — 15. Principes de caricature par F. Grose (1802). — 15 a. Hist. de la caricature par F. W. Ebeling (1888). — 16 et 16 a. Musée de la caricature par Jaime (1838). 2 vol. — 17. Recueil de caricatures exécutées sous le règne de Louis XIV (on y a joint des pièces du XIXe s).

Pièces diverses dont plusieurs se retrouvent dans Tf 1-2 et dans les recueils d'histoire de France. Pièce sur le lendemain des noces, charge gauloise sur la Fleur par Lepautre ; les galons ôtés aux dames ; la consolation du fripier ; nouvelle et plaisante loterie, chez Moncornet ; le Parnasse ridicule de la place Maubert ; pièce d'après Abraham

Bosse ; allégorie sur le Virgile goguenard ; Sanglante rencontre ; Temps perdu ; combat des femmes à qui aura le haut-de-chausse ; l'alliance du pauvre Barnaba avec Mlle de toute Mode ; Gare le nez ! Nouvelle boussole, chez du Theil ; carte de l'île de Cléricature ; carte de l'île des Précieuses, de l'Empire d'amour ; de la Communion de Bacchus avec l'Amour ; du royaume de coquetterie ; les lapins ; les ridicules ; nous sommes sept ! Paysages arrangés pour former un profil ; allégorie sur l'Empire français en 1804 ; poule d'Inde en falbala ; Bichon poudré ; le moine au privé ; personnages de comédie ci-devant signalés ; Régime de Noel Falconnet par le comte de Caylus ; La d^{lle} Lemaure à l'Opéra 1740 ; la lanterne magique ; Iphigénie sur les gouttières ; L'architecte sans cervelle (Mansart); *La Grandeur* par Le Bas ; la naissance de Simonne ; les doreurs cyniques, chez Gournay ; L'homme et la femme de mesnage ; Sabbat par Frussotte en 1786 ; la noce de village par Jaspar Isac 1634 ; allégorie sur les femmes et les pigeons plumés ; petite image licencieuse ; image du XVIIe s. représentant le garde des eaux de Paris ; les Lyciens changé en grenouilles ; l'âne savant (1814) Carnaval ; Valsuani dit l'Italien, sorte de paillasse ; l'origine de Nicolas ; la chasse de l'arc et effet de l'aimant, chez Panseron ; pièce du XVIIIe s. sur Madame Angot ; la Tulipe par de Poilly ; Sans-souci ; Mardi Gras condamné aux enfers ; la coutume de Paris en 1630 ; pièces diverses sur les femmes de Paris au XVIIIe s. diverses pièces entres autre une charge sur le Change de Milan ; Casino Maranessi par le m^{is} de Bonnac (voir-ci devant Ad 5). Lafont de St-Yenne critique d'art ; la promenade burlesque du Luxembourg ; planche de têtes d'homme, *idem* de femmes par Foulquier 1768 ; croquis originaux par Larchevêque sculpteur ; pièces sur les finances ; grotesques de Boissart ; le monde à rebours 1719 ; le pas disputé.

— 18. Caricatures sous Louis XV et Louis XVI.

Pièces sur les coiffures élevées, publiées en Angleterre ; le grand maître de la frisure à la mode ; La Reine de Siam en coiffure de cérémonie ; la surprise anglaise ; Mlle des Faveurs ; la sortie de l'Opéra ; (voiture découverte pour laisser passer la coiffure) ; la dame française ; départ de la promenade ; la dame française allant à l'Opéra ; outrage malicieux et punissable fait aux coueffures élégantes des 3es étages ; Au caffé royal d'Alexandre ; accident imprévu de la coiffure ; vengeance contre l'ancienne frisure ; Entrée du baron du caprice ; Boutique d'un coiffeur, signé D. V. S. 1786. Copies ; le fin connaisseur par Delavalle ; État de la nation anglaise ; bailleurs anglais ; Démocrite par Mathey ; le major commandant des gardes-côtes ; charges diverses sur les femmes de 1780 ; antiquarians ; coiffure énorme sur un corps de femme ; Course galante ; Gobe-mouches ; Prise d'habit au château de Bicêtre ; la Physique confond l'ignorance (contre Janinet) ; le doigt magique ; le volomaniste (pour ces pièces sur les ballons consultez ci-devant Ib. 1 à 4) ; Têtes diverses ; Brise-ménage et Carillon ; la fontaine de Jouvence; Croquemitaine ; défaite des Contrerévolutionnaires ; Les Croyables au Perron par Tresca ; la folie du Jour par Tresca ; Point de Convention ! et faites la paix ! par Tresca, Riche du jour par Julien ; Merlan à frire ! Ah ! beaucoup nous critiquent ! par Bosio ; le bœuf à la mode, par Ruotte et Lançon ; les Incroyables (éventail) suite de pièces identiques de la Révolution et du Directoire ;

Je les trompe tous les deux ; charge contre Duval directeur des Beaux-Arts ; La danse n'est pas ce que j'aime (Duel, entre trois personnages dont l'un est tout petit). Après l'invasion des îles Britanniques par Bonaparte ; imagerie ; Arlequin Suisse ; Arlequin Bélisaire ; les Comédiens noirs ; Gargantua et sa femme (2 pièces). Après-dîner de Gargantua ; lecture du décret de Blocus au roi Georges ; dames anglaises après-dîner ; après-dîner des Anglais ; le pommier d'amour ; jeu du Casse-cou.

— 19 à 23. Recueils de charges sous l'Empire et la 1ere Restauration.

Voici très sommairement la composition de ces recueils. — 19. Pièces publiées entre 1801 et 1804. *Le goût du jour*, 8 pièces coloriées publiées par Martinet parmi lesquelles l'Amusement au hameau de Chantilly (fol. 2) la boutique de Berthelomot (fol. 5); Ascension de Mme Garnerin 28 mars 1802 (fol. 8). Planches du *suprême Bon ton* (manque le n° 5) en tout 16. Suites d'images sur les modes de 1804 ; Les femmes d'aujourd'hui et celles d'autrefois par Gaule ; Café de Paris sur le Pont-Neuf (fol. 27) ; les Bains à la mode (fol. 81) ; *Garde à vous* (n°s 1, 3). Le coup de vent et l'orage. Jocrisse à Longchamps ; la partie de Longchamps ; voiture du jour ; Boutique de Martinet par Isabey ? terrasse du Luxembourg ; Longchamps en 1804 (fol. 49) ; le sérail parisien ; les employés supprimés ; le café politique ; diverses charges de mœurs par Boilly, Debucourt ; le caffé des comédiens (fol 77) ; le départ du directeur de province (id.) ; Musiciens de l'ancien et du nouveau régime ; les délassements du Palais-Royal ; charges contre le jeu, les femmes, l'ivresse, par Chateignier ; charge contre Geoffroy (fol. 84). Rêve de Pitt ; réveil de Pitt — vol. 20. Charges du 1er Empire ; effet des lacets et des bretelles ; l'élégant chez son maréchal*-ferrant ; Concert de chats ; le poisson des jeunes filles ; le sultan parisien ; Café des aveugles ; jour de l'an ; les corsets ; pièce sur les mariages par agence (fol. 18) ; Pièces sur le *diable* (sorte de jeu) sur les ballons ; sur Geoffroy le critique (fol. 35). La Chinoise de Paris, par Auger et Hû ; charges contre Reigny ; Pièces sur les habits par H. Vernet et V. Auger ; Suites d'estampes sur des types de l'Empire, publiées chez Martinet. Charges contre Etienne après la représentation des Deux Gendres (au fol. 52 le Don Quichotte représente Hoffmann). Jury musical de l'Opéra ; autres charges contre Etienne ; charges à propos de la Comète en 1811 ; Rostopschin regardant brûler Moscou ; les politiques de Londres à l'annonce de la prise de Moscou ; Reception de docteurs à Oxford en 1814 ; caricatures hollandaises (4 pièces) Les Nouvellistes ; troupes étrangères à Paris ; le suprême bon ton ; contre les émigrés (M. de La Jobardière) sortie du salon 1814. Le maréchal effrayé de ses opérations ; Dernière bombance des Goulus ; retraite des 10.000 ; charges contre le clergé ; Plan de campagne de 1806 ; diverses pièces gravées par Debucourt (voir ci-devant Ef 98, 99) ; Les Etrennes de Rodilard ; pièces sur les mœurs parisiennes, l'ours Martin, les joueurs de palet, les habitués du Luxembourg ; suite de pièces dite la *Petite Revue*. — 21. Caricatures publiées en 1814. L'Anglais en France : Pièces diverses sur leurs allures à Paris ; Pari équestre de Milord Court ; les Anglais en Belgique ; le marcheur Wilson et ses parieurs (fol. 36) ; Charges contre les Russes ; les Prussiens, les Autrichiens ; Trompe-l'œil sur

LITTÉRATURE ET FICTIONS DIVERSES. — SÉRIE T.   311

Paris ; charges contre les femmes ; distribution de vivres en 1814 en l'honneur de Louis XVIII ; levers de diverses personnes ; contre les ventrus par Auger ; caricatures villageoises par Cézaire ; contre les maris trompés ; autres charges contre les Alliés ; contre le jour de l'An ; contre les étalages et les boutiquiers ; la Vénus Hottentotte ; les Bals de Sceaux et de Vincennes; M. des Fadaises et Mlle des Fleurettes par Lecœur ; les Grâces dans divers pays. — 22. Charges contre Bonaparte en 1814 (au fol. 31 se voit une voiture de balayage parisien en 1814, et un inspecteur de voirie) ; Sur le retour des Bourbons ; contre le traité de Paris et les traîtres ; contre Augereau (fol. 53) contre Marie-Louise(fol. 55) ; Contre les acteurs, les journaux ; les chevaliers de l'Eteignoir ; les théâtres et divers acteurs. — 23. Charges contre Louis XVIII, la Restauration, les prêtres etc.

— 24. Charges. Têtes de divers caractères 1820-1831. — 25. Têtes en groupes par Boilly. — 26. Charges, animaux, singeries 1821-1831. — 27. Caricatures morales de 1816 à 1820.

La plupart de ces pièces se retrouvent dans les vol. de l'histoire de France. À la fin le *voyage pour l'Éternité* de Grandville.

— 28. Scènes de la Société et scènes populaires, par Pigal. — 29. Mœurs parisiennes par Pigal. — 30. Contrastes et compensations. — 31. Caricatures conjugales 1816 à 1831. — 32. Moralités cachées par divers artistes ; Bouchot, Forest etc. — 33. Métamorphoses, par Grandville et Garnerey. — 34. Diverses charges, et sujets variés.

Histoire d'un comédien par Aug. de Valmont ; l'histoire d'une comédienne par le même (deux suites de lithographies sur les acteurs vers 1820). Histoire d'une Normande ; Histoire d'une semaine ; Histoire d'un artiste peintre, etc.

— 35. Les grisettes par J. G. Scheffer. — 36. Caricatures sentimentales. — 37. Caricatures lestes 1816-1831. — Caricatures obscènes et ordurières 1816-1820. — 39 à 41. Caricatures dites « intellectuelles ».

Le vol. 39 renferme les pièces touchant aux sciences et à l'éducation, Pièces contre les médecins, contre les médecines, la saignée ; charges anticholériques par Traviés et autres; costumes contre le choléra; charges contre les écrivains ; contre les corrections ; contre les professeurs ; contre la danse ; les sports, l'escrime ; contre les enfants mal élevés ; contre le jeu en général ; contre la loterie ; contre les tireurs de cartes ; — vol. 40. Contre les acteurs, et surtout à propos de l'entrée à l'église ; contre la claque ; les habitués du Vaudeville ; les saltimbanques; Melle Georges ; le théâtre de campagne (animaux de Grandville par H. Plattel) ; charge contre Hernani ; contre les journaux et les journalistes; contre le romantisme ; Album classico-romantique (1823) charges contre le prix de Rome ; contre les romantiques ; Pégase romantique (Hugo, Dumas, Petrus Borel). — vol. 41. Art et littérature : Les peintres et leurs modèles, les amateurs de plafond (par Gaillot et non par Debucourt, comme on le dit quelquefois). La gravure et la lithographie ! les peintres en général, les copistes ; charges contre les musiciens, scènes de société charges contre les avocats et les plaideurs ; tableau des vicissitudes de la fortune (1830) ; M. Potasse allant à la Cour ; Charges contre les commerçants ; contre les filles ; contre les omnibus ; contre M. de Marcellus, Benjamin Constant, Manuel, Mercier, Chodruc-Duclos, Peyronnet, Lamartine (très curieux) Dupin, Polignac, Alexandre Ier ou Nicolas, Paganini, Broussais, Magendie.

— 42. Ce qu'on dit et ce qu'on pense, par J. G. Scheffer, suite de charges familières. — 43. Métiers grotesques par Bouchot et par Gaillot. — 44. Charges et mystifications.

Les tribulations par Leprince chez Duval ; inconvénients d'un voyage en diligence par X. Leprince (1826) ; Le pauvre diable par Raffet ; contre les badauds ; l'intérieur d'une Excellence ; album pour rire ; Mésaventures ; Distractions par H. Monnier 1832. Cartes vivantes de restaurant par J. J. Grandville ; l'utilité d'une jambe de bois ; Histoire du comte de Boursoufle ;

— 45. Musée grotesque par J. de Cari (manque 1 à 12, 20, 26, 27, 53, 55 et s'arrête à 65). — 46. Charges dites « allégoriques » (1816-1820).

Charges contre les « doubles-faces » de 1815, sur la fin du monde, les Pétitionnaires, contre les étudiants de Bourges qui avaient brûlé les œuvres de Voltaire et de Rousseau (1817), la Politicomanie ; sur la « Tête de mort » ou chercheuse de mari de la rue Plumet ; triomphe du Kaléidoscope ; la Quotidienne et le Journal du commerce ; charges contre les intertionalistes de 1817 en faveur de la production nationale ; contre les pamphlétaires.

— 47. Charges historiques pour ou contre Napoléon en 1815. — 48. Charges contre les calicots (Plusieurs pièces lithographiées au début de cet art en France). — 49. Suites diverses d'amourettes par Ch. Philipon, Plattel, Bouchot, Francis, Scheffer, etc. — 50 et 51. Caricatures historiques. Personnalités 1816-19 et 1820-21.

— Vol. 50. Charges politiques, contre les pairs, contre Geoffroy, Étienne, les ultras, et plusieurs faits historiques de la Restauration ; contre l'abbé Grégoire, contre Damas l'acteur, Baptiste aîné, Duchesnois, Potier, Garat, Berton, Boulard. Pièces sur les Vélocipèdes ou draisiennes (7 estampes). Types populaires ; enseignement mutuel de la musique, du dessin ; contre les médecins ; contre les acteurs et le théâtre ; les peintres ; contre les éditeurs, les soldats, etc. — 51. Contre Benjamin Constant, les antiquaires, les amateurs, les peintres, Baptiste Damas ; médailles grotesques ; les acteurs, les claqueurs ; suite du Démocrite du Siècle (5 pièces) contre les députés ; charges par Pigal pour le Miroir ; les Burlesques.

— 52 et 53. Charges contre Mayeux, type légendaire du bossu parisien. — 54 à 58. Charges politiques de 1819 à 1830. (Le volume Tf 57 est tout entier consacré à Charles X. Le vol. 58 aux princes, ministres, etc). — 59. Caricatures historiques sur les costumes 1816-1820. — 60. Charges sur les Anglais 1816-1819. — 61. Charges sur les modes, par Caroline Naudet, Marigny, Philippon, Feuchère, de 1815 à 1830. — 62. Caricatures militaires.

Les quatre pièces sur la garde nationale par Debucourt, *départ, pour la garde, Étrenne du bonnet, Faction d'hiver, retour de la garde* en couleur. Diverses charges contre la garde nationale par Machereau, Morisseau, Bodin, Jolly, Traviès, Raffet, Charlet, une pièce sur bois publiée à Montbéliard.

— 63. Charges populaires 1816-1820.

La mère Radis à la Villette, le grand charlatan, la parade au boulevard du Temple, chanteurs de foire, petits marchands des rues, bœuf gras, distribution de vin, jeux divers, cortège de Gaspard l'Avisé à Domfront 1818 estampe en couleur (Debucourt) ? Pièces diverses en taille douce et aquatinte par Cœuré, Tassaert ; montagnes russes, la quêteuse, les maraudeurs par V. de Lassus, pièces sur les mœurs civiles, les jeux ; restaurant du bœuf à la mode ; suite de têtes doubles à l'aquatinte.

— 64. Charges populaires 1820-1831.

Une pièce de l'Empire 1806, l'Embarras des rues ; Le Démocrite du siècle, charges par Cantillon, Feuchère, Boilly, Tableau de Paris par Traviès, pièces par Rastouil, Dorez, Malenfant. Intérieur d'un chauffoir public, etc.

— 65. Charges diverses 1816-1820.

Le grand diable d'argent publié à Montbéliard, les âges de la vie, les conformes et les difformes, caricatures espagnoles par Goya Y Lucientès (voir ci-devant B f 4). Charges par Bouchot, Cornille, Charlet, H. Monnier.

— 66. Macédoines par Wattier, Traviès, Le Poitevin, Grandville, etc. — 67. Les contrastes par H. Monnier. — 68. Charges par J. B. Isabey, Charlet, Aubry, etc. — 69. Album comique de pathologie pittoresque, par Ch. Aubry 1822, Colin etc. — 70 à 70 c. Le Journal La Caricature (Planches seulement), 1833-1835, 4 vol. in-folio. — 71 à 75. Albums divers de Toppfer, M. Jabot, M. Vieuxbois, le docteur Festus, M. Cryptogame, essai de Physiognomonie.— 76. Aventures de M. de la Linotière par Arch. Niger (1839). — 77. Le Petit Sancho par Garnerey. — 78. Quarante rébus par Madou (1836) —79. Charades par Victor Adam (1836).—80. Musée pour rire. — 81. Frasque mêlée d'allégoriques, par Lorentz. — 82 et 83. Caricatures politiques publiées par Aubert, 2 vol. — 84 à 88 Actualités publiées par Aubert 1839-1853. — 89. Contes allemands publiés par Aubert. — 90. Croquis d'expression, croquis du jour publiés par Aubert. — 91. Le Dandy à Paris, Musée pour rire, publié par Aubert. — 92. Nouvelle lanterne magique, travestissements parisiens par Aubert. — 93. Le joli petit jeu de la maison que Pierre a bâtie (1820). — 94. Macédoine par Caroline Naudet. — 95. *Etrennes de 1825 par H. Chevalier (Gavarni).

Ce curieux album est le premier publié par Gavarni en 1825. C'est un *dépliant* contenant des macédoines variées.

— 95 a. Œuvres nouvelles de Gavarni. — 96. Œuvres choisies de Gavarni (1857). — 97. Gavarni à Londres (1849). — 98 et 98 a. Masques et visages par Gavarni (1857 et 1886). — 99. Album des bêtes par Grandville et Kaulbach 1864.— 100. Livre d'images. Histoire pour les petits enfants par Dembour à Metz (850)1. — 101. Papier comique publié par Aubert (1851). — 102 à 105. Petits albums pour rire par Philippon. — 106. Ménagerie royale. — 106 a. Album de l'Eclipse par Gill. — 106 b. et 106 b. + Fantaisies par Grévin. — 106 c. Histoires campagnardes par Léonce Petit. — 106 d. Une maison inhabitable par Kurner (1888). — 106 e. Paris Brillant par Mars (1889). — 106 f. Ma petite ville par Eugène Le Mouel (1890). — 106 g. Autre édition (1892). — 106 h. La comédie parisienne par J. Forain (1892). — 106 h a. Album de Forain 1893. — 107. Album de Marcelin (1868). — 108. Snob à Paris, par Crafty (Géruzez). — 109. Snob à l'Exposition par Crafty (1867). — 109 a. Album Crafty, les Chevaux (1891) — 110. Le Charivari année 1869. — 110 a et 110 b. Le monde parisien 1878-1880. — 111. Caricatures anglaises. — 112. Recueil de caricatures anglaises, historiques et politiques. — 113. Caricatures anglaises par G. M. Woodward. (Aquatintes de 1790 à 1800, quelques-unes gravées par Cruikshank). — 114. Charges anglaises par R. Newton fin du XVIIIe Siècle (scènes de mœurs). — 115. Charges anglaises par Dighton au milieu du XVIIIe s.

(scènes de mœurs, notamment une scène de sergent raccoleur. *The nuisances of London* 1830 par le même). — 116. Charges par Cruikshank.

> Pièces contre la Révolution française, contre Bonaparte 1811, les Anglais, Life of Napoléon 1815. Costumes, mœurs, danses, phrénological illustrations, scraps and Sketches (1828), la pluie de chats et de chiens, charges sur les nez, etc., illustrations of don Quixote ; costumes de 1820-22, titres de chansons et de romances, Monsieur Tonson ; etc.

— 117. Charges par J. Gillray (voir ci-devant C d 39 et 39 a. La plupart de ces charges sont contre les Français, certaines contre les ministres anglais). — 118. Charges anglaises par A. Alken. (Albums de 1829 en couleur sous le titre de Country evenings ; autre album intitulé Songs, Symptoms, Shakespeare's seven âges (1824) Ideas etc. etc.). — 119 à 122. Charges par Heath.

> 3 volumes d'estampes en couleur, scènes de mœurs, scènes d'histoire, charges politiques, satires contre les modes de 1830, album intitulé Good dinners (1825), satire contre le tabac. — Le second vol. contient des charges contre le Pape, l'armée, les modes, les courses, Parish caracters, les frères Siamois. — Le 3ᵉ vol. contient des charges contre les buveurs, charges politiques de 1830 sur divers personnages. Le 4ᵉ vol. contient des charges contre le clergé, les mœurs bourgeoises, etc. Album de Tit-Bit.

— 123. Charges anglaises par H. Seymour.

> Albums publiés en 1830 sur les mœurs intitulé : *Living made easy*. Portrait de Tim Bobbin, album de croquis.

— 124. Charges anglaises par divers, Atkinson, Asmodée, Barlow, Byron, Brush, Colley, Peter Pasquin, Satirist, etc., (charges contre les amateurs de curiosités). — 125. Charges anglaises avec monogrammes.

> Une charge sur les vélocipèdes 1819, sur les amoureux de courses, un commissaire priseur en 1773.

— 126. Charges anglaises par Heath, politiques et autres, modes, mœurs. — 127. Sujets de mœurs anglais en 1820. — 128. Omnibus par Georges Cruikshank (Londres 1842). — 129. Esquisses fantasques de Seymour (1843). — 130. Charges anglaises diverses, (scènes d'ivrognerie, charge contre le clergé, l'université, Arithmétique drôlatique par Heath, charge contre les vélocipèdes (french Hobby horse) match de cricket drolatique. — 131 à 133. Charges politiques.

— 1ᵉʳ volume 1778 à 1800. Choses d'Amérique ; contre Fox, Pitt, etc. — 2 vol. 1801 à 1830. Bourgs pourris, Union, charges contre Bonaparte, pièces par H. B. — 3ᵉ vol. 1831 à 1837 par H. B.

— 134. Charges contre la reine Caroline et Bergami. — 135. Charges contre Bergami (1820). — 136 à 141. Recueils de charges par H. B. Scènes politiques de 1829 à 1839. 6 vol. in-fol. — 142. Caricatures par Gillray (L'œuvre de Gillray est dans la série C d 39 et 39 a). — 143. Charges anglaises par divers dans le sens égrillard. — 144. Charges contre les modes et les costumes. — 144 a. Caricatures anglaises relatives à la France 1847-1870.

Découpages de journaux faits par M. Schœlcher après le coup d'État, et donnés à la Bibliothèque nationale. Pièces rares et introuvables en France.

— 145. Portraits de différentes personnes de l'Université d'Oxford, par Dighton en 1808.

Ce recueil est à proprement parler un album de portraits des Anglais célèbre du temps de Napoléon Iᵉʳ, professeurs, officiers, acteurs, avec des notations manuscrites fort intéressantes. Les costumes militaires y sont d'une grande précision, témoin, celui de l'amiral Young ; etc. Légué à la Bibliothèque comme tous les vol. précédents (sauf le N° 144 a). par M. Laterrade.

— 146. The looking glass (Le miroir 1830). — 147. L'homme à la mode par D. T. Egerton (1823). — 148. Vicissitudes de la vie, par Heath (1823). — 149. Provinciaux à Londres. — 150. Voyage romantique du Dʳ Syntaxe, lith. par Malapeau. — 151. Jeux de mots anglais (1828). — 152 et 153. Imagerie russe, recueil d'images originales sur l'histoire et les mœurs de la Russie. — 153 a à 153 i. Estampes populaires russes publiées par Rovinski. Texte et planches, en russe. (Exemplaire offert par M. Sabachnikoff au Cabinet des estampes). — 154. Pauvre Pierrot par A. Villette. (Photographies). — 155. Aux bains de mer d'Ostende par Mars (Album). — 155 a. Plages de Bretagne et Jersey par Mars (album). — 155 b. Aux rives d'or par Mars. — 155 c. Plages normandes et plages du Nord (1892). — 156. Les 36 métiers de Becdanlo, par Lemercier de Neuville (1885). — 157. Voyage de Kaliko et de Patchouli par Eug. Le Mouel (1885). — 157 a. Autre édition, en Espagnol. — 158. Une élection à Tigre-sur-Mer, racontée par Bob. (Dessins de Gyp. alias Mad. de Martel). — 159. Mes 21 jours par Job (1892)

VOYAGES.

Série U.

La série U renferme les livres constitués et les recueils factices concernant les voyages ; elle se subdivise en deux parties.
    Ua. Généralités.
    Ub. Voyages spéciaux (France, Italie, Suisse, Espagne, etc).

Division Ua. — Généralités.

— 1 et 2. Recueil factice de voyages.

    Ces recueils composés dans un temps où la passion de voyager était peu développée en France, ne contiennent que des lithographies médiocres de France, d'Italie ou de Suisse.

— 3 à 3 c. Voyage autour du monde par Byron, Carteret Wallis et Cook. (Paris 1774. 4 vol.) — 4. Les cités du monde. (au XVIe siècle) par Hogenberg. 2 Tomes en un vol. — 4 a. Vues de villes par Valegio. — 5 à 6. Second voyage de Cook. 6 vol. dont un atlas. — 7 à 7 b. Voyage au Cap de Bonne-Espérance par Sparrmann (1787). — 8. Atlas de Vancouver (an VIII). — 9. Atlas du voyage de Bruny d'Entrecasteaux (1807). — 10. Voyage du « Centurion » autour du monde. — 11 à 11 i. Voyage autour du monde par Freycinet (1824-1826). — 12. Voyage autour du monde par Choris (1822). — 13. Autre par Lütke. — 13 a à 13 ae. Journal le *Tour du Monde* publié par Hachette (1860-1890. Tables. 34 vol. in 4°). — 14 à 14 b. Guide des voyageurs en Europe par Reichard. (Weimar 1805).

Division Ub. — Voyages spéciaux.

— 1 à 8. Voyage Pittoresque en France 1787. 8 vol. in-fol.
— 9 et 9 a. Recueil de dessins exécutés durant ses voyages par

l'architecte des Jésuites Martellange, entre 1600 et 1630 (Cf. Henri Bouchot, *Notice sur Martellange*. Cette notice renferme la description et le catalogue des pièces contenues dans les deux volumes qui avaient été attribués à Stella). — 10. Nouveau jardin de la France par Alex. de Laborde (Paris 1808). — 11 à 11 b. Voyage pittoresque en France par Beaugean (1817). — 12 et 12 a. Monuments de la France par Alex. de Laborde (1816-1836). — 13. Atlas du voyage dans le Midi de la France par A. L. Millin (1807). — 14. Vues de France par Batty (Londres 1822). — 15. Vues de France par Bourgeois. — 16. Les rivières de France par Turner (1837. Curieux ouvrage, rare en France). — 17 à 24 c. Voyages dans l'ancienne France par Taylor et Nodier. (Les volumes de cette série ont été publiés à des dates fort éloignées les unes des autres, on y trouve mentionnées : La Normandie (3 vol.), La Franche-Comté (1 vol.), L'Auvergne (2 vol.), Le Languedoc (6 vol.), La Picardie (3 tomes en 6 volumes), Le Dauphiné (2 vol.), La Champagne (5 vol.) La Bretagne (4 tomes en 2 vol.) La Bourgogne (2 vol.) En tout 31 vol. in-folio ornés de nombreuses lithographies de 1820 à 1878. — 25 à 25 b. L'Ancienne Auvergne et le Velay par Michel (1843. 3 vol). — 26. Voyage sur les bords de la Seine par Sauvan (1821). — 27. Paris et ses alentours par Damame Demartrais (1818). — 28 et 29. Voyage de Paris à Orléans par Champin (1845). — 30. Cours de la Seine par Chapuy (1835). — 31. Habitations d'hommes célèbres vers 1835 par A. Regnier. — 32. Voyage dans l'Aube par Arnaud (1837). — 33. Album de Tronçais et de Commentry (Forges) par Tudot (1856). — 34. Vues de Clisson par Thiénon (1817). — 35 et 35 a. Voyage en Bourgogne (1833-35). — 36. Vues de la Gironde par Thiénon. — 36 a et 36 b. La Guyenne militaire par Drouyn (1865). — 37. Souvenirs de la Touraine par A. Noël (1824). — 38. Les Pyrénées françaises par Melling (1826-1830). — 39 à 39 b. L'ancien Bourbonnais par Ach. Allier (1833-1838). — 40. Vues d'Auvergne par Raulin (1820). — 41. Album pittoresque de la Creuse, Aubusson (1843). — 42. Voyage en Corse par Delavaubignon (1820). — 43 + et 43 ++. Monuments de la Tarentaise par L. Borrel (1884). — 43. Vues de Savoie par Cicéri (1857). — 43 a. Voyage à Alger par Lessore et Wyld. — 44. Vues d'Italie par Miss Batty (1820). — 44 a. Vues d'Italie gravées à l'eau-forte par Dies (1799). — 45. Voyage en Italie par Coignet (1825). — 46. Voyage du Nord de l'Italie par Bruun-Neergaard (1820). — 46 a. Souvenirs de voyage en Italie par Nath. de Rothschild (1869). — 47. Voyage en Italie par J. Isabey (1822). — 48. Un an à Rome par Thomas (1823). — 49. Voyage en Latium par Dionigi (1809). — 50. Delitie del fiume Brenta par Costa (1750). — 51 à 51. b. Voyage en Toscane (1801-1803). — 52. Villa Pallavicini à Pegli par H. Clerget (1856). — 53 à 53 d. Voyage Pittoresque de Naples et de Sicile par Saint-Non (1781-86. 5 parties en 4 vol.) Exemplaire du duc d'Angoulême. — 54. Souvenirs de Naples par Turpin de Crissé (1828). — 55 à 55 c. Voyage pittoresque en Sicile par Houel (1782-1787). — 56 et 56 a. Voyage pittoresque en Sicile (1822-1826). — 57 et 57 b. Voyage pittoresque en Sicile par Cuciniello et Bianchi (Naples). — 58. Souvenirs des Sarrasins et des Normands en Sicile par Knight. — 59. Vues de Sicile par P. de Wint d'après Light (1823). — 59 a. Monuments de la Sicile par Serradifalco. — 61 et 61 a. Iles de la Méditerranée par W. Leitch. — 62 et 62 a. Voyages aux lacs d'Italie (1822-1823). — 63 et 63 b. Voyages aux lacs de Suisse (1819-1820). — 64 a et 64 d. Tableaux de la Suisse par Alex. de Laborde (1781-1788). — 65. Vues de Suisse par C. Bourgeois. — 66. Vues de Suisse par le Major Cockburn (1820). — 67 et 67 b. Lettres sur la Suisse avec dessins par Villeneuve (1823-26). — 68. Un mois en Suisse, par E. Pingret (1825). — 69 et 69 a. La Suisse par W. H. Bartlett (1836). — 70. Galeries de la Suisse (1823-24). — 71. Voyage au Simplon (1811). — 72 et 72 b. Le Mont-Blanc illustré par Markham Sherwill.

> Recueil de pièces imprimées et d'estampes groupées et classées par le capitaine Markham Sherwill, qui les vendit 200 fr. à la Bibliothèque en 1840. Le recueil contient quarante récits de personnes ayant franchi les sommets de 1786 à 1838, des vues, des portraits, des lettres autographes, etc.

— 73. Voyage à Chamouni (1815). — 74. Les vallées Vaudoises pittoresques par Bartlett (1838). — 75. La Suisse par H. Zschokke (1836). — 76. Vues des montagnes de la Suisse (1776). — 76 a. Chalets Suisses (1861). — 77 à 77 c. Voyage pittoresque d'Espagne par Alex. de Laborde (1806-1820). — 77 d. Voyage en Espagne par Langlois. — 78 à 78 a +. L'Espagne arstitique et monumentale par Villa-Amil (1842-1850). — 78 b. Recueil de vues d'Espagne par Meunier. (XVIIe s.) — 79. Esquisses d'Espagne et de Portugal par Bradford (1812). — 79 a. Royaume d'Espagne et de Portugal chez van der Aa. — 80 et 80 a. Peintures, architectures et antiquités de Catalogne par Eberhard. — 80 b. Un mois en Espagne par A. Tardieu (1885). — 80 c.

L'Espagne par le baron Davillier, illustré par Doré (1874). Exempl. sur chine. — 81 à 81 b. Voyage en Autriche par Alex. de Laborde (1821-1822). — 82. Atlas pittoresque du chemin de fer de Semmering par Czerny (1884). — 83. Voyage dans le duché de Salzburg par Molla. — 84. Voyage d'Istrie et Dalmatie par Née d'après Cassas (1802). Le texte est de Lavallée. — 85. Vues des principales villes de l'Europe par Batty (1832.) — 86. Vues de la Hollande et de la Belgique par Bartlett. — 87 et 88. Esquisses de Belgique et d'Allemagne par L. Haghe (1840-50). — 89. Scènes sur le Rhin, la Belgique et la Hollande, Dess. de Batty (Londres 1826). — 90. Vues d'Allemagne par Batty (1823). — 91. Vues d'Allemagne et de Brandebourg (1833). — 92. Vues pittoresques du Rhin par Schnell. — 93. Vues de Hanovre, de Saxe, etc. par Batty (1829). — 94. Vues pittoresques des cathédrales du Rhin (1843). — 95. Le Rhin l'Italie et la Grèce (1841). — 96. Collection de 50 vues du Rhin (1798). — 97. Le Rhin pittoresque par Cassagne (1855). — 98. Bords du Rhin par Karl Geib (1838). — 99. Le Danube par Bartlett (1843). — 99 a. Le Danube par Mathias Koch (1838). — 100. Voyage sur le Rhin par Vogt (1804). — 101. Mœurs populaires de la Hongrie par Pronay (1854). — 102 et 102 a. Vues d'Angleterre. Dessin de Sandby (1782-83). — 103. Châteaux et abbayes d'Angleterre par Beattie (1842). — 104 et 104 a. Ports d'Angleterre par Bartlett (1842-44). — 105 à 105 i. Cabinet de topographie et d'antiquités de la Grande-Bretagne (1807-1811). — 106. Vues du pays de Galles par Pugh (1814). — 107 et 107 a. Irlande illustrée par Bartlett. — 108. Vues d'Ecosse par Pernot (1826). — 109 et 109 a. L'Ecosse pittoresque par T. Allom (1838). — 110 et 110 e. Itinéraire pittoresque au Nord de l'Angleterre par Allom (1833-37). — 111. Voyage au cap Nord par Skjoldebrand (1801). — 112. Voyage de Stockholm à Gothembourg (1843). — 113. Atlas du voyage en Russie de Chappe. — 114. Vues de Finlande par Adler et Dietz (Helsingfors 1845). — 115 à 115 b. Expédition scientifique de Morée par Albert Blouet (1831-38). — 115 c et 115 d. Expédition de Morée. Dessins de Ravoisié. — 116. Cartes géographiques de l'ancienne Grèce relative au voyage du jeune Anacharsis (1788). — 117 et 117 a. Voyage pittoresque de la Grèce par Choiseul-Gouffier (1782-1809). — 118. Vues de la Grèce par Dodwell (1821). — 119. Idem par Williams (1825). — 120. Album grec par Dupré. — 121. La Grèce par Wordsworth (1839). — 122. Vues de Grèce par Trojani. —123. La Grèce, vues pittoresques par Stackelberg

(1834). —124. Vues des îles Ioniennes. — 125 à 127. Voyage en Grèce par Chenavard (1849-1867). — 128. Voyage à Athènes et à Constantinople par Dupré (1825). — 128 a. Athènes moderne (1861). — 129 à 129. b. Voyage en Syrie par Cassas. (An VI). — 130. Vues de Palestine par Mayer (1804). — 130 a. Le pays d'Israël par van de Velde (1857). — 130 b. La Palestine par Ludovic de Vaux (1883). — 131 à 131. b. Voyage en Syrie par Bartlett (1836-1839). — 132. Voyage en Orient par Léon de Laborde (1837). — 132 a à 132 e. Souvenirs d'Orient, par Bonfils (Photographies. Les deux premiers vol. sont consacrés à l'Egypte, le 3ᵉ à la Palestine, le 4ᵉ à la Syrie, et le 5ᵉ à la Grèce). — 133. Voyage d'Ali-Bey en Afrique. — 134 à 135 b. La Terre sainte par D. Roberts. — 135 c et 135 d. Mission en Phénicie d'Ernest Renan (1864). — 136. 24 vues pour illustrer l'Hist. sainte par Ainslie. — 137. Vues de Turquie par Mayer (1801). — 138. Vues de Turquie par Raczynskiego (1821). — 139. Voyage en Turquie par Sayger et Desarnod. — 140 et 140 a. Voyage dans la Marmarique par Pacho (1827). — 141 et 141 a. Voyage au Bosphore par Melling (1819). — 142. Vues de Turquie par Mayer (1810). — 142 a. Possessions ottomanes en Europe et en Asie par Ainslie (1810). — 143. Constantinople illustrée par Allom. — 144. Constantinople et ses environs par Miss Pardoe et Bartlett (1838). — 145. Voyage de Villenberg à Moscou par Albert Adam (1827). — 146. Voyage en Crimée par Demidoff (Paris 1838). — 147. Le Caucase par Gagarine (1847). — 147 a et 147 b. Voyage à Astrakan et au Caucase par J. Potocki (1829). — 148. Voyage de Linschoot dans l'Inde en 1595. — 149 à 149 b.★ Vues de l'Inde par Daniell. — 150. Description des vues de Th. Daniell (1795). — 151 et 151 a. Monuments de l'Indoustan par Langlés (1821). — 152. Hist. de l'Inde par Daniell, colonel Ward et J. Hunters (1805). — 153. Vues de l'Inde par Elliot (1833). — 154. Vues de l'Inde par Hodges (1785). — 155. Vues de l'Inde Néerlandaise par Van de Velde. — 156. Vues des monts Himalaya par Fraser (format exceptionnel) 1820. — 157. Voyage dans l'Inde par Soltykoff. — 157 a. Vues de l'Inde par Harding (1847). — 158. Vues de Mysore (1805). — 159. Idem par Hunter (1805). — 160. Choix de vues de Mysore par Home (1794). — 161. Bénarès illustré par Prinsep (1831). — 162 et 162 a. Vues de Ste Héléne par Salt (1809). — 163. Atlas des Voyages de Chardin en Perse par Langlès (1811). — 164. Voyage à Pékin par de Guignes (1808). — 165 et 165 a. Voyage d'Egypte et de Nubie par Norden

(1755). — 166. Carte topogr. de l'Égypte par Jacotin (1818). — 167 et 167 a. Voyage en Égypte par Denon (1802). — 168. Traduction en Italien de l'ouvrage précédent (1808). — 169. Vues d'Egypte par L. Mayer (1802). — 170 à 198. Description générale de l'Égypte (1809-1822).

> Les volumes 170 à 175 et les volumes 178 à 180 sont de très grand format ; les vol. 176 et 177 sont de format exceptionnel et renferment les antiquités en leur état au commencement de ce siècle. Les autres volumes contiennent des antiquités, de l'histoire naturelle. De 181 à 198 les volumes contiennent du texte.

— 181 a à 181 i. Dessins exécutés en Égypte pour le compte de l'État français par les membres de la Commission.

> Ces dessins d'une exécution merveilleuse n'ont pas tous été gravés ; ils ont été ainsi répartis : — Vol. 181 a. antiquités. — 181 b. État moderne des antiquités. — 181 c. Antiquités. — 181 d. État moderne. — 181 e. minéralogie. — 181 f à 181 h. Antiquités. — 181 i. Monuments et vues.

— 198 a. Croquis faits en Égypte par Faye. Dessins.

> Croquis d'album du commencement de ce siècle ; vues d'Alexandrie, aiguille de Cléopatre, une dahabieh, monuments divers avec leurs mensurations, poteries, chameaux au repos, Méhataboualí sur les rives du Nil ; Desouk vis-à-vis de Rhamanié ; barque du Nil ; obélisque d'Héliopolis, mosquée dans la citadelle du Caire ; une mosquée à Boulak aujourd'hui démolie ; (fol. 81). Tombeaux aux environs du Caire ; tombeaux au Caire ; vestiges d'une église bâtie sur les débris du Temple d'Hennoutis ; Sarcophage d'Alexandrie ; etc.

— 199. Voyage dans le Levant par le Comte de Forbin (1819). — 200. Antiquités de la Nubie par F. C. Gau (1822). — 201. Voyage en Égypte par Sonnini (An VII). — 201 a. Panorama d'Égypte et de Nubie par Horeau (1841). — 202. L'Egypte photographiée par Cammas. — 202 a. La Haute-Égypte par Ch. Blanc (1876). — 203 et 203 a. L'Égypte et la Nubie par Teynard (1858). — 203. b. L'Égypte et la Nubie par Béchard, texte de Palmieri (Phototypies) 1887. — 204 et 204 a. L'Égypte, la Nubie, la Palestine et la Syrie par Max. Ducamp (1852). — 205 à 205 d. Voyage à Meroé par Caillaud (1826-27) — 206. Voyage à l'Oasis de Thèbes par Caillaud (1821). — 207. Scènes en Éthiopie par Bernatz (1852). — 208. Vues d'Égypte par Willyams (1821). — 209. Campagne de Luxor par Joannis (1835). — 209 a à 209 f. Description du temple de Dendérah par A. Mariette-Bey. (Le dernier vol. est consacré au texte). — 210. Voyage à l'Oasis de Syouah par Jomard (1823). —

211. Vues des régions équinoxiales par Choris (1826). —
212 et 212 a. Vues des Cordillères par A. de Humboldt (1813).
— 213. Végétations des côtes de l'océan par Kittlitz (1844).
— 214 à 214. b. Voyage au Brésil par J. B. Debret (1834-39).
— 215. Voyage au Brésil par le prince Maximilien (1822).
216. Voyage à Rio-Janeiro par Chamberlain (1822). — 217.
Voyage au Mexique par C. Nebel (1836). — 218. Expédition
dans le centre de l'Amérique du Sud par Castelnau (1853). —
219. Voyage dans la province d'Yucatan par F. de Waldeck
(1838). — 220 et 220 a. Scènes et vues d'Amérique par Willis
et Bartlett (1840). — 221 et 222. L'Amérique du Nord par
G. Catlin (2 exempl. dont un colorié). — 223 et 223 a. Le
Canada Pittoresque par Willis et Bartlett (1843). — 224. Album
de la frégate la Thétis par le Vicomte de la Touanne (1828). —
225 et 225 a. Voyage au fleuve Hudson par Milbert (1828). —
226 à 226. g. Voyage en Perse par Flandin et Coste (8 vol.
dont 2 de texte). — 226 h. Monuments modernes de la Perse
par Coste (1867). — 226 i et 226 j. L'Art antique de la Perse
par Dieulafoy (1884-85).

NOTA. *Indépendamment de ces volumes on pourra consulter les cartes et les pièces détachées, conservées dans les suppléments non reliés, ou dans la série V qui suit.*

TOPOGRAPHIE.

Série V.

La série V renferme les livres constitués et les recueils factices ayant trait à la topographie proprement dite, à la représentation de diverses contrées, à leur constitution physique et politique, à leur archéologie et à leur histoire. La topographie est au Cabinet des estampes une des sources d'informations documentaires les plus consultées. Son origine remonte jusqu'à Roger de Gaignières, au commencement du XVIIIe siècle, et ce sont les cartons de topographie cédés par lui au roi Louis XIV qui en formèrent les premiers éléments. Les recueils factices de cette série sont composés de pièces venues de divers lieux, de dessins originaux, de calques, de gravures, de lithographies et de photographies ; ils sont le plus ordinairement montés en reliure mobile, ce qui permet d'intercaler à leur place tous les documents successivement obtenus. Les principaux dons ayant enrichi la topographie proviennent de Gaignières, du maréchal de Richelieu, de Fouquet, de Vincent, etc. Il y faut joindre une collection conservée intacte, et léguée au Cabinet par M. Lallemand de Betz : celle-ci comprend à elle seule 50 volumes, et a été inventoriée par M. Auguste Flandrin.

Il ne pouvait entrer dans notre cadre de donner le détail de cette collection considérable (Plus de 1.800 volumes grand in-folio). Il nous suffira d'indiquer au chercheur le moyen de se servir utilement de cet instrument admirable. Toute demande concernant une localité devra porter, pour tous pays, les renseignements politiques ordinaires ; pour la France, le département et l'arrondissement ; pour l'étranger, les cercles, districts, cantons, etc., suivant lesquels le pays a été divisé.

La topographie se subdivise ainsi :
Va. France.
Vb. Italie, Espagne, Portugal.
Vc. Grande-Bretagne, Néerlande, Belgique, Suisse, Autriche Prusse
Vd. Régions lointaines (Indications insuffisantes dans l'état actuel de la géographie, mais que nous conservons).
Ve. Recueil et livres divers sur la topographie de France.
Vf.   Id.   Id.   du Midi.
Vg.   Id.   Id.   du Nord.
Vh.   Id.   Id.   des Régions lointaines.
Vx. Collection Lallemant de Betz et recueil de Van der Aa.

DIVISION **Va**. — **Topographie de la France.**

— 1 à 351. Départements classés par liste alphabétique : Ain, Aisne, Allier, etc. Les départements de la Moselle, du Haut et du Bas-Rhin ont été conservés dans la suite, ayant été constitués avant les événements de 1870. Le département de la Seine occupe du volume 200 au vol. 335 ; Seine-et-Marne de 336 à 344 ; Seine-et-Oise de 345 à 377. Les départements les plus riches en pièces topographiques sont ensuite, la Seine-Inférieure Va 378 à 397 ; le Rhône Va. 174 à 188, le Nord Va 125 à 136 ; l'Oise, etc. A partir du N° Va 419 à Va 451 on a mis dans un groupement alphabétique les pièces topographiques de grand et de très grand format (Pièces du plus haut intérêt pour l'histoire de Paris).

Division **Vb**. — **Italie, Espagne, Portugal.**

— 1 à 132. Topographie de l'Italie classée d'après les divisions territoriales antérieures à 1860.

Les volumes ayant une reliure fixe ont été conservés ; Rome occupe dans la série les volumes 62 à 110. Depuis ce classement le Cabinet ayant acquis de nouvelles pièces topographiques sur l'Italie, on les a classées suivant les récentes divisions territoriale du royaume d'Italie, et respectivement les volumes entre eux par liste alphabétique (110 à 132).

— 133 et 134. Ile de Malte ; Plans, vues, etc.
— 135 à 151. Espagne. Classement par provinces. — 154. Ville de Gibraltar à l'Angleterre. — 153 à 156. Portugal. — 157 et 158. Recueil factice sur l'Espagne.

Division **Vc**. — **Grande-Bretagne, Néerlande, Belgique, Suisse, Autriche, Allemagne**

— 1 à 3. Ecosse, comtés (1 à XXXII). — 4 à 44. Angleterre. La ville de Londres, divisée en paroisses, occupe les vol. Vc 21 à Vc 35. — 45 et 46. Irlande. — 46a. Pièces en recueil factice concernant la Grande-Bretagne. — 36b. Ile de Malte à la Grande-Bretagne (voir ci-devant Vb 133 et 134).
— 47 à 65. Néerlande. La ville d'Amsterdam occupe les vol. 51 à 58.
— 66 à 99. Belgique. — 100. Luxembourg, Neuchâteau, Bouillon, Arlon. — 100a. Belgique, pièces isolées.
— 101 à 124. Suisse, divisée en cantons.
— Les numéros 125 à 200. Non employés.
— 200 à 220. Autriche-Hongrie. La Hongrie occupe les vol. Vc 218-19.
— 220 à 240. (Non employés).
— 240 à 257. Prusse.
— 258 à 260. (Non employés).
— 261 à 272. Bavière.
— 273 à 278. (Non employés).
— 279 à 281. Saxe.
— 282 à 285. (Non employés).
— 286 à 289. Hanovre.
— 289 à 290. (Non employés).
— 291 à 294. Wurtemberg.

— 295 à 300. (Non employés).
— 301 à 309. Grand duché de Bade.
— 310 à 312. (Non employés).
— 313 à 314. Hesse-Electorale.
— 315. (Non employé).
— 316 à 318. Hesse Grand-ducale. — 319 Saxe-Weimar, Saxe-Meiningen, Saxe-Cobourg-Gotha, Saxe-Altenbourg, — 320. Brunswick. — 321-22. Duché de Nassau. — 323. Mecklembourg-Schwerin; Mecklembourg-Strélitz. — 324. Oldenbourg, Anhalt, Schwartzbourg-Sonderhausen, Waldeck-Reuss, etc.— 325. Francfort-sur-le-Mein.— 326. Hambourg. — 327. Lübeck, Brême, Heligoland.
— 328. Danemark. — 329 (Non employé). — 330 et 331. Norwège et Suède. — 332 à 335. (Non employé). — 336 à 348 Russie.

Division **Vd.** — **Topographie des régions lointaines.**

— 1. Topographie de l'Afrique. Recueil du format 3. — la et 1 a + Topographie de l'Algérie. — 1b. Guyane française et Nouvelle-Calédonie. — 2. Turquie d'Europe. Constantinople. — 3. (Non employé). — 4 et 5. Attique. Athènes, Acropole, Péloponèse. — 6. (Non employé). — 7. Turquie d'Asie (Photographies). — 8 à 9. Palestine. Jérusalem et autres villes. — 10. Syrie (Phot.). — 11. (Non employé).— 12 à 15. Egypte. Le vol. 15 contient des photographies. — 16 à 19. (Non employés). — 20. Mexique. —20a. et 20b. Amérique du Nord. — 21 et 22. Amérique Septentrionale, Etats-Unis. — 23. Amérique du Sud. — 24. (Non employés). — 25. Inde. — 26 à 28 (Non employés). — 29 à 32. Pièces de format exceptionnel se rapportant à toutes les parties du monde, l'Europe exceptée. — 33. Océanie.

Consulter aussi pour ces pays les suppléments non reliés.

Division **Ve.** — **Recueils et livres divers sur la topographie de la France.**

— 1 à 1c. Antiquités de la France par Millin (1790-1792). — 2. Dessins des monuments de la Gaule recueillis et expliqués par le comte de Caylus.

Ce recueil a été donné au Cabinet des Estampes par Caylus lui-même; les dessins fort soignés ont été gravés pour la plupart dans les recueils d'antiquités du comte de Caylus (voir ci-devant Ga 19 à 27).

— 3. Antiquités de la Gaule, dessins recueillis par Roger de Gaignières.

Ces dessins ont été inventoriés dans l'*Inventaire des dessins de Gaignières* par Henri Bouchot (T. II pages 329-33). Indépendamment des croquis provenant du collectionneur célèbre, le marquis de Torcy à qui appartint le recueil, y fit joindre diverses pièces, entre autres un Terme trouvé à Arles, la vue d'Arles gravée en 1666 par Peytret, plus une suite d'estampes publiée sous le titre d'*Antiquités de la ville d'Aix* en 1760.

— 4 à 4b. Carte de la France par Cassini, Camus et de Montigny (3 vol. 1786, aux armes de Madame Victoire). — 5. Atlas national de la France par Chanlaire (1815). —6. Triangulations de la France par Buache (Dessins originaux acquis en 1837 à la vente de Buache). — 7 et 7a. Le royaume de France par P. Van der Aa. — 8. Maisons et églises de France par Marot, Silvestre et Lepautre. — 8a et 8b. Les plus excellents batiments de France par Ducerceau. Edit. Destailleur et Dujarric (1868-1870, 2 vol.) — 9. Topographie de la France par Claude Châtillon (voir ci-devant Ed 19).

Recueil ayant son titre, sa table des matières et sa reliure d'origine aux armes du prince de Conti. C'est un des exemplaires les plus complets de l'œuvre de Cl. Châtillon. Provient de Bégon.

— 10 à 11a. Topographie de la France par Mérian (1656, 3 vol.) — 12. Maisons royales et villes de France par Silvestre.— 12a. à 12d. Archives de la Commission des Monuments historiques. — 13. Plans des châteaux de St-Germain, de Marly et autres maisons de plaisance (voir aussi Va 356, Va 349-352). — 14. Vues de France par Israël Silvestre. — 15. Place, portes, fontaines, églises de France par Pérelle.— 16. Vues de France et d'Italie par Pérelle. — 17. Maisons royales (en 1725) par Rigaud. — 17a. Mémoires sur les maisons royales de France par Félibien (1874).— 18 et 18e. Domaine de la couronne (1837-39). — 19 à 19d. Domaine privé du Roi Louis Philippe. —20. Recueil de dessins originaux représentant quelques abbayes de chanoines réguliers du diocèse de Paris et autres.

Acquis en 1837 d'un M. Mason, ce recueil renferme des dessins et des gravures. Voici la liste des Abbayes représentées : Ste-Catherine du Val-des-Ecoliers, N.-D. de Livry, abbaye de Meaux 1712, St-Jean-aux-Bois, St-Martin-aux-Bois, St-Quentin de Beauvais, N.-D. d'Eu,

St-Chéron de Chartres. La Madeleine de Châteaudun, verre de Charlemagne conservé à ladite abbaye, Plan de l'abbaye, Beaulieu du Mans, St-Ferreol d'Essomes, plan de l'église d'Essomes, St-Jacques de Provins, St-Jean de Sens, St-Martin de Troyes, St-Loup de Troyes, N.-D. de Châtillon, N.-D. du Val-des-Ecoliers, Toussaint de Châlons, plan de la même, St-Martin d'Epernay, St-Denis de Reims, Toussaint d'Angers, chœur de l'église de la même abbaye, St-Jean de Melinais, St-Georges (avec les armes de la famille Du Bellay), N.-D. de la Roue, Madeleine de Geneston, St-Jacques de Montfort, N.-D. de Paimpont, Ste-Catherine de Laval, St-Pierre de Rillé, St-Lô-la-Ville, N.-D. de Chatrice en Argonne, (par le F. Pépin), St-Étienne du Plessis, plan de l'église Ste-Barbe-en-Auge, Mont-aux-Malades, St-Lô de Rouen, St-Euvert d'Orléans, N.-D. de Beaugency, St-Hilaire de la Celle, plan de l'église, l'abbaye de la Réau, plan de l'église, plan de l'abbaye, abbaye de Lanville, abbaye de St-Pierre de Leterp, abbaye de la Couronne, abbaye royale de Selle, St-Jean de Colle, St-Martin de Nevers, St-Ambroise de Bourges, autre vue de St-Ambroise, St-Symphorien d'Autun, clocher de Thouars, église de La Couronne (2 vues), Le Val-des-Ecoliers, (gravure de Scotin) Plan du Val-des-Ecoliers, St-Acheul d'Amiens, autre vue, N.-D. de Blois.

— 21. Couvents des Augustins de France. Gravures par P. F. Lubin (20 pièces). — 22 et 22a. Monasticon Gallicanum. Recueil d'abbayes françaises. — 23. Monasticon Gallicanum publié par L. Courajod (1869). — 24 à 24c. La France de nos jours par Asselineau (4 volumes petit in-fol.) — 25 à 26e. La France en miniature par Deroy. — 27. Itinéraire de la France par de Branville et Paulmier. — 28 et 28a. Plan et profils des villes de France par Tassin (1644-1652). — 29. Cathédrale de France par Chapuy. — 30. Dissertation sur les anciennes enceintes de Paris par A. Bonnardot (1852). — 30a. Portes de l'enceinte de Paris sous Charles V par Guillaumot (1879). — 31. Études archéologiques sur les anciens plans de Paris par A. Bonnardot (1851). — 31a. Atlas des anciens plans de Paris (1880). — 31b. Plan de Paris par J. Gomboust (1858). — 32. Mémoire sur les accroissements de Paris par R. de Vaugondy (1760). — 33. Description de Paris en 20 quartiers par Lacaille (1714). — 34. Plan de Paris exécuté par les ordres de Turgot par L. Bretez (1739). — 35. Plan de Paris par l'abbé de la Grive (1744-1759). — 36. Plans d'embellissements de Paris par P. L. Moreau (1769). — 37. Plan de Paris par Verniquet (an IV). — 38. Atlas administratif de Paris par N. M. Maire (1821). — 39. Plan des barricades faites dans Paris en 1830, publié par Ch. Motte. — 40. Plan de Paris avec des annonces en 1856. — 41 et 42. Plan comparatif de Paris (1860-66). — 42a. Atlas de la ville de Paris par L. Breton (1873). — 42b. Plan indicateur de Paris en 1878 par Lagier. — 42c. Plan de Paris

(1882). — 42d. Plan de Paris monumental (1889). — 43. Plan général des eaux de la ville de Paris (1867). — 44. Plan général des égouts de la ville de Paris (1867). — 45. État des terrains communaux de Paris pouvant être aliénés (1870). — 46 à 46p. Limites des faubourgs de Paris.

> Ces limites, en suite des déclarations du roi datées du 18 juillet 1624, et du 29 Janvier 1726, furent précisées avant le mois de mars 1728, par les sieurs Beausire père et fils commis à cet effet. L'ouvrage fut divisé en 13 volumes : 4 pour le faubourg St Antoine, 1 pour le Temple, 1 pour le faubourg St-Martin, 1 pour le faubourg St-Denis, 1 pour Montmartre, 1 pour St-Honoré, 1 pour St-Germain, 1 pour St-Michel, 1 pour St-Jacques, et deux volumes pour St-Marcel et St-Victor. Les plans sont manuscrits avec remarques. Le vol. 46m. contient une table générale et les vol. 46n, o, et p. les Procès-verbaux. Ces 17 vol. proviennent de l'Hôtel de ville en Germinal an V.

— 47 à 47c. Description de Paris par Germain Brice (1725). — 48 et 48g. Description de Paris par Piganiol de la Force (8 vol.) — 49 et 49a. Séjour de Paris par J. C. Nemeitz (1727). — 50 à 50b. Tableau historique de Paris par St-Victor (1808-1811). — 51 à 51b. Description de Paris par Béguillet (Paris et Dijon 1779-1781). — 51c et 51d. Guide des amateurs à Paris par Thiéry (1787). — 52. Histoire de Paris par Touchard-Lafosse. — 53 à 53b. Statistique monumentale de Paris par Albert Lenoir (1867). — 53c à 53h. Collection de dessins sur Paris recueillis par H. Destailleur.

> Ces dessins acquis récemment par M. G. Duplessis ont été inventoriés par M. F. Courboin. On trouvera la description sommaire de chacun d'eux dans le catalogue intitulé : *Inventaire de la collection de dessins formée par M. Destailleur,* etc. Paris 1891 (Tirage à part du vol. de l'Hist. de Paris). Recueil du plus haut intérêt pour l'histoire et la topographie parisiennes.

— 54. Paris ancien et moderne par Mauperché (1814). — 55 et 55 a. Le vieux Paris. Dessins romantiques par F. A. Pernot (1838-39). — 57. Les restes du vieux Paris par L. Laurence. — 58. Paris ancien et moderne par Jaime et Duchesne aîné (1836). — 59. L'ancien Paris par Martial. — 60. Monuments de Paris par Durand, Garbizza, Janinet. — 61. Édifices de Paris par Landon (1806). — 61 a. Monuments de Paris envoyés à l'Empereur de Russie par Fontaine (1809-15). — 62. Vues de Paris par Duran. — 63. Vues de Paris et des environs 1838. — 64. Monuments de Paris (1841). — 64 a. Excursions photographiques, vues de Paris, etc. — 64 b et 64 c. Les ruines de Paris en 1871. Photographies d'après nature.— 65. Paris en miniature par Danlos (1840). — 65 a et 65 a +. Paris miniature par Fontenier (1875. Deux ex. dont un avec texte). — 65 b. Album guide de Paris (1874). — 65 c. Souvenir de l'exposition Universelle (1878). — 65 d. Vues et monuments de Paris (1878). — 65 e. Guide souvenir de l'exposition universelle (1878). — 65 f. L'Exposition universelle par Taxile Doat (1878). — 65 g. L'Exposition universelle de 1878 par A. P. Martial. — 65 h. Notes d'un Japonais sur l'exposition universelle par A. P. Martial (1878). — 65 i et 65 j. Vues de l'exposition universelle (1889 2 vol). — 65 k. La Tour Eiffel (1889). — 65 l. Exposition universelle de 1889 (Phototypies). — 65 m. Exposition de 1889. Section roumaine (avec portraits des chefs de section). — 65 n. Exposition universelle (1889). Anthropologie. — 65 o. Exposition universelle de 1889. Pavillon des Travaux publics. — 66. Paris qui s'en va par L. Flameng. — 67. Paris dans sa splendeur. — 68. Les environs de Paris après le siège de 1870-71 par V. Morland. — 69. Promenades du Général Bacler d'Albe dans Paris et ses environs (1822). — 70. Promenades des Boulevards de Paris (vers 1830). — 70 a et 70 b. Promenades de Paris par Alphand (1867-73. Texte et planches). — 71. Le nouveau Paris par La Bédollière et Gustave Doré. — 71 a. 31 Vues de Paris phot. par Neurdein (Instantanées). — 71 b à 71 e. Monuments de Paris par Félix Narjoux (1850-83). — 72. Les Barrières de Paris par Palaiseau (1819). — 73. Plans des hôpitaux de Paris (1820). — 74. Fontaines de Paris par Moisy. — 75. Fontaines et regards de la ville de Paris en 1730.

<blockquote>Petit manuscrit contenant l'état complet des fontaines alimentées à Paris par les eaux de rivière et les eaux de source, on y voit le plan du château d'eau de la pompe Notre-Dame ; les sources avaient leur château d'eau derrière l'Observatoire.</blockquote>

— 75 a. Souvenir des Catacombes de Paris (Phot. 1889). — 76. Projets pour la réunion du Louvre aux Tuileries de 1541 à 1809, par Percier et Fontaine (Dessins originaux). — 77. Le Louvre et les Tuileries par le comte de Clarac (1853). — 77 a. Le Louvre et les Tuileries par Bauchal (1882). — 78. Projet pour la réunion du Louvre aux Tuileries par Labrière (1780. Dessins). — 79 à 79 c. Réunion du Louvre aux Tuileries (1852-1857) par Baldus (Phot.). — 79 c +. Cheminée et salle des Cariatides au Louvre par L. Courajod (1880). — 79 c ++. Substructions du Louvre (Phot. sous la direction de l'architecte Guillaume). — 79 d. Guide du promeneur aux Tuileries (an VI). — 79 e. Le Monument de Gambetta par Aubé et Boileau.

— 79 f. L'Hôtel du Louvre par A. Armand. — 80. Histoire de l'hôtel de ville de Paris par Leroux de Lincy et Calliat (1864). — 81. N. D. de Paris par E. Lecomte (1841). — 81 a. Sculptures de N. D. de Paris par Richard Cavaro (Dessins). — 82. La Sainte Chapelle par Decloux et Doury (1865). — 82 a. La Trinité à Paris par T. Ballu (1868). — 82 b. St-Ambroise à Paris par Ballu (1874).— 82 c et 82 c +. Le sacré-cœur de Montmartre, par Rohault de Fleury (1888 et 1894). — 82 d. Montmartre, suite de rues par Delatre (1891). — 83. Objets d'art de N. D. de Lorette à Paris (1837). — 84. Palais de justice de Paris au XVIIIe s. Plans et croquis originaux.

> Ce recueil provient de Millin ; les plans sont exécutés par Couture ; ils fournissent des indications précieuses sur les bâtiments, neufs ou anciens, la saint Chapelle en 1783, les caves, les cachots de la Conciergerie, le préau, la galerie des prisons face à la Chancellerie, les fondations de l'escalier de la Chancellerie, la partie neuve de la salle des requêtes et son escalier, les profils des balustrades, la décoration intérieure de la salle des requêtes avec le portrait du Roi, la cheminée de la Chancellerie, la menuiserie de la salle d'audience, le vestibule entre la salle d'audience et la galerie des prisonniers. Coupe des dépôts, milieu de la Chancellerie, plan de la galerie dauphine, coupe de la même galerie, rez-de-chaussée général ; décoration des quatre faces de la salle d'audience des requêtes de l'hôtel, plan de cette chambre ; décoration d'une des salles d'audience du Palais (cour criminelle?) cheminée de la salle d'audience des requêtes ; 2e étage des Requêtes de l'Hôtel en 1770, chambre St-Louis au Palais de Justice ; chambre de la Tournelle côté de la porte ; 1er étage du Tribunal de la cour des monnaies en 1775, profil des anciens bâtiments de la chambre (levé après l'incendie), traversant de l'hôtel du premier président au bout de la galerie sur le quai des orfèvres. Attachement de la fondation des cuisines de l'hôtel de la présidence (1780).

— 86 a. Bâtiments de la Bibliothèque nationale. Rapport de M. Barthélemy St-Hilaire (1879). — 87. Le Palais du Luxembourg par A. de Gisors (1847). — 88. Description des sculptures de la Chambre des députés par Grégoire (1833). — 88 a. Plan de la restauration de la Chambre des Députés par Jules de Joly (1840). — 89. Description de la Colonne de la place Vendôme. — 90. Plans divers de l'hôtel des monnaies par Antoine. — 90 a. Hémicycle des Beaux Arts par P. Delaroche et Henriquel Dupont. — 91. Plan des diverses salles de l'Hôtel-Dieu de Paris. — 92. Détails et ornements intérieurs de l'hôtel de Montholon à Paris.

> Curieux recueil de dessins exécutés par Lequeu sous les ordres de Soufflot le Romain en 1786. L'hôtel existe encore, c'est aujourd'hui sur le boulevard Montmartre la maison où est installée la Nouvelle Revue. Les dessins de Lequeu portent sur la construction et la décoration. A signaler le Salon, la salle à manger, les lustres, les poêles, etc.

— 92 a. Hôtel Carnavalet (Phot). — 92 b. Théâtre du Vaudeville par Magne (1873). — 92 c. Théâtres de Paris par Loiseau-Rousseau (1878). — 92 d à 92 f. Le grand Opéra par Ch. Garnier (1876-1880). (Pour les peintures voir ci-devant Dc 303 a œuvre de Baudry). — 93. Reconstruction de la Samaritaine après l'Incendie du XVIIIe s. Dessins originaux de Garnier. — 94. Description des objets d'art du palais de la Bourse à Paris (1833). — 94 a. Vues photographiques instantanées du bois de Boulogne, pour la revue donnée au roi de Bavière en 1857. — 94 b. Vue du pré Catelan au bois de Boulogne (Phot.). — 95. Liste des Gouverneurs et des Echevins de Paris depuis 1345 jusqu'en 1763 (Par M. Joly, ancien conservateur du Cabinet des Estampes. Manuscrit). — 95 a. Deux épaves de la chapelle des Valois à St-Denis par Courajod (1881). — 96. Travaux exécutés pour l'adduction des eaux d'Arcueil (XVIIe s.).

Plans diverses exécutés par Beausire et montrant la canalisation faite à Rongis, Cachan et Arcueil. Plan de la conduite d'eau, de l'Observatoire jusqu'au Luxembourg; coupe des carrés, des aqueducs, le château d'eau près l'Observatoire (1695). Liste des personnes recevant l'eau directement où l'on voit figurer le Régent, le duc de Grammont, les Tuileries (croix du Trahoir). Ces dessins proviennent en partie de Robert de Cotte.

— 96 a. Vues de Paris et de Versailles Phot. par Neurdein.

— 97. Le Labyrinthe de Versailles (Édit. de 1677). — 97 a. Même ouvrage (1679). — 97 b. Même ouvrage. Edit. d'Amsterdam. — 98. Vues de Versailles. Dessins.

Suite de vues microscopiques montrant Versailles depuis 1661, avec les états anciens et récents.

— 98 a. Vues des jardins de Versailles. — 99. Vues intérieures et extérieures du Palais de Versailles. — 99 +. Versailles et Trianon (Phot. chez Neurdein). — 99 ++. Parc et jardins de Versailles et de Trianon (1888). — 99 +++. Versailles et les Trianons par Eugène Sadoux (1889). — 99 ++++. Le château de Clagny par Pierre Bonnassieux (1881). — 99 a. Château de Maisons-Laffitte. — 99 b. Châteaux de Meudon et de Bellevue par le Vte de Grouchy (1865). — 99 c. Promenades à Chantilly et à Ermenonville par Mérigot (1788-1791). — 99 d et 99 e. Le Raincy en 1884 et 1885 par Valère Lefebvre. — 99 f. Le Raincy par Ch. Chavard et O. Stemler. — 99 g. Chronique de Dourdan par Joseph Guyot (1869). — 100. Trésor des Merveilles de Fontainebleau par le P. Dan (1642). — 101. Fontainebleau par Castellan (1840). — 102. Antiquités Anglo-normandes par Ducarel (Londres). — 103. Atlas topographique de l'ancienne province de Normandie par Denis. — 104. Excursion sur les côtes de Normandie. — 105. Chemin de fer de Paris à Rouen. — 106. Cours de la Seine de Paris à Rouen en 1766. — 107. Rivières affluant à la Seine (1766). — 108. Description, plans et figures des 14 forêts royales de la Généralité de Rouen par P. de La Vigne (1665-66).

> Manuscrit sur vélin de 119 feuillets avec cartes à l'aquarelle, exécuté sur les ordres de Jean-Baptiste Voysin de la Noiraye, et faisant partie de la suite de volumes dont l'indication suit.

— 109. Description de la Généralité de Rouen par J. B. Voysin (manuscrit). — 110. Visite des bois des forêts de la généralité de Rouen (manuscrit). — 111. Procès-verbaux des entreprises faites sur la forêt de Lyons (manuscrit). — 112. Procès-verbaux des visites des 14 forêts de la généralité de Rouen (manuscrit). — 113. Avis donné au roi sur la réformation des forêts de la généralité de Rouen (manuscrit). — 114. Plans des forêts de la maîtrise de Rouen par J. B. Tisserand. — 115. Forêts du comté d'Eu gravées par Chambon (1768). — 116. Édifices de la ville de Rouen par T. de Jolimont (1845). — 116 a. La Seine inférieure archéologique par l'abbé Cochet (1864). — 116 b. La Normandie souterraine de Cochet (1854). — 116 c. Sculptures romaines et gauloises de Cochet (1857). — 116 d et 116 e. Églises de l'arrondissement du Havre-Ingouville (1845-46). — 117. Monuments remarquables de Rouen par T. de Jolimont (1822). — 117 a. Hôtel de ville, beffroi et Gros horloge de Rouen par E. de La Querière (1864). — 117 b à 117 e. Église métropolitaine de Rouen (1850-51). — 117 f et 117 g. St-Laurent de Rouen et St-André de Rouen par E. de La Querière (1862-66). — 117 h. Tombeau de Childéric I par l'abbé Cochet (1859). — 117 i. Églises de l'arrondissement de Dieppe (1850). — 118. Coupe et détails de l'Église de la Madeleine à Rouen (Dessins).

> Ces dessins proviennent de l'architecte Lequeu. Quelques-uns sont de lui, d'autres sont de Le Brument.

— 118 a. Galerie des Estampes de Rouen (1885 autographie). — 119 et 119 a. Terrier de la terre et seigneurie de Montaure, appartenant à F. C. Michel-Benoît Le Camus (1763).

> Ce terrier donne le géométral, la description, et le nom des propriétaires de tous les héritages dépendant de ce fief.

— 120. Vues de Cherbourg (Photographies). — 121. Le Havre en miniature par Haumont (1850). — 121 +. Vues phot. du Havre chez Neurdein (1887). — 121 a. Le Mont St-Michel par E. Corroyer (Phot.). — 122. Trouville et ses environs par Ch. Mozin. — 122 a et 122 b. Villerville en 1887, par Valère Lefebvre (1889). — 122 c. Rapport sur la cathédrale d'Evreux par C. Lucas (1877). — 123. Établissement thermal de Bagnoles par Tirpenne (1860). — 124. Cartes top. de Bourgogne et de Franche-Comté. — 125. Promenade de Joigny à Dijon d'ap. le marquis de Louvois, par Champin et Legrand (1824). — 126. et 126 a. Dijon ancien et moderne par Maillard de Chambure (1840). — 126 b. Cluny, la ville et l'abbaye, par A. Penjon (1872).— 127. Statistique monumentale de la Côte-d'Or. Semur par Nesle. — 128. Plan de Besançon et de ses travaux de défense par Vauban en 1714. (Dessins originaux). — 129. Plan de l'église St-Pierre de Besançon (Dessins). — 129 a. Carrelage de Brou par Savy et Sarsay (1870). — 129 b et 129 c. Monographie de N. D. de Brou par Dupasquier et Didron (1842).— 130. Vues de Lyon par Fonville (1851-52). — 130 a. Lyon au XVIe s. (1872-76). — 130 b et 130 b +. La cathéprale de Lyon, par Bégule (1880). — 130 c. Excursion à Lyon, dar Forest-Fleury (1872). — 131. Hôtel de ville de Lyon, par Desjardins (1867). — 132. Palais du commerce de Lyon, par Dardel (1868). — 133. Excursions à la Grande-Chartreuse, par Champin. — 133 a. Notice sur la Grande-Chartreuse par Champin (1839). — 134. La Grande-Chartreuse par Bourgois — 134 a. Souvenirs du Dauphiné (1885). — 135· Album d'Uriage par A. Debelle (1849). — 136. Vues des environs des bains de Salins par P. Blanchard (1861). — 136 a. Salins par G. Coindre (1883). — 137. Monuments de Vienne par Et. Rey (1831). — 138. N.-D. de la Salette, par Cicéri (1855).— 138 a. Le vieux Périgueux par Gaucherel et Verneilh (1867). — 139. Monuments de Nîmes par A. de Seyne (1818). — 139 +. La Flandre maritime par Bernard (1892). — 139 a. Guide à Lille (1772). — 139 a +. Lille ancien et monumental (1891). — 139 a + a. et 139 a + ab. Lille et ses monuments (1892). — 139 a ++. La porte Tournisienne à Valenciennes par G. Guillaume (1884). — 139 a +++. Douai, par A. Boutique (1891). — 139 b. Le vieil Amiens par A. et L. Duthoit (1874). — 140. Monuments de l'Aisne par Pingret (1821). — 140 a 1 à 140 a 55. Collection de dessins sur le département de l'Aisne, légués à la Bibliothèque nationale par M. Édouard Fleury en 1885.

L'inventaire sommaire en a été dressé par H. Bouchot. (Paris, Hachette in-8º).

— 141. Monographie de St-Yved de Braine, par St-Prioux (1859).— 142. Album Soissonnais par Betbeder.— 143. Œuvre de Ch. Gomart. — 144. Chemin de fer de Paris à Orléans. — 145. Notice sur les cimetières d'Orléans par C. F. V... d. — 146. Vues du Séminaire de la chapelle St-Mesmin. — 147. Portails d'églises de Tours et des environs, par Massé (1834). — 148. Colonie de Mettray par Tirpenne. — 148 a. La Bastie d'Urfé par G. de Soultrait et Félix Thiollier (1886). — 149 et 149 a. Château de la vallée de la Loire par V. Petit (1861). — 149 b. Album de Maine-et-Loire par Pierre Vidal (1880). — 150. Château de Chenonceau par Massé. — 151. Description du château de Chambord (1821). — 152. Nérac et ses environs par Dendiran (1842). — 152 a. Le château d'Anet par Roussel (1875). — 153. Le château d'Anet par Pfnor (1867). — 154. Le château d'Anet par le comte de Caraman (1860). — 154 a. Chandeliers de la chapelle d'Ecouen par Courajod (1880). — 154 b. Ville et château de Châteaudun par Devrez (1879). — 154 c à 154 f. Vues panoramiques des vignobles de Champagne (1887). — 155 et 156. Reims et ses environs, phot. par Varin frères (1854). — 157. Troyes et ses environs par Hatot, (1864). — 157 a. Plan de la seigneurie de la Louptière (1766). — 157 b. Aube archéologique et monumentale par G. Lancelot. — 157 c et 157 d. Statistique monumentale de l'Aube par Fichot (1884-88). — 158. Vichy et ses environs par Ch. Bour (1856). — 159. Vues de Vichy par Moullin (1856). — 160. Vichy sous Napoléon III, par H. Clerget (1863). — 160 a. Château de Veauce, par H. Clerget. — 161. La Bretagne contemporaine, par Charpentier.— 161 a. Château-Gontier, par Abraham (1872). — 161 b. Guide à Bordeaux (1871). — 161 b + et 161 b ++. Poitou et Vendée, par B. Fillon et Rochebrune (1887). — 161 c. Le château de Richelieu par Viguier (1676). — 161 d. Le monument de Quiberon, par Caristie (1824). — 161 e. Monuments de Quiberon par Caristie (Dessins originaux). — 162. Plan de la ville d'Arcachon (1865) — 162 a. Journal topog. du roi en Flandre durant l'année 1680 par de la Pointe.

La topographie V a. renferme quantité de dessins originaux exécutés par La Pointe pour les campagnes du roi dans les Flandres, nous les signalons ici à titre de renseignement.

— 162 b et 162 c. L'Alsace photographiée par A. Braun à

Dornach (1859). — 163. La cathédrale de Strasbourg par Miler (1788). — 163 a. Strasbourg bombardé par Broutta. — 163 b. Vues de Dornach (1877). — 164. Panorama des Vosges par Simon (1843). — 165. Théâtre de Metz par Roland le Virloys. — 166 à 166 c. Les Ardennes illustrées par El. de Montagnac (1868-73). — 167. Nice et Savoie publiés par Charpentier. — 168. Nice et ses environs par A. de Louvois (1814). — 169. Album d'Aix-les-Bains, Chambéry, Annecy et leurs environs (1862). — 169 a. Aix-les-Bains et ses environs (1863). — 169 b. Souvenir des Alpes-Maritimes (1887. Phot.). — 169 c. De Menton à Port-Vendres par Monnier de la Sizeranne (1891). — 170. Vues de Cannes, Antibes et Fréjus, par V. Petit. — 170 a et 170 b. L'Église d'Hautecombe (1843-44). — 170 c. Vues de Cannes. Album religieux (Phot.). — 171. Ste-Odile et ses environs (1859). — 172. Monument d'Ingres à Montauban, par A. Etex (1871). — 173. Monographie de St-Siffrein de Carpentras par Andreoli et Lambert. — 174. Le château de Pau par Bascle et Lagrèze (1855). — 174 +. Château de Pau par A. Lafollye (1882). — 174 a. Statues de la chapelle de Rieux par Delon et Roschach (1880). — 174 b. Hôtel de Lasbordes et Lycée de Toulouse par Delon. — 174 c. Ste-Cécile d'Albi par Jules Rolland et de Rivières (1882). — 175. Eglises du diocèse de Nevers, par Bourassé (1844). — 175 a. La Nièvre par Amédée Jullien (1883). — 176. Le Jubé de la Cathédrale du Mans par Hucher (1875). — 177. Vues de Crépy-en-Valois par de Fleury (1884).— 178. Histoire abrégée de la ville d'Herment en Auvergne, par A. Tardieu (1885). — 179 et 179 a. Joinville ancien et moderne par Lepoix (1887). — 180. Vues de Gray (Phototypies). — 181 et 181 a. Album de Belfort par Pélot (1887 Phot.). — 182. Gérardmer et ses environs par V. Franck (1888). — 182 a. Paysages de Gérardmer par Adrien Dolfus (1893). — 183 à 185. Statistique monumentale du Cher, par Buhot de Kersers (1875-85). — 186. Église de Noyon par Baraban (1872).

Nota. *Pour les pièces isolées concernant la topographie française voir comme il a été dit ci-devant les recueils de la division* Va. *Voir également les suppléments non reliés.*

Division **Vf. — Topographie du Midi.**

— 1 à 1 b. Civitates orbis terrarum (6 vol. en 3 tomes). — 2. Les îles et les bords de la Méditerrannée par Pellé. — 3. Ports de la Méditerrannée, par Michelot et Brémond (1730). — 4. Plans des villes fortifiées sur l'Océan. Dessins par J. Auger provençal 1652.

> Ce volume et le suivant ont appartenu au duc de Chaulnes; ils furent acquis en 1779 moyennant la somme de 300 livres. Mais en dépit du titre inscrit sur le volume, plusieurs villes du littoral méditerranéen y sont figurées. Ces dessins rappellent les grands plans à vol d'oiseau de Jacques Callot. Voici les villes représentées dans le premier volume : Antibes, St-Tropez, Toulon, les Martigues, Marseille, Briançon, Brécon, Royan, Brouage, La Rochelle, Blavet, Concarneau, Brest, St-Malo, Havre-de-Grâce, Dieppe, Abbeville, Rue, Amiens, Corbie, Péronne, Ham, Guise, Montreuil, Mont-Hulin, Ardres, Boulogne, Calais Gravelines, Fort-Mardyck, Dunkerque, Niewpoort, Ypres, Ostende, L'Écluse, Yssendyck, Flessingue, Dordrecht, Rotterdam, Amsterdam, Bertruidemberghe, Verre, Herlingen, Goesa, Hoorn, Hardewyck, Enckhuysen, Staveren, Wilhelmstadt, Munnekedam, Swarreluys. Médemblie, Embdem, Blockzil, Tralsonte, Helschenor, Visbie, Barde.

— 5. Plans des principales villes et ports de la mer Méditerrannée, par J. Auger, 1652.

> Même provenance. Les villes représentées sont : Monaco, Gênes, Piombino, Orbitella, Venise, Livourne, Civitta Vecchia, Ancône, Naples, Gallipoli, Messine, Saragosse, Palerme, Malte, Zara, Ozero, Raguse, Dulcigno, Castel nuovo, Corfou, Budova, Rovigno, Pola, Ile de Trimiti, Constantinople, Les Dardanelles, Naplouse, Tenedos, Chio La Canée, Candie, Rhodes, Famagouste, Ptolemaïs, Modon, St-Maure, Metelin, Negrepont, Alexandrie, Tunis (indication des ruines) Alger, Oran, Tanger, Ceuta, Piñon, Leucate, Rose, Collioure, St-Sébastien, Fontarabie, Port du Passage, Barcelone, Lisbonne, Cadix, Chester Southampton, Douvres, Berwick, Hull, Carnavan, Dublin, Galway.

— 6 à 6 c. Nouveau théâtre d'Italie, par J. Blaeu, 1704. — 7. Églises d'Italie par Robert de Cotte (1720) ?

> Plans et croquis d'églises de Rome : St-Adrien, Madone Libératrice, Ste-Catherine-de-Sienne, St-Vincent, bâti par Mazarin, noviciat des Jésuites, St-Marcel, St-Laurent, St-François-de-Paule, St-Dominique, et St-Sixte, N.-D.-d'Inviolata, La Paix, St-Jean-des-Florentins, Ste-Marie-Majeure avec la chapelle Sixte V et de Paul V. St-Bernard, St-Laurent, N.-D. de la Victoire, St-Esprit, Eglise à la Porta del Popolo, Église des Grecs, N.-D.-Transpontine, Église des Minimes, St-Cône et St-Damien, St-Louis-des-Français, N.-D.-de-Lorette, Ste-Marie-Majeure, St-Grégoire, St-Dominique proche la colonne Trajane, Madona della Scala, Madona delli monti, Chapelle de Silvestre Aldobrandin, père de Clément IX, Ste-Marie-des-Orphelins, Ste-Marie près la rue du Cours, Madona della Consolazione, St-Joseph, St-Ignace, St-Sébastien, St-Nicolas de la nation, Église de Frescati, St-Charles de Catena, chapelle du cardinal Paul construite par le Bernin dans l'église de St-Chrisogone, Ste-Marguerite au Transtevere, tombeau du

cardinal Imperiali, à la chapelle de St-Augustin, façade postérieure de Ste-Marie-Majeure, pianta della Seraglio dell'leoni.

— 8. Vues d'Italie, par Chenavard (1862). — 9 à 9 c. Topogr. de Rome antique par Boissard (4 vol.). — 10 à 10 j. Rome antique par Canina. — 11. Roma nova (Recueil de pièces). — 12. Les plus beaux édifices de Rome moderne par J. Barbault (1763). — 13. Nouveau théâtre des édifices de Rome moderne (1665). — 14 et 14 c. Nouveaux édifices et bâtiments de Rome (1665, 2 édit.). — 15. Théâtre de Rome antique par J. Sandrart (1684). — 16 et 16 a. Vues de Rome par Vasi. — 17 et 17 a. 320 vues de Rome par Franzetti. — 18. Plans de Rome par Dupérac et A. Tempesta (1664 et 1674). — 19 et 20. Plans de Rome par Falda et Nolli. — 21. Antiquités de Rome par Sadeler. — 22. Rome ancienne et moderne (1748). — 23 et 23 a. Rome par Magnan (1778). — 24 à 28. Divers ouvrages sur Rome par Nibby (1818). Dupérac (1575). S. Bastianello, Giovannoli (1619). Antonelli, Baltard, (1800-1802). — 29. Ruines de Rome (Londres 1797). — 29 a. Les ruines de Rome texte par Mongeri (1875). — 29 b. Forum romain par Pietro Rosa (1868). — 30. Guide de Rome par Vasi (1773). — 31. Itinéraire par Jos. Vasi (1786). — 31 a. Description de Rome (1783). — 31 b. St Pierre de Rome par Vasi (1792). — 32. Vues de Rome extraites de l'itinéraire de Vasi (1849). — 32 a. Vues de Rome (1857). — 33 Rome dans sa grandeur, publié par Charpentier à Nantes. — 34. Vues de Rome. Photographies par Bertrand. — 34 a. Souvenirs de Rome (Photographies). — 35. Vues géométrales des maisons de Rome (1835). — 36 à 36 b. Edifices de Rome par Letarouilly (1840-50). — 37. Eglises et autels de Rome par J. de Rubeis (1684). — 38. Eglises de Rome par Fontana (1624). — 39 à 39 b. Basiliques de Rome par Valentini (1832-39). — 40 à 40 b. Les plus belles églises de Rome par Fontana (1833-35). — 41. Sanctuaires de Rome par Luquet (1863). — 41 a. St-Pierre de Rome par Mathurin Crucy. — 41 b et 41 c. Projets primitifs de St-Pierre de Rome par H. de Geymuller (1875). — 42. Peintures de St-Etienne-le-Rond (1586). — 43. Mosaïques de Raphaël à Ste-Marie-du-Peuple (1839). — 44. Palais de Rome par Falda. — 45. Id. par Ferrerio. — 46. Jardins de Rome par Falda. — 47. Palais, jardins, fontaines, portes de Rome. — 48 et 48 a. Fontaines de Rome par Falda. (2 exempl.). — 49. Même ouvr. édit. de Nuremberg (1685). — 50. Villa Pinciana. — 51. Villa Médicis par V. Baltard (1847). — 52. Fresques de la Magliana par Gruner (1847). —

53. Tabernacle de St-Paul sur la voie d'Ostie. — 54. Antiquités d'Albano par Labruzzi. — 55. Plans et vues des villes du royaume de Naples par Blaeu. — 56. Inondation du Tibre (1746). — 57. Marais pontins et route de Terracine. — 57 a. Souvenirs de Sicile par le comte de Forbin (1823). — 58. Vues de Naples par Giraud (1771). — 59. Idem par Parboni. (1829). — 59 a. Naples par Stan d'Aloë (1847). — 60 et 60 a. Plan de la ville de Pompeïa par Bibent (1827). — 61. Vues de Pompeïa par Wilkens 1819.

(Voir aussi au sujet de Pompéï la division G d, de 12 à 19, la division V b. 120 et les volumes U b 53 à 60).

— 62. Capri par Gregorovius et Lindemann (1868). — 63. Malte par un voyageur français (1791). — 64. Ager Puteolanus (Pouzzoles 1652). — 65. Vues de Pouzzoles par Petrini (1718). — 66. Environ de Pouzzoles par Morghen (1766). — 67. Pouzzoles et ses environs. — 67 a. Guide des étrangers à Pouzzoles Baïa, Cumes et Misène (1789). — 68. Bains de Montecatini, par Paoletti (1787). — 69 et 69 a. Vues de Toscane (1757). — 69 b. La Toscane, par A. Durand (1863). — 69 c et 69 d. La Toscane au Moyen-Age, par Rohault de Fleury. — 69 e. Architecture de Toscane par Raschdorff (1888). — 70. Etablissements d'acide boracique en Toscane par Laderel (1851). — 71. Vues de Florence par Gerini (1744). — 71 a et 71 b. Guides à Florence (1798 et 1847). — 71 c. Le baptistère de Florence par A Gruyer (1875). — 72. Vues de Florence par Carocci. — 73. Metropolitana fiorentina illustrata (1820). — — 74. Intérieur des principales églises de Florence par Levasseur (1846). — 75. Ste-Marie-des-Fleurs par Sgrilli (1733). — 76. Le dôme de Florence par Runge (1853). — 77. Edifices de Pise par Grassi (1832). — 78. Pise (Photographies). — 78 a et 78 b. Monuments de Pise au Moyen-Age, par Rohault de Fleury (1866). — 78 c. Ile d'Elbe par A. Durand. (1862). — 79. Livourne par Fambrini et autres (1783). — 80. Cloître St-Michel-in-Bosco à Bologne par Cavazzoni Zanotti (1776). — 80 a et 80 b. Fouilles de la Chartreuse de Bologne par A. Zanonni (1876). — 81. Venise par Marieschi (1741). — 82 et 82 a. Le grand théâtre de Venise (2 vol.) — 83. Vues de Venise d'après Canaletto (1742). — 84 et 84 a. Fabriques de Venise par Cicognara (1815-20). — 85. Vues de Venise par Poppel et Kurz (1846). — 85 a. Guide à Venise (1796). — 85 b. Quatre jours à Venise par Quadri (1827). — 86. Mosaïque de St-Marc de Venise par J. et L. Kreutz (1853). — 87. Basilique de St-

Marc par J. et L. Kreutz (1843). — 88 à 88 c. Palais ducal de Venise par Zanotto (1853-1861). — 89. Description de Gênes (1781). — 90 et 90 a. Edifices de Gênes par Gauthier (1818-1832). — 90 b. Architecture monumentale de la Haute-Italie : Gênes par Reinhardt (1886). — 91. Vues de Gênes (Photographies). — 91 a. Guide à Milan (1805).— 92. Chartreuse de Pavie par Pirovano (1823). — 92 a. Chartreuse de Pavie par G. et F. Durelli (1853). — 92 b. Palais municipal de Brescia par Castellini (1862).— 92 c. Marengo et ses monuments (1854). — 92 ba et 92 bb. Palais municipal de Brescia. — 92 bc et 92 bd. Eglise dei miracoli à Brescia (Photographies). — 93 et 93 a. Sabaudia illustrata par Blaeu (1682). — 94 et 94 a. Etats du duc de Savoie par Blaeu (1700). — 95. Carte chorographique des états du Roi de Sardaigne par Borgonio (1772). — 96. Vues de l'Ile de Sardaigne (Photographies). — 97. Carte du Tyrol (an IX). — 98. Album du Tyrol par A. Podesta (1840). — 99. Atlas des Alpes par Raymond. — 100. La Superga, par Mod. Paroletti (1808). — 101. Métropole de Milan (1824). — 101 a. San Lorenzo à Milan par Kohte (1890). — 102. Vues photographiques de villes d'Espagne. — 102 a. Souvenir de l'Ampurdan (Catalogne) Photographies. — 103. Mosquée de Cordoue par Girault de Prangey (1839). — 104. Eglise de Batalha par Louis de Souza.

Division **Vg. — Topographie du Nord.**

— 1 à 5. Topographie de Mérian (5 vol.). — 6. Theatrum Danubii (Augsbourg). — 7 et 7a. Villes et Faubourgs de Vienne par J. A. Pfeffel (2 éditions). — 8. Vues et Façades des bâtiments de Vienne par Pfeffel (1733). — 8a. Opéra de Vienne par Van der Nüll et von Siccardsburg. Vienne (1885). — 9. Panorama du Danube. De Lintz à Vienne (1838). — 10. Album du Danube. (Francfort-sur-le-Mein). — 11. Panorama de Schneeberge en Autriche par J. Haufler (1841). — 11a. Eglises et monastères de Vienne par Kleiner et Pfeffel. — 11b. Palais et villas de Vienne par Kleiner et Pfeffel (1725). — 11c. Monuments de Vienne par Delsenbach et Pfeffel. — 11d. Vues phot. de l'arsenal de Vienne présentées à Napoléon III. — 12. Maisons du prince Eugène publiées par J. Wolff (1731). — 13. Bibliothèque de Vienne (1737).— 14. Palais et maisons de plaisance du roi de Prusse par J. B. Bræbes (1733). — 15. Carte de la Prusse occidentale (1796-1802). — 15a. Château de

Marienbourg en Prusse par Frick (1803). — 15b. Château de Geibach par N. Person (1697). — 15c. Ischl et ses environs par L. Schütze. — 16. Église de St-Veit à Prague par Senff (1831). — 16a. Guide à Prague (1836). — 16b. Autre Guide par Merklas (1852). — 16 c. Les monts Karparthe par Divald (1874). — 16 d. Le Haut-Tatra, phot. par Divald (1885). — 17. Fontaine à Sans-Souci par Gottgetreu (1854). — 18. Eglises gothiques des bords du Rhin par Boisserée (1833). — 19. Panorama du Rhin de Mayence à Cologne par Delkeskamp (1825). — 20. Panorama de la chute du Rhin par Dielmann et Bamberger (1844). — 21. Cathédrale de Cologne par von Binzer. — 22. Cathédrale de Cologne par Boisserée (1823). — 22a. Autre par Wirthase (1889). — 23. Monumenta Paderbonensia (1671). — 24. Antiquités de la Moselle par Ramboux (1824). — 25. Album de Trèves. — 26 et 26a. Cathédrale de Trèves par Schmidt (1836, 2 vol.). — 26b. Tombeaux des archevêques de Trèves par Von Wilmowski (1876). — 26c. Monuments de Trèves et de l'Alsace (1882). — 27. Vues d'Heidelberg par de Graimberg. — 28. Antiquités du château d'Heidelderg par Graimberg. — 30. Vues du château d'Heidelberg par le même. — 31. Livraisons des vues d'Heidelberg par le même. — 32. Vues lithogr. du château d'Heidelberg par le même. — 33. Le même château par Walter et Fïscher. — 34. Statues de la chapelle du château par Graimberg — 35. Monographie du château d'Heidelberg par Pfnor et Ramée (1859). — 35 a. Chateau d'Heidelberg par Sauerwein (1883). — 36. Cathédrale de Magdebourg. — 37. Vues de Træplitz, Carlsbad, etc. — 38. Carte de Mecklembourg (1788). — 39. Monuments et curiosités de Nuremberg (1777). — 40. Album de Nuremberg; texte par Mayer, planches par Wolff. — 41. Monuments de l'art à Nuremberg par R. Von Rettberg (1854). — 42 et 42a. La Vallée de Planen près Dresde par Becker (1799). — 43. Dresde et ses édifices par Rittner. — 44. Salzbourg et ses environs par Poppel et Kurz. — 45. Carte d'Altenburg par le baron de Thummel (1813). — 46 Château d'Aschaffenburg. — 46 a. Château de Weissenstein et de Geubach (1728). — 46b. Châteaux du roi de Bavière en 1886 par Krafft (Phot.). — 46c. Recueil des châteaux du roi Louis II de Bavière par Arthur Mennell (1888). — 47. Vues du Harz par Rohbock. — 48. Les bords du Wéser. — 49. Album du Wurtemberg, Ulm. — 50. Château de Rosenborg par Andersen (1867). — 51. Panorama de la route des montagnes entre Darmstadt et Heidelberg. — 52. Parcours des chemins de fer autrichiens d'Olmütz à Prague (1845). — 53. Palais de Barberousse par Hundeshagen (1819). — 54. Église de Meissen par Schwechten (1826). — 54 a. Guide à Berlin et à Potsdam, etc. — 54 b. Cathédrale et Palais-Royal de Berlin par Raschdorff (1888). — 55. Leipzig et environs par Winkles et Verhas (1841). — 55 a. Guide à Leipzig. — 55 b. Monument de Maximilien à Insprück. — 56. Vues de Salzbourg par Danreiter. — 57. Vues de Salzbourg et autres. — 57 a. Monuments de la Renaissance et du Moyen-âge en Saxe (1875). — 57 b. Peintures de la Salle des fêtes de Dresde par Bendemann. (1857). — 58. Antiquités de Zürich par J. Arter (1837). — 59. Le Pays des Grisons par Pingret (1827). — 60. Montagnes de la Suisse et du Tyrol par Hering (1845). — 61. Comparaisons des pics de montagnes des Alpes par Walton (1872). — 62. Anciennes portes de Berne par Lory et Lohrer. — 63. Peintures de la Kappelbrücke à Lucerne. — 64. Carte chorographique des Pays-Bas autrichiens par le comte de Ferraris, gravé par Dupuis (1777). — 65. Belgica regia par Blaeu. — 66. Belgica fœderata par Blaeu. — 67 et 67 a. Flandria illustrata par Sanderus (1641-1644). — 68. Forêts du département de Flandres (Dessins).

> Ce volume est à la reliure du roi au XVIIIe siècle, mais il est entré récemment aux Estampes. Son titre est : État général des forests et bois appartenans au Roy dans le département de Flandres, Haynault et Artois, leur contenance, etc. Les cartes de forêts sont dessinées par Nicolas Lallemand sur vélin. On y voit le plan de certaines abbayes, le Mont Cassel, Escouffe, Clairinarais, L'ostende, Philipprez, etc.

— 69. Theatrum ducatus Brabantiæ par Visscher (1660). — 70 et 70 a. Castella et prætoria nobilia Brabantiæ (1696) (2 édit). — 71 et 71 b. Chorographia sacra Brabantiæ (1726-1727). — 72. Brabantia illustrata (Londres). — 73. Théâtre... des villes et forteresses des provinces unies. — 74. Maisons du Brabant (1706). — 75. Notitia marchionatus, urbis et agri Antverpiensis par J. Leroy (1678). — 76. Le comté de Namur peint par les ordres du duc de Croy à la fin du XVIe siècle (Miniatures) Exécuté en 1604.

> Ce livre remis aux Estampes en 1748 avait appartenu à Gaignières et à d'Hozier. On lit au-dessus du frontispice aux armes. « Ce libvre est à
> » moy Charles Syre et duc de Croy et d'Arschot 2e et 4e, lequel a esté
> » leu et releu, visité et revisité du tout entierement et depuis le commen-
> » cement jusqu'à la fin en nostre ville et mayson de Beaumont le 12
> » de Janvier 1607, *Charles Syre et duc de Croy et d'Arschot.* » Le livre
> renferme à chaque folio la vue d'une ville ou d'un village dépendant du

comté de Namur, avec, pour encadrement, les fleurs du pays, ou des arabesques. Le vol. débute par les abbayes de Floreffe, St-Gérard, Grandpré, Le Jardinet, Boneffe (ruines), Salzenne, Mars-les-Dames, Solier-les-Dames, Soliamont, Les Croises de Namur, Jeronsart, Haster, Église cath. de Namur, N.-D. en Namur, Walcourt, Seclin, Andenne, et Moustier, sept Ermitages proche Namur parmi lesquels celui de St-Hubert. Suivent les villes, Namur, Bovignes, Walcourt, Charlemont; les villages, etc. Reliure du XVIIe siècle.

— 77. Souvenirs de Belgique (1838). — 78. Ruines de Bruxelles par Coppens et Van Orley (1695). — 79. Théâtre de Bruxelles. Projets de Wailly architecte en 1785 (Dessins). — 80. Collection de 12 vues de Waterloo. — 80 a. Description des peintures et sculptures d'Anvers (1774). — 80 b. Album de la ville d'Anvers par Linnig (1868). — 81. Vues de Liège par Leloup. — 81 a. Cathédrale de Bruges par Verhaegen (1885). — 81 b. L'hôpital de la Byloke à Gand (1889). — 82. Fonderie de la Vieille-Montagne par Maugendre (1855). — 83. Description des Pays-Bas par Guicciardin (1582). — 84 et 84 a. Kabinet van Nederlandsche grav. par Rademaker (1731, 2 vol.). — 85. Vues de villes de Hollande publiées par Van der Aa.—86. Plan et vues de Delft. — 87. Monuments des Pays-Bas par Gœtghebuer (1827). — 88. Vues de Hollande par J. de Beyer grav. par van Liender. — 89 à 89 b. Vues de Hollande (1745-1773). — 90 à 92. Vues d'Amsterdam diverses par Veenhuysen et autres. — 93. Eglises et autres édifices d'Amsterdam. — 93 a. Peintures de l'hôtel de ville d'Amsterdam par J. Van Dyck 1790. — 94. Maison de Pierre Ier à Saardam par Bourla (1849). — 95. Environs de Harlem. — 96. Délices de Kennemerland par H. de Leth. — 97. Vues du Harz par W. Patz. — 98. Theatrum Geldriæ et Zutphaniæ a J. Biesio. — 99. Salle d'Orange au Palais du Bois par P. Post, gravé par J. Mathys.— 100. Vues de Chingendaal château près de La Haye. — 101. Nouvel atlas d'Angleterre (1767). — 102 à 102 a. Maisons d'Angleterre (1708-1713). — 103 et 103 a. Nouveau théâtre de la Grande Bretagne (1716-1714 (sic)). — 104. Vues des habitations de la noblesse grav. par Watts (Londres 1779). — 105. Anciens châteaux de la Grande-Bretagne, grav. par Byrne et dessinés par Hearne (1807). — 106. Anciens châteaux de la Grande-Bretagne par Angus (1787). — 107 à 107 e. Anciens châteaux de la Grande-Bretagne par Neale et Lekeux (1819-1823). — 108. Grandes vues de différentes villes d'Angleterre (1741). — 109. Divers châteaux de Norfolk, Suffolk, Essex (1738). — 110. Vues de divers châteaux de Galles (1740-1742).

— 111. Monasticon anglicanum. — 112. Histoire de Fouthill-Abbaye par J. Rutter (1823). — 113. Collection topographie de Bedforshire par Fisher (1817). — 114. Hist. du comté de Leicester par Nichols. — 115. Antiquités de Chester par Prout. — 116. Grand plan de Londres par Pine (1746). — 117. Environs de Londres par J. Rocque (1748). — 118. Plan de Londres par Wyld. — 119. Six vues de Londres par Daniell (1805). Grand format). — 120. Ancienne topographie de Londres par Smith (1815). — 121. Vues de la Tamise par Westall (1821). — 122. *Id.* par Tombleson. — 123. Description de Londres par Barjaud et Landon (1810). — 123 a. Guides dans Londres et dans Westminster (1785). — 123 b. Description de Westminster (1849). — 124. Edifices publics par Britton et Pugin (1823). — 125. Londres tel qu'il est par Shotter-Boys (1842). — 125 a. Exposition de Londres en 1851 par Dickinson (1854). — 126. Douze vues de Londres (1852). — 127. Panorama de Londres par Smyth. — 128. St-Paul à Londres (1823). — 129. Illustration de l'église du Temple à Londres par Billing (1838). — 130. Eglise du Temple par S. Smirke (1845). — 131. Peintures de la chapelle de la Trinité à Stratford par Fisher (1836). — 132. Cathédrale de Norwich par Britton (1816). — 133. Une semaine à Killarney par Hall (1843). — 134. Guide à Windsor. (1815). — 34a. Guide à Lichfield (1847). — 135 à 135c. Antiquités de la Grande-Bretagne par J. Britton (1835) — 136. Cathédrale de Gloucester par Britton (1836). — 137. Cathédrale de Bristol par Britton. — 138. Cathédrale de Peterborough par Britton. — 139. Cathédrale de Lincoln par Wild. — 140. Cathédrale de Cantorbéry par Hasting (1816). — 141. Cathédrale de Salisbury par Britton. — 142. Cathédrale d'York par Britton. — 143. De Worcester par Wild. — 144. Antiquités d'York par H. Cave (1813). — 145 et 145 a. Vues du comté de Leicester par J. Throsby (2 vol. 1789-90). — 146 et 146 a. Histoire de Westminster par R. Ackermann (1812). — 147. Eglise de Cantorbéry par Dart (1726). — 148. Chapelle Saint-Georges à Windsor (1805). — 149. Chapelle de Luton-Park par H. Shaw (1829). — 150. Vues de Ramsgate par H. Mos (1817). — 151 et 151 a. Vues de Bath par J. Cl. Nattes (1806).

Le volume 151 a est manuscrit, il contient une explication des planches.

—152. Vues d'Islington et de Pentonville par Pugin (1819). — 153 et 153a. Histoire d'Oxford par Ackermann (1814). — 154 Oxonia illustrata 1775. Cantabrigia illustrata (s. d.). — 154a.

Guide à Oxford et description de Blenheim. — 155. Antiquités pittoresques d'Ecosse par A. de Cardonnel (1788). — 156. Plans du château et du parc de Houghton par Fourdrinier. — 156a. Vues de Chislehurst publiées par Rock. — 156b. Vues de Southampton. — 157. Album de Jersey par Benoist. — 158. Staffa et grotte de Fingal par Faujas de St-Font (1805). — 159 et 159a. Le Vitruve Danois par Lauritz de Thurah (1746. 2 vol.). — 160. Copenhague et ses environs par Schubothe (1833). — 161. Suecia antiqua et moderna. — 161 + à 161 +++. Vues de Suède (3 vol.). — 161 a. Guide de l'étranger à Stockholm par Ekmark (1830). — 162. Église de Drontheim en Norvège par Minutoli (1853). — 163. Planches de l'Hist. de Russie. — 164. Plans et vues de St-Pétersbourg (1753) — 165. Edifices remarquables de St-Pétersbourg (1825). — 166. Quarante-six vues de St-Pétersbourg (1827). — 167. Quarante vues de Saint-Pétersbourg (1825). — 168. Souvenirs de St-Pétersbourg (1832). — 169. Une année à St-Pétersbourg par Sallandrouze de la Mornay. — 170. Monuments d'architecture de Saint-Pétersbourg par T. de Thomon (1806).— 170a et 170b. Trésors d'art de la Russie par Th. Gautier (1859, 2 vol.).— 171. Eglise de St-Isaac à St-Pétersbourg par Ricard de Montferrand (1845). — 172. Description de la colonne Alexandrine à St-Pétersbourg (1830).

> Ce volume relié en luxe a été envoyé par l'auteur au roi Louis-Philippe, et donné par le roi à la Bibliothèque en février 1832. L'auteur est M. Ricard de Montferrand, architecte de l'Empereur de Russie. On trouve dans ce recueil, outre la notice, une vue de la roche du Cosaque en Finlande, un plan de la place du Palais d'hiver, l'élévation géométrale de la colonne, le détail du piédestal et de la partie supérieure; détails des bas-reliefs et de l'inscription; vue du monument et du palais d'hiver, autre vue prise de l'arc de la Millione, échafaudage pour élever la colonne, carrière de Peterlaxe en Finlande. Colonne en granit encore en masse brute, détail des mouffles et cabestans destinés à l'érection. Aquarelles.

— 173. Bibliothèque et académie de St-Pétersbourg (1744). — 174. La maison de glace à St-Pétersbourg (1741). — 175. Vues de Moscou par A. Cadolle (1825). — 176. La grande cloche de Moscou par A. Ricard de Montferrand (1840).

> Curieux livre imprimé en chromolithographie et écrit en français ancien par Ricard de Montferrand. Specimen d'impression romantique d'Engelmann.

— 177. Description de la salle d'exercices à Moscou par Betancourt (1819). — 178. Vues de Nadejedino appartenant au prince Kourakin. — 179. Vues de Blachern au prince Galitzin (1841). — 180. Cracovie par Clowaki. — 181. Vues de Cracovie (1843).

Division **Vh. — Régions lointaines** (1).

— 1. Architecture arabe ou Monuments du Caire par Pascal Coste (1839). — 1a. Le Caire et la Haute Egypte par Florian Pharaon. Dessins de Darjou. — 1 b. Monuments antiques de Chypre, de Syrie et d'Égypte par G. Colonna Ceccaldi (1882). — 2. Sainte Sophie par Gaspard Fossati (1852). — 3. Vues de Pola en Istrie par Allason (1819). — 4. Le royaume de Candie par Boschini (1651). — 5. Acropole d'Athènes par Ross, Schaubert, et Hansen (1839). — 6. Panorama d'Athènes par Stademann (1841). — 6 a. Le mont Olympe et l'Acarnanie par Heuzey (1860). — 6 b. Nécropole de Camiros par Salzmann (1875). — 6 c. Tirynthe par H. Schliemann (1885). — 6 d et 6 e. La nécropole de Myrina par Pottier et Reinach. — 6 f et 6 g. Fouilles d'Olympie (1876-81). — 7. Plans et vues des édifices de la terre Sainte par le Père Bernardin (1620). — 8. Description du plan restitué de Jérusalem (Augsbourg). — 9. Vues comparatives de Jérusalem ancienne et moderne par Bartlett. — 10 à 10 b. Jérusalem par Salzmann. — 11 à 11 a. Jérusalem explored by Pierotti (1864). — 12. Le Temple de Jérusalem par Melchior de Vogüé (1844). — 13. Les 14 Stations de la voie douloureuse par C. Doussault (1854). — 14. Album de Terre Sainte par l'abbé Auger (1866). — 15. Vues et plans de l'État d'Alger (1830).

> Pour la topographie de l'Algérie consulter Vd 1 a. où se trouvent plusieurs plans des états Barbaresques, des vues, etc, antérieurs à la Conquête.

— 15 a. Dessins originaux de Ravoisié pour l'exploration scientifique de l'Algérie. — 16. Chapelle de St-Louis près de Tunis (1841). — 17. Atlas de Bengale par Kennell (1781). — 18. Vues de Madère par Bulwer (1827). — 19. Vues de l'Amérique du Nord par Bartlett et Payne (Leipzig). — 19 a. L'ancien New-York par Greatorex. — 20. Chutes du Niagara

---

(1) Nous gardons cette désignation un peu vague, qui ne répond plus aux divisions adoptées par la géographie moderne.

par Blouet, lithographies par Remond (1838). — 21. Scenographia americana (1768). — 22. Vues de St-Domingue, gravées sous la direction de Ponce (1791). — 22 a. Chemin de fer de D. Pedro au Brésil. — 22 b. Vues du Brésil (1889). — 23. Album de Demerara. — 24. Ports de Chine par Yoqua. — 25 à 25 b. Ninive et l'Assyrie par V. Place (1867-70). — 26. Album de l'Isthme de Suez par Riou. — 27 à 27 b. L'Asie Mineure par Texier (1839-49). — 27 c. Le temple des héros à Gjölbaschi-Trysa par O. Benndorf (1889). — 28 et 28 a. L'Arménie, la Perse et la Mésopotamie par Texier (1842-52). — 29 à 29g. Voyage en Abyssinie (8 vol. dont 6 de texte).

DIVISION **Vx. — Collection Lallemant de Betz.**

Cette collection, réservée pour la topographie comme elle l'a été pour les portraits (voir ci-devant Ne 1 à 29) a conservé sa reliure d'origine en basane, fers dorés du XVIIe s. Ses origines ont été étudiées par M. H. Delaborde. *Le Départ. des Estampes* p. 73. M. Auguste Flandrin mettait la dernière main au catalogue général de cette collection quand la mort est venue le surprendre en 1892.

Cette partie topographique de la collection Lallemant de Betz est fort riche en pièces rares ; elle comprend toutes les parties du monde, et fixe l'état de la science géographique au temps de Louis XIV. Voici, en attendant la publication du catalogue de M. Flandrin, quelques renseignements sommaires.

Vx 1. Le monde et ses quatre *(sic)* parties par D'Avity, — 2. Le monde maritime. — 3 à 5. L'Asie. — 6 et 7. L'Afrique. — 8 et 9. L'Amérique. — 10. Amérique-Brésil. — 11. Europe en général. — 12. Europe. Espagne et Portugal. — 13. La France. — 14. Portraits de Rois et Reines de France depuis Louis XII. — 15 à 17. Paris et l'Ile de France. — 18. Champagne, Picardie, Normandie. — 19. Orléans. — 20. Bretagne Aquitaine. — 21. Béarn, Languedoc, Provence, Dauphiné, Lyonnais, Forez, Bresse, Bourgogne. — 22. Sedan, Dombes, Orange, Comtat, Franche-Comté, Lorraine, Savoie, Piémont. — 23. Additions aux états de la France.

Ce recueil est un des plus curieux de la collection, il contient une série de dessins topographiques sur diverses contrées de la France exécutés vers 1610, par un artiste nommé Joachim Duwiert (cf. H. Bouchot *Étienne Martellange* p. 7). A titre de renseignement voici quelques-unes des villes représentées par Duwiert dans ses voyages en France ; le catalogue de M. Flandrin en donnera ultérieurement le détail : Corbeil, Moret, Melun, Montereau, Nemours, Joigny, St-Denis,

Chantilly (1611), Ecouen, Senlis, Compiègne, Vernon, Poissy, Mantes, Meulan, Pougy, Senlis (2ᵉ vue) Gisors, Creil, Beauvais, Narbonne, Crépy-en-Valois, Villers Cotterêts, Mello, Clermont (Oise), Troyes (Gravure), Aigremont (Château d') avec la vue du puits dans la cour, Chaumont-en-Bassigny, Arc-en-Barois, Nogent-le-Roy, Bar-sur-Aube, Chaources, Joinville, Bar-sur-Seine, Langres, Nogent-sur-Seine, Joinville (2ᵉ vue), Clairvaux, Laon, Reims (2 vues), Soissons, Braine, Laon, Ligny, La Ferté-Milon, Vertus, St-Denis (fragment), Meaux, Provins, Troyes, Château-Thierry, Brie-Comte-Robert, Sedan, Tonnerre, Châtillon-sur-Seine, Montmirail, Gandeluz, Chablis, Ancy-le-Franc, Châlons-sur-Marne, Pougy, Amiens, Pequigny, St-Quentin, autre vue de St-Quentin et du siège 1557, Montreuil, Etaples, Noyon, Chauny, La Fère, Ham, Neelle, Pierrefonds (1611), Montdidier, Roye, Boulogne-sur-Mer, Abbeville, St-Valery, Le Crotoy, Rue, Calais, Guines, Ardres, Pougy (3ᵉ vue), Rouen, St-Martin d'Amblais, Angoulême, Dijon, 2 vues d'Angoulême, Villebois, Montberon, La Rochefoucauld, Limoges, Argenton, autre vue de Limoges, Cosne, Sancerre, Bourges, Issoudun, Châteauroux, le Bourgdieu, Langon, Cadillac, Rion-sur-Garonne, Libourne (2 vues), Fronsac, St-Macaire, Langoiran, Bazas, Tartas, Dax, Bayonne, Roquefort-en-Tursan, Mont-de-Marson, Capsiou, Navarrein, Pont-de-Bolat, St-Jean-de-Luz, St-Jean-Pied-de-Port, St-Palais, Carcassonne (Le château de l'arc n'est par de Duwiert, ni le château de Nice, ni le château de Portofine), Ayallon, Montberon (2ᵉ vue), Semur, Auxerre, Monbart, Mussy-l'Évêque, Noyers. St-Florentin, Vézelay, Savoisy, Joinville (suite de la page 104), Bar-le-duc, Gaillon (Environ 140 pièces).

— 24 et 25. Grande-Bretagne. — 26 et 27. Pays-Bas. — 28 à 34. Allemagne. — 35. Suisse. — 36 à 46. Italie. — 47. Suède, Danemark, Moscovie, Tartarie. — 48. Pologne. — 49. Turquie d'Europe. — 50. Le monde ancien. La Grèce.

Galerie du Monde de Vander **Aa**.

— 51 à 116. Galerie du monde publiée par Van der Aa. — 117. Le monde illustré (Phototypies).

Nota. *Indépendamment de tous ouvrages ci-dessus indiqués on devra consulter les suppléments non reliés dont il sera fait mention à la fin du volume.*

GÉOGRAPHIE.

Série X.

Cette série est assez peu complète au Cabinet des Estampes ; elle ne comprend que des ouvrages constitués dont les doubles se rencontrent aux Imprimés et surtout au Département des Cartes et Plans de la Bibliothèque. Voici les subdivisions :

Xf. Géographie générale.
Xg. Géographie spéciale.
Xh. Hydrographie et Astronomie.

Division **Xf**. — **Géographie générale.**

— 1. Intr. à la géogr. par Samson (1705). — 2. Id. par N. de Fer (1717). — 3. Usage du globe terrestre suspendu par Pigeon (1731). — 4. Géographie et usage du globe par Duval (1680). — 5. Geographia Claudii Ptolemæi (Edit. Lyon 1535). — 6. Autre édit. (Amsterdam 1605). — 7 et 8. Cosmographie de Séb. Munster (1550 et 1552). — 9 à 9b. Cosmographie de Munster et Belleforest (1575, 3 vol). — 10. Géogr. des anciens par Gosselin (1814). — 11. Atlas de Mercator (Amst. 1607). — 12. Ortelii theatri orbis terrarum parergon (1624). — 13 à 13 k. Atlas de J. Blaeu (Amsterdam 1667. 12 tomes). — 14 à 14 b. Petit atlas de J. Blaeu (1647-1648). — 15. Le numéro 15 a été transmis aux dépt. des Cartes le 19 février 1885. Ce sont les cartes de N. Samson (1644). — 16. Atlas de De Fer (1700). — 17. Atlas nouveau de Jaillot (1681). — 18. Autre par le même (1689). — 19 et 19a. Autre par le même. — 20. Cartes de Du Val (1688). — 21. Atlas par Visscher. — 22 et 22 a. Atlas hist. de Gueudeville (1713 et 1708. La tome 11 et de 1708). — 23. Atlas portatif de Robert (1748). — 24. Atlas universel par Robert (1757). — 25. Atlas méth. et élémentaire par Buy de Mornas (1761). — 26. Atlas moderne (Paris 1762). — 27 Atlas élémentaire chez Bourgoin (1766). — 28. Etrennes géographiques par Rizzi-Zannoni (1760). — 29. Nouvel atlas portatif par R. de Vaugondy (1762). — 30. Géographie détaillée chez Mondhare. — 31. Europe ancienne par Briet (1753). — 32. Atlas universel par Lapie (1811). — 33. Analyse géographique des D^{ts} de la France (1836). — 34 à 52 Géographie universelle par Elysée Reclus (19 vol.).

DIVISION **Xg**. — **Géographie spéciale**.

— 1. Geographia Sacra par Ch. de Saint-Paul (1641). — 2. Atlas de la R. F. par Chanlaire (1802). — 3. Atlas des divisions civiles, milit. et ecclésiast. de France par Picquet (1802). — 4. Atlas administratif par N. Maire (1822). — 5. Acquisitions de la France sous Louis XIV par P. Du Val (1667). — 7. Itinerarium Galliæ par Sincer (1649). — 8. Atlas itinéraire et portatif de l'Europe par Brion (1776). — 9. Guide des Voyageurs en France par Michel (1764). — 10. Postes de France (1714). — 11. État alph. du Comté de Bourgogne par J. Querret (1748). — 12. Le monde chrétien par Du Val. — 13. Atlas d'Italie par Cassini (1793). — 14. Théâtre de la guerre en Lombardie par Julien. — 15. Carte d'Allemagne et d'Italie septentrionale par Chauchard. — 16. Nouvelle carte d'Angleterre par John Cary (1794). — 17. Carte des antiquités du Nord. — 18. Theatro della guerra contro il Turco (1687). — 19. Novus atlas Sinensis par Martinius (1655). — 20. Eclaircissements géographiques sur la carte de l'Inde par Danville (1753). — 21. Atlas de Fricx (1712). — 22. Carte catalane dessinée vers 1375 (Phot.)

DIVISION **Xh**. — **Hydrographie. Astronomie**.

— 1 et 2. Le Neptune français par Cassini, etc, etc. (1693). — 3 et 3 a. Hydrographie française de 1737 à 1772 par Bellin. — 4. Mémoire sur la carte trigonométrique de Maingon (an VII). — 5 à 5 d. Atlas maritime par Bellin (Amériques, Asie, Afrique, Europe, 5 vol). — Atlas maritime de Bonne. — 7. Côtes de la Méditerranée par Du Val (1665). — Ports et rades de la Méditerranée par J. Roux (1779). — 9. Idem par Ayrouard. — 10. Specchio del mare Mediterraneo par Levante (1664). — 11. Petits ports d'Espagne par V. Tofino (1793). — 12. Cartes des ports d'Angleterre par Greenville Collins. — 13. Routier des côtes des Indes orientales de la Chine, par d'Apres de Mannevillette (1745). — 14. Supplém. au Neptune des Indes.

— 15. Découvertes des Français dans le Sud-Est de la Nouvelle-Guinée par de Fleurieu. — 16. Neptune américo septentrional (1778-1780). — 17 Pilote américain septentrional par Jefferys Lane Morris, des Barres (1778).— 18. Pilote de Terre-Neuve par J. Cook et Lane (1784). — 19. Instructions nautiques relatives au pilote de Terre-Neuve (1784). — 20. Pilote de St-Domingue (1787). —21. Détails sur la navigation aux côtes de St-Domingue (1787). — 22 à 29. (Non employés). — 30. Atlas céleste de Cellarius (1708). — 31. Idem de Coronelli.

HISTOIRE DE L'ART

(Recueils périodiques, Dictionnaires généraux, Catalogues d'œuvres et de collections, etc., etc.). (1)

Série Y.

La série Y renferme les volumes constitués et les recueils factices ayant trait à l'histoire de l'Art. Cette collection, formée dans le but d'être utile aux travailleurs du Cabinet des Estampes et de leur faciliter sur place les recherches, comprend les dictionnaires généraux, tels que le *Peintre Graveur* de Bartsch, le *Peintre Graveur français* de Robert Dumesnil, les *Dictionnaires de Monogrammes* de Brulliot et de Nagler, le *Kunst-Lexicon* de Nagler, l'*Encyclopédie des Beaux-Arts* de l'abbé Zani, etc., etc. On y a joint les catalogues de vente entrés par exception au Cabinet des Estampes, les catalogues des Musées et des Salons, etc., etc.

La série Y se subdivise en sept parties :

    Ya. Généralités de l'histoire de l'Art.
    Yb. Peinture, sculpture, architecture, musées.
    Yc. Gravure seulement.
    Yd. Catalogues de collections et de ventes d'objets d'art.
    Ye. Répertoires, inventaires du Cabinet des Estampes et divers catalogues manuscrits.
    Yf. Ouvrages sur la Bibliographie.
    Yg. Livres auxiliaires, dits « instruments de travail ».

---

(1) C'est pour être complet que nous donnons l'indication de ces ouvrages ; lesquels, sauf ceux conservés en manuscrit, sont tous au Département des Imprimés de la Bibliothèque. Nous abrégeons les titres le plus possible et nous évitons la numérotation. Il suffira de demander ceux dont on aura besoin en donnant le nom d'auteur et le titre.

Division **Ya**. — **Généralités de l'histoire de l'art.**

(Les ouvrages mentionnés en caractères gras sont plus spécialement des traités généraux).

— 1 à 93. (Pour éviter des énumérations oiseuses de chiffres et de sous-chiffres absolument inutiles ici, nous nous contentons de mentionner les ouvrages par leur titre).

Précis des productions des arts par Landon (1801-1804). — Journal des Beaux-Arts par Baltard (1806). — Journal des Artistes (1827-1848, 36 vol. in-4°). — L'Artiste 1re série (1831-1838, 15 vol). 2e série (1838-1841, 8 vol.) 5e série (1852-1856, 8 vol. manquent les vol. 1 à IX). 6e série (1856-1857). Nouvelle série (1857-1863). — L'Iconographe (1840-1849). — Les Beaux-Arts par L. Curmer (3e série 1843-1844, 3 vol.) — Annales de la peinture et de la gravure dans les Pays-Bas par Rathgeber (1844). — **Le Cabinet de l'Amateur et de l'Antiquaire** par Piot et Villot (1842-1846, 4 vol. Nouvelle série, 1861-62. 1 vol.) — Revue archéologique. Nouvelle série. 1862 à 1893. 66 vol. I à V manquent. Table de 1860-69). — Annales archéologiques par Didron (1844-1855. 15 vol. et une table par Barbier de Montault). — **Revue Universelle des Arts** (1855-1866. 23 vol.). — Gazette archéologique (1875-1888 10 vol.) — Gazette des Beaux-Arts 1re série (1859-1868. 27 vol. tables comprises). 2e série et 3e série (1869-1893, 47 vol. table comprise) — Chronique des Arts et de la Curiosité (annexe de la Gazette des B. A. (1863-1893). — Revue artistique et littéraire (1860-1870, 18 tomes en 9 vol). — Le Beffroi de Bruges (1863-1873, 4 vol.). — L'Art, revue hebdomadaire illustrée (1875-1893. Manquent les vol. de 1878 à 1884 soit du vol. XV au vol. XXXVI). — Courrier de l'Art (annexe au précédent (1884-1890).

— **Notes manuscrites sur les artistes peintres et graveurs recueillies par Mariette** (10 vol. in folio). — Abecedario d'Orlandi avec notes manuscrites de Mariette (1719, 1 vol.).

— **Abecedario d'Orlandi** publié par A. de Chennevières et Montaiglon d'après les notes de Mariette (6 vol.). — **Dictionnaire des artistes par Füssli** (1779-1824, 3 vol.). — **Dictionnaire des Artistes** par Lempereur (1795. 3 vol. manuscrits). — **Enciclopedia delle belli arti da P. Zani** (1819-1822, 28 volumes). Les 18 premiers volumes

concernent les artistes, les 9 derniers les sujets de tableaux).
— **Dictionnaire des artistes par Nagler** (1835-1852.
Munich. En allemand). — Artistes de Nuremberg par Doppelmayr (1730). — Dictionnaire d'artistes par Raczynski (1842).
— Dictionnaire des artistes par Gabet (1831). — Dictionnaire des peintres et graveurs par Bryan, revu par Stanley (1853).
— Dictionnaire des artistes par Seubert (1882, 3 vol.) —
Dictionnaire des artistes de l'Ecole française par Bellier de La Chevignerie et Auvray (1882-1885). — Dictionnaire des Beaux-Arts par Lacombe (1753). — Dictionnaire des Beaux-Arts par Millin (1806 3 vol.). — Dictionnaire des arts du dessin par Boutard (1826). — Dictionnaire de l'académie des Beaux-Arts (1858, 3 vol., 1 vol. de planches). — Hist. des arts ayant rapport au dessin par P. Monnier (1698). — Précis de l'Hist. de l'art par Bayet. — Traité de peinture par Paillot de Montabert (1829-1851 9 vol. et un atlas). — Rapport de Dreuille sur l'ouvrage précédent (1841). — **Grammaire des arts du dessin** par Ch. Blanc (1870).— L'art dans la parure par le même (1875). — Cabinet des singularités de Florent Lecomte (1699-1700. 3 vol.).— Remarques sur l'état des arts au Moyen-Age par Leprince jeune (1772). — **Essai sur divers arts du moine Théophile**, trad. de Lescalopier (1843). —
L'art gothique par Lassus (1846). — La Composition décorative par H. Mayeux. — Union des arts et de l'industrie par L. de Laborde (1856). — Enseignement des Beaux-Arts par Lecoq de Boisbaudran (1872). — L'art et l'archéologie par E. Vinet (1874). — Réponse à M. Vitet au sujet de l'enseignement du dessin par Viollet le Duc (1864). — **Abécédaire d'archeologie** par de Caumont (1867, 3 vol.). — Plombs trouvés dans la Seine, par Forgeais (1858). — **Dictionnaire des antiquités chrétiennes** par Guenebault (1843-45, 2 vol.).
— Histoire de Dieu, iconographie par Didron (1843). — Observations sur les sujets religieux. — Miniatures inédites de l'Hortus deliciarum de Herrade de Landsperg par R. de Lasteyrie. — Les manuscrits et les miniatures par Lecoy de la Marche.— Traité de la Peinture par Richardson (1728, 3 vol.).
— Analyse de beauté par Hogarth (1805 2 vol.). — Les Beaux-Arts par l'abbé Batteux (1746). — Le peintre converti aux règles de son art par A. Bosse (1667). — Essai sur le beau pittoresque par Gilpin (1799). — Education de la mémoire pittoresque par Lecoq de Boisbaudran (1862). — Causeries sur le paysage par H. Allemand (1877). — Décadence de l'art chez les Romains par E. Breton (1879).— Origine de la peinture

par Maillet (1835). — Guide de l'artiste et de l'amateur par Kératry (1824). — Eloge d'Aloys Senefelder inventeur de la lithographie (coupure d'un bulletin pièce rare). — Les amateurs d'autrefois par Clément de Ris (1877). — Recueil de lettres sur la peinture par Jay. — **Scrittura di artisti italiani** 1876 (Phot. d'originaux. 3 vol.). — L'académie de la peinture par de La Fontaine (1679). — Considérations sur les arts du dessin par Quatremère de Quincy (1791). — La lumière et la couleur par Ziegler. — Discours prononcés à l'Académie par Restout. —Sur la peinture ouvrage succinct (1782). — Essai sur la peinture par Bachaumont (1751). — Essai sur la peinture et sur l'académie de France à Rome par Algarotti (1769). — **L'art au XVIIIe siècle par les frères Goncourt** (1880-82 2 vol.).—Mélanges sur les arts. — Études sur les Beaux arts par le vicomte H. Delaborde (2 vol.). — Mélanges sur l'art contemporain par le même. — La Renaissance en France par E. Müntz. — Autour des Borgia par Ch. Yriarte (1891). — Pièces diverses sur la peinture.

> Recueil contenant 1° « Réflexions (en vers) sur quelques ouvrages de M. Coypel » à Troyes chez Garnier 2° Lettre de M. Charles Coypel.. au R. P. de La Tour... au sujet d'un tableau... nouvellement placé. 3° Explication des ouvrages de peinture qui viennent d'être faits par M. Natoire dans la nouvelle chapelle de l'hôpital des Enfants Trouvés etc. 4° Lettre ... sur un grand ouvrage que M. Jouvenet a peint depuis peu (1713-1717). (Le Triomphe de la Justice pour le Parlement de Rouen) 5° L'apothéose d'Hercule... par François Le Moine (1736). 6° Disposition du tableau allégorique de la réunion de la Lorraine à la France (1738)

— Pièces diverses sur les arts par Eméric-David. — Lettre sur les arts par B. Fillon. — Notes artistiques sur Alger par John Pradier. — Supplément à l'histoire des arts en Moravie par Hawlick (1841). — Archives du château de Chenonceau par l'abbé Chevalier (3 vol. 1864). — L'art byzantin par Ch. Bayet. — L'art grec av. Périclès par Beulé (1868). — Hist. de l'art judaïque par F. de Saulcy (1864). — Esquisse sur l'architecture classique par E. Vinet (1875). — Appendice aux lettres d'un antiquaire à un artiste par Letronne (1837). — Lettre sur l'enlèvement des ouvrages de l'art par Quatremère de Quincy (1836). — Notice sur un coffret d'argent par Chabouillet (1861). — Observation sur la Statuette d'un rétiaire par A. Chabouillet (1852). — Inventaire du Trésor royal de St-Corneille de Compiègne (1698). — Trésor d'Aix-la-Chapelle par F. Bock (1866). — Trésor de la cathédrale d'Aix par le Dr Scheins (1876). — Le Trésor de la Cathédrale d'Auxerre en 1567 par L. Courajod (1869). — Trésor de Conques par Darcel (1861). — L'émail des peintres par Cl. Popelin (1866). — **Dictionnaire des Émailleurs** par Émile Molinier (1885). — Inscriptions de la France du Ve au XVIIIe siècles par de Guilhermy (5 vol. de la collect. des Documents inédits 1873-1883). — L'art dela Tapisserie à Florence (1875).— Dessinateur d'étoffes parJoubert de L'Hiberderie (1765). — La Manufacture de Sèvres par Duc (1875).— Manufactures nationales par Havard et Vachon (1889). — Conversations sur la peinture par de Piles (1677). — Considération sur les peintres français du XVIIe s. par Raoul Pinset. — Discours sur la peinture par Éméric-David. — Réflexions sur les Écoles de peinture par le marquis d'Argens (1752). — Considérations sur les arts par Schadow (1849). — Observ. sur le pittoresque par Uvedale (1842). — Voyages d'art en Angleterre et en Belgique par Passavant (1838). — Voyage d'un amateur en Angleterre par Michiels (1872).— The english *Connoisseur* (2 vol. 1766). — **Trésors d'art en Grande-Bretagne** par Waagen (1854 3 vol. et un supplément). — État des arts en Angleterre par Rouquet (1755). — Beaux-Arts en Angleterre par Millin (1807). — Tableaux d'anciens maîtres conservés en Allemagne par G. Parthey (2 vol. 1836).— Beaux-Arts à Munich (1842).— Requêtes présentées au roi en 1586 et 1587 publiées par J. Roman. — **Comptes des Bâtiments du Roi** par M. de Laborde (2 vol. in-8.) — **Archives de l'art français** 1re série (1851-1860). 2e série N^{les} archives (1872-1878) et autre série (1879-1885). 3e série (1884-89) *se complète*. — Annuaire des artistes français par Guyot de Fére (1832-1842). — Annuaire des artistes et des amateurs par Paul Lacroix (1860). — Annuaire de la Gazette des Beaux-Arts (1869-70). — Manuel pour la collection d'art en Allemagne (1880). — Almanach des B. A. par Landon (1803). — Guide des amateurs de tableaux par Gault de St Germain (3 vol.). — L'année artistique par V. Champier (1878-1882). — Traité de la connaissance des tableaux par X. de Burtin (1808). — Memoirs of painting par Buchanan (2 vol.) — Manuel de l'amateur de tableaux par Hobbes (2 vol.). — Guide de l'amateur de tableaux par Th. Lejeune (3 vol.). — Restauration des tableaux du Louvre par Galichon (1860). — **Catalogue raisonné des peintres allemands et français** par J. Smith, Londres (1829-1842). — Marques d'amateurs par Fagan (1883). — Dictionnaire des Monogrammes par Christ (1750). — Notice sur les Graveurs à monogrammes par Malpé et Baverel (Besançon 1807-8). —

Dictionnaire des Monogrammes par Brulliot. (Munich 1820). — Table des monogrammes par le même (Munich 1832). — Dict. des monogrammes par J. C. Stelwag (1830). — Dict. des monogrammes par Heller (Bamberg (1831). **Dict. des monogrammes par Nagler** (Munich 1858-1879, 5 vol.). — **Monogrammes et marques diverses par Duchesne-Tausin.** (Ce recueil est manuscrit et contient des monogrammes d'artistes modernes, 2 vol.). — **Notes sur quelques artistes du XIX**^{e} siècle par le même (1 vol. manuscrit. La plupart des notes sont de la main des artistes). — Les artistes de mon temps par Charles Blanc (1876). — L'art russe par Viollet-le-Duc (1877). — Les peintres européens en Chine par Feuillet de Conches (1856). — Sociétés des Beaux-Arts des Départements (1877-1892). — Revue des Arts décoratifs (1880-1887). — Bulletin des Beaux-Arts (1877).

Division **Yb**. — **Histoire de l'art et des artistes; peinture, sculpture, architecture, musées, catalogues de collections et d'expositions, etc.**

— 1 à 284. Tableau historique et chronologique des Peintres par Harms (1742). — Dictionnaire des peintres par Ticozzi (1808). — **Dictionnaire des peintres** par Siret (1848). — Dictionnaire des peintres par Pilkington et Cunningham (1852). — **Dictionnaire des peintres et des graveurs** par Ottley (1866). — Essai sur la peinture par Diderot (an IV). — Peinture sur verre par Vigné (1840). — Abrégé de la vie des peintres par de Piles (1699). — Vie des peintres par d'Argenville (2 éditions 1745-1752, et 1762). — Galerie des peintres par C. Lecarpentier (1821). — Artistes anciens et modernes par Ch. Clément (1876). — Maîtres anciens par Georges Lafenestre (1882). — Mémoires de Charles-Nicolas Cochin par Ch. Henry (1880). — Musée de portraits d'artistes par Henri Jouin (1888). — **Entretiens sur la vie des peintres** par Félibien (1687). — Mémoires sur les membres de l'Académie de peinture et sculpture (2 vol). — **Vie des plus célèbres architectes** par Félibien (1687). — Tableau des peintres français par Pahin de la Blancherie (1783). — Etat civil d'artistes français par Herluison (1872-73). — État civil des artistes français par Piot (1873). — Etat civil d'artistes français par Hubert Lavigne (1881). — Etat civil des peintres et sculpteurs de l'académie par O. Fidière (1883). — **Livre des peintres** par Michel de Marolles, publié par Duplessis (1855). — Artistes français à l'étranger par Dussieux (1852-1856 2 vol.). — **Les peintres de Lyon** par N. Rondot. — Notices historiques par Quatremère de Quincy (1834). — Notices académiques par H. Delaborde (1868-1883). — Discours sur la tombe de Fr. Lenormant (1883). — Sur la tombe de Meissonier (1891). — Vie des architectes et sculpteurs par Dargenville (1787, 2 vol). — Dictionnaire des architectes par A. Lance (1872, 2 vol). — Dictionnaire des architectes français par Bauchal (1887). — Ach. Hermant. Profession d'architecte en Italie. — Dictionnaire d'artistes français par Bérard (1872). — Le Cicérone par Burckhardt, guide d'art en Italie. — La sculpture antique ou moderne par L. et R. Ménard (1887). — La sculpture en Europe par H. Jouin (1879). — Esthétique du sculpteur par H. Jouin (1888). — **Vie des peintres** par G. Vasari (2 éditions. 1re Florence 1568, 3 vol., 2e Rome 1759 3 vol.). — **La vie des peintres de Vasari** traduite par Jeanron et Léclanché (1839-1840, 5 vol.). — Histoire de la peinture en Italie par Lanzi, traduction de Dieudé (1824, 5 vol). — Hist. de la peinture italienne par Rosini (1839-1847, 7 vol.). — **Histoire de la peinture en Italie** par Crowe et Cavalcaselle (1864-66, 3 vol). — **Histoire de la peinture dans le Nord de l'Italie** par Crowe et Cavalcaselle (1871). — Manuel de peinture. Ecoles italiennes par Eastlake (1874 2 vol.). — Tableau chronologique des écoles de peintures en Italie par le comte de Montalembert (1839). — Caractères des écoles italiennes du XIIIe au XVIIe siècle par Breton (1846). — **La Peinture italienne** par Georges Lafenestre (T. I. Le tome 2e en préparation). — Voyage du Cavalier Bernin en France, publié par Lalanne (1885). — L'art chrétien par Rio (1861-67 4 vol.). — Vie des peintres Vénitiens par Ridolfi (1648). — **Felsina pittrice** par C. Malvasia. — Vie des peintres de Bologne non décrits dans l'ouvrage précédent (1769). — Histoire des Beaux-Arts dans le Frioul par Fabio di Maniago (1823). — Lettere pittoriche Perugine (1788). — Recherches italiennes de C. Von Rumohr (Berlin 1827, 3 vol). — Histoire de l'art Lombard de Malvezzi (1882). — Artistes lombards à Rome par Bertelotti (1881). — Arts et artistes à Mantoue (1857, 2 vol.). — Dictionnaire des peintres espagnols par Quilliet (1816). — Style de la peinture à Séville, par Céan Bermudez (1806). — Dictionnaire des peintres espagnols par A. ONeil (1833, 2 vol). — **Histoire des Peintres des Pays-Bas** par Karel van

Mander (1764). — La même Histoire traduite par E. Kolloff, ancien attaché au Cabinet des Estampes (2 vol. manuscrits). — **Autre traduction** par Henri Hymans (2 vol. in-fol). — L'art chrétien en Hollande et en Flandre par Taurel (1881). — Vie des peintres par Houbraken (3 vol.). — Vie des peintres par Van Gool (1750-51, 2 vol.). — Histoire de la peinture dans les Pays-Bas par R. Van Eynden et Van der Willigen (4 vol.). — **Vie des peintres flamands et hollandais** par Descamps (1753-63, 4 vol.). Biographies d'artistes flamands et hollandais par C. Immerzeel (3 vol.). — **Vie et ouvrage des peintres flamands** par Crowe et Cavalcaselle (1857). — Histoire de la Peinture flamande par Michiels (10 vol. in-8°). — L'art flamand dans l'Est et le Midi de la France par Michiels (1877). — Histoire des arts du dessin en Allemagne et dans les Pays-Bas par Fiorillo (1815- 1820 4 vol.). — **La peinture flamande** de A. J. Wauters. — La peinture flamande par A. Houssaye (1866). — L'art et les artistes hollandais par H. Havard (1879-1881 2 vol.). — Les maîtres d'autrefois par Fromentin (1876). — La vérité sur le tableau du Pecq par L. Nicole (1890). — Annales des Beaux-Arts à Munich par Margraff (1838). — L'art à Munich par V. Schaden (1836). — Art et artistes de Cologne par J.J. Merlo (1850). — Peintres de Düsseldorf par Puttmann (1839). — Peintures de Giotto à Padoue par Selvatico (1836). — Fra Angelico par le Dr Forster (1859). — Chapelle des Brancari à Florence par Layard. — Œuvres et manière de Masaccio par H. Delaborde. — Le Giorgione par le Dr Rigollot (1852). — Ghiberti et son école par Perkins (1886). — Donatello par E. Müntz (1885). — Matteo Civitali par Ch. Yriarte (1886). — Benvenuto Cellini par E. Plon (1883). — Leone Leoni et Pompeo Leoni par E. Plon (1887). — Nic. Alunno et la scuola Umbra par Frenfanelli Cibo (1872). — Peintures de Fra Filippo Lippi à Prato (1835). — Architectures de Fra Giocondo par H. de Geymüller (1882). — Jugement de Paris du Giorgione par S. Larpont (1885). — Recherches sur la vie de Raphaël par de Bombourg (1709). — Notes manuscrites sur Raphaël (Excerpta de divers ouvrages par un Allemand, probablement un Saxon vers 1830). — Examen analytique de la transfiguration de Raphaël (1804). — Dissertation sur Raphaël par Rehberg (1824). — Hist. de Raphaël par Quatremère de Quincy (1824). — **Raphaël Sanzio** par Passavant (1839-1858, 4 vol.). — Raphaël et son père par Passavant (2 vol). — Raphaël et l'antiquité par A. Gruyer (2 vol.). — Raphaël peintre de portraits par A. Gruyer (1881, 2 vol.). — Recueil de pièces sur le Raphaël de

Morris Moore (Ce tableau est l'Apollon et Marsyas acquis par le Louvre et placé dans le salon carré). — Dessins attribués à Raphaël, par L. Courajod (1880). — Raphaël et Pinturrichio à Sienne par Schmarsow. — École d'Athènes de Raphaël par A. Springer (1883). — Raphaël et La Farnésine par Ch. Bigot (1884). — Vie et ouvrages de Jules Romain par d'Arco (1842). — M. A. Buonarotti par C. Black (1875). — Vie de Michel-Ange par Potti (1875 2 vol.). — Bibliographie de Michel-Ange (1875). — Observation sur le génie de Michel-Ange par A. Lenoir (1820). — Monuments de la Sculpture funéraire par L. Courajod. — Le Buste de Jean d'Alesso au Louvre par L. Courajod. — Portrait de Ste-Catherine de Sienne au Louvre par L. Courajod. — Portrait de Ste-Brigitte de Suède par Riant (1882). — Recherches sur Léonard de Vinci par P. Uzietti (2 vol.). — Ancienne copie de la Cène de Léonard de Vinci par A. Guillou (1817). — Buste de Beatrix d'Este par L. Courajod (1877). — Hist. de Léonard de Vinci par A. Houssaye (1869).— Tiziano, la sua vita par Crowe et Cavalcaselle (1877). — Vie et œuvre de Titien par G. Lafenestre. — Vie du Corrège par Pungileoni (1818). — Correggio par J. Meyer (1871). — Catalogue des estampes gravées d'après Velasquez et Murillo par W. Stirling Maxwell (1873). — Murillo par S. Minor (1882). — Fortuny par Davillier. — Fortuny par Ch. Yriarte. — Ursula d'après la légende et les peintures d'Hemling (1818). — Notice sur le chef-d'œuvre des frères Van Eyck par S. de Bast (1825). — Hubert et Jean Van Eyck par Waagen. — Notice sur un tableau attribué à J. Van Eyck, par Taillandier. — Biographie de Guil. Clovio et Catalogue de ses œuvres par L. Kukuljevic Sakcinski (Agram 1852). — Holbein et son temps par A. Woltmann. — Hans Holbein par P. Mantz (1879). — Icones veteris testamenti d'Holbein par G. Duplessis (1884). — Les Clouet et Corneille de Lyon par H. Bouchot (1892). — Etude sur Jean Cousin par A. F. Didot (1872). — Œuvres choisies de J. Cousin par A. F. Didot. — Quelques preuves sur Jean Cousin par J. Lobet. — Œuvre inédite de Jean Bulland par L. Courajod. — **Les Ducerceau** par H. de Geymüller (1887). — Le peintre P. Gourdelle par J. Roman 1555-1588 (1888). — Bernard Palissy par Ph. Burty (1886). — Vie et tableaux de Poussin par Cambry (1783). — Les Andelys et Nicol. Poussin par Gandar. — Examen de la notice de M. Vitet sur Lesueur par Galimard. — Recherches sur Licherie par Bellier de La Chavignerie (1860). — Jean Jouvenet et sa maison natale par J. Houel (1836). — Essai sur les Lenain par

Champfleury. — Recherches sur Strésor par Bellier de la Chavignerie — Notice sur les esquisses de la vie d'Achille de Rubens, par Collot. — Rubens et l'école d'Anvers par Michiels (1877). — Cat. des tableaux et dessins de Rubens par Michiels (1854). — J. Steen par T. Van Westreheene. — Paul Potter par le même. — A. Van de Venne par D. Franken (1878). — Ad. Brouwer par G. Bode (1884). — Vie d'Ad. Gabbiani par J. H. Hugford (1762). — Edme Bouchardon par le comte de Caylus. — Jacques Guay par J. F. Leturcq. — Nicol. Blasset arch. par Duthoit. — Jean Warin sculpteur par L. Courajod. — F. Girardon par Corrard de Bréban (1833). — François Boucher, Lemoyne et Natoire par P. Mantz (1880). — Recueil de pièces sur Antoine, architecte, par Renou. — Pierre Vaneau sculpteur par Marius Vachon (1882). — Coyzevox par H. Jouin (1883). — Ch. Lebrun par H. Jouin (1889). — Maurice Quentin de la Tour par Ernest Dréolle de Nodon (1856). — Les Adam et Clodion par H. Thirion (1885). — Victor Louis architecte par Ch. Marionneau (1881). — Canova par Quatremère de Quincy. — Peintures à fresque d'Appiani par Lamberti (1809). — Le chev. Léon deKleuze par R. Wiegmann (1839). — Lettre de Dejoux sur la statue de Desaix (1810). — Notice sur J. L. L. Durand par Rondelet (1835). — Eloge historique de B. Gagnereaux par H. Baudot (1847). — Notice sur Le Boulanger de Boisfremont par Hellis. — Notice sur J. B. Lepère par A. Galimard (1847). — Notice sur L. P. Baltard par Galimard. — Salon d'Horace Vernet par Jouy et Jay (1822). — Gros et ses ouvrages par Delestre. — Géricault par Batissier. — Géricault par Clément. — Franz Hals par W. Bode (1871). — Peintures de la chambre de commerce d'Anvers par G. Guffeus et J. Swerts (1858). — Vie et œuvres d'Albert Dürer par A. Van Eyc (1860). — Albert Dürer par Thausing (en allemand 1876). — Traduction du précédent ouvrage par G. Gruyer. (1878). — Albrecht Dürer par A. Springer (1892). — Lucas de Leyde et A. Dürer par W. Eward (1884). — La Madone de Hans Holbein par Wornum. — Nicol. Manuel Deutsch par Berthold Haendcke (1889). — Owerbeck et l'Ecole allemande par B. Bouniol (1856). — Le mouvement moderne en peinture par E. Chesneau (Recueil). — L'art et les artistes modernes par Chesneau. — Claude Gillot par Antony Valabrègue (1883). — Catalogue de l'œuvre de Watteau par E. de Goncourt (1875). — Notice sur Watteau par Dinaux (1834). — Antoine Watteau par G. Guillaume (1881). — 29 lettres d'E. Delacroix (fac-simile). — Lettres d'E. Delacroix par Ph.

Burty (1878). — E. Delacroix devant ses contemporains par M. Tourneux (1886). — Simart par Eyriès — P. P. Prudhon par Ch. Clément (1872). — Prudhon par P. Gauthiez (1886). — David d'Angers par Jouin (2 vol.). — Notice sur Léopold Robert par Delécluze (1875). — Par Clément (1875). — Œuvres d'Ingres exposées à l'Ecole des Beaux-Arts en 1867. Catalogue. — Ingres par H. Delaborde (1870). — L'atelier d'Ingres par A. Duval. — Ingres par Ch. Blanc. — Lettres et pensées d'Hippolyte Flandrin par H. Delaborde (1865). — Gavarni par les frères de Goncourt (1873). — Daubigny et son œuvre par Fr. Henriet. — J. F. Millet par A. Piedagnel. — Georges Michel par A. Sensier 1873. — Cat. des œuvres d'E. Bertin à l'École des Beaux-Arts (1872). — Catalogue des œuvres d'Henri Regnault exposées à l'Ecole des Beaux-Arts. — Correspondance d'Henri Regnault par A. Duparc (1872). —J.Jacquemard par G. Duplessis (1880). — Notice sur Ch. Huette par de Girardot. — Alex. Hesse par Pol Nicard. — Huot par G. Duplessis. — Augustin Dumont par G. Vattier (1885). — Notice sur P. Baudry par H. Delaborde (1886). — E. Brune par J. L. Pascal (1887). — Michel Dumas par Bonnassieux. — Brascassat par P. Foucart. — Etienne Martellange par Henri Bouchot. — E. Ginain par Vattier. — Ballu par H. Delaborde. — Oudiné par A. Flandrin. — A. Desgoffe par Flandrin. — Chenavard par Peyrouton. — Daumier par Arsène Alexandre. — Marilhat par Gomot. — Tullo Massarani par Ch. Blanc. — Raffet par H. Beraldi. — Description de l'Académie par Guérin. — Procès-verbaux de l'Académie de peinture, publiés par A. de Montaiglon (8 vol.). — Conférences de l'Académie royale en 1667 par Félibien. — Conférences de l'Académie de peinture et sculpture 1883. — Établissement de l'Académie de peinture (1664). — Correspondance des directeurs de l'Académie de France à Rome publiée par Montaiglon (3 vol.).—Statuts des maîtres ès arts de peinture (1682). — Traité de l'administration des Beaux-Arts par Dupré et Ollendorf (1885).— École royale des élèves protégés, par L. Courajod (1874). — Réorganisation de l'École des Beaux-Arts. Documents officiels. Discours d'ouverture des professeurs de l'École du Louvre (1883). — L'Académie des Beaux-Arts par H. Delaborde. — Recueil sur l'Académie de peinture de 1715 à 1735. — Catalogue des tableaux du Roi par Lépicié (2 vol.). — Musée des monuments français par A. Lenoir (An VIII). — Journal d'A. Lenoir par L. Courajod (3 vol.). — **Inventaire des Richesses d'art de la France** (en publication. 8 vol. in-4°. Paris et Province). — Archives du

Musée des Monuments français (2 vol.). — Mobilier de la Couronne par J. Guiffrey (2 vol.).—Étude sur le mobilier national par H. Penon. — Antiques du Musée du Louvre par Visconti et Clarac (1820). — Monuments Égyptiens du Louvre par E. de Rougé (1855). — Antiquités assyriennes du Louvre par Longpérier (1854). — Tableaux du Musée royal (1826). — Notice des tableaux de la galerie espagnole du Louvre (1838). — Cat. des tableaux du Museum français (Paris 1793). — Notice des tableaux recueillis en Lombardie (An VI).

— (*Notices diverses sur des tableaux exposés*). Notice sur des tableaux des écoles flamandes et françaises au Louvre (an VII). — Autre édition de la même. — Notice sur les principaux tableaux recueillis en Italie (an VII). — Idem sur les tableaux des écoles française, flamande et italienne (an IX). — Des principaux tableaux recueillis en Italie (an VIII). — Des tableaux de P. Véronèse, Rubens, Lebrun, L. Carrache (an IX). — Ecoles française, flamande, lombarde, bolonaise, (1804). — Autre édit. avec un supplément. — Objets d'art conquis par la Grande-armée (1807). — Tableaux de la galerie Napoléon (1810). — Ecoles primitives d'Italie et d'Allemagne (1814). — Galerie du musée (1814). — Tableaux de la galerie espagnole (1838). — Collection Standish au Louvre (1842). — Notice des tableaux du Louvre par F. Villot (Italie et Espagne 1859). — Notice des tableaux du Louvre, Italie et Espagne par Both de Tauzia (1877). — Notices sur les tableaux du Louvre par Fr. Villot (2 vol.). — Emaux du Louvre par le comte Léon de Laborde (3 vol.). — **Dessins du Louvre** par Fr. Reiset (2 vol.). — Cat. des bijoux du musée Napoléon III. — Cat. de la collection Lacaze (1870). — Cabinet d'armes de l'Empereur, par Penguilly L'haridon.—Suite et arrangement des estampes du cabinet du roi (1727). — Catalogue du musée central des arts (an VII et an IX).—Catalogue de la Chalcographie du Musée du Louvre (1851).—Autre (1860).—Autre (1881).—Catalogue des tableaux du roi au Luxembourg (1750. Recueil). — Tableaux du musée du Luxembourg, 1806, 1818, 1845, 1855, 1858, 1886 (5 vol). — Lettre sur les tableaux du roi au Luxembourg (1751). — Catalogue du musée de Cluny (1859). — Descriptions diverses des ouvrages exposés dans les salles de l'Académie (1781). — Recueil des diverses expositions faites au Louvre. — Objets d'art exposés dans la galerie d'Apollon (1798-1814). — Tableaux exposés dans le grand salon du Louvre (An XIII). — Recueil de pièces sur le Museum national (1793). — Analyse critique de la notice des tableaux italiens au Louvre par O. Mundler. — Examen du musée du Louvre (1851). — Organisation des musées nationaux par Horsin-Déon (1849). — Courtes réflexions concernant les dessins du Louvre par Reiset (1849).— Adresses de l'Académie royale de peinture.—Mémoire sur l'Institution du Jury aux expositions (1835). — Explications des ouvrages de l'Académie de St-Luc (1751-1776).—Académie de St Luc à Rome (1886). **Livrets des expositions de peinture** 1699 à 1892, 56 vol. comprenant les livrets aux expositions universelles. Le livret de l'année 1777 porte des dessins de St-Aubin et est en *réserve. L'année 1882, est illustrée etc. — Catalogue illustré de la Société nationale des Beaux-Arts (1892). — Critique des tableaux exposés au Louvre en 1738 et 1739.— Lettre au sujet des tableaux exposés en 1741. — Critiques sur les expositions 1746, 1747.— Recueil de notices par l'abbé Gougenot sur les salons de 1748 et 1750 et autres. — Lettres sur la peinture par l'abbé Gougenot (1749). — Critiques sur les expositions de 1750 et 1751. — Observations sur les ouvrages de 1753. — Le salon de 1753 par Lacombe.— Critiques diverses sur les salons de 1753 à 1795 (23 vol.). — **Table des artistes ayant figuré aux salons du XVIIIe s.** par J. Guiffrey (1873).— Le Tableau des Sabines par David (Paris An VIII). — L'Observateur au Museum (An IX). — Les tableaux du Museum par Guipara (An IX). — Pausanias français par Chaussard (1806). — Lettre sur le salon de 1806 par Dandrée (4e lettre). — Autres (2, 3, et 4e lettre). — Galerie des peintres français par J. Durdent, salon de 1812. — Examen des ouvrages en 1814 par Delpech. — Réflexions sur l'art de la peinture en France par Alph. L... (1815). — Salon de 1817, texte et planches (2 vol.). — Salon de 1819 par Kératry. — Lettres à David sur le salon de 1819. — 13e lettre à David sur le salon de 1819. — Salon de 1822 par Adolphe Thiers. — L'artiste et le philosophe au salon de 1824 par Jal. — Esquisses, croquis, pochades au salon de 1827 par Jal. — Salon de 1831 par Gust. Planche. — Prométheïdes, salon de 1833 par Chatelain. — Le salon de 1833 par Laviron et Galbaccio. — Le musée, revue du salon par A. Decamps. — Lettre sur le salon de 1834 par Sazerac. — Critique du salon de 1835. — Promenades au musée, salon de 1841. — Salon de 1841 par Destigny. — Salon de 1849 par Galimard. — Rapport sur le salon de 1853 par Horsin-Déon. — Salon de 1852 par Cl. Vignon.— Gravure au salon de 1855 par Georges Duplessis. — Salon de 1855 par Eugène Loudun. — Par Claude Vignon.

— Le Berry au salon de peinture par U. Richard-Desaix. — Tableaux militaires exclus du salon (sans date). — Salons de 1863, 1866, 1868, 1869, par L. Auvray. — Salons de 1875, 1876, 1877 par Th. Véron. — Description des Statues des Tuileries par Millin (1798). — Description des tableaux de l'Église de Paris (1781). — Curiosités de l'église N.-D. de Paris par Gueffier (1753). — Catalogue des objets d'art exécutés pour la ville de Paris de 1816 à 1830 par Grégoire (1833). — Catalogue de tableaux, dessins, etc. tirés de collections d'amateurs par P. Burty (1860). — Exposition des Alsaciens-Lorrains, catalogue (1874). — Œuvres de Prudhon exposées à l'Ecole des Beaux-Arts (1874). — Catalogue de portraits d'auteurs et d'acteurs exposés en 1889. — Catalogue des dessins modernes exposés à l'école des Beaux-Arts (1884). — Catalogue de dessins de maîtres exposés à l'école des Beaux-Arts (1879). — Musée du Conservatoire de musique par G. Chouquet (1884). — Catalogue de l'exposition des arts incohérents (1889). — Musée de la Comédie-française par René Delonne (1878). — Exposition de la lithographie (1891). — Exposition de 1889, Art militaire, catalogue. — Exposition de l'œuvre d'E. Fromentin en 1877. — Exposition de l'œuvre de Diaz (1877). — Exposition de l'œuvre de Raffet (avril 1892). — Exposition du blanc et noir, catalogue 1892. — Expos. de la gravure japonaise (1890). — Description des peintures de la grande galerie de Versailles (1753). — **Musée de Versailles.** Catal. par Eudore Soulié (3 vol.). — Peintures et sculptures du Palais de St-Cloud (1847). — Peintures et sculptures du Palais de Compiègne (1847). — L'art Khmer avec le catalogue du musée Khmer à Compiègne par le comte de Croizier (1875). — Peintures du palais de Fontainebleau (1839). — Catal. de l'exposition des Beaux-Arts de Fontainebleau (1869). — Catalogues : Musée de Caen, par Mancel 1851. — Musée de Grenoble par Remond (1879). — Le Havre par Lhullier (1887). — Livrets des salons de Lille. (1773-1788). — Musée de Lille par Reynart — de Lyon, par Artaud (1808) — de Montpellier par Atger (1830). — Musée Fabre à Montpellier (1828). — Le même 1830 et 1839. — De Nantes 1837. — De Troyes (1850). — De Toulouse (1828). — Musée Migette à Metz (1882). — Objets d'art de l'hôtel de ville de Coulouse, par Rivalz (1770). — Musées de Province par L. Tlément de Ris (1872). — Dessins de Padoue, par Morelli (1800). — Guide à St-Antoine de Padoue (1863). — Académie des B.-A. de Venise (1828). — Catalogue de l'académie de Venise

1854. — B.-A. à Milan par Sacchi (1832). — Catalogue du musée de Turin (1873). — Acad. des B.-A. à Bologne (1826). — Peintures de la ville de Bologne (1782). — Peintures de Bologne (1755). — Pinacothèque de Bologne (1835). — Peintures du musée de Parme (1825). — Les peintures de Parme (1794). — Musée de l'académie royale de Mantoue (1790). — Peintures et sculptures de Modène, par Pagani (1770). — Galerie d'Este à Modène (1882). — Peinture et sculpture de Brescia (1760). — Catal. du musée de Vérone (1865). — Peintures de Bergame par A. Pasta (1775). — Antiquités du museo Pio Clementino, par P. Massi de Cesena (1792). — Catalogue de la chalcographie romaine (3 éditions 1779, 1841, 1872). — Galerie de l'académie des B. A. à Florence (1827). — Galerie de Florence, par Zacchiroli. (Arezzo 1790). — Catal. de la galerie de Florence (1851). — Galerie de Florence (1827). — Catal. des fresques de la bibliothèque de Sienne (1841). — Cat. de la galerie des B. A. de Sienne (1864). — Musée San Martino à l'Ile d'Elbe (1860). — Guide du Musée Bourbon à Naples (1831). — Musée Bartholdi, à Rome (1827). — Cat. de l'académie de San-Fernando (1818). — Cat. du Musée royal à Madrid (1828). — Cat. du musée de Madrid par Madrazzo (1845). — Cat. des tableaux du Musée de Madrid (1865). — Musées d'Espagne par Louis Viardot (1860). Description du monastère de St-Laurent-de-l'Escurial par Bermejo (1820). — Musée royal de Bruxelles (1832). — Cat. du Musée royal de Bruxelles (3 éditions 1850, 1864, 1869). — Peintures et sculptures à Anvers. — Cat. du Musée d'Anvers (1829). — Cat. du Musée de Gand par P. Sunaert (1870). — Exposition d'Anvers (1837). — Musée de Bruges (1849). — Le peintre amateur et curieux par J. P. Mensaert (1763). — Cat. du Musée de Francfort par Passavant (1844). — Cat. du Musée de Darmstadt (1843). — Galerie de Darmstadt par Holmann (1885). — La peinture et la sculpture à Lubeck jusqu'en 1530 par A. Goldschmidt. (1890) — Cat. des tableaux du musée d'Amsterdam (1827 et 1858, 1866 et 1885 4 éditions). — Musée Van der Hoop à Amsterdam (1868). — Notice des tableaux du musée de La Haye. — Cabinet royal de La Haye (1876). — Musée de Rotterdam (1868). — De Haarlem. — Principaux tableaux du musée de La Haye (1826). — Annales des collections royales de Prusse (1880-1892 15 vol.). — Collections d'objets d'art de la Maison impériale d'Autriche (1883-1894 15 vol.). — Cat. de la galerie de Vienne par Christ. de Méchel (1784). — Cat. de la galerie de Belvédère par A. Krafft (1845, 2 ex.). — Cat. de la même galerie par Engerth (1882-86, 3 vol.). — Cat. de l'exposit. de Buda-Pesth 1885. — Choix d'estampes de la Bibl. de Vienne par Bartsch (1854). — Cat. des ornements du musée impérial autrichien d'art industriel (1889). — Cat. de la galerie royale de Berlin (1838). — Cat. des tableaux du musée de Berlin (1845), par Waagen. — Cat. des estampes du musée de Berlin (1875), par Wessely. — Cat. des estampes de Hambourg (1878). — Galerie de Sans-Souci (1771). — Lettre à un amateur de peinture par Hagedorn (1755). — Galerie de Dresde (1765). Autres (2 ex.). — Cat. des tableaux de la galerie de Dresde, par Hübner (1857). — Autre (1868). — Autre par Hohlfeld (1883).— Trésor royal Saxon, cat. par Graesse (1879). — Cat. de la galerie de Dresde. — Cat. des estampes de Fréd. Auguste II roi de Saxe par Frenzel (1854). — Galerie du bazar de Münich (1833). — Galerie de Leuchtemberg à Münich (1835). — Cat. de la galerie de Münich (1835). — Pinacothèque de Münich par Van Dillis (1838, 1839, 1845 3 édit.). — Cat. illustré de la pinacothèque de Münich (1885). — Cat. de la galerie de Stuttgard. — Cat. de la galerie de Cassel (1783, 1799 et 1881, 3 édit.). — Cat. de la galerie de Brunswick par C. Pape (1836). — Cat. de l'institut Städel à Francfort par Passavant (1858). — Cat. du musée royal de Hanovre en 1863. — Cat. de la galerie grand-ducale de Ludwigslust par Lenthe (1821). — Cat. des galeries de Cologne (1862).— De Carlsruhe (1847 et 1867).— De Mayence (2 édit.).— De Veimar. — Rath à Genève (1859). — De Bâle (1868). — Fondation de l'Académie de Copenhague (1758.) — Cat. de la galerie roy. de Christianborg (1857, 1875, 2 édit.). — Cat. de la galerie de Copenhague (1838). — Cat. du musée d'Antiquités à Copenhague (1876). — Cat. de la galerie de Christianborg (1864, 1870, et 1875). — Cat. des est. de Copenhague, par Thiele (1863). — Des antiques de Copenhague (1861). — du musée ethnographique de Copenhague 1872. — Notice des tableaux du musée de Stockholm 1866, 67, (2 édit.). — Guide au musée Thorwaldsen (1856 et 1871). — Coll. de Rosenborg par Andersen (1867). — Cat. de la collect. de Moltke (1874). — Cat. de la galerie impériale de Pétersbourg 1858. — Cat. du musée de l'Ermitage à Pétersbourg (1869-70, 2 vol. — Musée d'armes et objets d'art à Moscou (1844). — Cat. de la national Gallery (1841). — Cat. des sculptures peintures et gravures appartenant à la cité de Londres (2 vol.). — Expos. de la royal Academy (1824). — Cat. des tableaux de la Nat.

Gallery à Londres. Ecoles étrangère, école anglaise (2 vol.) — Cat. de la galerie Bridgewater (1851). — Exp. à la British Institution (1862). — Cat. des collect. de South Kensington (1862). — Cat. de l'exposit. de Manchester (1857). — Cat. de l'exposit. universelle de Londres (1862). — Cat. des tableaux de Dulwich collége. — Antiquités du British Museum (1853). — Estampes exposées en 1887 au British Museum. — Guide au département des Estampes du British Museum (1885). — Portraits de l'hôpital de Greenwich (1862). — Dyptique de Wilton house, par Scharf (1882). — Exp. de 1878. Section des Indes britanniques. — Estampes de T. Harrison Garrett à Baltimore (1886). — Autre cat. de la même collection (1888). — Musées d'Angleterre, de Belgique, de Hollande et de Russie par L. Viardot (3ᵉ édit. 1860. — **Pièces diverses sur les Beaux-Arts, recueillies par C. N. Cochin, P. J. Mariette et Deloynes.** 56 volumes.

> Cette collection récemment acquise, a été cataloguée par M. G. Duplessis, qui a joint à son catalogue une table des matières fort utile pour les travailleurs. On trouve dans la collection Deloynes les pièces les plus rares et les plus précieuses sur les expositions de peinture, les critiques et certains travaux didactiques concernant les arts.

— Cat. de la collect. précédente par G. Duplessis (1881). — **Les maîtres ornemanistes par D. Guilmard** (1880-1881, 2 vol.).

> Cet ouvrage renseigne très exactement sur les dessins d'ornement originaux conservés au Cabinet des Estampes de la Bibliothèque nationale. Il peut en être considéré comme le catalogue détaillé.

Division **Yc.** — **La gravure et les graveurs, ouvrages généraux, catalogues, etc., y ayant rapport.**

— (1 à 171). Archives des Beaux-Arts publiées par Naumann (1855-1869. 15 tomes en 7 vol.). — Pièces sur les artistes et sur les œuvres d'art (2 vol.). — Idée générale d'une collection d'Estampes par Heineken (1771). — Traité de la gravure en bois par Papillon (2 vol.). — Appendice par le même 1775 (manuscrit). — La gravure sur bois par J. Jackson (1839). — Histoire de la gravure sur bois par Chatto (1848). — Histoire de l'imprimerie par Humphreys (1868). — Principia typographica par Sotheby (3 vol.). — Pièces d'élite des anciens imprimeurs et graveurs (1870). — Cartes à jouer par Merlin (1869). — Cartes à jouer par Bullet (1757). — Par Chatto (1848). — Autres par Boiteau d'Ambly (1854). — Notice sur un jeu de cartes du temps de Louis XII par Harold de Fontenay (1865). — Histoire de l'imagerie et des cartes à jouer par Garnier (1869). — Origine et progrès de la gravure jusqu'au XVe siècle, par Renouvier (1860). — Les gravures de Jean de Bavière (1884). — Les Débuts de l'imprimerie expliqués à l'aide de la collection Weigel par O. Weigel et A. Zestermann (1866, 2 vol). — Recherches sur la gravure par Young Ottley (1816). — Introduction à l'étude des Estampes par Willshire (1874). — Grandes armoiries du duc de Bourgogne gravées vers 1467, par L. Alvin (1859). — Catalogue des Estampes primitives allemandes et flamandes du British Museum (1879-1883, 2 vol.). — Introduction au catalogue des estampes primitives italiennes, par R. Fisher (1886). — Estampes du XVe siècle par W. Schmidt (1886). — Fac-simile d'anciennes estampes publiées par Young Ottley (1828). — Essai sur la gravure par Jansen (1808, 2 vol.). — Origine de la gravure par Humbert (1752). — Discours sur la gravure par Emeric-David (1808). — La gravure, précis élémentaire par H. Delaborde (1882). — **Histoire de la gravure en Italie, en Espagne et en France** par G. Duplessis (1880). — La plus ancienne gravure avec date, par le Baron de Reiffenberg (1845). — Des types et des manières des maîtres graveurs par J. Renouvier (1853-56). — Essai sur les gravures de l'école italienne par G. Cumberland (1827). — Matériaux pour servir à l'histoire de la gravure par P. Zani (1802). — Mémoire concernant la Chalcographie par le Comte Cicognara (1831). — Essai sur les nielles par Duchesne aîné (1826). — Nielles de la Bibliothèque royale de Belgique par L. Alvin (1857). — Notice sur l'art de nieller par Langalerie (1858). — Les commencements de la gravure à Florence par H. Delaborde (Mélanges). — La gravure en Italie avant Marc-Antoine par H. Delaborde (1883). — Vingt-quatre estampes de la collection Otto, par G. Duplessis. — Notices sur des gravures italiennes du XVe siècle par Lippmann. — Estampes en bois italiennes du XVe siècle par le même (1885). — Histoire de la gravure sur bois, en Amérique (1882). — Notice historique sur l'art de la gravure en France par Choffard (1804). — Histoire de gravure par Bonnardot (1849). — **Histoire de la gravure en France** par G. Duplessis (1861). — La gravure de portrait en France par G. Duplessis (1875). —

La gravure à l'exposition des arts décoratifs (1883). — **Catalogue des graveurs qui ont travaillé en Angleterre** par Vertue (1794). — Histoire de l'iconographie en Russie par Rovinski (1856). — Gravures russes depuis 1564 par Rovinski (1870). — Histoire de la gravure en manière noire par L. de Laborde (1839). — Graveurs sur bois contemporains par G. Duplessis (1857). — Croquis à l'eau-forte et artistes par Hamerton (1868). — Voyage d'un iconophile par Duchesne aîné (1834). — Des manières de graver à l'eau-forte par A. Bosse (1645). — L'art de graver au pinceau par Stapart (1773). — Rapport sur la nouvelle invention de Corn. Ploos van Amstel. — L'art de la gravure par Fielding (1845). — Lecture sur l'art de la gravure par Landseer (1807). — Traité de gravure à l'eau-forte par Martial (1873). — La gravure à l'exposition de 1878 par H. Delaborde. — Traité de la gravure à l'eau-forte par Maxime Lalanne (1866). — La gravure à l'eau-forte par Raoul de St-Arroman (1876). — Chalcographiana par James Caulfield (1814). — Notices sur quelques copies trompeuses par Ch. Leblanc (1849). — Description de deux planches gravées par Martinez (1780). — Adresse à l'assemblée nationale par les graveurs (1791). — Iconographie des estampes et sujets galants par le comte d'I. (1868). — Estampes relatives à la guerre de 30 ans par J. A Schmidt (1868). — Les anciennes vues d'optique par F. Pouy (1883). — Notice sur les ex-libris datés par Franks (1887). — Notice sur Renouvier par A. de Montaiglon (1863). — Histoire de l'art sous la Révolution par Renouvier (2 volumes manuscrits). — Notice sur Jean de Paris et Simon Vostre, par J. Renouvier (Manuscrit). — **Appendice à la Bibliothèque historique de la France,** par le Père Lelong (Catalogue de portraits anciens de la France). — Liste de portraits omis dans le P. Lelong par Soliman Lieutaud (1844 et 1846 2, édit.). — Portraits de députés à l'assemblée nationale de 1789 par Soliman Lieutaud (1854). — Liste des personnages nés en Lorraine par Soliman Lieutaud (1862). — Dictionnaire iconographique des Parisiens par Ambroise Tardieu. — Iconographie bretonne par De Granges de Surgères (1888-89, 2 vol.). — Les savants contemporains, dictionnaire illustré. — **Catalogue de portraits anglais,** par H. Bromley (1793). — Catalogue de portraits anglais, gravés par J. Granger (1804-1806, 2 séries en 7 volumes). — Catalogue de portraits anglais par Evans (2 vol.). — **Catalogue de portraits anglais à l'aquatinte** par J. Ch. Smith (1878-1883 5 vol.). — Catalogue de portraits en vente chez

Müller à Amsterdam (1882). — Iconographie savoisienne (1889). — Notice sur les portraits de Marie Stuart par le prince Labanoff (1858). — Iconographie neuchâteloise par A. Bachelin (1878). — Iconographie de J.-J. Rousseau (1878). — Les apocryphes de la peinture de portrait par Feuillet de Conches (1849). — Iconographie voltairienne par Desnoiresterres. — Les graveurs de portraits en France par A. Firmin-Didot (2 vol. 1875-77). — **Catalogue de portraits néerlandais** par Frédéric Müller (1853). — Catalogue de portraits d'imprimeurs de la collection Bodel Nyenhuis.—Catalogue de portraits par W. E. Drugulin (1860). — Catalogue de portraits relatifs au théâtre et à la musique par Drugulin (1864). — Catalogue de portraits de médecins et personnages scientifiques (1863). — **Catalogue de portraits gravés de personnages russes** par Rovinski (1872). — Catalogue de portraits exposés par J. Anderson Rose en 1872 à Londres (1874). — Liste alphabétique de portraits russes par Wassiltschikoff (1875, 2 vol.).—Dictionnaire des graveurs par Basan (1767-1789 2 édit.) — Dictionnaire des graveurs par Huber (1787, 2 vol.). — **Dictionnaire des artistes** par Heineken (1778-1790. 4 vol. et 8 parties). — Dictionnaire des graveurs par J. Heller (1838, 1823, 2 édit). — Dictionnaire des graveurs par J. Strutt (Londres 2 vol.). — Manuel de l'amateur d'estampes par Joubert (3 vol.). — Manuel de l'amateur d'estampes par Musseau (1821). — The print collector par J. Maberly (1844). — Manuel de l'amateur d'estampes par Vallardi (1843). — Manuel de l'amateur d'estampes par Jos. Heller (1850). — **Manuel de l'amateur d'estampes** par Ch. Leblanc (1854-1890). — **Manuel de l'amateur d'estampes** par Eugène Dutuit (6 vol. et un album). — Manuel de l'amateur d'estampes au XVe siècle par Schreiber (1891-1892). — Manuel d'une collection d'estampes par J. G. de Quandt (1853). — **Manuel des amateurs de l'art** par Huber et Rost (1797-1808, 9 vol.) — **Le peintre-graveur** par Adam Bartsch (Vienne 1803-1821 21 vol. in-8° 23 vol. avec les deux suppléments).

> Cet ouvrage, sur lequel vivent tous les amateurs et écrivains spéciaux depuis bientôt 80 ans, est le plus complet sur la matière. Barstch fait autorité. Weigel et Heller ont donné deux suppléments à l'ouvrage, le 1er en 1843, le 2e en 1854. L'exemplaire du supplément à Bartsch par Heller contient une notice de Galimard sur un portrait d'Ingres.

—**Le peintre-graveur** par J. D. Passavant (1860-64, 6 vol.).

Additions à Bartsch, rectifications, etc.

— **Le peintre graveur français** par Robert Dumesnil (1835-1871. 11 vol. in-8°).

A partir du vol. IX le texte est de M. Georges Duplessis.

— **Le peintre graveur français continué** par Prosper de Baudicour (1859-61, 2 vol.). — Dictionnaire des graveurs du XIXe siècle par A. Apell (1880). — **Portalis et Beraldi Les graveurs du XVIIIe siècle (3 vol.).** —Mes Estampes, par Beraldi. — Catalogue des œuvres des Campagnola par Galichon. — Origine d'une estampe de Mantegna par H. Delaborde. — Girolamo Mocetto par E. Galichon (1859). — G. B. del Porto, dit « le maître à l'oiseau » par E. Galichon. — Jacques de Barbari, le maître au caducée, par le même. — J. de Barbari et A. Dürer par de Conditto. — Quelques pièces du maître de 1466 par H. Lædel (1857). — Martin Schongauer par Galichon. — Cat. de l'œuvre de Cranach par Schuchardt. — Martin Schongauer par Von Wurzbach (1880). — Estampes de l'École de Martin Schongauer par G. Duplessis. — Cat. de l'œuvre de Dürer par le comte de Leppel (1805). — Cat. de l'œuvre de Albert Dürer par J. Heller. — Albert Dürer par Émile Galichon. — Cat. de l'œuvre d'Albert Dürer par B. Haussmann (1861). — Albert Dürer à Venise et dans les Pays-Bas par Ch. Narrey (1866). —Cat. des estampes d'Albert Dürer par R. V. Refberg (1871). — Séjour d'A. Dürer à Bâle par Burckhardt (Munich 1892). — Wenceslas d'Olmütz par Max Lehrs (1889). — Pierre Flötner par Reimers (1890). — Cat. de l'œuvre de Jost Amman par C. Becker (1854). — Sebald et Barthélemy Beham (1875).— Hans Sebald Beham par W. Seibt (1882).— Cat. de l'œuvre de Lucas de Leyde par Bartsch (1798). — Autre catal. par Th. Volbehr (1888). — Robert Péril, graveur du XVIe siècle, par L. Burbure (1869). —Cat. des estampes gravées d'après Michel-Ange (Manuscrit). — Cat. des estampes d'ap. Raphaël par Tauriscus Eubœus (1819). — Autre cat. d'après Raphaël (Manuscrit). — Une estampe de Raphaël par Muller (1860). — M. A. Raimondi par Fisher (1868). — Marc Antoine Raimondi par B. Fillon (1880). — Les antiques dans les estampes de M. A. Raimondi par Thode. — Augustin Vénitien et Marco Dente par Thode (1881). — Marc-Antoine Raimondi par H. Delaborde (1888). — Anecdotes sur la vie de Bonasone par G. Cumberland (1793). — Cat. de l'œuvre des Wierix par L. Alvin (1866). — Cat. de l'œuvre de Michel Natalis par

Renier (1871). — Cat. de l'œuvre de Rembrandt par Gersaint mis au jour par Helle et Glomy (1751). — Suppt. au cat. de l'œuvre de Rembrandt par P. Yver (1756). — **Cat. de l'œuvre de Rembrandt** par A. Bartsch (1797, 2 vol.). — Cat. de l'œuvre de Rembrandt par le chevalier de Claussin (1824). — Cat. de Rembrandt par Wilson (1836. — Cat. de **Rembrandt** par Ch. Blanc (2 vol.). — L'œuvre de Rembrandt par Ch. Blanc (1873, 2 vol.). — Catalogue de l'œuvre de Rembrandt par Josi (1816). — **Œuvre de Rembrandt** par par Dutuit (4 vol. avec supplt). —Rembrandt, sa vie et ses œuvres par C. Vosmaer 1868 et 1877, 2 édit.). — Vie et œuvres de **Rembrandt** par Scheltema (1853).—Éloge de Rembrandt par Immerzeel. — Fêtes données en l'honneur de Rembrandt (1852). — The et ched works of Rembrandt by Seymour Haden (1877). — **Rembrandt** par Emile Michel (1886).— **Œuvre gravé de Rembrandt** par Rovinski (4 vol.). — Cat. des Estampes gravées d'après Rubens par R. Hecquet (1751). — Estampes d'ap. Rubens de la collection del Marmol (1794). — Estampes d'ap. Rubens par Voorhelm Schneevogt (1873). — **L'Œuvre de Rubens** par Max Rooses (1886-92 5 vol.). — Les graveurs de Rubens par Resemberg (1888). — Notice sur Van Dyck et cat. de son œuvre par Carpenter (1844). — Iconographie de Van Dyck par Fr. Wibiral (1877). — Antoine Van Dyck, sa vie et son œuvre par Jules Guiffrey (1882). — Cat. de l'œuvre de Corneille Visscher par W. Smith (1864). — Cat. des œuvres gravées par Visscher et Vessely (1866). — Cat. de l'œuvre de Suyderhoef par J. Wussin (1861). — Cat. de l'œuvre de W. J. Delff par D. Franken (1872). — Œuvre d'A. Van Ostade par Faucheux (1862). — Adrian van Ostade par Wessely (1888). — Cat. de l'œuvre de Crispin de Passe par Franken (1881). — L'œuvre de J. Van de Velde par Franken et Van der Kellen (1883). — Œuvre de Dirck de Bray par D. Vis Blokhuysen (1870). — Jacob Gole par Wessely. — Œuvre de Hondius par Block. — De Nicolas Berghem par Winter.— De W. Hollar par Parthey. — De W. Vaillant par Wessely. — Gérard Edelinck par H. Delaborde (1886). — Jeremias Falck par Block (1890). — Lucas Vorsterman par Hymans (1893).—Notice sur Hogarth et cat. de ses œuvres. (Mss). — William Hogarth par Austin Dobson. — Explication des gravures de Hogarth par Lichtemberg (1797).— Cat. des œuvres gravées d'ap. Sir Josuah Reynolds (1874). — Album de Pierre-Jacques de Reims par Geoffroy (1890). — Œuvre de Claude Gellée dit le Lorrain par Meaume et Duplessis (1870).—Claude Lorrain par Mark-Pattison

(1884). — Notice sur les Châtillon par Augoyat (1856). — Éloge de Callot par le Père Husson (1766). — Œuvre de Callot par Green.— **Recherches sur Callot et cat. de son œuvre** par Meaume (2 vol.). — Jacques Callot par Marius Vachon (1886). — Vie et Œuvres de Cl. Deruet par Meaume (1853). — Cat. de l'œuvre d'A. Bosse par Duplessis. — J. Appier par Favier.—Cat. de l'œuvre de Stefano della Bella par C.A. Jombert (1772). — Sébastien Leclerc par l'abbé de Vallemont (1715). — **Œuvres de Sébastien Leclerc** par Jombert (1774 2 vol.). — Livres illustrés de Leclerc, par E. Meaume. — Notice sur Michel Lasné par Arnauldet et Duplessis.—Œuvre de Cl. Mellan par Montaiglon (1856).— Œuvre de Poilly par Hecquet (2 édit). — Catal. de l'œuvre d'Israël Silvestre par Faucheux (1857). — Notice sur Audran par Duplessis (1858). — Les Spirinx par N. Rondot. — Cat. de l'œuvre des Drevet par Didot. — Étienne Baudet graveur par R. Porcher. — Cat. de Ridinger par Thiénemann (1856).—Œuvre de Cochin par Jombert (1770). —**Catalogues d'œuvres d'artistes du XVIII**^{e} **siècle par Emmanel Bocher. 6 vol. Lavreince, Baudoin, Chardin, Lancret, St-Aubin, Moreau le Jeune** (1875 - 1882). — Œuvre de Miger par Bellier de la Chavignerie. — Œuvre de Levasseur par Delignières (1865).— Œuvre d'Ant. Rivalz par H. Vienne (1866). — Notice sur les Théry de Gricourt par A. Preux (1866).—Cat. des œuvres de Grateloup, Ficquet et Savart par Faucheux (1864). — Cat. de l'œuvre des Papillon (2 vol.). — Nécrologie de T. Piroli par L. Cardinali (1824). — Œuvre de Dietrich par Linck. — Œuvre d'Houbraken par Huell (1875-1877).— Œuvre de R. Strange par Ch. Leblanc (1848). — Cat. de l'œuvre gravé de Woollet par L. Fagan. — Œuvre de Whistler par Wedmore (1886). — Œuvre de Earlom par Wessely. — De J. Smith, par le même. — De W. Faithorne par Fagan. — De Bause par Keil. — Journal du graveur Wille, manuscrit original en quatre volumes acquis à Wille fils. — Journal de Wille publié par G. Duplessis (2 vol.). — Cat. de l'œuvre de Wille par Ch. Leblanc (1847). — Cat. de l'œuvre de Schmidt par A. Crayen (1789). — Cat. de l'œuvre de Schmidt par Wessely (1887). — Cat. de l'œuvre de Schmidt par Apell (1887). — Cat. de l'œuvre des Muller par Andresen (1865). — Cat. de l'œuvre de Chodowiecki par Jacoby (1808). — Autre par Engelmann (1857). — Cat. de l'œuvre de Daullé par Delignières (1873). — De N. Lemire par Hédou (1875). — De Jean Le Prince par Hédou (1879. — De Et. Gaucher par Portalis et Beraldi (1879). — Cat. des estampes mises en vente chez de Gilles Demarteau (1883). — Cat. des portraits au physionotrace exécutés dans les ateliers de Quenedey.

<small>Ce catalogue porte des numéros correspondant aux séries publiées par Quenedey et a été copié récemment pour la Bibliothèque nationale.</small>

— Cat. de l'œuvre de J. A. Bartsch par Fred. de Bartsch (1818). — Cat. de l'œuvre de R. Morghen par Palmerini (1810). — Cat. des estampes gravées par Vivant Denon (1803). — Cat. de l'œuvre de Bartolozzi par B. Roger (manuscrit). — Bartolozzi et ses œuvres par Tuer. — Œuvre de Norblin par Hillemacher (1848-1877). — Cat. de l'Œuvre de Faber par Hillemacher (1843). — Cat. de l'œuvre de Sauveur Legros par Hillemacher (1857). — Cat. de l'œuvre de Barthélemy Roger (manuscrit). — Cat. de l'œuvre lith. d'Horace Vernet (1826). — De Charlet par Lacombe (1856). — De Raffet par Giacomelli (1862). — De Decamps par Ad. Moreau (1869). — De Ch. Jacque par Guiffrey (1866). — D'Eugène Delacroix par Moreau (1873). — De Gavarni par Mahérault et Bocher (1873). — Des Girardet par Bachelin (1870). — D'E. Rousseaux par Délignières. — Cat. des eaux-fortes publiées par Cadart. — Cat. de l'œuvre de Bléry (Manuscrit 1878). (Voir aussi Béraldi les grav. du XIXe s.) — Cat. d'Alph. Legros par Thibaudeau et Malassis. — De Bonington par Aglaüs Bouvenne. — De J. Jacquemart par Gonse — De Calamatta par L. Alvin. — De Malardot par A. Bellevoye. — De Nicolas Outkine graveur. — Notice sur la vie et les œuvres du graveur Amédée Varin par Henriet (1884). — Cat. de l'œuvre de J. Tissot (1886). — De Jacob Gauermann par Frinmel (1888).

<small>NOTA. *Il sera bon de consulter, pour compléter la liste ci-dessus, la Bibliographie biographique par M. Georges Duplessis; ce livre renseigne fort exactement sur toutes les notices, monographies, catalogues concernant un artiste quelconque. Voir Yf 9a, ci-après.*</small>

DIVISION **Yd**.— **Catalogues de collections et de ventes d'objets d'art et de curiosité.**

<small>Il nous a paru inutile de donner ici le détail de plus de 2.500 pièces de cette division. Les catalogues précieux des XVIIe et XVIIIe siècles y sont classés par ordre chronologique. Mais pour cette division le département des Imprimés et le Cabinet des Estampes se complètent l'un par l'autre ; on aura toujours la ressource de recourir au second, quand le premier ne possédera point la pièce cherchée.</small>

— 1 + et 1 ++. Le Trésor de la curiosité, par Charles Blanc, (2 vol.). — 1 + a. Catalogue des catalogues de tableaux, par G. Hoet (2 vol. 1752).— 1+ c. Supplément, par P. Terwesten (1770). — 1 + d. Répertoire de tableaux, dessins et estampes par Joullain (1783). — 1 + e. Réflexions sur la peinture et la gravure, par Joullain. — 1 à 420. Catalogues de Michel de Marolles (1666), du même (1672), de la Chateigneraye (1732), de Gersaint (1733), autre de 1737, de Mariette 1741 à 1747, de Quentin de Lorangère (1744) de Bonnier de la Mosson (1745), de la Roque, par Gersaint, du vicomte de Fonpertuis (1747), de Valois (1748), etc., etc.

— Les N°s 36 à 36 s. soit 21 vol. contiennent les catalogues de ventes anglaises de 1756 à 1822.

— Les N°s 500 à 752, renferment une collection précieuse de catalogues néerlandais allant de 1731 à 1875. On y peut joindre à titre de renseignement le livre d'A. van der Villingen: Liste de catalogues hollandais (1873).

NOTA. — *Indépendamment des catalogues reliés et classes dans cette division, le Cabinet possède une série considérable de catalogues modernes, classés au nom du vendeur. C'est le nom qu'il faudra fournir sur le bulletin de demande.*

DIVISION **Ye**. — **Inventaires, répertoires du département et différents catalogues manuscrits.**

Les catalogues de cette série n'ont aujourd'hui qu'un intérêt de curiosité, tels ceux des collections acquises par le Cabinet : collection Beringhen, Lallemant de Betz, Bégon, œuvres du P. Plumier, catalogues Fevret de Fontette, Mariette, Péters, de Cotte, Denon, etc. On y a joint les dénombrements d'états au Cabinet des Estampes en de certaines années, le relevé des Estampes déposées de 1796 à 1894 (33 vol.). Voici dans la série les quelques numéros utiles à signaler.

— 1. Documents sur l'histoire du cabinet des Estampes (1717-1890). — 2 à 2 d. Notice des estampes exposées, par Duchesne ainé (1819-1855, 4 édit.). — 3. Le Département des Estampes par G. Duplessis (1860). — 18 à 18 c. Cabinet Marolles (4 vol.). — 20. Catalogue des pièces topographiques de Gaignières. — 21. Cabinet Beringhen. — 22. Œuvre de Rembrandt du même cabinet. — 23-24. Cabinet Lallemant de Betz. — 25 et 26. Cabinet Bégon. — 27. Portefeuilles du P. Plumier. — 28. Catalogue chronologique de la collection

Fevret de Fontette (1770). — 29-31. Acquisition Mariette (1775). — 32 et 33. Estampes de Rembrandt dans la collection Péters. — 34. Acquisitions, vente St-Yves (1805). — Acquisitions à la vente Silvestre (1811). — 36. Inventaire manuscrit des papiers de Robert de Cotte — 37. État des acquisitions à la vente Denon (1827). — 38. Catalogue des dessins chinois donnés par le ministère (1849).—39. Catalogue d'œuvres gravées sur bois par les artistes modernes, acquises en 1850. — 40. Notes relatives à la collection Debure. — 41. Collection Labédoyère. — 43 à 75. Répertoires, concordances du Cabinet des Estampes, sans intérêt ; à citer seulement le n° 62 catalogue des dessins orientaux de Gentil, et 68 catalogue manuscrit des portraits dessinés du XVI° siècle (cf. H. Bouchot, *les Portraits aux crayons des XVI° et XVII° siècles*.). — 76. Observations et éclaircissements sur quelques pièces de l'histoire de France par Duchesne-Tausin (Manuscrit).

<small>Recueil fort précieux pour expliquer certaines estampes de la Révolution.</small>

— 77. Table de l'ancienne collection mythologique. — 78. Catalogue du cabinet d'histoire naturelle de M. Minus (manuscrit 1759). — 79 à 79 a f. Relevé des estampes déposées de 1796 à 1889. — 80 à 93. Divers registres de prêts, dons etc., le n° 86 renferme les acquisitions par M. Joly de l'an III à l'an XIII. — 94 à 94 c. Catalogue manuscrit du cabinet des Estampes à La Haye. — 95. Pièces d'élite du même cabinet. — 96. Catalogue manuscrit des pièces de la Bibliothèque de Bâle. — 97 à 100. Divers catalogues manuscrits sans intérêt. — 101. Catalogue des estampes du Stathouder. — 102. Du château de Chantilly (XVIII° s.). — 103 à 106. Nomenclatures de peintres, sans intérêt. — 107. Notes manuscrites sur des pièces relatives à la Révolution. — 108. Divers catalogues manuscrits. — 109 à 111. Observations sur Rembrandt— 112. Catalogue manuscrit de Stefano della Bella.—113. De Romyn de Hooghe. — 114. Catalogue des estampes qui ornent le Walter Scott d'Abbotsford. — 115. Notes de M. Duchesne sur les collections du Département des Estampes. — 116. Inventaire des objets provenant de la Bibliothèque du comité des travaux historiques par Auguste Raffet (1882, manuscrit). — 117. Inventaire des estampes de Miger léguées à la Bibliothèque (1888)

Division **Yf**. — **Bibliographie et livres auxiliaires.**

Les ouvrages de cette série n'ont pas un intérêt direct pour le Cabinet, aussi nous réservons-nous de mentionner seulement ceux qui peuvent servir aux lecteurs.

— 1. Mémoire sur la bibliothèque du Roi (1830). — 1 +. Lettre des conservateurs de la Bibliothèque royale (1839). — 2 et 3. Livres de Lesné sur la reliure. — 4. Catalogues des libraires et imprimeurs de Paris (1789). — 7 à 7 e. Manuel du libraire, par Brunet. — 8 à 8d. Catalogue des livres d'art et des estampes de Weigel (5 vol.). — 9. Catalogue de livres sur les Beaux-Arts réunis par Goddé (1850). — 9a. Bibliographie biographique par G. Duplessis (1866. Ouvrage de la plus grande utilité pratique). — Bibliographie de la peinture et de la gravure par Van Someren. — 9c. Bibliographie des Beaux-Arts par Vinet (1877). — 10 à 10o. Catalogues divers des autres départements de la Bibliothèque nationale — 10p. Inventaire de la collection Fleury, par H. Bouchot. — 10q. Inventaire de la collection Clairambault par A. Flandrin 1887. (Ce catalogue fournit le détail de tous les portraits contenus dans la collection de Clairambault au Département des Manuscrits). — 10r à 10t. Inventaires divers d'autres départements. — 10 u à 10 u d. Inventaire de la collection Hennin par G. Duplessis et table. — 11 à 58. Catalogues de vente de livres de 1757 à 1864.

Division **Yg**. — **Livres auxiliaires.**

— 1. Dictionnaire de la Fable par A. Noël (1803). — 2 à 2b. Art de vérifier les dates (1783-87).— 3 à 3a. Abrégé chronologique de l'histoire de France (2 vol.). — 4 à 4e. Dictionnaire historique de Moréri et ses suppléments. — 5 à 5l. Dictionnaire historique par Chaudon et Delandine (13 vol.)—6 à 6 a y. Biographie Michaud (1811-1828, 52 vol. manque le vol. 51). 7 à 7d. Biographie des hommes vivants en 1819 (5 vol.) — 8 à 21. Divers livres, almanachs, etc. — 22 b. Domiciles de la Compagnie de Jésus par le P. Hamy (Cf. Hd 4 à 4d). — 23 à 37. Dictionnaires divers, almanachs, dictionnaire des Postes, etc., etc.

Série Z.

COLLECTIONS DEVÉRIA ET GENTIL.

Cette série renferme les pièces autrefois collectionnées par Achille Devéria, conservateur du cabinet des Estampes, depuis acquises par l'État et placées aux Estampes. On y a joint une série de gravures sur bois, découpées en divers ouvrages par M. Gentil, et cédée au Cabinet des Estampes.

Cette série se subdivise en deux parties :
Za. Collection Devéria.
Zb. Collection Gentil.

Division Za. — Collection Devéria.

— 1 à 85. Recueils en reliure mobile où M. Devéria a groupé, soit au nom d'auteur soit au mot typique, une suite de pièces dessinées, gravées ou lithographiées sans grand intérêt. Il faut faire une exception pour le vol. XXI qui renferme les croquis originaux de Boquet dessinateur des Menus sous Louis XV. — 186 à 187. Suppléments. — 188 à 230. Géographie, pièces concernant les cinq parties du monde, classées par contrées. — 230 à 290. **Histoire.** Histoire de France, des Celtes à Napoléon III. — 291 à 336. Histoire et géographie : Grande-Bretagne, Grèce, Inde, Naples, Océanie, Pays-Bas, Péloponèse, Rome, etc ; etc. — 338 à 372. Hist. naturelle. — 373. Artistes. — 374 à 389. — Géographie de grand format. — 390 à 396. Géographie de format maxima. — 397 à 563. Suppléments non reliés, classés suivant l'ordre ci-dessus.

Division Zb. — Collection Gentil.
(Graveurs sur bois contemporains).

— 1 à 5. Pièces gravées par Andrew Best et Leloir. — 6. Anonymes. — 7 B. Bertrand. — 8. Bara et Gérard. — 9. — Baulant. — 10 à 13. Best, Leloir, Hostein, Regnier. — 14.

Béthune à Bréval. — 15. Brévière, Nouvion, Hébert. — 16. Brown, Busths. — 17. Brugnot. — 18. Chauchefoin. — 19. — Cherrier. — 20. Daubigny à Diétrich. — 21. Diolo à Dixon. — 22. Dujardin à Dumont. — 23. Dupré. — 24. Ecosse Foussereau. — 25. Gérard. — 26. Gilbert à Girardet. — 27. Godard à Guillaumot. — 28. Guilbaut à Guyot. — 29. Hans à Hostein. — 30 I à K. — 31. Lechâle. — 32. Les Lacoste. — 33 et 34. A. Lavieille. — 35. Leblanc à Léry. — 36. Lesestre à Loutrel. — 37. Maurisset à Ortega. — 38. Pisan. — 39. Piaud. — 40. Pollet à Provot. — 41. Porret. — 42. Quarteley à Quignon. — 43. Radiguet à Roux. — 44 à 45. Rouget. — 46. Sallé à Suivioni. — 47. Solari à Swant. — 48. Tabarese à Tésico. — 49 à 50. Theo-Edo. — 51 à 52. Thompson. — 53. Trichon. — 54. Verdeille à Williame. — 55. Grandes pièces des mêmes artistes.

SUPPLÉMENTS RELIÉS ET NON RELIÉS.

Toutes les séries mentionnées ci-devant, sauf les séries Y et Z sont également représentées au Cabinet des Estampes par des suppléments reliés et non reliés dont il faut ici faire compte.

Les suppléments reliés se composent de pièces de différents formats, assemblées dans des livres à reliure mobile, et qui complétent les œuvres des artistes, peintres ou graveurs, dont les volumes constitués en reliure fixe ne comportent pas les intercalations. Ces suppléments sont répartis par liste alphabétique, et d'après leurs dimensions, dans une suite de registres désignés sous les rubriques suivantes :

    AA 1. Pièces in-8° et in-4°.
    AA 2. Pièces in-4° et in-folio ordinaire.
    AA 3. Grand in-folio.
    AA 4. In-folio plano.
    AA 5. Pièces de format supérieur à l'in-folio.
    AA 6. Pièces de format exceptionnel.

Il existe en outre 2 volumes contenant des estampes hors des proportions maxima, comme est par exemple l'Hémicycle des Beaux-Arts d'Henriquel Dupont, la Ronde de nuit de Rembrandt gravée par Waltner, etc.; etc. Ce classement alphabétique par noms de peintres et de graveurs n'est pas le seul de cette catégorie;

les pièces historiques, les portraits, et en général toutes les séries du Cabinet s'y trouvent représentées. Un répertoire alphabétique réservé aux Bibliothécaires les aide à renseigner les lecteurs à ce sujet.

SUPPLÉMENTS NON RELIÉS.

Ces documents jugés de moindre importance, doubles pour la plus grande part de ceux contenus dans les œuvres, sont classés alphabétiquement au nom d'auteur (graveur, peintre, lithographe, éditeur) et renfermés en des cartons par séries de 20 ou 30 dossiers. Ils n'ont pas de numéro d'ordre officiel, mais un répertoire tenu à jour permet de connaître leur nombre et de constater les manques. Indépendamment de la suite consacrée aux auteurs, il existe aussi un classement par matières, suivant la classification générale du Cabinet. Les cartons de la hiérologie, de l'architecture, des métiers, de la topographie (ceux-ci renferment les documents les plus curieux sur l'Amérique) des portraits, de l'histoire, sont fort nombreux et tenus rigoureusement à jour. Les grandes maisons d'édition y sont représentées, tels les Goupil, Boussod et Valadon, Martinet, Pellerin, pour ne nommer que les contemporains. C'est dans cette suite que l'on découvre parfois une pièce unique mise sous le nom de son auteur, ou à ses initiales. On y trouve tous les spécimens de papiers peints, d'étiquettes, de programmes fournis par le dépôt légal. On peut même ajouter que le dépôt ne se fait très rigoureusement que pour ces choses secondaires, à cause des constatations de priorité que les éditeurs cherchent à établir. On estime à plus de 500.000 le nombre de pièces contenues dans les suppléments non reliés, un cinquième environ du nombre total conservé au Cabinet des Estampes. Un répertoire alphabétique tenu à jour renseigne les lecteurs sur l'opportunité d'une demande en ce sens, mais ce répertoire est réservé aux Bibliothécaires.

TABLE

Cette table ne donne que les indications générales ; mais les séries étant classées méthodiquement, on aura intérêt à dépouiller les mentions fournies dans chacun des chapitres. Consulter pour cela le tableau des divisions pages XI-XIII à l'*Introduction*.

Abbayes de France.. 153, 317, 318 327, 328
Abécédaires............ 180-186
Aciéries.................. 202
Acquisitions (Catalogues des) faites par le Cabinet... 375, 376
Adresse (Cartes d') 59, 212
Aérostats.......... 65, 156, 157
Afrique (Costumes de l') 256
Afrique (Topographie de l') 326, 347
Agriculture................ 197
Aiguille (Travaux à l') .. 208-212
Albanie (Costumes d')....... 249
Albums amusants pour l'enfance 316
Albums de lithographies .. 14, 15
Algérie (Topographie de l'). 326 346
Aliénés (Types d')........... 179
Allégories diverses..... 296, 297
Allégoriques (Personnifications). 77, 287, 288, 291, 297-301
Allemagne (Architecture en). 136 137, 153
Allemagne (Costumes de l'Empire d')......... 49, 243, 244
Allemagne (Graveurs en) . 47, 48
Allemagne (Histoire d').. 279, 281
Allemagne (Musées d'). 8, 9, 205
Allemagne (Peinture en). 22, 23, 24
Allemagne (Portraits d'). 223, 224 370

Allemagne (Topographie de l'). 149 325, 326, 341, 342
Allemagne (Voyages en).. 49, 320
Almanachs 257, 258
Alphabets divers 180-186
Alsace (Topographie de l') 335 336
Amateurs (Dessins et gravures par des).. 10, 11, 12, 13, 108
Américain (Manuscrit prétendu).................... 123
Amérique (Costumes d')..... 256
Amérique (Monuments anciens de l')........ 123, 126, 140
Amérique (Portraits d')....... 225
Amérique (Voyages en) 323
Amériques (Topographie des deux). 326, 346, 347
Ameublement.. 99, 102, 141 - 147 148, 150, 151, 199, 212
Amour (Emblèmes d')........ 301
Anatomie 178, 179, 187
Anciens (Mœurs et usages des) 117 118
Angleterre (Architecture en).. 136 137, 153
Angleterre (Caricatures en). 314-316
Angleterre (Costumes d'). 244, 245
Angleterre (Graveurs de l'). 50, 51 260
Angleterre (Musées et galeries d') 9, 10, 366, 367

Angleterre (Peinture en).. 9, 10
26, 27, 366, 367
Angleterre (Portraits d').. 49, 224
369
Angleterre (Topographie de l'). 325
343, 344, 348
Angleterre (Voyages en)..... 320
Anhalt (Topographie d')..... 326
Animaux divers......... 170-175
Animaux (Locomotion des)... 189
Anjou (Topographie de l') ... 335
Année (Allégories sur l').... 301
Antiquités.. 6, 8, 9, 52, 115-127
326, 327
Anthropologie... 179,187
Aquafortistes (Société des)... 15
Aquarelle (Principes d')..... 188
Arabe et oriental (Art) 144
Arabesques......... 49, 140-145
Arabie (Costumes de l')...... 247
Aratoires (Instruments)...... 197
Archéologie chrétienne .. 285-286
Archéologie antique. 115-127, 327
338, 339, 346, 347
Archéologie gothique.. 15, 16, 17
Archipel (Costumes de l').... 242
Architectes étrangers.... 134-137
Architectes français 51, 52, 128-134
Architecture...... 52, 55, 58, 72
128-153, 337-340
Architecture gothique....... 142
Architecture (Grands monuments d')............. 137-150
Architecture (Livres sur l'). 356-362
Architecture religieuse.. 141, 142
Argenterie............. 202-206
Armand (Collection de pièces relatives à l'Histoire de l'art, léguée par M.) Catalogue avec table générale alphabétique................... 22
Arménie (Costumes de l').... 247
Armes (Musées d') 167
Armes (Maniement d'). 165, 166
Armoiries............. 261-264
Armurerie (Art de l')........ 202
Arpentage................. 189
Arquebuserie (Art de l').. 58, 202
Art (Généralités de l'histoire de l')...... 13-15, 22, 352-356
Art (Monuments et livres pour l'histoire de l')... 13, 14, 15, 22
351-374

Art militaire............ 161-170
Artillerie......... 165, 166, 167
Artistes (Œuvres d')........ 378
Artistes (Portraits d')........ 221
Arts académiques....... 180-196
Arts et les Artistes (Pièces sur les).................... 190
Arts et métiers (Recueils d'). 197
Arts industriels........ 151, 197
Asie (Topographie de l'). 326, 346
347
Astronomie.......... 155, 351
Atlas de Géographie.... 349, 350
Autriche (Costumes de l').... 243
Autriche - Hongrie (Topographie d')........ 325, 340, 341
Autriche (Voyages en)...... 320
Bade (Topographie du Grand duché de)..................... 326
Bains antiques, thermes..... 124
Ballons (Hist. des)..... 156, 157
Baptêmes de princes.... 264-271
Bas-reliefs................ 115
Bavière (Musées de)... 8, 9, 366
Bavière (Topographie de la).. 325
Bébés (Livres pour les).. 180, 181
Belgique (Musées de)..... 9, 365
Belgique (Portraits de)...... 224
Belgique (Topographie de la) 325
342, 343, 348
Berry (Topographie du)..... 336
Bibles diverses......... 282-283
Bibliographie.............. 377
Bibliothèque nationale 188
Billets de banque........... 259
Bijouterie....... 204, 205
Bijoux 52, 204, 205
Birmanie (Vues de)......... 251
Blanchissage (Livres sur le).. 210
Blason................ 261-264
Boccace (Figures pour les œuvres de)............ 14, 295
Boileau-Despréaux (Figures pour) 291
Bois (arts du)......... 199-201
Bologne (Ecole de peinture à).. 20
Bordelais (Topographie du) 335. 348
Botanique.............. 175-178
Bouffonnes (Estampes)... 301-316
Bourbonnais (Topographie du). 335
Bourgogne (Topographie de). 334
347, 348
Brésil............... 225, 347

Bretagne (Topographie de). 335
           347
Broderies............... 207-212
Broderies des habits officiels.. 209
Bronze (art du)............. 202
Buveurs (Charges sur les).... 302
        303 et suiv.
Cabinet des Estampes (Notice
 sur le) .... I-XXIV
Cabinet du Roi (Estampes
 réunies du).............. 5, 6
Cabinets et musées de l'Europe............ 5-10, 362-367
Cabinets et musées de France
        5, 6, 362-364
Calligraphie............ 181-186
Calques d'archéologie d'après
 les manuscrits.......... 16, 17
Campagnes diverses (Batailles,
 sièges, etc) 168-170, 335
Canaux................... 160
Canons et artillerie 167
Caricatures anglaises. 27, 314-316
Caricatures et facéties... 301-316
Caricatures françaises.. 38, 39, 72
        308-314, etc.
Carrosserie...... 199, 200, 201
Carrousels 5 (Cabinet du Roi)
         264-271
Cartes de batailles...... 168-170
Cartes et atlas de géographie. 349
          350
Cartes (Jeux de).. 194, 195, 196
          368
Cartouches .. 141, 142, 143, 144
Casse-tête (Jeux dits du).... 194
Catacombes 124
Catafalques.. 56, 58, 273, 274, 275
          276
Catalogues de Musées et d'expositions............. 362-367
Catalogues de ventes... 374, 375
Catalogues divers de collections
 (manuscrits) 375, 376
Catalogues du Cabinet des
 Estampes........... 375, 376
Cavalcades 264-270
Cavalerie (Ecoles de)........ 192
Céramique.......... 206, 207
Cérémonies funèbres 265, 271-277
Champagne (Topographie de
 la) 335, 347, 348
Chansons (Vignettes pour des) 296

Chansonniers 296
Charges politiques...... 311-314
Chasse (Rois ou princes à la). 191
Chasses diverses......... 31, 85
         193, 266
Chasses (Animaux de)172, 173, 193
Châteaux de France. 54, 58, 327-
        336, 347, 348
Cheminées................ 140
Chemins de fer............. 199
Chèques 197
Cheval (Princes à).......... 191
Chevaux..... 189, 191, 192, 193
Chiens de chasse. 172, 173, 193
Chiffres entrelacés et autres. 181
         182, 184
Chine (Animaux de la) 255
Chine (Dessins originaux de la). 18
         353-356
Chine (Histoire des Empereurs
 de la)................ 253
Chine (Mœurs de la).... 253-256
Chine (Porcelaine de).. 207, 255
Chine (Portraits de la). 253, 254
Chine (Ports de la)......... 347
Chirurgie 179
Christ (Vie du)..... 256, 283-284
Chromolithographie......... 185
Coiffure 198, 235, 309
Collections célèbres de l'Europe
 du Nord............ 8, 9, 10
Collections célèbres de France.. 6
Collections célèbres d'Italie. 7, 8
Collections (Catalogues de). 362-367
Colonnes antiques...... 115, 116
Colonnes modernes..... 116, 345
Comédie française (Acteurs de
 la) en 1853.......... 35, 106
Commerce (Allégorie sur ie) . 48
Commune (1871). Costumes
 militaires............... 237
Comté de Bourgogne (Topographie de la)....... 334, 347
Conchyliologie............. 174
Conciles.............. 285-286
Confréries (Images de) 286
Constantinople (Palais à) 139
Coquillages................ 174
Cosmographies générales. 349, 350
Costumes divers........ 231-256
Costumes de guerre......... 167
Costumes de l'Orient. 62, 239, 246-
         253

Costumes de théâtre. 35, 291-294
Costumes étrangers 239-245
Costumes militaires de l'étranger.................. 241
Costumes militaires de la France........... 23, 231-238
Costumes religieux 246
Cotte(Papiers manuscrits de R. de).. 149
Courses.................. 194
Crayon (Portraits dessinés au) 219
Criblé (Gravures en)......... 42
Criminels célèbres (Portraits de) 221
Cris de Paris.......... 237, 238
Cristaux 207
Critiques de salons. 363, 364, 367
Crustacés................. 174
Cuirs..................... 207
Cuisinier.................. 199
Curiosités (Catalogues de ventes de).... .... 374, 375
Dactylologie 181
Dames (Modèles anciens de travaux de).......... 208, 209
Danemark (Costumes du)..... 245
Danemark (Musées de)... 10, 366
Danemark (Numismatique du). 260
Danemark (Topographie du). 326 345, 348
Danse................. 190, 191
Danses macabres ... 97, 299, 300
Dante (Figures pour les œuvres de) 290
Dauphiné (Topographie du) 334 347, 348
Décoration architecturale. 140, 141 143-153
Décoration de divers palais. 152 153
Décoratives (Peintures)...... 152
Décors de théâtre...... 291-294
Dentelles 208-212
Départements (Costumes français des) 238
Députés aux Assemblées. 30, 219-221, 237
Dessin linéaire......... 189, 190
Dessin (Enseignement du). 186-190
Dessin (Modèles de). 186, 187, 188 189, 190
Dessins d'amateurs....... 10-13
Dessins industriels. 189, 208-212

Dessins originaux du Cabinet. 15 16, 18, 28, 31, 32, 36, 37, 38 52, 57, 62. 63, 112, 113, 115 116, 119, 121, 122, 125, 126 128, 129, 130, 131, 132, 133 135, 137, 138, 140, 141, 143 144, 146, 147, 152, 153, 156 157, 158, 159, 160, 161, 162 163, 164, 165, 166, 167, 169 170, 171-179, 184, 187, 192 200, 201, 203, 207, 209, 210 219, 220, 221, 223, 224, 225-227, 228, 229, 232, 233, 235 236, 237, 238, 239-256, 259 260, 263, 264, 266-272, 273 274, 275, 276, 278 (Collect. de l'Histoire de France) 281 291-293, 317, 318, 322, 324, (Topographie de la France) 325-340, 342, 343, 344, 345, 347 348, etc. etc.
Devéria Collection.......... 378
Devises et emblèmes.. 263, 300 301
Dictionnaires des artistes 353, 354 355, 356
Dieux (Les) de l'Olympe. 287-289
Domaine de la Couronne 327
Drapeaux............. 166, 167
Ebénisterie 199, 200
Echecs................... 194
Ecoles de Gravure....... 41-111
Ecoles de Peinture........ 17-41
Ecosse et Irlande (voyages en). 320
Ecosse (Topographie de l') 325, 348
Ecrans................... 213
Ecritures anciennes (modèles d')................. 181-186
Ecriture de l'Inde.......... 251
Editeurs (œuvres d')..... 110, 111
Education (Manuels d'). 180, 181
Egypte (Antiquités de l'). 122, 123
Egypte (Dessins de l'Expédition d') 32, 222, 322
Egypte (Iconographie et portraits de l')............... 225
Egypte (Tissus de l')....... 211
Egypte (Topographie de l') 321, 322, 326, 346, 347
Egypte (Voyages en) ... 322-346
Electricité (Eclairage par l').. 199
Emaux.................... 17

Emblèmes divers 52, 297-301
Emblèmes et devises.... 263, 300
Empire (Costumes et mœurs
  du Premier) 23, 64 et sui-
  vants, 234, 235, 236, 237
Encadrements de livres 186
Encyclopédie........... 214-216
Entomologie 18, 50, 174
Entrées triomphales..... 264-271
Epée (Maniement de l')...... 193
Equitation............. 191-193
Escrime.................... 193
Esope (Figures pour les œu-
  vres d')................... 295
Espagne (Antiquités mau-
  resques de l')............. 126
Espagne (Costumes de l'). 242-252
Espagne (Palais en). 129, 139, 149
Espagne (Peinture en)..... 8, 22
Espagne (Portraits d') .. 222, 223
Espagne (Topographie de l'). 325
  340
Espagne (Voyages en).. 319, 320
Estampes figurant dans les
  suppléments......... 379, 380
Etiquettes (Recueils d'). 212, 213
Etoffes des XVIIIᵉ et XIXᵉ s.
  (Echantillons d') 211
Etoffes (Recueils d').... 210, 211
Europe (Costumes des divers
  états de l') 239-245
Europe (Histoire des divers
  états de l')............ 279-281
Eventails................... 198
Exercices militaires..... 165, 166
Ex libris (Collections d')..... 186
Fables................ 295, 296
Fabulistes............. 295, 296
Facéties et charges...... 301-316
Faïences............... 206, 207
Familles (Généalogies et bla-
  sons des)........ 258, 262, 263
Femmes célèbres 279
Ferrare (Ecole de peinture à). 20
Fêtes publiques......... 264-271
Filigranes................... 213
Finlande (Voyages en) 320
Flandres (Architecture en). 135
  136
Flandres (Costumes des)..... 244
Flandres (Graveurs des)...... 50
Flandres (Peinture dans les) 25
  26, 357, 358, 359

Flandres (Topographie de)... 334
Fleurons typographiques..... 186
Fleurs d'orfèvrerie.......... 176
Fleurs et fruits (Etudes de).. 190
Fleurs peintes.. 170, 171, 175-178
Florence (Peinture à) 18, 19
Florence (Peintres aux offices
  de)...................... 231
Fontainebleau (Peintres et Gra-
  veurs de l'Ecole de). 18, 21, 52
  53
Fortifications........... 161-170
France (Antiquités romaines
  en) 125, 327
France (Architecture en). 111, 128-
  134, 149
France (Cartes de)... 327-336, 350
France (Dessins originaux re-
  présentant des villes de). 317
  318, 347, 348
France (Grands palais et œuvres
  d'architecture en)..... 137, 138
France (Gravure en)...... 51-110
France (Histoire de). 278-281, 378
France (Mœurs et costumes de
  la)............... 231-238
France (Monuments de la). 111
  327-336, 347, 348
France (Musées et galeries de)
  5, 6, 111, 362-364
France (Peinture en). 28-41, 357
  359, 360, 361, 362
France (Portraits de). 217-222, 230
  369
France (Ports de). 33, 61, 337
  348, 350
France (Recueils de l'histoire
  de).................. 278-281
France (Topographie de la) 54, 58
  324
France (Voyages en)... 317, 318
Franche-Comté (Topographie
  de la)............... 334, 347
Frontispices de livres....... 186
Fruits peints. 171, 176, 177, 178
Funéraire (Architecture). 151, 272-
  277
Funérailles. 271-277
Gaignières (Collections de) 228
  271, 272, 324, (Collection
  générale topographique, pas-
  sim).
Galeries célèbres de France.. 5, 6

Gallo-romaines (Antiquités). 122, 123, 326, 327
Gascogne (Topographie de). 335, 347, 348
Gaule (Antiquités de la). 122, 123, 327
Gemmes et joyaux.......... 205
Généalogiques (Tables)...... 258
Gênes (Ecole de peinture à).. 21
Gentil (Collection)..... 378, 379
Géographie 349, 350
Géographie générale (Recueils de)................ 350, 378
Géométrie 154, 155
Gœthe (Figure pour les œuvres de). 36 (œuvres de Delacroix) 294
Grammaires des Beaux arts.. 353
Graphométrie.............. 183
Graveurs de l'Ecole française 51-110
Graveurs de l'Ecole italienne 45-47
Graveurs de l'Europe septentrionale........ 47, 48, 49, 50
Graveurs (Livres sur les). 367-374
Graveurs (Œuvres des)... 41-111
Graveurs en bois (œuvres de) 42, 43, 367, 368, 378, 379
Gravure (Livres didactiques sur la)............... 367-374
Gravures incunables. 42, 43, 44, 45
Grèce (Antiquités de la). 115, 118, 119, 125, 126
Grèce (Céramique de la)..... 207
Grèce (Costumes modernes de la)................ 242
Grèce (Portraits modernes de la)...................... 225
Grèce (Topographie de la). 115, 119, 326, 346
Grèce (Voyages en).... 320, 321
Grotesques en orfèvrerie.. .. 204
Grotesques (Paysanneries) 301-308
Grottes en rocaille.. 55, 153, 171
Guerres (Histoire des)... 168-170
Gueux de Callot............ 54
Guipures 208, 209
Guyane (Topographie de la) . 326
Gymnastique 194
Hanôvre (Topographie du)... 325
Haras 192
Harnais de chevaux......... 192
Héligoland (Topographie d'). 326

Hennin (Collection de pièces historiques léguées par Michel)............... 278, 279
Hesse-Electorale (Topographie de la)................... 326
Hesse Grand ducale (Topographie de la)............ 326
Heures (Livres d') 43, 52. 54, 284, 286
Hiérologie 282-286
Hindoustan (Rajahs de l') ... 249
Histoire (Consulter pour les pièces historiques outre les recueils de la série Q les œuvres de graveurs série E) 41 à 111
Histoire de l'Art........ 351-374
Histoire de France. 49, 278, 279, 280, 281, 378
Histoire ecclésiastique... 285-286
Histoire militaire........ 168-170
Histoire naturelle....... 170-179
Histoire universelle en tableaux 258
Histoire (Mélanges d')... 280-281
Histoire (Miniatures ayant rapport à l')....... 10, 15, 16
Histoire (Pièces concernant l') (Passim)............. 52 à 111
Histoire (Recueils d').... 278-281
Histoire de l'Europe (Recueils d').................. 279-281
Histoire (Sciences de l').. 257-277
Hollande (Gravure en) ... 49, 50
Hollande (Musées de)...... 9, 365
Hollande (Palais en)........ 139
Hollande (Peinture en).. 9, 24, 25
Homère (Figures pour).. 289, 290
Hommes politiques du XIXe s. (Charges contre les).... 311-314
Hongrie (Antiquités de la)... 275
Hongrie (Costumes de)...... 242
Hongrie (Voyages en)....... 320
Horlogerie 205
Hugo (Figures pour les œuvres de Victor)............... 294
Hydraulique 157, 158, 159, 160, 161
Hydrographie......... 350, 351
Iconologie............ 296, 297
Ile de France (Topographie de l')..... 324, 332, 333, 347, 348
Imagerie de piété..... 79-90, 284
Imagerie populaire.... 79-98, 213
Imagerie Russe............. 316

TABLE. 387

Imprimerie............. 181-186
Incendie (Matériel d')....... 167
Incunables de la gravure... 42-52
Inde (Costumes de l'). 249, 250, 251
Inde (Dieux de l')........... 250
Inde (Ecriture de l')......... 251
Inde (Portraits de l').... 250, 251
Inde (Topographie de l'). 321, 326, 346
Inde (Voyages dans l')....... 321
Industrie.......... 151, 196-213
Insectes............... 13, 174
Italie (Antiquités des villes d') 52, 119, 120, 121
Italie (Architecture en) 52, 134, 135
Italie (Campagnes des Français en)..................... 170
Italie (Costumes d').... 239, 241
Italie (Palais en)........ 52, 139
Italie (Peinture en). 6, 7, 8, 11-22, 357, 359
Italie (Portraits d')..... 222, 223
Italie (Topographie de l') 52, 325, 337-340, 348
Italie (Voyages en)..... 318, 319
Japon (Mœurs et costumes du). 248, 249, 252, 253
Japon (Paysages du) ... 252, 253
Jardinage......... 145
Jardins (Décorations de). 115, 141, 142, 145, 146, 153
Java (Topographie de)....... 252
Jésuites (Plans des collèges de) 140, 318
Jésus-Christ (Vie et passion de)................ 283, 284
Jeux de l'enfance (Voir œuvre de Stella et E a 79) 180, 181, 194
Jeux populaires 194 (et passim)
Joaillerie.... .... 203, 204
Juive (Scènes de la vie)...... 245
Kirghises (Steppes) 24
Labédoyère (Collections de pièces historiques provenant de)..................... 278
Labourage, culture......... 197
Lafontaine (Figures pour les œuvres de). 61 (Eisen). 31, 65-72, 295, etc.
Languedoc (Topographie du). 336, 347, 348
Lettres (Modèles de). 181, 182, 183, 184

Libraires (Marques de).. 181, 186
Lingerie (Patrons de). 208, 209, 210
Lithographie (Débuts de la) 14, 32, 34, 48, 64
Lithographie (Principes de). 14, 190
Liturgie 285-286
Livre (Décoration du)...... 42-47, 54-68, 181-186, etc.
Livrées de la maison du roi.. 209
Livres auxiliaires au Cabinet des Estampes........... 377
Locomotives 111, 199
Lutte et sports............. 194
Luxembourg (Topographie du duché de)................ 325
Lyon (Etoffes de)....... 210, 211
Lyon (Topographie de). 324, 334, 347
Machineries de théâtre... 291-294
Machines...............111, 155
Macédoines diverses..... 313, 314
Madère (Costumes de) 252
Mahrattes (Costumes) 252
Maine (Topographie du)..... 336
Maison du Roi (Uniformes de la)..............209, 235, 236
Maisons de campagne et autres 132, 133, 153
Maisons royales de France. 327-336
Maîtres (Vieux) de la gravure. 42-51
Malte (Topographie de l'île de)..................... 325
Manège..... 166, 191, 192, 193
Manuels des amateurs d'estampes 370, 371
Manuscrits (Reproduct. de) 10, 16, 17
Marbres................... 178
Mariages de princes (Fêtes à l'occasion de)......... 264-271
Marie-Antoinette (Cabinet de). 13, 14
Marine.......... .157-161, 233
Marine antique............ 160
Marolles (Collection léguée par l'abbé de) Passim (les volumes de cette collection sont indiqués dans le texte.)
Marques de chevaux........ 192
Mécanique (Traité de).. 154-155
Mecklembourg (Topographie du)... 326

Médailles.... 126, 127, 258, 261
Médaillons (Recueils de)..... 212
Méditerranée (Ports de la).. 337, 350
Menuiserie.... 199
Menus................... 213
Messe (la).. 286
Métal (Arts du)......... 201-206
Métamorphoses des Dieux. 288, 289
Métiers (Recueils de). 197, 198, 199, 215, 216
Meubles 99, 102, 141-147, 148, 150, 151, 199, 212
Mexique (Vues du) par Rondé 37, 38
Milan (Ecole de peinture à)... 20
Militaire (Art).......... 161-170
Militaire (Histoire)...... 168-170
Militaires (Costumes).... 231-256
Minéralogie................ 178
Miniatures et manuscrits 10, 15 16, 17, 28, 31, 171, 280, etc
Mise en scène..... 291, 292, 293
Mœurs sous Louis XIII. 54, 55, 56, 301-308
Mœurs sous Louis XIV. 56, 57, 58, 59
Mœurs au XVIIIe s... 59-69, 309
Mœurs au XIXe s........ 61-110
Mœurs de l'Empire. 33, 34, 68-90, 310, 311
Mœurs sous la Restauration 311, 312
Mœurs sous la monarchie de Juillet....... 93-101, 315-316
Mœurs et Coutumes des nations......... 231-256, 378
Molière (Figures pour les œuvres de) 56, 59 œuvre de Cars) etc. etc. 65, 290, 291
Mollusques 172
Monde (Galerie du)........ 348
Monde (Voyage autour du). 317
Monnaies............... 258-261
Monogrammes (Dictionnaires des)..... 356
Monographie d'artistes. 358-361, 371-374
Mont-Blanc (Pièces sur le)... 319
Moralités (Estampes de).. 297-301
Morée (Voyage en).......... 320
Mosaïques et pavements 121

Moyen Age (Costumes du) 231, 232, 239, 246
Musées d'armes............ 167
Musées de France.......... 5, 6
Musées de l'Europe méridionale 7, 8
Musées de l'Europe septentrionale.......... .. 9, 10
Musées d'objets préhistoriques. 122
Musées (Catalogues de)... 362-367
Musées d'Italie (Statues des).. 114
Musique............... 190, 191
Musset (Figures pour les œuvres de)................ 294
Mythologie 287-289
Naples (Ecole de peinture à).. 21
Navales (Batailles)...... 159, 160
Navires (modèles de).. 65, 157-161
Néerlande (Topographie de la)........ 325, 342, 343, 348
Nivernais (Topographie du) .. 336
Normandie (Topographie de). 333, 347, 348
Norwège (Topographie de la). 326
Nouvelle Calédonie (Topographie de la)............ 326
Numismatique..... 127, 259, 260
Objets d'art (Catalogues de vente d')............ 374, 375
Obsèques royales ou princières. 271-277
Observatoires 155
Océanie (Costumes d')....... 256
Océanie (Topographie de l').. 326
Œuvres de graveurs (Livres sur les)............. 367, 374
Œuvres (Livres sur les) des artistes............. 352-374
Oiseaux... 50, 171, 172, 173, 174
Oldenbourg (Topographie d'). 326
Opéra (Costumes d')..... 89. 292
Optique 155
Ordres d'architecture.... 129-153
Ordres de chevalerie..... 16, 263
Orfèvrerie. 176, 202, 203, 204, 205, 206
Orfèvres............. 201-206
Orient (Costumes de l'). 101, 239, 246-253
Orient (Tapis d')........... 211
Orient (Vie et mœurs d'extrême)............. 249-256
Orient (Voyages en).... 105, 321

Orléanais (Topographie de l'). 335, 347, 348
Ornemanistes. 55, 56, 58, 73, 113, 140-148, 367
Outils (Albums d'). 199
Paix de Maso Finiguerra. Introduction et p 45
Palais et hôtels de Paris. 324, 327-332
Paléographie (Exemples de). . 184
Palestine (Topographie de la). 326, 346, 347
Papes. 222, 285
Papier de tentures. 213
Papier (Arts du). 212, 213
Papiers comiques. 314
Papillons 13, 174
Paraboles diverses. 297-301
Paris (Cris de). 237, 238
Paris (Siège de). 237, 329
Paris (Tableaux de). 288
Paris (Topographie de). 31, 101, 111, 324, 327-332
Parme (École de peinture à). . . 20
Parthénon 115 (voir aussi les voyages en Grèce, la topographie). 126
Passions (Scènes de la) 284
Pâte (Gravures en). 42
Pavements antiques. 121
Pavillons. 160
Pays (Armoiries de villes et). . 262-264
Pays-Bas (Costumes des). 244
Pays-Bas (Graveurs de l'Ecole des). 43, 44
Pays-Bas (Musées des). 9, 365
Pays-Bas (Places fortes des). . 164
Pays-Bas (Portraits des). 223, 224, 270
Pays-Bas (Topographie des). 153, 325, 337, 343, 348
Pays-Bas (Voyages dans les). 320
Paysage (Principes de). 189
Paysanneries du XVIIe s. . 301-308
Pêches diverses. 199
Peintres (œuvres des). 18-41, 356-362
Peinture antique. 121, 125
Peinture en Allemagne. 8, 9, 22, 23, 24, 360
Peinture en Angleterre. 9, 10, 26, 27, 366, 367
Peinture en Espagne. . 8, 22, 365
Peinture en Flandre. 9, 25, 26, 357, 358, 359
Peinture en France (XVe et XVIIe siècles), 28, 29, 356, 357 (XVIIIe s.) 29, 30, 356, 357, 358 (XIXe s.). 30-41, 357, 359-364
Peinture en Italie. 6, 7, 8, 11-21, 357, 358, 359
Peinture en Hollande. 24, 25, 357, 358, 359
Peinture des Ecoles du Nord. 22, 23, 24, 25, 26, 27, 356-367
Peinture (Ecoles de). 17-41, 356-367
Peinture (Livres sur l'Histoire de la) 356-362
Peinture (Traités de) 15, 187, (collection de Loynes) . . . 367
Perse (Costumes de la). 247, 250, 251, 252
Perse (Portraits de). 225
Perse (Topographie de la). . . . 347
Perse (Tissus de la) 211
Perse (Voyages en). 321
Perspective (Traité de). . 154, 155
Pétrarque (Figures pour les œuvres de). 290
Phrénologie. 179
Physionotrace (Portraits au) 32, 75
Physique et chimie. 156, 157
Picardie (Topographie de la). 163, 164, 165, 334, 335, 336, 337, 347, 348
Pierres gravées. 63, 116, 117
Pierres précieuses. 205
Pilotes (Instructions des). 351
Places (Défense et attaque des) 161, 162, 168
Places fortes de France et de l'étranger 11, 161-170, 324, 327 (voir Passim dans le vol).
Plantes. 55, 175-178
Plantes (Emblèmes des) 301
Poèmes. 289-291
Point coupé (Modèles de). 208, 209
Poissons. 171, 172, 173, 174
Poitou et Vendée (Topographie de) 105, 335
Pologne (Costumes de). 245
Pologne (Portraits de). 225
Pologne (Topographie de la) 326, 346, 348

Pompéi (Antiquités de) 124, 125 (Top. d'Italie)............ 325
Pompes funèbres........ 271-277
Ponts (Construction des) 160
Porcelaines................ 207
Portraits alphabétiques (Recueils de)............ 217, 218
Portraits dessinés. 36, 219, 220 221, 225-227, etc.
Portraits en calligraphie..... 184
Portraits en général 36, 37, 51-110 216-231, 369, 370
Portraits par le Physionotrace 32, 75
Portraits de la Chine ... 253, 254
Portraits de l'Inde...... 250, 251
Portraits de la Turquie...... 247
Portraits de princes étrangers. 239
Ports (Cartes des)...... 350, 351
Portugal (Costumes du) 242
Portugal (Portraits de) 223
Portugal (Topographie du)... 325
Préhistoriques (Antiquités) .. 122
Processions 268, 271
Provence (Topographie de la) 336, 337, 347, 348
Proverbes en action 308
Provinces de France (Voyages aux) 318
Prusse (Costumes civils et militaires de la)............... 243
Prusse (Topographie de la). 325, 341, 342
Pyrotechnie militaire........ 167
Quincaillerie............... 202
Racine (Figures pour les œuvres de).................... 291
Rades (Cartes des)..... 350, 351
Récréations de l'Enfance. 180, 181 194
Religion (Triomphes de la)... 301
Reliures d'art........ . 109, 205
Restauration (Broderies des grands officiers de la couronne, sous la)..................... 209
Restauration (Costumes et mœurs de la) 80 et suivants. 232, 235, etc.
Révolution (Costumes et mœurs de la)........67-79, 234, 237
Rinceaux............. 143
Rocaille 143, 144
Rois de France (Portraits de) 347
Romaine (Peintures de l'Ecole) 19

Romantique (Peintres de la période) 91-98
Rome (Antiquités de). 119, 120 123, 124
Rome (Fêtes données à)...... 29
Rome (Portraits de l'Expédition de) en 1849........... 36, 37
Rome (Topographie de). 19, 110, 111, 325, 333, 338, 347, 348
Roumanie (Costumes militaires de).................... 245
Rubans (Echantillons de) 210, 211
Rurale (Economie).......... 197
Russie (Architecture en)..... 136
Russie (Costumes de la)..... 245
Russie (Imagerie de la) 316
Russie (Peinture en)... 9, 23, 24
Russie (Portraits de la)...... 225
Russie (Topographie de la) 326, 345, 346, 348
Russie (Voyages en).. 24, 36, 101
Sacrements (les)............ 286
Sacres des rois...... 91, 264-271
St Denis 332
Saints et Saintes........ 284-285
Salons de Peinture (Critiques sur les)........ 363, 364, 367
Salons de peinture (Reproduction des)............ 6, 14, 15
Saxe (Architecture médiévale en).................... 136
Saxe (Topographie de la).... 325
Saxe (Topographie des duchés de)..................... 326
Sceaux (sigillographie) .. 258-261
Schwartzbourg - Sonderhausen (Topographie de)......... 326
Sciences exactes............ 215
Sculpteurs (Œuvres des) 112, 113 137, 138
Sculpture (Livres sur l'histoire de la)............... 356-362
Sens (Les cinq)......... 56, 296
Serrurerie......... 58, 201, 202
Sèvres (Porcelaines de)...... 207
Shakespeare (Figures pour les œuvres de)......... 292, 296
Siam (Usages du royaume de). 251
Sibérie (Costumes de)....... 248
Sicile (Antiquités de la) 125
Sicile (Ecole de peinture en)... 21
Sièges de villes......... 161-170

Sièges et batailles dans les estampes de topographie. 324-326
Smyrne (Costumes de) au XVIII° siècle............ 62
Specula (Livres dits)........ 48
Sports........ 191-196
Statues (Fontes de) 202
Statues (Recueils de) antiques et modernes. 112, 113, 114, 115
Statues de Versailles........ 115
Styles d'architecture 128-153
Suède et Norwège (Costumes de).................. 244, 245
Suède (Musées de)...... 10, 366
Suède (Peinture en)....... 23, 24
Suède (Topographie de la).. 153 326, 348
Suède (Voyages en) 319, 320
Suisse (Costumes de la) . 62, 244
Suisse (Peinture en) 9
Suisse (Portraits de)........ 224
Suisse (Topographie de la). 319 320, 325, 342, 348
Suisse (Voyages en) 319
Suppléments reliés et non reliés 379, 380
Supplices orientaux..... 248, 255
Syllabaires............. 181-186
Symbolisme religieux........ 301
Syrie (Topographie de la). 326, 346
Tabatières en métal..... 205, 206
Tabatières (Sujets de)... 212, 213
Tabletterie................ 200
Tailleur (Art du)........... 199
Tapisserie 15, 263
Tapisserie (Modèles de). 209, 210
Tapissier (Art du)........... 212
Tarots................ 194, 195
Testament (Ancien) 282-283
— (Nouveau).... 283-284
Têtes d'études... 188
Théâtre (Costumes de). 35, 58, 292 293, 294
Théâtre (Décoration au) 89, 291-294
Théâtre (Estampes concernant le)..... 291-294
Théâtre français (Personnages du). 35, 291, 292
Théâtre italien (Personnages du) 291, 292
Théâtre (Le vieux)...... 291-294
Théâtre (Salles de). 130, 133, 152 332

Thermes antiques.......... 124
Thèses gravées.... 181, 261, 262
Timbres de facture.......... 197
Timbres-poste (Albums de).. 197
Tissage 211
Tissus (Décoration des).. 209-212
Toiles peintes.............. 211
Tombeaux..... 56, 151, 271-277
Tombeaux antiques......... 124
Tontines 197
Topographie en général.. 324-348
Topographie de France et vues de monuments. 54, 111, 324, etc.
Toscane (Peintures de l'Ecole) 18
Touraine (Topographie de la) 335, 347
Tourneur (Art du) 199, 200
Tournois 264-271
Tournois d'Augsbourg 239
Tours (Tissus de) 210
Traités sur l'histoire générale des Beaux-arts....... 352-374
Transport (Moyens de).. 199-201
Trésors divers d'orfèvrerie... 205
Tripoli (Costumes de)....... 62
Trocadéro (Moulages du Musée du).................... 111
Trophées d'art et de science.181, 301
Troupes étrangères 241
Troupes (Manœuvres des) 165, 166
Turkestan (Types du) 24
Turquie (Costumes et mœurs de la) 246, 247, 248, 249
Turquie (Portraits de la)..... 247
Turquie (Voyages en).. 119, 321
Tuiles 207
Typographie en général.. 181-186
Vaisseaux.......... 65, 157-161
Vases 52, 56, 120, 147, 206
Venise (Costumes de) 249
Venise (Peintures de l'Ecole de).................. 16, 20
Verre (Peinture sur).......... 15
Verrerie (L'art de la)........ 197
Versailles (Galeries du Musée de)............... 6, 95, 364
Versailles (Monuments de).. 129 324, 332, 333
Vices et vertus 296, 297
Vie d'une jeune fille et d'un jeune homme..... 85, 181, 294
Vie humaine (Allégories sur la) 57, 60, 298

Vierge (La)............... 284
Vignettes de marchands, XVIIIᵉ siècle................... 59
Vignettes (Recueils de)...... 212
Villes et pays (Armoiries de) 262, 263, 264
Villes de France (Dessins de).............317, 318, 347, 348
Villes et pays (Personnifications de)..................... 296
Villes libres (Topographie des).................... 326
Virgile (Figures pour les œuvres de).............. 290
Vitraux (Reproductions de).. 15
Voitures......... 199, 200, 201
Volcans................. 178
Vosges (Topographie des)... 336
Voyages..... 16, 47, 48, 317-323
Waldeck-Reuss (Topographie de)..................... 326
Walter Scott (Figures pour les œuvres de).............. 294
Wurtemberg (Topographie du) 325
Zoologie 172-174

FIN DE LA TABLE

LILLE, IMP. L. DANEL

ENTE A LA MÊME LIBRAIRIE

JOANNIS GUIGARD

Bibliothèque héraldique de la France, comprenant la bibliographie systématique et raisonnée de tous les ouvrages qui ont paru sur le blason, les ordres de chevalerie, la noblesse, la féodalité, les fiefs et les généalogies, concernant la France, avec notes critiques et bibliographiques. 1 volume à deux colonnes . . . . . 16 »

BOREL D'HAUTERIVE

Annuaire de la Noblesse de France et des Maisons souveraines de l'Europe. Cet ouvrage paraît tous les ans, depuis 1843 ; chaque année forme un volume grand in-18 jésus de 400 pages, orné de figures, et se vend séparément :
   Planches noires . . . . 5 »
   Coloriées . . . . 8 »

LOUIS PIERRE D'HOZIER ET D'HOZIER DE SÉRIGNY

Armorial général des registres de la Noblesse de France, résumé et précédé d'une notice historique sur les familles d'Hozier, d'après des manuscrits inédits, par Édouard de Barthélemy. 1 volume à deux colonnes . . . . 8 »

GOURDON DE GENOUILLAC

Dictionnaire historique des ordres de chevalerie créés chez les différents peuples, depuis les premiers siècles jusqu'à nos jours. 3ᵉ édition, revue, augmentée d'un grand nombre de figures. 1 très joli volume . . . . 3 »

Supplément. Décorations nouvelles et modifications apportées aux anciennes depuis 1868. Un volume grand in-18 jésus, orné de figures 4

Grammaire héraldique, contenant la définition exacte de la science des armoiries, suivie d'un vocabulaire explicatif. 3ᵉ édition, revue et augmentée de *l'Art de composer les livrées selon les règles héraldiques*. 1 charmant volume grand in-18 jésus, orné de 200 blasons gravés, intercalés dans le texte . . . . 3 »

Les Mystères du Blason, de la Noblesse et de la Féodalité. Curiosités, bizarreries et singularités. 1 volume . . . . . . 3 »

BALME

Annuaire des Ordres de chevalerie et des distinctions honorifiques. 1 volume avec figures . . . . 1 »

COMTE P. DE SÉMAINVILLE

Code de la Noblesse française, ou Précis de la législation sur les titres, les épithètes, les noms, les armoiries, la particule, etc. 1 volume . . . . 10 »

ALCIDE GEORGEL

Armorial historique et généalogique des familles de Lorraine, titrées ou confirmées dans leurs titres au XIXᵉ siècle. 1 volume in-4°, orné de 300 dessins dessinés par l'auteur . . . . . . 60 »

www.ingramcontent.com/pod-product-compliance
Lightning Source LLC
Chambersburg PA
CBHW050913230426
43666CB00010B/2142